2014 해외콘텐츠시장 동향조사

② 미주편

한국콘텐츠진흥원

Jinhan M&B

일러두기

1. 본 보고서는 세계 26개 주요 국가들의 콘텐츠시장 규모, 분야별 향후 전망, 소비실태 및 정책, 유통 플랫폼 및 주요 기업 등 해외 콘텐츠시장에 대한 포괄적인 정보를 제공하고자 작성되었다. 보고서는 '총괄편' 1권과 미주, 유럽·중동·아프리카, 아시아·태평양 3개 권역으로 구분하여 작성된 '권역편' 3권, 총 4권으로 구성되었다.

2. 올해 보고서는 전년대비 2개 국가가 증가한 26개 국가를 조사하였으며, 국내 시장의 현 수준을 파악하기 위하여 장르별로 국가 시장 규모 비교 시 한국시장 규모도 함께 작성하여 세계 시장과 비교가 용이하도록 구성하였다. 조사 분야는 전년과 동일하게 출판, 만화, 음악, 게임, 영화, 애니메이션, 방송, 광고, 캐릭터·라이선스, 지식정보 등 10개 분야의 콘텐츠시장을 대상으로 하였으며, 뮤지컬시장의 경우 자료의 한계로 인해 '총괄편'에서 미국, 영국, 중국, 일본시장에 대해 간략하게 다루었다.

3. 올해 보고서는 보다 유용한 정보 제공을 위하여 작년 보고서와는 다르게 다음의 내용들을 추가 조사·분석하였다.

    - '해외 콘텐츠 소비 실태'를 신설하여 주요 국가들의 콘텐츠 소비 실태를 파악하였으며; 특히 최근 콘텐츠 소비의 디지털 이행이 부각됨에 따라 각 국가별로 디지털(스마트) 기기를 활용한 콘텐츠 소비 실태 및 행태 등을 중점적으로 파악하였다.
    - '해외 콘텐츠 유통 현황'을 추가하여 산업별 유통 플랫폼과 주요 기업 현황을 파악하였다.

4. '총괄편'과 '권역편' 보고서의 세부 구성은 다음과 같다.

    - '총괄편'은 본 보고서의 주요 내용을 종합적으로 다루고 있으며, 전체 5장으로 구성되었다. 제1장에서는 콘텐츠시장의 분류체계와 통계 산출 방법론을, 제2장은 시장통계와 주요 트렌드 및 정책동향을 소개하였으며, 제3장에서는 콘텐츠 소비실태 현황을 정리하였다. 제4장에서는 해외 콘텐츠 유통현황을 파악하기 위하여 분야별 주요 유통 플랫폼 및 기업현황을 기술하였다. 마지막으로 제5장에서는 본 조사결과 요약 및 시사점을 도출하였으며, 별도 부록으로 콘텐츠 분야별 글로벌 10대 주요기업 현황을 정리하였다.

        특히 '총괄편'은 전반적으로 3개 권역편의 요약이라 할 수 있으며, '요약 및 시사점'을 별도로 정리하여 해외 콘텐츠시장에 대한 전체적인 이해를 돕는데 유용하도록 하였다.

    - '권역편'에서는 지역별 시장개요와 더불어 26개 국가들의 콘텐츠시장 규모 및 전망, 주요 이슈 및 트렌드, 콘텐츠 소비와 유통실태, 주요 지원제도 및 정책동향 등으로 내용을 구성하였다.

일러두기

5. 본 보고서의 콘텐츠시장 규모 및 전망에 대한 통계자료는 데이터의 일관성을 갖추기 위하여 글로벌 컨설팅기관인 PwC(Price Waterhouse Coopers, 이하 PwC)의 'Global entertainment and media outlook, 2014-2018' 자료를 근간으로 산출하였으며, PwC에서 커버하지 않는 만화, 애니메이션, 캐릭터·라이선스산업은 글로벌 리서치기관인 Barnes, Digital Vector, EPM 자료 등을 활용하여 산출하였다.

6. 본 보고서의 세계 콘텐츠시장 범위는 PwC에서 커버하는 주요 53개국 및 1지역(중동·북아프리카)으로 한정하였기 때문에, 이를 감안한 보고서 이용이 필요하다.

7. PwC는 매년 보고서를 발간하나, 연도별 보고서 발간 시 기존 국가 데이터의 업데이트나 신규 국가 추가로 인하여 전년 보고서와 차이가 발생한다. 이로 인하여 2014년 본 보고서 역시 동일 기준년도라 할지라도 전년 발간되었던 '2013년 해외 콘텐츠시장 동향조사'와는 시장 규모의 차이가 존재한다.

8. 광고, 애니메이션, 만화시장은 유관 시장과 통계 값이 중복되기 때문에 전체 시장 규모 산출 시 각 산업별 중복 값을 제외한 순합계를 기준으로 기술하였다.

9. 캐릭터·라이선스시장 규모는 글로벌 리서치기관인 EPM의 'International Licensing' 자료를 근거로 산출하였으며, 엔터테인먼트, 패션, 스포츠, 기업·브랜드 등에 대한 라이선싱을 통해 파생되는 상품시장을 포함한 소비시장 규모를 대상으로 산출하였다.

▶ 권별 조사대상 국가

구분	조사범위	조사대상 국가
1권	총괄	PwC 기준 53개 국가, 1개 지역 (중동·북아프리카)
2권	미주 (6개 국가)	미국, 캐나다, 멕시코, 브라질, 아르헨티나, 칠레
3권	유럽·중동·아프리카 (12개 국가)	영국, 독일, 프랑스, 이탈리아, 스페인, 터키, 러시아, 스웨덴 이집트, 아랍에미리트, 사우디아라비아, 남아프리카공화국
4권	아시아·태평양 (8개 국가)	일본, 중국, 인도, 태국, 인도네시아, 베트남, 호주, 대만

Contents

제6장 미주 콘텐츠시장 동향

제1절 북미 콘텐츠시장 ········· 3

1. 미국 ········· 6

- 1) 콘텐츠시장 개요 ········· 6
- 2) 산업별 콘텐츠시장 규모 및 전망 ········· 8
- 3) 주요 이슈 및 트렌드 ········· 56
- 4) 콘텐츠 소비 실태 및 동향 ········· 86
- 5) 콘텐츠 유통 현황 ········· 115
- 6) 주요 지원 제도 및 정책 동향 ········· 128

2. 캐나다 ········· 139

- 1) 콘텐츠시장 개요 ········· 139
- 2) 산업별 콘텐츠시장 규모 및 전망 ········· 142
- 3) 주요 이슈 및 트렌드 ········· 185
- 4) 콘텐츠 소비 실태 및 동향 ········· 192
- 5) 콘텐츠 유통 현황 ········· 203
- 6) 주요 지원 제도 및 정책 동향 ········· 212

제2절 중남미 콘텐츠시장 ········· 217

1. 브라질 ········· 221

- 1) 콘텐츠시장 개요 ········· 221
- 2) 산업별 콘텐츠시장 규모 및 전망 ········· 224
- 3) 주요 이슈 및 트렌드 ········· 266
- 4) 콘텐츠 소비 실태 및 동향 ········· 283

- 5) 콘텐츠 유통 현황 ·· 299
- 6) 주요 지원 제도 및 정책 동향 ·· 308

2. 멕시코 ··· 315

- 1) 콘텐츠시장 개요 ·· 315
- 2) 산업별 콘텐츠시장 규모 및 전망 ··· 318
- 3) 주요 이슈 및 트렌드 ·· 359
- 4) 콘텐츠 소비 실태 및 동향 ··· 373
- 5) 콘텐츠 유통 현황 ·· 386
- 6) 주요 지원 제도 및 정책 동향 ·· 396

3. 아르헨티나 ··· 398

- 1) 콘텐츠시장 개요 ·· 398
- 2) 산업별 콘텐츠시장 규모 및 전망 ··· 401
- 3) 주요 이슈 및 트렌드 ·· 443
- 4) 콘텐츠 소비 실태 및 동향 ··· 452
- 5) 콘텐츠 유통 현황 ·· 462
- 6) 주요 지원 제도 및 정책 동향 ·· 472

4. 칠레 ··· 475

- 1) 콘텐츠시장 개요 ·· 475
- 2) 산업별 콘텐츠시장 규모 및 전망 ··· 478
- 3) 주요 이슈 및 트렌드 ·· 519
- 4) 콘텐츠 소비 실태 및 동향 ··· 525
- 5) 콘텐츠 유통 현황 ·· 530
- 6) 주요 지원 제도 및 정책 동향 ·· 536

※ 참고문헌 ··· 539

Contents

표 목차

[표 1-1] 북미지역 콘텐츠시장 규모 및 전망, 2009-2018 ···································· 4
[표 1-2] 북미지역 국가별 콘텐츠시장 규모 및 전망, 2009-2018 ························ 5
[표 2-1] 미국 콘텐츠시장 규모 및 전망, 2009-2018 ·· 6
[표 2-2] 미국 출판시장 규모 및 전망, 2009-2018 ·· 8
[표 2-3] 미국 도서시장 규모 및 전망, 2009-2018 ·· 9
[표 2-4] 미국 만화시장 규모 및 전망, 2009-2018 ·· 17
[표 2-5] 미국 음악시장 규모 및 전망, 2009-2018 ·· 20
[표 2-6] 미국 디지털 음원시장 규모 및 전망, 2009-2018 ·································· 23
[표 2-7] 미국 공연 음악시장 규모 및 전망, 2009-2018 ······································ 24
[표 2-8] 미국 게임시장 규모 및 전망, 2009-2018 ·· 25
[표 2-9] 미국 영화시장 규모 및 전망, 2009-2018 ·· 32
[표 2-10] 미국 애니메이션시장 규모 및 전망, 2009-2018 ·································· 36
[표 2-11] 미국 방송시장 규모 및 전망, 2009-2018 ·· 41
[표 2-12] 미국 광고시장 규모 및 전망, 2009-2018 ·· 44
[표 2-13] 미국 인터넷 광고시장 규모 및 전망, 2009-2018 ································ 48
[표 2-14] 미국 캐릭터·라이선스시장 규모 및 전망, 2009-2018 ························ 50
[표 2-15] 미국 캐릭터·라이선스 분야별 시장 규모, 2009-2013 ························ 51
[표 2-16] 미국 캐릭터·라이선스 제품별 시장 규모, 2009-2013 ························ 52
[표 2-17] 미국 지식정보시장 규모 및 전망, 2009-2018 ······································ 53
[표 2-18] 주요 사업자들의 뉴스리더 서비스 관련 동향 ······································· 58
[표 2-19] 스트리밍서비스 형태 ··· 64
[표 2-20] 디지털 음악 서비스 유통업체 동향 ··· 67
[표 2-21] Top 10 글로벌 라이선서 ·· 83
[표 2-22] 미국 유·무선 인터넷 보급률 및 전망, 2009-2018 ····························· 87
[표 2-23] 2013년 미국인이 가장 좋아한 가수와 앨범 ·· 109
[표 2-24] 2013년 미국인들이 스트림을 통해 가장 많이 청취한 음원 ············· 109
[표 2-25] 오프라인 매체의 판매량으로 보는 영화 장르 선호도 ························ 110

[표 2-26] 2013년 미국인이 가장 선호한 블루레이 타이틀 ··· 110
[표 2-27] 전자책 장르 선호도와 인쇄 출판 장르 선호도 ·· 111
[표 2-28] 2013년 미국인이 선호한 소설 장르 ·· 112
[표 2-29] 2013년 가장 많이 팔린 소설책 ··· 112
[표 2-30] 2013년 1분기 미국에서 가장 많이 팔린 그래픽 노블 ······························· 113
[표 2-31] 미국 영화산업 기초 지표 (2013) ·· 115
[표 2-32] 미국 영화제작 및 배급사 ·· 115
[표 2-33] 미국 애니메이션 제작 및 유통 플랫폼 ·· 117
[표 2-34] 미국 온라인 동영상 플랫폼 ·· 123
[표 2-35] 미국 주요 출판사 및 유통기업 ·· 124
[표 2-36] 미국 주요 방송사업자 ·· 125
[표 2-37] 미국 주요 통신사업자 ·· 126
[표 2-38] 미국 주요 광고사업자 ·· 127
[표 2-39] 정책 마련의 3원칙 및 전략계획 체계. 전략계획 2014-2018 ····················· 129
[표 2-40] 미국 주정부의 세금 지원 제도 ·· 132
[표 2-41] 미국 ESRB 등급 ·· 135
[표 2-42] 미국 ESRB 검토내용 ·· 136
[표 2-43] 스마트 콘텐츠 외국기업 진입 관리 및 규제 관할 부처 및 관련 법령 ··········· 137
[표 3-1] 캐나다 콘텐츠시장 규모 및 전망, 2009-2018 ·· 139
[표 3-2] 캐나다 출판시장 규모 및 전망, 2009-2018 ··· 142
[표 3-3] 캐나다 도서시장 규모 및 전망, 2009-2018 ··· 144
[표 3-4] 캐나다 만화시장 규모 및 전망, 2009-2018 ··· 147
[표 3-5] 캐나다 음악시장 규모 및 전망, 2009-2018 ··· 150
[표 3-6] 캐나다 디지털 음원시장 규모 및 전망, 2009-2018 ······································ 153
[표 3-7] 캐나다 공연 음악시장 규모 및 전망, 2009-2018 ·· 154
[표 3-8] 캐나다 게임시장 규모 및 전망, 2009-2018 ··· 155
[표 3-9] 캐나다 영화시장 규모 및 전망, 2009-2018 ··· 160
[표 3-10] 캐나다 애니메이션시장 규모 및 전망, 2009-2018 ······································ 164
[표 3-11] 캐나다 방송시장 규모 및 전망, 2009-2018 ··· 169
[표 3-12] 캐나다 광고시장 규모 및 전망, 2009-2018 ··· 173

Contents

[표 3-13] 캐나다 인터넷 광고시장 규모 및 전망, 2009-2018 ·············· 176
[표 3-14] 캐나다 캐릭터·라이선스시장 규모 및 전망, 2009-2018 ·············· 178
[표 3-15] 캐나다 캐릭터·라이선스 분야별 시장 규모, 2009-2013 ·············· 180
[표 3-16] 캐나다 캐릭터·라이선스 제품별 시장 규모, 2009-2013 ·············· 181
[표 3-17] 캐나다 지식정보시장 규모 및 전망, 2009-2018 ·············· 181
[표 3-18] Bell Canada MobileTV 요금제 ·············· 190
[표 3-19] 캐나다 유·무선 인터넷 보급률 및 전망, 2009-2018 ·············· 193
[표 3-20] 캐나다 영화산업 기초 지표 (2013) ·············· 203
[표 3-21] 캐나다 영화관 ·············· 204
[표 3-22] 캐나다 애니메이션 유통 플랫폼 ·············· 205
[표 3-23] 캐나다 중소형 레코드기업 ·············· 206
[표 3-24] 캐나다 디지털 음악 플랫폼 현황 (2014) ·············· 206
[표 3-25] 캐나다 출판사 ·············· 207
[표 3-26] 캐나다 게임회사 ·············· 208
[표 3-27] 캐나다 방송사업자 ·············· 209
[표 3-28] 캐나다 IPTV업체 ·············· 211
[표 3-29] 캐나다 통신사업자 ·············· 211
[표 3-30] 캐나다 예술과 문화콘텐츠 개발을 위한 프로그램 ·············· 212
[표 3-31] 문화유산부 콘텐츠 지원금 ·············· 212
[표 3-32] 문화유산부 기금 지원 방식 ·············· 213
[표 3-33] 캐나다 외국 콘텐츠 유통 및 외국인 투자제한 관할 부처 및 법령 ·············· 216
[표 4-1] 중남미지역 콘텐츠시장 규모 및 전망, 2009-2018 ·············· 218
[표 4-2] 중남미지역 콘텐츠시장 규모 및 전망, 2009-2018 ·············· 219
[표 4-3] 브라질 콘텐츠시장 규모 및 전망, 2009-2018 ·············· 221
[그림 4-4] 브라질 콘텐츠시장 규모 및 성장률, 2009-2018 ·············· 222
[표 4-4] 브라질 출판시장 규모 및 전망, 2009-2018 ·············· 224
[표 4-5] 브라질 도서시장 규모 및 전망, 2009-2018 ·············· 226
[표 4-6] 브라질 만화시장 규모 및 전망, 2009-2018 ·············· 228
[표 4-7] 브라질 음악시장 규모 및 전망, 2009-2018 ·············· 231
[표 4-8] 브라질 디지털 음원시장 규모 및 전망, 2009-2018 ·············· 234

[표 4-9] 브라질 공연 음악시장 규모 및 전망, 2009-2018 ·········· 235
[표 4-10] 브라질 게임시장 규모 및 전망, 2009-2018 ·········· 236
[표 4-11] 브라질 영화시장 규모 및 전망, 2009-2018 ·········· 241
[표 4-12] 브라질 애니메이션시장 규모 및 전망, 2009-2018 ·········· 245
[표 4-13] 브라질 방송시장 규모 및 전망, 2009-2018 ·········· 249
[표 4-14] 브라질 광고시장 규모 및 전망, 2009-2018 ·········· 254
[표 4-15] 브라질 인터넷 광고시장 규모 및 전망, 2009-2018 ·········· 257
[표 4-16] 브라질 캐릭터·라이선스시장 규모 및 전망, 2009-2018 ·········· 259
[표 4-17] 브라질 캐릭터·라이선스 분야별 시장 규모, 2009-2013 ·········· 261
[표 4-18] 브라질 캐릭터·라이선스 제품별 시장 규모, 2009-2013 ·········· 262
[표 4-19] 브라질 지식정보시장 규모 및 전망, 2009-2018 ·········· 262
[표 4-20] 브라질 제작 만화 ·········· 268
[표 4-21] 2013년 브라질 흥행 수익 상위 애니메이션 ·········· 276
[표 4-22] 브라질 디지털 지상파 방송 전환 과정 ·········· 277
[표 4-23] 브라질 유·무선 인터넷 보급률 및 전망, 2009-2018 ·········· 284
[표 4-24] 브라질 영화산업 기초 지표 (2013) ·········· 299
[표 4-25] 브라질 영화관 ·········· 300
[표 4-26] 브라질 애니메이션 스튜디오와 기업 ·········· 301
[표 4-27] 브라질 인디음반 레이블 ·········· 302
[표 4-28] 브라질 디지털 음악 플랫폼 현황 (2014) ·········· 303
[표 4-29] 브라질 출판사 ·········· 304
[표 4-30] 브라질 게임개발업체 및 배급사 ·········· 305
[표 4-31] 브라질 지상파 방송국 ·········· 305
[표 4-32] 브라질 케이블 방송사업자 ·········· 307
[표 4-33] 브라질 위성방송 ·········· 307
[표 4-34] 브라질 통신사업자 ·········· 308
[표 4-35] 창조적 디지털콘텐츠 정책 세부 프로그램 ·········· 309
[표 4-36] PRONA 세부 프로그램 ·········· 309
[표 4-37] 브라질정부 지원 제도 ·········· 310
[표 4-38] 방송·언론 분야 외국인 투자 지분 제한 개요 ·········· 312

Contents

[표 4-39] 브라질 광고산업의 자율규제 기관 ···································· 313
[표 5-1] 멕시코 콘텐츠시장 규모 및 전망, 2009-2018 ···················· 315
[표 5-2] 멕시코 출판시장 규모 및 전망, 2009-2018 ······················· 318
[표 5-3] 멕시코 도서시장 규모 및 전망, 2009-2018 ······················· 320
[표 5-4] 멕시코 만화시장 규모 및 전망, 2009-2018 ······················· 322
[표 5-5] 멕시코 음악시장 규모 및 전망, 2009-2018 ······················· 325
[표 5-6] 멕시코 디지털 음원시장 규모 및 전망, 2009-2018 ············· 328
[표 5-7] 멕시코 공연 음악시장 규모 및 전망, 2009-2018 ················ 329
[표 5-8] 멕시코 게임시장 규모 및 전망, 2009-2018 ······················· 330
[표 5-9] 멕시코 영화시장 규모 및 전망, 2009-2018 ······················· 334
[표 5-10] 멕시코 애니메이션시장 규모 및 전망, 2009-2018 ············ 338
[표 5-11] 멕시코 방송시장 규모 및 전망, 2009-2018 ······················ 343
[표 5-12] 멕시코 광고시장 규모 및 전망, 2009-2018 ······················ 347
[표 5-13] 멕시코 인터넷 광고시장 규모 및 전망, 2009-2018 ·········· 350
[표 5-14] 멕시코 캐릭터·라이선스시장 규모 및 전망, 2009-2018 ···· 352
[표 5-15] 멕시코 캐릭터·라이선스 분야별 시장 규모, 2009-2013 ···· 354
[표 5-16] 멕시코 캐릭터·라이선스 제품별 시장 규모, 2009-2013 ···· 355
[표 5-17] 멕시코 지식정보시장 규모 및 전망, 2009-2018 ··············· 355
[표 5-18] 멕시코 장편 영화 장르 별 제작 현황 (2013) ···················· 366
[표 5-19] 멕시코 단편 영화 장르 별 제작 현황 (2013) ···················· 367
[표 5-20] 멕시코 장편 애니메이션 (2012-2014) ······························ 368
[표 5-21] 멕시코 단편 애니메이션 (2012-2014) ······························ 368
[표 5-22] 멕시코 유·무선 인터넷 보급률 및 전망, 2009-2018 ········· 374
[표 5-23] 멕시코 영화산업 기초 지표 (2013) ·································· 386
[표 5-24] 멕시코 배급사 현황 (2013) ··· 389
[표 5-25] 멕시코 애니메이션 스튜디오 ··· 390
[표 5-26] 멕시코 음반제작 및 유통사 ·· 390
[표 5-27] 멕시코 디지털 음악 플랫폼 (2014) ·································· 391
[표 5-28] 멕시코 출판 및 배급사 ·· 392
[표 5-29] 멕시코 게임개발사 및 유통사 ··· 393

[표 5-30] 멕시코 지상파방송사 ··· 394
[표 5-31] 멕시코 케이블사업자 ··· 394
[표 5-32] 멕시코 위성방송사업자 ·· 395
[표 6-1] 아르헨티나 콘텐츠시장 규모 및 전망, 2009-2018 ·· 398
[표 6-2] 아르헨티나 출판시장 규모 및 전망, 2009-2018 ··· 401
[표 6-3] 아르헨티나 도서시장 규모 및 전망, 2009-2018 ··· 403
[표 6-4] 아르헨티나 만화시장 규모 및 전망, 2009-2018 ··· 406
[표 6-5] 아르헨티나 음악시장 규모 및 전망, 2009-2018 ··· 409
[표 6-6] 아르헨티나 디지털 음원시장 규모 및 전망, 2009-2018 ··································· 412
[표 6-7] 아르헨티나 공연 음악시장 규모 및 전망, 2009-2018 ······································ 413
[표 6-8] 아르헨티나 게임시장 규모 및 전망, 2009-2018 ··· 414
[표 6-9] 아르헨티나 영화시장 규모 및 전망, 2009-2018 ··· 419
[표 6-10] 아르헨티나 애니메이션시장 규모 및 전망, 2009-2018 ··································· 423
[표 6-11] 아르헨티나 방송시장 규모 및 전망, 2009-2018 ··· 428
[표 6-12] 아르헨티나 광고시장 규모 및 전망, 2009-2018 ··· 432
[표 6-13] 아르헨티나 인터넷 광고시장 규모 및 전망, 2009-2018 ································· 435
[표 6-14] 아르헨티나 캐릭터·라이선스시장 규모 및 전망, 2009-2018 ························· 437
[표 6-15] 아르헨티나 캐릭터·라이선스 분야별 시장 규모, 2009-2013 ·························· 438
[표 6-16] 아르헨티나 캐릭터·라이선스 제품별 시장 규모, 2009-2013 ·························· 439
[표 6-17] 아르헨티나 지식정보시장 규모 및 전망, 2009-2018 ······································ 440
[표 6-18] 아르헨티나 유·무선 인터넷 보급률 및 전망, 2009-2018 ······························· 453
[표 6-19] 아르헨티나 영화산업 기초 지표 (2013) ·· 463
[표 6-20] 아르헨티나 주요 영화 배급사 현황 (2013) ··· 463
[표 6-21] 아르헨티나 주요 영화관 현황 (2013) ·· 464
[표 6-22] 아르헨티나 주요 레코드 레이블 ·· 465
[표 6-23] 아르헨티나 주요 애니메이션 스튜디오 ·· 466
[표 6-24] 아르헨티나 디지털 음악 플랫폼 현황(2014) ··· 467
[표 6-25] 아르헨티나 주요 음반 제작사 및 유통사 ··· 470
[표 6-26] 아르헨티나 주요 게임개발사 및 유통사 ·· 471
[표 7-1] 칠레 콘텐츠시장 규모 및 전망, 2009-2018 ·· 475

Contents

[표 7-2] 칠레 출판시장 규모 및 전망, 2009-2018 ·································· 478
[표 7-3] 칠레 도서시장 규모 및 전망, 2009-2018 ·································· 480
[표 7-4] 칠레 만화시장 규모 및 전망, 2009-2018 ·································· 483
[표 7-5] 칠레 음악시장 규모 및 전망, 2009-2018 ·································· 486
[표 7-6] 칠레 디지털 음원시장 규모 및 전망, 2009-2018 ······················ 488
[표 7-7] 칠레 공연 음악시장 규모 및 전망, 2009-2018 ·························· 490
[표 7-8] 칠레 게임시장 규모 및 전망, 2009-2018 ·································· 491
[표 7-9] 칠레 영화시장 규모 및 전망, 2009-2018 ·································· 495
[표 7-10] 칠레 애니메이션시장 규모 및 전망, 2009-2018 ······················ 499
[표 7-11] 칠레 방송시장 규모 및 전망, 2009-2018 ································ 504
[표 7-12] 칠레 광고시장 규모 및 전망, 2009-2018 ································ 508
[표 7-13] 칠레 인터넷 광고시장 규모 및 전망, 2009-2018 ···················· 511
[표 7-14] 칠레 캐릭터·라이선스시장 규모 및 전망, 2009-2018 ·············· 513
[표 7-15] 칠레 캐릭터·라이선스 분야별 시장 규모, 2009-2013 ············· 514
[표 7-16] 칠레 캐릭터·라이선스 제품별 시장 규모, 2009-2013 ············· 515
[표 7-17] 칠레 지식정보시장 규모 및 전망, 2009-2018 ························ 516
[표 7-18] 칠레 유·무선 인터넷 보급률 및 전망, 2009-2018 ·················· 526
[표 7-19] 칠레 영화산업 기초 지표 (2013) ·· 530
[표 7-20] 칠레 영화제작사 ·· 531
[표 7-21] 칠레 주요 영화 배급사 ·· 532
[표 7-22] 칠레 디지털 음악 플랫폼 현황 (2014) ···································· 533
[표 7-23] 칠레 지상파 방송국 ·· 534
[표 7-24] 칠레 케이블 방송국 ·· 535
[표 7-25] 칠레 위성방송 사업자 및 IPTV 사업자 ·································· 535
[표 7-26] 칠레의 디지털 아젠다 2013-2020 계획 ·································· 536

2014 해외 콘텐츠시장 동향조사

● 그림 목차

[그림 1-1] 권역별 콘텐츠시장 비중 비교, 2009 vs. 2013 vs. 2018 ·················· 3
[그림 1-2] 북미지역 콘텐츠시장 규모 및 성장률, 2009-2018 ························· 4
[그림 2-1] 미국 콘텐츠별 시장점유율, 2013 vs. 2018 ································· 7
[그림 2-2] 미국 콘텐츠 분야별 연평균성장률 추정 2013-2018 ······················· 7
[그림 2-3] 미국 출판시장 비중 비교, 2009 vs. 2013 vs. 2018 ························ 9
[그림 2-4] 미국 도서시장 규모 및 성장률, 2009-2018 ······························· 10
[그림 2-5] 미국 도서시장별 비중 비교, 2009 vs. 2013 vs. 2018 ···················· 11
[그림 2-6] 미국 신문시장 규모 및 성장률, 2009-2018 ······························· 12
[그림 2-7] 미국 신문 광고시장 규모 및 성장률, 2009-2018 ························ 13
[그림 2-8] 미국 신문 구독시장 규모 및 성장률, 2009-2018 ························ 13
[그림 2-9] 미국 잡지시장 규모 및 성장률, 2009-2018 ······························· 14
[그림 2-10] 미국 잡지 광고시장 규모 및 성장률, 2009-2018 ······················· 15
[그림 2-11] 미국 잡지 구독시장 규모 및 성장률, 2009-2018 ······················· 16
[그림 2-12] 미국 만화시장 규모 및 성장률, 2009-2018 ····························· 17
[그림 2-13] 미국 만화시장 분야별 비중 비교, 2009 vs. 2013 vs. 2018 ············· 18
[그림 2-14] 미국 인쇄 만화시장 규모 및 성장률, 2009-2018 ······················· 18
[그림 2-15] 미국 디지털 만화시장 규모 및 성장률, 2009-2018 ···················· 19
[그림 2-16] 미국 음악시장 분야별 비중 비교, 2009 vs. 2013 vs. 2018 ············· 20
[그림 2-17] 미국 오프라인 음반시장 규모 및 성장률, 2009 - 2018 ················ 21
[그림 2-18] 미국 디지털 음원시장 규모 및 성장률, 2009 - 2018 ··················· 22
[그림 2-19] 미국 공연 음악시장 규모 및 성장률, 2009-2018 ······················· 23
[그림 2-20] 미국 게임시장 분야별 비중 비교, 2009 vs. 2013 vs. 2018 ············· 26
[그림 2-21] 미국 콘솔 게임시장 규모 및 성장률, 2009 - 2018 ····················· 27
[그림 2-22] 미국 온라인 게임시장 규모 및 성장률, 2009 - 2018 ··················· 28
[그림 2-23] 미국 PC 게임시장 규모 및 성장률, 2009 - 2018 ······················· 29
[그림 2-24] 미국 모바일 게임시장 규모 및 성장률, 2009 - 2018 ··················· 30
[그림 2-25] 미국 게임 광고시장 규모 및 성장률, 2009 - 2018 ····················· 31
[그림 2-26] 미국 영화시장 분야별 비중 비교, 2009 vs. 2013 vs. 2018 ············· 32

Contents

[그림 2-27] 미국 박스오피스시장 규모 및 성장률, 2009 - 2018 ················ 33
[그림 2-28] 미국 홈비디오시장 규모 및 성장률, 2009 - 2018 ·················· 34
[그림 2-29] 미국 디지털배급시장 규모 및 성장률, 2009 - 2018 ················ 35
[그림 2-30] 미국 애니메이션시장 규모 및 성장률, 2009 - 2018 ················ 36
[그림 2-31] 미국 애니메이션시장 분야별 비중 비교, 2009 vs. 2013 vs. 2018 ······ 37
[그림 2-32] 미국 영화 애니메이션시장 규모 및 성장률, 2009 - 2018 ············ 38
[그림 2-33] 미국 방송 애니메이션시장 규모 및 성장률, 2009 - 2018 ············ 38
[그림 2-34] 미국 홈비디오 애니메이션시장 규모 및 성장률, 2009 - 2018 ········ 39
[그림 2-35] 미국 디지털배급 애니메이션시장 규모 및 성장률, 2009 - 2018 ······ 40
[그림 2-36] 미국 방송시장 분야별 비중 비교, 2009 vs. 2013 vs. 2018 ············ 41
[그림 2-37] 미국 TV 수신료시장 규모 및 성장률, 2009 - 2018 ·················· 42
[그림 2-38] 미국 TV 광고시장(방송) 규모 및 성장률, 2009 - 2018 ·············· 43
[그림 2-39] 미국 라디오시장 규모 및 성장률, 2009 - 2018 ···················· 44
[그림 2-40] 미국 광고시장 분야별 비중 비교, 2009 vs. 2013 vs. 2018 ············ 46
[그림 2-41] 미국 TV 광고시장 규모 및 성장률, 2009 - 2018 ···················· 47
[그림 2-42] 미국 인터넷 광고시장 규모 및 성장률, 2009 - 2018 ················ 48
[그림 2-43] 미국 신문 광고시장 규모 및 성장률, 2009-2018 ···················· 49
[그림 2-44] 미국 캐릭터·라이선스시장 규모 및 성장률, 2009-2018 ·············· 50
[그림 2-45] 미국 캐릭터·라이선스 부문별 시장 비중 비교, 2009 vs. 2011 vs. 2013 ······ 51
[그림 2-46] 미국 캐릭터·라이선스 제품별 시장 비중 비교, 2009 vs. 2011 vs. 2013 ······ 52
[그림 2-47] 미국 지식정보시장 분야별 비중 비교, 2009 vs. 2013 vs. 2018 ········ 54
[그림 2-48] 미국 인터넷접근시장 규모 및 성장률, 2009-2018 ·················· 55
[그림 2-49] 미국 전문정보시장 규모 및 성장률, 2009-2018 ···················· 56
[그림 2-50] 플립보드 스크린샷 ···································· 57
[그림 2-51] 미국 최초 웹코믹스 플랫폼 타파스틱(Tapastic) ···················· 61
[그림 2-52] 미국 음악시장 분야별 비중과 스트리밍 서비스의 점유율 추이 ········ 63
[그림 2-53] iTunes와 아마존의 유료 다운로드 유저 성장률과 Spotify 유료가입자 수 비교 · 63
[그림 2-54] 미국 스트리밍 음악시장 점유율 ································ 65
[그림 2-55] 애플의 앱스토어 F2P 게임 다운로드 표기 방식의 변화, "FREE에서 GET으로" ··· 71
[그림 2-56] 미국 및 전 세계 넷플릭스 가입자 수 추이, 2011.3Q - 2014. 2Q ·········· 72

[그림 2-57]	미국 네이티브 광고와 디스플레이 광고비용 비교	78
[그림 2-58]	실시간 경매 시스템 프로세스	80
[그림 2-59]	미국 프로그래매틱 구매(Programmatic buying)시장 규모 추이 (2012-2017)	81
[그림 2-60]	미국인들이 선호하는 디지털기기	88
[그림 2-61]	미국인들의 인터넷 사용 빈도	88
[그림 2-62]	인터넷 이용 시 선호하는 스마트기기	89
[그림 2-63]	상품 및 서비스 구매 시 인터넷이 도움이 된 분야	90
[그림 2-64]	스마트폰 이용 행태 조사 응답자 특성	90
[그림 2-65]	스마트폰을 가장 많이 이용하는 장소	91
[그림 2-66]	스마트폰 이용 시 주요 이용 서비스	92
[그림 2-67]	오프라인 광고에 노출된 후 모바일로 검색을 실행하는 비율	92
[그림 2-68]	미국 사람들이 스마트폰에서 모바일 광고를 보는 위치	93
[그림 2-69]	스마트폰을 이용하면서 다른 활동을 하는 비율	94
[그림 2-70]	미국 오프라인 매체별 뉴스콘텐츠 이용률 현황 (2014)	95
[그림 2-71]	미국 온라인 매체별 뉴스콘텐츠 이용률 현황 (2014)	95
[그림 2-72]	미국 오프라인 브랜드별 뉴스콘텐츠 이용률 현황 (2014)	96
[그림 2-73]	미국 온라인 브랜드별 뉴스콘텐츠 이용률 현황 (2014)	97
[그림 2-74]	미국 소셜네트워크별 뉴스콘텐츠 이용률 현황 (2014)	98
[그림 2-75]	미국 신문 온·오프라인 매체별 이용률 현황 (2014)	98
[그림 2-76]	미국 종이 신문 구입방법 현황 (2014)	99
[그림 2-77]	미국 모바일 단말별 뉴스콘텐츠 이용률 추이 2012-2014	100
[그림 2-78]	스마트기기별 온라인 비디오 시청 횟수	100
[그림 2-79]	온라인 비디오 시청 시 주로 이용하는 플랫폼	101
[그림 2-80]	온라인 비디오를 시청하는 이유	102
[그림 2-81]	온라인 비디오 시청 시 주요 장르	102
[그림 2-82]	가정 내 스트리밍 동영상 이용 비중, 2014 vs. 2013	103
[그림 2-83]	매주 스트리밍 동영상을 시청하는 비중: 2014 vs. 2013	104
[그림 2-84]	스트리밍 동영상 시청을 위해 이용하는 단말	104
[그림 2-85]	프라임 타임대 선호하는 시청방식: 2014 vs. 2013	104
[그림 2-86]	각 시청방식 별 만족도 측정	105

Contents

[그림 2-87] 커넥티드TV vs. 실시간TV 유저경험 비교 ··············· 105
[그림 2-88] 실시간/스트리밍TV 시청 시 개인/공동 시청 여부 ··············· 106
[그림 2-89] 커넥티드TV 기반 스트리밍 동영상 시청의 이점 ··············· 106
[그림 2-90] 코드컷터들의 커넥티드TV 이용 의향 ··············· 107
[그림 2-91] 스트리밍 서비스 비즈니스모델 관련 선호도 ··············· 107
[그림 2-92] 2013년 미국인이 선호하는 음악 장르 ··············· 108
[그림 2-93] 2013년 미국인이 선호한 비소설 부문 ··············· 111
[그림 2-94] 코믹솔로지의 웹 화면과 아이패드용 앱 화면 ··············· 118
[그림 2-95] 다크호스코믹스의 웹 화면과 앱 구동 화면 ··············· 119
[그림 2-96] 스포티파이 웹플레이어와 아이패드용 앱 화면 ··············· 120
[그림 2-97] 판도라 라디오 앱 화면 ··············· 121
[그림 2-98] 알디오 웹 화면과 앱 화면 ··············· 122
[그림 2-99] 라스트 에프엠 웹 화면 ··············· 122
[그림 2-100] 미 FCC 전략계획 체계 ··············· 129
[그림 3-1] 캐나다 콘텐츠시장 규모 및 성장률, 2009 - 2018 ··············· 140
[그림 3-2] 캐나다 콘텐츠별 시장점유율, 2009 vs. 2013 vs. 2018 ··············· 141
[그림 3-3] 캐나다 콘텐츠별 연평균성장률 추정 2013-2018 ··············· 141
[그림 3-4] 캐나다 출판시장 규모 및 성장률, 2009-2018 ··············· 143
[그림 3-5] 캐나다 출판시장 비중 비교, 2009 vs. 2013 vs. 2018 ··············· 143
[그림 3-6] 캐나다 도서시장 규모 및 성장률, 2009-2018 ··············· 145
[그림 3-7] 캐나다 신문시장 규모 및 성장률, 2009-2018 ··············· 146
[그림 3-8] 캐나다 잡지시장 규모 및 성장률, 2009-2018 ··············· 147
[그림 3-9] 캐나다 만화시장 규모 및 성장률, 2009-2018 ··············· 148
[그림 3-10] 캐나다 만화시장별 비중 비교, 2009 vs. 2013 vs. 2018 ··············· 148
[그림 3-11] 캐나다 인쇄 만화시장 규모 및 성장률, 2009-2018 ··············· 149
[그림 3-12] 캐나다 디지털 만화시장 규모 및 성장률, 2009-2018 ··············· 150
[그림 3-13] 캐나다 음악시장 규모 및 성장률, 2009 - 2018 ··············· 151
[그림 3-14] 캐나다 음악시장 분야별 비중 비교, 2009 vs. 2013 vs. 2018 ··············· 152
[그림 3-15] 캐나다 오프라인 음반시장 규모 및 성장률, 2009 - 2018 ··············· 152
[그림 3-16] 캐나다 디지털 음원시장 규모 및 성장률, 2009 - 2018 ··············· 153

[그림 3-17] 캐나다 공연 음악시장 규모 및 성장률, 2009-2018 ·················· 154
[그림 3-18] 캐나다 게임시장 규모 및 성장률, 2009 - 2018 ·················· 156
[그림 3-19] 캐나다 게임시장 분야별 비중 비교, 2009 vs. 2013 vs. 2018 ·········· 156
[그림 3-20] 캐나다 콘솔 게임시장 규모 및 성장률, 2009 - 2018 ·················· 157
[그림 3-21] 캐나다 온라인 게임시장 규모 및 성장률, 2009 - 2018 ·················· 158
[그림 3-22] 캐나다 PC 게임시장 규모 및 성장률, 2009 - 2018 ·················· 158
[그림 3-23] 캐나다 모바일 게임시장 규모 및 성장률, 2009 - 2018 ·················· 159
[그림 3-24] 캐나다 영화시장 규모 및 성장률, 2009 - 2018 ·················· 160
[그림 3-25] 캐나다 영화시장 분야별 비중 비교, 2009 vs. 2013 vs. 2018 ·········· 161
[그림 3-26] 캐나다 박스오피스시장 규모 및 성장률, 2009 - 2018 ·················· 162
[그림 3-27] 캐나다 홈비디오시장 규모 및 성장률, 2009 - 2018 ·················· 163
[그림 3-28] 캐나다 디지털배급시장 규모 및 성장률, 2009 - 2018 ·················· 164
[그림 3-29] 캐나다 애니메이션시장 규모 및 성장률, 2009 - 2018 ·················· 165
[그림 3-30] 캐나다 애니메이션시장 분야별 비중 비교, 2009 vs. 2013 vs. 2018 ······ 165
[그림 3-31] 캐나다 영화 애니메이션시장 규모 및 성장률, 2009 - 2018 ·················· 166
[그림 3-32] 캐나다 방송 애니메이션시장 규모 및 성장률, 2009 - 2018 ·················· 167
[그림 3-33] 캐나다 홈비디오 애니메이션시장 규모 및 성장률, 2009 - 2018 ·········· 167
[그림 3-34] 캐나다 디지털배급 애니메이션시장 규모 및 성장률, 2009 - 2018 ········· 168
[그림 3-35] 캐나다 방송시장 규모 및 성장률, 2009 - 2018 ·················· 169
[그림 3-36] 캐나다 방송시장 분야별 비중 비교, 2009 vs. 2013 vs. 2018 ·········· 170
[그림 3-37] 캐나다 TV 수신료시장 규모 및 성장률, 2009 - 2018 ·················· 171
[그림 3-38] 캐나다 TV 광고시장(방송) 규모 및 성장률, 2009 - 2018 ·················· 171
[그림 3-39] 캐나다 라디오시장 규모 및 성장률, 2009 - 2018 ·················· 172
[그림 3-40] 캐나다 광고시장 규모 및 성장률, 2009 - 2018 ·················· 173
[그림 3-41] 캐나다 광고시장 분야별 비중 비교, 2009 vs. 2013 vs. 2018 ·········· 174
[그림 3-42] 캐나다 TV 광고시장 규모 및 성장률, 2009 - 2018 ·················· 175
[그림 3-43] 캐나다 인터넷 광고시장 규모 및 성장률, 2009 - 2018 ·················· 176
[그림 3-44] 캐나다 신문 광고시장 규모 및 성장률, 2009-2018 ·················· 177
[그림 3-45] 캐나다 옥외 광고시장 규모 및 성장률, 2009-2018 ·················· 178
[그림 3-46] 캐나다 캐릭터·라이선스시장 규모 및 성장률, 2009-2018 ·········· 179

Contents

[그림 3-47] 캐나다 캐릭터·라이선스 부문별 시장 비중 비교, 2009 vs. 2011 vs. 2013 · 179
[그림 3-48] 캐나다 캐릭터·라이선스 제품별 시장 비중 비교, 2009 vs. 2011 vs. 2013 · 180
[그림 3-49] 캐나다 지식정보시장 규모 및 성장률, 2009-2018 ··········· 182
[그림 3-50] 캐나다 지식정보시장 분야별 비중 비교, 2009 vs. 2013 vs. 2018 ··········· 183
[그림 3-51] 캐나다 인터넷접근시장 규모 및 성장률, 2009-2018 ··········· 184
[그림 3-52] 캐나다 전문정보시장 규모 및 성장률, 2009-2018 ··········· 185
[그림 3-53] 캐나다 코드커팅 가구 증가 추이 (2011-2014) ··········· 191
[그림 3-54] 캐나다인들이 선호하는 디지털기기 ··········· 193
[그림 3-55] 캐나다인들의 인터넷 사용 빈도 ··········· 194
[그림 3-56] 인터넷 이용 시 선호하는 스마트기기 ··········· 195
[그림 3-57] 상품 및 서비스 구매 시 인터넷이 도움이 된 분야 ··········· 195
[그림 3-58] 스마트폰 이용 행태 조사 응답자 특성 ··········· 196
[그림 3-59] 스마트폰을 가장 많이 이용하는 장소 ··········· 197
[그림 3-60] 스마트폰 이용 시 주요 이용 서비스 ··········· 197
[그림 3-61] 오프라인 광고에 노출된 후 모바일로 검색을 실행하는 비율 ··········· 198
[그림 3-62] 캐나다 사람들이 스마트폰에서 모바일 광고를 보는 위치 ··········· 199
[그림 3-63] 스마트폰을 이용하면서 다른 활동을 하는 비율 ··········· 199
[그림 3-64] 스마트기기별 온라인 비디오 시청 횟수 ··········· 200
[그림 3-65] 온라인 비디오 시청 시 주로 이용하는 플랫폼 ··········· 200
[그림 3-66] 온라인 비디오를 시청하는 이유 ··········· 201
[그림 3-67] 온라인 비디오 시청 시 주요 장르 ··········· 201
[그림 4-1] 중남미지역 콘텐츠시장 규모 및 성장률, 2009-2018 ··········· 217
[그림 4-2] 중남미지역 콘텐츠시장 국가별 점유율, 2009 vs. 2013 vs. 2018 ··········· 219
[그림 4-3] 중남미지역 국가들의 향후 5년간 연평균 성장률 추정 ··········· 220
[그림 4-4] 브라질 콘텐츠시장 규모 및 성장률, 2009-2018 ··········· 222
[그림 4-5] 브라질 콘텐츠별 시장점유율, 2009 vs. 2013 vs. 2018 ··········· 222
[그림 4-6] 브라질 콘텐츠별 연평균성장률 추정 2013-2018 ··········· 223
[그림 4-7] 브라질 출판시장 규모 및 성장률, 2009-2018 ··········· 225
[그림 4-8] 브라질 출판시장 비중 비교, 2009 vs. 2013 vs. 2018 ··········· 225
[그림 4-9] 브라질 도서시장 규모 및 성장률, 2009-2018 ··········· 226

[그림 4-10] 브라질 신문시장 규모 및 성장률, 2009-2018 ······················ 227
[그림 4-11] 브라질 잡지시장 규모 및 성장률, 2009-2018 ······················ 228
[그림 4-12] 브라질 만화시장 규모 및 성장률, 2009-2018 ······················ 229
[그림 4-13] 브라질 만화시장별 비중 비교, 2009 vs. 2013 vs. 2018 ············ 229
[그림 4-14] 브라질 인쇄 만화시장 규모 및 성장률, 2009-2018 ················· 230
[그림 4-15] 브라질 인쇄 디지털 만화시장 규모 및 성장률, 2009-2018 ········· 231
[그림 4-16] 브라질 음악시장 규모 및 성장률, 2009 - 2018 ······················ 232
[그림 4-17] 브라질 음악시장 분야별 비중 비교, 2009 vs. 2013 vs. 2018 ······· 232
[그림 4-18] 브라질 음반시장 규모 및 성장률, 2009 - 2018 ······················ 233
[그림 4-19] 브라질 디지털 음원시장 규모 및 성장률, 2009 - 2018 ·············· 234
[그림 4-20] 브라질 공연 음악시장 규모 및 성장률, 2009-2018 ················· 235
[그림 4-21] 브라질 게임시장 규모 및 성장률, 2009 - 2018 ······················ 236
[그림 4-22] 브라질 게임시장 분야별 비중 비교, 2009 vs. 2013 vs. 2018 ······· 237
[그림 4-23] 브라질 콘솔 게임시장 규모 및 성장률, 2009 - 2018 ················ 238
[그림 4-24] 브라질 온라인 게임시장 규모 및 성장률, 2009 - 2018 ·············· 239
[그림 4-25] 브라질 PC 게임시장 규모 및 성장률, 2009 - 2018 ·················· 239
[그림 4-26] 브라질 모바일 게임시장 규모 및 성장률, 2009 - 2018 ·············· 240
[그림 4-27] 브라질 영화시장 규모 및 성장률, 2009 - 2018 ······················ 241
[그림 4-28] 브라질 영화시장 분야별 비중 비교, 2009 vs. 2013 vs. 2018 ······· 242
[그림 4-29] 브라질 박스오피스시장 규모 및 성장률, 2009 - 2018 ··············· 243
[그림 4-30] 브라질 홈비디오시장 규모 및 성장률, 2009 - 2018 ················· 243
[그림 4-31] 브라질 디지털배급시장 규모 및 성장률, 2009 - 2018 ··············· 244
[그림 4-32] 브라질 애니메이션시장 규모 및 성장률, 2009 - 2018 ··············· 245
[그림 4-33] 브라질 애니메이션시장 분야별 비중 비교, 2009 vs. 2013 vs. 2018 ······ 246
[그림 4-34] 브라질 영화 애니메이션시장 규모 및 성장률, 2009 - 2018 ········· 246
[그림 4-35] 브라질 방송 애니메이션시장 규모 및 성장률, 2009 - 2018 ········· 247
[그림 4-36] 브라질 홈비디오 애니메이션시장 규모 및 성장률, 2009 - 2018 ···· 248
[그림 4-37] 브라질 디지털배급 애니메이션시장 규모 및 성장률, 2009 - 2018 ····· 248
[그림 4-38] 브라질 방송시장 규모 및 성장률, 2009 - 2018 ······················ 250
[그림 4-39] 브라질 방송시장 분야별 비중 비교, 2009 vs. 2013 vs. 2018 ······· 250

[그림 4-40] 브라질 TV 수신료시장 규모 및 성장률, 2009 - 2018	251
[그림 4-41] 브라질 TV 광고시장(방송) 규모 및 성장률, 2009 - 2018	252
[그림 4-42] 브라질 라디오시장 규모 및 성장률, 2009 - 2018	253
[그림 4-43] 브라질 광고시장 규모 및 성장률, 2009 - 2018	255
[그림 4-44] 브라질 광고시장 분야별 비중 비교, 2009 vs. 2013 vs. 2018	255
[그림 4-45] 브라질 TV 광고시장 규모 및 성장률, 2009 - 2018	256
[그림 4-46] 브라질 인터넷 광고시장 규모 및 성장률, 2009 - 2018	257
[그림 4-47] 브라질 신문 광고시장 규모 및 성장률, 2009-2018	258
[그림 4-48] 브라질 옥외 광고시장 규모 및 성장률, 2009-2018	259
[그림 4-49] 브라질 캐릭터·라이선스시장 규모 및 성장률, 2009-2018	260
[그림 4-50] 브라질 캐릭터·라이선스 부문별 시장 비중 비교, 2009 vs. 2011 vs. 2013	260
[그림 4-51] 브라질 캐릭터·라이선스 제품별 시장 비중 비교, 2009 vs. 2011 vs. 2013	261
[그림 4-52] 브라질 지식정보시장 규모 및 성장률, 2009-2018	263
[그림 4-53] 브라질 지식정보시장 분야별 비중 비교, 2009 vs. 2013 vs. 2018	264
[그림 4-54] 브라질 인터넷접근시장 규모 및 성장률, 2009-2018	265
[그림 4-55] 브라질 전문정보시장 규모 및 성장률, 2009-2018	266
[그림 4-56] 브라질 사람들이 선호하는 음악 매체	269
[그림 4-57] 가장 높은 지출을 보인 게임 플랫폼	271
[그림 4-58] 브라질 극장용 애니메이션 개봉 수 추이 (1995-2013)	273
[그림 4-59] 'Rio 2096'과 '소년과 세상'	275
[그림 4-60] 글로보 매출 변화 추이	278
[그림 4-61] 브라질 광고시장에 투자한 글로벌기업	279
[그림 4-62] 6월 월드컵기간과 평상시의 광고 노출도	280
[그림 4-63] B2C 전자상거래 매출 성장 추이	282
[그림 4-64] 브라질 이동통신 가입자	283
[그림 4-65] 브라질 사람들이 선호하는 디지털기기	285
[그림 4-66] 브라질 사람들의 인터넷 사용 빈도	285
[그림 4-67] 인터넷 이용 시 선호하는 스마트기기	286
[그림 4-68] 상품 및 서비스 구매 시 인터넷이 도움이 된 분야	287
[그림 4-69] 스마트폰 이용 행태 조사 응답자 특성	287

[그림 4-70] 스마트폰을 가장 많이 이용하는 장소 ·· 288
[그림 4-71] 스마트폰 이용 시 주요 이용 서비스 ······································ 288
[그림 4-72] 오프라인 광고에 노출된 후 모바일로 검색을 실행하는 비율 ·············· 289
[그림 4-73] 브라질 사람들이 스마트폰에서 모바일 광고를 보는 위치 ·················· 290
[그림 4-74] 스마트폰을 이용하면서 다른 활동을 하는 비율 ························· 290
[그림 4-75] 브라질 온라인 매체별 뉴스콘텐츠 이용률 현황 (2014) ···················· 291
[그림 4-76] 브라질 오프라인 브랜드별 뉴스콘텐츠 이용률 현황 (2014) ············· 292
[그림 4-77] 브라질 온라인 브랜드별 뉴스콘텐츠 이용률 현황 (2014) ················ 293
[그림 4-78] 브라질 소셜네트워크별 뉴스콘텐츠 이용률 현황 (2014) ················· 294
[그림 4-79] 브라질 신문 온·오프라인 매체별 이용률 현황 (2014) ····················· 294
[그림 4-80] 브라질 종이 신문 구입방법 현황 (2014) ···································· 295
[그림 4-81] 브라질 모바일 단말별 뉴스콘텐츠 이용률 추이, 2012-2014 ············· 296
[그림 4-82] 스마트기기별 온라인 비디오 시청 횟수 ······································· 296
[그림 4-83] 온라인 비디오 시청 시 주로 이용하는 플랫폼 ······························ 297
[그림 4-84] 온라인 비디오를 시청하는 이유 ··· 297
[그림 4-85] 온라인 비디오 시청 시 주요 장르 ··· 298
[그림 4-86] 음악 재생기기에 대한 선호도 ··· 299
[그림 5-1] 멕시코 콘텐츠시장 규모 및 성장률, 2009 – 2018 ··························· 316
[그림 5-2] 멕시코 콘텐츠별 시장점유율, 2009 vs. 2013 vs. 2018 ···················· 316
[그림 5-3] 멕시코 콘텐츠별 연평균성장률 추정 2013-2018 ····························· 317
[그림 5-4] 멕시코 출판시장 규모 및 성장률, 2009-2018 ································· 319
[그림 5-5] 멕시코 출판시장 비중 비교, 2009 vs. 2013 vs. 2018 ······················· 319
[그림 5-6] 멕시코 도서시장 규모 및 성장률, 2009-2018 ································· 320
[그림 5-7] 멕시코 신문시장 규모 및 성장률, 2009-2018 ································· 321
[그림 5-8] 멕시코 잡지시장 규모 및 성장률, 2009-2018 ································· 322
[그림 5-9] 멕시코 만화시장 규모 및 성장률, 2009-2018 ································· 323
[그림 5-10] 멕시코 만화시장별 비중 비교, 2009 vs. 2013 vs. 2018 ················· 323
[그림 5-11] 멕시코 인쇄 만화시장 규모 및 성장률, 2009-2018 ························ 324
[그림 5-12] 멕시코 디지털 만화시장 규모 및 성장률, 2009-2018 ···················· 325
[그림 5-13] 멕시코 음악시장 규모 및 성장률, 2009 – 2018 ···························· 326

Contents

[그림 5-14] 멕시코 음악시장 분야별 비중 비교, 2009 vs. 2013 vs. 2018 ·········· 326
[그림 5-15] 멕시코 오프라인 음반시장 규모 및 성장률, 2009 - 2018 ············ 327
[그림 5-16] 멕시코 디지털 음원시장 규모 및 성장률, 2009 - 2018 ··············· 328
[그림 5-17] 멕시코 공연 음악시장 규모 및 성장률, 2009-2018 ················· 329
[그림 5-18] 멕시코 게임시장 규모 및 성장률, 2009 - 2018 ······················· 330
[그림 5-19] 멕시코 게임시장 분야별 비중 비교, 2009 vs. 2013 vs. 2018 ········ 331
[그림 5-20] 멕시코 콘솔 게임시장 규모 및 성장률, 2009 - 2018 ················· 332
[그림 5-21] 멕시코 온라인 게임시장 규모 및 성장률, 2009 - 2018 ··············· 332
[그림 5-22] 멕시코 PC 게임시장 규모 및 성장률, 2009 - 2018 ··················· 333
[그림 5-23] 멕시코 모바일 게임시장 규모 및 성장률, 2009 - 2018 ··············· 334
[그림 5-24] 멕시코 영화시장 규모 및 성장률, 2009 - 2018 ······················· 335
[그림 5-25] 멕시코 영화시장 분야별 비중 비교, 2009 vs. 2013 vs. 2018 ········ 336
[그림 5-26] 멕시코 박스오피스시장 규모 및 성장률, 2009 - 2018 ··············· 336
[그림 5-27] 멕시코 홈비디오시장 규모 및 성장률, 2009 - 2018 ················· 337
[그림 5-28] 멕시코 디지털배급시장 규모 및 성장률, 2009 - 2018 ··············· 338
[그림 5-29] 멕시코 애니메이션시장 규모 및 성장률, 2009 - 2018 ··············· 339
[그림 5-30] 멕시코 애니메이션시장 분야별 비중 비교, 2009 vs. 2013 vs. 2018 ········ 339
[그림 5-31] 멕시코 영화 애니메이션시장 규모 및 성장률, 2009 - 2018 ········· 340
[그림 5-32] 멕시코 방송 애니메이션시장 규모 및 성장률, 2009 - 2018 ········· 341
[그림 5-33] 멕시코 홈비디오 애니메이션시장 규모 및 성장률, 2009 - 2018 ····· 341
[그림 5-34] 멕시코 디지털배급 애니메이션시장 규모 및 성장률, 2009 - 2018 ········· 342
[그림 5-35] 멕시코 방송시장 규모 및 성장률, 2009 - 2018 ······················· 343
[그림 5-36] 멕시코 방송시장 분야별 비중 비교, 2009 vs. 2013 vs. 2018 ········ 344
[그림 5-37] 멕시코 TV 수신료시장 규모 및 성장률, 2009 - 2018 ··············· 345
[그림 5-38] 멕시코 TV 광고시장(방송) 규모 및 성장률, 2009 - 2018 ··········· 345
[그림 5-39] 멕시코 라디오시장 규모 및 성장률, 2009 - 2018 ··················· 346
[그림 5-40] 멕시코 광고시장 규모 및 성장률, 2009 - 2018 ······················· 348
[그림 5-41] 멕시코 광고시장 분야별 비중 비교, 2009 vs. 2013 vs. 2018 ········ 348
[그림 5-42] 멕시코 TV 광고시장 규모 및 성장률, 2009 - 2018 ················· 349
[그림 5-43] 멕시코 인터넷 광고시장 규모 및 성장률, 2009 - 2018 ············· 350

[그림 5-44] 멕시코 신문 광고시장 규모 및 성장률, 2009-2018 ·················· 351
[그림 5-45] 멕시코 옥외 광고시장 규모 및 성장률, 2009-2018 ·················· 352
[그림 5-46] 멕시코 캐릭터·라이선스시장 규모 및 성장률, 2009-2018 ············ 353
[그림 5-47] 멕시코 캐릭터·라이선스 부문별 시장 비중 비교, 2009 vs. 2011 vs. 2013 · 353
[그림 5-48] 멕시코 캐릭터·라이선스 제품별 시장 비중 비교, 2009 vs. 2011 vs. 2013 · 354
[그림 5-49] 멕시코 지식정보시장 규모 및 성장률, 2009-2018 ·················· 356
[그림 5-50] 멕시코 지식정보시장 분야별 비중 비교, 2009 vs. 2013 vs. 2018 ·········· 357
[그림 5-51] 멕시코 인터넷접근시장 규모 및 성장률, 2009-2018 ·················· 358
[그림 5-52] 멕시코 전문정보시장 규모 및 성장률, 2009-2018 ·················· 359
[그림 5-53] 멕시코 자국 영화제작 편수 ·································· 364
[그림 5-54] 멕시코 영화 관람객 수 추이, 2006-2013 ························· 365
[그림 5-55] 멕시코 유료방송사업자 별 점유율 추이 2010-2013 ················· 369
[그림 5-56] 기업과 디지털 디스플레이 광고 ································ 370
[그림 5-57] 모바일을 통한 디지털 광고 지출 ······························· 371
[그림 5-58] 멕시코인들이 선호하는 디지털기기 ···························· 374
[그림 5-59] 멕시코인들의 인터넷 사용 빈도 ······························· 375
[그림 5-60] 인터넷 이용 시 선호하는 스마트기기 ·························· 376
[그림 5-61] 상품 및 서비스 구매 시 인터넷이 도움이 된 분야 ················ 376
[그림 5-62] 스마트폰을 가장 많이 이용하는 장소 ·························· 377
[그림 5-63] 스마트폰 이용 시 주요 이용 서비스 ···························· 378
[그림 5-64] 오프라인 광고에 노출된 후 모바일로 검색을 실행하는 비율 ·········· 378
[그림 5-65] 멕시코 사람들이 스마트폰에서 모바일 광고를 보는 위치 ············ 379
[그림 5-66] 스마트폰을 이용하면서 다른 활동을 하는 비율 ···················· 380
[그림 5-67] 스마트기기별 온라인 비디오 시청 횟수 ························· 380
[그림 5-68] 온라인 비디오 시청 시 주로 이용하는 플랫폼 ····················· 381
[그림 5-69] 온라인 비디오를 시청하는 이유 ······························· 381
[그림 5-70] 온라인 비디오 시청 시 주요 장르 ······························ 382
[그림 5-71] 멕시코인이 선호하는 디지털 음원구입 형태 ······················ 382
[그림 5-72] 멕시코 오프라인 음반 구매자들이 선호하는 음악 ·················· 383
[그림 5-73] 멕시코의 페이스북 이용자 수 ································ 384

[그림 5-74] 모바일기기를 이용한 웹사이트 방문자 수	385
[그림 5-75] 멕시코 시네폴리스 영화관	387
[그림 5-76] 멕시코 시네멕스 영화관	387
[그림 5-77] 멕시코 MMCinemas 영화관	388
[그림 6-1] 아르헨티나 콘텐츠시장 규모 및 성장률, 2009-2018	399
[그림 6-2] 아르헨티나 콘텐츠별 시장점유율, 2009 vs. 2013 vs. 2018	399
[그림 6-3] 아르헨티나 콘텐츠별 연평균성장률 추정 2013-2018	400
[그림 6-4] 아르헨티나 출판시장 규모 및 성장률, 2009-2018	402
[그림 6-5] 아르헨티나 출판시장 비중 비교, 2009 vs. 2013 vs. 2018	402
[그림 6-6] 아르헨티나 도서시장 규모 및 성장률, 2009-2018	404
[그림 6-7] 아르헨티나 신문시장 규모 및 성장률, 2009-2018	404
[그림 6-8] 아르헨티나 잡지시장 규모 및 성장률, 2009-2018	405
[그림 6-9] 아르헨티나 만화시장 규모 및 성장률, 2009-2018	406
[그림 6-10] 아르헨티나 만화시장별 비중 비교, 2009 vs. 2013 vs. 2018	407
[그림 6-11] 아르헨티나 인쇄 만화시장 규모 및 성장률, 2009-2018	408
[그림 6-12] 아르헨티나 디지털 만화시장 규모 및 성장률, 2009-2018	408
[그림 6-13] 아르헨티나 음악시장 규모 및 성장률, 2009 - 2018	409
[그림 6-14] 아르헨티나 음악시장 분야별 비중 비교, 2009 vs. 2013 vs. 2018	410
[그림 6-15] 아르헨티나 음반시장 규모 및 성장률, 2009 - 2018	411
[그림 6-16] 아르헨티나 디지털 음원시장 규모 및 성장률, 2009 - 2018	412
[그림 6-17] 아르헨티나 공연 음악시장 규모 및 성장률, 2009-2018	413
[그림 6-18] 아르헨티나 게임시장 규모 및 성장률, 2009 - 2018	414
[그림 6-19] 아르헨티나 게임시장 분야별 비중 비교, 2009 vs. 2013 vs. 2018	415
[그림 6-20] 아르헨티나 콘솔 게임시장 규모 및 성장률, 2009 - 2018	416
[그림 6-21] 아르헨티나 온라인 게임시장 규모 및 성장률, 2009 - 2018	417
[그림 6-22] 아르헨티나 PC 게임시장 규모 및 성장률, 2009 - 2018	417
[그림 6-23] 아르헨티나 모바일 게임시장 규모 및 성장률, 2009 - 2018	418
[그림 6-24] 아르헨티나 영화시장 규모 및 성장률, 2009 - 2018	419
[그림 6-25] 아르헨티나 영화시장 분야별 비중 비교, 2009 vs. 2013 vs. 2018	420
[그림 6-26] 아르헨티나 박스오피스시장 규모 및 성장률, 2009 - 2018	421

[그림 6-27] 아르헨티나 홈비디오시장 규모 및 성장률, 2009 - 2018 ·········· 422
[그림 6-28] 아르헨티나 디지털배급시장 규모 및 성장률, 2009 - 2018 ·········· 422
[그림 6-29] 아르헨티나 애니메이션시장 규모 및 성장률, 2009 - 2018 ·········· 424
[그림 6-30] 아르헨티나 애니메이션시장 분야별 비중 비교, 2009 vs. 2013 vs. 2018 ····· 424
[그림 6-31] 아르헨티나 영화 애니메이션시장 규모 및 성장률, 2009 - 2018 ·········· 425
[그림 6-32] 아르헨티나 방송 애니메이션시장 규모 및 성장률, 2009 - 2018 ·········· 426
[그림 6-33] 아르헨티나 홈비디오 애니메이션시장 규모 및 성장률, 2009 - 2018 ·········· 426
[그림 6-34] 아르헨티나 디지털배급 애니메이션시장 규모 및 성장률, 2009 - 2018 ·········· 427
[그림 6-35] 아르헨티나 방송시장 규모 및 성장률, 2009 - 2018 ·········· 428
[그림 6-36] 아르헨티나 방송시장 분야별 비중 비교, 2009 vs. 2013 vs. 2018 ·········· 429
[그림 6-37] 아르헨티나 TV 수신료시장 규모 및 성장률, 2009 - 2018 ·········· 430
[그림 6-38] 아르헨티나 TV 광고시장(방송) 규모 및 성장률, 2009 - 2018 ·········· 430
[그림 6-39] 아르헨티나 라디오시장 규모 및 성장률, 2009 - 2018 ·········· 431
[그림 6-40] 아르헨티나 광고시장 규모 및 성장률, 2009 - 2018 ·········· 433
[그림 6-41] 아르헨티나 광고시장 분야별 비중 비교, 2009 vs. 2013 vs. 2018 ·········· 433
[그림 6-42] 아르헨티나 TV 광고시장 규모 및 성장률, 2009 - 2018 ·········· 434
[그림 6-43] 아르헨티나 인터넷 광고시장 규모 및 성장률, 2009 - 2018 ·········· 435
[그림 6-44] 아르헨티나 신문 광고시장 규모 및 성장률, 2009-2018 ·········· 436
[그림 6-45] 아르헨티나 옥외 광고시장 규모 및 성장률, 2009-2018 ·········· 436
[그림 6-46] 아르헨티나 캐릭터·라이선스시장 규모 및 성장률, 2009-2018 ·········· 437
[그림 6-47] 아르헨티나 캐릭터·라이선스 부문별 시장 비중 비교, 2009 vs. 2011 vs. 2013 ····· 438
[그림 6-48] 아르헨티나 캐릭터·라이선스 제품별 시장 비중 비교, 2009 vs. 2011 vs. 2013 ···· 439
[그림 6-49] 아르헨티나 지식정보시장 규모 및 성장률, 2009-2018 ·········· 441
[그림 6-50] 아르헨티나 지식정보시장 분야별 비중 비교, 2009 vs. 2013 vs. 2018 ····· 441
[그림 6-51] 아르헨티나 인터넷접근시장 규모 및 성장률, 2009-2018 ·········· 442
[그림 6-52] 아르헨티나 전문정보시장 규모 및 성장률, 2009-2018 ·········· 443
[그림 6-53] 아르헨티나 애니메이션기업의 주요 활동분야 ·········· 448
[그림 6-54] 아르헨티나 애니메이션 수출대상국 현황 ·········· 449
[그림 6-55] 아르헨티나정부의 Grupo Clarin 분할 계획 ·········· 451
[그림 6-56] 아르헨티나인들이 선호하는 디지털기기 ·········· 454

Contents

[그림 6-57] 아르헨티나인의 인터넷 사용 빈도 ···································· 454
[그림 6-58] 인터넷 이용 시 선호하는 스마트기기 ······························ 455
[그림 6-59] 상품 및 서비스 구매 시 인터넷이 도움이 된 분야 ········· 456
[그림 6-60] 스마트폰 이용행태 조사 응답자 특성 ······························ 456
[그림 6-61] 스마트폰을 가장 많이 이용하는 장소 ······························ 457
[그림 6-62] 스마트폰 이용 시 주요 이용 서비스 ································ 458
[그림 6-63] 오프라인 광고에 노출된 후 모바일로 검색을 실행하는 비율 ···· 458
[그림 6-64] 아르헨티나 사람들이 스마트폰에서 모바일 광고를 보는 위치 ···· 459
[그림 6-65] 스마트폰을 이용하면서 다른 활동을 하는 비율 ·············· 460
[그림 6-66] 스마트기기별 온라인 비디오 시청 횟수 ··························· 460
[그림 6-67] 온라인 비디오 시청 시 주로 이용하는 플랫폼 ················ 461
[그림 6-68] 온라인 비디오를 시청하는 이유 ······································ 461
[그림 6-69] 온라인 비디오 시청 시 주요 장르 ··································· 462
[그림 6-70] 바하 뮤지카(Baja Musica) ·· 468
[그림 6-71] 퍼스널 뮤지카(Personal Musica) ······································ 468
[그림 6-72] 바탕가 라디오(Batanga Radio) ·· 469
[그림 6-73] 시엔 라디오(Cienradios) ··· 470
[그림 7-1] 칠레 콘텐츠시장 규모 및 성장률, 2009-2018 ··················· 476
[그림 7-2] 칠레 콘텐츠별 시장점유율, 2009 vs. 2013 vs. 2018 ········ 476
[그림 7-3] 칠레 콘텐츠별 연평균성장률 추정 2013-2018 ··················· 477
[그림 7-4] 칠레 출판시장 규모 및 성장률, 2009-2018 ······················ 479
[그림 7-5] 칠레 출판시장 분야별 비중 비교, 2009 vs. 2013 vs. 2018 ···· 479
[그림 7-6] 칠레 도서시장 규모 및 성장률, 2009-2018 ······················ 480
[그림 7-7] 칠레 신문시장 규모 및 성장률, 2009-2018 ······················ 481
[그림 7-8] 칠레 잡지시장 규모 및 성장률, 2009-2018 ······················ 482
[그림 7-9] 칠레 만화시장 규모 및 성장률, 2009-2018 ······················ 483
[그림 7-10] 칠레 만화시장별 비중 비교, 2009 vs. 2013 vs. 2018 ····· 484
[그림 7-11] 칠레 인쇄 만화시장 규모 및 성장률, 2009-2018 ············ 484
[그림 7-12] 칠레 인쇄 만화시장 규모 및 성장률, 2009-2018 ············ 485
[그림 7-13] 칠레 음악시장 규모 및 성장률, 2009-2018 ····················· 486

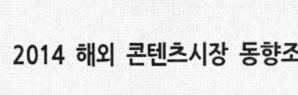

[그림 7-14] 칠레 음악시장 분야별 비중 비교, 2009 vs. 2013 vs. 2018 ·················· 487
[그림 7-15] 칠레 오프라인 음반시장 규모 및 성장률, 2009-2018 ·················· 488
[그림 7-16] 칠레 디지털 음원시장 규모 및 성장률, 2009-2018 ·················· 489
[그림 7-17] 칠레 공연 음악시장 규모 및 성장률, 2009-2018 ·················· 490
[그림 7-18] 칠레 게임시장 규모 및 성장률, 2009-2018 ·················· 491
[그림 7-19] 칠레 게임시장 분야별 비중 비교, 2009 vs. 2013 vs. 2018 ·················· 492
[그림 7-20] 칠레 콘솔 게임시장 규모 및 성장률, 2009-2018 ·················· 493
[그림 7-21] 칠레 온라인 게임시장 규모 및 성장률, 2009-2018 ·················· 493
[그림 7-22] 칠레 PC 게임시장 규모 및 성장률, 2009-2018 ·················· 494
[그림 7-23] 칠레 모바일 게임시장 규모 및 성장률, 2009-2018 ·················· 495
[그림 7-24] 칠레 영화시장 규모 및 성장률, 2009-2018 ·················· 496
[그림 7-25] 칠레 영화시장 분야별 비중 비교, 2009 vs. 2013 vs. 2018 ·················· 497
[그림 7-26] 칠레 박스오피스시장 규모 및 성장률, 2009 - 2018 ·················· 497
[그림 7-27] 칠레 홈비디오시장 규모 및 성장률, 2009 - 2018 ·················· 498
[그림 7-28] 칠레 디지털배급시장 규모 및 성장률, 2009 - 2018 ·················· 499
[그림 7-29] 칠레 애니메이션시장 규모 및 성장률, 2009 - 2018 ·················· 500
[그림 7-30] 칠레 애니메이션시장 분야별 비중 비교, 2009 vs. 2013 vs. 2018 ·················· 501
[그림 7-31] 칠레 영화 애니메이션시장 규모 및 성장률, 2009 - 2018 ·················· 502
[그림 7-32] 칠레 방송 애니메이션시장 규모 및 성장률, 2009 - 2018 ·················· 502
[그림 7-33] 칠레 홈비디오 애니메이션시장 규모 및 성장률, 2009 - 2018 ·················· 503
[그림 7-34] 칠레 디지털배급 애니메이션시장 규모 및 성장률, 2009 - 2018 ·················· 504
[그림 7-35] 칠레 방송시장 규모 및 성장률, 2009 - 2018 ·················· 505
[그림 7-36] 칠레 방송시장 분야별 비중 비교, 2009 vs. 2013 vs. 2018 ·················· 505
[그림 7-37] 칠레 TV 수신료시장 규모 및 성장률, 2009 - 2018 ·················· 506
[그림 7-38] 칠레 TV 광고시장(방송) 규모 및 성장률, 2009 - 2018 ·················· 507
[그림 7-39] 칠레 라디오시장 규모 및 성장률, 2009 - 2018 ·················· 507
[그림 7-40] 칠레 광고시장 규모 및 성장률, 2009 - 2018 ·················· 509
[그림 7-41] 칠레 광고시장 분야별 비중 비교, 2009 vs. 2013 vs. 2018 ·················· 509
[그림 7-42] 칠레 TV 광고시장 규모 및 성장률, 2009 - 2018 ·················· 510
[그림 7-43] 칠레 인터넷 광고시장 규모 및 성장률, 2009 - 2018 ·················· 511

Contents

[그림 7-44] 칠레 신문 광고시장 규모 및 성장률, 2009-2018 ········· 512
[그림 7-45] 칠레 옥외 광고시장 규모 및 성장률, 2009-2018 ········· 512
[그림 7-46] 칠레 캐릭터·라이선스시장 규모 및 성장률, 2009-2018 ········· 513
[그림 7-47] 칠레 캐릭터·라이선스 부문별 시장 비중 비교, 2011 vs. 2013 ········· 514
[그림 7-48] 칠레 캐릭터·라이선스 제품별 시장 비중 비교, 2009 vs. 2011 vs. 2013 ········· 515
[그림 7-49] 칠레 지식정보시장 규모 및 성장률, 2009-2018 ········· 517
[그림 7-50] 칠레 지식정보시장 분야별 비중 비교, 2009 vs. 2013 vs. 2018 ········· 517
[그림 7-51] 칠레 인터넷접근시장 규모 및 성장률, 2009-2018 ········· 518
[그림 7-52] 칠레 전문정보시장 규모 및 성장률, 2009-2018 ········· 519
[그림 7-53] 칠레 유료방송사업자별 가입자 수 비중 ········· 523
[그림 7-54] 2013년 칠레인들이 선호한 TV 방송 장르 ········· 527
[그림 7-55] 2013년 칠레 사람들이 가장 선호한 도서 장르 ········· 528
[그림 7-56] 칠레의 라디오 청취 연령 비중 ········· 529
[그림 7-57] AM/FM 라디오 청취인원 ········· 529
[그림 7-58] 칠레 자국 영화 개봉 수 추이, 2001-2013 ········· 531
[그림 7-59] 칠레 영화 배급사 점유율 현황 (2013) ········· 532

2014 해외 콘텐츠시장 동향조사

제6장
미주 콘텐츠시장 동향

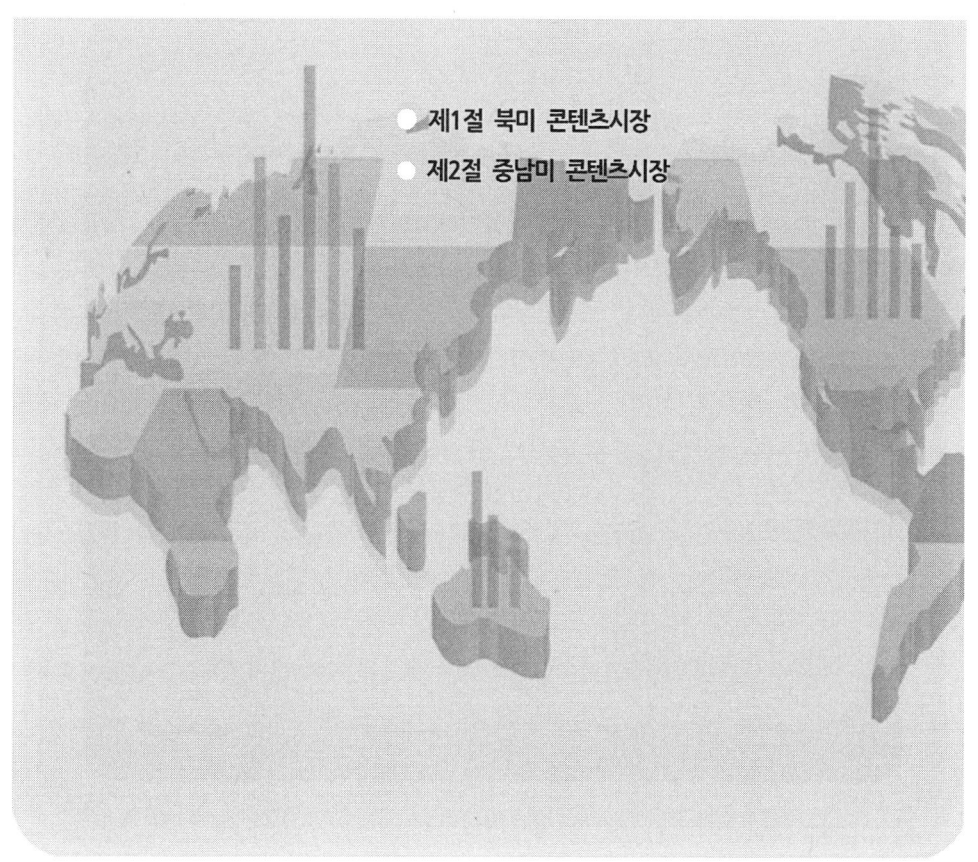

● 제1절 북미 콘텐츠시장
● 제2절 중남미 콘텐츠시장

제1절 북미 콘텐츠시장

북미지역은 2013년 세계 콘텐츠시장의 37.1% 비중을 보이며 전 세계 콘텐츠시장을 주도하고 있다. 아시아와 중남미지역 콘텐츠시장의 성장으로 인하여 앞으로 시장점유율이 다소 축소될 것으로 예상되지만 북미지역은 여전히 전 세계 콘텐츠시장에서 가장 큰 규모를 보이며 현재와 같은 영향력을 유지할 것으로 보인다.

[그림 1-1] 권역별 콘텐츠시장 비중 비교, 2009 vs. 2013 vs. 2018

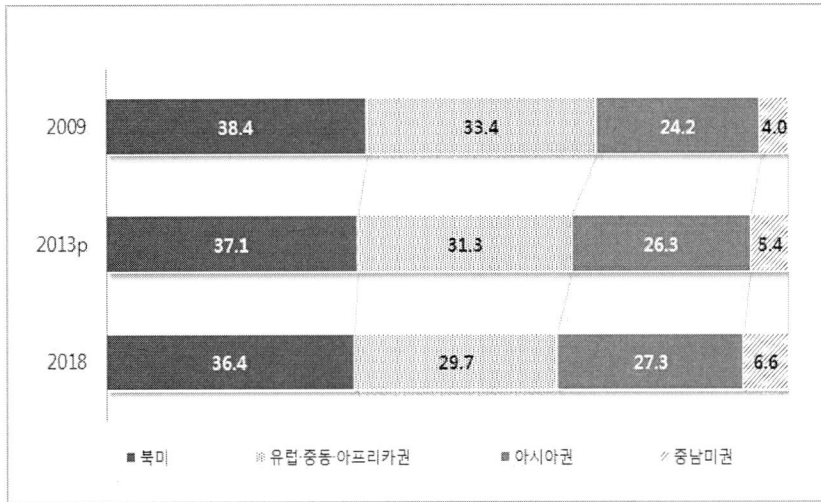

출처 : PwC(2014), ICv2(2013, 2014), Barnes report(2013, 2014), MDRI(2013), Box Office Mojo(2014), Digital Vector(2013), EPM(2013, 2014)

북미지역 콘텐츠시장은 미국의 셰일가스 개발 효과 등으로 인해 제조업이 활성화되고, 고용 및 주택시장을 중심으로 내수시장이 회복됨에 따라 경기회복세가 지속되면서 콘텐츠시장 또한 안정적인 성장세를 보였다. 인쇄 매체에 대한 수요 감소와 디지털 음원으로의 소비자 이탈에 따른 오프라인 음반 수익 감소로 출판시장의 감소와 음악시장의 정체가 나타나고 있으나 높은 비중을 차지하고 있는 방송, 광고, 지식정보시장의 지속적인 성장으로 2013년 북미지역 콘텐츠시장은 전년대비 3.8% 증가한 약 6,831억 7,400만 달러로 집계되었다.

북미지역 콘텐츠시장은 경기회복세 지속으로 소비심리가 회복되면서 출판을 제외한 전 분야에서 콘텐츠 소비가 증가하면서 2018년까지 연평균 4.4% 증가한 8,488억 5,000만 달러에 달할 것으로 전망된다.

[그림 1-2] 북미지역 콘텐츠시장 규모 및 성장률, 2009-2018

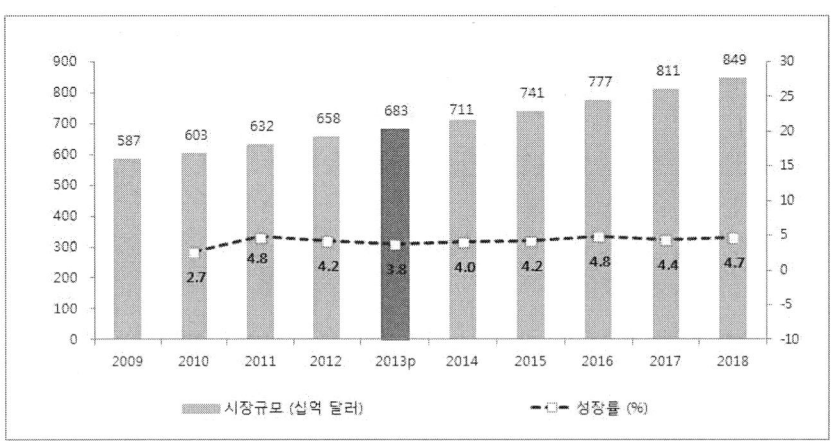

출처 : PwC(2014), ICv2(2013, 2014), Barnes report(2013, 2014), MDRI(2013), Box Office Mojo(2014), Digital Vector(2013), EPM(2013, 2014)

[표 1-1] 북미지역 콘텐츠시장 규모 및 전망, 2009-2018

[단위 : 백만 달러, %]

구분	2009	2010	2011	2012	2013p	2014	2015	2016	2017	2018	2013-18 CAGR[1)
출판	109,121	107,354	105,620	105,314	104,791	104,532	104,068	103,322	102,165	100,610	△0.8
만화	681	643	665	750	870	884	902	927	958	1,000	2.8
음악	17,456	16,191	16,355	16,383	16,414	16,549	16,784	17,124	17,476	18,022	1.9
게임	15,999	16,291	16,254	14,656	15,338	16,573	17,582	18,607	19,592	20,647	6.1
영화	34,520	34,623	33,916	33,953	34,395	35,086	36,089	37,544	39,857	42,739	4.4
애니메이션	3,722	4,597	3,360	4,129	4,980	5,079	5,499	6,461	7,539	8,844	12.2
방송	165,773	176,964	183,678	192,165	195,640	201,033	206,055	214,036	217,752	222,784	2.6
광고	163,222	168,595	172,917	179,843	184,468	190,256	195,837	204,100	208,281	214,023	3.0
캐릭터	92,450	88,750	93,370	95,366	97,471	100,192	103,089	106,396	109,560	112,999	3.0
지식정보	143,947	152,087	167,817	183,262	197,849	212,637	229,890	249,411	271,034	294,470	8.3
산술합계	746,891	766,095	793,952	825,821	852,216	882,821	915,795	957,928	994,214	1,036,137	4.0
합계[2)	587,120	602,940	631,896	658,393	683,174	710,802	740,881	776,618	810,729	848,850	4.4

출처 : PwC(2014), ICv2(2013, 2014), Barnes report(2013, 2014), MDRI(2013), Box Office Mojo(2014), Digital Vector(2013), EPM(2013, 2014)

북미시장을 구성하는 미국과 캐나다는 같은 언어를 쓰는 문화권으로 유사한 소비패턴을 나타내고 있다. 다만 시장 규모는 2013년을 기준으로 미국이 6,290억 8,900만 달러로, 캐나다의 540억 8,500만 달러와 비교해 10배가 넘는 시장을 형성하고 있다. 앞으로 세계 1위의 거대 시장인 미국의 안정적인 경기회복세로 인해 대미 의존도가 높은 캐나다 경기도 더불어 살아날 것으로 예상되면서 2018년까지 연평균 미국 4.0%, 캐나다 4.5%의 성장세를 나타낼 것으로 보인다.

[표 1-2] 북미지역 국가별 콘텐츠시장 규모 및 전망, 2009-2018

[단위 : 백만 달러, %]

구분	2009	2010	2011	2012	2013p	2014	2015	2016	2017	2018	2013-18 CAGR[3]
미국	541,489	554,822	581,514	606,333	629,089	654,509	682,094	715,073	746,317	781,574	4
캐나다	45,635	48,119	50,379	52,063	54,085	56,294	58,797	61,553	64,423	67,286	4.5

출처 : PwC(2014)

* 캐릭터·라이선스를 제외한 시장 규모를 기준으로 작성됨
* 만화, 애니메이션, 광고시장의 중복값을 제외한 순합계 기준으로 작성됨

1) 2013년부터 2018년까지 연평균성장률
2) 중복 시장을 제외한 시장 규모임
   - 출판의 신문/잡지 광고, 게임의 게임 광고, 영화의 극장광고, 방송의TV /라디오 광고, 지식정보의 디렉토리 광고는 광고시장에 포함
   - 만화, 지식정보의 전문서적/산업잡지는 출판시장에 포함
   - 애니메이션은 영화시장에 포함
3) 2013년부터 2018년까지 연평균성장률

1. 미국

1) 콘텐츠시장 개요

2013년 미국 콘텐츠시장은 유로존의 더딘 경제회복과 통화정책에도 불구하고 4%를 웃도는 GDP 성장률을 기록하면서 콘텐츠 소비심리가 상승세를 보였다. 2014년 상반기는 양적 완화 축소 정책으로 상승세를 이어가던 콘텐츠 소비심리가 약화될 것으로 보였으나 미연방공개시장위원회(Federal Open Market Committee: FOMC)가 유지해온 점진적 출구전략(테이퍼링)으로 미국의 시장경제가 충분한 내성을 가지게 되었고 지속적으로 진행된 가계부채 감소는 미국의 콘텐츠에 대한 소비심리를 지속 상승시켰다.

[표 2-1] 미국 콘텐츠시장 규모 및 전망, 2009-2018

[단위 : 백만 달러, %]

구분	2009	2010	2011	2012	2013p	2014	2015	2016	2017	2018	2013-18 CAGR
출판	102,451	100,328	98,698	98,456	97,904	97,651	97,208	96,509	95,417	93,959	△0.8
만화	639	600	621	701	812	824	841	863	892	930	2.7
음악	16,099	14,938	15,083	15,080	15,077	15,190	15,398	15,709	16,027	16,534	1.9
게임	14,765	15,002	15,043	13,609	14,241	15,399	16,347	17,309	18,233	19,219	6.2
영화	31,365	31,520	30,754	30,719	31,118	31,756	32,707	34,103	36,350	39,159	4.7
애니메이션	3,382	4,185	3,047	3,735	4,505	4,597	5,009	5,963	7,032	8,326	13.1
방송	153,827	164,052	170,107	178,606	182,098	187,440	192,361	200,115	203,676	208,527	2.7
광고	152,373	156,858	160,764	167,544	171,779	177,074	182,127	189,733	193,253	198,190	2.9
캐릭터	83,150	79,820	84,130	85,981	87,958	90,444	93,084	96,110	98,992	102,147	3.0
지식정보	132,951	139,805	154,413	168,450	181,640	195,068	210,760	228,650	248,520	270,335	8.3
산술합계	691,002	707,108	732,660	762,881	787,132	815,444	845,842	885,064	918,392	957,326	4.0
합계	541,489	554,822	581,514	606,333	629,089	654,509	682,094	715,073	746,317	781,574	4.4

출처 : PwC(2014), ICv2(2013, 2014), Barnes report(2013, 2014), MDRI(2013), Box Office Mojo(2014), Digital Vector(2013), EPM(2013, 2014)

2013년 미국 콘텐츠시장은 방송, 광고, 지식정보시장이 각각 28.9%, 28.9%, 27.3%의 점유율을 보이고 있다. 방송과 광고시장의 점유율은 2018년 다소 축소될 것으로 전망되나, 지식정보시장은 유무선 네트워크의 발달과 소비자의 수요 증가로 인하여 34.6%까지 증가하며 가장 높은 비중을 차지할 것으로 전망된다.

[그림 2-1] 미국 콘텐츠별 시장점유율, 2013 vs. 2018

출처 : PwC(2014), ICv2(2013, 2014), Barnes report(2013, 2014), MDRI(2013), Box Office Mojo(2014), Digital Vector(2013), EPM(2013, 2014)

미국의 콘텐츠산업 중 두드러지게 높은 성장률을 보일 것으로 예상되는 지식정보시장은 유무선 네트워크의 발달을 통하여 소비자의 욕구를 만족시킬 것으로 보이는 가운데 8.3%의 성장률을 기록할 것으로 예상된다. 하지만, 출판은 인쇄물의 디지털화와 태블릿, 스마트기기의 높은 보급으로 인쇄 출판물의 수요가 감소하여 2018년까지 연평균 0.8% 하락하는 마이너스 성장을 할 것으로 예상된다.

[그림 2-2] 미국 콘텐츠 분야별 연평균성장률 추정 2013-2018

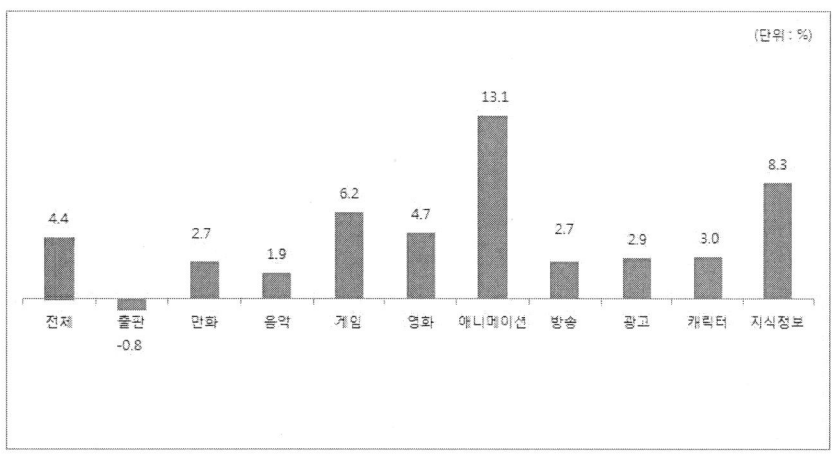

출처 : PwC(2014), ICv2(2013, 2014), Barnes report(2013, 2014), MDRI(2013), Box Office Mojo(2014), Digital Vector(2013), EPM(2013, 2014)

2) 산업별 콘텐츠시장 규모 및 전망

(1) 출판

미국 출판시장은 인쇄 출판시장이 감소하였음에도 디지털 출판시장의 성장에 힘입어 2013년 전년대비 0.6% 하락한 979억 400만 달러를 기록하였다. 2013년 이후 디지털 출판시장 규모는 지속적으로 성장할 것으로 예측하고 있으나 인쇄 출판시장의 감소와 신문/잡지의 지면 광고 영향력이 감소하면서 2018년 전체 출판시장 규모는 연평균 0.8% 하락한 939억 5,900만 달러로 정체 상태에 머물 것으로 전망된다.

[표 2-2] 미국 출판시장 규모 및 전망, 2009-2018

[단위 : 백만 달러, %]

구분		2009	2010	2011	2012	2013p	2014	2015	2016	2017	2018	2013-18 CAGR
도서		34,751	34,180	34,262	34,559	34,894	35,589	36,256	36,758	37,019	37,045	1.2%
	인쇄[4]	32,592	31,088	29,857	28,472	26,957	25,760	24,676	23,674	22,729	21,833	△4.1%
	디지털	2,159	3,092	4,405	6,087	7,937	9,829	11,580	13,084	14,290	15,212	13.9%
신문		37,711	35,930	34,051	33,316	32,457	31,500	30,336	29,022	27,537	25,926	△4.4%
	광고	27,564	25,837	23,941	23,246	22,419	21,522	20,465	19,295	17,998	16,630	△5.8%
	디지털	2,743	3,042	3,249	3,895	4,402	4,682	4,918	5,107	5,229	5,286	3.7%
	지면	24,821	22,795	20,692	19,352	18,017	16,840	15,547	14,189	12,769	11,344	△8.8%
	구독	10,147	10,093	10,110	10,070	10,038	9,978	9,871	9,727	9,539	9,296	△1.5%
	일반	10,067	9,988	9,922	9,790	9,651	9,485	9,291	9,066	8,809	8,510	△2.5%
	디지털	80	105	188	280	387	493	580	661	731	787	15.3%
잡지		29,989	30,218	30,385	30,581	30,553	30,562	30,616	30,729	30,861	30,988	0.3%
	광고	19,096	19,703	20,400	20,760	21,016	21,200	21,362	21,484	21,560	21,636	0.6%
	지면	18,156	18,148	17,976	17,450	16,798	16,118	15,300	14,339	13,253	12,096	△6.4%
	디지털	940	1,555	2,424	3,310	4,218	5,082	6,062	7,145	8,307	9,540	17.7%
	구독	10,893	10,515	9,985	9,821	9,537	9,362	9,254	9,245	9,301	9,352	△0.4%
	지면	10,888	10,442	9,891	9,504	8,934	8,480	8,114	7,817	7,580	7,387	△3.7%
	디지털	5	73	94	317	603	882	1,140	1,428	1,721	1,965	26.7%
합계		102,451	100,328	98,698	98,456	97,904	97,651	97,208	96,509	95,417	93,959	△0.8%

출처 : PwC(2014)

---

4) 오디오북 포함

2013년 현재 미국 출판시장은 도서시장이 가장 높은 비중을 차지하는 가운데 신문시장, 잡지시장이 뒤를 따르고 있다. 2009년 가장 높은 비중을 보이던 신문시장은 2013년 현재 3.6%p 하락한 33.2%였으며, 향후에도 지속적으로 감소하여 2018년 가장 낮은 비중을 보일 것으로 전망되고 있다.

[그림 2-3] 미국 출판시장 비중 비교, 2009 vs. 2013 vs. 2018

출처 : PwC(2014)

가. 도서

미국은 세계 최대 도서 출판시장으로 일반도서와 교육도서, 전문도서 등을 모두 포함해 2013년 현재 전년대비 1% 성장한 348억 9,400만 달러로 정체 상태에 머물고 있는 것으로 나타났다. 인쇄 도서시장 규모는 2013년 이후 지속적으로 감소될 것으로 전망되나 디지털 도서시장의 성장으로 전반적인 감소 추세는 다소 완화되어 2018년까지 5년간 연평균 1.2% 성장한 370억 4,500만 달러에 이를 것으로 예측된다.

[표 2-3] 미국 도서시장 규모 및 전망, 2009-2018

[단위 : 백만 달러, %]

구분	2009	2010	2011	2012	2013p	2014	2015	2016	2017	2018	2013-18 CAGR
인쇄[5]	32,592	31,088	29,857	28,472	26,957	25,760	24,676	23,674	22,729	21,833	△4.1%
전문	6,337	5,735	5,672	5,581	5,419	5,246	5,050	4,828	4,577	4,294	△4.5%

[단위 : 백만 달러, %]

구분	2009	2010	2011	2012	2013p	2014	2015	2016	2017	2018	2013-18 CAGR
일반	15,094	14,145	13,102	11,871	10,840	9,994	9,314	8,760	8,310	7,939	△6.0%
교육	11,161	11,208	11,083	11,020	10,698	10,520	10,312	10,086	9,842	9,600	△2.1%
디지털	2,159	3,092	4,405	6,087	7,937	9,829	11,580	13,084	14,290	15,212	13.9%
전문	1,032	1,092	1,245	1,574	1,927	2,298	2,674	3,042	3,391	3,716	14.0%
일반	823	1,521	2,312	3,348	4,521	5,690	6,736	7,590	8,234	8,691	14.0%
교육	304	479	848	1,165	1,489	1,841	2,170	2,452	2,665	2,805	13.5%
합계	34,751	34,180	34,262	34,559	34,894	35,589	36,256	36,758	37,019	37,045	1.2%

출처 : PwC(2014)

[그림 2-4] 미국 도서시장 규모 및 성장률, 2009-2018

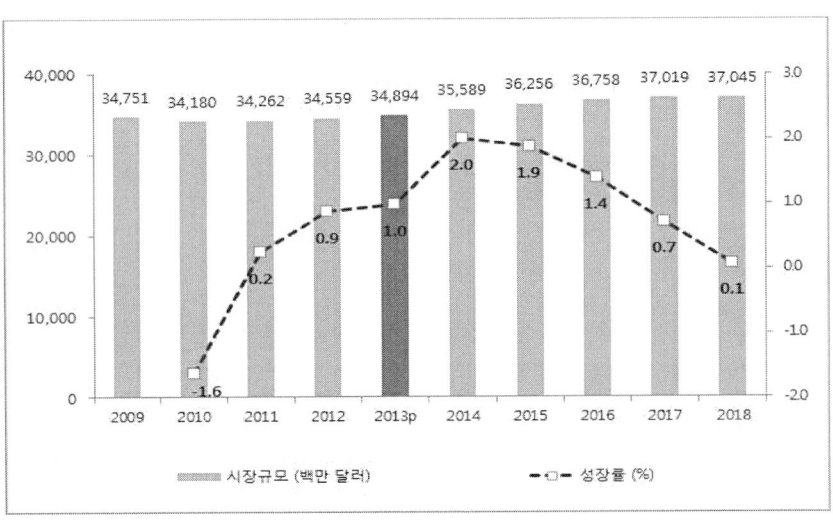

출처 : PwC(2014)

    인쇄 도서는 2009년 전체 도서시장에서 93.8%의 비중을 보였으나 이후 지속적으로 시장 규모가 축소되어 2013년 현재는 전체 도서시장의 77.3%로 269억 5,700만 달러의 시장 규모를 형성하고 있는 것으로 나타났다. 그러나 이후 지속적으로 감소되어 2018년에는 전체 도서시장의 58.9%에 불과할 것으로 예측된다.

    세부 시장별로 보면 전문도서, 일반도서, 교육도서의 전반적인 비중은 연도별로 큰 차이를 보이지 않고 있으나 인쇄 도서에서 디지털 도서로 전환되는 비율이 증가하고 있으며, 특히 아동용 전

---

5) 오디오북 포함

자책시장이 꾸준한 성장세를 보이고 있다. 또한 디지털 도서시장의 성장은 도서 종수를 증가시키는 요인으로 작용하기도 했는데 실제로 다수의 작가가 자가출판(Self-publishing books)을 통해 디지털 도서 출판에 직접 참여하는 경향이 나타나고 있다.

디지털 도서로서의 이행은 'Z세대'의 디지털 교과서 이용과 더불어 교육도서시장에서도 활발하게 진행 중이며, 특히 대학시장의 경우 학생들이 강의 교재 및 태블릿 등을 스스로 구매한다는 점에서 예산의 제한을 받는 초중고생 교육시장보다 성장 폭이 클 것으로 예상된다. 그러나 교육여건과 문화로 인하여 일반도서와 같이 빠르게 디지털화가 진행되지는 못할 것으로 분석되며 그 성장세는 크지 않을 것으로 예상된다.

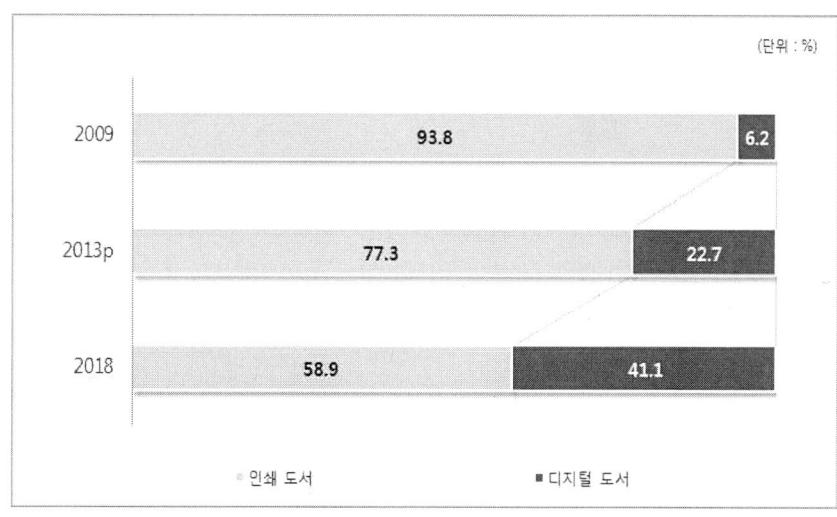

[그림 2-5] 미국 도서시장별 비중 비교, 2009 vs. 2013 vs. 2018

출처 : PwC(2014)

나. 신문

2013년 미국 신문시장은 경제위기에 따른 광고 매출의 타격으로 2009년 대비 2013년 현재 13.9% 하락한 324억 5,700만 달러에 머물렀으며, 이러한 하락세는 2018년까지 지속되어 향후 5년간 연평균 4.4% 감소된 259억 2,600만 달러로 축소될 것으로 전망된다.

[그림 2-6] 미국 신문시장 규모 및 성장률, 2009-2018

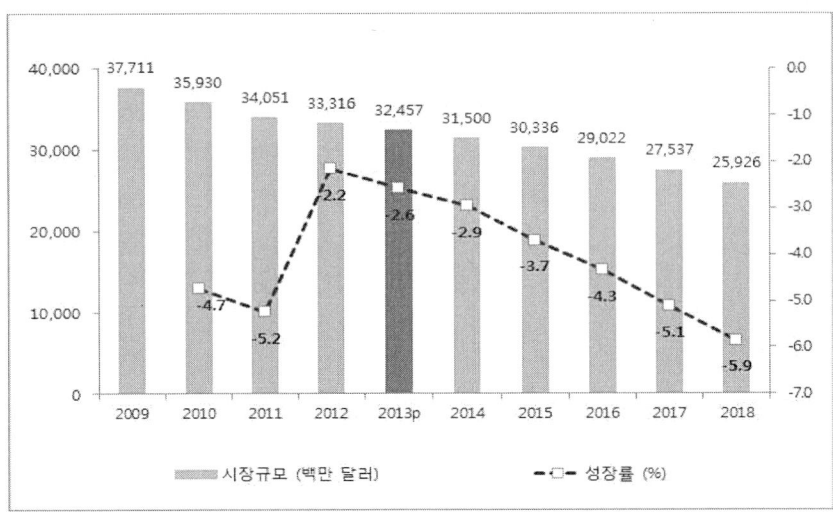

출처 : PwC(2014)

미국 신문시장에서 약 70%를 차지하고 있는 신문 광고시장은 2013년 현재 224억 1,900만 달러로 전년대비 3.6%, 2009년 대비 18.7% 감소하였으며, 이러한 추세는 지속되어 2018년 166억 3,000만 달러까지 축소될 전망이다.

특히 디스플레이 광고를 위한 광범위한 이용자 기반을 갖춘 버즈피드(BuzzFeed)와 허핑턴 포스트(Huffington Post), 비즈니스 인사이더(Business Insider)등의 업체들과 구글(Google), 이베이(eBay), 크레이크리스트(Craigslist)와 같은 소형 광고업체의 등장은 신문 광고시장 매출 하락에 영향을 미치는 요인으로 지목되고 있다.

반면 디지털 신문 광고시장은 2013년 현재 44억 200만 달러로 전년대비 13.0%, 2009년 대비 60.5%의 증가하였으며, 이러한 경향은 향후 5년간 연평균 3.7%의 성장을 보이며 2018년 52억 8,600만 달러에 이를 것으로 전망되나 이러한 성장이 지면 광고시장의 하락을 상쇄하기는 역부족인 것으로 분석된다.

[그림 2-7] 미국 신문 광고시장 규모 및 성장률, 2009-2018

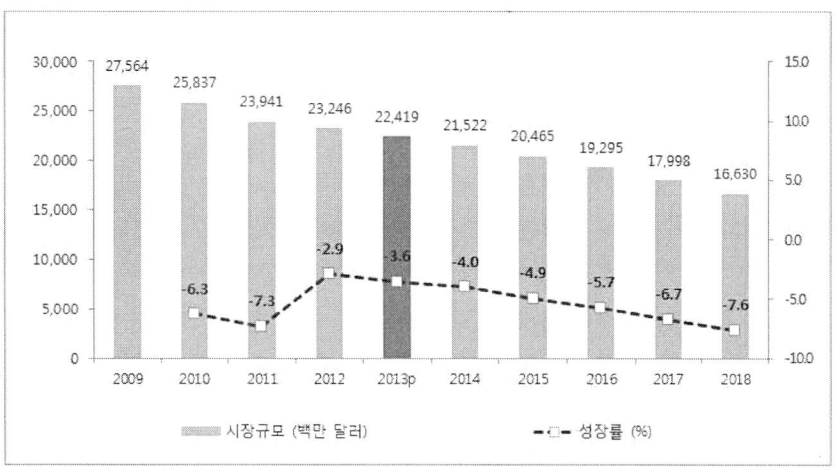

출처 : PwC(2014)

미국의 전체 신문 구독시장 규모는 2013년 현재 100억 3,800만 달러로 전년대비 0.3%, 2009년 대비해서는 1.1% 소폭 감소하여 현재까지는 정체 상태를 보이고 있으며, 향후 5년 동안 연평균 1.5% 감소할 것으로 전망되고 있다. 일반 구독은 2013년 이후 향후 5년 동안 연평균 2.5% 감소할 것으로 예측되고 있는 반면, 디지털 구독시장은 2018년까지 여전히 낮은 비중을 보이고 있지만 향후 5년간 연평균 15.3%의 높은 성장세를 나타낼 것으로 전망된다.

[그림 2-8] 미국 신문 구독시장 규모 및 성장률, 2009-2018

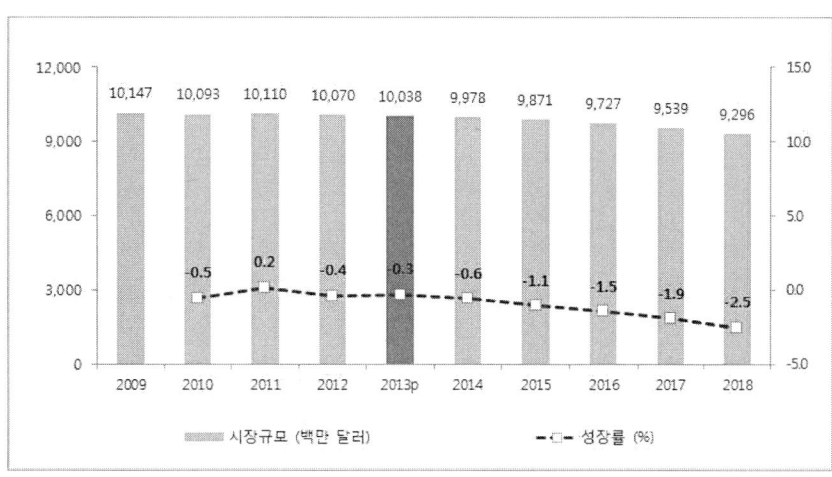

출처 : PwC(2014)

신문사들의 가입형 옵션과 번들링 등의 유료수익모델 개발이 활발히 진행되고 있으며, 특히 웹 이용자들보다 디지털콘텐츠 이용에 많은 비용을 지불하는 태블릿 이용자들의 증가는 디지털 구독 시장 성장에 긍정적인 영향을 미칠 것으로 보인다.

현재 미국은 신문 웹사이트의 인기가 나날이 높아지고 있으며, 높은 방문자 수(순방문자: Unique Visitor)를 기록하고 있다. 신문사의 웹사이트 이용률의 성장은 태블릿과 스마트폰 단말의 호황과 더불어 매우 높은 성장 속도를 보이고 있으며 이는 신문사들에게 새로운 기회로 작용함과 동시에 광고 매출에 대한 의존도를 감소시키는 기회로 작용할 것으로 전망된다.

다. 잡지

2013년 현재 미국 잡지시장은 전년대비 0.1% 감소한 305억 5,300만 달러로 정체된 경향을 보였으며, 향후 5년 동안 연평균 0.3%의 성장에 머물며 2018년까지 309억 8,800만 달러의 시장으로 성장할 전망이다.

[그림 2-9] 미국 잡지시장 규모 및 성장률, 2009-2018

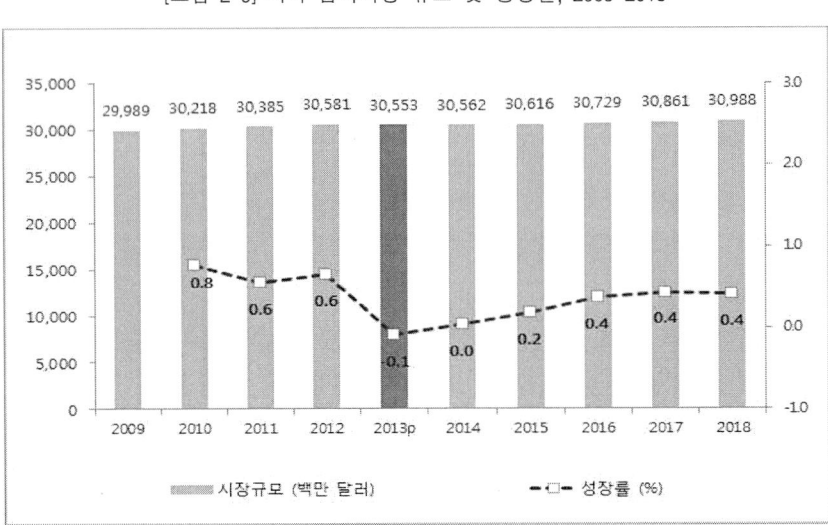

출처 : PwC(2014)

2013년 현재 미국 잡지시장의 약 70%를 차지하고 있는 잡지 광고시장은 2009년 대비 10.1% 성장한 210억 1,600만 달러로 전년대비 1.2% 증가하였다. 그러나 미국 잡지 광고시장은 향후 5년간 연평균 0.6%의 성장에 그쳐 216억 3,600만 달러에 머물 것으로 전망된다.

[그림 2-10] 미국 잡지 광고시장 규모 및 성장률, 2009-2018

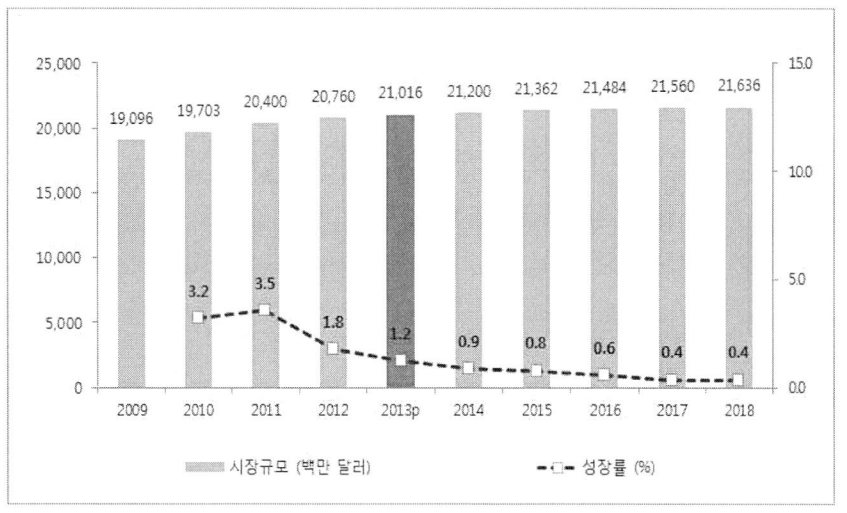

출처 : PwC(2014)

2009년 광고시장 침체 이후 잡지 광고에 대한 광고사업자들의 투자가 크게 감소하였다가 이후 다시 성장하고 있으나 다양한 매체들에게 시장점유율을 빼앗기게 되면서 잡지 광고시장의 향후 전망은 불투명한 것으로 예측되고 있다.

2009년 전체 잡지 광고시장의 95%를 차지하던 지면 광고시장은 2013년 현재 80%의 비중을 보이며 전년대비 3.7% 감소한 167억 9,800만 달러의 규모를 형성하고 있는 것으로 나타났다. 지면 광고의 감소 추세는 이후에도 지속될 것으로 분석되며, 2018년까지 향후 5년간 연평균 6.4% 감소하여 120억 9,600만 달러로 하락할 것으로 전망된다.

반면 디지털 광고시장은 2009년에는 5%에 불과하였으나 이후 빠른 속도로 성장하여 2013년 현재 전체 잡지 광고시장의 20%를 차지하고 있는 것으로 나타났다. 향후 5년간 성장 속도는 다소 완화될 것으로 예측되나 2018년까지 연평균 17.7% 성장하여 전체 잡지 광고시장의 44%의 비중을 보이며 95억 4,000만 달러 규모까지 성장할 것으로 예측된다.

잡지 구독시장 규모는 2013년 전년대비 2.9% 감소한 95억 3,700만 달러로 2009년 대비해서 12.4% 축소된 것으로 나타났다. 향후 미국 잡지 구독시장은 2018년까지 연평균 0.4%의 미미한 성장률을 보이며 93억 5,200만 달러의 정체 상태에 머물 것으로 전망되고 있다.

[그림 2-11] 미국 잡지 구독시장 규모 및 성장률, 2009-2018

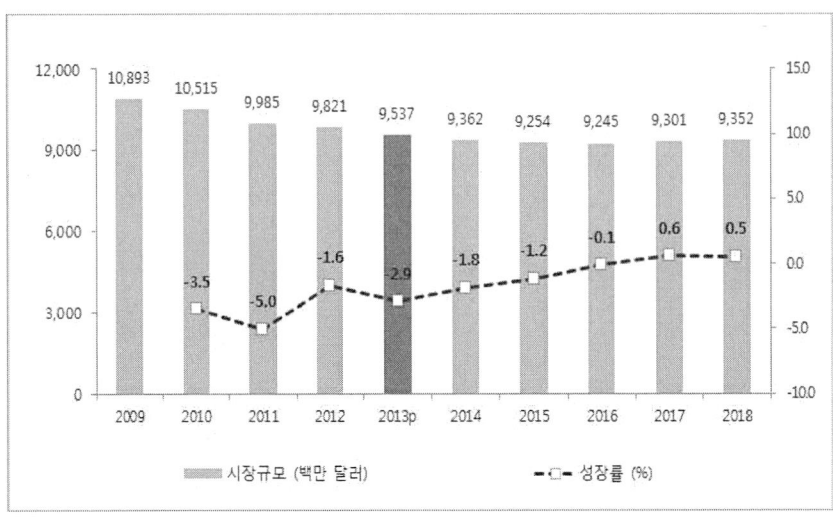

출처 : PwC(2014)

일반 구독시장은 2009년 108억 8,800만 달러에서 지속적으로 하락하여 2013년 현재 12.4% 감소한 89억 3,400만 달러의 규모를 보였다. 일반 구독시장의 하향세는 2018년까지 지속될 것으로 예측하고 있으며, 향후 5년간 연평균 3.7%의 감소를 보일 것으로 전망된다.

2009년 500만 달러에 불과하던 디지털 잡지 구독시장은 2010년 이후 급격하게 증가하여 2013년 현재 6억 300만 달러의 시장이 형성된 것으로 나타났다. 이는 2009년 이후 연평균 231% 성장한 것으로 매우 빠른 성장세를 보였다. 디지털 잡지 구독이 전체 잡지 구독시장에서 차지하는 비중은 2013년 현재 6%로 낮은 비중을 보이고 있지만 향후 지속적인 성장세에 힘입어 2018년에는 21%의 비중을 보이며 성장할 것으로 예측된다. 현재 디지털 잡지는 발행 부수에 비해 상대적으로 낮은 매출 규모를 보이고 있으나 이후 2018년까지 향후 5년간 연평균 26.7%의 성장을 보이며 19억 6,500만 달러 시장 규모가 형성될 것으로 전망되고 있다.

(2) 만화

2013년 만화시장 규모는 디지털 만화 매출 증가와 만화를 원작으로 한 영화들의 성공에 힘입어 전년대비 15.8% 성장한 8억 1,200만 달러를 기록했다. 주력 시장인 인쇄 만화의 수요가 급감하면서 성장률이 하락세를 지속할 것으로 전망되나 디지털 만화의 폭발적인 성장세로 인쇄 만화의 수익감소가 상쇄될 것으로 보이면서 2018년까지 연평균 2.7% 성장한 9억 3,000만 달러 규모가 될 것으로 전망된다.

[표 2-4] 미국 만화시장 규모 및 전망, 2009-2018

[단위 : 백만 달러, %]

구분	2009	2010	2011	2012	2013p	2014	2015	2016	2017	2018	2013-18 CAGR
인쇄 만화	638	593	597	635	727	711	694	675	655	634	△2.7%
디지털	1	8	24	66	85	113	147	188	237	296	28.4%
합계	639	600	621	701	812	824	841	863	892	930	2.7%

출처 : ICv2(2014), Barnes(2014), Oricon(2014), PwC(2014), SNE(2013)

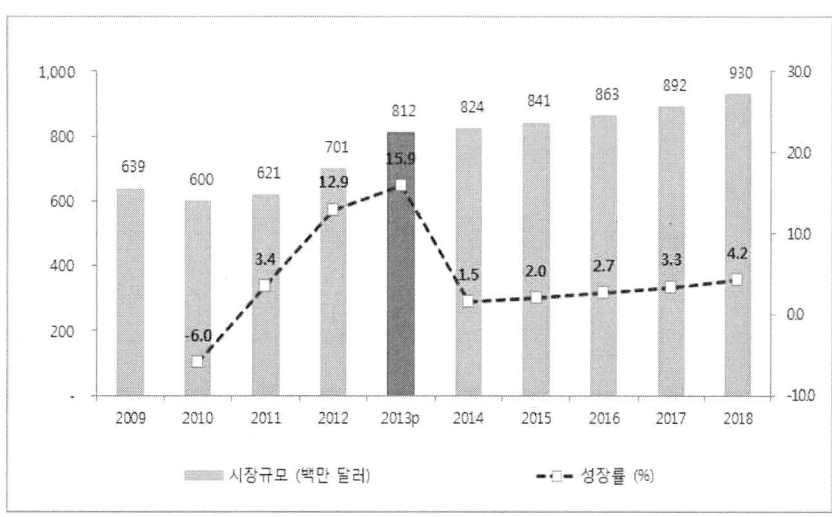

[그림 2-12] 미국 만화시장 규모 및 성장률, 2009-2018

출처 : ICv2(2014), Barnes(2014), PwC(2014)

2009년 미국 인쇄 만화시장은 99.8%의 높은 시장 비중을 보여주었는데 인터넷 발달과 휴대용 모바일기기의 보급률이 높아지면서 2013년 인쇄 만화시장의 점유율은 89.5%로 하락하였다. 반면, 2009년 0.2%에 불과했던 디지털 만화 비중은 2013년 10.5%까지 성장하였고 성장 속도가 가속화될 것으로 전망되면서 2018년까지 31.8%의 시장 비중을 보일 것으로 예상된다.

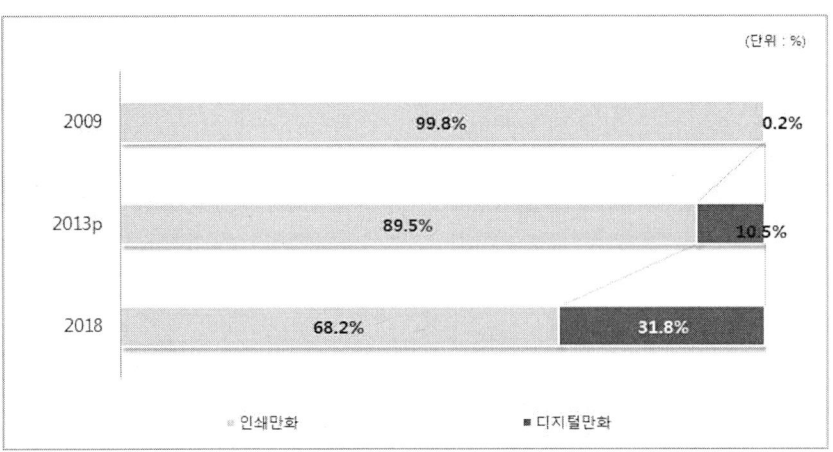

[그림 2-13] 미국 만화시장 분야별 비중 비교, 2009 vs. 2013 vs. 2018

출처 : ICv2(2014), Barnes(2014), PwC(2014)

가. 인쇄 만화

2013년 미국 인쇄 만화시장은 마블코믹스(Marvel Comics)와 DC코믹스(DC Comics)의 꾸준한 인기 덕분에 전년대비 14.5% 성장한 7억 2,700만 달러로 집계되었다. 최근 디지털 만화의 시장 비중이 높아지고 있고 성장률도 매우 높은 수치를 보이고 있지만 시장 비중이 높은 기존 인쇄 출판 만화의 감소세가 뚜렷해지면서 전반적인 인쇄 만화시장의 규모가 소폭 축소되고 있다.

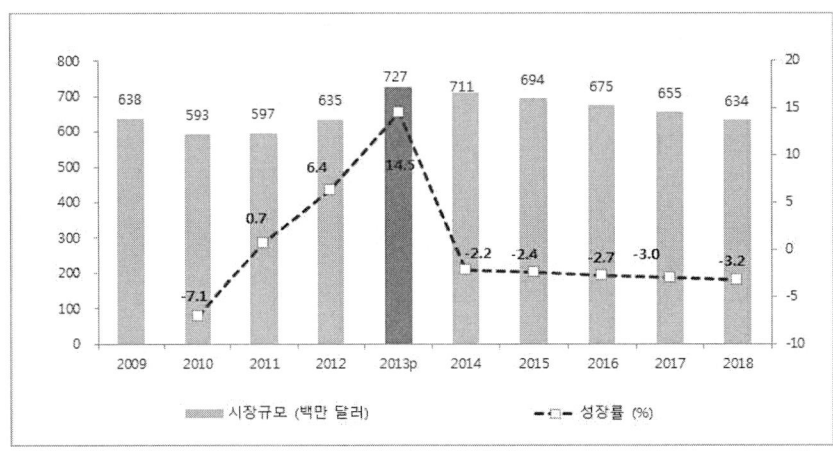

[그림 2-14] 미국 인쇄 만화시장 규모 및 성장률, 2009-2018

출처 : ICv2(2014), Barnes(2014), PwC(2014)

이러한 현상은 더욱 가속화될 것으로 보이며 2018년까지 연간 2.7% 하락한 6억 3,400만 달러로 축소될 전망이다.

나. 디지털 만화

2013년 미국 디지털 만화시장은 전년대비 28.8% 성장한 8,500만 달러의 시장으로 기록되었다. 코믹솔로지(comiXology)는 DC코믹스(DC Comics)와 마블코믹스(Marvel Comics) 만화를 태블릿을 통해 읽을 수 있는 앱을 개발하였고 라이온 포지 코믹스(Lion Forge Comics) 역시 '키트'와 'Punky Brewster'를 디지털 만화로 출시하면서 만화의 디지털화가 빠르게 이루어질 것으로 전망된다. 향후 2018년까지 미국 디지털 만화시장은 매년 28.4%씩 성장하여 2억 9,600만 달러 시장으로 대폭 커질 전망이다.

[그림 2-15] 미국 디지털 만화시장 규모 및 성장률, 2009-2018

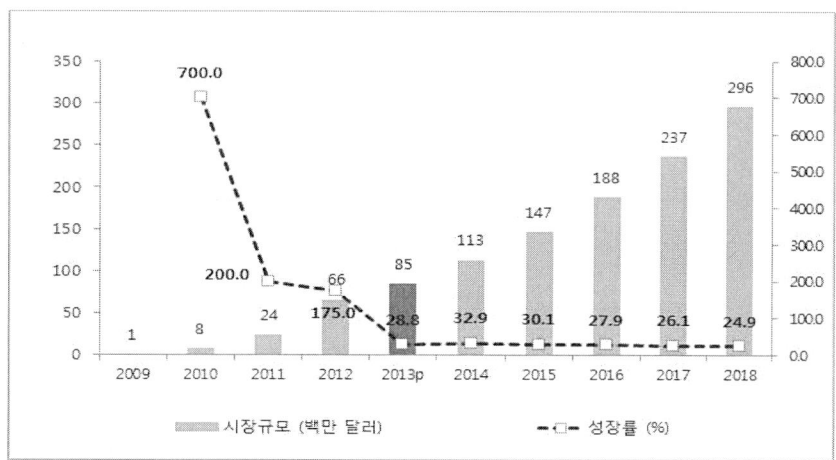

출처 : ICv2(2014), Barnes(2014), PwC(2014)

(3) 음악

2013년 현재 미국 음악시장은 150억 7,700만 달러로 2009년 대비해서는 6.3% 하락하였으나 2011년 이후 현재까지 약 150억 달러 수준의 규모를 유지하면서 정체 상태에 머물고 있는 것으로 나타났다. 그러나 향후 5년간 음악시장은 연평균 1.9% 상승하며 2018년 165억 3,400만 달러에 이를 것으로 전망된다.

[표 2-5] 미국 음악시장 규모 및 전망, 2009-2018

[단위 : 백만 달러, %]

구분	2009	2010	2011	2012	2013p	2014	2015	2016	2017	2018	2013-18 CAGR
음반	7,468	6,899	6,642	6,363	6,210	6,135	6,105	6,108	6,025	6,002	△0.7
오프라인 음반	4,602	3,664	3,381	2,777	2,445	2,161	1,924	1,751	1,596	1,480	△9.6
디지털 음원	2,866	3,235	3,261	3,586	3,765	3,974	4,181	4,358	4,429	4,522	3.7
공연 음악	8,631	8,039	8,441	8,717	8,867	9,055	9,293	9,601	10,002	10,533	3.5
합계	16,099	14,938	15,083	15,080	15,077	15,190	15,398	15,709	16,027	16,534	1.9

출처 : PwC(2014)

미국 음악시장은 공연 음악에 대한 꾸준한 신뢰와 소셜 마케팅 등에 힘입어 공연 참가자 수가 지속적으로 증가하면서 2013년 현재 58.8%의 점유율을 나타냈다. 향후 대형 매니지먼트사의 등장과 체계적인 시스템을 통한 관리 등으로 2018년에는 공연시장의 점유율이 63.7%에 이를 것으로 전망된다. 오프라인 음반시장은 디지털 음원시장으로의 소비자 이탈 가속화에 따라 급격하게 축소하여 2018년에는 전체 음악시장의 9%에 불과할 것으로 예측되고 있다.

반면 디지털 음원시장은 다운로드시장의 정체에도 불구하고 광고 지원 및 유료구독 스트리밍 서비스의 성장으로 2013년 현재 25.0%의 점유율을 보이고 있으나 이후 성장세는 다소 완화되어 2018년 27.3%의 시장점유율을 보일 것으로 전망된다. 특히 현재 미국 음악시장은 스트리밍 서비스의 수익구조가 장기적으로 디지털 음원 매출을 악화시키는 원인이 될 수 있음에 주목하고 있다.

[그림 2-16] 미국 음악시장 분야별 비중 비교, 2009 vs. 2013 vs. 2018

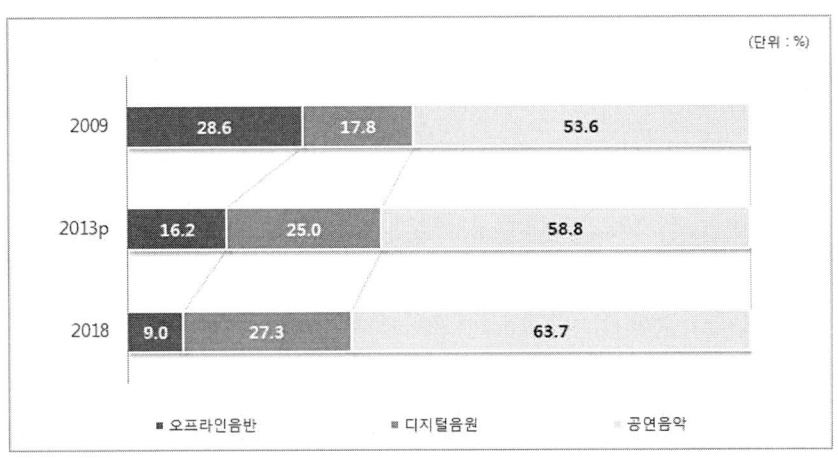

출처 : PwC(2014)

가. 오프라인 음반

2009년 46억 200만 달러의 규모를 보이던 오프라인 음반시장은 디지털 음원시장으로 소비자들이 이탈하면서 2013년 현재 1/2 수준에 불과한 24억 4,500만 달러로 축소되었다. 오프라인 음반시장의 하락세는 지속되어 향후 5년간 연평균 9.6% 감소할 것으로 예측되고 있으며, 2018년에는 2013년 대비 약 60% 수준인 14억 8,000만 달러까지 감소될 것으로 전망된다.

[그림 2-17] 미국 오프라인 음반시장 규모 및 성장률, 2009 - 2018

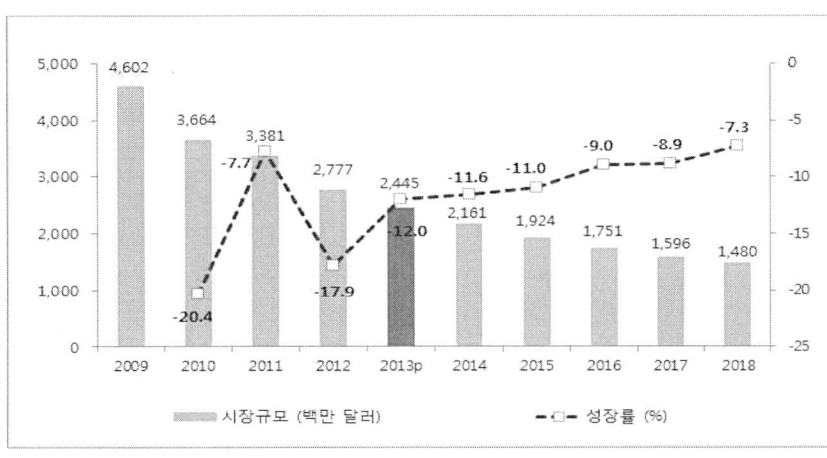

출처 : PwC(2014)

나. 디지털 음원

미국의 디지털 음원시장은 2013년 현재 37억 6,500만 달러로 전년대비 5% 상승하였다. 이는 2009년 대비 31.4% 성장한 것으로 이러한 성장세는 향후 다소 완화되어 2018년까지 연평균 3.7% 성장한 45억 2,200만 달러규모에 이를 것으로 전망된다.

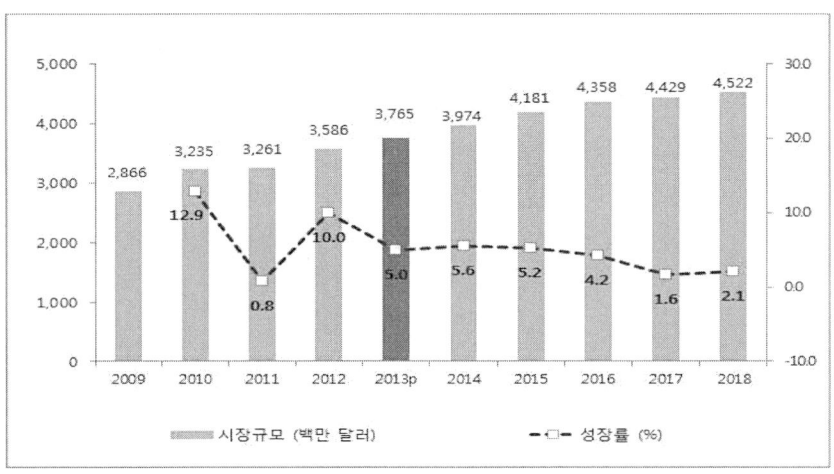

[그림 2-18] 미국 디지털 음원시장 규모 및 성장률, 2009 - 2018

출처 : PwC(2014)

디지털 음원시장에서 가장 큰 비중을 차지하고 있는 다운로드시장은 빠른 속도로 성장해 왔으나 2013년 현재 전년대비 1.1% 감소하며 모멘텀(Momentum)을 상실하였다. 이러한 경향은 지속될 것으로 예측되고 있으며, 향후 5년간 연평균 0.1%의 성장에 그쳐 정체 현상을 보일 것으로 전망된다. 다운로드시장의 하락세에도 불구하고 애플의 아이튠즈(iTunes)는 시장점유율을 확대하며, 오프라인 매장이나 대형 소매상 및 체인점들을 앞질러 최대의 음악 소매상의 지위를 여전히 유지하고 있는 것으로 나타났다.

스트리밍시장은 다운로드시장의 정체를 야기시킨 주요 요인으로 작용하면서 급격하게 성장하였다. 광고 지원 및 유료구독 스트리밍 서비스로 발생된 시장 규모는 2013년 현재 8억 4,800만 달러로 전년대비 48.5% 증가하였다. 2013년 현재 미국시장에서 음악 스트리밍 수는 총 1,180억 회에 이르며 2009년 이후 연평균 약 42%에 이르는 상당한 성장을 기록하고 있는 것으로 나타났다. 이러한 성장세는 향후 5년 동안 연평균 14.5%의 성장을 보이며 2018년 16억 6,800만 달러에 이를 것으로 전망된다. 스트리밍 서비스의 디지털 음원시장 점유율은 2013년 22.5%에서 2018년 36.9%에 이를 것으로 예측되고 있으나 이러한 스트리밍 서비스의 성장이 오히려 디지털 음원시장의 전체적인 성장을 악화시키는 원인으로 지목될 수 있다는 우려가 제기되고 있다.

디지털 음원시장 중 벨소리와 통화 연결음 등의 모바일 음원시장은 2009년에는 스트리밍 서비스의 3배가 넘는 규모였으나 이후 급격하게 하락하여 2013년 현재는 9,800만 달러로 축소되었으며, 향후 5년간 연평균 27.2%의 감소를 보이며 현저하게 떨어져 2018년에는 디지털 음원시장에서의 영향은 거의 없을 것으로 전망된다.

[표 2-6] 미국 디지털 음원시장 규모 및 전망, 2009-2018

[단위 : 백만 달러, %]

구분	2009	2010	2011	2012	2013p	2014	2015	2016	2017	2018	2013-18 CAGR
다운로드	1,957	2,575	2,626	2,849	2,819	2,817	2,829	2,852	2,813	2,833	0.1
스트리밍	206	212	359	571	848	1,094	1,308	1,474	1,591	1,668	14.5
모바일	703	448	276	166	98	63	44	32	25	20	△27.2
합계	2,866	3,235	3,261	3,586	3,765	3,974	4,181	4,358	4,429	4,522	3.7

출처 : PwC(2014)

다. 공연 음악

미국 음악시장의 가장 큰 비중을 차지하고 있는 공연 음악은 다양한 장르 별 페스티벌과 아레나 이벤트[6](arena event) 등 프로모션 증가 그리고 소셜 서비스와 연계된 마케팅 전략 등으로 공연 음악 소비가 증가하면서 2010년 하락 이후 천천히 회복세를 지속하여 2013년 현재 전년대비 1.7%가 증가한 88억 6,700만 달러를 기록하였다.

[그림 2-19] 미국 공연 음악시장 규모 및 성장률, 2009-2018

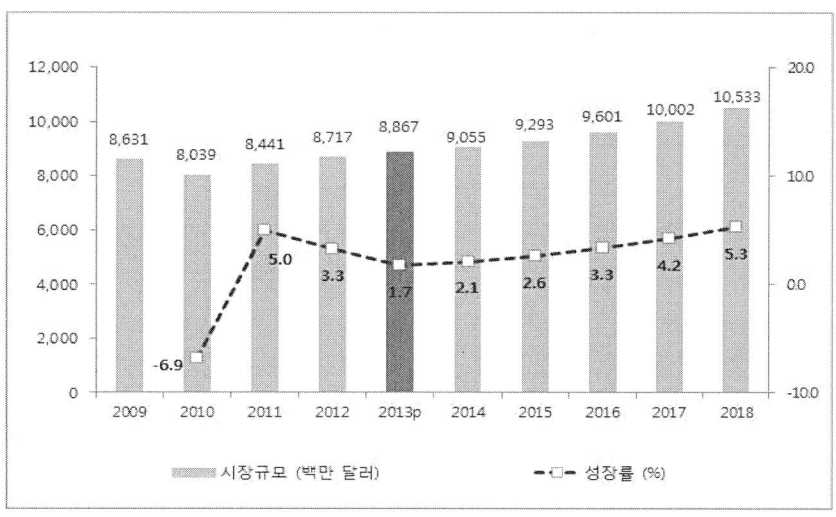

출처 : PwC(2014)

---

6) arena event : 대형 경기장에서 열리는 팬 미팅 같은 행사

2013년 세계 최대 공연기획사인 라이브네이션(Live Nation)은 페이스북(Fac전자책)과 함께 아티스트 페이지에 티켓마스터의 티켓구입 페이지로 바로 연결되는 '공식 이벤트(Official Events)' 메뉴를 신설하였으며, 이는 향후 공연 음악 매출 향상에 긍정적인 영향을 미칠 것으로 보고 있다. 주요 엔터테인먼트사들의 전략적 파트너십 구축 등으로 미국 공연 음악시장의 성장은 더욱 가속화되어 2018년에는 연평균 3.5% 증가한 105억 3,300만 달러에 육박할 것으로 전망된다.

[표 2-7] 미국 공연 음악시장 규모 및 전망, 2009-2018

[단위 : 백만 달러, %]

구분	2009	2010	2011	2012	2013p	2014	2015	2016	2017	2018	2013-18 CAGR
후원	1,810	1,854	1,873	1,937	1,985	2,036	2,091	2,148	2,209	2,274	2.8
티켓 판매	6,821	6,185	6,568	6,780	6,882	7,018	7,203	7,453	7,793	8,259	3.7
합계	8,631	8,039	8,441	8,717	8,867	9,055	9,293	9,601	10,002	10,533	3.5

출처 : PwC(2014)

(4) 게임

2009년 이후 미국 게임시장은 온라인 게임과 모바일 게임의 성장에도 불구하고 가장 큰 시장인 콘솔 게임시장의 침체로 2013년까지 연평균 0.9% 감소한 142억 4,100만 달러의 규모를 보였다. 향후 미국 게임시장은 소니(Sony)와 마이크로소프트(Microsoft: MS)사의 신규 콘솔 게임 등장과 새로운 비즈니스모델로서 그 성공을 입증한 MMORPG[7])에 대한 지속적 관심, 그리고 캐주얼 게임의 다양화가 계속될 것으로 예측되며, 특히 스마트폰 및 태블릿의 보급률 정체에도 불구하고 단말 교체주기가 짧아지면서 모바일 게임시장의 성장잠재력은 여전히 높을 것으로 전망되고 있다. 또한 2014년 전체 유저의 30%에 달할 정도로 성장하고 있는 여성 게이머의 부상으로 새로운 소비계층이 형성되고 있으며, 이러한 경향은 타깃팅(Targeting) 광고를 선호하는 광고주들의 기대와 맞물려 게임 광고시장의 성장을 연평균 12.1%까지 끌어올릴 것으로 예측된다. 미국 게임시장은 2018년까지 5년간 연평균 6.2% 증가한 192억 1,900만 달러에 이를 것으로 전망되고 있다.

---

7) MMORPG : Massively Multi-player Online Role Playing Game

[표 2-8] 미국 게임시장 규모 및 전망, 2009-2018

[단위 : 백만 달러, %]

구분	2009	2010	2011	2012	2013p	2014	2015	2016	2017	2018	2013-18 CAGR
게임 광고	628	681	757	842	921	1,029	1,158	1,302	1,458	1,632	12.1
콘솔 게임	10,802	10,610	10,265	8,456	8,754	9,482	10,012	10,552	11,024	11,515	5.6
디지털	902	1,210	1,465	1,756	2,232	2,750	3,154	3,612	4,071	4,590	15.5
오프라인	9,900	9,400	8,800	6,700	6,521	6,732	6,858	6,940	6,953	6,925	1.2
온라인 게임	1,584	1,828	2,075	2,297	2,511	2,744	2,953	3,155	3,368	3,596	7.4
PC 게임	849	882	849	811	735	714	693	671	651	636	△2.9
디지털	169	182	399	431	478	500	527	557	560	563	3.3
오프라인	680	700	450	380	257	214	166	114	91	73	△22.3
모바일 게임	902	1,001	1,097	1,204	1,321	1,430	1,531	1,629	1,731	1,840	6.9
합계	14,765	15,002	15,043	13,609	14,241	15,399	16,347	17,309	18,233	19,219	6.2

출처 : PwC(2014)

전 세계에서 가장 큰 규모를 보이고 있는 미국 콘솔 게임시장은 2009년 73.2%의 점유율을 보였으나 2013년에 61.5%로 영향력이 감소하였다. 그러나 이후 새로운 콘솔 게임의 등장과 디지털 콘솔 게임의 성장이 콘솔 게임 타이틀의 판매 감소를 상쇄하면서 2018년까지 비교적 현재와 비슷한 시장점유율을 유지할 것으로 전망된다.

2009년 전체 게임시장 10.7%를 차지한 온라인 게임시장은 MMORPG의 큰 성공에 힘입어 2013년 현재 17.6%의 시장점유율을 보이며 비중이 높아졌다. 모바일 게임 또한 스마트폰 보급 확대와 거실 친화적인(living room-friendly) 단말의 선호도가 높아지면서 해당 시장의 점유율이 소폭 증가하였으나 PC 게임시장을 축소시키는 현상을 야기하였다. 때문에 PC 게임시장은 2018년경 3.3%에 불과한 비중으로 감소할 전망이다.

온라인 게임과 모바일 게임의 지속적인 성장이 예측됨에도 불구하고 미국의 게임시장은 향후 5년간은 여전히 콘솔 게임이 시장을 주도할 것으로 예측되며 온라인과 모바일 게임의 성장에 따라 타깃 접근이 가능한 게임 광고시장 규모는 점차 확대될 것으로 분석된다.

[그림 2-20] 미국 게임시장 분야별 비중 비교, 2009 vs. 2013 vs. 2018

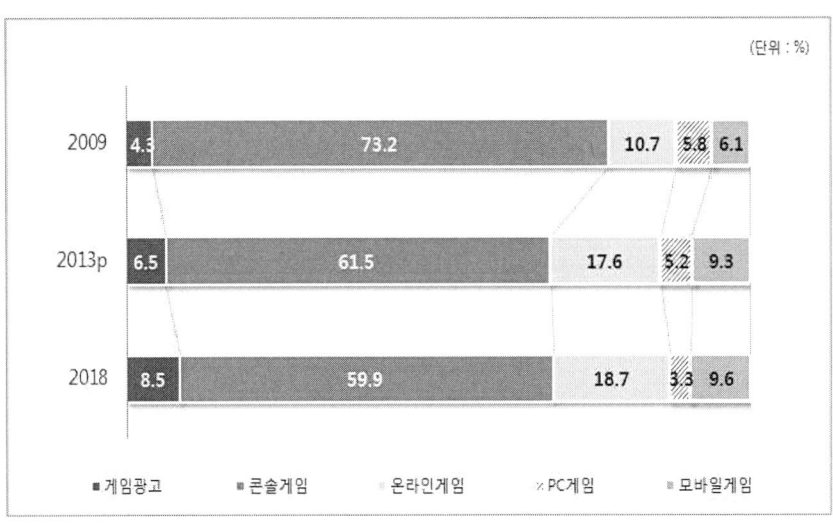

출처 : PwC(2014)

가. 콘솔 게임

2012년 17.6%까지 급격하게 하락한 콘솔 게임시장은 2013년 말, 소니(Sony)와 마이크로소프트(Microsoft)의 신규 콘솔 '플레이스테이션 4'와 '엑스박스 원' 출시 및 락스타 게임즈(Rockstar Games)의 신규 타이틀 'Grand Theft Auto V'가 출시되면서 콘솔 게임시장은 다소 회복된 87억 5,400만 달러를 기록하였다. 소니와 MS사가 가입형 온라인 서비스 강화에 나서고 있으며, 닌텐도 역시 3DS를 통해 포터블 게임 분야에서 강세를 이어갔으나 스마트폰과 앱 기반 게임의 영향으로 2013년 콘솔 게임시장의 더딘 회복세를 보였다. 그러나 향후 소니와 MS사의 새로운 전략이 콘솔 게임시장에 활력을 불어 넣을 것으로 기대되면서 2018년에는 예년의 시장 규모를 회복할 것으로 전망되고 있다.

2014년 1월 소니는 클라우드 게임 서비스 'PS 나우'를 출시하여 PS4, PS3, Vita, BraviaTV 등에서 플레이스테이션 게임을 이용할 수 있게 하였다. MS가 출시한 엑스박스 원은 셋톱 및 TV와 연결할 수 있는 HDMI 단자가 포함되어 있어 UI와 정보가 TV 방송 영상 위에 같이 보일 수 있게 디자인 되어있다. 이 때문에 넷플릭스 등의 OTT 서비스를 이용할 경우 엑스박스가 TV 시청의 컨트롤 포인트가 될 수 있도록 하였다. 향후 콘솔 게임시장은 오프라인 콘솔 게임의 낮은 성장에도 불구하고 클라우드 게임 서비스와 새로운 디지털 기술 적용에 따라 2018년까지 디지털 콘솔 게임시장이 연평균 15.5%나 성장하면서 콘솔 게임시장의 성장을 견인하여 2018년 미국 콘솔 게임시장 규모는 115억 1,500만 달러에 달할 것으로 전망된다.

[그림 2-21] 미국 콘솔 게임시장 규모 및 성장률, 2009 - 2018

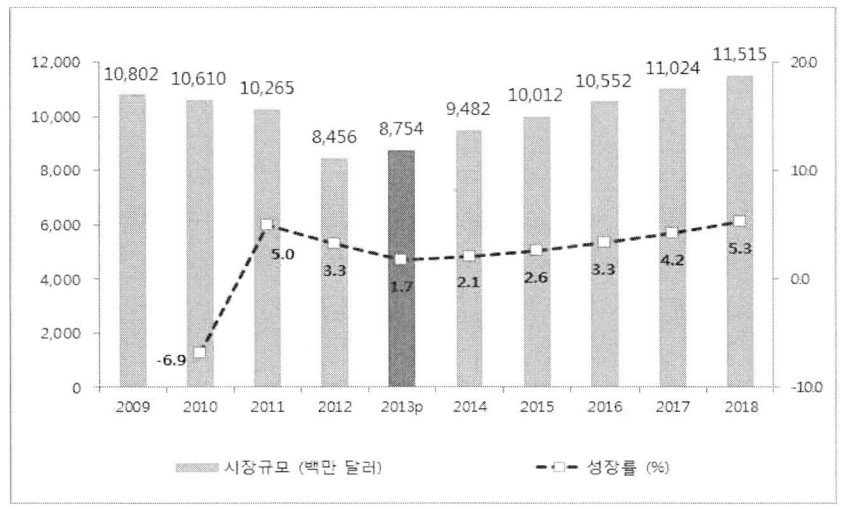

출처 : PwC(2014)

나. 온라인 게임

온라인 게임시장은 2009년 15억 8,400만 달러에서 2013년 25억 1,100만 달러로 꾸준히 성장 중에 있는 것으로 나타났다. 이는 MMORPG의 새로운 물결이 광범위한 비즈니스모델을 만들어 냈기 때문이며, 리그 오브 레전드, 퍼즐 드래곤, 마인크래프트의 인기가 온라인 게임시장 성장에 영향을 미친 것으로 보인다.

특히 리그 오브 레전드, 퍼즐 드래곤의 경우 기존 게임과 달리 무료로 다운로드해서 즐길 수 있지만 아이템구입 또는 레벨 업을 위해서는 비용을 지불하도록 설계되어 있으며, 이들 게임을 통해 추정되는 이익은 하루 2백만에서 5백만 달러에 이를 것으로 추정되고 있다. 리그 오브 레전드의 경우 하루 2,700만 명의 플레이어들이 게임을 즐기고 있으며, 약 9백만 명이 한 번 정도 플레이를 해봤다고 보도될 정도로 인기가 있는 것으로 나타나고 있다. 이와 더불어 마인크래프트는 2013년 9월까지 3,300만 개가 다운로드된 것으로 집계되고 있다. 최근 이러한 게임의 인기는 향후 계속되어 온라인 게임시장 성장에 긍정적 영향을 미칠 것으로 보인다. 온라인 게임은 MMORPG의 계속된 성공이 캐주얼 게임, 소셜 게임의 성장과 결합하여 2018년까지 5년간 연평균 7.4%가 성장한 35억 9,600만 달러에 육박할 것으로 전망된다.

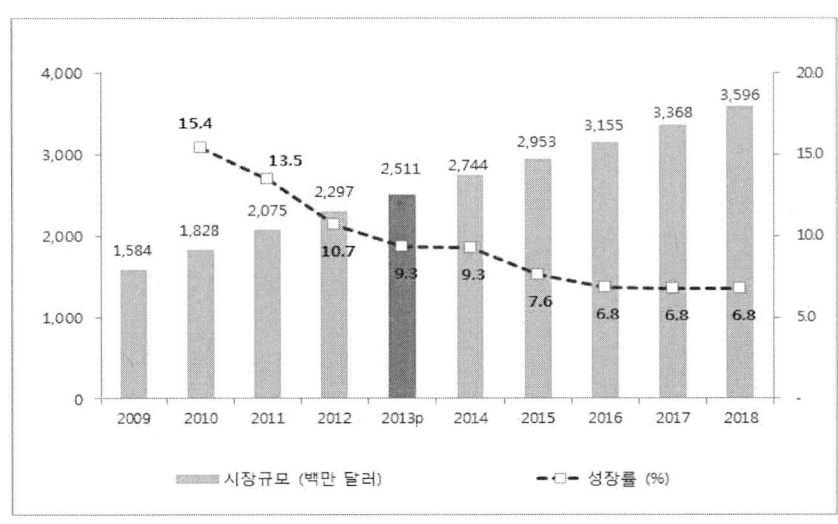

[그림 2-22] 미국 온라인 게임시장 규모 및 성장률, 2009 - 2018

출처 : PwC(2014)

다. PC 게임

PC 게임시장은 온라인과 모바일 게임으로의 소비자 이탈 영향으로 2010년 이후 지속적으로 하락하여 2013년 현재 전년대비 9.4% 감소한 7억 3,500만 달러의 규모를 보였으며, 이후 하향세는 계속되어 2018년까지 연평균 2.9% 감소한 6억 3,600만 달러로 축소될 것으로 전망된다.

2014년 CES를 통해 공개된 밸브(Valve)의 새로운 '스팀 머신(Steam Machines)'이 2015년 출시를 예정하면서 PC 게임시장에 활력소 역할을 할 것으로 기대를 모으고 있으나 태블릿 기반의 게임시장의 영향으로 큰 영향을 주지 못할 것이라는 우려도 제기되고 있다. 이와 더불어 에일리언웨어(Alienware), 팔콘(Falcon) 등 12개 제조사의 프로토타입 및 오큘러스(Occulus)의 오큘러스 리프트(Occulus Rift) 등이 미국 PC 게임시장에 긍정적인 영향을 미칠 것으로 보고 있다.

[그림 2-23] 미국 PC 게임시장 규모 및 성장률, 2009 - 2018

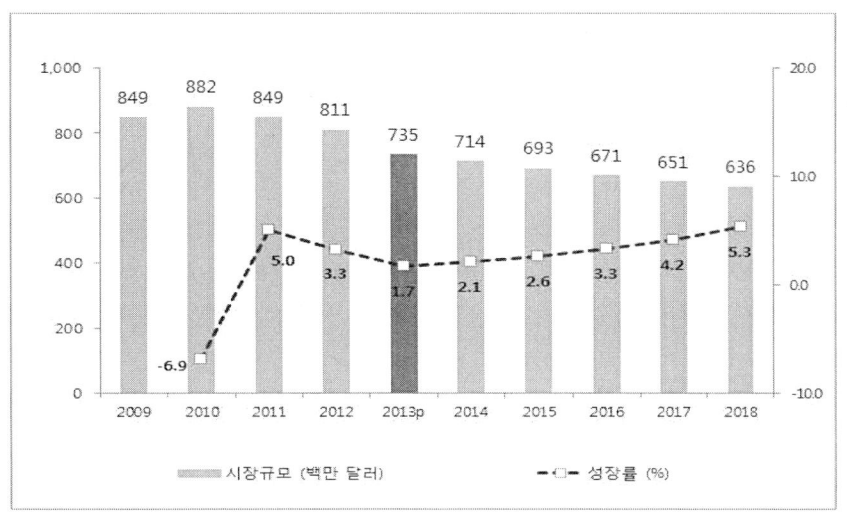

출처 : PwC(2014)

라. 모바일 게임

2009년 9억 200만 달러로 미국 전체 게임시장의 6.1%에 불과하던 모바일 게임시장은 스마트폰과 태블릿 사용자의 증가로 지속적으로 성장하여 2013년 13억 2,100만 달러를 기록했다. 특히 단말 교체주기가 18개월로 짧아지고 이동통신사들의 보조금 제공이 활발해짐에 따라 잠재 이용자의 수가 급속히 증가되어 새로운 게임을 위한 기회가 급속히 확대되고 있는 추세이다.

모바일 게임의 대표업체인 엔비디아(Nvidia)의 핸드헬드 게임기 '쉴드(Shield)'의 공개는 모든 안드로이드 게임과 엔비디아의 그래픽 카드를 통해 유통되는 PC 게임을 플레이할 수 있다는 점에서 모바일 게임시장의 활력소로 작용할 수 있을 것으로 기대된다.

또한 2014년 8월 현재 애플 아이폰 앱스토어와 구글 플레이 게임의 매출 1위를 기록한 '클래시 오브 클랜(Clash of Clans)'의 열풍과 '캔디 크러시 사가(Candy Crush Saga)', '게임 오브 워(Game of War)' 등 다양한 모바일 게임의 인기 확대와 2014년 말 엔터테인먼트 제작 배급사 라이온게이트(LionGate)와 카밤(Kabam)이 공동으로 영화 '헝거 게임(Hunger Game)'을 모바일 게임으로 개발·출시할 것을 발표 하는 등 신규 게임의 등장이 기대되면서 2018년까지 연평균 6.2% 증가한 18억 4,000만 달러에 육박할 것으로 전망된다.

[그림 2-24] 미국 모바일 게임시장 규모 및 성장률, 2009 - 2018

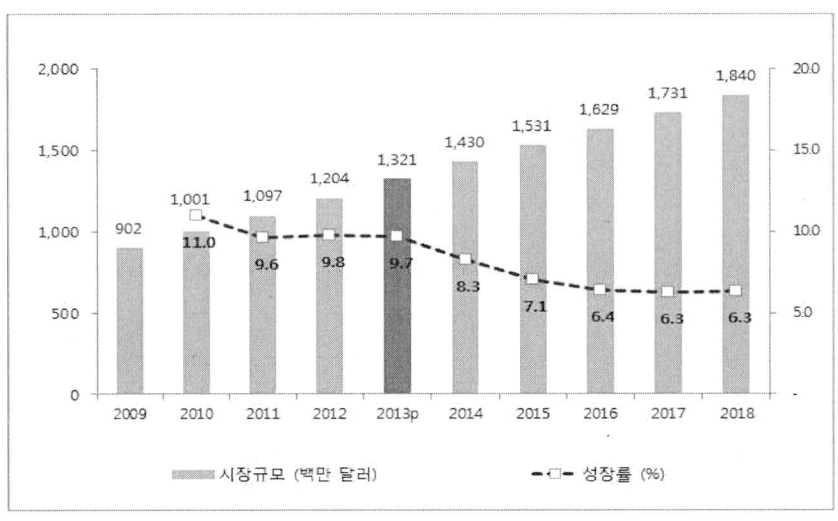

출처 : PwC(2014)

마. 게임 광고

미국 게임 광고시장은 2009년 6억 2,800만 달러에서 연평균 10%씩 증가하여 2013년 현재 9억 2,100만 달러의 규모를 보였다. 이러한 성장은 미국 브랜드 광고시장이 TV나 온라인 광고와 같이 직접 타깃에 접근할 수 있는 새로운 경로를 탐색하게 되면서 주요 광고시장으로 관심이 집중되고 있기 때문으로 분석된다. 이러한 흐름이 이후 급격하게 증가될 것으로 예측되며 이후 2018년까지 연평균 12.1%의 성장을 보이며 16억 3,200만 달러까지 증대될 것으로 기대된다.

[그림 2-25] 미국 게임 광고시장 규모 및 성장률, 2009 - 2018

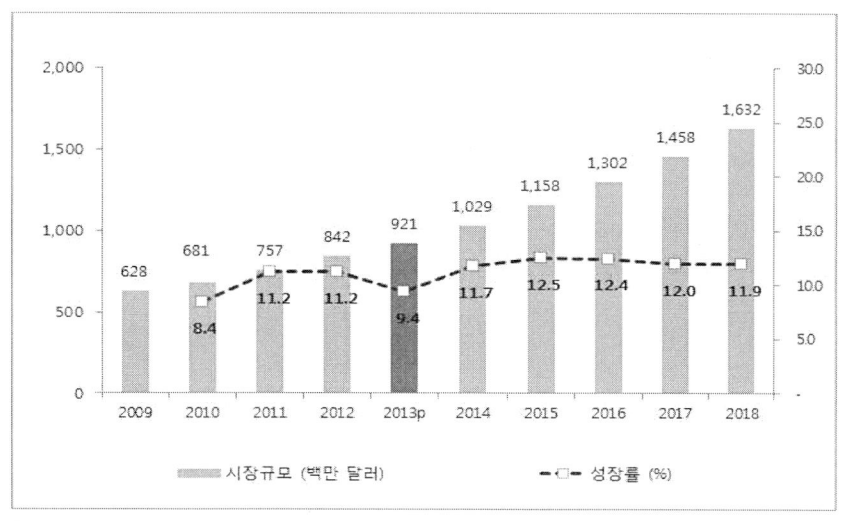

출처 : PwC(2014)

(5) 영화

세계 영화시장을 주도하고 있는 미국 영화시장은 6대 메이저 영화사와 주요 영화사들이 꾸준히 고예산 대형 영화들을 제작하며 전 세계 박스오피스 차트를 차지하고 있다. 주요 영화사들의 경우 고예산 대형 영화를 제작하는 대신 제작 편수를 줄이는 경향을 보였으며, 작년과 마찬가지로 여전히 프랜차이즈 영화가 강세를 보였다. 케이블TV업체 컴캐스트(Comcast)의 사업 확장[8]과 넷플릭스(Netflix), 아마존(Amazon), 훌루(Hulu) 등의 새로운 제작 및 배급방식 도입 등 디지털 플랫폼의 변화는 영화시장 성장에 긍정적 영향을 미친 것으로 분석된다.

메이저 영화사들의 시리즈물과 텐트폴(tentpole) 영화제작 경향은 향후에도 지속될 것으로 보이며, 이러한 경향은 독립 영화사들로 하여금 제작비 4,000만~6,000만 달러 사이의 중간 시장을 점유할 수 있는 기회가 될 수 있을 것으로 보인다. 2013년 현재 미국 영화시장은 오프라인 홈비디오시장의 지속적인 하락에도 불구하고 OTT/스트리밍 서비스의 확산으로 전년대비 1.3% 증가한 311억 1,800만 달러의 규모를 보였으며, 2018년까지 향후 5년간 연평균 4.7% 증가한 391억 5,900만 달러에 달할 것으로 전망된다.

---

[8] 영화당 일정액이 책정되어 있는 기존 VOD 서비스가 아닌, 월 이용료만 지불하면 무료로 모든 동영상을 즐길 수 있는 정액제 방식을 도입할 예정

[표 2-9] 미국 영화시장 규모 및 전망, 2009-2018

[단위 : 백만 달러, %]

구분	2009	2010	2011	2012	2013p	2014	2015	2016	2017	2018	2013-18 CAGR
극장	11,254	11,280	10,889	11,169	11,559	11,953	12,349	12,750	13,154	13,407	3.0
박스오피스	10,610	10,579	10,186	10,428	10,778	11,139	11,510	11,891	12,284	12,527	3.1
극장광고	644	701	703	741	781	814	839	859	870	880	2.4
오프라인 홈비디오	15,911	15,603	14,342	13,215	12,216	11,336	10,565	9,887	9,287	8,724	△6.5
대여	5,906	5,888	5,361	4,901	4,506	4,171	3,891	3,659	3,468	3,287	△6.1
판매	10,005	9,715	8,981	8,313	7,709	7,165	6,674	6,228	5,819	5,437	△6.7
디지털배급	4,200	4,637	5,523	6,335	7,344	8,467	9,793	11,466	13,909	17,028	18.3
OTT/스트리밍	2,500	2,760	3,384	3,985	4,762	5,704	6,905	8,539	10,942	14,021	24.1
SVOD	1,750	1,932	2,398	2,791	3,324	3,982	4,854	6,105	7,840	10,067	24.8
TV OD	750	828	986	1,195	1,438	1,722	2,051	2,435	3,103	3,954	22.4
TV 구독	1,700	1,877	2,140	2,350	2,582	2,763	2,889	2,927	2,967	3,007	3.1
합계	31,365	31,520	30,754	30,719	31,118	31,756	32,707	34,103	36,350	39,159	4.7

출처 : PwC(2014)

2009년 미국 영화시장에서 50.7%의 시장점유율을 보이면서 가장 큰 비중을 차지하고 있는 오프라인 홈비디오시장(대여&판매)은 디지털배급시장으로의 소비자 이탈이 가속화되면서 2013년 39.3%로 11.4%p 감소하였다.

[그림 2-26] 미국 영화시장 분야별 비중 비교, 2009 vs. 2013 vs. 2018

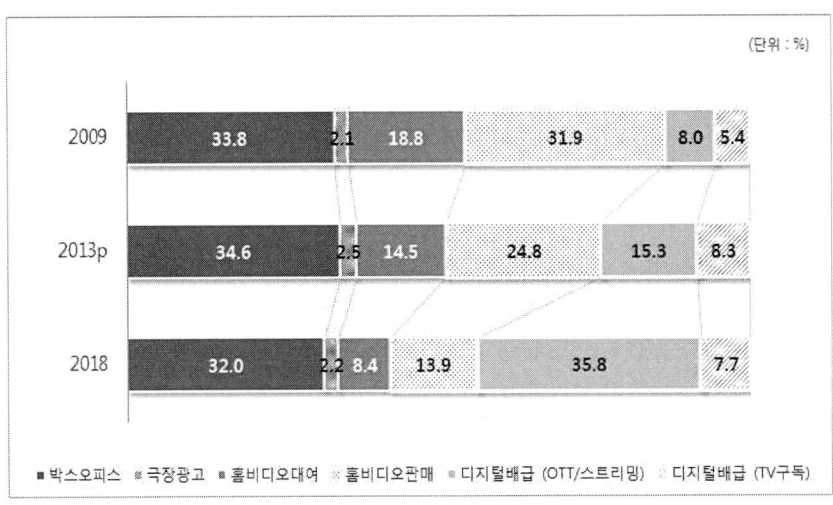

출처 : PwC(2014)

이러한 경향은 향후 좀 더 빠르게 진행될 것으로 예측되며 2018년에는 22.3%까지 급속하게 위축될 것으로 전망된다. 반면 디지털배급시장은 OTT 및 스트리밍 서비스가 확산되면서 2018년에는 박스오피스 점유율 32.0%를 넘어 35.8%까지 확대되면서 미국 영화시장의 가장 주요한 유통매체로 자리매김 할 것으로 전망된다.

가. 박스오피스

2013년에는 '헝거게임: 캐칭 파이어', '아이언맨 3', '슈퍼배드 2', '슈퍼맨: 맨 오브 스틸', '몬스터 대학교', '호빗: 스마우그의 폐허', '분노의 질주 6', '토르: 더 다크 월드' 등 프랜차이즈 영화의 흥행에 힘입어 2013년 현재 전년대비 3.4% 증가한 107억 7,800만 달러를 기록하였다.

특히 2013년은 프랜차이즈물의 압도적인 인기에도 불구하고 다른 해보다 다양한 장르의 영화들과 독립 영화들이 성공을 거둔 한 해이기도 하였다. '컨저링', '퍼지' 등 저예산으로 만들어진 호러 영화와 '플레이스 비욘드 더 파인즈', '더 웨이, 웨이 백' 등의 드라마들도 성공을 거두었다. 이 뿐만 아니라 성인취향의 R등급을 받은 코미디와 '버틀러: 대통령의 집사', '노예 12년', '만델라: 자유를 향한 머나먼 여정', '오스카 그랜트의 어떤 하루' 등 흑인 커뮤니티의 역사와 문화를 영화 속에서 다룬 블랙 시네마가 새롭게 재조명을 받기도 하였다.

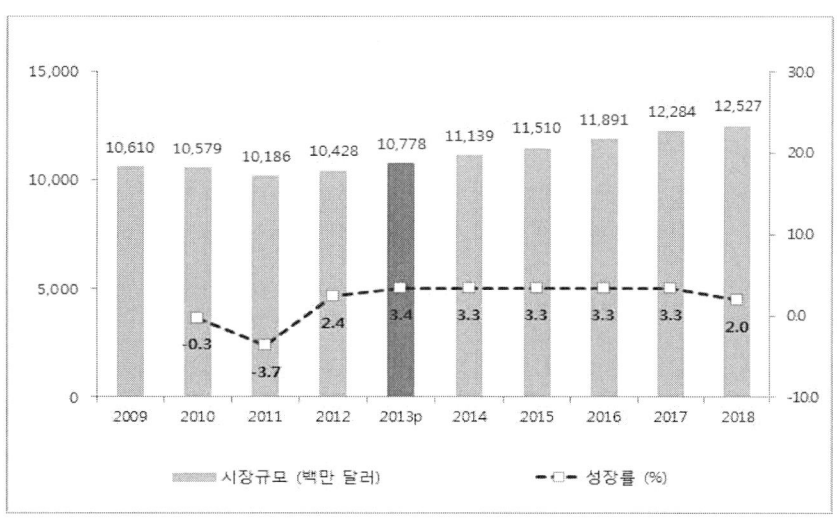

[그림 2-27] 미국 박스오피스시장 규모 및 성장률, 2009 - 2018

출처 : PwC(2014)

향후 강력한 프랜차이즈 영화들이 개봉을 예정하고 있으며, 스크린쿼터, 불법복제 위협, 검열 등 여러 가지 문제들이 있음에도 불구하고 미국 영화 제작사들이 가치있게 평가하고 있는 중국시장에서의 수익 창출이 향후에도 지속적으로 증가될 것으로 예측되면서, 2018년까지 5년간 연평균 3.1% 성장한 125억 2,700만 달러로 확대될 전망이다.

나. 홈비디오

미국 영화시장의 주요 유통 채널이었던 오프라인 홈비디오시장은 디지털배급시장의 영향으로 2009년 이후 하락세는 계속되어 2013년 현재 122억 1,600만 달러로 시장 규모가 축소되었다. 특히 대여시장보다는 판매시장의 하락이 두드러졌다. 이는 블루레이디스크 판매가 DVD 판매의 하락을 상쇄시키기에 역부족했기 때문으로 보인다.

또한 2014년 1월을 기점으로 미국 전역의 블록버스터(Blockbuster) 비디오 대여점은 거의 문을 닫았다. 향후 오프라인 홈비디오시장은 OTT 및 스트리밍시장이 더욱 활성화 될 것으로 예측되면서 2018년까지 5년간 연평균 6.5%의 마이너스 성장률을 보이며 87억 2,400만 달러로 2009년의 약 1/2 수준까지 감소할 것으로 전망된다.

[그림 2-28] 미국 홈비디오시장 규모 및 성장률, 2009 - 2018

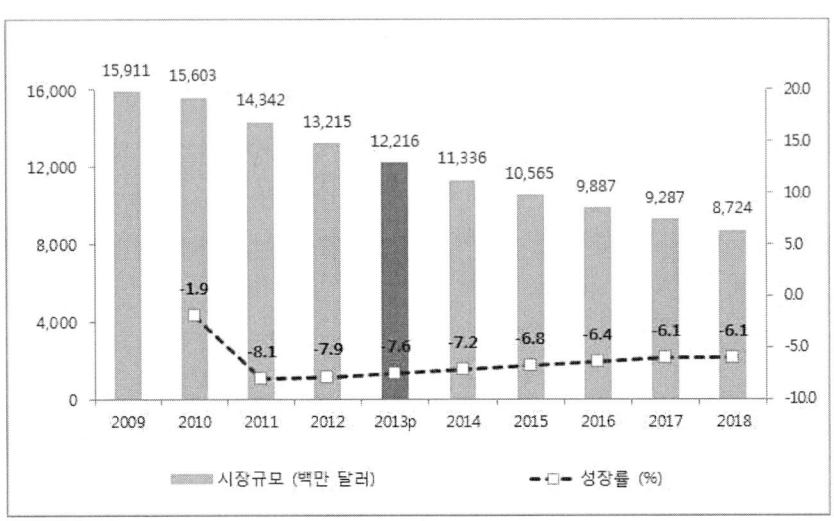

출처 : PwC(2014)

다. 디지털배급

　브로드밴드 네트워크를 통한 OTT(Over the top) 서비스가 디지털배급시장의 성장을 주도하면서 2009년 이후 연평균 15.0%나 성장하여 2013년 현재 73억 4,400만 달러를 기록하였다. 향후 넷플릭스(Netflix), 아이튠즈(iTunes), 아마존 인스턴트 비디오(Amazon Instant Video)와 같은 스트리밍 비디오기업들의 영향력은 더욱 강해질 것으로 보인다.
　또한 구글은 HDMI 스트리밍 미디어 플레이어인 크롬캐스트를 내놓으면서 로쿠(Roku), 애플티비(AppleTV), 마이크로소프트 엑스박스(MS Xbox), 소니의 플레이스테이션(Playstation) 등의 유사 기기들과 함께 SVOD 이용자 수를 증가시키는데 이바지할 것으로 예상된다.
　앞으로 영화를 볼 수 있는 방식(스크린)은 작은 휴대기기부터 거대한 아이맥스(IMAX) 영화관의 스크린에 이르기까지 점점 더 다양해 질 것으로 예측되며, 이로 인해 미국의 디지털배급시장 규모는 2018년까지 5년간 연평균 18.3%나 성장한 170억 2,800만 달러에 육박할 것으로 전망된다.

[그림 2-29] 미국 디지털배급시장 규모 및 성장률, 2009 - 2018

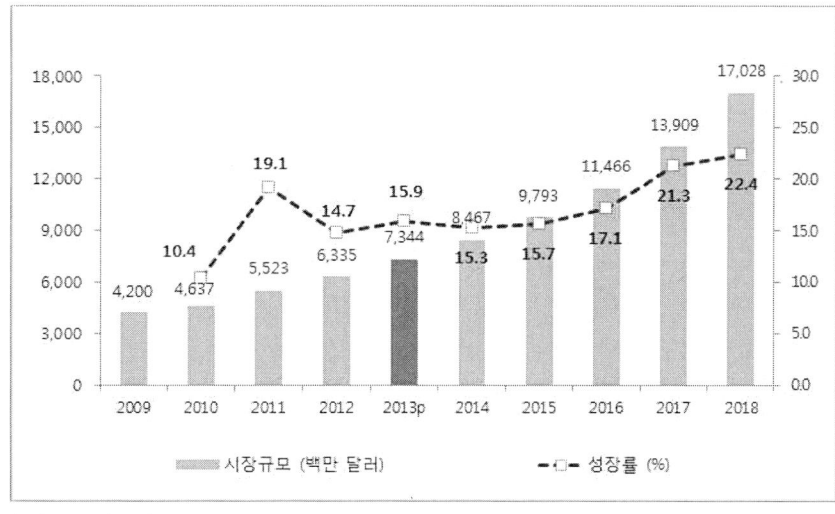

출처 : PwC(2014)

(6) 애니메이션

2013년 미국 애니메이션시장은 가족(전체관람가) 애니메이션의 인기로 인하여 전년대비 20.6% 성장한 45억 5백만 달러를 기록하였다. 2013년 '슈퍼배드 2'와 '몬스터 대학교', '겨울왕국'이 인기가 많았으며 2014년은 '드래곤 길들이기 2'가 미국 박스오피스 애니메이션 부문 1위를 달리고 있다. 디지털배급시장은 2018년까지 향후 5년간 연평균 13.1%의 놀라운 성장을 보일 것으로 예상되며 전체 애니메이션시장의 성장을 견인하여 2018년 미국의 애니메이션시장 규모는 83억 2,600만 달러에 이를 것으로 전망된다.

[그림 2-30] 미국 애니메이션시장 규모 및 성장률, 2009 - 2018

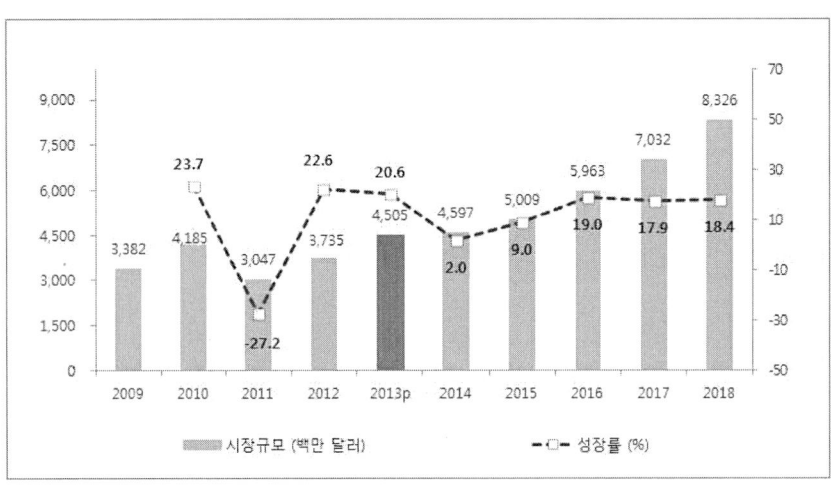

출처: Box office mojo(2014), PwC(2014), Digital Vector(2013)

[표 2-10] 미국 애니메이션시장 규모 및 전망, 2009-2018

[단위 : 백만 달러, %]

구분	2009	2010	2011	2012	2013p	2014	2015	2016	2017	2018	2013-18 CAGR
영화	1,144	1,405	1,009	1,268	1,560	1,613	1,763	2,079	2,376	2,663	11.3
극장광고	69	93	70	90	113	118	128	150	168	187	10.6
디지털배급	270	366	335	485	689	826	1,057	1,493	2,117	2,981	34.0
방송	183	249	212	286	374	400	442	512	574	639	11.3
홈비디오	1,716	2,072	1,421	1,607	1,769	1,641	1,618	1,729	1,797	1,855	1.0
합계	3,382	4,185	3,047	3,735	4,505	4,597	5,009	5,963	7,032	8,326	13.1

출처: Box office mojo(2014), PwC(2014), Digital Vector(2013)

2013년 영화 애니메이션부문은 PG-13(모두 관람가)등급의 애니메이션과 R등급의 성인용 애니메이션의 수요가 동반 성장하면서 2009년 대비 소폭 증가한 34.6%의 시장점유율을 보였다.

디지털배급시장은 스마트폰과 태블릿과 같은 휴대용기기의 높은 보급률과 기존의 스트리밍 서비스 공급자간의 확대 경쟁으로 2013년 15.3%였던 점유율은 지속 성장하여 2018년에는 35.8%의 점유율을 보이며 영화와 홈비디오시장의 점유율을 넘어설 것으로 전망된다.

2009년 방송 애니메이션시장과 더불어 가장 높은 비중을 보였던 오프라인 홈비디오시장은 광대역을 통한 온라인 스트리밍 서비스와 모바일기기를 통한 서비스의 확대로 인하여 시장에서의 의존도가 하락하여 2013년에는 39.3%까지 하락하였으며, 2018년에는 22.3%까지 축소될 것으로 전망된다.

[그림 2-31] 미국 애니메이션시장 분야별 비중 비교, 2009 vs. 2013 vs. 2018

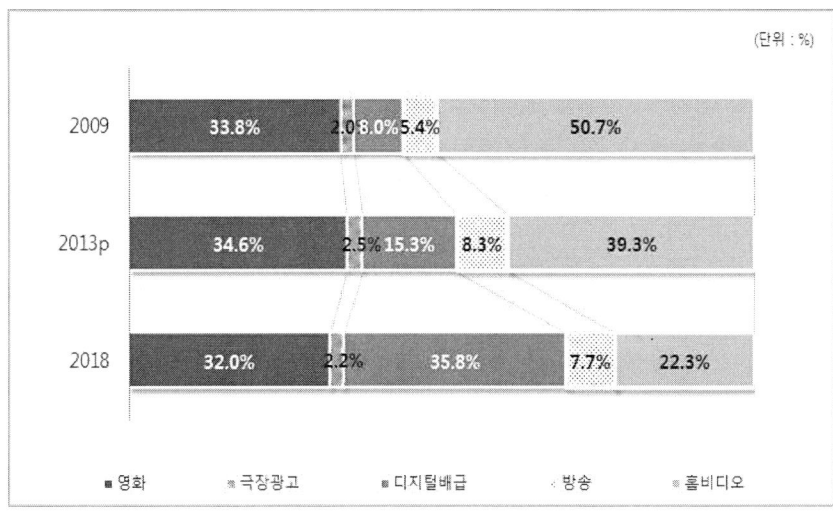

출처 : PwC(2014)

가. 영화 애니메이션

2013년 미국의 영화 애니메이션시장은 전년대비 23.0%의 성장률을 보이며 15억 6,000만 달러를 기록하였다. 비록 2000년대 후반 금융위기를 맞이하면서 애니메이션 관련 산업의 매출이 감소하였지만 2011년 미국의 경기회복과 함께 소비자의 지출이 증가하면서 미국 애니메이션시장은 2018년까지 26억 6,300만 달러로 증가할 것으로 전망된다.

[그림 2-32] 미국 영화 애니메이션시장 규모 및 성장률, 2009 - 2018

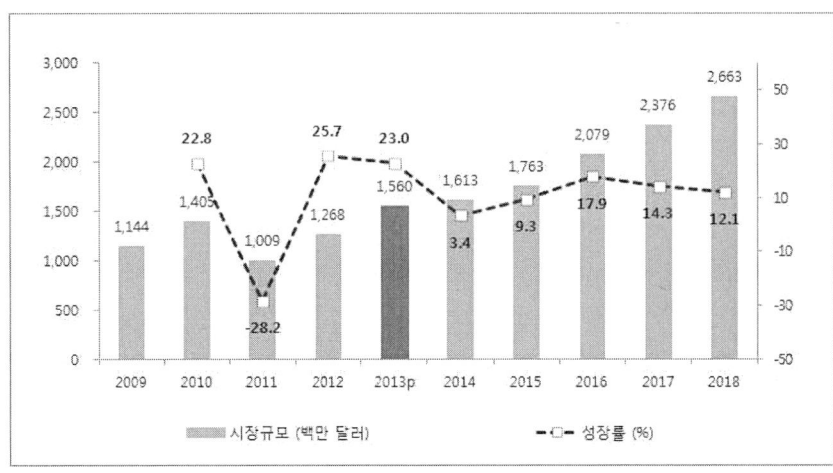

출처 : PwC(2014)

나. 방송 애니메이션

미국 방송 애니메이션시장은 글로벌 금융위기에 잠시 주춤한 것을 제외하면 2009년 이후 지속적인 성장세를 보였다. 2013년 방송 애니메이션시장은 전년대비 30.8% 성장한 3억 7,400만 달러를 기록하였다.

[그림 2-33] 미국 방송 애니메이션시장 규모 및 성장률, 2009 - 2018

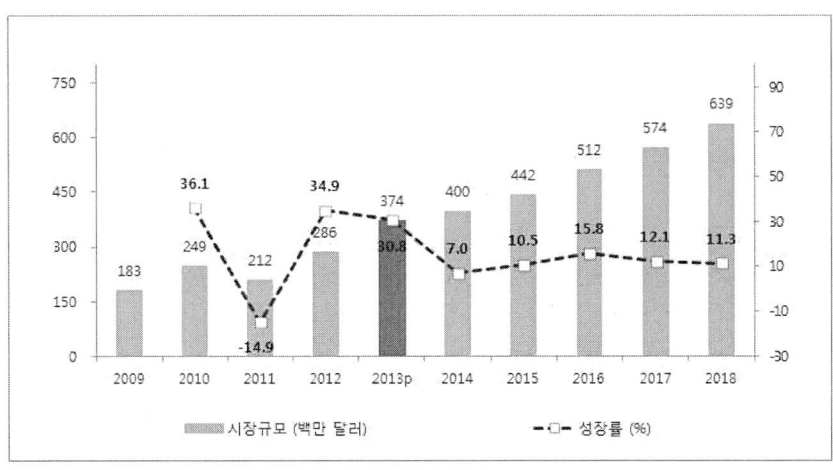

출처 : PwC(2014)

특히 'BoJack Horseman', 'The Simpsons, Family Guy' 등이 지속적인 인기를 얻었는데, 이러한 인기 작품들은 계속 제작될 것으로 보인다. 미국 방송 애니메이션시장은 연평균 11.3%의 안정적인 성장세를 유지하며 2018년에는 6억 3,900만 달러로 확대될 전망이다.

다. 홈비디오 애니메이션

2013년 홈비디오 애니메이션시장은 2012년보다 10.1% 성장한 17억 6,900만 달러를 기록하였다. 2010년에 비하면 85% 수준에 지나지 않지만 경기의 회복세로 인하여 소비심리가 살아나면서 2013년까지 DVD와 Blue-Ray 판매증가에 의해 일시적인 성장을 이루었다. 하지만 스마트기기의 높은 보급률과 온라인 스트리밍 서비스로 인하여 2018년까지 연평균 1.0%의 성장률을 보이면서 18억 5,500만 달러로 확대될 전망이다.

[그림 2-34] 미국 홈비디오 애니메이션시장 규모 및 성장률, 2009 - 2018

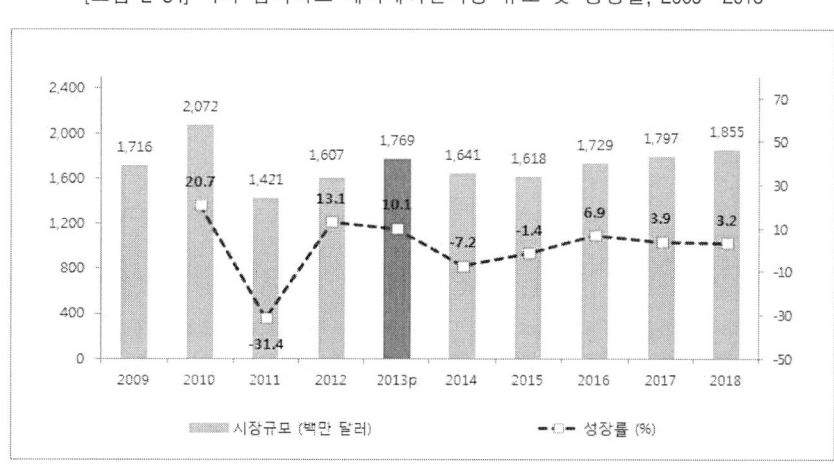

출처 : PwC(2014)

라. 디지털배급 애니메이션

디지털배급 애니메이션시장은 나날이 인기가 높아지는 스마트폰과 태블릿, 아이패드와 같은 스마트기기의 확산으로 인해 2013년에는 6억 8,900만 달러를 기록하였다.
미국 통신 관리국의 '기가비트 도시화로의 도전'이라는 슬로건과 AT&T, 센추리링크(Centurylink)의 기가비트망 확충계획에 힘입은 넷플릭스(Netflix), 훌루(Hulu), 아마존 인스턴트 비디오(Amazon Instant Video) 등의 서비스업체에 의해 디지털배급 애니메이션이 높은 성장률을 보일 것으로 예상되며 2018년에는 29억 8,100만 달러를 기록할 것으로 전망된다.

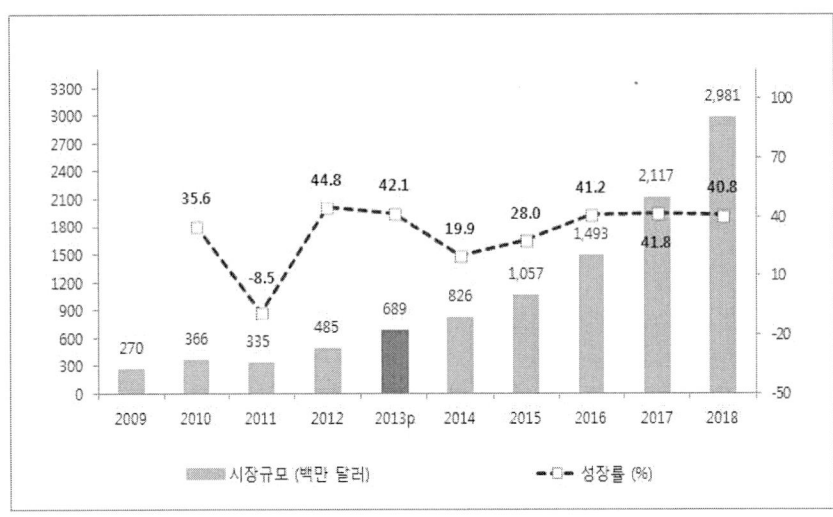

[그림 2-35] 미국 디지털배급 애니메이션시장 규모 및 성장률, 2009 - 2018

출처 : PwC(2014)

(7) 방송

2013년 방송시장은 전년대비 약 2.0% 증가한 1,820억 9,800만 달러로 집계되었다. 미국 유료방송에서 케이블TV 가입자는 2013년 5,480만 가구에서 2018년 5,390만 가구로 소폭 감소하였다. 위성TV 가입자는 2013년 3,440만 가구에서 2018년 3,620만 가구로, IPTV 가입 가구는 2013년 1,140만 가구에서 2018년 1,680만 가구로 증가할 것으로 예측되고 있다.

미국 방송시장은 장기적으로는 OTT시장 확대가 더욱 분명해지고 있다. 코드커팅은 아직은 시장에 제한된 영향을 미치는 작은 규모로 보이지만 향후 유료방송 수신료 수입은 OTT로 말미암아 그 성장이 주춤할 것으로 예상된다. 특히, 전통적인 유료방송에 가입하지 않고 인터넷을 통해 영상을 시청하는 젊은 세대인 '코드네버(cord-nevers)족'의 성장이 두드러진다. 이들은 기본 채널과 프리미엄 스포츠 채널을 유지하겠지만 다른 프리미엄 엔터테인먼트 채널은 취소하고 저렴한 비용으로 OTT 서비스를 이용하게 될 위험이 있다.

2018년까지 유료방송 수신료의 증가는 미미하겠지만, 향후 다중 채널과 온라인 방송 광고의 증가로 전체 방송시장은 향후 5년간 연평균 2.7% 성장하며 2018년 2,085억/ 2,700만 달러에 이를 것으로 전망된다.

[표 2-11] 미국 방송시장 규모 및 전망, 2009-2018

[단위 : 백만 달러, %]

구분	2009	2010	2011	2012	2013p	2014	2015	2016	2017	2018	2013-18 CAGR
TV 수신료	-	-	-	-	-	-	-	-	-	-	-
공영방송	82,144	87,049	91,171	94,230	96,296	97,982	99,439	100,592	101,712	102,820	1.3
유료방송	82,144	87,049	91,171	94,230	96,296	97,982	99,439	100,592	101,712	102,820	1.3
TV 광고	18,208	20,117	20,743	22,576	22,895	23,972	24,977	27,095	27,759	28,997	4.8
다중 채널	33,788	37,062	37,538	40,135	40,129	41,573	42,862	46,171	46,972	48,724	4
지상파	928	1,361	1,741	2,221	2,785	3,434	4,107	4,758	5,345	5,847	16
온라인	52,924	58,540	60,022	64,931	65,809	68,979	71,946	78,024	80,076	83,568	4.9
라디오	18,759	18,463	18,914	19,445	19,993	20,479	20,976	21,499	21,888	22,139	2.1
라디오 광고	16,471	16,048	16,319	16,482	16,740	16,986	17,221	17,454	17,609	17,759	1.2
공영 라디오	-	-	-	-	-	-	-	-	-	-	-
위성 라디오	2,288	2,415	2,595	2,963	3,253	3,493	3,755	4,045	4,279	4,380	6.1
합계	153,827	164,052	170,107	178,606	182,098	187,440	192,361	200,115	203,676	208,527	2.7

출처 : PwC(2014)

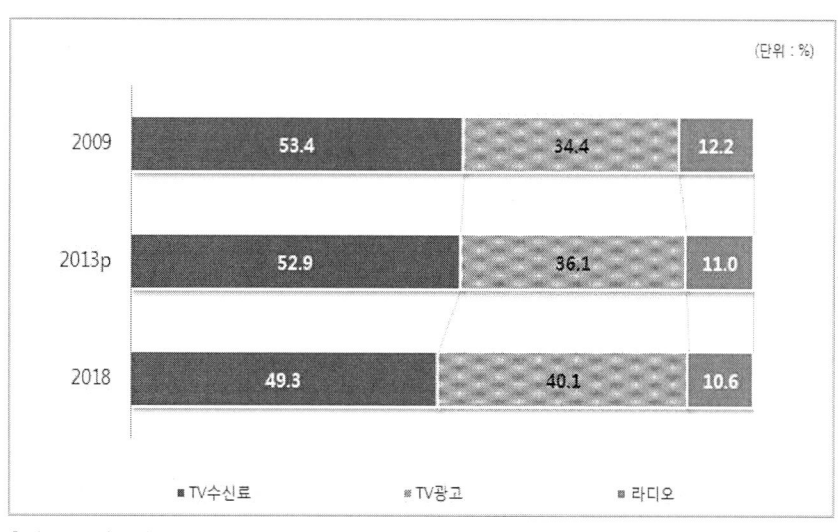

[그림 2-36] 미국 방송시장 분야별 비중 비교, 2009 vs. 2013 vs. 2018

출처 : PwC(2014)

TV 수신료시장은 지속적으로 성장세를 나타내고 있지만 무료방송과 온라인 시청자들의 증가로 유료방송시장이 감소세를 보이고 있다. 이러한 현상이 반영되면서 2013년 52.9%에서 2018년 49.3%

로 비중이 감소할 것으로 보인다. 2008년 급격한 하락을 보인 TV 광고시장은 지속적으로 회복되어왔다. 이후 온라인 광고시장의 큰 성장이 예측되며 2013년 36.1%에서 2018년 40.1%로 확대될 전망이다.

가. TV 수신료

미국에서 유료방송 가입률은 2009년 81.7%로 정점을 찍은 후 무료방송과 온라인으로 TV를 시청하는 가구 수의 증가로 말미암아 지속적으로 감소할 것으로 추정되고 있다. 새롭게 유료방송에 가입하는 가입자들은 위성방송이나 IPTV를 선호하는 것으로 나타났다. TV 수신료시장은 2013년 2.2% 성장한 962억 9,600만 달러를 기록했다. 향후 성장률은 점차 둔화되어 2018년까지 연평균 1.3% 성장한 1,028억 2,000만 달러를 기록할 것으로 추정된다.

[그림 2-37] 미국 TV 수신료시장 규모 및 성장률, 2009 - 2018

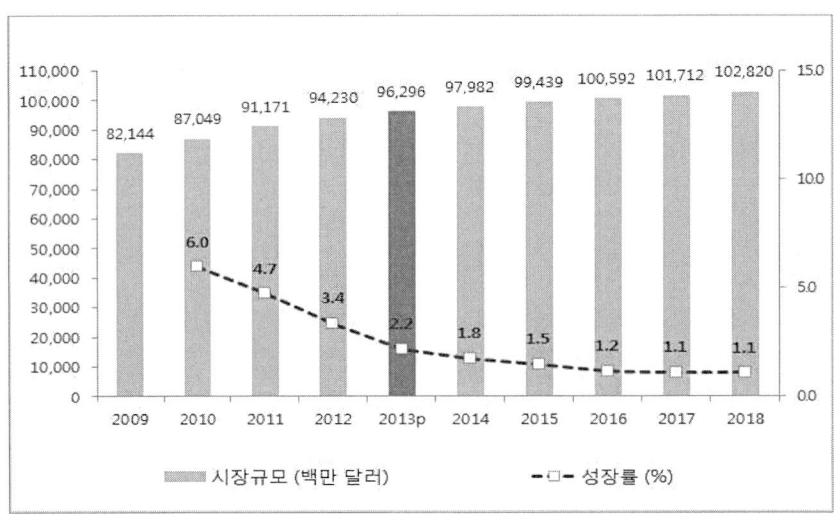

출처 : PwC(2014)

나. TV 광고

TV 광고시장은 2013년 전년대비 1.4% 성장한 658억 900만 달러를 기록했다. TV 광고시장은 미국의 경제 상황에서 촉발된 글로벌 위기로 인해 2009년 급격한 하락을 겪었지만 이후 4년 동안 꾸준히 회복되어 왔다. 미국 경제의 또 다른 침체로 영향을 받을 가능성이 있지만, 향후 5년 동안 꾸준히 성장할 것으로 예상되고 있다. 온라인TV의 급성장으로 2018년까지 연평균 4.9% 성장하여 835억 6,800만 달러에 이를 것으로 전망된다.

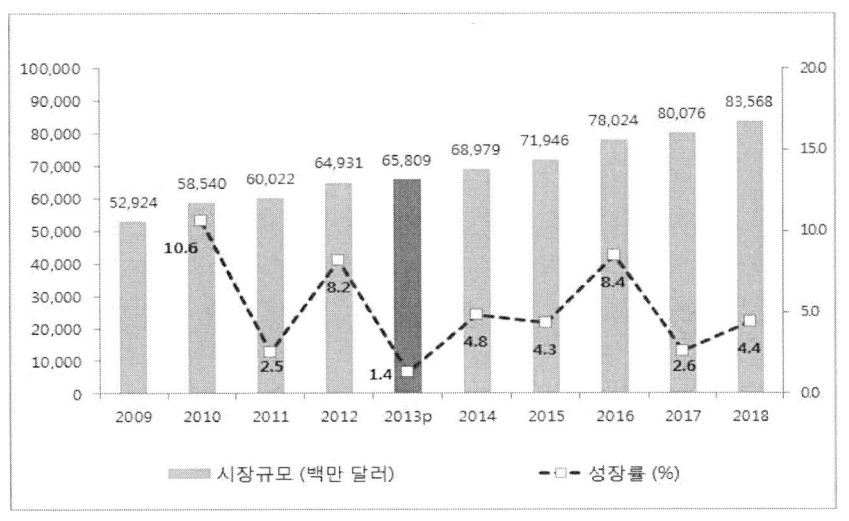

[그림 2-38] 미국 TV 광고시장(방송) 규모 및 성장률, 2009 - 2018

출처 : PwC(2014)

다. 라디오

세계 경제침체로 라디오 수익은 2009년 13% 감소했다. 라디오 광고 매출은 2011년까지는 성장이 더뎠지만 2013년에는 전년대비 2.8% 성장하여 199억 9,300만 달러를 기록했다.

여전히 전통적인 라디오 광고시장이 수익 대부분을 차지하고 있지만, 향후에는 새로운 쌍방향의 디지털 영역이 더욱 중요성을 가질 것으로 보인다. 라디오시장은 향후 5년간 연평균 2.1% 성장률이 예측되며 2018년에는 221억 3,900만 달러로 상승세를 유지할 것으로 보인다.

[그림 2-39] 미국 라디오시장 규모 및 성장률, 2009 - 2018

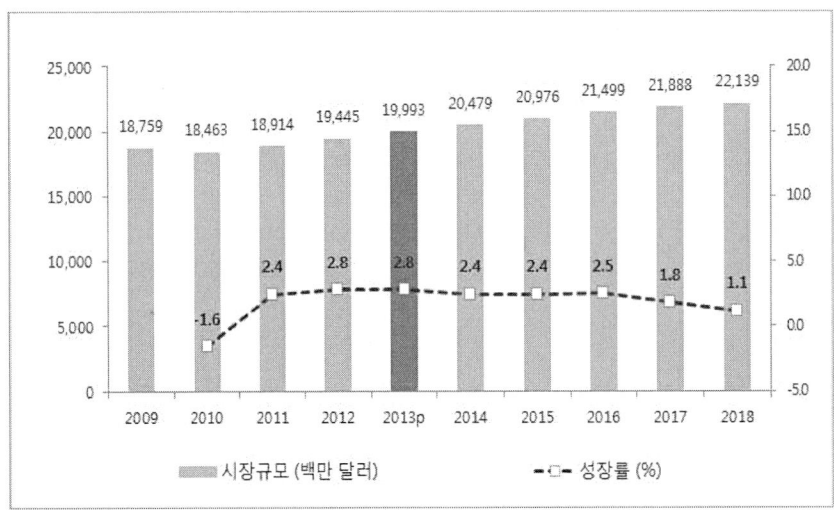

출처 : PwC(2014)

(8) 광고

미국 광고시장은 2009년 이후 지면 광고의 매체 영향력이 지속적으로 하락함에도 불구하고 인터넷 광고의 성장에 기인하여 전년대비 2.5% 성장한 1,717억 7,900만 달러를 기록했다.

향후 지면 광고는 지속적으로 감소할 것이나 온라인TV로 인한 TV 광고의 안정적 성장과 인터넷 광고의 급부상에 힘입어 2018년까지 연간 2.9%의 성장세를 지속하며, 1,981억 9,000만 달러로 상승세를 유지할 것으로 전망된다.

[표 2-12] 미국 광고시장 규모 및 전망, 2009-2018

[단위 : 백만 달러, %]

구분	2009	2010	2011	2012	2013p	2014	2015	2016	2017	2018	2013-18 CAGR
디렉토리 광고	13,050	11,417	10,414	9,703	9,178	8,696	8,245	7,823	7,436	7,082	△5.1
디지털	1,861	2,048	2,423	2,937	3,413	3,805	4,112	4,346	4,523	4,654	6.4
인쇄	11,189	9,369	7,991	6,766	5,765	4,892	4,133	3,477	2,913	2,428	△15.9
잡지 광고	14,862	15,532	16,140	16,397	16,561	16,680	16,790	16,874	16,928	16,980	0.5
디지털	656	1,097	1,729	2,387	3,147	3,853	4,664	5,569	6,547	7,587	19.2
인쇄	14,206	14,435	14,411	14,010	13,415	12,827	12,126	11,306	10,381	9,394	△6.9
산업잡지 광고	4,235	4,171	4,259	4,363	4,453	4,519	4,572	4,609	4,632	4,655	0.9

[단위 : 백만 달러, %]

구분	2009	2010	2011	2012	2013p	2014	2015	2016	2017	2018	2013-18 CAGR
디지털	284	458	695	923	1,071	1,229	1,398	1,576	1,760	1,953	12.8
인쇄	3,950	3,713	3,565	3,440	3,383	3,291	3,174	3,033	2,872	2,702	△4.4
극장광고	644	701	703	741	781	814	839	859	870	880	2.4
신문 광고	27,564	25,837	23,941	23,246	22,419	21,522	20,465	19,295	17,998	16,630	△5.8
디지털	2,743	3,042	3,249	3,895	4,402	4,682	4,918	5,107	5,229	5,286	3.7
인쇄	24,821	22,795	20,692	19,352	18,017	16,840	15,547	14,189	12,769	11,344	△8.8
라디오 광고	16,471	16,048	16,319	16,482	16,740	16,986	17,221	17,454	17,609	17,759	1.2
TV 광고	52,924	58,540	60,022	64,931	65,809	68,979	71,946	78,024	80,076	83,568	4.9
다중 채널	18,208	20,117	20,743	22,576	22,895	23,972	24,977	27,095	27,759	28,997	4.8
지상파	33,788	37,062	37,538	40,135	40,129	41,573	42,862	46,171	46,972	48,724	4.0
온라인TV	928	1,361	1,741	2,221	2,785	3,434	4,107	4,758	5,345	5,847	16.0
인터넷 광고	22,661	26,041	31,735	36,570	42,781	47,614	52,529	57,025	61,517	65,903	9.0
모바일	374	641	1,596	3,370	7,084	9,837	12,627	14,951	17,145	19,215	22.1
유선	22,287	25,400	30,139	33,201	35,697	37,777	39,902	42,074	44,372	46,688	5.5
옥외 광고	6,300	6,522	7,039	7,489	7,926	8,331	8,748	9,135	9,542	9,974	4.7
디지털	0	1,843	2,051	2,310	2,584	2,867	3,173	3,486	3,827	4,196	10.2
실물	6,300	4,680	4,988	5,179	5,342	5,464	5,575	5,648	5,716	5,778	1.6
게임 광고	628	681	757	842	921	1,029	1,158	1,302	1,458	1,632	12.1
산술합계9)	159,339	165,490	171,329	180,764	187,569	195,170	202,513	212,400	218,066	225,063	3.7
합계	152,373	156,858	160,764	167,544	171,779	177,074	182,127	189,733	193,253	198,190	2.9

출처 : PwC(2014)

미국 TV 광고시장은 다중 채널과 지상파 광고의 안정적 성장, 그리고 온라인TV 광고의 급성장으로 2018년 전체 광고시장의 37.1%의 점유율을 보이며 여전히 미국 광고시장에서 가장 높은 비중을 보일 것으로 전망된다.

향후 미국 광고시장의 가장 큰 변화는 검색과 디스플레이 광고의 성장과 더불어 비디오와 모바일 광고가 매우 빠른 속도로 성장하면서 인터넷 광고시장은 매우 중요한 광고 매체로 큰 영향력을 행사할 것으로 전망된다.

---

9) 산술합계에는 디렉토리 광고, 잡지 광고, 산업잡지 광고, 신문 광고의 디지털 광고와 온라인TV 광고, 지상파 라디오 온라인 광고가 인터넷 광고시장 규모에 포함되어 있어 합계에서는 중복되는 부분을 제외함

[그림 2-40] 미국 광고시장 분야별 비중 비교, 2009 vs. 2013 vs. 2018

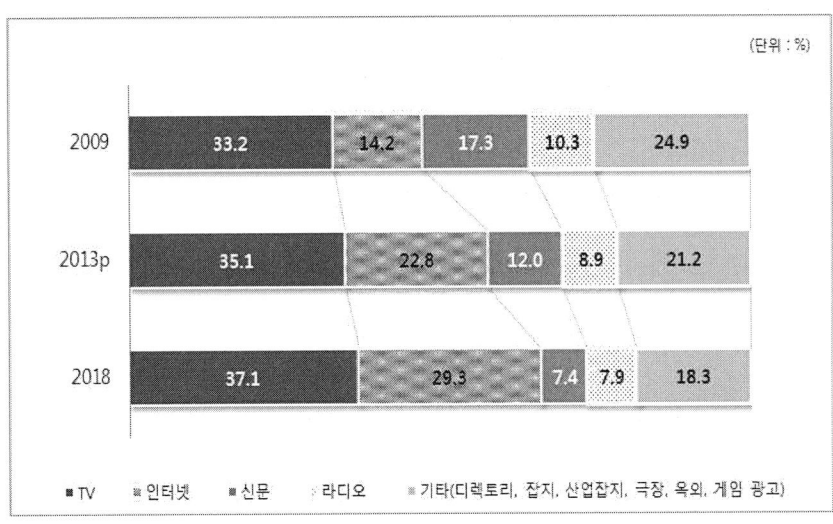

출처 : PwC(2014)

가. TV 광고

1999년 선보인 TiVo 디지털영상저장장치(DVR)의 보급률은 50%를 기록하면서 성공적이라는 평가와 함께 2013년 TV 광고시장은 전년대비 1.4% 성장한 658억 900만 달러를 기록하였다.

미국의 TV 광고시장은 지속적으로 성장할 것이라는 전망과 함께 미국의 대통령 선거와 리오 데 자네이로(Rio de Janeiro)에서 개최되는 올림픽게임으로 인하여 2016년의 방송산업은 가장 수익성이 좋은 해가 될 것으로 전망하여 이를 통한 연간 수익은 8.4%에 달할 것으로 보인다.

또한 NetTV 광고 지출은 온라인 광고를 포함하여 2014년까지 690억 달러로 증가하였으며 2018년까지 4.9% 성장한 835억 6,800만 달러가 될 것으로 전망된다.

[그림 2-41] 미국 TV 광고시장 규모 및 성장률, 2009 - 2018

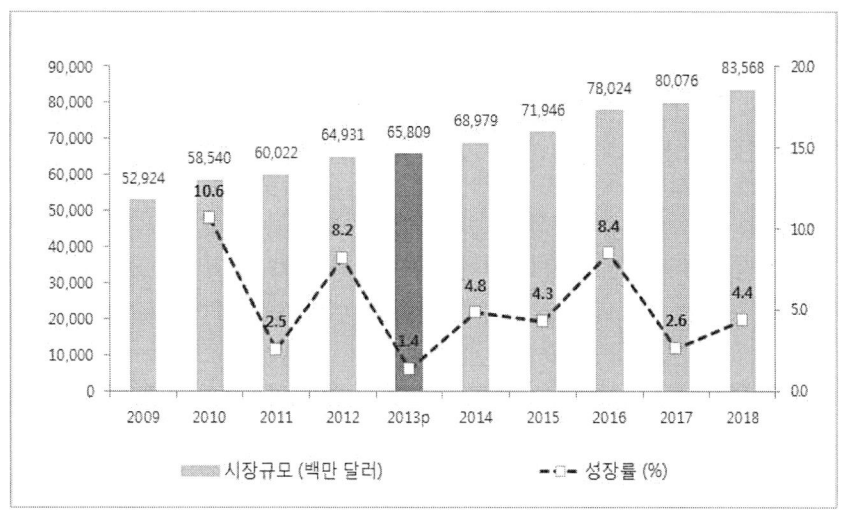

출처 : PwC(2014)

나. 인터넷 광고

미국 인터넷 광고시장은 2009년 맞이한 경제위기로부터 빠르게 회복되었고 모바일 광고와 비디오 광고의 급성장으로 2013년 전년대비 17.0% 성장한 427억 8,100만 달러 규모를 보였으며, 2018년까지 연평균 9%의 성장률에 힘입어 2018년에는 659억 300만 달러에 근접할 것으로 예상된다. 디스플레이 광고는 현재 미국에서 두 번째로 큰 광고시장으로 실시간 광고 경매 인기의 영향으로 2013년 전년대비 3.7% 성장한 119억 5,100만 달러를 기록하였다.

인터넷 광고 중 비디오와 모바일 광고가 매우 빠른 속도로 성장하고 있는 것으로 나타났다. 미국은 전 세계에서 가장 커다란 비디오 광고시장으로 2013년 전년대비 19.5% 성장한 27억 8,400만 달러로 집계되었다. 향후 비디오 광고시장은 2018년까지 연평균 19.5% 성장하여 67억 7,500만 달러에 달할 것으로 전망된다. 또한 미국의 스마트폰 구입이 최근 폭발적으로 증가하면서 모바일 광고의 새로운 기회가 되고 있다. 모바일 광고시장은 최근 3년간 100%가 넘는 성장률을 보였으며, 2013년에는 전년대비 110.2% 증가한 70억 8,400만 달러로 집계되었다. 향후 성장 속도는 점차 완화될 것으로 보이나 2018년까지 5년간은 연평균 22.1%의 높은 성장을 보이며 192억 1,500만 달러에 육박할 것으로 전망된다.

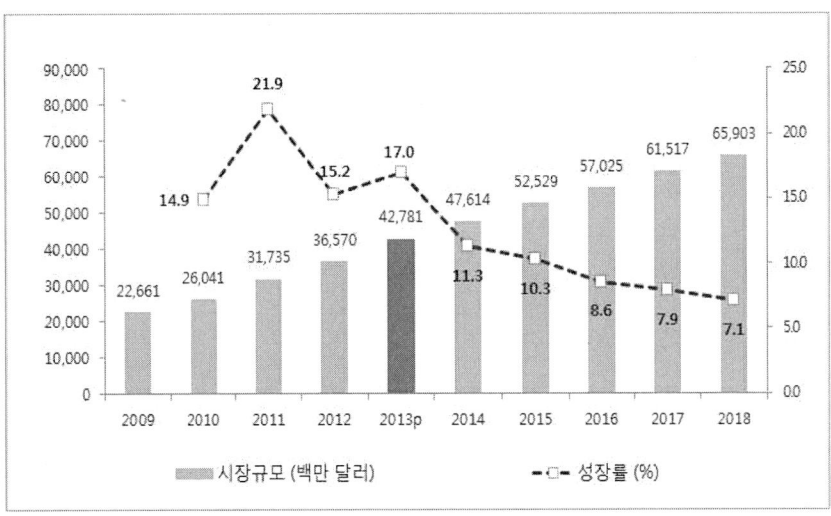

[그림 2-42] 미국 인터넷 광고시장 규모 및 성장률, 2009 - 2018

출처 : PwC(2014)

[표 2-13] 미국 인터넷 광고시장 규모 및 전망, 2009-2018

[단위 : 백만 달러, %]

구분	2009	2010	2011	2012	2013p	2014	2015	2016	2017	2018	2013-18 CAGR
모바일	374	641	1,596	3,370	7,084	9,837	12,627	14,951	17,145	19,215	22.1
유선	22,287	25,400	30,139	33,201	35,697	37,777	39,902	42,074	44,372	46,688	5.5
안내광고	2,232	2,597	2,580	2,430	2,597	2,446	2,222	2,062	1,936	1,810	△7.0
디스플레이 광고	8,543	9,737	10,982	11,525	11,951	12,371	12,743	13,095	13,438	13,723	2.8
비디오	952	1,404	1,809	2,330	2,784	3,308	4,053	4,881	5,725	6,775	19.5
유료검색	10,560	11,662	14,769	16,916	18,365	19,652	20,885	22,036	23,274	24,380	5.8
합계	22,661	26,041	31,735	36,570	42,781	47,614	52,529	57,025	61,517	65,903	9.0

출처 : PwC(2014)

다. 신문 광고

미국의 신문 광고시장은 판매 부진에 따른 영향력 감소와 타깃(Target) 마케팅이 가능한 디지털 매체로의 광고주 이탈 등으로 지속적으로 감소하여 2013년 현재 전년대비 3.6% 하락한 224억 1,900만 달러로 집계되었다. 향후 디지털 광고시장은 지속적으로 증가할 것으로 예측되나 지면 광고시장의 하락폭을 커버하기에는 역부족으로 2018년까지 5년간 5.8% 마이너스 성장률을 보이며 166억 3,000만 달러까지 감소할 전망이다.

[그림 2-43] 미국 신문 광고시장 규모 및 성장률, 2009-2018

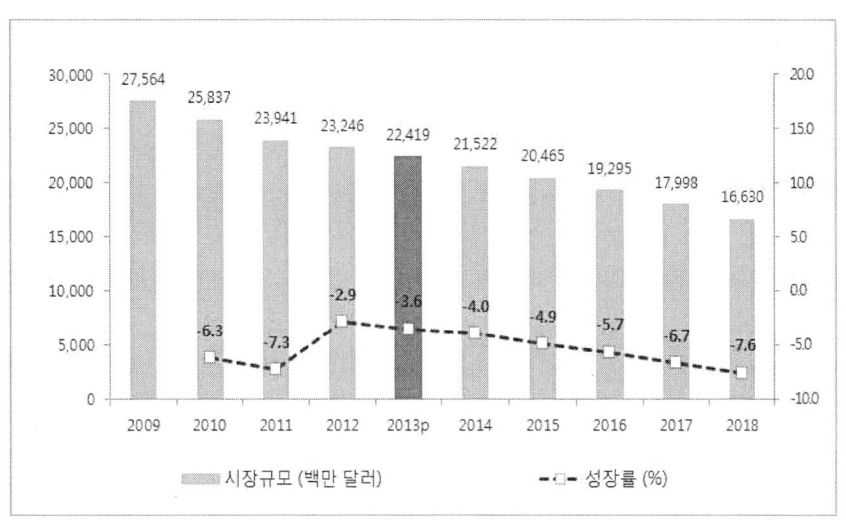

출처 : PwC(2014)

(9) 캐릭터·라이선스

전 세계에서 단일 시장으로는 가장 큰 규모를 보이는 미국의 캐릭터·라이선스시장은 자국의 3D 애니메이션 개봉과 흥행으로 인하여 전년대비 2.2% 성장한 879억 5,800만 달러로 집계되었다.

특히 디즈니(Disney)는 2013년 미국의 캐릭터·라이선스시장의 절반인 409억 달러를 라이선스 소매상품으로 벌어들였을 뿐만 아니라 메러디스(Meredith)도 무려 166억 달러에 이르는 매출을 올렸다. 미국 글로벌 라이선스 상위 4개 기업들의 2013년 수익은 885억 달러에 이르는 것으로 나타나 2013년 미국 캐릭터·라이선스시장 규모와 비슷한 수준을 보이기도 했다.

미국 캐릭터·라이선스시장은 향후 5년간 3.0%의 성장률을 보이며 2018년까지 1,021억 4,700만 달러 규모에 이를 것으로 전망된다.

[표 2-14] 미국 캐릭터·라이선스시장 규모 및 전망, 2009-2018

[단위 : 백만 달러, %]

구분	2009	2010	2011	2012	2013p	2014	2015	2016	2017	2018	2013-18 CAGR
캐릭터·라이선스	83,150	79,820	84,130	85,981	87,958	90,444	93,084	96,110	98,992	102,147	3.0

출처 : EPM(2013, 2014), PwC(2014)

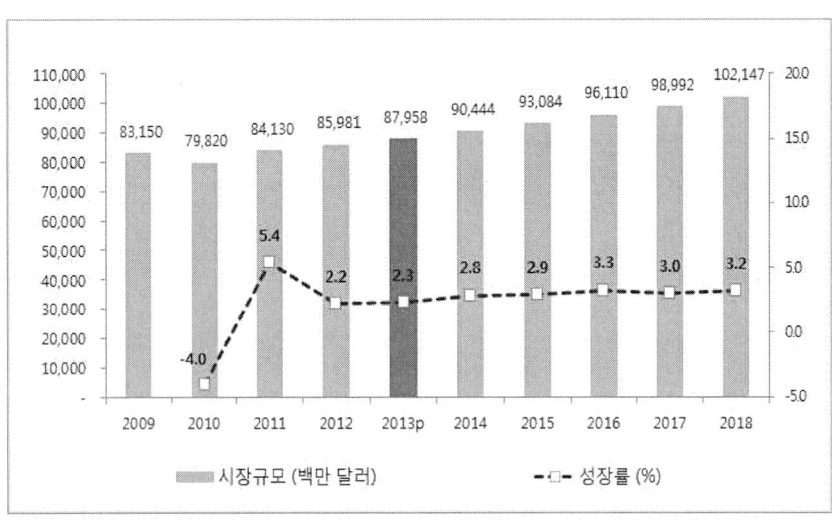

[그림 2-44] 미국 캐릭터·라이선스시장 규모 및 성장률, 2009-2018

출처 : EPM(2013, 2014), PwC(2014)

미국의 캐릭터·라이선스시장의 분야별 점유율은 연도별로 큰 차이를 보이지 않고 있는 것으로 나타났다. 2009년에 이어 기업브랜드·상표 라이선스시장이 가장 큰 시장점유율을 보이고 있으며, 패션, 스포츠, 엔터테인먼트·캐릭터가 그 뒤를 잇고 있는 것으로 나타났다.

[그림 2-45] 미국 캐릭터·라이선스 부문별 시장 비중 비교, 2009 vs. 2011 vs. 2013

출처 : EPM(2013, 2014), PwC(2014)

[표 2-15] 미국 캐릭터·라이선스 분야별 시장 규모, 2009-2013

[단위 : 백만 달러, %]

구분	2009		2011			2013		
	시장 규모	비중	시장 규모	비중	증감율	시장 규모	비중	증감율
엔터테인먼트/캐릭터	9,890	11.9	9,260	11.0	△6.4	9,241	10.5	△0.2
스포츠	11,310	13.6	11,570	13.8	2.3	12,172	13.8	5.2
패션	16,300	19.6	16,260	19.3	△0.2	17,707	20.1	8.9
기업브랜드/상표	22,030	26.5	22,780	27.1	3.4	23,782	27.0	4.4
예술	4,990	6.0	4,960	5.9	△0.6	5,000	5.7	0.8
기타	18,630	22.4	19,300	22.9	3.6	20,056	22.8	3.9
합계	83,150	100.0	84,130	100	1.2	87,958	100.0	4.6

출처 : EPM(2013, 2014), PwC(2014)

2013년 미국 캐릭터·라이선스 제품별 시장점유율을 살펴보면, 의류·신발·잡화가 37.6%로 가장 높은 시장점유율을 보이고 있으며, 그 다음으로 기타를 제외한 게임·완구, 식음료 순으로 나타났다. 2011년 금융위기로 인해 소비심리가 위축되면서 의류·신발·잡화의 비중이 소폭 감소하였으나 경제위기를 탈출한 2013년부터는 의류·신발·잡화 시장점유율이 다시 증가하였다. 미국 캐릭터·라이선스 제품별 시장은 의류·신발·잡화와 식음료, 건강·미용 분야를 제외하고 모두 전년대비 감소세를 보였으나 가장 높은 점유율을 보이고 있는 의류·신발·잡화는 판매 호조로 전체 시장 규모가 2011년 대비 4.6% 증가한 것으로 나타났다.

[그림 2-46] 미국 캐릭터·라이선스 제품별 시장 비중 비교, 2009 vs. 2011 vs. 2013

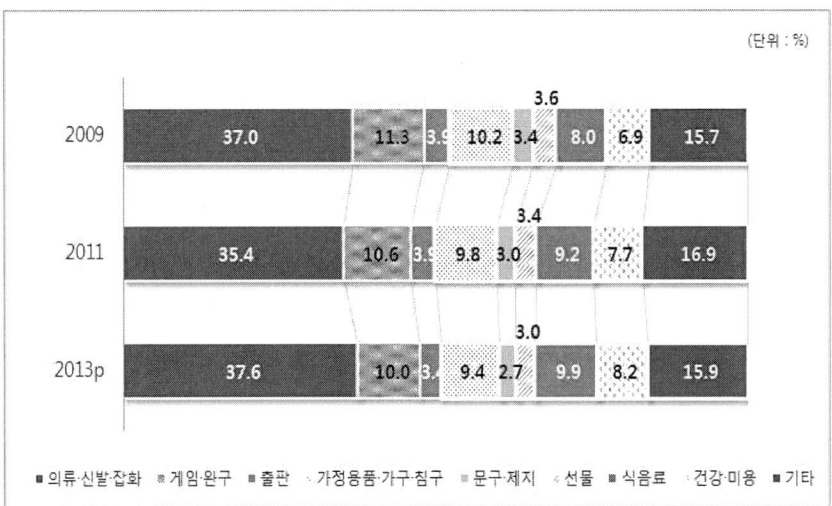

출처 : EPM(2013, 2014), PwC(2014)

[표 2-16] 미국 캐릭터·라이선스 제품별 시장 규모, 2009-2013

[단위 : 백만 달러, %]

구분	2009		2011			2013		
	시장 규모	비중	시장 규모	비중	증감율	시장 규모	비중	증감율
의류·신발·잡화	30,770	37.0	29,810	35.4	△3.1	33,089	37.6	11.0
게임·완구	9,400	11.3	8,950	10.6	△4.8	8,753	10.0	△2.2
출판	3,280	3.9	3,320	3.9	1.2	3,015	3.4	△9.2
가정용품·가구·침구	8,480	10.2	8,270	9.8	△2.5	8,229	9.4	△0.5
문구·제지	2,790	3.4	2,560	3.0	△8.2	2,350	2.7	△8.2
선물	2,980	3.6	2,820	3.4	△5.4	2,623	3.0	△7.0
식음료	6,640	8.0	7,700	9.2	16.0	8,686	9.9	12.8
건강·미용	5,750	6.9	6,500	7.7	13.0	7,196	8.2	10.7
기타	13,060	15.7	14,200	16.9	8.7	14,019	15.9	△1.3
합계	83,150	100.0	84,130	100.0	1.2	87,958	100.0	4.6

출처 : EPM(2013, 2014), PwC(2014)

(10) 지식정보

미국 지식정보시장은 2009년 이후 디렉토리 광고시장의 위축과 산업잡지시장의 정체에도 불구하고 비즈니스 정보시장의 안정적인 성장과 인터넷접근의 높은 성장으로 2013년 전년대비 7.8%나 증가한 1,816억 4,000만 달러로 집계되었다. 향후 5년간 모바일 인터넷 가입자의 급증과 '기가비트 도시로의 도전'이라는 광대역 계획 등에 힘입어 2018년까지 연평균 8.3% 성장률을 바탕으로 2,703억 3,500만 달러에 이를 것으로 전망된다.

[표 2-17] 미국 지식정보시장 규모 및 전망, 2009-2018

[단위 : 백만 달러, %]

구분		2009	2010	2011	2012	2013p	2014	2015	2016	2017	2018	2013-18 CAGR
비즈니스정보		37,897	39,279	41,432	42,983	45,453	47,042	49,406	52,563	55,989	59,527	5.5
	Financial	14,220	14,949	15,911	16,549	17,626	18,312	19,332	20,695	22,174	23,701	6.1
	Marketing	10,945	11,248	11,736	12,121	12,697	13,072	13,630	14,374	15,182	16,016	4.8
	Industry	12,732	13,082	13,784	14,313	15,130	15,659	16,444	17,494	18,633	19,809	5.5
디렉토리 광고		13,050	11,417	10,414	9,703	9,178	8,696	8,245	7,823	7,436	7,082	△5.1
	디지털	1,861	2,048	2,423	2,937	3,413	3,805	4,112	4,346	4,523	4,654	6.4
	인쇄	11,189	9,369	7,991	6,766	5,765	4,892	4,133	3,477	2,913	2,428	△15.9
전시회		10,900	10,600	10,900	11,400	11,683	12,129	12,724	13,371	14,039	14,703	4.7
전문서적		7,369	6,827	6,918	7,155	7,346	7,544	7,724	7,869	7,968	8,009	1.7
	전자	1,032	1,092	1,245	1,574	1,927	2,298	2,674	3,042	3,391	3,716	14.0
	인쇄	6,337	5,735	5,672	5,581	5,419	5,246	5,050	4,828	4,577	4,294	△4.5
산업잡지		6,046	5,870	5,864	5,902	5,934	5,980	6,049	6,128	6,209	6,293	1.2
	광고	4,235	4,171	4,259	4,363	4,453	4,519	4,572	4,609	4,632	4,655	0.9
	디지털	284	458	695	923	1,071	1,229	1,398	1,576	1,760	1,953	12.8
	인쇄	3,950	3,713	3,565	3,440	3,383	3,291	3,174	3,033	2,872	2,702	△4.4
	구독	1,812	1,699	1,605	1,539	1,481	1,461	1,477	1,519	1,577	1,639	2.0
	디지털	-	8	11	42	79	139	219	315	417	515	45.4
	지면	1,812	1,691	1,594	1,498	1,401	1,323	1,258	1,204	1,160	1,123	△4.3
인터넷접근		57,689	65,812	78,885	91,307	102,046	113,677	126,612	140,896	156,879	174,721	11.4
	모바일	20,110	25,618	35,726	44,362	53,018	62,378	73,314	85,924	100,499	117,112	17.2
	고정브로드밴드	37,579	40,194	43,160	46,945	49,028	51,299	53,298	54,971	56,380	57,610	3.3
합계		132,951	139,805	154,413	168,450	181,640	195,068	210,760	228,650	248,520	270,335	8.3

출처 : PwC(2014)

미국 지식정보시장에서 가장 큰 비중을 차지하고 있는 인터넷접근시장은 대도시의 광대역 인터넷 연결의 발달과 4G LTE망의 확충으로 2013년 56.2%에서 점차 증가하여 2018년에는 64.6%까지 성장이 지속될 것으로 보인다. 비즈니스 정보시장은 향후 5년간 연평균 5.5%의 안정적인 성장세에도 불구하고 인터넷접근시장의 급격한 성장으로 인해 전체 지식정보시장에서 차지하는 비중은 상대적으로 줄어들 것으로 전망하고 있다.

[그림 2-47] 미국 지식정보시장 분야별 비중 비교, 2009 vs. 2013 vs. 2018

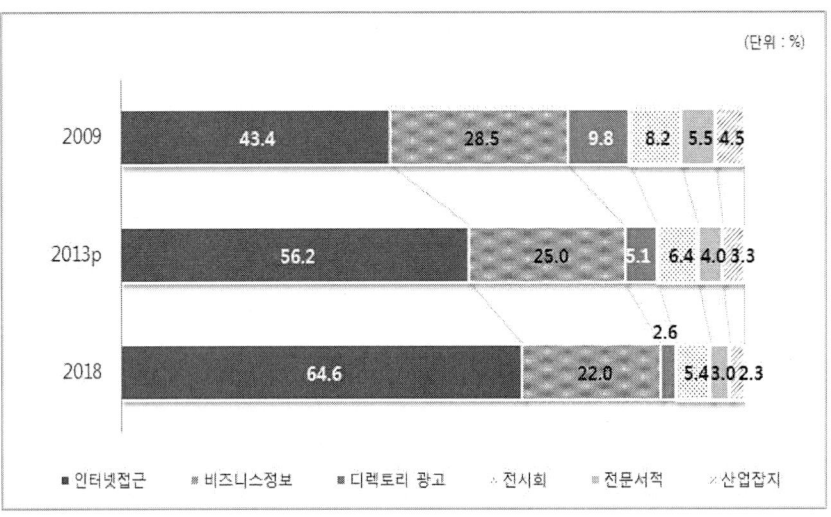

출처 : PwC(2014)

가. 인터넷접근

2013년 인터넷접근시장은 4G LTE의 등장과 스마트기기 보급률의 큰 증가로 인하여 11.8% 성장한 1,020억 4,600만 달러를 기록하였다. 앞으로도 모바일기기 가입자의 성장세에 힘입어 그 수요는 증가할 것이며, 4G망의 확대로 연평균 17.2%의 성장세를 보이면서 2018년에는 1,747억 2,100만 달러까지 증가할 전망이다.

2013년 1억 9,320만 명이었던 모바일 인터넷 가입자는 4G망 사업자 간의 과열 경쟁으로 인하여 2018년에는 미국 전체 인구의 86%에 달하는 2억 8,740만 명으로 8.3% 증가할 전망이다. 2013년 미국 가정에 보급된 고정 광대역의 인터넷 보급률은 78.7%인데 구리 전화선을 이용하는 비대칭형 디지털 가입자망(ADSL)은 2006년에 비해 13% 하락하였으나, 초고속 디지털 가입자망(VDSL)과 광섬유를 통해 정보를 전송하는 대칭형 광랜(FTTH/B) 가입자는 증가하였다.

[그림 2-48] 미국 인터넷접근시장 규모 및 성장률, 2009-2018

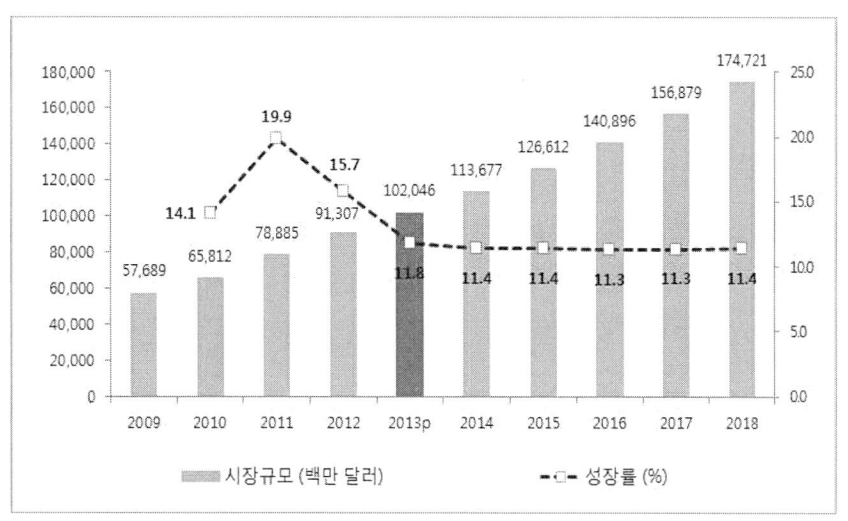

출처 : PwC(2014)

나. 전문정보[10]

　미국 전문정보시장은 인쇄시장의 마이너스 성장에도 불구하고 비즈니스 정보의 안정적인 성장과 디지털 광고, 전자책시장의 성장으로 2013년 전년대비 3.2% 성장한 795억 9,400만 달러를 기록하였다. 향후 인쇄 서적과 지면 광고의 감소에도 불구하고 비즈니스 정보와 디지털 구독, 전시회시장의 성장에 힘입어 2018년까지 5년간 연평균 3.7% 성장한 956억 1,400만 달러에 달할 것으로 전망된다. 2013년 비즈니스 정보시장 수익은 454억 5,300만 달러였으며 전체 비즈니스 정보시장의 57%에 해당하는 이익을 거두어 들였다. 현재 기업들은 전통적인 파트너십 방식에 새로운 기술과 분석기법을 특화하여 지속적으로 시장을 이끌고 있을 뿐만 아니라 빅데이터의 출현으로 인하여 비즈니스 정보시장은 2018년 595억 2,700만 달러까지 성장할 것으로 보인다.

　전문서적시장 부문의 디지털 부문은 2013년 73억 4,600만 달러를 기록하였는데, 향후 큰 성장을 보이지는 않을 것으로 보이면서 2018년까지 1.7% 성장한 80억 달러의 시장을 형성할 것으로 전망된다. 산업잡지시장은 경제회복에 힘입어 건축, 레저, 주택, 정유업 등이 이 시장에 관심을 가지게 되면서 향후의 전망이 밝아졌다. 물론 2008년과 같은 수준으로 돌아가지는 못하더라도 지속적인 판매를 유지할 것으로 보이면서, 2013년 59억 3,400만 달러에서 연평균 1.2% 성장하여 2018년에는 62억 9,300만 달러에 달할 것으로 전망된다.

---

10) 전문정보시장은 인터넷접근을 제외한 지식정보시장(비즈니스 정보, 디렉토리 광고, 전문서적, 산업잡지, 전시회)을 의미함

[그림 2-49] 미국 전문정보시장 규모 및 성장률, 2009-2018

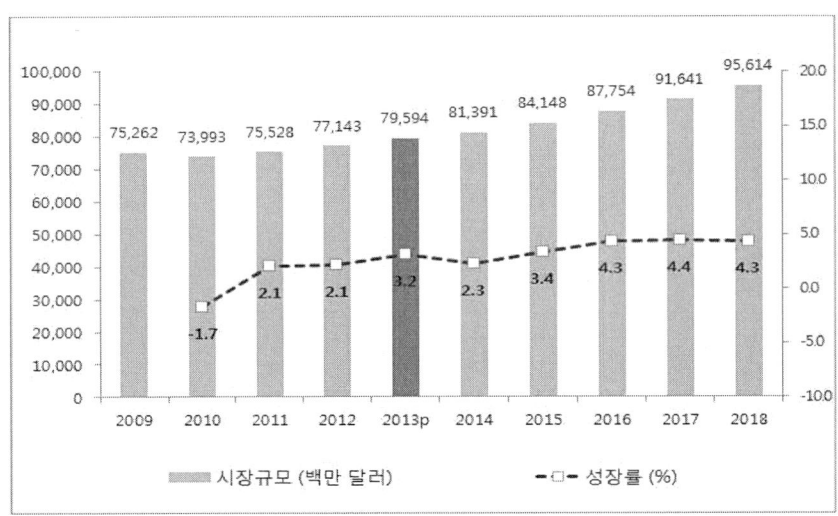

출처 : PwC(2014)

3) 주요 이슈 및 트렌드

(1) 출판

가. 가입형 전자책 서비스 확대

디지털 미디어 콘텐츠시장이 '소유'에서 '접속(access)' 개념으로 옮겨지는 가운데, 미국의 전자책시장에서도 이와 같은 트렌드가 나타나고 있다. 문서(documents) 계의 유튜브격인 디지털 라이브러리 스크리브드(Scribd)가 2013년 10월 전자책 서비스를 시작했기 때문이다.

이 서비스는 월 8.99 달러에 무제한 전자책 제공은 물론 오프라인 라이브러리에서 20여권의 종이책을 대여해주는 것이 골자다. 지난 2007년에 출시한 스크리브드의 디지털 도서관 서비스는 월 평균 8,000만 명의 순 방문자수를 기록하고 있으며, 매달 4,000여 건의 문서가 업데이트되고 있다. PC는 물론 iOS와 안드로이드 기반의 다양한 모바일 단말에 앱 형태로 서비스를 제공 중이며, 전 세계 100여 개국 이상에서 이용할 수 있다.

주목할 점은 기존 출판사들의 콘텐츠뿐만 아니라 일반인들도 스크리브드의 퍼블리싱 플랫폼을 활용해 손쉽게 자신의 글을 콘텐츠화할 수 있다는 것이다. 이 처럼 개방된 콘텐츠 및 플랫폼 생태계를 토대로 글로벌 최대 라이브러리를 추구하고 있는 스크리브드가 가입형 서비스를 출시한 것은 비즈니스모델 혁신 측면에서 주목할 만하다.

당초 스크리브드의 경쟁업체로 슬라이드쉐어(Slideshare), 닥톡(Doctoc), 위페이퍼스(WePapers) 등이 거론되었으나, 전자책 형태의 완결적인 콘텐츠를 가입형으로 제공함으로써 오이스터(Oyster) 등의 스타트업과 겨루게 되었다.

월 9.99 달러 정액제로 전자책을 무제한 대여해주는 오이스터는 2013년 9월 처음 등장한 이후 보유 도서를 꾸준히 늘려 2014년 현재 약 50만 권의 콘텐츠를 확보하고 있다. 오이스터는 전자책 유통 계약을 체결 중인 대형출판사 하퍼콜린스(HarperCollins)와 제휴를 더욱 확대하고 있으며, 소규모 출판사들과 새로운 계약에 박차를 가하고 있다.

또한, 경쟁력 강화 일환으로 자사 서비스에 새로운 '소셜 기능(social features)'을 추가하고 있다. 현재 오이스터는 정확한 가입자 수 등 자사 실적과 관련한 구체적인 정보들을 공개하지 않고 있지만 최근 외신 보도에 따르면, 오이스터 유저들은 이용자 한명 당 하루 평균 45분을 오이스터 앱을 통해 독서하는 데 투자하고 있는 것으로 알려졌다.

나. 뉴스리더로 성공한 소셜 매거진 앱 플립보드(Flipboard)

종이 기반의 올드미디어와 차별화된 전략을 내세워 성공한 플립보드(Flipboard)는 2010년 12월 아이패드의 앱으로 서비스를 시작했다. 플립보드의 성공요인은 디지털콘텐츠를 손가락으로 직접 넘겨가며 읽는 UI를 채택함으로써 종이 잡지의 이용경험을 재현했다는 점이다.

[그림 2-50] 플립보드 스크린샷

출처: Google Play (2013.10)

하지만 플립보드의 차별화 무기 중에서 가장 강력한 것은 관심사 기반의 맞춤형 기능, 즉 큐레이션(curation) 서비스라 할 수 있다. 기술, 과학, 스포츠, 음악 등 유저가 원하는 카테고리와 관련 콘텐츠를 자유롭게 추가함으로써 '나만의 매거진'을 만드는 것이 가능하기 때문이다. 또한 유저가 관심을 가질 만한 뉴스를 추천해 주는 기능과 특정 키워드에 대한 뉴스를 검색하는 기능도 지원된다. 플립보드는 이후 웹 버전도 출시하고 타임과 제휴를 맺어 콘텐츠도 확장하는 등 뉴스리더 시장의 강자로 자리잡고 있다.

다. IT 메이저업체들의 뉴스리더 서비스 시장 진출

플립보드의 성공은 IT업계 전체에 상당한 반향을 불러일으켰는데, 관련 사업자들이 앞 다투어 뉴스, 블로그, 그리고 SNS 상의 글들을 이용자 취향에 맞게 제공하는 큐레이션 시장 진출에 나선 것이다.

[표 2-18] 주요 사업자들의 뉴스리더 서비스 관련 동향

구분	시기	상세 내용
검색업체	야후	• iPad용 뉴스 매거진 앱 '라이브스탠드(Livestand)' 출시('11.11) • 이용률 저조로 중단('12.05) • 뉴스요약 앱 '섬리(Summly)' 인수('13.03) • 소셜 브라우저 서비스 '록멜트(Rockmelt)' 인수('13.08)
	구글	• 안드로이드 뉴스리더 앱 '커런트(Currents)' 출시('11.12) • 오디오 플레이백과 단말 간 콘텐츠 동기화 등 신규기능 추가('13.03) • 뉴스 애그리게이션 서비스 '딕(Digg)'의 창업자 케빈 로즈(Kevin Rose)를 자체 SNS인 Google+ 팀에 영입('12.03) • 뉴스요약 서비스 '와비(Wavii)' 인수('13.04) • RSS 리더 'Google Reader' 종료('13.07)
SNS	페이스북	• '맞춤형 신문(personalised newspaper)' 선언: 뉴스콘텐츠의 카테고리별 분류 기능 추가('13.03) • 자체 뉴스리더 앱 개발설('13.06): 유저와 CP들의 콘텐츠 및 인기 포스트를 뉴스 형태로 제공 • '리더(Reader)'라는 이름의 프로젝트를 1년여 전부터 진행 • 뉴스앱 '페이퍼(Paper)' 출시 ('14.02)
	트위터	• 뉴스 큐레이션 도입 계획 발표('12.09): 유저가 원하는 트윗(tweet)을 직접 선별해 특정 뉴스 및 관련 콘텐츠와 함께 게시 가능
	LinkedIn	• 뉴스리더 앱 '펄스(Pulse)' 인수('13.04) • 뉴스 출처 확인, 관련 콘텐츠 검색 기능, 아티클 추천 등 신규기능 추가('13.08) • iOS7에 최적화('13.10)
독립계 서비스	Flipboard	• 삼성전자 갤럭시S3부터 기본 탑재 시작 • 오디오 기능 추가('12.05) • 동영상 큐레이션 서비스 출시('12.08) • OTT 동영상 서비스업체 Hulu의 前 CTO Eric Feng 영입('13.02)

구분	시기	상세 내용
		• Instagram의 동영상 공유 기능 지원('13.06) • 웹 버전 출시('13.07)
	Feedly	• Google Reader 종료 계획 발표 직후 2일 만에 50만 명의 신규 유저 발생('13.03) • 전체 이용자 수 1,200만 명 달성('13.05) • 유료구독 서비스 'Pro' 발표('13.08) • 월 5달러 또는 연 45 달러 • 피드 검색, HTTPS 보안 접속, Evernote 저장 등 무료 계정에서는 지원되지 않는 기능들을 제공
	Vingle	• 월간 액티브유저(MAU) 100만 명 달성('13.08) • 한국어, 영어, 스페인어, 인도네시아어 등 26개 언어 지원
	Taptu	• 2007년 모바일검색 엔진으로 시작했으나 2011년 서비스를 중단하고 이후 소셜 뉴스 애그리게이션 서비스를 제공 • 2012년 영국 광고그룹 MediaPad가 인수
올드 미디어	Wired	• iPad 뉴스리더 앱 출시('10.05)
	CNN	• 뉴스리더 앱 '자이트(Zite)' 인수('11.08) • 안드로이드 앱 출시('12.04) • 구글 스마트안경 Google Glass용 앱 출시('13.09)

출처: ATLAS DB

이 중 야후는 2011년 11월 아이패드용 뉴스·매거진 앱 '라이브스탠드(Livestand)'를 선보였으나 이용률 저조로 약 6개월 만에 중단하는 실패를 겪었다. 하지만 관련 인력과 역량을 계속 강화하고 있으며, 그 일환으로 2013년 3월, 뉴스요약 앱 '섬리(Summly)'를 인수했다.

그 해 8월에는 소셜 브라우저 서비스 '록멜트(Rockmelt)'를 인수했는데, 이업체는 기존 사업을 접고 뉴스리더 앱 개발에 주력해 왔던 것으로 알려졌다.

2011년 12월 안드로이드 기반의 뉴스리더 앱 '큐런트(Currents)'를 내놓은 구글은 2013년 4월에는 뉴스요약 서비스 '와비(Wavii)'를 인수했는데, 라이벌 야후가 섬리를 인수한 지 얼마 안 된 데다 애플도 와비에 관심을 갖고 있었던 것으로 알려져 눈길을 끌었다.

플립보드의 라이벌로 여겨지며 소비자들에게 긍정적인 반응을 얻고 있는 것은 2014년 2월에 출시된 페이스북의 '페이퍼'이다. '페이퍼'는 친구들의 소식을 알 수 있는 뉴스피드와 페이스북이 제공하는 뉴스콘텐츠를 한 번에 볼 수 있는 것이 특징으로, 유저는 관심 있는 뉴스 카테고리를 선택해 기호에 따라 섹션을 구독할 수 있다.

라. 신문사들의 온라인 서비스 유료화에 고전

올드미디어는 온라인 서비스 유료화를 통한 수익 기반 확대에 힘을 쏟고 있다. 미국에서도 이러한 추세가 급격히 확대되고 있는데, 월스트리트 저널(Wall Street Journal)과 뉴욕타임즈(The New York Times), 그리고 워싱턴 포스트(Washington Post) 등 주요 3대 신문사 모두 디지털콘텐츠 유료화를 실시했다. 이 중 2013년 6월에 가장 늦게 합류한 워싱턴 포스트는 기사 20건까지는 무료로 제공하고, 그 이상은 이용료를 부과하는 종량제 방식을 도입하였다. 이 밖에 미국 신문 협회에 따르면 2012년 8월 기준으로 미국 신문사의 약 87%가 온라인 뉴스의 유료서비스를 도입했으며 2013년 7월, 온라인 유료화를 결정한 미국 언론사들은 총 300여 곳에 달하는 것으로 알려졌다. 하지만 신문사들이 온라인 유료화에 성공한 사례는 아직 드문 실정이다. 특히 워싱턴 포스트는 극심한 경영난에 시달리다가 결국 약 2개월 만인 2013년 8월 아마존 창립자이자 CEO인 제프 벤조스(Jeff Bezos)에게 매각되고 말았다. 물론 예외도 존재한다. 뉴욕 타임즈의 경우, 2005년 유료서비스를 시작했다가 인터넷 트래픽의 급감으로 광고 매출에 큰 손실을 입어 2년 만에 무료로 복귀했지만, 2012년에 다시 유료서비스를 실시해 온라인 유료구독자 수가 1년 반 만에 약 2배로 증가했다. 파이낸셜 타임즈(Financial Times)는 인터넷을 통해 유료뉴스를 이용하는 사람들이 종이 신문 구독자 수를 앞질러 2012년 상반기 매출액이 전년대비 약 7% 증가하는 성과를 거두기도 했다. 그러나 상당수의 신문사들은 아직 고전을 면치 못하고 있다. 특정 언론사에 대한 충성도와 지불 의향 자체가 낮아지고 있고 유저가 원하는 다양한 뉴스를 '플립보드'와 같은 큐레이션 서비스를 통해 언제 어디서나 무료로 받아볼 수 있는 환경이 조성되고 있기 때문에 신문사들의 온라인 서비스 유료화는 쉽지 않을 것으로 보인다.

(2) 만화

가. 웹코믹스 성장의 주요 플랫폼으로 자리잡은 타파스틱[11]

미국의 디지털 만화시장은 크게 디지털 코믹스(Digital comics)와 웹코믹스(Webcomics)로 나눌 수 있다. 디지털 코믹스가 이미 출판물로 나와 있는 작품들을 디지털화한 콘텐츠라면, 웹코믹스는 한국의 웹툰과 같이 처음부터 웹 퍼블리싱을 염두에 두고 제작된 콘텐츠를 의미한다.

현재 미국 디지털 만화시장 매출의 대부분은 디지털 코믹스가 차지하고 있는데, 이는 코믹솔로지 등을 통해 정착한 유료모델 덕분으로 많은 독자들이 손쉽게 그래픽 노블 시리즈를 스마트 디바이스 혹은 웹에서 결제해 읽을 수 있기 때문이다.

미국 웹코믹스시장의 특징 중 하나는 개인 사이트의 강세라고 할 수 있는데 XKCD(xkcd.com), 디오트밀(theoatmeal.com), 익스플로즘(explosm.com) 등의 유명 웹코믹스는 장기간 연재되며 광고 수익과 상품 판매로 연간 수십만 달러의 수익을 올리고 있다. 상품 판매까지 할 수 있는 사이트 구축이 가능한 작가는 아직 소수이지만, 한 번 인기 웹코믹스 반열에 오르면 다양한 활동을 통해 고수익을 보장받을 수 있는 장점이 있다.

미국 작가들이 개인 활동에 집중했던 이유 중 하나는 웹코믹스 연재 플랫폼이 존재하지 않았기

---

[11] 한국콘텐츠진흥원(2014. 07. 18), 미국콘텐츠산업동향

때문인데, 실제로 2012년 타파스틱(Tapastic)이 등장하기 전까지 웹코믹스만을 위한 전용 플랫폼은 존재하지 않았으며 망가매거진(Mangamagazine) 등의 플랫폼들은 페이지 형태의 디지털 코믹스 및 일본 망가를 주로 서비스하였다.

그러나 이런 사이트들도 최근에는 웹코믹스 비율을 늘려가고 있는 추세이다. 2012년 미국 최초의 웹코믹스 플랫폼 타파스틱(Tapastic)이 생겨나 기존 서비스들과 차별화를 하며 인디 작가들을 모으기 시작하였다. 타파스틱은 스맥지브스(SmackJeeves), 더덕(TheDuck), 잉크블레이저(Inkblazers), 하이브웍스(Hiveworks) 등 외부 작품 링크를 주로 제공하던 군소 웹코믹스사들과의 차별화에 성공하였으며, 2,000여 명이 넘는 작가를 모으고 2013년 DC코믹스의 글로벌 사이트 순위를 앞지르는 등 빠른 성장세를 보여주고 있다. 또한 타파스틱은 2014년 5월부터 한국 포털사이트 다음(Daum)의 만화를 정식 서비스하고 있다.

[그림 2-51] 미국 최초 웹코믹스 플랫폼 타파스틱(Tapastic)

타파스틱이 기존 웹코믹스들과 차별화되는 점은 링크가 아닌 퍼블리싱 플랫폼이라는 점 외에도 미국 시장에 보편화된 페이지 형태의 짧은 웹코믹스에서 벗어나 한국형 웹툰과 같이 긴 세로 모양의 버티컬 스트립(Vertical Strip) 방식을 선보였다는 것이다. 또한 배경음악과 Gif, 플래시 애니메이션 등 한국 웹툰에서 볼 수 있는 다양한 효과들을 구현한 작품도 찾아볼 수 있다. 건당 결제라는 확실한 유료모델이 자리잡은 디지털 코믹스와는 달리 아직 웹코믹스는 특정 유료모델이 자리잡지 않은 상황이다. 타파스틱의 경우 2014년 5월부터 독자들의 월간 기부 시스템(Monthly support system)을 도입하였으며 망가매거진은 유료(Premium service)로 에피소드 미리보기를 제공하고 있다.

현재 디지털 만화시장에서 웹코믹스가 차지하는 매출 비율은 미미하지만 한국보다 30% 이상 높은 디지털콘텐츠 기본 단가 및 편리한 인터넷 결제 환경 등 플랫폼 확대와 유료화가 정착되면 매출 규모 역시 빠르게 성장할 것으로 기대되고 있다.

나. 아마존, 디지털 만화업체 코믹솔로지 인수[12]

아마존이 미국의 최대 디지털 만화 플랫폼인 코믹솔로지를 사들였다고 2014년 4월 10일(현지시간) 발표했다. 그러나 2007년에 문을 연 코믹솔로지는 미국 만화산업에 새로운 대안을 열었다는 평가를 받았다.

코믹솔로지는 iOS 앱이나 안드로이드 앱, 웹브라우저를 통해 만화를 볼 수 있게 했다. 독자가 수억 명에 이를 정도로 큰 인기를 끌었는데. 지금까지 판매된 디지털 만화책만 5만 권에 이르는 것으로 알려져 있으며, 지난 2013년에는 애플 앱스토어 총 매출 20위 안에 들기도 했다.

코믹솔로지가 제공하는 디지털 만화는 웹툰은 아니고, 출판만화를 디지털로 옮겨놓은 형태이다. 마블코믹스와 DC코믹스 등의 출판사는 코믹솔로지 앱에 콘텐츠를 제공해 만화를 판매하였다. 마블코믹스와 DC코믹스 말고도 출판사 73곳이 코믹솔로지에 콘텐츠를 제공했다.

특히 지난 2013년부터 만화가가 출판사를 거치지 않고 디지털 만화책을 직접 기획하고 편집해 올릴 수 있게 하는'자가출판'을 선보였다. 아마존 역시 2011년부터 자가출판을 위한 전자책 저작도구 '킨들 직접 출판'을 운영하고 있다.

(3) 음악

가. 스트리밍 서비스의 급성장

애플의 아이튠즈 뮤직으로 인해 다운로드형 모델이 지배해 왔던 미국에서 스트리밍 서비스가 급성장하고 있다. 미국음반산업협회에 따르면 2013년 미국 스트리밍 서비스 매출은 전년대비 39% 증가한 14억 달러를 기록했다. 이는 미국 음악시장 총 매출의 21%이자 디지털 음악시장의 31%를 차지하는 수치이다. 스트리밍 서비스의 점유율을 봐도 해마다 증가하는 것을 알 수 있다. 반면, 디지털 다운로드 서비스는 성장률이 하락하는 추세이다.

---

12) 블로터앤미디어, 2014. 04. 11

[그림 2-52] 미국 음악시장 분야별 비중과 스트리밍 서비스의 점유율 추이

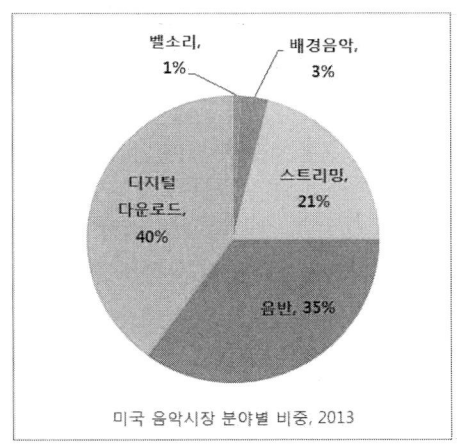

미국 음악시장 분야별 비중, 2013   미국 스트리밍 서비스 연도별 추이, 2008-2013

출처 : RIAA, 2014.03

[그림 2-53] iTunes와 아마존의 유료 다운로드 유저 성장률과 Spotify 유료가입자 수 비교

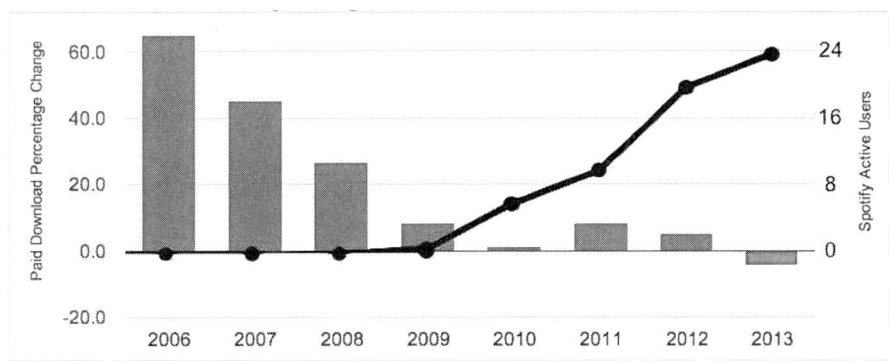

출처 : Digital music News

[표 2-19] 스트리밍서비스 형태

서비스	개 요
클라우드 서비스	• 이용자가 구매하였거나 이미 보유하고 있는 음원을 클라우드 스토리지에 업로드하고 다양한 단말에서 스트리밍으로 재생 • 업로드한 음원의 품질이 좋지 않을 경우 더 좋은 음질의 음원파일로 대체해 스트리밍 • 보유한 음원 내에서 플레이리스트를 자동 작성하여 추천하기도 함 (예 : 아마존 'Cloud Player', 애플 'iTunes Match', 구글 'scan and match')
플레이 리스트 작성	• 이용자가 서비스업체가 제공하는 음원 중에서 일부를 선택하여 플레이 리스트를 작성하고 스트리밍으로 재생 (예: Spotify)
플레이 리스트 공유	• 이용자 본인 또는 다른 이용자가 작성하여 공유한 플레이리스트에 수록된 곡을 스트리밍으로 재생 (예: Last.fm 'Audio Scrobbler')
큐레이션 기반 라디오	• 이용자가 자신의 취향에 맞는 방송곡(radio station)을 선택하여 스트리밍으로 재생 • 서비스 제공업체가 상황에 맞는 방송국을 사전에 제공하는 경우와 이용자의 취향에 따라 별도의 개인화된 방송국이 생성되는 형태로 구분 • 맞춤형 방송국이 생성되는 경우 서비스 제공업체가 이용 행태에 따라 자동으로 생성하는 경우와 전문 인력이 플레이리스트를 선곡하는 형태도 존재 (예 : 구글 'Google Play Music', Beats Music 'Just For You')
맞춤형 라디오	• 이용자가 개별 곡이나 가수 등을 선택할 경우, 이와 유사한 음악을 제공하는 맞춤형 방송국이 생성되고, 이용자는 이를 스트리밍으로 재생 (예 : 애플 'iTunes Radio', Pandora 'Music Genome Project')

출처: ATLAS DB

나. 대기업들의 음악 스트리밍시장 진출

지금까지 음악 스트리밍시장은 선도적으로 시장에 진입한 전문 중소업체에 의해 개척되어 왔는데, 시장성이 확인되면서 대기업들도 속속 진입하는 상황이다.

국제음반산업협회에 따르면 스트리밍시장에는 현재 스포티파이(Spotify)와 같은 글로벌 서비스업체를 비롯해 미국의 무브(Muve)나 대만의 KKBOX와 같은 로컬 서비스업체에 이르기까지 전 세계에서 약 450여 개의 업체들이 경쟁을 벌이고 있는데, 시장이 점점 커지면서 애플이나 구글과 같은 대형업체들도 시장 진입을 본격화하고 있다.

애플은 2013년 9월에 인터넷 라디오 형태의 스트리밍 서비스인 '아이튠즈 라디오(iTunes Radio)'를 선보였는데, 출시 5일 만에 1,100만 명의 청취자 수를 기록하며 많은 주목을 받았다. 시장조사업체 에디슨 리서치(Edison Research)가 2014년 초 12세 이상 미국인 2,000명을 대상으로 조사한 바에 따르면, 애플의 아이튠즈 라디오는 미국 내 스트리밍 음악시장에서 8%의 점유율을 차지하며 판도라와 아이허트 라디오(iHeartRadio)에 이어 3위를 차지하고 있다.

[그림 2-54] 미국 스트리밍 음악시장 점유율

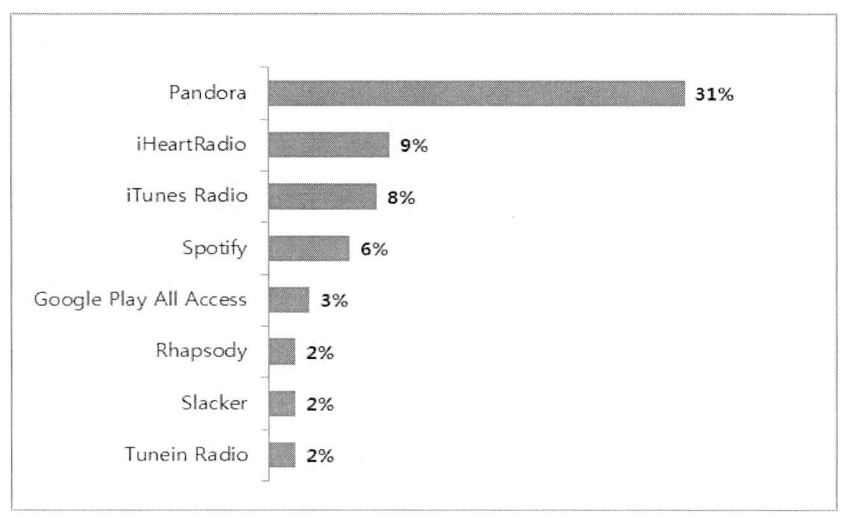

출처 : Edison Research, 2014.03

특히 31%의 점유율로 1위를 기록한 판도라와는 상당한 격차가 존재하지만 애플이 아이튠즈 라디오를 공개한 직후 판도라의 성장률이 다소 둔화된 것으로 보인다. 2013년 7월과 8월 판도라 이용자들이 음악을 청취한 시간을 보면, 전월대비 각각 2.4%와 5.5% 증가했으나, 애플의 서비스가 출시된 9월에는 전월대비 1%에도 못 미치는 증가폭을 보이는 것을 알 수 있다[13].

구글 역시 월정액을 지불하면 유저가 이미 구매했거나 업로드한 음원을 포함한 수 백 만곡의 음원(tracks)을 스트리밍 방식으로 이용할 수 있는 가입형 스트리밍 서비스 'Play Music All Access'를 미국과 호주를 비롯한 전 세계 21개 국가에서 제공하고 있다.

다. 음악 유통업체들의 차별화된 비즈니스모델과 제공 단말 확대

스포티파이(Spotify)는 최근 음악 특화 인텔리전스업체 '에코 네스트(Echo Nest)'를 인수하여 '음악 발견(music discover)' 기능을 강화하고 소프트웨어 개발 도구(Software Development Kit: SDK)를 공개하여 다양한 모바일 앱 개발자들이 스포티파이의 음악 서비스를 통합할 수 있도

---
13) seekingalpha.com/investor.pandora.com,2013.10

록 하였다. 또한 대학생 전용 요금제 등의 할인혜택을 강화 중이다.

이 외에도 스마트TV, 홈비디오, 그리고 자동차 분야의 타 사업자들과의 제휴를 강화하여 개인 단말에서 벗어나 홈과 자동차 영역으로의 진입을 서두르고 있다. 그 결과 스포티파이는 2013년 기준 600만 명 이상의 유료가입자를 보유하는 성과를 거두었다.

미국의 대표적인 인터넷 라디오 스트리밍업체 판도라(Pandora)는 아이튠즈 라디오(iTunes Radio) 서비스 출범 직후 청취 시간이 감소세로 접어드는 등 큰 영향을 받게 되자 차별화된 비즈니스모델을 모색하였다. PwC 보고서에 의하면, 판도라 이용자들 가운데 운전자의 수는 약 400만 명인 것으로 알려져 있는데 2014년 1월부터 이들을 대상으로 광고(in-car advertising)를 제공하기 시작했다. 당시 판도라는 차량을 대상으로 제공되는 광고에 대한 기대감을 밝히며, 향후 자사의 온라인 라디오 서비스가 글로벌 베스트셀러 차량 중 90% 이상에서 사용할 수 있게 될 것이라 밝힌 바 있다. 이 외에 스마트워치 '페블(Pebble)' 전용 앱을 발표하였으며 구글 크롬캐스트(Chromecast)도 지원하는 등 이용 단말의 확대에도 주력하고 있다.

가입기반 음악 스트리밍업체 알디오(Rdio) 역시 525개 라디오 방송국을 보유한 큐뮬러스 미디어(Cumulus Media社), 전기자동차업체 텔사(Telsa)와의 협력을 발표하였으며, Last.fm은 기존의 가입기반 라디오 스트리밍 서비스를 종료하고 자사의 음악 추천 시스템 '스크러블링(Scrobbling)'의 강화에 더욱 집중한다는 계획을 발표하였다. 헤드폰업체로 잘 알려진 '비츠(Beats)'의 경우, 음악 스트리밍업체 MOG를 인수한 뒤, 2014년 1월 가입기반의 유료스트리밍 서비스 '비츠 뮤직(Beats Music)'을 출시했는데, 자사 헤드폰 제품의 브랜드 파워를 활용해 슈퍼볼(Super Bowl:미식축구경기) 등 대규모 행사를 통한 프로모션과 아티스트와의 협력으로 이용자를 끌어들이는 전략을 선보이면서 관심을 받기도 했다[14].

---

14) ADWEEK, "Beats Music Uses Sound Headphone Marketing Strategies", 2014.04.09

[표 2-20] 디지털 음악 서비스 유통업체 동향

업체명	개요
Spotify	• 스마트폰의 센서를 이용해 이용자의 상태를 파악, 전문가가 제공하는 적절한 플레이리스트를 추천하는 서비스(mood-tailored) 지원 • '13년 5월 Tunigo, '14년 3월 Echo Nest를 인수 ✓ 청취 기록을 바탕으로 음악 추천하는 Discovery 기능 강화 ✓ 재생목록 탐색 및 새로운 음악 찾기, 리뷰 등 사용 가능
Pandora	• 'Music Genome Project'를 바탕으로 음악 추천 서비스 제공 • 사용자 음악 취향에 따른 광고 송출 (Data mining) ✓ 판도라는 350억 건의 음원 선호도 표시 데이터를 보유 중 ✓ 또한 청취 장소 및 단말 타입에 따른 생활 패턴 정보도 보유
Rdio	• '13.10 맞춤형 라디오 서비스 개시 ✓ 이용자에게 특정 아티스트나 트랙에 대한 선택권 부여하지 않음 ✓ 아티스트, 노래, 장르 별 라디오 방송(radio station)생성 및 추천 ✓ 선택 영역을 스트리밍 형태로 청취할 수 있음
Last.fm	• 음악 추천 시스템 'Audio Scrobbler' 기반의 추천 서비스 제공 ✓ PC, 스마트폰을 통해 청취한 음원 트랙과 라디오 스테이션 기반 ✓ 이용자 프로필을 바탕으로 취향에 맞는 곡 추천 ✓ 비슷한 취향의 이용자들끼리 연결하는 서비스 제공
Songza	• 전문가가 큐레이션하는 플레이 리스트 제공 • '14.03 기상 정보업체 'Weather Channel'와 제휴 ✓ 서비스 이용 시간대, 단말, 장소, 과거이용행태 데이터 사용 ✓ 질문에 대한 응답을 바탕으로 날씨에 기반한 음악 추천

출처: ATLAS DB

라. 데이터 분석을 통한 음악 서비스 제공 확대

최근에는 데이터 분석을 통한 음악 서비스를 제공하는 경우가 늘고 있다. 모바일 단말이나 PC의 마이크를 통해 이용자 주변에서 재생되는 음악을 인식하고 데이터베이스와 매칭시켜 해당 음악에 대한 정보를 제공하는 것이 그 대표적인 서비스이다.

1999년 영국에서 설립된 샤잠(Shazam)은 음악인식 서비스를 제공하는 업체로 스마트폰이 보급되기 시작하자 iOS용 앱을 공개해 많은 주목을 받았다. 샤잠은 2014년 2월 워너뮤직그룹(Warner Music Group)과 제휴를 맺어 새로운 인재들을 발견하고 그들이 맞춤화된 프로모션 캠페인을 개발할 수 있도록 돕고 있다. 양측은 데이터 분석을 통해 찾아낸 미계약 아티스트들이 참여할 샤잠-인프린트(Shazam-imprint) 레이블을 출시하기도 했다.

샤잠은 2014년 4월 애플의 iOS 8에 음악인식 기능을 탑재하며 많은 주목을 받았는데, 그 당시에 이미 아이폰(iPhone)과 아이패드(iPad) 이용자의 20%가 샤잠의 앱을 이용할 만큼 인기가 있었다. 월 이용자도 총 9,000만 명을 확보한 것으로 알려졌는데, 불과 4개월 만에 1,000만 명의 액티브 유저를 추가 확보하는데 성공해 2014년 8월에는 총 1억 명에 이르는 것으로 알려졌다.

샤잠은 음악을 인식하는 데만 머무르지 않고 그 자리에서 바로 스트리밍 서비스로 감상할 수 있는 환경도 갖추어 왔다. 2014년 7월에는 알디오와 제휴를 함으로써 샤잠의 iOS용 앱의 음원 전곡 듣기(full song) 기능을 업데이트하였다. 사실 샤잠과 알디오간 협력은 2014년 1월에도 있었는데, 샤잠 이용자들이 음악을 검색한 뒤 해당 트랙을 선택(tagging)하면, 별도의 추가 작업 없이 자동적으로 알디오의 'My Shazam Tracks'라는 새로운 플레이리스트에 추가되는 기능을 공개한 바 있다. 월 9.99 달러를 지불하는 이 유료기능은 현재 총 35개 국가에서 제공되고 있다.

샤잠 이외에 이용자의 현재 상태에 따라 최적의 플레이리스트를 큐레이션하는 서비스업체 송자(Songza)도 주목할 만하다. 송자는 음악전문 디렉터가 이용자의 청취 시간, 장소, 해당 지역의 날씨, 이용자의 활동 상황 등을 모두 고려하여 기분에 맞춘 플레이리스트를 제공한다. 지난 2007년부터 서비스를 제공하며 현재 액티브 유저 수 550만 명을 보유한 송자는 2014년 6월 구글에 인수되어 그 파급 효과에 업계의 이목이 집중되고 있다.

또한, 전 워너뮤직 그룹의 리더 라이어 코헨(Lyor Cohen)이 설립한 새로운 음악 벤처기업인 300 엔터테인먼트는 트위터(Twitter)와 제휴해 마이크로 블로그에 있는 음악 관련 데이터를 분석한다. 이를 통해 새로운 음악 트렌드와 떠오르는 신인 음악가들을 찾아내어 그들에 대한 투자를 전략적으로 할 수 있게 되었으며 마케팅 캠페인에도 직접 이용할 수 있게 되었다.

(4) 게임

가. 클라우드 서비스의 확대와 통합 플랫폼으로의 진화

미국의 비디오 및 콘솔 게임으로 대표되는 홈엔터테인먼트는 마이크로소프트, 소니, 닌텐도와 같은 소수의 콘솔 게임업체가 시장에 대한 지배력을 유지해 왔으나 클라우드 서비스를 이용한 OTT 셋톱박스, 파이어TV(Fire TV)와 같은 기기의 등장으로 저사양 시스템에서도 고사양 게임의 지원이 가능해졌다. 이러한 변화로 인하여 홈엔터테인먼트의 판도에 적지 않은 변화를 가져올 것으로 보인다. 케이블과 IPTV업체들은 클라우드 게임 플랫폼을 제공하고 있는 플레이캐스트 미디어(Playcast Media)와 G-클러스터(G-Cluster), 유비투스(Ubitus), 씨나우(CiiNow) 등과 함께 서비스를 제공하고 있으며, 기존의 게임 서비스 수익모델을 클라우드 서비스에도 적용할 수 있게 되었다. 클라우드 서비스업체로 유명한 Onlive는 저사양 단말기에서도 콘솔 게임을 경험할 수 있게 서비스를 하고 있으며 PC, Mac, 안드로이드, iOS 등을 지원하고 있다. 2014년 1월 소니는 플레이스테이션 나우를 발표하면서 인수한 가이카이(Gaikai)의 기술을 활용해 PS4는 물론 휴대형 게임기 PS Vita와 소니의 스마트 단말(스마트폰, 태블릿, TV) 등에서 PS1~PS3용 게임을 스트리밍으로 즐길 수 있는 클라우드 게임 서비스를 준비하고 있다.

나. 증강현실 게임의 등장

가상현실과 증강현실에 대한 게임의 구현은 오래 전부터 논의되어 왔고 관련 기기개발과 소개가 지속적으로 이루어져 왔다. 이 분야에서 주목을 받고 있는 업체는 '오큘러스 리프트(Oculus Rift)'로 머리 위에 쓰는 '헤드마운트 디스플레이'를 통해 컴퓨터 그래픽으로 제작된 공간을 눈앞에 보여 주면서 마치 가상현실 세계 내부에 들어와 있는 느낌을 들게 하는 게임으로 인기를 얻고 있다. 오큘러스 리프트는 이러한 가상현실 게임을 위한 제품을 선보이면서 이 분야 산업 전반에 불을 지폈다. 차세대 소셜 플랫폼으로 '가상현실'을 택한 페이스북은 오큘러스 리프트의 가능성을 알아보고 2014년 3월에 23억 달러에 인수했다.[15]

오큘러스 리프트의 헤드마운트 디스플레이는 개발자용이 공개된 상태이며 소비자 모델은 아직 나오지 않은 상황이다. 업계에서는 2015년 안에 판매될 것으로 보고 있는데[16], 제품 출시에 맞춰 이브:발키리(Eve:Valkyrie)는 가상현실 시스템에 특화된 게임으로 디자인되고 있으며 베세다 소프트웨어(Bethesda Software)의 스카이림(Skyrim)과 미러스 엣지(Mirror's Edge) 역시 가상현실 게임으로 전환을 시작하였다. 개발자용인 오큘러스 리프트 DK2는 PC, 모바일의 플랫폼을 지원하며 언리얼 엔진과 유니티 3D를 지원하고 개발을 위한 개발 키트도 판매 중이기 때문에 범용성이 좋다.

다. 디즈니, 모바일 게임에 집중[17]

글로벌 엔터테인먼트업체 디즈니(Disney)가 창조성과 수익성을 높이기 위해, 소비자에게 더 가깝게 다가갈 수 있는 모바일 전략 추진에 나서고 있다. 디즈니의 밥 아이거(Bob Iger) CEO에 따르면, 소비자들의 스마트폰 및 태블릿 사용량이 급증하면서 모바일 단말에서 유발되는 트래픽이 크게 증가하고 있는 상황이라고 전하고 있다.

특히 게임 사업을 주관하는 디즈니 인터랙티브(Disney Interactive)가 2014년 회계연도에 1억 1,600만 달러의 영업수익을 기록하는 등 두드러진 성장세를 보이면서, 디즈니는 모바일 게임부문을 집중적으로 공략할 계획임을 밝히고 있다.

---

15) 매일신문, 페이스북 '가상현실' 뛰어들다…'오큘러스 VR' 인수, 2014.03.28
16) 게임동아, 오큘러스VR 서동일 지사장, "수개월 내에 오큘러스 리프트 출시할 것", 2014.11.05
17) 한국콘텐츠진흥원(2014. 12, 제1호), 글로벌 게임산업 트렌드

디즈니 인터랙티브의 모바일 게임 '스타워즈 커맨더(Star Wars: Commander)'는 하루 평균 사용자 수가 2013년 가을 이후 51% 증가했으며, 인기 애니메이션 '겨울왕국'을 모티브로 삼아 제작한 모바일 게임 '겨울왕국 프리폴(Frozen Freefall)'의 경우 전 세계적으로 누적 플레이 시간이 310억 분에 달하고 있는 것으로 나타났다. '겨울왕국 프리폴'은 7,000만 번 다운로드 됐으며, 매일 400만 명 이상이 이 모바일 게임을 즐기고 있는 것으로 나타났다.

디즈니는 해외 게임업체들과 제휴를 맺어 자사 IP를 이용한 다양한 모바일 게임을 출시하고 있다. 디즈니는 모바일 메신저업체 라인(LINE)과 제휴를 맺어 디즈니 캐릭터가 등장하는 모바일 게임 '디즈니 섬섬(Disney Tsum Tsum)'을 출시해 일본에서 큰 성공을 거두었다.

디즈니는 모바일 게임 '디즈니 섬섬'을 아케이드 게임으로도 출시해 멀티 플랫폼 게임으로 확장하고 있으며, 국내에서는 모바일 게임업체 라쿤 소프트와 제휴를 맺어 '곰돌이 푸'를 이용한 모바일 게임 '돌리돌리푸 for Kakao'를 출시하였다.

라. 애플, 앱스토어 'FREE' 표시 금지[18]

2014년 11월 19일, 애플은 앱스토어(App Store)에서 무료로 다운받도록 한 뒤 앱 안에서 유료 결제하도록 하는 모바일 게임 앱과 일반 앱에 대해 '무료(FREE)'라는 표현을 금지시키기로 결정하였다. 부분유료(Free to Play, 이하 F2P) 게임은 일반적으로 무료게임 카테고리 안에 포함되어 다운로드 버튼에 'FREE'라는 표현을 사용하고 있었다.

하지만, 애플이 '무료' 버튼을 금지함에 따라 F2P 게임은 다운로드 버튼에 '받기(GET)'라는 표현을 사용하게 되며, F2P 게임의 경우 다운로드 버튼 아래에 '앱 내 구입(In-App Purchases)'이라고 표기된다.

---

18) 한국콘텐츠진흥원(2014. 12, 제1호), 글로벌게임산업트렌드

[그림 2-55] 애플의 앱스토어 F2P 게임 다운로드 표기 방식의 변화,
"FREE에서 GET으로"

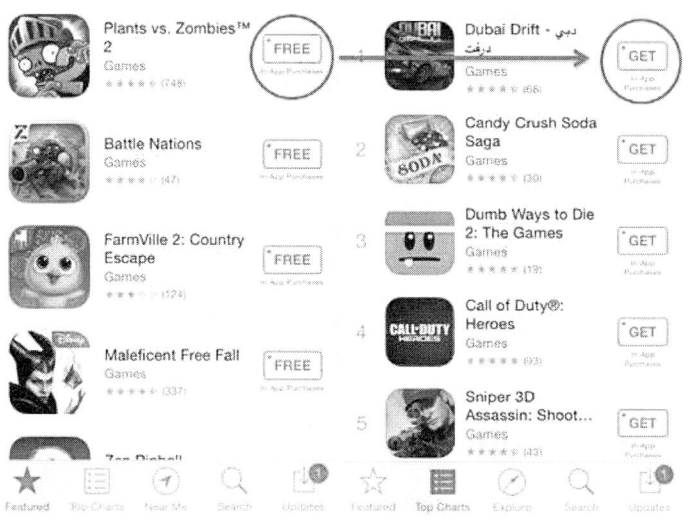

출처 : 한국콘텐츠진흥원 글로벌게임산업트렌드(2014. 12) 재인용

이는 애플이 사용자에게 F2P 앱을 다운로드하기 전에 해당 앱에서 비용이 발생할 수 있다는 것을 미리 인지하도록 하기 위한 조치이다. IT 전문 사이트 포브스(Forbes)는 애플이 'FREE'라는 용어를 금지한 배경으로 각 국가에서 발생된 F2P 앱 관련 정책과 소송 등의 문제를 해결하기 위한 방편이라고 강조하였다. 지난 2014년 1월, 미국연방거래위원회는 애플에게 부모의 사전 동의 없이 미성년자들이 '앱 내 구입'을 하고 있다며 제소했으며, 그 결과 애플은 3,250만 달러의 보상금을 지급하였다. 또한, 유럽연합집행위원회는 지난 2014년 7월 '앱 내 구입'이 포함됨 앱에 'FREE'라는 표시를 못하도록 권고하였다. 구글(Google)은 유럽연합집행위원회의 권고를 받아들였으나, 애플은 받아들이지 않았다. 하지만, 이번 애플의 'FREE' 표시 금지를 통해 유럽연합집행위원회의 권고를 받아들이게 되었다.

(5) 영화

가. OTT 서비스, 홈비디오시장 성장 주도

극장에서 좋은 성적을 거둔 영화들은 홈비디오시장에서도 좋은 성적을 거두고 있는 경향을 보였다. PwC는 홈비디오 대여와 판매 매출의 경우 향후 지속적으로 하락할 것으로 전망하고 있지

만, 디지털배급 서비스 분야만은 매출이 성장할 것으로 전망하고 있다.

이러한 디지털배급 서비스의 성장을 주도하고 있는 것이 OTT(Over the top) 서비스로 넷플릭스(Netflix)가 그 대표적인 업체인데, 미국을 비롯해 전 세계에서 가입자 수가 급상승하는 것에서도 확인할 수 있다.

[그림 2-56] 미국 및 전 세계 넷플릭스 가입자 수 추이, 2011.3Q - 2014. 2Q

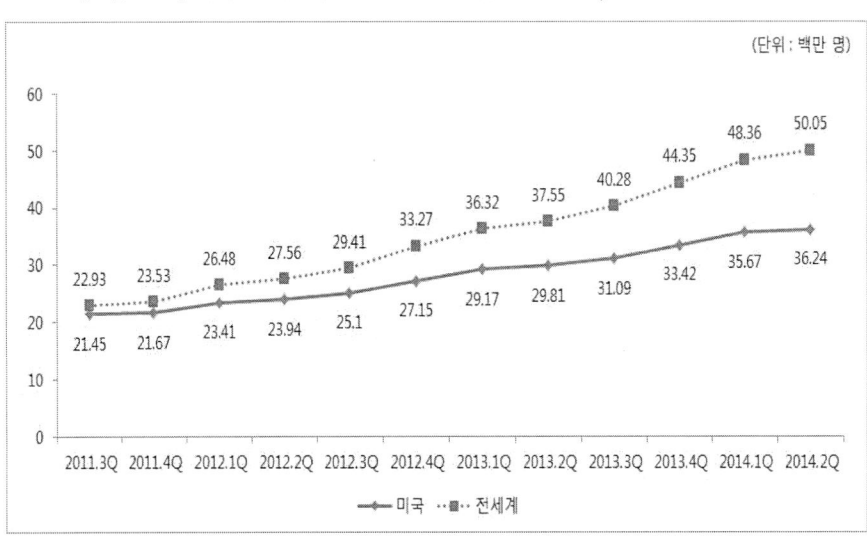

출처 : Netflix, Statista 재인용

동영상 스트리밍 서비스를 제공하는 넷플릭스는 소비자가 원하는 콘텐츠를 손쉽게 볼 수 있도록 스마트TV와 셋톱박스, 게임 콘솔 등 각 분야의 다양한 단말업체와 제휴를 맺음으로써 자사 서비스를 노출시킬 수 있는 플랫폼을 확대시켜 나갔다.

하지만, 훌루(Hulu)와 같은 경쟁업체들이 등장하게 되고 콘텐츠 제공업체들과 계약을 맺는 과정에서 생기는 막대한 투자비용이 손실로 이어지자 오리지널 콘텐츠를 자체 제작하는 방향으로 선회했다. 2012년 초 노르웨이 코미디 드라마인 '릴레함메르(Lilyhammer)' 시리즈를 시작으로 오리지널 콘텐츠 제작에 뛰어든 넷플릭스는 2013년 2월 영국의 정치 드라마 '하우스 오브 카드(House of Cards)' 리메이크 버전을 선보이면서 기대 이상의 성공을 거두게 되었다.

2013년 3월 투자회사 Cowen and Co. 가 조사한 바에 따르면, '하우스 오브 카드'로 인해 넷플릭스 가입자 중 86%가 서비스 유지 의향이 한층 높아진 것으로 나타났다. 또한, 2013년 9월에는 하우스 오브 카드를 감독한 데이비드 핀처(David Fincher)가 에미상(Emmy) 최우수 감독상을 수상하는 영광을 안았다. 이러한 성공에 힘입어 2014년 TV와 영화콘텐츠에 30억 달러의 투자계획을 확정한 넷플릭스는 미국에서 자사의 오리지널 작품 계획에 대해서도 공식적으로 밝혔다.

한편, 넷플릭스가 제작 사업에 뛰어든 사실은 미국의 홈비디오시장에 활력이 있음을 보여주지만, 또 다른 면에서 보자면 미국 영화 배급을 지배하고 있는 '시차 개봉패턴(Staggered release pattern)', 즉, 영화관 개봉일과 홈비디오를 통해 일반 가정에 유통시키는 개시날 사이에 기간을 두는 방식에 변화가 생길 수 있다는 것을 의미한다.

OTT 동영상 서비스에서 소비자들이 가장 가치를 느끼는 부분은 최신 콘텐츠를 최대한 빨리 자신이 원하는 시간과 장소, 그리고 원하는 단말에서 시청하는 것이라 할 수 있다.

현재, 영화사가 제작한 작품을 유료TV 플랫폼에서 보는 데까지는 1년의 시간이 걸리지만, 넷플릭스와 같은 OTT 서비스업체들이 자체 제작한 콘텐츠라면 그 시간을 더욱 짧게 줄일 수 있을 것이다. 일반적으로 영화 유통 구조의 경우, 극장 개봉, DVD, 유료방송사, 지상파방송사 등의 순서로 진행되었다.

또 다른 상영방식을 제시하는 예는 OTT 서비스업체 훌루에서도 볼 수 있다. 훌루는 지난 2013년 2월, 일본에서 유료서비스인 '훌루 플러스(Hulu Plus)' 신규 고객을 유치하기 위해 일본 영화 'A Chair on the Plains'를 극장 개봉에 앞서 스트리밍 형태로 제공해 주목을 받았다. 개봉하기 나흘 전 오후 9시부터 자정까지 3시간만 서비스를 제공하며, 우선 접속한 1,000명의 고객만 이용할 수 있게 한 것이다. 여전히 영화 상영(Theatrical window)을 우선 순위에 두고 있는 영화사들은 이러한 변화 속에서 개봉방식(release window)을 더욱 축소하는 방향으로 나가려고 하고 있다.

나. SVOD 시장 성장

2013년 11월, 넷플릭스에 밀린 DVD 대여업체 블록버스터(Blockbuster)가 2014년 초까지 우편 주문 DVD 사업을 종료하며 마지막 300개 매장을 폐쇄한다고 발표했다. 블록버스터는 기존의 주문형 스트리밍 서비스를 유지하고 모기업인 디시 네트워크(Dish Network)를 통해 디지털 서비스를 확대 제공할 것이라고 밝혔다.

이렇게 홈비디오 서비스는 사라져 가고 그 자리를 SVOD(Subscription Video on Demand)와 같은 서비스들이 채우고 있다. 이러한 변화에 발맞춰 구글은 스마트 단말에서 찾은 동영상을 TV의 큰 화면으로 볼 수 있게 하는 '크롬캐스트(Chromecast)'라는 단말을 2013년 7월 발표했다. 크롬캐스트는 35 달러라는 저렴한 가격으로 인해 발표 1시간 만에 매진되는 등 높은 인기를 얻고 있다. 특히 넷플릭스는 크롬캐스트 발표 당시 참여업체 명단에 이름을 올리고, 3개월 무료 이용권 증정 행사를 진행함으로써 엄청난 마케팅 효과를 누렸다.

로쿠(Roku), AppleTV, MS Xbox, 소니의 플레이스테이션(Playstation) 등의 단말들과 함께 크롬캐스트는 SVOD 이용자 수 증가에 도움이 될 것으로 기대 받고 있다.

(6) 애니메이션

가. 디즈니의 '겨울왕국', 애니메이션 역대 최고의 수익 기록

2013년 11월에 개봉된 '겨울왕국'이 전 세계 12억 7,400만 달러를 기록하며(Boxoffice mojo) 역대 최고의 흥행 기록을 갈아치웠다. 기존 애니메이션 사상 최고의 흥행 기록(글로벌시장)은 2010년에 디즈니의 '토이스토리 3'가 세운 10억 6,300만 달러였다. '겨울왕국'은 이미 미국 내 시장에서 4억 달러, 글로벌시장에서는 27개국에서 흥행 1위에 오르며 8억 7,300만 달러의 수익을 기록했다. 특히 한국에서는 디즈니 애니메이션 사상 최고인 4,500만 달러의 수익을 거두었다.

'겨울왕국'이 '라이언 킹'을 넘어서는 디즈니 역사상 최고의 수익을 거두게 됨에 따라, 디즈니는 '겨울왕국'을 새로운 프랜차이즈로서 확장할 수 있는 방식을 연구하고 있다.

현재 계획 중인 것 만해도 브로드웨이 뮤지컬, 테마파크, 비디오 게임 등이 있다. 이미 '겨울왕국'을 주제로 하는 장난감과 기타 판매 상품은 2013년 말부터 수개월 연속으로 가장 높은 판매고를 기록 중에 있다[19].

나. 애니메이션 스튜디오 디지털 플랫폼 확장

유아와 아동의 스마트 단말 이용량이 급속하게 증가하면서 관련 콘텐츠업체들의 사업 전략도 급변하고 있다. 월트디즈니 스튜디오는 애플과 제휴해 자체 앱 '디즈니 무비 애니웨어'가 아이튠즈 앱스토어와 긴밀하게 연계되도록 힘을 쏟고 있다. '디즈니 무비 애니웨어'을 iOS 기반 단말에 무료 다운로드하면, 디즈니 영화 420편 중 원하는 영화를 건당 19.99 달러에 구매할 수 있으며 구매 완료한 영화는 앱뿐만이 아니라 아이튠즈 라이브러리상에서 접근할 수 있게 된다.

디즈니 무비 애니웨어 앱은 특히 최근 히트작인 '겨울왕국'의 디지털 개봉시기와 맞물려 출시되면서 주목받고 있다. 이 앱은 각 단말 기반으로 영화 시청건수를 제한하거나 G등급 영화만을 플레이할 수 있도록 하는 등 유아 및 아동 보호 설정이 가능한 것이 특징이다.

디즈니 측은 해당 앱과 아이튠즈만을 연계하고 있으나, 향후 플랫폼 파트너를 더 확대해 나간다는 계획이다.

한편, 메이저 애니메이션 스튜디오 드림웍스는 지난 2014년 소비자 가전쇼(CES2014)에서 자사 콘텐츠와 연계한 키즈용 태블릿을 출시한 바 있다. 드림웍스는 유아용 태블릿 나비(NABI)를 선보인 푸후(Fuhu)와 제휴해 안드로이드 기반의 8인치 태블릿 '드림 탭(Dreamtab)'을 상용화한다는 방침이다[20].

---

19) Variety, Disney's 'Frozen' Plans: Theme Parks, Broadway, Videogames and Beyond, 2014.02.05

다. 드림웍스, '드래곤 길들이기 2'의 흥행으로 경영 안정화

'슈렉'을 만들어내며 주목을 받았던 드림웍스가 2014년 2분기 실적 저조로 주가가 15% 하락했다. 또한, 2014년 7월 40~50명의 직원들을 대량 해고하며 업계의 우려를 사고 있다.

드림웍스는 그동안 평균 제작 비용을 1억 4,000만 달러에서 1억 2,500만 달러로 줄였으나, 경쟁사인 일루미네이션 엔터테인먼트(Illumination Entertainment)의 슈퍼배드(6,900만 달러)와 슈퍼배드 2(7,600만 달러)에 비교할 때 여전히 매우 높은 제작비를 들이고 있다는 것을 알 수 있다. 또한, '터보'와 'Mr. Peabody & Sherman'의 흥행 부진은 실적 악화에 일조했다. 현재, 드림웍스는 Awesomeness TV 를 인수하고, 유튜브에 DreamWorks TV 채널을 출시하는 등 사업을 다각화하는 과정에 있어 재무 상황이 매우 어려운 상황에 처해 있으나, 다행스럽게도 '드래곤 길들이기 2'가 국내외에서 흥행에 성공해 안정을 찾을 것으로 전망된다. '드래곤 길들이기 2'는 미국 국내 시장에서 1억 7,060만 달러, 해외 시장에서 3억 3,120만 달러를 기록했다.

특히, 중국에서 개봉 첫날 560만 달러 수익을 기록하는 등 중국시장 진출이 큰 힘이 된 것으로 보인다. 현재까지 2014년에 미국에서 개봉된 애니메이션 중 최고를 기록하고 있는데 이는 어린이 취향의 애니메이션 부족으로 그 수혜를 입은 것으로 분석되고 있다.

(7) 방송

가. 콘텐츠 소비 패러다임, '소유'에서 '접속'으로 이동

VoD(Video on Demand) 시청 증가와 모바일 단말을 활용한 세컨드 스크린, 그리고 소셜·세컨드TV 이용 행태는 이미 몇 년 전부터 확산 조짐이 보이기 시작했으며 그 속도가 한층 빨라지고 있다. 저렴한 가격으로 VoD를 즐기려는 유저들이 늘어나면서 고가의 유료TV 서비스를 해지하는 코드커팅 확산은 유료TV 사업자들에게 최대 위기를 안겨주고 있다.

실제로 지난 2011년 9월 이후 올림픽 시즌을 제외하고는 미국 TV 방송과 케이블TV의 성장률이 지속적으로 하락세를 기록 중이라는 보고서도 발표되었다. 시장조사업체 Citi Research의 자료에 따르면, TWC(Time Warner Cable)의 경우, 2013년 3분기에만 TV 가입자 수 30만 6,000명, 브로드밴드 가입자 수 2만 4,000명이 이탈한 것으로 조사됐다.

최근 1~2년 사이 미국 유료TV 업계에서는 코드커팅 이외에도 저가의 유료TV 서비스로 전환하는 코드스와핑(cord-swapping), 고가 프리미엄TV 패키지를 저가로 하향 조정하는 코드쉐이빙(cord-shaving), 케이블 VoD 등 TV 서비스 이용량이 줄어드는 코드트로틀링(cord-throlttling) 등이 주요 쟁점으로 부상하고 있다. 이에 따라 컴캐스트(Comcast)와 TWC, Cablevision, Cox 등을 비롯한 미국 주요 케이블사업자들은 모바일 전용 앱을 통해 기존 TV 시청 경험을 다양한 스크린으로 확장하는 한편, 맞춤형 서비스 업그레이드 및 공격적인 마케팅으로 가입자 유지(retention)에 사활을 걸고 있다. 또한 OTT에 대한 적대적인 태도에서 벗어나 다양한 협력 방안을 강구하는 등 변화된 모습을 보여주고 있다.

나. 유료TV 업계의 클라우드 게임시장 진출

북미지역 케이블업체들의 R&D 조직인 케이블 랩스(CableLabs)는 2014년 3월 차세대 먹거리 사업의 일환으로 게임을 꼽으며 클라우드 게임 플랫폼업체인 씨나우와 협력을 체결했다. 이는 현재 유료TV 업계에서 클라우드 게임 사업이 상당히 주목받고 있다는 것을 보여주는 것이다.

이처럼 유료TV업체가 클라우드 게임 사업에 관심을 가지게 된 가장 큰 이유는 최근 콘솔 단말 제조업체와 일부 플랫폼업체들이 자신들의 텃밭인 동영상 서비스는 물론 OTT업체들로 인한 코드커팅 등의 위기에 따른 대응책으로 해석할 수 있다. 이는 끊임없이 강조해오던 양방향 서비스 전략의 일환으로도 해석할 수 있다. 그동안 유료TV업체들은 포커 등의 간단한 캐주얼 게임은 물론 교육, 뉴스, 날씨, 증권 등의 양방향 서비스를 제공해 왔는데 ARPU 향상은 물론 이용자 확보에도 실패하며 이렇다 할 성과를 거두지는 못했다. 하지만 클라우드 게임은 적은 비용으로 높은 수준의 콘텐츠를 즐길 수 있다는 점에서 그동안 부진했던 타 부가 서비스에 반해 소비자들의 지불 의향을 고취시킬 것으로 기대되고 있다.

다. 위성방송사업자 디시(Dish), OTT 서비스 출시

미국 위성방송사업자 디시 네트워크(Dish Networks)가 2014년 8월, A&E Networks와 웹 기반 스트리밍 계약을 체결하여 연내 출시할 예정인 인터넷TV 사업이 순항을 타게 되었다. 디시는 이 계약을 통해 A&E, History, Lifetime 등의 채널을 실시간 또는 주문형으로 웹을 통해 제공할 수 있게 되었다. 디시는 2014년 3월 디즈니와 제휴해 ABC, ESPN, DisneyXD 등의 콘텐츠 스트리밍 계약을 체결한 바 있다. 또한 NBCU, CBS, Turner Broadcasting 등 CP와의 논의도 지속적으로 진행하고 있다. 디시는 이를 통해 위성방송이 제공하는 리니어(linear)형 방송 서비스에서 탈피하고 넷플릭스, 아마존, 훌루 등이 주도하는 코드커팅 트렌드에도 대응하려 하고 있다.

그러나 디시의 웹TV가 인터넷을 통해 제공되는 것 이외에 일반 유료TV와 어떤 차별성을 줄지는 불확실하다는 지적이 제기되고 있다.

현재, 1위 케이블사업자인 컴캐스트(Comcast)는 2위 사업자인 타임워너케이블(Time Warner Cable)을 인수했으며, AT&T도 위성방송사 디렉트TV(DirecTV)를 인수한 상황이다. 이들은 유튜브와 넷플릭스에 대응할 수 있는 자체 OTT 서비스를 이미 제공 중이며, 새로운 서비스 출시도 계획하고 있다. 즉, OTT 서비스에 대응하는 미국 방송시장이 메이저업체들 간의 경쟁으로 변모하고 있는 것이다. 이에 브로드밴드 회선을 제공하지 못하는 디시로서는 결합상품 제공 등에 한계가 있어 경쟁력이 떨어질 것으로 전망된다.

라. OTT 서비스업체의 자체 콘텐츠 제작 시도

OTT시장이 과열되면서 콘텐츠 경쟁력이 핵심 차별화 방안으로 급부상함에 따라 콘텐츠 수집자들을 중심으로 오리지널 콘텐츠 제작 바람이 거세게 불고 있다.

넷플릭스, 훌루, 구글(YouTube) 등 메이저업체는 물론 애레오(Aereo) 등 신생업체들까지도 콘텐츠 자체 제작에 나섰다. 음악과 전자책, 모바일 단말 등으로 사업을 확대해 나가고 있는 아마존도 지난 2012년에 자체 동영상 콘텐츠 제작을 담당하는 아마존 스튜디오(Amazon Studios)를 설립하고 해당 시장 경쟁에 적극 뛰어들었다.

넷플릭스는 자체 제작 드라마가 에미상을 수상하는 등 작품성에서도 인정받으며 승승장구하고 있지만 나머지업체들은 성과가 미미하다. 주목할 점은 넷플릭스는 철저한 이용 행태 분석을 통해 콘텐츠를 제작하고 있다는 점이다. 아마존도 전자상거래 부문에서 쌓은 이용자 분석 노하우를 미디어 콘텐츠 영역에서도 활용하고 있다.

마. 공중파 라디오, 스트리밍 서비스로 활로 모색

전통적인 라디오 방송이 여전히 인기 있는 미디어이기는 하지만, 최근 수년간 글로벌 IT업체들의 거센 도전에 직면하고 있다. 애플의 인터넷 기반 음악 스트리밍 서비스 '아이튠즈 라디오(iTunes Radio)'의 청취자 수가 출시 2개월 만에 2천만 명을 넘어선 것으로 집계되면서 경쟁업체들에게 위협이 되고 있다.

이렇게 OTT 기반의 음악 스트리밍 서비스와 팟캐스트(Podcast) 형태로 제공되는 각종 뉴스 서비스 등으로 인해 개인 단말 차원에서 공중파 라디오의 인기가 점차 하락하고 코드커팅(cord-cutting)이 발생할 우려는 상대적으로 커지고 있다. 이에 라디오 방송사들은 인기 있는 OTT 스트리밍 서비스에 편승해 활로를 모색하려는 움직임을 보이고 있다. 2013년 9월에는 수백 개의 지역 라디오 방송국을 보유한 커뮬러스 미디어(Cumulus Media)가 가입형 음악 스트리밍 서비스 알디오(Rdio)와 제휴를 맺고 협력관계를 구축하기로 한 바 있으며, 2014년 6월에는 NPR과 美 스포츠 전문 채널 ESPN이 애플 아이튠즈 라디오에 자체 라디오 채널을 새롭게 추가하기도 했다. 이에 그치지 않고 공영 라디오 방송은 2014년 7월, 자체 모바일 앱 'NPR One'을 출시하면서 직접적으로 OTT시장에 진입하려는 행보를 보이고 있다. 'NPR One'은 이용자들의 현재 위치나 관심사를 바탕으로 최신 뉴스의 라디오방송을 적절히 섞어 큐레이트(curate)하는 서비스를 제공한다.

(8) 광고

가. 네이티브 광고의 대두

인터넷을 하다 보면 흔히 접할 수 있었던 광고가 바로 배너광고였다. 그런데 사람들은 배너가 광고임을 인식하기 시작하면서 클릭하는 횟수가 줄어들었고 모바일의 작은 화면으로 이식하기에는 배너가 쓸데없이 커져버렸다. 이러한 환경 때문에 기존의 광고는 효율성을 뛰어넘을 대안이 필요했다. 이러한 이유에서 새로운 형식의 광고가 필요했는데 그것이 바로 네이티브 광고다.

네이티브 광고는 해당 웹사이트에 맞게 고유한 방식으로 기획 제작된 광고를 말한다.[21] 엄밀히 말하자면 네이티브 광고는 전혀 새로운 방식의 광고는 아니다. 단지 광고가 일반적인 서비스 내부로 스며들면서 통합된 형태로 변모했을 뿐이다.

맞춤형 광고는 서비스에 자연스럽게 스며들면서 모바일이나 SNS를 이용하는 소비자에게 광고라는 이미지의 거부감을 최소화할 수 있었다. 게다가 일반 신문기사처럼 자연스럽고 콘텐츠의 형태를 갖추어 작은 화면의 모바일 화면에서도 자연스럽게 조화를 이루게 되었다.

[그림 2-57] 미국 네이티브 광고와 디스플레이 광고 비용 비교

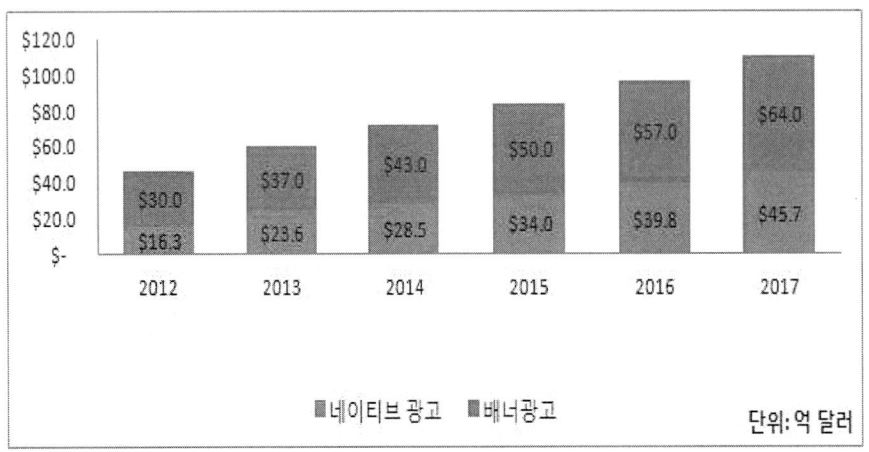

출처: BIA/Kelsey 재인용

배너광고의 대안으로 등장한 네이티브 광고는 미국에서 본격적으로 대중화되기 시작했다. 2014년 1월 뉴욕타임스에서 처음으로 네이티브 광고를 시작했고 지금은 미국 신문사의 73%가 네이티브 광고를 시도하고 있다. 2014년 6월 광고 소프트웨어업체 믹스포(Mixpo)가 미국 매체를 대

---

21) 위키백과, 네이티브 광고, 2014.

상으로 조사한 결과에서는 매체의 4분의 3이 네이티브 광고를 선호한다고 답하였으며 53%는 제공 중, 19%는 앞으로 제공할 계획이라고 밝혔다.[22]

현재 '쉐어쓰로우(ShareThrough)', '심플리치(SimpleReach)' 등의 네이티브 광고회사는 등장과 함께 소셜 미디어뿐만 아니라 기존의 미디어를 통해 다양한 네이티브 광고 플랫폼을 선보이고 있다. 이 밖에 2013년에 소개된 페이스북 익스체인지(FBX), 핀터레스트의 Promoted Pin 등이 있는데 상업 광고 메시지를 콘텐츠의 형태로 제공하고 있다.

소비자의 입장에서는 광고의 형태를 보이고 있기 때문에 꺼려질 수도 있지만 유용한 정보를 획득할 수 있다는 점에서 관련 분야의 성장 속도가 매우 빠르고 기존의 신문사들도 네이티브 광고를 빠르게 받아들이고 있다.

나. 모바일 광고의 지속적인 성장

스마트폰과 태블릿의 빠른 확산은 자연스럽게 모바일을 통한 광고시장을 달궜으며 소셜 네트워크와 모바일 동영상 광고는 2013년 한 해 큰 성장을 이루었다.

이마케터(eMarketer)의 분석에 의하면 2014년에도 모바일이 미국 전체 미디어 광고에 대한 소비를 지속적으로 증가시킬 것이며 광고주들은 태블릿과 스마트폰 광고에 83% 이상 증가한 80억 4,000만 달러를 지출할 것으로 보인다. 특히 2014년 말에는 전체 미디어 광고 지출의 10%가량을 점유할 것으로 보이며 처음으로 신문, 잡지, 라디오를 제치고 광고부문에서 3위의 자리를 유지할 것으로 보여진다. 2014년 현재 페이스북은 미국에서의 광고 수익 중 68%가 모바일 광고에서 나왔다. 스탯카운터(StatCounter)에 의하면 웹상의 트래픽 중 30%는 스마트폰에 의해 발생한다고 보고되었으며 미국의 모바일 광고 소비는 2012년과 2013년 사이 두 배 가까이 뛰었다. 이러한 추세라면 2014년에는 50% 이상 성장할 것으로 보는 견해도 있다.

다. 비디오광고 1위에 오른 AOL

AOL이 유튜브를 누르고 미국 온라인 비디오 광고 조회 순위에서 처음으로 1위를 차지했다. 2013년 9월 한 달 간 AOL에 올라온 비디오 광고 조회 수는 37억 2,247만 6,000건으로 유튜브의 32억 3,573만 8,000건을 앞질렀다. 광고를 접한 총 미국인 도달률은 AOL이 49.6%, 유튜브가 36.4%로 10% 이상의 차이를 나타냈다.

이처럼 AOL이 광고 조회 수를 앞지를 수 있었던 데에는 비디오 기술 플랫폼업체인 어댑닷티브이(Adap.TV)를 인수했기 때문으로 나타났다. 인수 후 AOL은 매년 비디오 시청률 약 32%, 산업

---

[22] ZDNet Korea, 매체·광고대행사, 네이티브 광고 선호, 2014. 10. 17.

전체에서는 약 17%의 성장률을 보이고 있는 것으로 나타났다.
　추가로 비디오 광고 플랫폼시장에서 AOL이 성장하는 이유는 새로운 형식의 광고 집행 방식을 도입했기 때문이다. AOL은 프로그로매틱 업프론트(Programmatic Upfront)라는 신개념의 광고 집행 방식인데 데이터 기반의 자동적인 시스템을 이용해 기존 디지털 광고에 진행되었던 불필요한 과정을 줄여주는 역할을 한다. 이를 통해 광고주는 한층 창의적이고 뛰어난 비디오 광고를 제공할 수 있는 것으로 알려졌다.[23]

라. 프로그래매틱 구매(Programmatic buying) 광고 확산

　인터넷을 하다가 방금 전 검색했던 내용이 다른 웹사이트의 광고 창에서도 보였다면 새로운 광고 기술인 실시간 경매시스템에 노출된 것으로 볼 수 있다.

[그림 2-58] 실시간 경매 시스템 프로세스

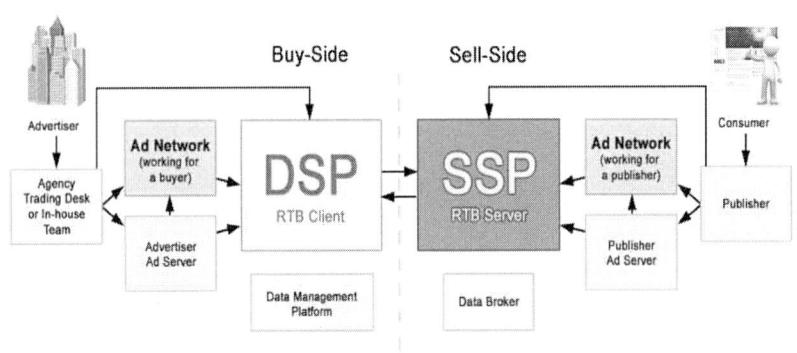

출처 : OrbitScripts, 2013. 6.

　실시간 경매(Real-time bidding) 또는 프로그래매틱 구매(Programmatic buying)라 불리는 이 광고 기술은 사용자가 특정 웹사이트를 방문하면 사용자의 IP 주소, 위치정보, 방문 중인 웹사이트의 정보를 실시간으로 경매에 올리고 광고주는 경매에 입찰하여 가장 높은 가격을 지불한 광고주에게 광고권을 주는 것을 말한다. 이 모든 과정은 컴퓨터를 통해 이루어지고 사전에 구매된 데이터 플랫폼(Data-Management platform)을 통해 거래된다.[24]
　이러한 광고는 미국에서 활발하게 이루어지고 있는데 이마케터(eMarketer)에 의하면 2013년 말 기준 전체 디스플레이 광고 중 19%가 실시간 경매를 통해서 구매가 되었고 실시간 경매를 사

---

23) 이데일리, AOL, 유튜브 제치고 온라인 비디오 광고 조회수 1위, 2013. 11. 4.
24) Economist, Little Brother, 2014. 9. 13.

용했던 광고주의 60%가 광고효과의 증가를 경험했다고 밝히기도 했다.

[그림 2-59] 미국 프로그래매틱 구매(Programmatic buying)시장 규모 추이 (2012-2017)

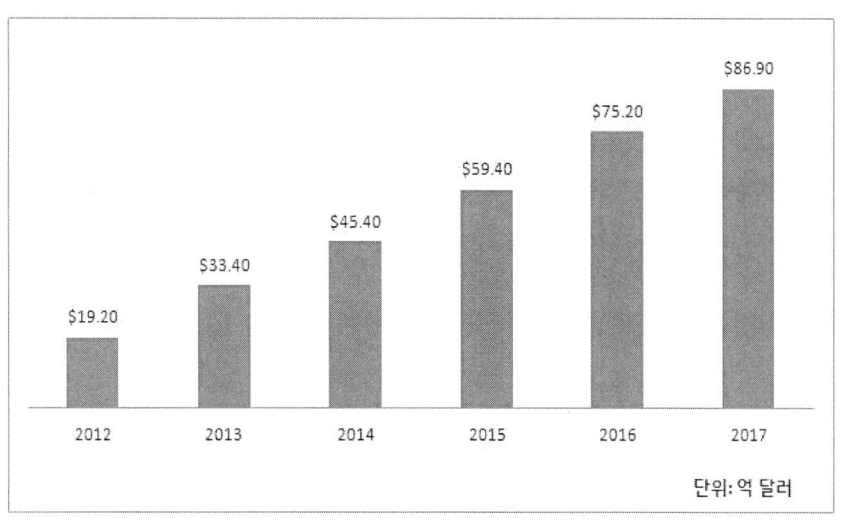

출처: eMarketer, 2013. 8.

이마케터는 미국 전체 온라인 디스플레이 광고시장의 실시간 경매 시장점유율이 2016년 50%까지 급성장할 것으로 예상하였다.[25]

페이스북은 자신들의 광고 플랫폼을 위하여 리타기팅, 리마케팅 광고라 불리며 광고주의 웹사이트를 방문했던 이용자를 대상으로 다시 광고를 노출하는 기법) 회사를 출범하였고 구글은 Google+를 통해 소셜 광고 플랫폼을 시장에 선보였다.

온라인에서의 이러한 변화는 모바일과 비디오 광고로 확산되고 있고 프로그래매틱 구매(Programmatic buying)를 통한 광고 구매 환경이 확대되고 있다.

(9) 캐릭터·라이선스

가. 독자적 방식으로 캐릭터 산업을 선도한 디즈니 인피니티의 대성공

디즈니 산하의 디즈니 인터랙티브(Disney Interactive)가 내놓은 게임 디즈니 인피니티(Disney Infinity)가 크게 히트하며 시장에 커다란 반향을 일으키고 있다. 2013년 처음 시장에 나온 디즈니

---

25) THE PR, 제일기획 실시간 경매로 디지털 광고 최적화 시동, 2014. 3. 27.

인피니티는 2014년 7월 현재까지 300만 개 이상의 스타터 팩이 팔리며 5억 달러 이상의 수익을 냈다.

디즈니 인피니티는 판타지아의 미키마우스와 같은 디즈니의 클래식 애니메이션부터 토이스토리, 몬스터 대학, 인크레더블, 라푼젤, 겨울왕국 등 최근의 오리지널 애니메이션, 그리고 캐리비안의 해적(디즈니 제작) 등의 실사 영화 등의 다양한 캐릭터들을 활용하고 있다. 2014년 9월 23일부터 시판되는 최신 버전 2.0 에디션에서는 아이언맨, 토르, 블랙위도우 등 마블코믹스의 여러 수퍼히어로들까지 캐릭터들이 확장되었다.

이 게임의 특징은 디즈니의 인기 캐릭터를 기반으로 제작된 피규어로 게임을 시작할 수 있다는 것이다. 디즈니 인터랙티브는 이러한 성공을 가져온 요인을 다음 다섯 가지로 분석했다[26].

- 인피니티의 플레이어 중 45%가 여성이다. 이는 업체가 당초 예상한 30%를 상회한 수치이며, '스카이랜더(Skylander: Activision의 프랜차이즈 게임)'에 비해 훨씬 높은 수치이다.
- 주 타켓인 아이들만큼이나 상당한 수의 부모들이 자녀들의 취침 후 인피니티 게임을 한다. 이는 당초업체가 타켓으로 잡은 연령이 6-12세라는 점을 고려하면 예상 밖의 일이다.
- 캐릭터 자체를 모으기 위해 구매를 하는 사람들의 퍼센티지가 상당하다.
- 남자 아이들은 게임 속에서 여성 캐릭터를 특별히 기피하지 않는다. 실제로 '인크레더블(The Incredibles)'의 여성 캐릭터들인 Violet이나 Mrs. Incredible은 상당한 인기가 있다.
- 현재까지 가장 높은 매출을 올리고 있는 캐릭터들로는 미키 마우스(판타지아), 애나와 엘사(겨울왕국), 대쉬(인크레더블)가 손꼽힌다. 캐릭터들의 디자인과 능력은 판매량과 밀접한 관련이 있다.

한편, 디즈니는 새로운 애니메이션 시리즈인 'Star Wars Rebels'의 제작에 발맞춰 캐릭터화에 공을 들이고 있다. '스타워즈 반란군(Star Wars Rebels)'는 2013년 이미 제작에 들어갔으며 2014년 10월에 방영이 시작되었다. 또한, 신작 '스타워즈 : 깨어난 포스(Star Wars: Episode VII)'는 2015년 겨울에 개봉되는 것으로 계획되어 있다. 디즈니는 자사 방식대로 해즈브로나 레고와 같은 메이저급 공인업체들과 제휴해 스타워즈 시리즈 캐릭터를 포괄적이고 다양한 카테고리에서 소비자 제품에 이용할 것으로 보인다.[27]

또한, 2015년 3월에 개봉되는 실사 영화 '신데렐라'와 관련해서 신데렐라에서 영감을 받은 패션, 수집품, 의류 등을 스와로브스키(Swarovski)와 수퍼트래쉬(Supertrash)와 제휴해 출시한다.[28]

스와로프스키 신데렐라 컬렉션(Swarovski Cinderella collection)에는 1950년에 제작된 클래식 애니메이션 신데렐라에서 영감을 받아 제작된 쥬얼리와 소장성 높은 피규어(figurines) 등이

---

26) Variety, Even Disney is Surprised by the Success of 'Disney Infinity', 2014.07.24
27) License! Global, Disney Arms Star Wars Rebellion, 2013.12.01
28) License! Global, Disney Readies for Cinderella, 2014.10.09

포함되며, 각각 2015년 봄에 출시될 예정이다. 수퍼트래쉬(Supertrash)는 소녀들을 타켓으로 의류(티셔츠, 스커트 등), 악세사리 등 신데렐라에서 영감을 받은 다양한 제품들을 개발 중에 있으며, 이 제품들은 2015년 3월 벨기에, 네덜란드, 영국 등에서 판매될 예정이다.

나. 주라기 공원 캐릭터, 유니버설 신작 'Jurassic World'로 재탄생[29]

Universal Partnerships & Licensing(UP&L)이 레고 그룹(The LEGO Group)과 손을 잡고 2015년 6월 개봉 예정인 영화 '주라기 월드(Jurassic World)'에 대한 새로운 제작 계획(construction line)을 진행하고 있다. 또한 해즈브로(Hasbro)는 주요 완구 라이선시(master toy licensee, 완구를 판매하도록 인가받은 주요 기업체)로서 유니버설과의 오랜 관계가 지속될 것으로 보인다. 그 외 다른 해외 파트너들로는 영국의 'Dreamtex'(가정용 비품)와 'Smith & Brooks'(의류), 이탈리아의 'Gut Distribution'(학용품), 독일/오스트리아/스위스의 'TV Mania'(의류), 미국과 영국에서 파티용품을 담당하는 'Unique Industries', 전 세계 원격 조종 모형 자동차시장을 담당하는 'Jada Toys' 등이 있다.

미국 독점 파트너들로는 'Accessory Innovations'(악세서리), 'Bakery Craft'(베이커리, 캔디), 'Bulls I Toy'(트레이딩 카드, 스티커, 타투), 'Cardinal Games'(퍼즐), 'Edge Brands' (운동용품), 'Fifth Sun and Freeze'(의류), 'Franco Manufacturing' (가정용 비품), 'Trends International'(문구) 등을 비롯해 그 외에도 매우 다양하다.

또한 Jurassic Park Builder의 개발자인 루디아(Ludia)는 영화에 기반한 모바일 및 소셜 게임 'Jurassic World: The Game'을 제작하고 있다.

다. 라이선서, 전 세계 상위 10위권 내에 90%가 미국기업

라이선스에 관한 출판물을 간행하는 License! Global이 보고한 2013년 전 세계 상위 150개 글로벌 라이선서 트렌드에서 글로벌 상위 10개 라이선서 중 9개가 미국기업인 것으로 나타났다.[30] 이에 따르면, 2013년 전 세계 상위 150개 글로벌 라이선서들이 벌어들인 소매 매출은 2,518억 달러 규모인데, 그 중 글로벌 상위 10개 라이선서들의 소매 매출이 1,269억 달러이다. 상위 10개 기업들의 전년대비 소매 매출 증가액은 140억 달러인데, 이는 시장 전체 소매 매출 증가액(218억 달러)의 50%를 상회하는 수준이다.

---

29) License! Global, Universal Builds Jurassic World Roster, 2014.10.07
30) License! Global, The Top 150 Global Licensors, 2014.05.01

[표 2-21] Top 10 글로벌 라이선서

순위	기업명 (국가)	설명
1	Disney Consumer Products (미국)	• 세계 최대의 라이선서로서 2위와 눈에 띄는 매출액 차이로 다시 한 번 1위를 차지 • 2013년 전 세계 라이선스 상품 소매 매출 총액 409억 달러를 기록 • 마블, 루카스필름, ABC 텔레비전, ESPN 등을 포함
2	PVH Corp. (미국)	• 소매 매출 총액이 2012년 130억 달러에서 2013년 180억 달러로 크게 증가 • 매출 증가에는 The Warnaco Group/ Calvin Klein을 인수가 한 몫 함
3	Meredith (미국)	• 2012년 4위로 데뷔하며 처음으로 150위 안에 진입했으나, 2013년에는 3위로 뛰어오름 • 매출액은 2012년 110억 달러에서 166억 달러로 역시 크게 증가
4	Iconix Brand Group (미국)	• 2012년 소매 매출 130억 달러로 2위를 기록 • 2013년 역시 마찬가지로 130억 달러 매출을 기록했으나, 순위는 4위로 2계단 하락
5	Mattel (미국)	• 70억 달러의 소매 매출을 기록한 2012년에 비해 2013년에는 90억 달러를 기록 • 하지만 이는 지난해 20억 달러의 매출을 기록해 27위를 기록한 바 있는 HIT Entertainment를 통합해 더한 결과
6	Sanrio, Inc (일본)	• Hello Kitty로 유명한 일본기업 • 2012년에 비해 10억 달러 증가한 80억 달러의 소매 매출을 기록하며 6위를 기록
7	Warner Bros. Consumer Products (미국)	• 60억 달러의 소매 매출을 기록하며 2012년과 동일한 7위 기록
8	Nickelodeon (미국)	• 54억 달러 기록
9	Major League Baseball (미국)	• 55억 달러 기록
10	Collegiate Licensing Company (미국)	• 2013년에는 45억 9,000만 달러로 전년도(46억 2천만 달러)에 비해 약간 매출이 줄었으나 순위는 10위로 올라섬

출처 : License! Global

한편, 2013년에는 12개의 새로운 라이선서가 랭킹에 진입했으며,[31] 이들이 기록한 라이선스 상품의 총 소매 매출은 거의 70억 달러를 차지한다. 반면, 랭킹에서 사라진 기업들도 있는데, 이는 ESPN과 Disney ABC Television이 Disney에 흡수되거나, HIT Entertainment가 Mattel에 흡수되었듯이 모기업 결정에 따라 통합되거나 인수에 의한 결과로 볼 수 있다. 또한 Lucas Licensing, Classic Media, Lazytown 등 3개의 메이저 라이선스기업이 2013년에 리스트에서 사

---

[31] 해당기업들은 Ford, National Football League Players, Inc., Discovery Consumer Products, Dr. Seuss, A+E Networks, Ironman, Briggs & Stratton, Wolfgang Puck Worldwide, Skechers, Crocs, Kathy Davis Studios, Green GoldTV 등이다.

라졌으나, 그들은 여전히 각각 디즈니(Disney), 드림웍스(DreamWorks), 터너 엔터프라이즈(Turner Enterprises)의 일부로 활발히 활동을 하고 있다.

(10) 지식정보

가. LTE 네트워크망 확산

전 세계 모바일 혁신을 이끌고 있는 미국의 여섯 가지 계획 중 한 가지는 자국 내에 가장 빠르고 풍부한 무선 네트워크를 연결하는 것이다. 이러한 이유로 미국연방통신위원회와 정보통신부는 2020년까지 500Mhz 영역을 사용하기 위한 일에 착수하였고, 적어도 2015년까지는 300Mhz 영역대가 사용 가능할 것으로 보고 있다.

버라이존은 FIOS 커버리지의 확장을 중단하면서 4G 서비스를 위한 투자에 많은 시간을 할애하였고 경쟁사인 AT&T, 스프린트(Sprint), T-모바일(T-mobile) USA 역시 통신 환경의 개선을 위해 많은 투자를 하고 있다. 이러한 강도 높은 경쟁으로 인하여 미국의 모바일 인터넷시장은 드라마틱하게 성장하였으며 모바일 인터넷 보급률도 지속적으로 성장하고 있다. 2013년 3위에 그쳤던 스프린트(Sprint)는 '클리어와이어(Clearwire)'를 통합하면서 더욱 넓은 4G LTE 망을 2014년에 확대할 수 있었고 TD-LTE 기술에 기반한 빠른 속도의 서비스를 선보이는 중이다.

나. 모바일 보안시장 성장

최근 휴대용기기의 보급률이 높아지고 인터넷 뱅킹 등 모바일기기를 이용한 서비스 이용의 증가로 인해 개인 정보 보호의 중요성이 대두됨에 따라 미국에서는 모바일 관련 보안시장이 크게 성장하고 있다. 인포네틱 리서치(Infonetics Research)는 글로벌 모바일 보안 솔루션시장의 매출은 향후 5년간 70억 대의 스마트폰과 태블릿아 새로이 판매될 것으로 전망하였고 이와 관련된 규모는 2017년까지 29억 달러에 이를 것으로 추산하였다. 시멘텍(Symentec)은 iOS, 안드로이드 및 윈도우용 OS 기반의 모바일 단말을 위한 솔루션을 통해 바이러스 방지를 위한 방화벽과 안티 스팸 등의 기능을 포함시켰고 자체기능인 Symantec Mobile Management 플랫폼을 통해 보안을 통합 관리하는 솔루션을 서비스 중이다. 멕아피(Mcafee)는 안드로이드 블랙베리, 심비안 OS를 위한 솔루션을 제공하고 있으며 자사의 홈페이지를 통해 무료로 공급하고 있다.

다. 사물인터넷(The Internet of Things)의 성장

사물인터넷이란 사물에 센서를 연결하거나 인터넷을 연결한 기술로서 네트워크를 통해 정보를 공유하는 것을 말한다. 정보기술연구 및 자문회사 가트너에 의하면 2009년까지 사물인터넷을 이용하는 사물의 개수는 9억 개였으나 2020년까지 260억 개까지 성장하여 14조 달러의 경제적 가치를 창출할 것이라 밝혔다.

현재 미국은 사물인터넷에 대한 관련 정책을 위하여 통신사, 플랫폼업체, 서비스업체, 단말업체 등의 차원에서 사물인터넷 기반 조성 움직임이 활발하다. 2013년 3월 미국 연방통신위원회에서는 사물인터넷 관련 규정을 제정하기 위한 컨퍼런스를 열며 관련 활동을 진행하고 있다.

사물인터넷을 이용하면 기존 CRM(Customer Relationship Management)에서 다룰 수 없었던 다양한 고객 관련 데이터를 수집하고 이 데이터를 제품 기획과 마케팅 계획에 활용할 수 있기 때문에 많은 소프트웨어 및 하드웨어업체들이 관심을 가지고 있다. 미국 내에서 사물인터넷에 대한 영향력이 가장 큰 기업들로는 Apple, Nest, Google, Intel, Microsoft, Cisco 등이 있다.

4) 콘텐츠 소비 실태 및 동향

(1) 디지털 인프라 환경 및 소비 행태

가. 디지털 인프라 환경

2013년 미국의 스마트폰 보급률은 57.2%로 전년대비 5.9%p 증가하였다. 미국 무선통신사업자 버라이존(Verizon)은 2012년 12월부터 LTE 서비스를 시작했으며 AT&T도 2011년 9월 18일부터 도심지역을 중심으로 LTE 서비스를 개시했다. 2014년을 기점으로 LTE 네트워크가 비도심지역까지 확장될 것으로 예상되어 LTE-A의 서비스가 곧 이루어질 것으로 예상된다.

무선 통신업체들이 충분한 통신 커버리지를 확보하게 되면서 속도 경쟁에 본격적으로 돌입하였고, 이에 따라 애플과 삼성과 같은 메이저기업들이 과열 경쟁을 보이고 있다. 최초 스마트폰 구입 시 가격이 저렴하다는 장점을 내세우는 제조사들의 프로모션이 활발해지면서 미국인들의 스마트폰 구입률이 증가하고 있어 보급률은 2018년에 73.2%에 이를 것으로 전망된다.

모바일 인터넷의 보급률은 2013년 60.1%로 전년대비 10.9%p 증가하였다. 모바일 인터넷은 미국의 연방통신위원회(Federal Communications Cimmission: FCC)의 모바일 브로드밴드 육성 4대 정책에 의해 주도되고 있어 여타 통신보다 성장 속도가 빠른 편이다.

하지만 2013년을 기준으로 LTE 인프라 구축이 완성단계에 이르러 서비스업자들의 투자가 감소할 것으로 보인다. 또한, 보급률 역시 둔화될 것으로 보여 미국의 모바일 보급률은 2018년 86.0%에 이를 것으로 전망된다.

한편 2013년 미국의 고정 브로드밴드 보급률은 78.7%로 전년대비 3.2%p 증가하였다. 이미 고정 브로드밴드의 보급률은 시장이 성숙 단계에 이르렀기 때문에 성장의 촉진이 어려운 것이 사실이다.

이러한 상황을 타개할 새로운 방법으로 백악관은 2003년부터 시행해오던 교육용 인터넷 인프라의 재정비 'ConnectED Initiative'를 2013년 6월 발표하였다.

이를 통해 낙후된 'E-Rate' 서비스를 개선하고 비도심지역을 인터넷으로 연결한다는 것이다. 미국 전역뿐만 아니라 교육 시스템의 IT 환경 개선으로 2018년까지 미국의 고정 브로드밴드 보급률은 85.6%에 다다를 것으로 전망된다.

[표 2-22] 미국 유·무선 인터넷 보급률 및 전망, 2009-2018

구분	2009	2010	2011	2012	2013p	2014	2015	2016	2017	2018
스마트폰 보급률 (%)	-	-	-	51.3	57.2	62.3	66.3	69.3	71.5	73.2
전년대비증감 (%p)	-	-	-	-	5.9	5.1	4.0	3.0	2.2	1.7
모바일 보급률 (%)	19.0	27.3	37.9	49.3	60.1	71.8	79.0	83.0	84.9	86.0
전년대비증감 (%p)	-	8.3	10.7	11.4	10.9	11.7	7.2	4.0	1.9	1.1
고정브로드밴드 보급률 (%)	65.8	69.1	72.3	75.5	78.7	81.0	82.8	84.1	85.0	85.6
전년대비증감 (%p)	-	3.3	3.2	3.2	3.2	2.3	1.8	1.3	0.9	0.6

출처 : PwC(2014)

나. 디지털 소비 및 이용 행태

Consumer Barometer with Google에서 2014년 3월 조사한 바에 의하면 미국 사람들이 선호하는 디지털기기로는 모바일폰이 85%로 가장 높았으며, 그 다음으로 72%는 컴퓨터, 57%는 스마트폰, 35%는 태블릿 등의 순으로 조사되었다.

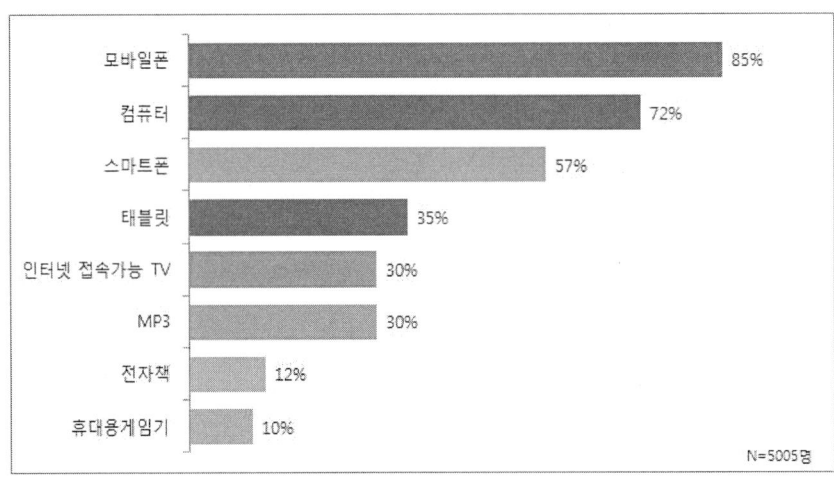

[그림 2-60] 미국인들이 선호하는 디지털기기

출처: Consumer Barometer with Google

① 인터넷 이용 행태

미국인들을 대상으로 인터넷 이용 행태에 대해 조사한 바에 의하면 응답자의 63%가 하루에 한 두 번 정도 인터넷을 이용하는 것으로 나타났다. 그 다음으로 하루 한 번 정도 이용하는 경우가 16%, 한 주에 2~6회 이용이 10% 등의 순으로 조사되었다.

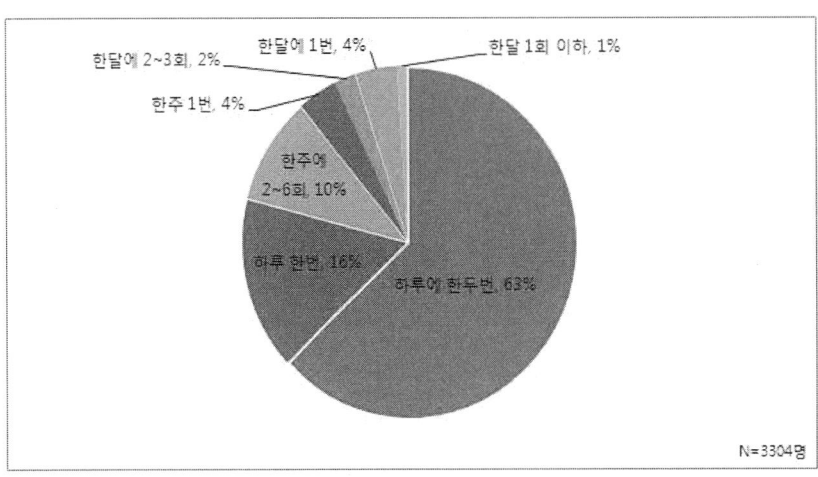

[그림 2-61] 미국인들의 인터넷 사용 빈도

출처 Consumer Barometer with Google

태블릿, 컴퓨터, 스마트폰 이용자를 대상으로 조사한 결과에 의하면 인터넷 이용 시 컴퓨터, 태블릿, 스마트폰을 모두 선호하는 경우와 컴퓨터와 태블릿을 선호하는 경우가 각각 30%로 가장 높은 비중을 보였다. 또한 응답자의 16%는 컴퓨터나 태블릿 보다는 스마트폰을 더 선호하는 것으로 조사되었다.

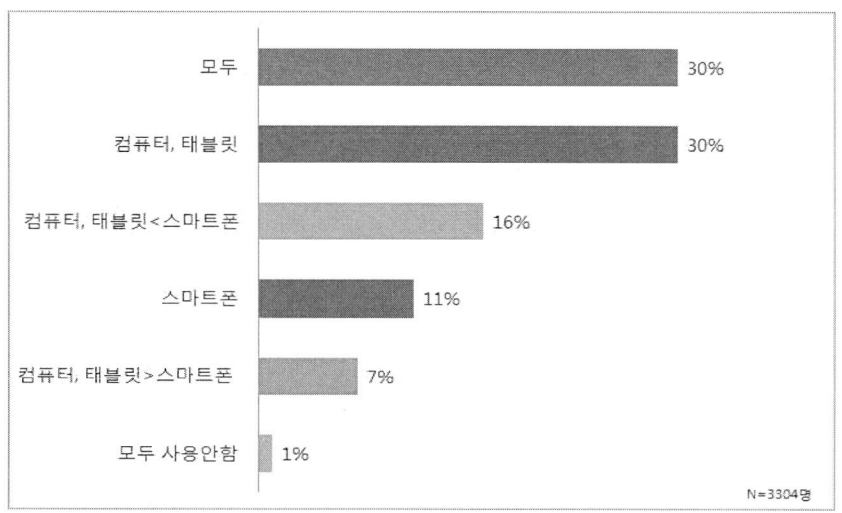

[그림 2-62] 인터넷 이용 시 선호하는 스마트기기

출처 Consumer Barometer with Google

상품 및 서비스 구매 시 인터넷이 어떤 도움이 되는지에 대해서 응답자의 51%가 가격비교를 하는데 도움이 된다고 응답하였으며, 그 다음으로 의견수렴 및 리뷰를 정독한다는 비중이 27%, 아이디어 획득이 22%, 상품재고 확인이 17%, 상점위치 확인 15% 순으로 나타났다.

[그림 2-63] 상품 및 서비스 구매 시 인터넷이 도움이 된 분야

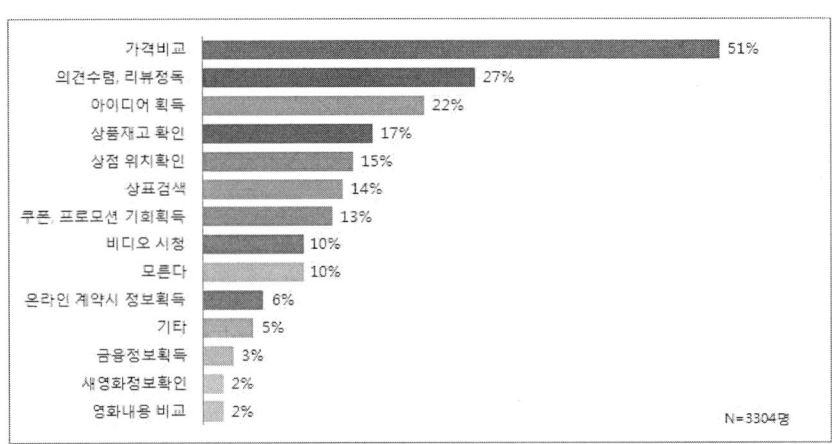

출처 Consumer Barometer with Google

② 스마트폰 이용 행태

2013년 5월 Ipsos MediaCT에서 미국 시민 16세 이상 1,000명을 대상으로 스마트폰 이용 행태를 조사하였다.

[그림 2-64] 스마트폰 이용 행태 조사 응답자 특성

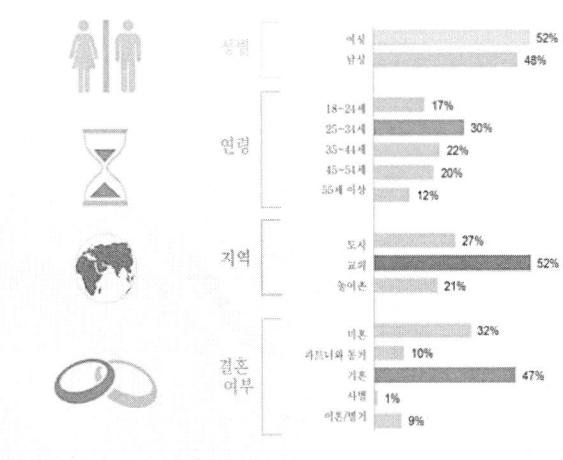

출처: Ipsos MediaCT, Google mobile planet

먼저 스마트폰을 주로 이용하는 장소로는 96%가 집에서, 84%가 이동 중에, 83%가 상점에서 사용하고 있는 것으로 조사되었다. 특히 전체 응답자의 70% 이상이 음식점이나 직장에서 스마트폰을 사용하고 있는 것으로 나타났으며, 대중교통 이용 시 이용하는 경우는 45%에 불과한 것으로 조사되었다.

[그림 2-65] 스마트폰을 가장 많이 이용하는 장소(복수응답)

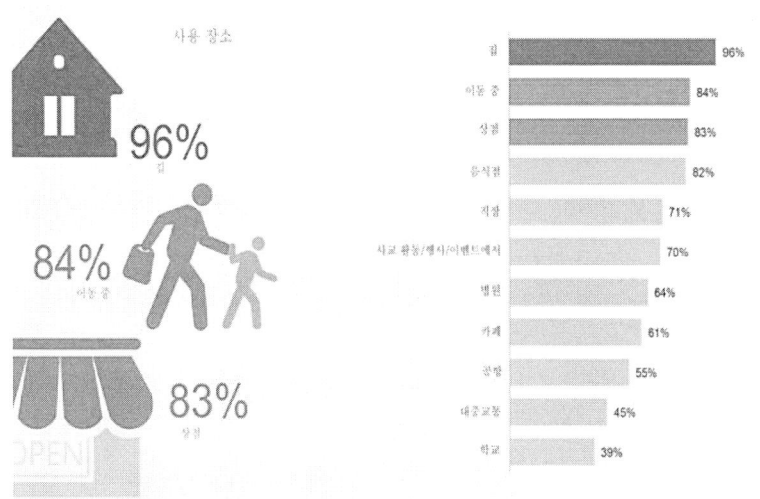

출처: Ipsos MediaCT, Google mobile planet

설문 조사결과 스마트폰 이용 시 주로 이용하는 서비스를 살펴보면, 이메일 확인이 52%로 가장 높은 비중을 보였으며, 그 다음으로 검색엔진 사용이 50%, SNS 방문이 42%, 동영상 감상과 상품 정보 획득이 각각 41% 순으로 조사되었다.

[그림 2-66] 스마트폰 이용 시 주요 이용 서비스

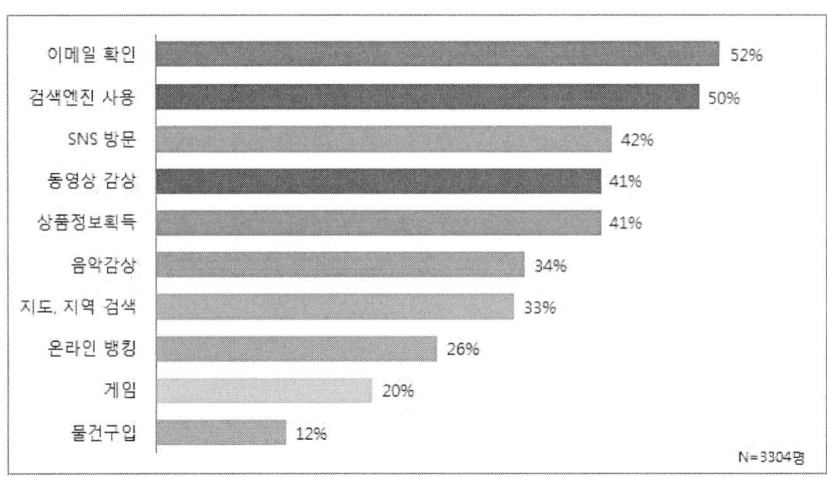

출처: Consumer Barometer with Google

응답자들이 오프라인으로 광고를 보는 비중을 보면, TV가 50%로 가장 높았으며 그 다음으로 상점/업체가 46%, 잡지가 38%, 포스터/옥외 광고가 26% 순으로 나타났으며, 응답자의 56%는 오프라인의 광고 노출 후 모바일로 재검색을 실행하는 것으로 나타났다.

[그림 2-67] 오프라인 광고에 노출된 후 모바일로 검색을 실행하는 비율

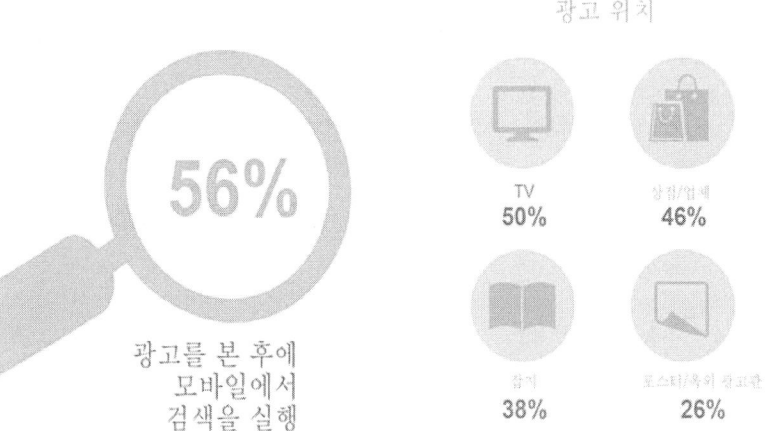

출처: Ipsos MediaCT, Google mobile planet

미국의 소비자들이 스마트폰에서 모바일 광고를 보는 곳을 보면, 54%는 모바일 게임이나 앱 안에서, 48%는 온라인 매장 등 웹사이트에서, 42%는 검색엔진을 이용하는 동안, 35%는 동영상을 조회하면서 광고를 보는 것으로 조사되었다. 반면, 온라인 소매 매장을 통해 광고를 접하는 경우와 동영상 웹사이트에서 광고를 접하는 비중은 30% 미만으로 나타났다.

[그림 2-68] 미국 사람들이 스마트폰에서 모바일 광고를 보는 위치 (복수응답)

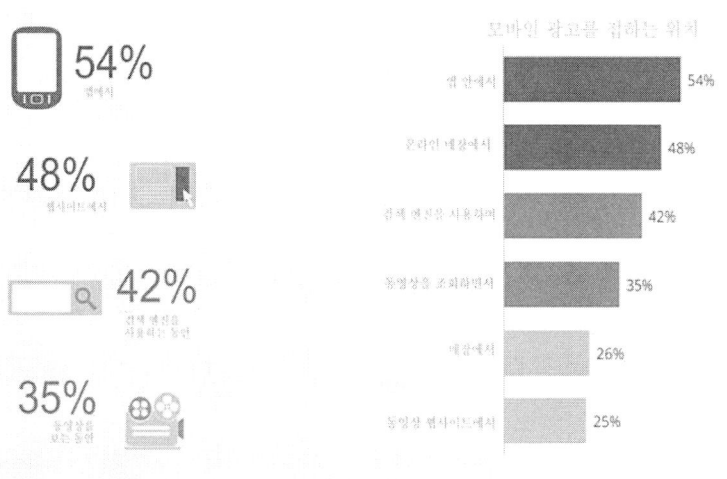

출처: Ipsos MediaCT, Google mobile planet

미국의 모바일기기 사용자들의 82%는 스마트폰을 이용하는 동안 다른 활동을 동시에 하는 것으로 나타났다. 설문에 응답한 사람들의 53%는 스마트폰을 사용하면서 TV 시청을 하는 것으로 나타났으며, 47%는 음악 감상을, 41%는 인터넷, 32%는 영화 감상을 동시에 하고 있는 것으로 조사되었다.

[그림 2-69] 스마트폰을 이용하면서 다른 활동을 하는 비율

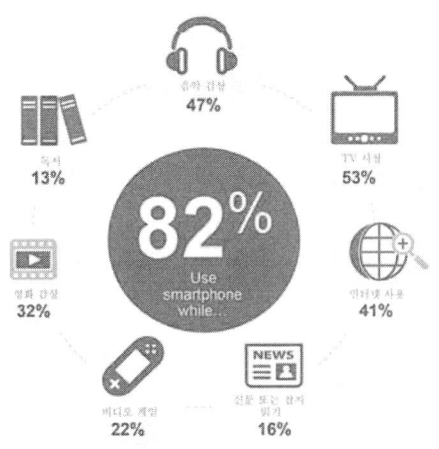

출처: Ipsos MediaCT, Google mobile planet

(2) 콘텐츠 소비 행태 및 선호 장르

가. 뉴스콘텐츠 소비 및 신문 이용 행태

미국은 텔레비전 방송국, 케이블 채널, 신문사, 웹사이트 등의 치열한 경쟁으로 미디어 환경이 잘 발달되어 있는 국가인데, 최근에는 인쇄 신문을 발행하지 않고 온라인 뉴스사이트를 통해서만 콘텐츠를 제공하는 업체들이 증가하여 기존의 텔레비전 방송국과 신문사들이 타격을 받고 있다.
'Reuters Institute Digital News Report 2014'는 미국인 2,197명의 설문 조사를 통해 뉴스콘텐츠 이용행태를 조사했는데, 그 내용은 다음과 같다.

① 뉴스콘텐츠 이용 행태

미국인들은 여전히 많은 사람들이 오프라인 매체를 이용해 뉴스를 접하고 있는 것으로 나타났다. 설문조사에 응답한 사람들의 82%는 텔레비전 방송을 통해 뉴스를 접하고 있었으며 49%는 인쇄 신문을 통해 뉴스를 접하고 있었다.

[그림 2-70] 미국 오프라인 매체별 뉴스콘텐츠 이용률 현황 (2014)

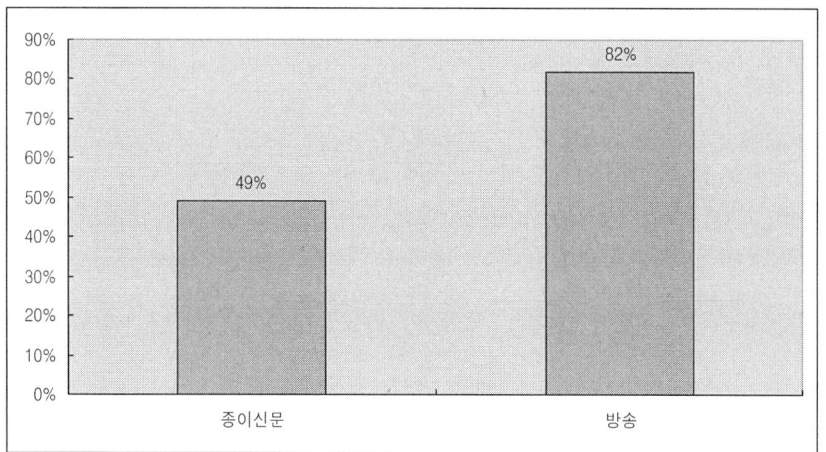

출처 : Reuters Institute Digital News Report 2014 (중복 응답 가능)

온라인 매체를 이용해 뉴스를 접하는 미국인들은 52%가 허핑턴 포스트(Huffington Post)와 같은 인터넷 전용 신문 사이트나 야후 뉴스(Yahoo News)와 같은 포털 뉴스를 통해 뉴스를 접하고 있다고 응답했다. 방송사 사이트를 이용하는 사람은 48%, 인쇄 신문의 온라인 사이트를 이용하는 사람은 33%인 것으로 나타났다.

[그림 2-71] 미국 온라인 매체별 뉴스콘텐츠 이용률 현황 (2014)

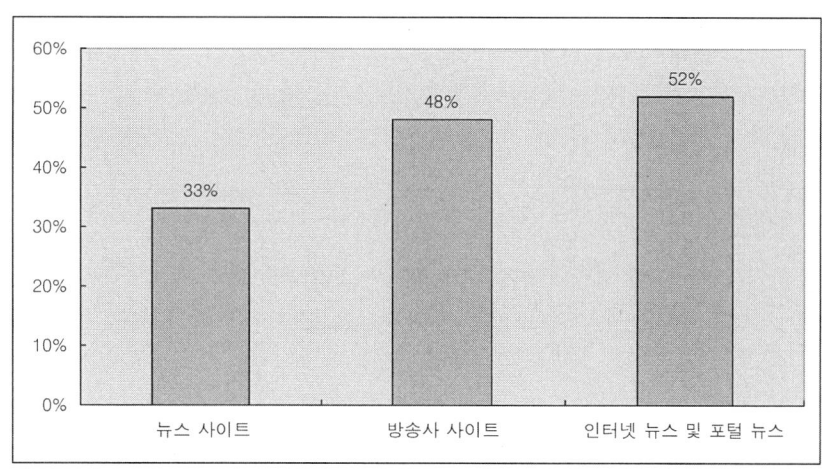

출처 : Reuters Institute Digital News Report 2014

인쇄 신문이나 TV 방송과 같은 오프라인 매체를 통해 뉴스를 접하는 사람들은 주로 지역 TV 방송국의 뉴스를 시청하는 사람들이 많은 것으로 나타났다. 응답자의 45%는 지역 TV 방송국 뉴스를 시청하고 있었으며, 34%는 지역 신문을 이용하고 있었다. 그 다음으로 인기를 얻고 있는 브랜드는 Fox 뉴스로 응답자의 33%가 이용하고 있었으며 NBC/MS NBC, ABC 뉴스, CNN 등이 그 뒤를 이었다.

[그림 2-72] 미국 오프라인 브랜드별 뉴스콘텐츠 이용률 현황 (2014)

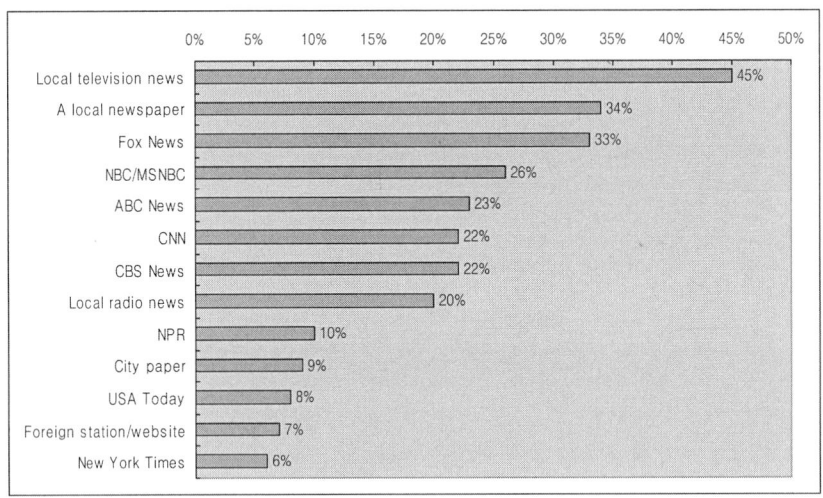

출처 : Reuters Institute Digital News Report 2014

미국에서 온라인 매체를 통해 뉴스를 접하는 사람들은 주로 야후 뉴스를 이용하는 것으로 나타났다. 응답자의 28%가 이용하고 있는 야후 뉴스사이트는 온라인 매체 중 가장 인기가 있었으며 그 뒤를 지역 신문 사이트(18%), Fox 뉴스사이트(17%), 허핑턴 포스트 (17%), 지역 TV 방송국 사이트 등이 따르고 있다.

[그림 2-73] 미국 온라인 브랜드별 뉴스콘텐츠 이용률 현황 (2014)

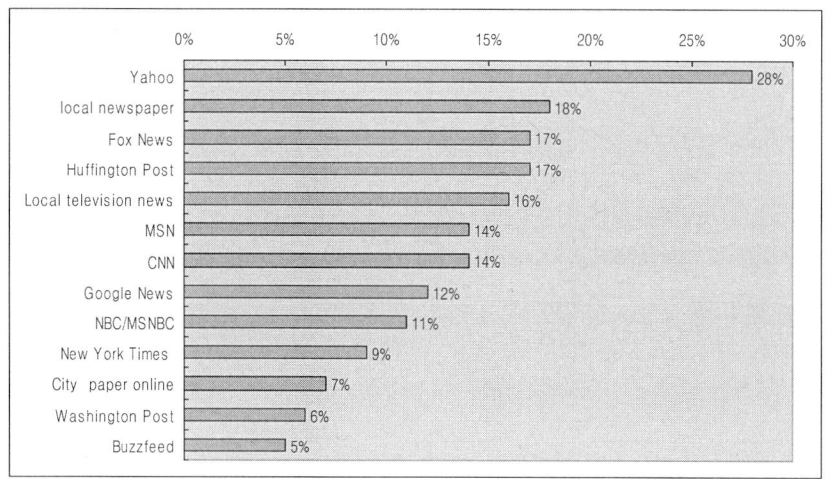

출처 : Reuters Institute Digital News Report 2014

최근에는 소셜네트워크를 통해 뉴스를 접하는 사람들이 증가하고 있다. 소셜네트워크를 통해 실시간으로 올라오는 빠른 정보와 생생한 이미지들은 뉴스 전문 사이트의 정보만큼 큰 영향력을 미치고 있다. 트위터(Twitter)와 레딧(Reddit)은 허리케인이 상륙했을 때와 보스턴 마라톤 폭발 사건이 있을 때 중요한 역할을 한 소셜네트워크 서비스라고 할 수 있다.

하지만, 미국인 응답자 중 가장 많은 37%가 페이스북을 통해 뉴스를 접하고 있는 것으로 나타났다. 이는 페이스북의 가입자가 가장 많기 때문인 것으로 보인다. 그 다음 응답자 중 17%는 유튜브를 통해 뉴스를 접하며 8%가 트위터를 통해 뉴스를 접하고 있는 것으로 나타났다.

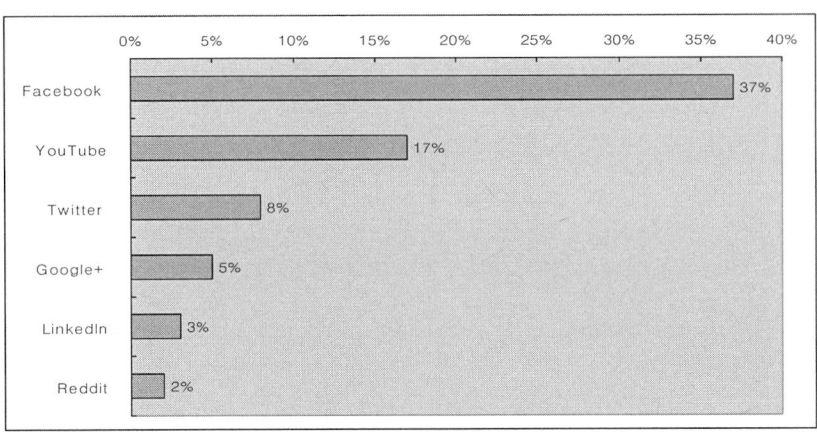

[그림 2-74] 미국 소셜네트워크별 뉴스콘텐츠 이용률 현황 (2014)

출처 : Reuters Institute Digital News Report 2014

② 신문 이용 행태

미국에서는 여전히 인쇄 신문을 이용하고 있는 비율이 높다. 응답자의 49%는 인쇄 신문을 통해 뉴스를 접하고 있으며 33%는 온라인 뉴스사이트를 통해 뉴스를 접하고 있다. 인쇄 신문과 온라인 뉴스사이트 모두 이용한다고 응답한 비율은 58%로 절반 이상은 온·오프라인 매체를 모두 이용하고 있는 것으로 나타났다.

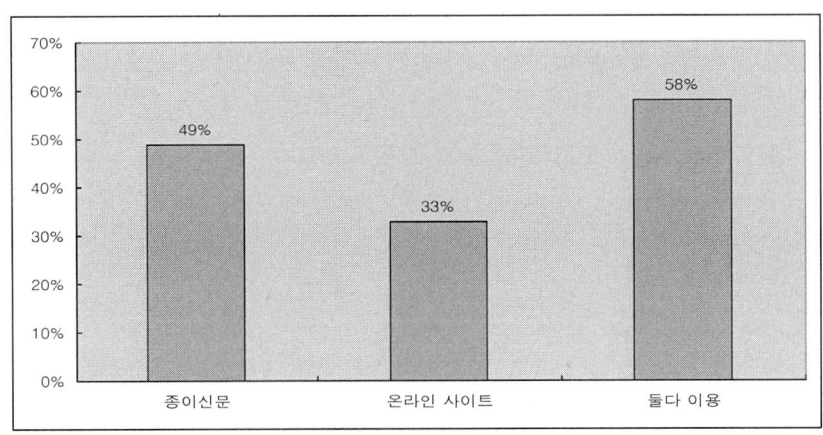

[그림 2-75] 미국 신문 온·오프라인 매체별 이용률 현황 (2014)

출처 : Reuters Institute Digital News Report 2014

미국인들은 인쇄 신문을 가판대에서 구입하는 경우보다 배달을 통해 구독하는 경우가 많은 것으로 나타났다. 응답자의 26%는 신문 배달을 이용하고 있었으며 11%는 가판대에서 구입하는 것으로 나타났다.

[그림 2-76] 미국 종이 신문 구입방법 현황 (2014)

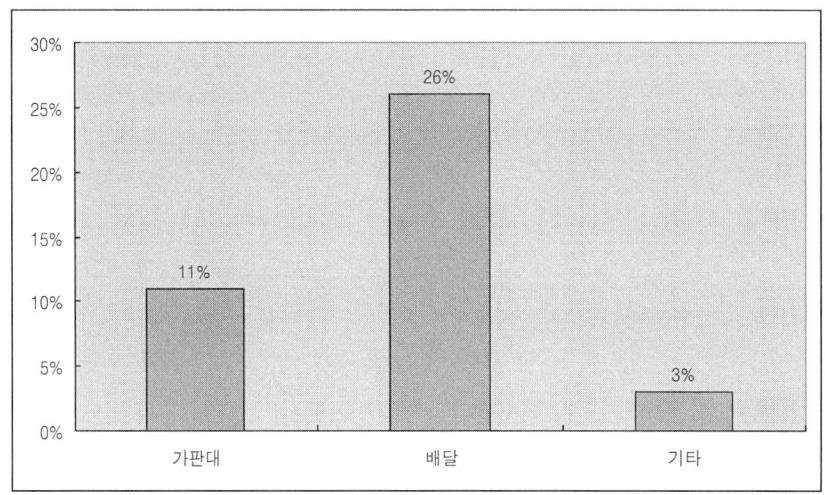

출처 : Reuters Institute Digital News Report 2014

최근 스마트폰과 태블릿과 같은 스마트기기가 확산되면서 이들 기기를 통한 뉴스콘텐츠 이용이 늘어나고 있다. 2012년부터 2014년까지 미국의 최근 3년간의 추이를 보면, 스마트폰을 통해 뉴스콘텐츠를 이용하는 비율은 2012년과 2013년은 28%로 정체된 듯 보였지만 2014년 31%로 다소 증가했다. 태블릿을 통한 뉴스콘텐츠 이용은 2012년 11%, 2013년 16%, 2014년 19%로 매년 증가하고 있는 것을 알 수 있다.

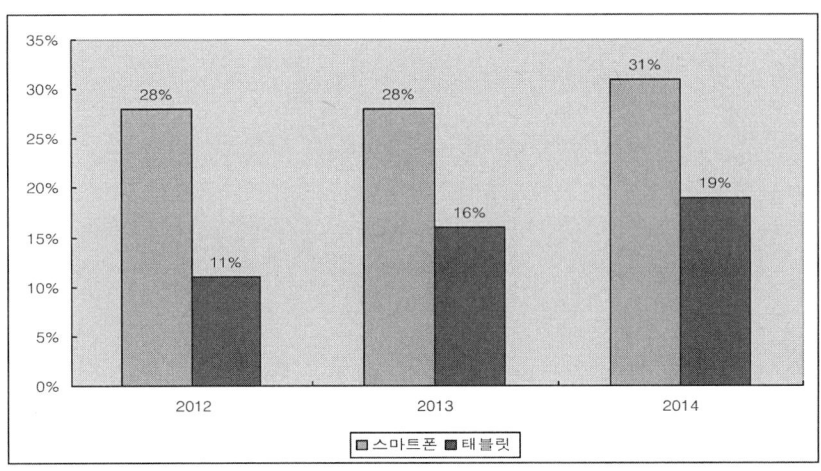

[그림 2-77] 미국 모바일 단말별 뉴스콘텐츠 이용률 추이 2012-2014

출처 : Reuters Institute Digital News Report 2014

나. 온라인 비디오 시청 행태 및 선호 장르

스마트기기별로 비디오 시청 횟수를 조사한 결과, 컴퓨터나 태블릿보다는 스마트폰을 이용해서 비디오를 시청하는 횟수가 더 많은 것으로 나타났다.

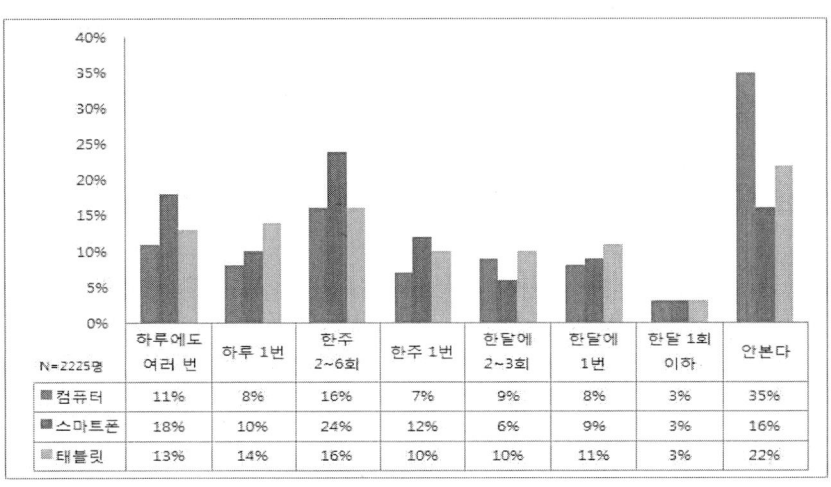

[그림 2-78] 스마트기기별 온라인 비디오 시청 횟수

N=2225명	하루에도 여러 번	하루 1번	한주 2~6회	한주 1번	한달에 2~3회	한달에 1번	한달 1회 이하	안본다
컴퓨터	11%	8%	16%	7%	9%	8%	3%	35%
스마트폰	18%	10%	24%	12%	6%	9%	3%	16%
태블릿	13%	14%	16%	10%	10%	11%	3%	22%

출처: Consumer Barometer with Google

온라인 비디오 시청 시 주요 이용 플랫폼으로 온라인 비디오나 앱을 이용하고 있는 응답자들은 73%로 가장 높았으며, SNS 이용은 29%로 나타났다.

[그림 2-79] 온라인 비디오 시청 시 주로 이용하는 플랫폼

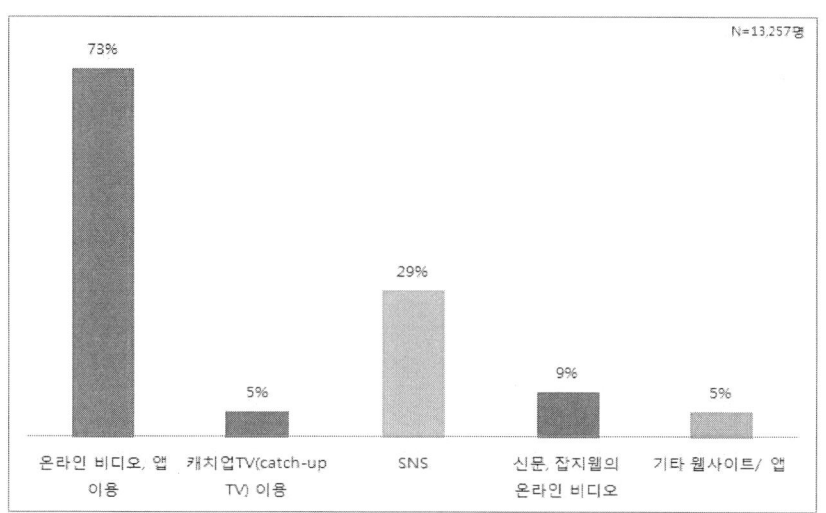

출처: Consumer Barometer with Google

온라인 비디오를 시청하는 이유에 대한 설문에 응답자의 53%가 여흥의 일부라고 하였으며, 28%는 휴식을 위해서라고 응답하였다. 또한 지식 습득을 위하여 비디오를 시청한다고 답한 사람들도 21%나 되는 것으로 조사되었다.

[그림 2-80] 온라인 비디오를 시청하는 이유

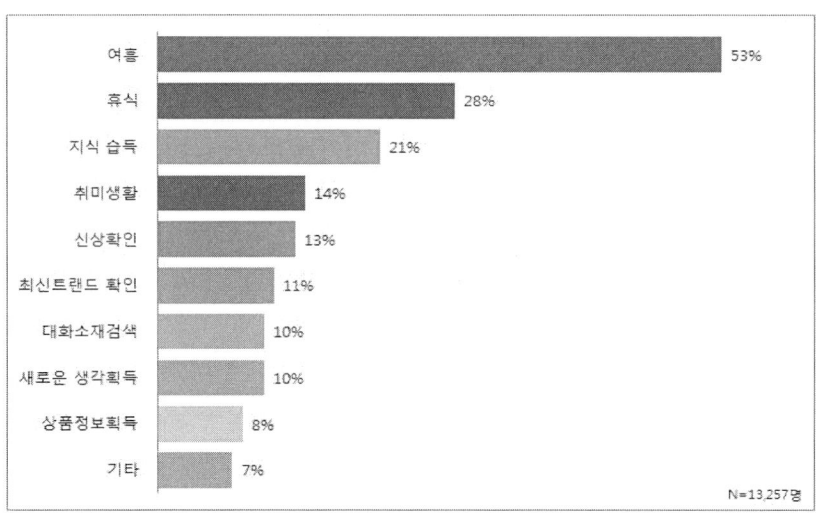

출처: Consumer Barometer with Google

응답자의 33%는 온라인 비디오를 시청 시 주로 음악을 시청하는 것으로 조사되었으며, 그 다음으로 코미디 29%, TV 쇼 22%, 영화 18%, 뉴스 및 정책 17% 순으로 나타났다.

[그림 2-81] 온라인 비디오 시청 시 주요 장르

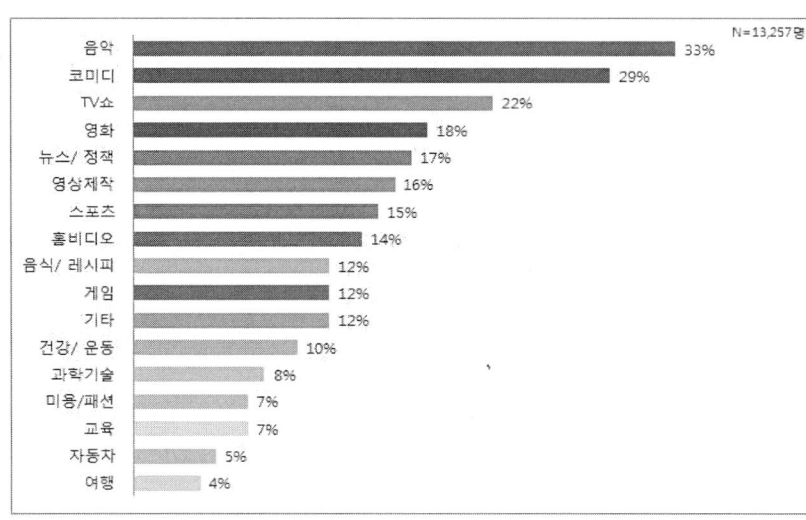

출처: Consumer Barometer with Google

다. 동영상 스트리밍 이용 실태

미국 온라인 동영상업체 크랙클(Crackle)과 조사컨설팅업체 Frank N. Magid Associates는 18세에서 49세 사이의 미국 성인 1,200명을 대상으로 설문조사를 실시해 신규보고서 'New Living Room'을 공동 발간했다. 보고서에 따르면, 미국 내 대다수(83%) 유저들이 가정에서 스트리밍을 통해 TV쇼나 영화를 시청하고 있으며, 그 비중도 전년대비 9%p 증가한 것으로 나타났다.

또한 저녁 프라임 타임대에 실시간TV를 시청하는 것 다음으로 스트리밍 영화나 TV쇼 시청을 선호하는 것으로 조사되었으며, 만족도 측면에서도 스트리밍이 DVR이나 실시간TV 보다 높은 점수를 받았다. 2013년과 2014년 가정 내 스트리밍 동영상 이용 비중을 조사한 결과를 보면, 2014년에는 가정에서 스트리밍 동영상을 시청한다고 답한 비중이 83%로 2013년 대비 9%p 증가했다.

연령대별로는 18~34세 응답자가 90%, 35~49세 응답자가 75%의 이용률을 보여 젊은 층일수록 스트리밍 동영상 서비스를 선호하는 것으로 나타났다.

[그림 2-82] 가정 내 스트리밍 동영상 이용 비중, 2014 vs. 2013

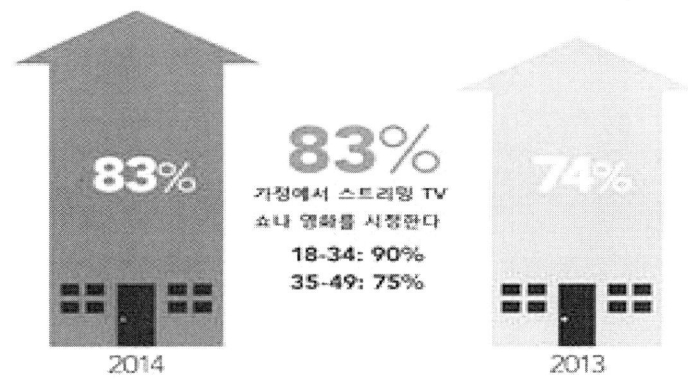

출처 : The video ink[32]/ATLAS 재구성

매주 스트리밍 동영상을 시청하는 비중을 보면, 2013년에는 전체 응답자 중 44%가 시청했으나 2014년에는 61%가 시청하고 있는 것으로 나타났다. 특히, 1978년 이후 출생한 밀레니엄세대의 경우 72%가 매주 스트리밍 동영상을 시청하는 것으로 나타나 다른 연령대보다 그 비중이 더 높은 것을 알 수 있다.

---

32) The video ink, Streaming on Connected-TV s Continues to Rise (Study),2014.10.29

[그림 2-83] 매주 스트리밍 동영상을 시청하는 비중: 2014 vs. 2013

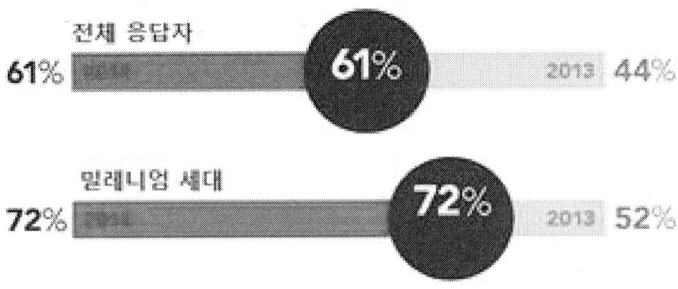

출처 : The video ink/ATLAS 재구성

스트리밍 동영상 시청을 위해 이용된 단말은 스마트폰이나 태블릿 등 여러 가지가 있지만, 그 중에서 OTT 셋톱, 스마트TV 셋, 게임콘솔 등 커넥티드TV가 랩탑과 모바일 단말을 제치고 가장 높은 이용 비중을 차지했다.

[그림 2-84] 스트리밍 동영상 시청을 위해 이용하는 단말

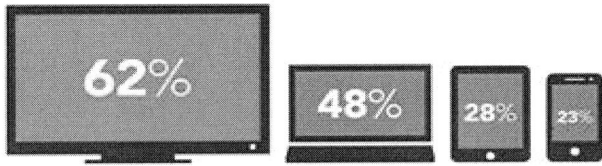

출처 : The video ink/ATLAS 재구성

프라임 시간대를 선호하는 시청 방식은 실시간TV 시청으로 67%가 선택했으며 다음으로 DVR보다 스트리밍 영화나 TV쇼 시청을 선호하는 것으로 나타났다.

[그림 2-85] 프라임 타임대 선호하는 시청방식: 2014 vs. 2013

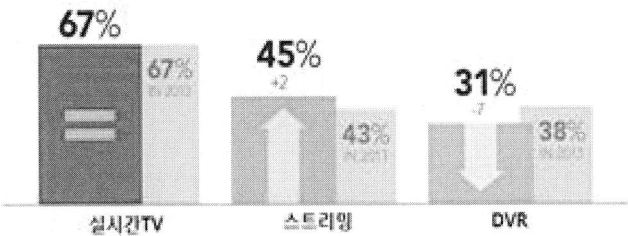

출처 : The video ink/ATLAS 재구성

특히, 밀레니엄 세대는 프라임 시간대에 실시간TV나 DVR보다 스트리밍 시청을 선호하는 것으로 나타났다. 밀레니엄 세대 중에서 실시간TV 시청에 대해 만족한 사람은 33%, DVR 시청에 만족한 사람은 44%로 나타났지만, 스트리밍 영화나 TV쇼 시청에 대해서는 49%가 만족도가 높은 것으로 나타났다.

[그림 2-86] 각 시청방식 별 만족도 측정(5점 척도)

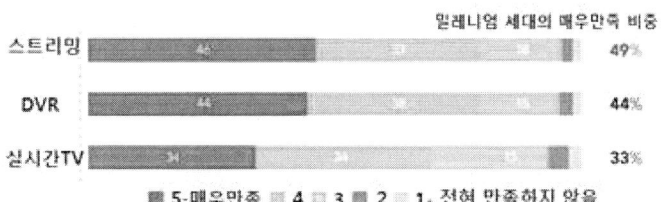

출처 : The video ink/ATLAS 재구성

커넥티드TV와 실시간TV의 유저경험을 비교해 보면, 커넥티드TV의 편리함과 손쉬움, 콘텐츠 검색 등의 유저경험에 대체로 긍정적인 반응을 보였다.

[그림 2-87] 커넥티드TV vs. 실시간TV 유저경험 비교

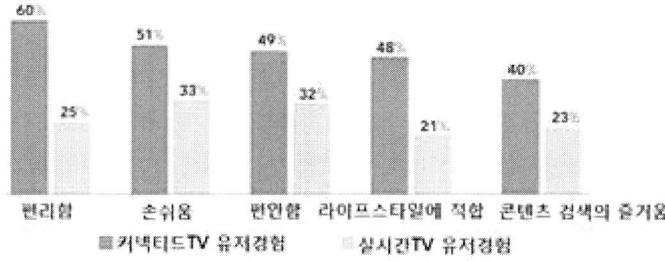

출처 : The video ink/ATLAS 재구성

한편, 커넥티드TV를 통해 스트리밍 동영상을 시청하는 경우, 노트북이나 모바일 단말로 시청할 때와 달리 다른 누군가와 함께 시청한다고 답한 유저의 비중이 높은 것으로 집계되었다. 실시간TV 시청 시 다른 사람과 함께 시청한다고 답한 응답자의 비중은 70%, 스트리밍 동영상을 TV를 통해 시청할 경우에도 그 비중은 63%로 비교적 높게 나타났다. 반면 랩탑과 태블릿, 스마트폰 등 모바일 단말로 스트리밍 콘텐츠를 시청하는 경우에는 공동으로 시청하기 보다는 혼자 시청한다고 답한 응답자가 훨씬 많은 것으로 나타났다. 이는 곧 커넥티드TV 기반의 동영상 스트리밍이 실시간TV와 같은 공동 시청(co-viewing)의 성격을 가지고 있음을 의미한다.

[그림 2-88] 실시간/스트리밍TV 시청 시 개인/공동 시청 여부

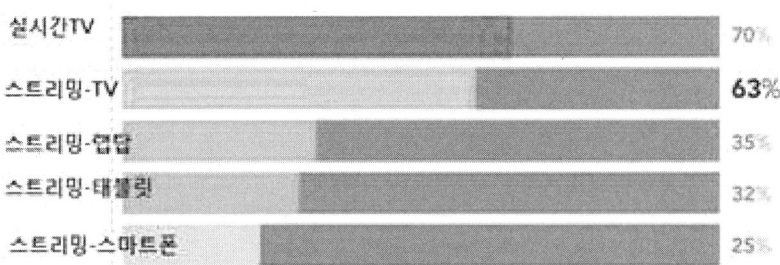

출처 : The video ink/ATLAS 재구성

커넥티드TV 기반의 스트리밍 동영상 시청 시 이점에 대한 질문에서도 응답자 중 절반가량이 지인이나 가족과의 공동 시청이 가능하다는 점을 꼽았다. 이 밖에 대형화면으로 시청이 가능하다는 점을 가장 큰 이점으로 꼽았으며, 좋은 음향이나 시청자세/거리, 분위기 잡기에 유리하다는 의견도 존재했다.

[그림 2-89] 커넥티드TV 기반 스트리밍 동영상 시청의 이점

출처 : The video ink/ATLAS 재구성

유료TV를 해지한 유저들의 경우 62% 가량이 그 대체재로서 커넥티드TV 기반의 스트리밍 서비스를 이용할 예정이라고 응답했으며, 그 비중은 전년대비 11%p 급증한 것으로 나타났다.

[그림 2-90] 코드컷터들의 커넥티드TV 이용 의향

출처 : The video ink/ATLAS 재구성

스트리밍 서비스 비즈니스모델 측면에서는 가입(subscription)형이나 PPV(pay-per-view) 보다 광고 기반의 무료서비스를 점차 더 선호하는 것으로 나타났다.

[그림 2-91] 스트리밍 서비스 비즈니스모델 관련 선호도

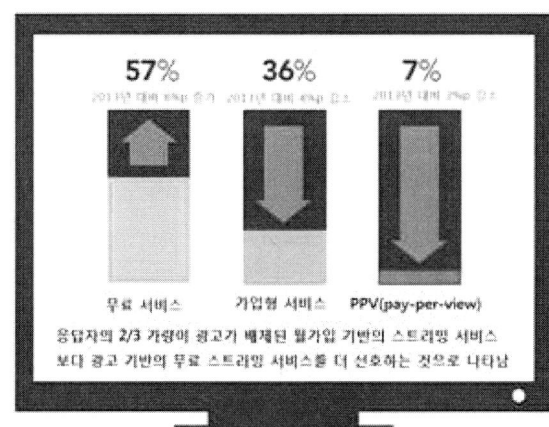

출처 : The video ink/ATLAS 재구성

라. 주요 콘텐츠별 선호 장르

① 선호하는 음악 장르

2013년 닐슨 U.S에서 발표된 자료에 의하면 미국인들이 가장 선호하는 음악 장르는 34.8%의 점유율을 보인 락 음악인 것으로 나타났다. 리듬앤 블루스와 얼터너티브 음악을 선호하는 비율은 17.5%로 유사한 수준을 보여주었고 전통적으로 강세를 보여 온 컨츄리 음악도 13.8%의 점유율을 보여주었다. 라틴 음악과 클래식 재즈 음악을 선호하는 미국인들은 10%가 채 되지 않는 것으로 조사되었다.

[그림 2-92] 2013년 미국인이 선호하는 음악 장르

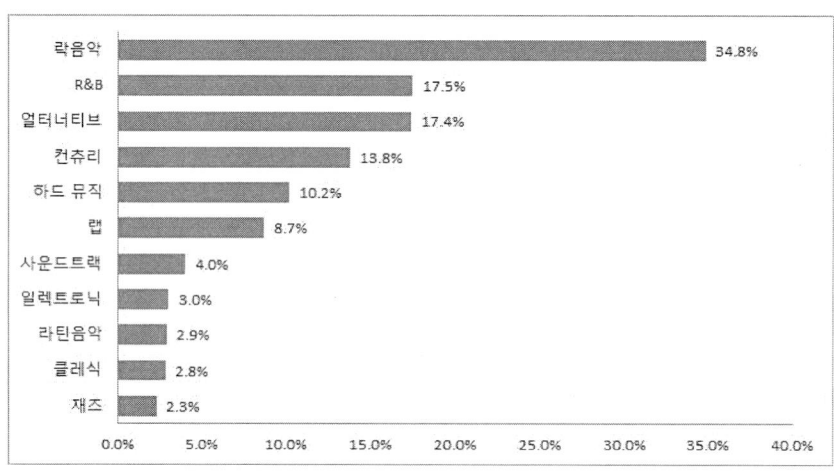

출처: Nielsen U.S

2013년 한 해 동안 미국인들로부터 가장 많은 사랑을 받은 가수는 저스틴 팀버레이크(Justin Timberlake)로 나타났다. 저스틴은 20/20 Experience의 발표를 통해 252만 7,000장이라는 높은 수치의 음반 판매고를 올렸으며 에미넴(Eminem)은 'Marshall Mathers LP2'로 172만 7,000장의 음반 판매고를 올렸다. 비욘세는 자신의 이름을 딴 'Beyonce' 음반이 130만 1,000장 팔렸으며 제이지의 'Magna Carta Holy Grail'은 109만 9,000장의 음반 판매고를 올렸다. 2013년 한 해 동안 팔린 상위 10위의 오프라인 앨범은 총 1,467만 9,000장으로 집계되었다.

[표 2-23] 2013년 미국인이 가장 좋아한 가수와 앨범

순위	가수명 / 엘범명	앨범판매량
1	저스틴 팀버레이크 / 20/20 EXPERIENCE	2,427,000
2	에미넴 / MARSHALL MATHERS LP2	1,727,000
3	LUKE BRYAN / CRASH MY PARTY	1,521,000
4	이메진드래곤 / NIGHT VISIONS	1,402,000
5	브루노마스 / UNORTHODOX JUKEBOX	1,399,000
6	플로리다조지아라인 / HERE'S TO THE GOODT IMES	1,350,000
7	드레이크 / NOTHING WAS THE SAME	1,344,000
8	비욘세 / BEYONCE	1,301,000
9	블랙쉘톤 / BASED ON A TRUE STORY	1,109,000
10	제이 지 / MAGNA CARTA...HOLY GRAIL	1,099,000

출처: Nielsen U.S

2013년, 미국인들은 스트리밍을 통해 20억 7,536만 3,000건의 음원을 청취한 것으로 나타났다. 1위는 바우어의 'Harlem Shake'으로 4억 8,967만 4,000건이었고 2위는 싸이의 강남 스타일이 2억 7,994만 9,000건으로 나타났다. 아역스타로 성장해 드라마, 영화 콘서트에서 다양한 활약을 보이는 마일리 사이러스(Miley Syrus)는 'Wrecking Ball'과 'We Can't Stop'으로 4위와 6위에 랭크하여 총 3억 4,300만 4,000회의 스트리밍 청취가 이루어진 것으로 나타났다.

[표 2-24] 2013년 미국인들이 스트림을 통해 가장 많이 청취한 음원

순위	곡명 / 가수	횟수
1	HARLEM SHAKE / 바우어	489,674,000
2	GANGNAM STYLE / 싸이	279,949,000
3	THRIFT SHOP / 마크레모어&라이언르위스	256,954,000
4	WRECKING BALL / 마일리 사이러스	187,648,000
5	RADIO ACTIVE / 이메진드래곤	171,286,000
6	WE CAN'T STOP / 마일리 사이러스	155,356,000
7	BLUR RED LINES / 로빈티케	138,790,000
8	CAN'T HOLD US / 마크레모어&라이언르위스	135,758,000
9	SAIL / 에이올네이션	134,483,000
10	STARTED FROM THE BOTTOM / 드레이크	125,465,000

출처: Nielsen U.S

② 선호하는 영화 장르

Nielsen U.S에서 2013년 기준 오프라인 매체(박스오피스 판매액 제외)의 판매량으로 선호 영화 장르를 조사한 결과, 액션이 가장 높은 비중을 차지하고 있는 것으로 나타났으며, 그 다음으로 가족영화와 코미디, 드라마에 대한 선호도가 높은 것으로 조사되었다.

[표 2-25] 오프라인 매체의 판매량으로 보는 영화 장르 선호도

장르	2013년 판매량(백만 달러)	점유율%	블루레이 비중(%)
액션	125.5	22%	33%
가족	92.3	16%	26%
코미디	91.3	16%	14%
드라마	87.4	16%	18%
아동	60.0	11%	3%
호러	24.6	4%	18%
공상과학	19.0	3%	40%
미스터리	11.0	2%	20%
기타	49.5	9%	10%
TOTAL	560.6	100%	20%

출처: Nielsen U.S

2013년 미국인들이 가장 선호하는 블루레이 영화로는 가족 영화인 '슈퍼배드 2'로 조사되었으며, 그 다음으로는 드라마 영화인 '트와이라이트-브레이킹 던 파트2'와 액션 영화인 '호빗: 끝없는 여정' 순으로 나타났다.

[표 2-26] 2013년 미국인이 가장 선호한 블루레이 타이틀

순위	제목	장르	개봉일	2013년 개수 (단위 : 천)	블루레이 비중(%)
1	DESPICABLE ME 2	가족	2013-10-12	5,538.6	50%
2	TWILIGHT-BREAKING DAWN P2	드라마	2013-02-03	5,023.5	23%
3	HOBBIT-AN UNEXPECTED JOURNEY	액션	2013-03-19	4,879.4	48%
4	MONSTERS UNIVERSITY	가족	2013-10-29	3,785.2	49%
5	SKYFALL	액션	2013-12-02	3,711.3	54%
6	WRECK IT RALPH	가족	2013-05-03	3,656.1	40%
7	FAST AND FURIOUS 6	액션	2013-10-12	3,074.9	51%
8	MAN OF STEEL	액션	2013-12-11	2,879.5	61%
9	CROODS	가족	2013-01-10	2,801.5	34%
1.	STAR TREK INTO DARKNESS	공상과학	2013-10-09	2,796.8	59%
상위 10위 총계				38,146.8	46%

출처: Nielsen U.S

③ 선호하는 도서 장르

2013년 전자책과 인쇄 출판별로 선호하는 장르를 보면, 전자책과 인쇄 도서 모두 소설에 대한 선호도가 가장 높았다. 소설을 제외하고 전자책은 비소설에 대한 선호가 가장 높았으며, 인쇄 도서는 아동서적에 대한 선호도가 높은 것으로 조사되었다.

[표 2-27] 전자책 장르 선호도와 인쇄 출판 장르 선호도

장르	전자책	인쇄 도서	총계
소설	55%	36%	39%
비소설	13%	18%	16%
과학,기술,의학	2%	3%	3%
학술,전문	10%	14%	12%
아동	12%	20%	17%
종교	6%	8%	12%
기타	1%	1%	1%
총계	100%	100%	100%

출처: Nielsen U.S

2013년 미국인들이 선호한 비소설 부문을 보면, 일반학습서인 레퍼런스가 13.9%로 가장 높은 비중을 보였으며, 그 다음으로 종교 서적 12.9%, 일반 비소설 12.7% 등의 순으로 조사되었다.

[그림 2-93] 2013년 미국인이 선호한 비소설 부문

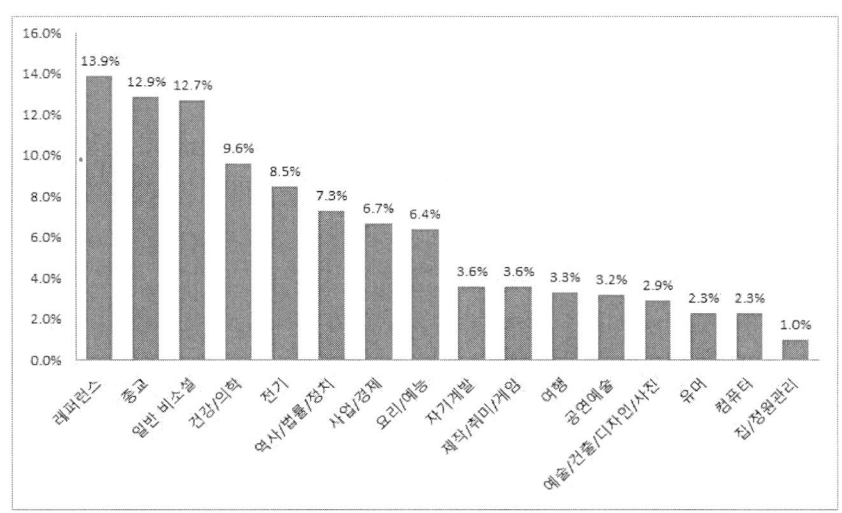

출처: Nielsen U.S

2013년 미국인이 선호하는 소설 장르를 보면, 일반 소설이 27.1%로 가장 높은 비중을 보였으나 전년대비 6.2% 감소한 것으로 나타났다. 다음으로 로맨스 17.2%, 스릴러 14.5%, 미스터리·추리물 10.9%의 순으로 조사되었다. 로맨스의 경우 여전히 높은 선호를 보이고 있으나 전년대비 42.5%나 감소한 것으로 나타난 반면, 오컬트·심리·호러 장르 의 경우 전체 소설분야에서 차지하고 있는 비중은 작으나 전년대비 17.2%나 증가한 것으로 나타났다.

[표 2-28] 2013년 미국인이 선호한 소설 장르

소설	2013년도비중	전년대비 증감
일반소설	27.1%	△6.2%
로맨스	17.2%	△42.5%
스릴러	14.5%	0.7%
미스터리·추리물	10.9%	△12.4%
판타지	6.6%	△9.3%
클레식	6.2%	1.8%
그래픽노블	6.0%	1.1%
공상과학	3.5%	7.0%
오컬트·심리·호러	3.1%	17.2%
종교	2.3%	△5.5%
액션어드벤처	1.9%	△17.7%
웨스턴시리즈	0.8%	△8.9%
총계	100.0%	

출처: Nielsen U.S

2013년 가장 많이 팔린 소설책으로는 댄 브라운 작가의 '인퍼노'였으며 그 다음으로 존 크리섬의 'SYCAMORE ROW' 등의 순으로 나타났다.

[표 2-29] 2013년 가장 많이 팔린 소설책 (단위 : 천 달러)

	제목	작가	출판일	가격	2013 SALES
1.	INFERNO	댄브라운	2013년5월	$29.95	1,401
2.	SYCAMORE ROW	존크리섬	2013년10월	$28.95	700
3.	DOCTOR SLEEP	스테판킹	2013년9월	$30.00	565
4.	THE GREAT GATSBY	스콧피즈제라드	2004년10월	$15.00	565
5.	AND THE MOUNTAINS ECHOED	칼리드호세이니	2013년5월	$28.95	561
6.	FIFTY SHADES OF GREY	E.L.제임스	2012년4월	$15.95	558
7.	THE LONGEST RIDE	니콜라스스파크	2013년9월	$27.00	507
8.	GONE GIRL	필린길리안	2012년6월	$25.00	435
9.	THE RACKETEER	존그리섬	2013년8월	$9.99	373
10.	FIFTY SHADES DARKER	E.L.제임스	2012년4월	$15.95	361

출처: Nielsen U.S

2013년 1분기 미국에서 가장 많이 팔린 그래픽 노블은 이미지 코믹스에서 출판한 '워킹데드 시리즈'였으며, 비즈 미디어에서 출판한 나루토와 고단샤 코믹스의 세일러문도 높은 판매량을 기록한 것으로 조사되었다.

[표 2-30] 2013년 1분기 미국에서 가장 많이 팔린 그래픽 노블

제목	저자	출판사	판매량
워킹데드 컴펜디움 원	로버트 커그만	이미지 코믹스	54,000권
워킹데드 컴펜디움 투	로버트 커그만	이미지 코믹스	46,000권
워킹 데드 1권	로버트 커그만	이미지 코믹스	26,000권
나투로 60권	키시모토 마사시	비즈 미디어	25,000권
워킹데드 17권	로버트 커그만	이미지 코믹스	25,000권
나루토 61권	키시모토 마사시	이미지 코믹스	19,000권
워킹데드 18권	로버트 커그만	이미지 코믹스	18,000권
세일러문 10권	다케우치 나오코	고단샤 코믹스	17,000권
세일러문 11권	다케우치 나오코	고단샤 코믹스	15,000권
사가 1권	브라이언 버그만	이미지 코믹스	15,000권

마. 콘텐츠 소비 주요 이슈

① 콘텐츠 분야에서 여성이 주 고객으로 등장

현재 미국은 여성 게임유저들이 증가하고 있다. 닌텐도 wii처럼 건강과 재미라는 두 마리 토끼를 모두 잡은 콘텐츠의 등장과 모바일, 온라인, 콘솔을 통해 여성을 타깃으로 하는 콘텐츠의 발달이 여성 게이머의 성장세에 한 몫을 하였다.

Essential Facts About the Computer and Video game 보고서에 의하면 컴퓨터와 비디오 게임을 구입하는 46%가 여성으로 나타났는데, 여성 게임유저는 2014년 3월 기준 전체 게임유저의 31%에 달하는 것으로 나타났다. 또한 비디오 게임을 즐기는 여성들은 평균 13년가량 게임을 즐겨온 것으로 나타났다.

2014년 2월 기준, 페이스북에서 스스로 만화팬이라고 밝힌 사람들의 수는 미국에서만 2,400만 명이 넘는데, 그 중 여성이 차지하는 비율은 46.67%로 나타났다고 한다. 또한, 여성 만화 캐릭터들과 그들의 팬들이 누구인지 조사해 본 결과 여성 만화 캐릭터를 좋아하는 팬들의 수는 약 580만 명이며, 팬들 중 여성들이 차지하는 비율은 다수인 62.07%였다.[33]

---

33) Comicsbeat, Market Research Says 46.67% of Comic Fans are Female, 2014.02.05

이에 대해 마블(Marvel) 편집장인 알론소(Alonso)는 마블이 여성들이 여성 캐릭터들을 좋아한다는 사실을 뒷받침할 실제적인 수치를 갖고 있지 않지만, 마블이 All-New Marvel NOW!의 일환으로 'Black Widow', 'Elektra', 'She-Hulk', 'Ms. Marvel'과 같은 여성 캐릭터들의 새로운 독자적 시리즈물을 출시하는 것은 해당 업체가 여성 독자층을 확대하고 싶어 하기 때문이라고 분석했다.

② 히스패닉시장의 성장

미국 영화산업에서 히스패닉시장이 성장하고 있다는 보도가 나와 관심을 끌고 있다. 2013년 8월, 월스트리트저널이 닐슨의 조사를 인용해 보도한 것에 따르면 12세 이상의 미국인 중 히스패닉계는 15%를 차지하지만 영화를 자주 보는 관객 중 히스패닉계의 비율은 18%로 영화산업에 영향력 있는 관객의 범위가 증가한 것을 알 수 있다. 또한, 히스패닉계는 2012년 한 해 평균 9.5편의 영화를 영화관에서 본 것으로 집계되었다. 이는 아시아계 6.5편, 흑인 6.3편, 백인 6.1편에 비해 높은 수치로, 다른 인종집단에 비해 히스패닉계가 영화를 많이 봤다는 것을 보여준다.

③ 새로운 TV 시청 행태가 실시간TV 시청률에 긍정적 영향 미쳐[34]

전통적인 TV 시청이 큰 폭으로 감소할 것이라는 업계 우려와 달리 실시간TV 시청에 할애하는 시간이 예상만큼 줄지 않고 있다는 닐슨의 '크로스 플랫폼(Cross Platform)' 보고서가 발표되었다. 이에 따르면 2013년 3분기 기준 미국인들의 일평균 실시간TV 시청 시간은 4시간 18분으로 전년대비 6분 정도 감소하고 DVR과 DVD 시청, 비디오 게임 등을 포함한 전체 TV 이용량 역시 5시간 7분으로 작년과 비교해 2분가량 감소한 것으로 나타났다. 이처럼 전체TV 시청이 더딘 감소세를 보이고 있는 가운데, VoD 시청량은 급증하고 있는 것으로 조사되었다. 케이블TV업체 컴캐스트(Comcast)에 따르면, 자사 가입자의 70%가 VoD를 이용하고 있으며, 이러한 VoD 이용량의 40%를 TV 프로그램 다시보기가 차지하고 있다고 한다. 닐슨의 보고서에서도 이 같은 트렌드가 분명하게 드러나고 있는데, 2013년 3분기 기준 DVR이나 VoD 등 시간이동형(time-shifted) TV를 이용한 유저규모가 전년대비 11.2% 가량 늘어난 것으로 조사되었다. 한편, 주목할 점은 VoD를 한꺼번에 이어서 보는 빈지뷰잉(Binge Viewing)이 실시간TV 시청률 향상에 긍정적인 영향을 끼치고 있다는 점이다. 컴캐스트측이 2014년 초 Xfinity VoD 프로모션인 'Whachathon' 이벤트의 일환으로 다양한 시즌 프로그램을 VoD 라이브러리에 추가한 결과, 빈지뷰잉 이용 행태가 급증한 것은 물론 해당 프로그램의 실시간TV 시청률까지 향상된 것으로 나타났다. 이러한 빈지뷰잉 이용 행태에 부응한 사례가 넷플릭스의 경우에도 있는데, 지난 2012년 2월 첫 선을 보인 오리지널 시리즈 '하우스 오브 카드'를 13편의 에피소드 모두 한꺼번에 공개해 눈길을 끈 바 있다.

---

[34] Venturebeat, Comcast: Binge watching actually helps liveTV ratings (exclusive), 2014.04.17

5) 콘텐츠 유통 현황

(1) 주요 유통 플랫폼 현황

가. 오프라인 플랫폼

① 영화

미국의 영화산업은 할리우드로 대표된다. 이미 100년 이상 영화 매체의 산업적인 가능성을 시스템적으로 발전시켜 온 할리우드는 미국 영화시장을 단일 규모로는 세계 최대의 소비시장으로 키워온 한편, 세계 각국에 할리우드 배급시스템을 정착시켜 전 세계적으로 막강한 영화산업 지배력을 유지해왔다.

[표 2-31] 미국 영화산업 기초 지표 (2013)

연 관객	12억 1,350만 명
극장매출	98억 7,700만 USD
평균 관람료	8.13 USD
스크린 수	3만 9,662개 (2012년 기준)
디지털 스크린 수	3만 6,740개
3D 스크린 수	1만 4,483개

출처 : 영화진흥위원회

특히, 워너브러더스, 디즈니, 파라마운트, 폭스, 유니버설, 소니 등 메이저 6대 영화사는 전 세계에서 상영되는 오락 영화들을 제작하고 있으며, 여전히 상당한 수익을 창출해 내고 있다. 그러나 디지털 플랫폼의 성장으로 인해 메이저 영화사들은 철저한 비용 줄이기와 함께 제작 전략에 대해서도 재고하고 있다. 이들은 제작 편수는 줄이되 블록버스터급으로 2억 달러 또는 그 이상의 제작비가 들어가는 프랜차이즈 영화에 집중하는 경향을 보이고 있다.

[표 2-32] 미국 영화제작 및 배급사

제작 및 배급사	개요
Warner Bros. Entertainment(WB)	• Warner Bros. Entertainment(WB)는 영상콘텐츠 제작 및 유통 부문의 선두업체 • 전 세계 30개 국가에 지사를 두고 있는 Warner Bros. Pictures International은 연간 170여개 국가에 자사 영화를 배급하고 있음 • WB의 전 세계에 걸친 글로벌 배급 인프라는 세계 시장 진출을 가능케 하는 동력

제작 및 배급사	개요
Walt Disney Pictures	• 으로 작용 • 외국계업체로는 최초로 중국 멀티플렉스시장에 진출하기도 함 • 미국의 6대 메이저 영화사 중에 하나인 Walt Disney Studios에 속해있음 • 장편 애니메이션, 영화, 다큐멘터리 등을 제작 • 월트디즈니컴퍼니코리아(주) 한국지사 있음
Universal Studios	• 1912년 설립. • 전 세계에서 3번째로 오래된 영화 스튜디오 • NBCUniversal가 소유 • 미국의 6대 메이저 영화사 중 하나
Lionsgate	• Lionsgate는 주도적인 차세대 스튜디오 • 영화, TV 프로그램, 홈 엔터테인먼트, 가족 엔터테인먼트, VOD, 디지털콘텐츠 등 다양한 작품 제작과 배급
20TH CENTURY FOX INTERNATIONAL PRODUCTIONS	• 미국의 6대 메이저 영화사 중에 하나인 20세기 폭스사에 속해 있음 • 전 세계 모든 지역의 영화에 투자하고 있으며 현지 영화제작에도 적극적 • 각국의 영화제작자와 파트너쉽을 형성하고 있으며 주요 지역에서 전략적인 제작 협정을 체결하고 있음 • 한국영화 '황해'에 투자하기도 함
New Line Cinema	• 미국의 영화제작 겸 배급사 • 1967년 로버트 셰이(Robert Shaye)가 해외 영화를 배급하기 위해 세운 소규모 배급사였으나 1984년 웨스 크레이븐의 '나이트메어'가 성공하면서 크게 성장 • New Line Cinema가 제작한 '반지의 제왕' 시리즈는 전 세계 29억 달러의 박스오피스 매출을 기록 • 홈 엔터테인먼트 및 머천다이징 상품 매출만 30억 달러에 이르는 성과를 거둠 • 그러나 2008년 2월 Warner Bros. Pictures에 합병됨
ELEVEN ARTS, INC.	• LA에 소재하고 있는 이업체는 주로 아시아를 겨냥한 영화를 판매, 배급, 제작하는업체
PARAMOUNT PICTURES	• 1914년 W.W. 호드킨슨(W.W. Hodkinson)에 의해 Paramount라는 이름의 영화배급사로 설립 • 캘리포니아의 할리우드에 소재하고 있으며 영화제작과 배급을 함 • 1994년에 비아콤(Viacom corporation)에 인수
SONY PICTURES ENTERTAINMENT	• Sony Pictures Entertainment는 일본 소니의 자회사인 미국 소니의 계열사 • 소니픽처스의 글로벌한 사업영역은 영화제작배급, 텔레비전프로그램 제작배급, 홈엔터테인먼트 판권구매배급, 글로벌 채널 네트워크, 디지털콘텐츠 제작배급, 스튜디오 운영, 새로운 엔터테인먼트 상품·서비스·기술 개발, 140개국 이상의 국가에 엔터테인먼트를 배급하는 것에 이르기까지 매우 광범위
Cine-Asie Creatives Inc.	• 몬트리올을 기반으로 하여 영화제작, 판매, 배급 • 캐나다와 아시아 독립 영화에서 새로운 재능을 발견하고 공동 제작 플랫폼을 제공하는 것에 주력
EVOKATIVE FILMS	• Evokative Films는 새로운 장르의 영화를 배급 • 홈엔터테인먼트 시장과 한정된 극장 상영을 통해 주로 캐나다 전역의 영화광들에게 지적 호기심을 자극하는 전 세계의 독창적인 장르 영화들을 소개

출처 : 영화진흥위원회

② 애니메이션

미국 애니메이션산업은 가장 오랜 역사, 우수한 인력 및 풍부한 자금력을 배경으로 세계 시장에서 제작 및 배급시장을 선도하고 있다. 미국 애니메이션은 영화, 비디오, TV, 인터넷 등 분야별 전문화가 이루어져 있고, 픽사(Pixar), 디즈니(Disney), 드림웍스(Dreamworks)등 세계적인기업들이 시장을 이끌고 있다. TV 방송시장에서 애니메이션 비율은 30% 수준을 보이고 있고, ABC, CBS, FOX 등의 공중파 채널을 통해 방영되고 있으며, 이 중에서도 카툰 네트워크(Cartoon Network), 니켈로디온(Nickelodeon), 폭스(FOX), 디즈니(Disney) 등은 애니메이션 전문 4대 채널로 성장하고 있다.

[표 2-33] 미국 애니메이션 제작 및 유통 플랫폼

업체명	개요
Nickelodeon	• 워너 아멕스사의 자회사인 WASEC가 1979년에 설립한 어린이, 청소년 대상 프로그램의 전문 케이블 네트워크가 그 시초 • 비아콤 산하의 MTV 네트웍스 소속 • 설립초기에는 캐나다나 영국 등지의 애니메이션을 수입해 방영하는 식으로 운영되었으나 점차 자체적으로 애니메이션을 제작해 방영 ('닉툰'이라고 함) • 현재에는 카툰 네트워크와 함께 미국 애니메이션 케이블 채널의 양대산맥을 이룸
Dream Works	• 2004년부터 제프리 카첸버그를 CEO로 독립 • 드림웍스 애니메이션 스튜디오는 2006년에 드림웍스가 파라마운트 픽처스에 인수된 시점부터 분사되어 이름만 같을 뿐 독립적인 관계 • 2013년부터 20세기 폭스 브랜드로 배급
Blue Sky	• 미국의 대표적인 애니메이션 제작사 • 20세기 폭스에 속해있음 • '아이스 에이지; 시리즈'와 '리오'가 유명
South Park	• '심슨', '패밀리 가이'와 함께 미국의 3대 시리즈 애니메이션인 'South Park' 시리즈 제작 • 종이로 만든 캐릭터들이 움직이는 듯한 그림체가 특징
Sony Pictures Animation	• 2002년 설립 • 소니 픽처스 엔터테인먼트의 자회사 • '몬스터 호텔 (2013)', '개구쟁이 스머프 2 (2013)', '하늘에서 음식이 내린다면 2 (2013)' 제작
Warner Bros.	• 모회사인 타임 워너가 DC코믹스를 자회사로 두어 DC코믹스의 캐릭터나 작품을 애니화 • TV 시리즈로는 '배트맨 디 애니메이티드' 시리즈, '저스티스 리그 언리미티드', '배트맨 비욘드', '영 저스티스', '그린랜턴 디 애니메이티드' 시리즈 등이 있음 • '배트맨 이어 원', '올스타 슈퍼맨', '다크나이트 리턴즈', '플래시포인트' 등 DC코믹스의 인기작을 원작으로 OVA화
Walt Disney Animation Studio	• 1923년 8월 23일에 설립 • 드림웍스와 함께 미국 애니메이션 스튜디오를 대표 • 픽사가 디즈니에 인수되면서 클래식 캐릭터와 함께 창의적인 캐릭터로 인기 상승
Illumination Entertainment	• 미국 애니메이션 제작사 • 2007년 설립, NBCUniversal 소유 • 2010년 제작한 슈퍼배드 대성공 • 2013년 Despicable Me 2 제작

출처 : 각사 홈페이지

나. 온라인 플랫폼

① 디지털 만화 플랫폼

최근 디지털 만화 스토어와 전자책 리더(e-Reader) 기능을 결합한 모바일 만화 앱이 각광을 받으면서 디지털 만화 플랫폼이 각광을 받고 있다. 북미에서는 PC, 스마트폰, 태블릿 등 디지털기기로 감상하는 만화를 '디지털 코믹스(Digital Comics)'라는 이름으로 지칭하고 있다. 이러한 디지털 만화는 콘텐츠의 유통 구조와 이용자의 콘텐츠 소비 측면에서 기존의 만화와는 다른 특징을 보이는데 기존의 종이 만화책이 신문 가판대와 서점에서 판매된 것에 비해 디지털 만화는 태블릿이나 스마트폰용 앱 장터, 인터넷 홈페이지에서 유통됨으로써, 디지털 다운로드 게임이나 스트리밍 동영상, 음악과 같은 디지털콘텐츠 상품과 동일한 유통 채널을 이용하고 있다. 미국의 주요 디지털 만화 플랫폼은 다음과 같다.

가) 코믹솔로지(ComiXology)

코믹솔로지는 2007년 CEO인 데이빗 스타인버거(Davig Steinberger)와 최고기술책임자인 존 로버츠(John Roberts)에 의해 설립되었으며, 초기에는 코믹솔로지닷컴(ComiXology.com)을 중심으로 코믹 북 팬 커뮤니티를 운영하다가 2009년 애플의 아이폰과 아이패드용으로 '코믹스 바이 코믹솔로지(Comics by ComiXology)'라는 명칭의 앱을 출시하며 디지털 코믹 플랫폼 서비스를 제공했다. 2012년 매출 7,000만 달러를 거두었으며, 2012년과 2013년에는 애플 아이패드 앱 게임 이 외의 부문에서 매출 1위를 기록하기도 했다. 현재 미국 디지털 만화시장의 80%를 디지털 코믹 플랫폼업체인 코믹솔로지가 점유하고 있는 것으로 알려졌다.

[그림 2-94] 코믹솔로지의 웹 화면과 아이패드용 앱 화면

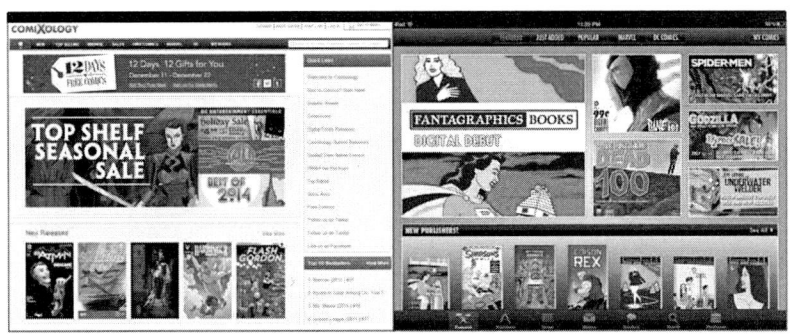

출처 : Comixology 홈페이지, iTunes 홈페이지

코믹솔로지는 DC코믹스와의 계약을 통해 iOS에서 DC코믹스의 만화를 독점적으로 공급할 수 있는 권한을 보유하고 있으며, DC코믹스 만화의 종이책 출간 당일에 코믹솔로지를 통해 디지털 버전을 유통하는 계약도 체결했다. '워킹데드(Walking Dead)'를 포함, 인기 만화 작가인 로버트 커크만(Robert Kirkman)의 모든 작품에 대한 디지털 플랫폼 독점 공급권을 확보했다.

코믹솔로지는 또한 2013년 3월부터 만화 작가가 출판사를 거치지 않고 디지털 만화를 직접 기획하고 편집해 올릴 수 있는 자가출판 서비스인 '서밋(Submit)'을 선보였다.

2014년 4월 세계 최대의 전자상거래업체이자 전자책 유통업체인 아마존(Amazon)이 코믹솔로지를 인수하였으나 브랜드 명칭 및 서비스는 그대로 유지될 것으로 알려지고 있다.

나) 다크호스코믹스(Dark Horse Comics)

다크호스코믹스(Dark Horse Comics)는 미국 내 만화 출판사인 다크호스코믹스가 제공하는 동명의 모바일 디지털 만화 플랫폼이다.

[그림 2-95] 다크호스코믹스의 웹 화면과 앱 구동 화면

출처 : Dark Horse Comics 홈페이지, iTunes 홈페이지

다크호스코믹스는 특히 만화를 감상할 때 사용되는 유저 인터페이스(User Interface)가 우수한 것으로 평가되고 있다.[35] 앱 하단에 특집(Features), 시리즈(Series), 탐색(Browse), 신작(New), 찾기(Search)로 이어지는 5개의 탭버튼이 존재하며, 직관적인 조작 방식을 택하고 있다. 또한,

---

35) Comics Alliance, 2011.4.29

HTML5 기술로 구동되는 웹브라우저 페이지는 신속한 로딩을 보이며 6개의 탭버튼으로 간편하게 조작할 수 있다.

② 디지털 음악 플랫폼

가) 스포티파이(Spotify)

'스포티파이(Spotify)'는 음악 스트리밍 서비스로 2006년 스웨덴의 스톡홀름에 있는 Spotify AB에서 개발되었다. 메이저 음반사에서 라이선스한 음악을 스트리밍으로 들을 수 있으며, 곡과 곡 사이에 광고가 삽입되어 있어 광고를 들으면 무료로 음악을 즐길 수 있다.

스포티파이는 크게 무료와 프리미엄(월 9.99 달러) 서비스를 제공하고 있는데 2014년 5월 기준으로 유료가입자가 1,000만 명을 돌파했다. 미국에서 서비스를 개시한 것은 2011년 7월이었으며 2011년 11월에는 앱 서비스를 개시했다. 스포티파이는 스마트폰의 센서를 이용해 이용자의 상태를 파악, 전문가가 제공하는 적절한 플레이 리스트를 추천하는 서비스(mood-tailored)를 지원하기 시작했다. 이에 따라 2013년 5월에는 투니고(Tunigo), 2014년 3월에는 에코네스트(Echo Nest)를 인수하며 관련 기능을 강화하기 시작했다. 즉, 청취 기록을 바탕으로 음악을 추천하는 디스커버리(Discovery) 기능을 강화했으며 재생 목록 탐색 및 새로운 음악 찾기, 리뷰 등의 사용을 가능케 했다.

[그림 2-96] 스포티파이 웹플레이어와 아이패드용 앱 화면

나) 판도라 라디오(Pandora Radio)

2000년에 설립된 판도라 라디오는 '판도라'라고 불리기도 한다. 주로 음악 스트리밍 서비스와 음악 추천 서비스를 제공하고 있다. '뮤직 지놈 프로젝트(Music Genome Project)'를 바탕으로 음악 추천 서비스를 제공하며 사용자 음악 취향에 따른 광고를 송출(Data mining)한다. 판도라는 350억 건의 음원 선호도 표시 데이터뿐만 아니라 청취 장소 및 단말 타입에 따른 생활 패턴 정보도 보유하고 있다.

[그림 2-97] 판도라 라디오 앱 화면

다) 알디오(Rdio)

스카이프 설립자인 니클라스 젠스트롬(Niklas Zennström)과 야누스 프리스(Janus Friis)가 2010년 설립한 알디오는 스트리밍 서비스를 제공하고 있다. 광고가 삽입된 무료서비스와 광고가 없는 유료가입형 서비스를 전 세계 60개국에 제공하고 있으며, 이러한 서비스는 iOS, 안드로이드, 블랙베리, 윈도폰 모바일기기에서 이용할 수 있다.

2013년 10월 맞춤형 라디오 서비스를 개시했는데, 아티스트, 노래, 장르 별 라디오 방송(radio station)을 생성하고 추천하며 선택 영역을 스트리밍 형태로 청취할 수 있도록 하고 있다.

[그림 2-98] 알디오 웹 화면과 앱 화면

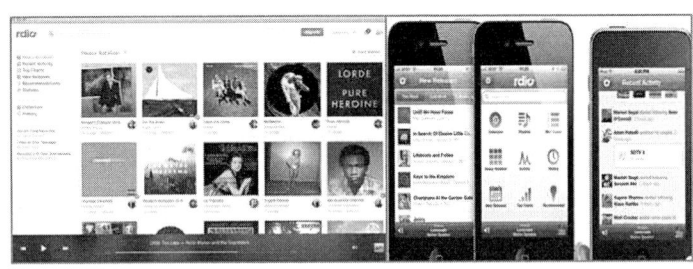

라) 라스트 에프엠(Last.fm)

2002년 영국에서 설립된 라스트 에프엠은 음악 웹사이트로 '오디오 스크로블러(Audio Scrobbler)'라는 음악 추천 시스템을 기반으로 추천 서비스를 제공한다. PC, 스마트폰을 통해 청취한 음원 트랙과 라디오 스테이션의 정보를 수집하고 그것을 기반으로 이용자 프로필을 바탕으로 취향에 맞는 곡을 추천한다. 또한, 비슷한 취향의 이용자들끼리 연결하는 서비스도 제공하고 있다.

[그림 2-99] 라스트 에프엠 웹 화면

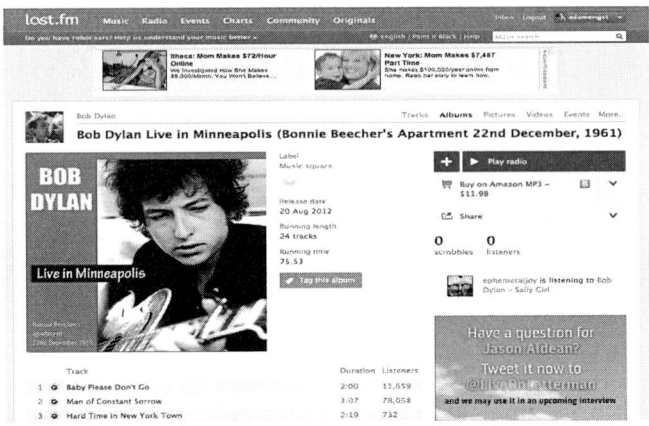

③ 온라인 동영상 플랫폼

유튜브나 아이튠즈와 같은 미국의 주요 플랫폼들은 글로벌시장의 선두 주자로서 전 세계 콘텐츠 유통의 메인 통로가 되고 있다.

[표 2-34] 미국 온라인 동영상 플랫폼

동영상 플랫폼	설명
YouTube	• 세계 최대 영상 공유 웹사이트 • 2005년 설립 후 2006년 Google에 인수 • UGC와 단편 영상, 뮤직비디오, 엔터테인먼트 콘텐츠를 중심으로 구성 • 일평균 방문자 수 3,694만 명 • 순방문자 수는 1억 3,213만 명 수준 • 광고 기반의 무료서비스를 중심으로 하고 있으나 월 0.99 달러의 유료모델도 운영 중
Netflix	• 미국 최대 방송, 영화 스트리밍 서비스 • 1997년 DVD우편 대여 서비스로 출발 • 2007년 온라인 서비스로 사업 확장 • 가입자 기반의 유료서비스 • 이용 요금은 월 7.99 달러 • 영화와 TV 방송콘텐츠가 중심 • 2014년 3분기 기준 전체 가입자 수는 5,306만 명. 유료가입자 수는 5,065만 명을 기록
Hulu	• 미국 방송콘텐츠 스트리밍 서비스 • 지상파 방송사 ABC, FOX, NBC의 합작으로 2007년 설립 • 영화와 TV 방송콘텐츠 중심 • 광고 매출과 정액제 유료서비스가 주요 수입원 • 가입기반 프리미엄 상품인 Hulu+의 경우 월 7.99 달러의 요금 발생 • 2013년 말 기준 유료가입자 수는 500만 명 수준
iTunes Store	• 원래 iTunes Music Store로 애플이 운영하는 온라인 디지털 미디어 스토어임 • 2005년 월트디즈니의 드라마, 2006년에는 영화 등의 동영상 콘텐츠를 판매 • 2013년 3분기 기준 10억 개의 TV 프로그램과 3억 9,000만 개의 영화 타이틀 판매[36]

출처 : 각사 홈페이지

(2) 기타 산업별 주요 사업자

가. 출판

미국 출판시장의 주요 출판사 및 유통기업을 살펴보면, 전 세계 93개국에 진출하였으며 매출액의 91%가 디지털 부문이 차지하고 있는 글로벌 학술정보 서비스업체인 톰슨 로이터(Thomson-Reuters)를 비롯하여 센게이지(Cengage), 북미 최대 교육 출판 그룹인 맥그로우힐 에듀케이션(McGraw-Hill Education)과 세계적인 출판사이자 유통사인 스콜라스틱(Scholastic) 등이 있다.

---

36) Beta News,애플 2013년 2분기 실적 발표, 예상 실적 뛰어넘어, 2013.07.24

[표 2-35] 미국 주요 출판사 및 유통기업

출판사	개요
Thomson-Reuters	- 법, 금융, 회계, 세무, 과학 연구, 건강 전문 출판사 - 매출액의 91%는 디지털 부문에서 발생 - 전 세계 93개국에 진출
Cengage	- 교과서, 도서관시장에 출력 서비스와 디지털콘텐츠를 제공 - '13년 7월 미국의 파산법의 보호, 40억 달러의 부채를 탕감, 채권자들과의 주식 교환으로 20억 달러의 부채를 추가로 해결 - 여전히 20억 달러의 부채가 남아 있음 - 매출액의 40%는 디지털 부문 - 대학 및 전문 분야에 진출한 출판사
McGraw-Hill Education	- 교과서, 대학 출판 전문 출판사 - 44개국에 6,000명의 직원 보유, 60개 언어로 출판 - 수학 교육 부문 1위의 소프트웨어 '스케치 패드(Sketchpad)'의 출판사 '키커리큘럼(Key Curriculum)'사를 인수.
Scholastic	- 청소년용 도서, 교육 관련 도서를 취급 - 세계적인 출판사이자 유통사 - 수전 콜린스의 '헝거 게임(Hunger games)' 출판 - 5개의 자회사에 9,600명의 직원 고용 - 청소년 도서를 담당하는 스콜라스틱 칠드런스 북(Scholastic Children's Book)이 총 매출액의 47.3%를 차지 - 교육 기술 및 서비스 부문 12.7%, 언론, 라이선싱, 광고가 3.3%, 학교 수업을 위한 편집 도구가 12.1%, 해외 부문이 24.5% - 140여개 국가에 진출
Wiley	- 과학, 기술, 의학, 교양 부문에 진출 - 과학, 기술, 의학 부문의 경우 (매출액의 57%) - 정기간행물 구독에서 -1%, 도서출판에서 -8%를 기록 - 전문 및 일반 출판 부문 종이책 판매의 부진으로하락세 - 전자책분야의 매출액은 17% 증가 - 대학교재 부문 매출 상승(종이책 판매 15% 하락) - 직원수 5,400명 - 수익의 절반가량을 디지털 분야에서, 매출액의 절반을 미국 외 지역, 1/4은 유럽에서 올림
Houghton Mifflin Harcourt	- 13년 교육 부문 레퍼런스 도서 일반 문학 부문에서 좋은 성과 - 미국 내 교과서 출판사들 가운데 메이저급 - 레퍼런스 도서 및 일반 문학 부문의 경우 매출액의13.2%를 디지털 분야에서 올림 - 약 34,000권이 전자책으로 출간됨
HarperCollins	- News Corp의 자회사 - 매출액의 15%를 디지털 분야에서 올리고 있음 - 인도에 콜린스 인디아(Collins India)로 교과서 시장에 진출
Simon & Schuster	- CBS 소속 출판사 - 디지털 분야의 수익이 22% 증가하며 전체 매출액의 27%를 차지 - 매년 1,800종의 신간을 출판

출판사	개요
Reader's Digest Association	• 1922년 DeWitt와 Lila Wallace에 의해 설립 • Reader's Digest 잡지 출판으로 시작해서 서적, 음악, DVD, 온라인콘텐츠까지 취급 • 매출의 32.8%는 리더스 다이제스트 매거진(Reader's Digest Magazine), 10.5%는 음악과 비디오, 9.2%는 매거진 광고
Perseus Books Group	• 1996년 설립 • 2007년 Avalon Publishing Group 인수 • 출판 부문 매출액은 9천만 유로 • 12개의 출판물을 판매 • Publishers Group West (PGW), Consortium Book Sales and Distribution, Perseus Distribution, Legato Publishers Group 등 4개의 유통 자회사를 두어 미국 유통분야에서 선두를 달리고 있음

출처 : 각사 홈페이지

나. 방송

미국의 주요 방송사업자로는 미국 최대의 지상파 방송사인 CBS를 비롯하여 ABC, FOX, NBC 등의 민영방송사업자와 미국 최대 케이블방송사업자인 컴캐스트(Comcast) 등을 비롯하여 위성방송사업자인 DirecTV 등이 있다.

[표 2-36] 미국 주요 방송사업자

방송사	구분	설명
CBS	민영	• 1941년 설립 • 미국 최대의 지상파 방송사 • 주요 채널은 CBS Entertainment와 CBS News, CBS Sports 3 가지 • CBS Television Studio와 CBS Studios International을 통해 프로그램을 제작 및 판매 • 2006년 Warner Bros. Ent.와 조인트벤처 'CW Network' 설립
ABC	민영	• 1948년 개국 • Walt Disney 산하의 3대 지상파 방송사 • 2011년 기준 시장점유율 24% 차지 • 미국 내 10개 직할국과 HD채널 등을 운영 • Disney-ABC Domestic Television과 DMD(Disney Media Distribution)를 통해 자체 프로그램 제공
FOX	민영	• 1986년 방송 서비스 개시 • 모회사는 종합 미디어사 News Corporation • 미국 내 27개 방송국을 운영하고 있으며, 제휴 방송국 수는 약 200여개 • FOX News와 FOX Sports, FOX Kids 등 전문 채널을 통한 방송 서비스 제공 • 드라마 및 리얼리티 쇼 콘텐츠에서 높은 인기를 구가
NBC	민영	• 1926년 설립된 미국 최초의 전국 방송사로 1939년 정규 TV 방송 개시

방송사	구분	설명
		• 설립 주체는 RCA(Radio Corporation of America) • 연간 5천시간의 프로그램을 방영 • 미국 전역에서 99%의 방송 커버리지 보유
Comcast	케이블 방송사	• 1963년 설립 • 2002년 AT&T 산하 케이블TV 사업부 'AT&T Broadband' 인수로 미국 최대 케이블 방송사업자로 등극 • 키즈, 영화, 스포츠, HD, 프리미엄 채널 보유 • USA Network, Syfy, E!, CNBC, Bravo 등 다수의 케이블 네트워크 보유
Time Warner Cable(TWC)	케이블 방송사	• 영화 및 TV 콘텐츠 비즈니스 중심의 BM • 2014년 3분기 기준 1,100만가구의 가입자 기반 보유 • 2014년 2월 Comcast와 합병 계약 체결 후, 현재 규제 당국의 승인 대기 중
Cablevision	케이블 방송사	• 1973년 설립. 현재 뉴욕을 기점으로 서비스 제공 • 2013년 4분기 기준 281만 명의 가입자 기반 확보
Charter Communications	케이블 방송사	• 1993년 설립 • 2013년 4분기 기준 가입자 수 417만 명
DirecTV	위성방송 사업자	• 1985년 설립 • TV 서비스와 오디오 서비스 제공 • 자체 엔터테인먼트 채널 Audience Network와 3DTV 채널 n3D 운영 • NFL, NASCAR, PGA 등 주요 스포츠경기의 방송 중계권 보유 • 총 가입가구 수 3,560만 • 미국, 남미, 캐리비안지역이 주요 커버리지

출처 : 각사 홈페이지

다. 지식정보

미국의 주요 통신사업자는 iPhone 독점 공급으로 미국 이동통신시장을 선도하고 있는 AT&T를 비롯하여 AT&T와 1위를 겨루고 있는 Verizon 등이 대표 통신업체라 할 수 있다.

[표 2-37] 미국 주요 통신사업자

통신사	유무선	설명
AT&T	유무선	• 미국 메이저 통신회사 • 1983년 10월 5일 설립 • 초고속 인터넷, 일반 유선전화, 모바일 서비스 제공 • iPhone 독점 공급으로 미국 이동통신 시장 선도
Verizon	유무선	• 뉴욕에 본사를 두고 있는 유무선 통신회사 • 2000년 6월 3일 설립

통신사	유무선	설명
Sprint	유무선	• 미국 이통시장을 주도. AT&T와 1위를 겨룸 • Sprint와 Nextel의 합병으로 2005년 8월 설립 • 2012년 10월 일본 이통사 소프트뱅크에 지분 70% 피인수, 2013년 7월 FCC가 인수 승인.
T-Mobile	유무선	• 독일 Deutsche Telekom의 'T-Mobile International' 자회사로 2002년 T-Mobile USA로 출범 • 미국 이동통신시장에 가장 먼저 안드로이드폰을 보급 • 소프트뱅크는 Sprint 인수에 이어 T-Mobile 인수를 추진했으나, 규제 당국의 독점 우려로 인수 포기

출처 : 각사 홈페이지

라. 광고

미국의 주요 광고사업자로는 세계 4대 글로벌 광고기업 중 하나인 옴니콤과 인터퍼블릭 등이 대표적이다.

인터퍼블릭은 현재 전 세계 90개국 이상에서 활발한 영업 활동을 하고 있으며, 맥캔월드그룹(McCann Worldgroup), 드래프트FCB(Draft fcb), '로우&파트너스 월드와이드(Lowe & Partners Worldwide)'라는 브랜드를 보유하고 있다.

[표 2-38] 미국 주요 광고사업자

광고기업	설명
Omnicom Group	• 세계 4대 글로벌 광고기업 중 하나 • 1986년 설립 • 뉴욕에 본사를 둔 글로벌 광고기업 • 100개 이상의 나라에서 5,000사 이상의 고객 확보
Interpublic Group of Companies	• 세계 4대 글로벌 광고기업 중 하나 (Omnicom, WPP, Publicis) • 1902년 설립 • 뉴욕에 본사를 둔 글로벌 광고기업 • McCann Worldgroup, Lowe and Partners, FCB 메이저 네트워크회사 보유
McCann Erickson Worldwide	• 120여개국가에 서비스 중인 광고 에이전시 네트워크 • 1998~2000년 올해의 글로벌 에이전시로 이름을 올림
TBWA Worldwide	• 미국 맨하탄에 설립된 글로벌 광고 에이전시로 옴니콤(Omnicom)의 유닛 중 한 개 회사

광고기업	설명
	• 90년대 중반부터 급속하게 글로벌기업으로 성장 • 마스터푸드(Master Food)를 인수 • '10년에는 글로벌 에이전시 네트워크로 사명을 변경

출처 : 각사 홈페이지

6) 주요 지원 제도 및 정책 동향

(1) 콘텐츠 관련 중장기 계획

가. FCC 전략계획 2014~2018 (FCC Strategic Plan 2014~2018)

FCC는 지난 2009년에 '전략계획 2009~2014'를 수립한 바 있으나, 그로부터 불과 3년 후인 2012년에 통신정책의 방향성을 재정립한 '전략계획 2012~2016'을 발표하였다. 이후 2014년 5월에는 세부 정책 목표를 수정하여 '전략계획 2014~2018'을 수립하였다.

'전략계획 2009~2014'를 발표할 당시는 스마트 생태계의 등장으로 대대적인 통신환경 변화에 대응해야하는 시점이었다. 따라서 당시 전략계획은 전 국민이 동등하고 원활한 필수 통신 서비스를 시의 적절하게 제공받을 수 있는 환경을 조성하고, 보편적 기초 통신 서비스의 접근성을 강화한다는 거시적 지향점(Mision)을 설정하였다.

하지만, 스마트 생태계 출현 이후 ICT를 중심으로 한 융합 현상이 빠르게 확산되면서 방송통신이 국가 경제발전 전반에 영향을 미치는 핵심 성장 동력으로 부상하게 되었다. 이에 발맞춰 FCC는 '전략계획 2012~2016'을 발표하면서 방송통신정책의 방향성을 변경하게 된다. 2012년 전략계획에서는 '혁신, 투자, 경쟁 촉진, 이용자 권한 증진과 더불어 통신기술의 최적화를 통해 일자리 창출, 국가 경쟁력 제고, 기회 확대, 삶의 질 향상 등 국가 경제발전을 도모한다.'는 FCC의 상위 비전을 제시하였다. 이번 전략계획 '2014~2018'에서는 기존 2012년에 설정한 정책 비전 과 8가지 전략 목표 등의 기조를 유지한 상태에서 '브로드밴드 가치 극대화를 통한 국민편익 증진'이라는 정책 마련의 3원칙을 제시하였다. 다음 표는 정책 마련 3원칙과 이를 위한 8가지 전략 목표별 세부 정책 목표를 제시한 것을 정리한 것이다.

[표 2-39] 정책 마련의 3원칙 및 전략계획 체계. 전략계획 2014-2018

원 칙	내 용
경제성장과 국가 리더십 촉진	· 통신네트워크는 기술혁신 및 경제성장의 필수요소이며, 국민들에게 경제발전 및 교육증진의 기회를 제공
네트워크 보장	· 네트워크 제공사업자의 책무와 이용자 권리는 변하지 않은 상태에서 기술변화를 고려한 정책변화가 이루어짐
모두를 위한 네트워크 마련	· 공공의 이익을 보장한다는 정책기조를 바탕으로 브로드밴드 서비스의 확산을 촉진함

출처 : 정보통신정책연구원, 미 FCC 전략계획 수립 동향, 2014. 08. 01

[그림 2-100] 미 FCC 전략계획 체계

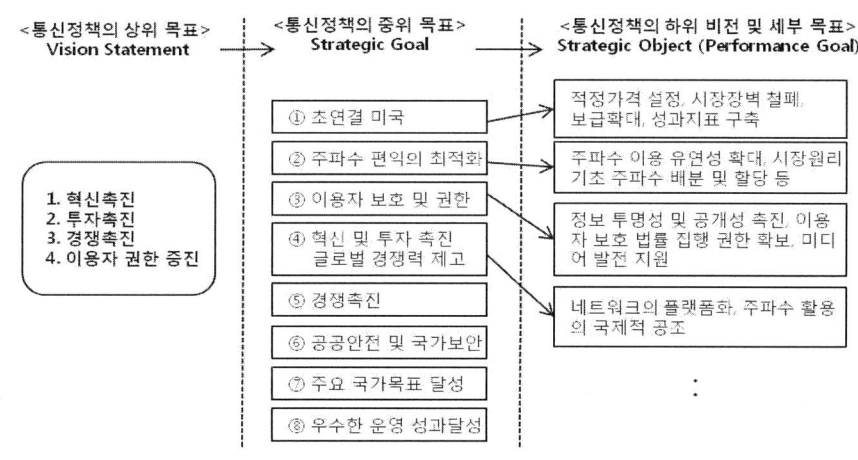

나. 문화예술 발전 계획(Strategic Plan Framework for FY 2014~2018)

2014년 2월, 미국 국립예술기금(NEA: Natinal Endowment for the Arts)은 미국 전역의 문화예술위원회 및 지역예술기관에 동일하게 적용되는 2014~2018 문화예술발전계획(Strategic Plan Framework for FY 2014~2018)을 발표하였다.

NEA의 발표는 미국 내에서 문화예술발전과 예술에 대한 참여를 증진시키기 위해 다양한 기회를 자국민들에게 제공하고 사회의 창조적인 능력(Creative ability improvement) 강화를 위한 계획의 일환이다. 이번 문화예술발전계획을 통해 자국민들이 우수한 성과를 낼 수 있도록 예술 창작을 목표로 하는 프로젝트에 투자함으로써 미국 예술의 포트폴리오를 확장하고 예술적 경험이 가능한 프로젝트에 지원한다. 게다가 모든 국민들이 예술적 참여를 할 수 있는 기회를 제공하며 장차 커뮤니티의 활성화를 도모하겠다는 계획이다. 생애 주기별 평생 예술 교육을 위한 프로젝트를 지원함으로써 모든 연령층의 국민들이 예술에 대한 지식 및 역량을 습득할 수 있도록 하며 민관 간 전략적 협력 관계를 구축하여 예술의 국내외적 영향을 증대하기 위한 발전계획이어서 다양한 문화콘텐츠의 보급과 파급력이 미국 전역으로 확대될 전망이다.

(2) 콘텐츠산업 지원 제도

미국의 문화산업 지원 정책은 지방정부가 주도하는 형태를 취하고 있으며 연방정부 차원에서는 세금공제의 혜택을 부여하고 있다. 지원 대상이 되는 기업은 연방정부와 주정부로부터 중복 지원이 가능하다. 예를 들어 문화산업 관련 기업들은 연방소득세 납부 시 세제 지원을 받을 수 있으며, 제작이 진행되는 지역의 지방정부로부터 주 소득세 납부 시 추가적인 혜택을 받거나 보조금 등의 인센티브 지원도 받을 수 있다[37].

가. 연방정부 지원 제도

연방정부는 모든 영화 및 TV 방송물에 대해 제작비 중 초기 발생한 1,500만 달러에 대해 100% 세금공제의 혜택을 부여하고 있다. 연방정부의 세제혜택을 받기 위해서는 공제대상이 되는 제작비의 75% 이상이 미국에서 지출되어야 한다. 초기 법안에서는 제작비가 1,500만 달러 이하인 작품에 대해서만 혜택을 제공했으나 이후 개정되어 제작비 상한 규정은 삭제되었다.

초기 법안은 1,500만 달러 미만의 상대적으로 규모가 작은 영화·방송제작 프로젝트에 대해 세제혜택을 제공하는데 목적이 있었으며 이후 개정된 법안에서는 영상물 제작을 위한 경제적 여건이 갖춰지지 못했거나 소득 수준이 낮은 지역의 경제발전 도모와 시장 확대에 초점을 맞추고 있다. 저소득 공동체로 지정된 지역 또는 특정 재난 및 고립지역 등 특정지역에서 영화 또는 방송물을 제작하는 경우라면 공제가 가능한 제작비용은 2,000만 달러까지 확대 적용된다. 경제적 여건이 어렵거나 낙후지역 또는 소득수준이 낮은 지역을 구분하는 기준은 해당 지역의 전체 저소득자 비율이 타 지역과 비교 시 최저 20% 수준이거나, 행정구역상으로 대도시지역에 속하지 않고 주변지역과 비교하여 평균 소득수준의 80%에 못 미치는 경우를 포함한다. 콘텐츠 제작과 관련한 제작 장소가 저소득층 비율이 높은 지역에서 발생해야 하며 사전제작이나 편집 등을 제외한 콘텐츠 제작과 관련한 주요 제작과정의 20% 이상이 해당 지역에서 발생하여야 한다. 콘텐츠 제작과 관련해서 상당 기간의 제작활동이 해당 지역에서 50% 이상 발생하여야 한다.

---

37) 한국콘텐츠진흥원(2014. 10), 콘텐츠 수출 실무 멘토링북 I

나. 주정부 지원 제도

미국 콘텐츠산업의 공공지원 제도는 크게 세제 감면, 지원금 보조, 융자 지원 등으로 구분된다. 미국 연방 차원의 지원 이외에 총 50개에 달하는 주, 카운티, 시정부 차원에서 문화산업의 공공지원을 시행하고 있으며, 각 지역 정부마다 지원 방식이나 내용은 상이하다.

네브레스카, 아이오와, 위스콘신, 인디애나, 칸사스 등 10여개 주를 제외한 나머지 지역의 지방정부에서는 제작 지원금 제도, 융자 프로그램, 세제혜택 등 다양한 인센티브 프로그램을 운영하고 있으며 주에 따라서 2개 이상의 인센티브 제도를 함께 운영하기도 한다.

지원금 제도에는 제작사가 이미 지불한 제작비의 일부를 환급해 주는 현금 환급, 제작 전에 미리 제작비를 신고하여 선 지출 없이 제작비 일부를 지원받는 지원금 제도 등이 있다. 콜로라도, 플로리다, 메릴랜드, 워싱턴, 오레곤 등은 현금 환급을, 텍사스, 워싱턴DC 등은 지원금 제도를 운영하고 있다. 융자 지원은 주정부 차원에서 무이자 또는 저리로 전체 제작비의 일부를 융자해 주는 것으로 융자 지원프로그램을 시행하는 대표적 주로는 뉴멕시코, 미시건, 뉴저지 등이 있다.

세금혜택은 제작비용으로 지출된 금액에 대해 세금을 공제받는 것으로 크게 미국 연방정부에서 지원하는 세금공제, 제작사의 세금 지출을 줄여주는 적립금 방식의 지원 제도인 가용 세금 적립금, 제작사가 지불한 세금의 일정 부분을 추후 현금으로 돌려주는 세금 환급 등으로 구분된다. 가용 세금 적립금은 특정 주 또는 지방정부 차원에서 세금 적립금을 통해 제작사가 세금을 절세하여 전체 제작비의 규모를 줄일 수 있도록 지원하는 제도로 해당 제작사가 사용하지 않을 경우 양도나 브로커를 통해 판매도 가능하다. 소수의 주에서는 특정 세금에 대한 면제혜택을 제공하기도 한다.

조지아주는 지역 내 제작비 지출규모가 최소 50만 달러 이상인 프로젝트에 대해 20%의 세제 혜택을 제공하고 있으며 조지아주를 홍보하기에 적합한 프로젝트에 대해서는 추가 10%의 세액 공제 해택을 부여하고 있다. 조지아주와 같이 세액 공제를 제공하는 주는 아리조나, 커넥티컷, 조지아, 루이지애나, 미주리, 매사추세츠, 미시건, 뉴저지 등이 있다. 세액공제 제도는 양도성 세금 쿠폰, 환급가능 세금 쿠폰, 환급 가능 제작비 세금 쿠폰, 환급 및 양도 불가 세금 쿠폰 등으로 세분화되며 주마다 약간씩 차이를 보인다.

[표 2-40] 미국 주정부의 세금 지원 제도

지역	세금제도
아이다호	• 세금환급(tax rebate)및 면제(exemptions)
일리노이	• 세금면제(exemptions), Wage Tax Credit(영화제작에 참여한 일리노이 주민에게 지불된 2만5천 달러에 대해 25%까지 세액공제)
아이오와	• 환급가능세금쿠폰(refundable income tax credit)
캔자스	• 환급 및 양도 불가 세금쿠폰 (non-refundable, non-transferable tax credit)제공, 30%세금쿠폰지원
캔터키	• 소비세면제(Sales Tax Exemptions for Productions), 제작관련 호텔세금 면제
루이지애나	• 양도성세금쿠폰(Tax Credits)제공, 10~40% 세금쿠폰지원. • Investor tax credit for state-certifiedfilm, video, TV orcommercial • productions(총예산이 800만$가 넘을 경우 총 지출금의 15%까지 세액공제, $800만 이하일 땐 10%)
제퍼슨카운티	• 현금 환급(Cash rebate), 제작비 3% 지원
메인	• 인건비 환급(Wage rebate), 인건비 10-12% 지원
메릴랜드	• 현금 환급(Cash rebate), 제작비 25%지원, Film production activity
매사추세츠	• 양도성세금쿠폰(Tax Credits)제공, 5년간 사용가능, 인건비 90%환급 또는 재판매가능
미시건	• 현금 환급(Cash rebate)및 양도성세금쿠폰(Tax Credits)제공, 제작비 • 40~42%및 인건비30~50% 인프라투자25% 세금쿠폰제공
미네소타	• 현금 환급(Cash rebate), 제작비 15% 지원
미시시피	• 현금 환급(Cash rebate), 인건비 20~25% 지원
미주리	• 양도성 세금 쿠폰(Tax Credits) 제공, 5년간 사용 가능, 인건비 25~35 지원
몬타나	• 환급가능 세금 쿠폰(Refundable income tax credit), 인건비 14%, 제작비 9% 지원
네브라스카	• 숙박료 세금 면제
뉴저지	• 양도성세금쿠폰(Transferable tax credit), 제작비 20% 세금쿠폰지원
뉴멕시코	• 환급가능세금쿠폰(Refundable income tax credit), 제작비의 25% 세금 쿠폰 지원, Film production tax credit (뉴 멕시코주에서 지출되는 제작비의 15%까지 세액 공제, 특정 TV 시리즈물은 5% 추가)
뉴욕주	• 환급가능 제작비 세금쿠폰(Refundable tax credit) 및 인프라 투자 세금 쿠폰, 제작비 30%, 인프라 투자비 4-5% (Empire State Film Production Tax Credit)
뉴욕시	• 환급가능 제작비 세금쿠폰(Refundable tax credit), 제작비 5~6% 지원

(3) 조세 제도

가. 외국기업에 대한 조세 제도

미국의 조세 구조는 연방세, 주세, 지방세, 또는 지방자치세로 크게 나눌 수 있는데, 세금의 80% 가량을 연방세가 점하고 있다. 세금 종류나 과세 기준이 주마다 상이하다.

법인 소득세 납부 의무자는 법인이 설립된 곳을 기준으로 내국법인과 외국법인으로 구분되는데 내국법인은 소득 발생지역에 상관없이 미국에 납세 의무가 있고 외국법인은 소득의 종류에 따라 다소 차이가 있기는 하나 일반적으로 미국에 고정 사업장을 두고 영업 활동을 하거나 미국 원천소득이 있으면 미국에 납부 의무가 있다. 미국에서 법인 설립에 관한 사항은 주법에서 규정하고 있다. 미국 각 주에 근거하여 설립된 법인이 내국법인으로 미국에 진출하고 있는 한국계기업 중 현지법인 형태는 내국법인(내국법인 중 외국인 투자법인)에 해당된다.

내국법인은 전 세계 소득에 대하여 미국에 법인 소득세 납세 의무가 있다. 외국에서 얻은 소득을 미국에서 신고하고 법인세를 납부하게 되면 외국납부 세액공제가 가능하며 내국법인은 내국세법이 부여하는 각종 공제, 감면 등의 혜택을 받을 수 있다. 내국법인은 미국 조세 제도에 따라 미국기업과 동일한 세율의 법인세를 납부해야 한다. 원천징수 세율은 국가 간 조세조약에 규정된 세율 또는 30%의 최고 세율이 적용된다.

한미조세조약에 따라 이자 수익은 12%, 배당수익은 10-15%, 저작권 로열티 10%, 기타 무형자산에 대한 권리는 15%의 세율이 적용된다. 납부방법은 연중 중간예납으로 미리 납부한 후 다음 해 초 법인세 과세표준과 세액을 최종 신고하고 세액을 정산하여 과소납부 세액을 추가 납부하거나 과다납부 세액을 환급 받게 된다.

미국에 진출한 한국기업 중 지점 형태는 외국법인에 해당된다. 외국법인이 얻는 소득은 FDAP(Fixed, Determinable, Annual or Periodical)소득과 ECI(Effectively Connected Income) 두 가지 종류로 구분되는데 외국법인은 통상 ECI에 대해 법인 소득세 신고 의무가 있다. 단, 한미조세조약에 의거해 미국 내에 고정 사업장이 없는 한국법인이 미국 내 사업과 연관된 소득(ECI)이 있는 경우에는 미국에 납세 의무가 없다. 외국법인이 FDAP 소득만 있는 경우 조세조약상의 세율 또는 30%의 세율을 적용해 소득 지급자가 원천징수를 하면 납세 의무는 일반적으로 종결된다. 외국법인이 ECI가 있는 경우, 정해진 기간에 신고서(Form1120F)를 작성하고 IRS에 법인세 신고 및 납부를 완료해야 한다. FCI가 있으나 미국에 고정 사업장이 없다면 비과세 사유를 Form 8833에 기입하여 법인세 신고서(Form 1120F)와 함께 제출해야 한다. ECI가 있는 외국법인은 중간예납 의무가 있으며 당해 사업연도 납부 예상세액이 500 달러 이상인 경우 매 분기별로 법인세 중간예납을 해야 한다.

나. 한미조세협정

양국 간에는 이중과세 방지 조항이 체결되어 있어 해당국의 법률에 의거해 미국 국민 또는 거주자는 한국에서 납부한 소득세액을 미국에 납부할 세액에서 공제할 수 있다. 외국인에게 원천징수 대상이 되는 금액을 지급하는 경우 원칙상 30%의 세율로 원천징수를 해야 하나 한미 간 조세조약에 따라 낮은 세율이 적용된다. 원천징수 대상 소득은 소득의 원천이 미국이고 고정적이거나 확정 가능하며 매년 발생되는 주기적인 소득이 해당된다.

(4) 규제 제도

가. 엔터테인먼트 소프트 등급분류 심사 제도

ESRB(Entereainment Software Rating Board)는 1994년 ESA(Entertainment Software Association)에 의해 설립된 상호작용적 오락소프트웨어산업을 위해서 만들어진 자율규제기관으로서, 컴퓨터 게임과 비디오 게임에 적용되고 있는 등급분류에 관하여 규칙을 제정하고 집행한다.

ESRB는 컴퓨터나 비디오 게임 안의 콘텐츠에 대한 간결하고 공정한 정보를 제공하는 것이 목적으로 이를 통해 특히 부모들이 게임을 구매함에 있어서 유용한 정보를 얻을 수 있도록 하기 위해서 시작되었다. 초기에는 비디오 게임에 집중되어 있었는데, 최근에는 온라인 게임을 비롯하여 모바일 게임, IPTV, 웹TV 등의 게임도 등급분류 대상으로 하고 있다.

ESRB 등급분류 심사를 받기 위해서는 먼저 해당 게임에 대한 온라인 설문을 완료한 후 게임의 일반적인 플레이, 미션, 컷신을 포함해 모든 카테고리에서 가장 극단적인 콘텐츠들을 캡처한 DVD를 제출해야 한다. 제출한 DVD는 최소한 3그룹 이상의 숙련된 평가자들에게 검토 받는다.

3그룹의 등급분류 합의가 끝나면 등급분류를 받아들이거나 ESRB에 다시 설문과 영상을 제출해 이의를 제기할 수 있다. 등급분류 이후 게임이 출시되면 ESRB에 출시 버전의 카피를 보내야 한다. 게임이 출시된 이후에도 ESRB에서는 등급분류가 제대로 표시되고 있는지, 게임에 포함된 내용이 등급분류에 적합한지 다시 확인한다.

ESRB는 술, 폭력, 마약, 언어, 선정성, 도박 등을 얼마나 사실적으로 묘사하는가에 따라 6개로 게임 등급을 분류한다. 총 검토항목은 30개에 달한다. ESRB의 등급분류 및 검토내용은 아래와 같다.

[표 2-41] 미국 ESRB 등급

표기	등급	해당연령	내용
	• EC 등급 (EARLY CHILDHOOD)	• 3세 이상	• 부모들이 자녀들에게 부적합하다고 생각 할 수 있는 어떤 내용도 포함되어 있지 않음
	• E등급 (EVERYONE)	• 6세 이상	• 모든 연령대에 적합한 콘텐츠를 담고 있음 • 최소한의 만화나 판타지, 가벼운 폭력 또는 드물게 기분이 상할 수 있는 언어가 포함될 수 있음
	• E10+ (EVERYONE 10+)	• 10세 이상	• E등급에 비해 더 만화나 판타지 같은 내용과 가벼운 폭력, 기분이 상할 수 있는 언어 또는 최소한의 선정적인 테마를 포함
	• T등급 (TEEN)	• 13세 이상	• 폭력, 선정적인 테마, 저질개그, 최소한의 피, 모의도박 또는 드물게 욕설이 포함될 수 있음
	• M등급 (MATURE)	• 17세 이상	• 심한 폭력, 피와 선혈, 성적인 콘텐츠 또는 욕설을 담고 있음
	• AO 등급 (ADULTS ONLY)	• 18세 이상 • 청소년이용불가	• 심한 폭력, 성적인 콘텐츠 또는 현금을 이용하는 도박이 포함될 수 있음
	• RP등급 (RATING PENDING)		• 아직 등급분류를 받지 않은 타이틀 • 주로 ESRB 등급분류를 받기 전에 홍보를 위해 사용 • 출시 이후에는 ESRB 등급을 받아야 함

[표 2-42] 미국 ESRB 검토내용

표기	내용
Cartoon Violence	풍자만화와 같은 상황이나 캐릭터를 포함하는 폭력, 캐릭터가 공격받은 후 해를 입지 않는 폭력을 포함
Comic Mischief	짓궂은 장난이나 성적인 유머를 포함하는 묘사나 대사
Violent reference	폭력적 행위에 대한 언급이나 묘사
Blood	피에 대한 표현
Animated Blood	피에 대한 비현실적 표현
Blood and Gore	피에 대한 표현이나 신체에 대한 절단
Fantasy Violence	환상적인 폭력, 인간이나 비인간 캐릭터가 사실적이지 않음
Intense Violence	매우 사실적인 피, 혈흔, 무기, 상해, 죽음 등이 포함되는 물리적 갈등에 대한 묘사
Violence	공격적인 갈등을 포함하는 장면
Crude Humor	화장실 유머가 포함된 저속한 묘사나 대사
Language	적당히 완곡한 속어
Strong Language	명확하며 자주 등장하는 속어
Mature Humor	성적 언급을 포함하는 '성인'유머
Suggestive Themes	암시적으로 도발적인 내용
Sexual Themes	성, 혹은 성 행위에 대한 언급이나 묘사
Sexual Violence	강간이나 여타 성적 행위에 대한 묘사
sexual content	성적행위에 대한 명료하지 않은 묘사, 부분적 나체를 포함 할 수 있다.
Strong Sexual Content	나체를 포함할 수 있으며, 성적 행위를 언급하거나 묘사
Nudity	나체에 대한 그림이나 긴 묘사
Partial Nudity	나체에 대한 간략하거나 짧은 묘사
Real Gambling	이용자가 현금을 이용하여 도박을 할 수 있다.
Simulated Gambling	이용자가 도박게임은 하지만 현금 베팅은 할 수 없다.
Lyrics	음악에서 속어, 성, 폭력, 술, 약물사용을 가볍게 언급
Strong Lyrics	음악에서 속어, 성, 폭력, 술, 약물사용을 명확하게 자주 언급
Use of Alcohol	주류 소비
Use of Drugs	불법 약물 소비나 이용
Use of Tobacco	담배 소비
Alcohol Reference	음주에 대한 언급이나 이미지
Drug Reference	불법적 약물에 대한 언급이나 이미지
Tobacco Reference	담배에 대한 언급이나 이미지

ESRB는 전적으로 자율적인 조직으로서 업체가 반드시 등급분류를 받아야 하는 것은 아니므로 거의 모든 업체들이 자발적으로 등급분류를 받고 있다. 비단 미국만이 아니라 캐나다 역시 ESRB의 등급을 받은 게임만을 판매하고 있기 때문에 실제로는 캐나다의 게임 심의도 ESRB가 담당하고 있다고 볼 수 있다.

게임이 시장에 출시될 준비가 되면, 제작업체는 최종 버전의 상품을 ESRB에 제출해야 하고 ESRB의 기준에 맞게 등급이 표기되어 있는 지를 확인하기 위해 게임의 포장 케이스도 검토된다. 또한 등급분류 심의 과정에서 제시된 모든 정보가 정확하고 완전한 지 여부를 검증하기 위해

ESRB의 내부 게임전문가가 수시로 최종 버전 게임을 사용해 보게 된다.

ESRB는 등급분류의 규칙과 규정이 준수되는 지를 감시하며, 필요한 경우 ESRB의 라벨 부착, 마케팅 혹은 제품 제출과 관련한 규정을 위반한 업체에 적절한 조치를 취하고 ESRB는 소매업체 차원에서 등급분류를 강제할 권한을 지니지 않으나, 등급 정보를 표기하고 미성년자에게 특정 제품을 판매 혹은 대여하지 않도록 장려하기 위해 소매업체 및 게임센터와 긴밀한 협조관계를 유지하고 있다. 많은 수의 소매업체들이 부모의 동의 없이 17세 미만의 청소년들에게 '성인 전용'등급의 제품을 판매 혹은 대여하지 않도록 최선을 다한다고 약속하는 ESRB의 '부모동의 확보 프로그램(Commitment to Parentsprogram)'에 참여하고 있다.

나. 스마트 콘텐츠 외국기업 진입 관리 및 규제[38]

미국의 경우 미국 연방소비자금융보호국(Consumer Financial Protection Bureau)이 주체가 되어, 미국 소비자들의 모바일기기를 통한 해외국가 소재기업 및 금융기관과의 거래를 규제하고 있다. 이는 2010년 신설된 도드-프랭크 금융개혁법(Dodd-Frank Wall Street Reform & Consumer Protection Act)에 기반한 것으로, 2014년 7월 현재 세부적인 법량이 아직 완성되지 않은 것으로 알려졌다.[39] 또한 모바일 결제 활동이 벌어지는 미국 내 해당 주정부에 규정되어 있는 금전송신법에 의거해 모바일 결제 기능이 탑재되어 있는 스마트 콘텐츠 개발 및 유통기업은 반드시 해당 주정부에 허가를 받아야 하며, 이를 위반한 경우 처벌 대상이 되고 있다.

모바일 결제 플랫폼을 미국기업에 납품하는 형태일 경우 문제가 없으나, 미국에 진출해서 자체적으로 사업을 진행할 경우 캘리포니아 주정부에 따로 등록해야 한다.

따라서 스마트 콘텐츠의 중요 사업 분야 중 하나인 모바일 결제 플랫폼 개발 및 적용에 있어 미국 내 적용대상 법규를 미리 파악하고 이를 대비하기 위한 적법한 절차를 밟아가는 것이 필요하며, 미국 내 기업과의 공동 프로젝트 설립 및 진행에 있어 해당 법규 위반의 가능성 혹은 위법 행위 방지를 위한 사전협의가 진행되어야 할 필요가 있다.

[표 2-43] 스마트 콘텐츠 외국기업 진입 관리 및 규제 관할 부처 및 관련 법령

분류	내용
서비스 분류	• 모바일 결제 플랫폼 서비스
관할부처	• 미국 연방 소비자 금융 보호국 (Consumer Financial Protection Bureau) http://www.consumerfinance.gov/ • 미국 내 주정부 관할 전송기 관리 부처 (State Money Transmitter Division)

---

38) Kotra(2013.11.29.), 주요국의 서비스규제조치 현황
39) Wall Street Journal, 국제경제, 美금융개혁법, 발효4년째... 아직 미완성, 2014. 7. 21.

분류	내 용
관련법령	www.dfi.ca.gov/.../money_transmitter/default.html • 전자자금이체법 (Electronic Fund Transfer Act: 1978년) • 도드-프랭크 금융개혁법 (2010년) (Dodd-Frank Wall Street Reform & Consumer Protection Act) • 캘리포니아 금전 송신법 (California Money Transmission Act) 및 해당 주정부 적용 대상 금전 송신법규 (2013년)
추가정보	• http://www.banking.senate.gov/public/_files/070110_Dodd_Frank_Wall_Street_Reform_comprehensive_summary_Final.pdf • http://www.dbo.ca.gov/Licensees/money_transmitters/default.asp

(5) 지적재산권 보호 제도

2013년 미국정부는 환태평양동반자협정(Trans Pacific Partnership: TPP)을 통해 참가국들의 생산자 및 소비자 모두에게 이익이 되는 지적재산시장의 확대를 도모하고 관련 상품과 서비스가 안전하게 보호 받을 수 있는 강도 높은 규정을 도입할 것이라고 밝혔다.

이에 앞서 오바마 대통령은 미국의 지적재산을 통해 생산되는 GDP는 전체 GDP의 35%에 이른다고 밝히면서 저작권과 지식재산의 보호에 대한 조언을 관련 기관으로부터 수집하고 있다고 밝혔다. 이번 저작권의 예외 및 제한을 자국 저작권법에 규정함에 있어 저작권자와 사용자의 이익을 균형있게 보호할 수 있도록 노력할 의무를 부과하는 내용을 협상 내용에 포함시켰다고 밝혔다. 이번 전략 발표에는 미국을 제외한 국가들이나 기업이 미국의 지적재산권과 관련해 부당한 경제적 이익을 사취하거나 침해하는 것에 대응하기 위해 만들어진 것으로 지적 재산권과 관련된 내용은 다음과 같다.

- 미국과 교역하는 국가들과 지속적인 통상정책(스페셜 301조 보고서)을 통해 타국에서 미국의 자산을 보호하기 위한 노력에 집중한다.
- 지식재산권의 이전 및 이용 허락 등에 있어서 외국기업과 계약 시 비상업적 조건을 모색하기 위하여 혁신 분야의 정부소유 기업을 지목한다.
- 국내에서 지식재산에 대한 권리를 보유하고 있거나 또는 해당 국가 내에서 개발된 상품이나 서비스를 사용할 것을 요구 또는 이에 대한 특혜를 제공한다.

2. 캐나다

1) 콘텐츠시장 개요

미국의 금융위기로 인한 여파가 조금씩 개선되면서 2013년 캐나다 경제는 전반기 2%대의 GDP 성장률을 기록하였다. 게다가 하반기로 갈수록 미국 경제 지표가 예상보다 좋은 수치를 나타내면서 저성장의 늪에 빠진 캐나다 경제에 긍정적으로 작용하였다. 이러한 경기회복세는 콘텐츠시장에도 긍정적인 영향을 미쳐 게임, 광고, 지식정보 분야의 높은 성장률과 전 분야에 고른 성장세를 이루면서 캐나다 콘텐츠시장은 전년대비 3.9% 성장한 540억 8,500만 달러의 시장 규모를 형성하였다.

[표 3-1] 캐나다 콘텐츠시장 규모 및 전망, 2009-2018

[단위 : 백만 달러, %]

구분	2009	2010	2011	2012	2013p	2014	2015	2016	2017	2018	2013-18 CAGR[40]
출판	6,672	7,026	6,923	6,861	6,887	6,884	6,862	6,817	6,747	6,653	△0.7
만화	42	43	44	49	58	59	61	63	66	70	3.8
음악	1,358	1,253	1,272	1,303	1,338	1,359	1,385	1,415	1,449	1,488	2.2
게임	1,234	1,290	1,210	1,046	1,097	1,174	1,236	1,298	1,359	1,428	5.4
영화	3,155	3,103	3,162	3,234	3,277	3,330	3,381	3,441	3,507	3,580	1.8
애니메이션	340	412	313	393	475	482	489	498	508	518	1.8
방송	11,947	12,912	13,572	13,560	13,542	13,595	13,695	13,920	14,076	14,255	1.0
광고	10,849	11,739	12,152	12,299	12,692	13,182	13,709	14,364	15,027	15,829	4.5
캐릭터	9,300	8,930	9,240	9,385	9,513	9,750	10,012	10,295	10,584	10,867	2.7
지식정보	10,997	12,281	13,405	14,812	16,208	17,568	19,130	20,761	22,513	24,134	8.3
산술합계	55,894	58,989	61,293	62,942	65,087	67,384	69,961	72,872	75,836	78,822	3.9
합계[41]	45,635	48,119	50,379	52,063	54,085	56,294	58,797	61,553	64,423	67,286	4.5

출처 : PwC(2014), ICv2(2013, 2014), Barnes report(2013, 2014), Oricon(2013, 2014), SNE(2013), Box Office Mojo(2014), Digital Vector(2013), MDRI(2013), EPM(2013, 2014)

---

[40] 2013년부터 2018년까지 연평균성장률
[41] 중복 시장을 제외한 시장 규모임
- 출판의 신문/잡지 광고, 게임의 게임 광고, 영화의 극장광고, 방송의 TV/라디오 광고, 지식정보의 디렉토리 광고는 광고시장에 포함
- 만화, 지식정보의 전문서적/산업잡지는 출판시장에 포함
- 애니메이션은 영화시장에 포함

유무선 인터넷의 인프라가 구축되고 이에 따른 단말 보급률이 높아지면서 지식정보시장의 성장세를 보였고 아울러 디지털콘텐츠에 대한 접근이 용이해지면서 디지털로의 이행속도가 빠른 게임시장과 광고시장이 성장세를 보였다. 특히, LTE 네트워크 구축과 함께 스마트폰과 태블릿의 보급률이 증가하면서 모바일을 통한 콘텐츠 소비가 폭발적으로 성장할 것으로 예측되고 있어 향후, 5년간 연평균 4.5%의 성장률을 기록하며 2018년까지 캐나다의 콘텐츠시장은 672억 8,600만 달러의 규모에 도달할 것으로 전망된다.

[그림 3-1] 캐나다 콘텐츠시장 규모 및 성장률, 2009 - 2018

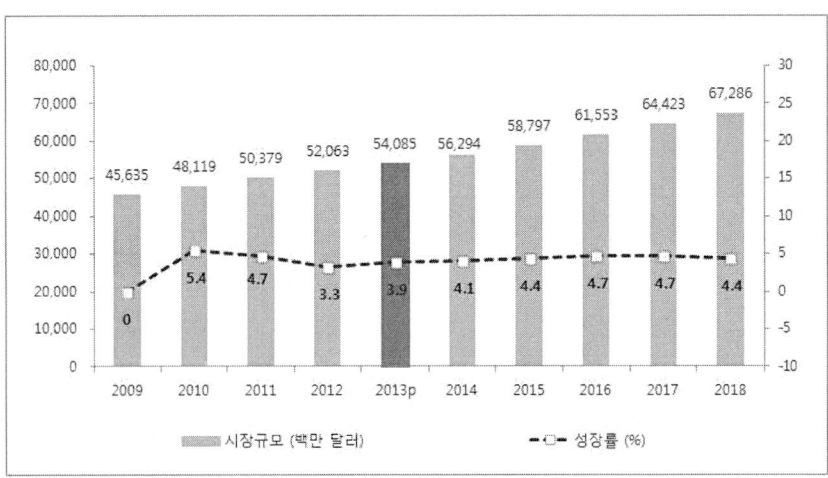

출처 : PwC(2014), ICv2(2013, 2014), Barnes report(2013, 2014), Box Office Mojo(2014), Digital Vector(2013), EPM(2013, 2014)

2013년 캐나다의 콘텐츠시장은 지식정보가 30.0%로 가장 높은 점유율을 보이고 있는 가운데 방송이 25.0%, 광고가 23.5%의 점유율을 보이며 뒤를 잇고 있다. 인터넷 네트워크의 활발한 보급으로 기존의 콘텐츠 소비패턴이 변화하면서 TV를 통한 방송 프로그램 시청보다 인터넷을 통한 동영상 시청이 늘고 있으며 이러한 변화는 단적으로 지식정보시장의 성장과 방송시장의 축소로 나타나고 있다. 이에 따라, 지식정보시장은 2018년에 35.9%의 점유율을 보일 것으로 전망된다. 한편, 인쇄 매체가 주를 이루는 출판시장의 경우 디지털 매체의 출판이 진행되면서 지속적으로 감소할 것으로 보여 2018년까지 감소세를 유지할 것으로 전망된다.

[그림 3-2] 캐나다 콘텐츠별 시장점유율, 2009 vs. 2013 vs. 2018

출처 : PwC(2014), ICv2(2013, 2014), Barnes report(2013, 2014), Box Office Mojo(2014), Digital Vector(2013), EPM(2013, 2014)

2018년까지 캐나다의 콘텐츠시장은 모든 장르에서 성장세가 지속될 것으로 전망되는 가운데 음악, 영화, 애니메이션, 방송은 1%~2%대 성장률을 지속할 것으로 전망된다. 반면, 출판시장은 종이책 인쇄산업의 출판 감소로 인해 향후 5년간 마이너스 성장률을 보일 것으로 예상된다.

[그림 3-3] 캐나다 콘텐츠별 연평균성장률 추정 2013-2018

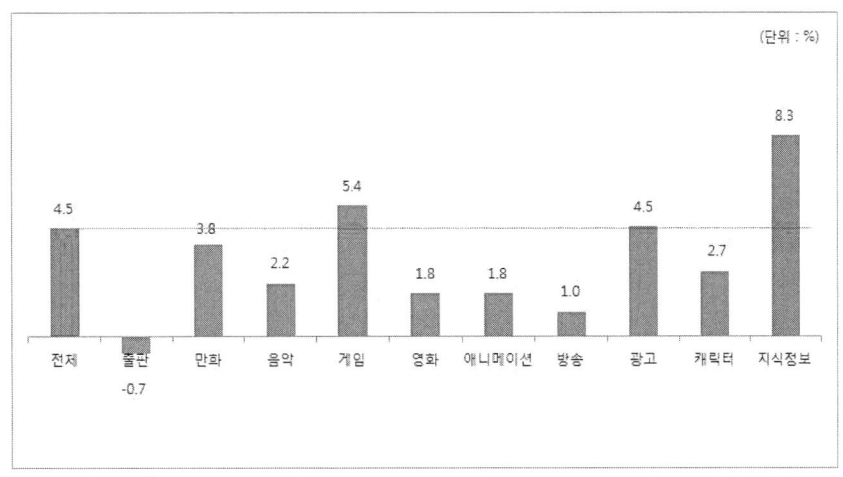

출처 : PwC(2014), ICv2(2013, 2014), Barnes report(2013, 2014), Box Office Mojo(2014), Digital Vector(2013), EPM(2013, 2014)

2) 산업별 콘텐츠시장 규모 및 전망

(1) 출판

캐나다의 출판시장은 2013년 68억 8,700만 달러의 규모를 이루며 전년대비 0.4%의 성장을 이루었다. 일반도서, 신문, 잡지 등 다양한 분야가 디지털로 출판되면서 전자 출판시장이 큰 폭으로 성장하고 있지만 종이 인쇄 출판물의 큰 감소세로 인하여 2018년까지 전체 출판시장은 향후 5년간 연평균 0.7% 하락하며 66억 5,300만 달러의 규모를 형성할 것으로 전망된다.

[표 3-2] 캐나다 출판시장 규모 및 전망, 2009-2018

[단위 : 백만 달러, %]

구분		2009	2010	2011	2012	2013p	2014	2015	2016	2017	2018	2013-18 CAGR
도서		1,886	2,005	2,029	2,042	2,149	2,231	2,294	2,327	2,332	2,313	1.5
	인쇄	1782	1832	1774	1683	1670	1633	1593	1550	1504	1456	△2.7
	디지털	104	173	255	359	479	598	701	777	828	857	12.3
신문		2,916	3,146	3,042	2,941	2,866	2,795	2,727	2,659	2,594	2,530	△2.5
광고		2,121	2,259	2,169	2,076	1,993	1,907	1,816	1,721	1,625	1,529	△5.2
	지면	2,031	2,103	1,971	1,816	1,708	1,598	1,483	1,365	1,247	1,132	△7.9
	디지털	91	156	199	260	284	309	333	356	377	398	7.0
구독		795	887	873	865	873	888	911	938	969	1,001	2.8
	지면	795	887	869	858	863	875	893	915	941	968	2.3
	디지털	0	0	4	6	9	13	18	23	28	32	28.9
잡지		1,870	1,875	1,852	1,878	1,872	1,858	1,841	1,831	1,821	1,810	△0.7
광고		1,040	1,099	1,124	1,147	1,174	1,197	1,217	1,242	1,268	1,291	1.9
	지면	983	1,004	978	945	941	930	914	897	878	853	△1.9
	디지털	57	95	146	202	233	267	303	345	390	438	13.5
구독		830	776	728	731	698	661	624	589	553	519	△5.8
	지면	830	771	721	707	665	618	572	529	488	451	△7.5
	디지털	0	5	7	24	33	43	52	60	65	68	15.6
합계		6,672	7,026	6,923	6,861	6,887	6,884	6,862	6,817	6,747	6,653	△0.7

출처 : PwC(2014)

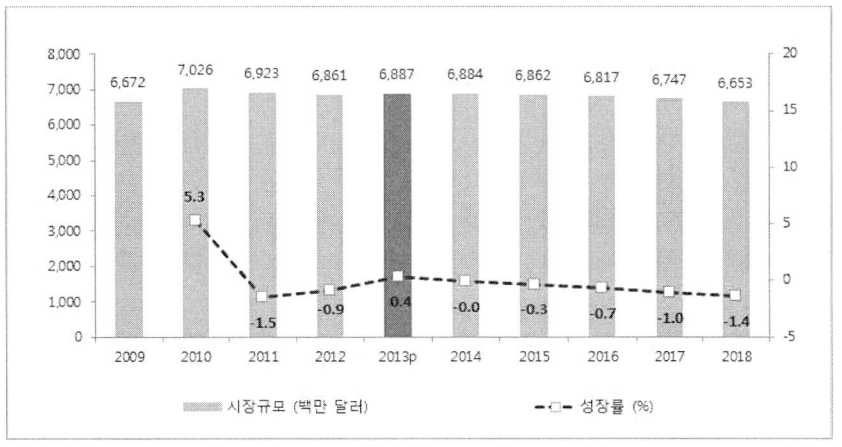

[그림 3-4] 캐나다 출판시장 규모 및 성장률, 2009-2018

출처 : PwC(2014)

2013년 캐나다의 출판시장은 신문시장이 41.6%의 가장 높은 점유율을 보였으며 도서 31.2%, 잡지 27.2%로 뒤를 잇고 있다. 그러나 높은 비중을 차지하는 신문시장은 점차 축소되면서 2018년에는 38%의 점유율을 차지할 것으로 보이며 도서시장은 반대로 34.8%의 점유율을 보이며 확대될 것으로 전망된다. 이와 같은 차이는 광고 매출 성장과 관련이 있는 것으로 보인다. 디지털 신문 광고 매출 부분에서 확실한 성장세가 보이지 않는 점은 신문시장의 지속적인 축소로 이어질 것으로 전망된다.

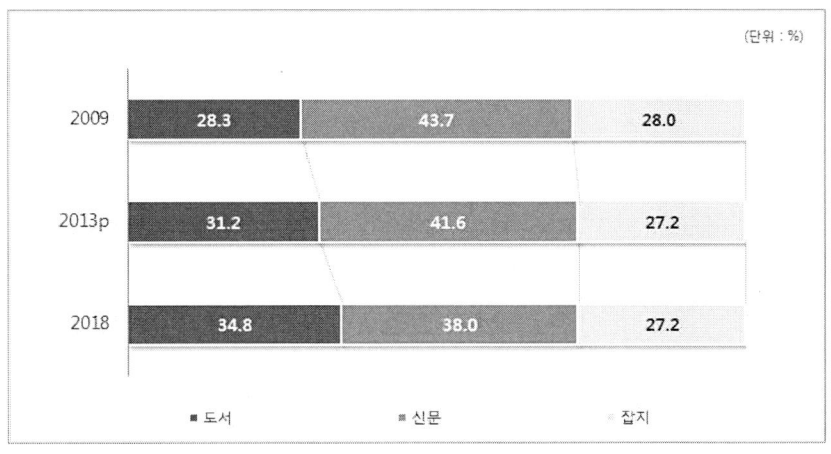

[그림 3-5] 캐나다 출판시장 비중 비교, 2009 vs. 2013 vs. 2018

출처 : PwC(2014)

가. 도서

일반도서, 교육용 도서, 전문서적 등을 포괄하는 캐나다 출판시장은 2013년 21억 4,900만 달러 규모의 시장을 형성하였으며 2018년까지 23억 1,300만 달러 시장으로 성장할 전망이다. 캐나다는 독자층이 두터운 나라로, 캐나다인 3명 중 1명은 월 평균 2.8권의 책을 구매하는 열성 구매자로 분류된다. 출판 도서의 주요 구입 경로는 여전히 서점 및 슈퍼마켓으로, 전체 도서구입의 3분의 2를 차지한다. 향후 5년간 일반도서 분야의 성장이 두드러질 것으로 전망되는데, 이는 전자책 등의 전자 매출이 주도할 것으로 판단된다. 전자책의 매출은 성장하고 있지만, 실제로 전자책을 이용하는 이용자 수는 많지 않다. 다만, 이용자가 월 평균 4.5권의 전자책을 구입하는 헤비 리더라는 특징이 있다. 한편, '와트패드 서비스' 등을 이용하는 자가출판 영역도 성장 중인데, 이러한 트렌드가 길게 이어질지는 미지수인 것으로 보인다.

[표 3-3] 캐나다 도서시장 규모 및 전망, 2009-2018

[단위 : 백만 달러, %]

구분	2009	2010	2011	2012	2013p	2014	2015	2016	2017	2018	2013-18 CAGR
인쇄	1782	1832	1774	1683	1670	1633	1593	1550	1504	1456	△2.7
전문	403	369	356	356	352	346	339	327	309	284	△4.2
일반	793	820	818	732	740	720	700	681	662	642	△2.8
교육	586	643	600	595	578	567	554	542	533	530	△1.7
디지털	104	173	255	359	479	598	701	777	828	857	12.3
전문	45	50	58	68	78	89	101	112	124	136	11.8
일반	43	88	144	207	282	356	421	471	504	523	13.1
교육	16	35	53	84	119	153	179	194	200	198	10.7
합계	1,886	2,005	2,029	2,042	2,149	2,231	2,294	2,327	2,332	2,313	1.5

출처 : PwC(2014)

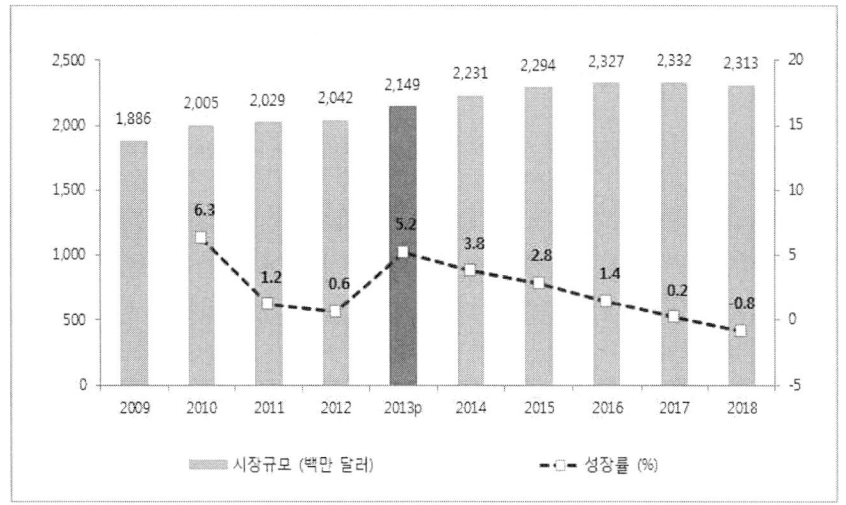

[그림 3-6] 캐나다 도서시장 규모 및 성장률, 2009-2018

출처 : PwC(2014)

나. 신문

캐나다의 신문시장은 전통적으로 강세를 보여 왔지만 2010년 이래로 신문시장의 규모는 감소세를 보이면서 2013년 신문시장은 전년대비 2.6% 하락한 28억 6,600만 달러의 규모를 이루었다. 캐나다 신문시장이 직면하고 있는 가장 큰 문제는 전 세계 출판사들이 겪고 있는 것과 마찬가지로 '종이 신문과 디지털콘텐츠간의 균형'을 이루는 일이다.

전체 신문시장에서 광고 수입은 70%를 차지하는데, 종이 신문의 광고 매출 감소를 디지털 신문 광고 매출이 충분히 상쇄하지 못함에 따라 전체적인 시장 규모는 지속적으로 감소할 것으로 전망되고 있다. 대부분의 캐나다 신문들이 유료 디지털 신문을 선보이며 다수의 독자를 확보하는데 성공했지만 해당 매출은 2013년 900만 달러에 그쳤다. 이는 전체 신문시장의 1%에도 못 미치는 수치이다. 캐나다 신문시장은 여전히 종이 신문 위주로 남을 것으로 보이며 디지털 가입 매출은 2018년에도 전체의 3% 규모에 머무를 것으로 보인다. 향후 5년간 캐나다의 신문시장은 2.5%의 하락세를 보이며 2018년까지 25억 3,000만 달러 규모로 축소될 전망이다.

[그림 3-7] 캐나다 신문시장 규모 및 성장률, 2009-2018

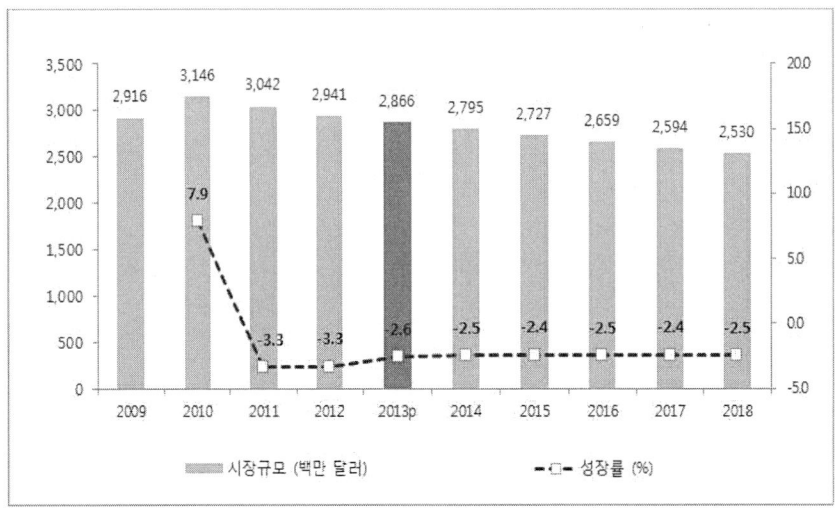

출처 : PwC(2014)

다. 잡지

2013년 캐나다의 잡지시장은 전년대비 0.3% 하락한 18억 7,200만 달러의 시장을 형성하였다. 시장은 점차 축소하여 2018년에는 18억 1,000만 달러 규모로 감소할 것으로 전망된다. 잡지시장 매출의 37%가 현재 잡지발행(Circulation)에서 발생하고 있는데 이 비율은 2018년 29%로 감소하고, 광고 매출은 소폭 성장할 것으로 보인다.

한편, 새로운 디지털 잡지들이 창간되고 가입형 서비스들이 등장함에 따라 디지털 잡지 발행 매출이 2013년 2,800만 달러 규모에서 2018년 4,400만 달러 규모로 빠르게 성장할 것으로 예측된다. 전체 일반 잡지 발행 매출에서 디지털이 차지하는 점유율 역시, 2013년 5%에서 2018년 11%로 성장할 것으로 보이며, 디지털 잡지 광고 매출 역시 2013년 1억 6,000만 달러 규모에서 2018년 3억 1,300만 달러 규모로 성장할 것으로 보인다.

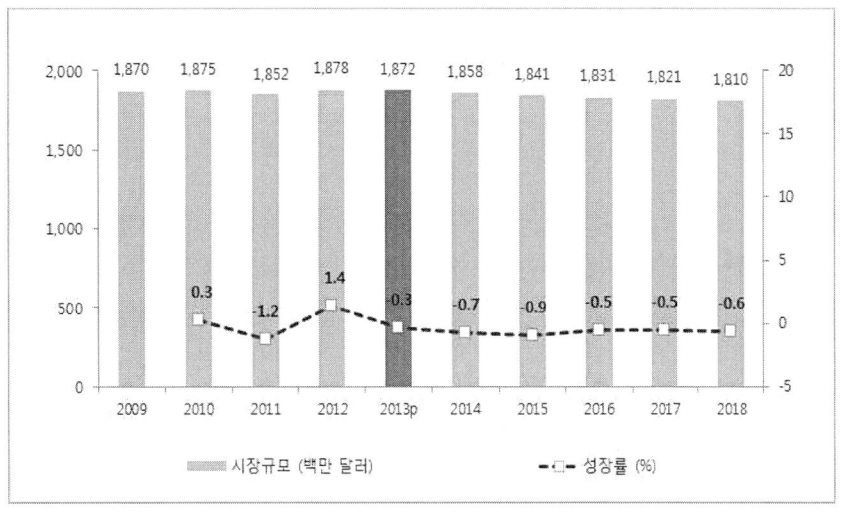

[그림 3-8] 캐나다 잡지시장 규모 및 성장률, 2009-2018

출처 : PwC(2014)

(2) 만화

2013년 캐나다의 만화시장 규모는 전년대비 17.9% 성장한 5,800만 달러로 집계되었다. 디지털 만화시장이 성장하면서 인쇄 만화는 정체기를 맞이하였으나 전반적인 만화시장 규모는 향후 5년간 3.8%의 성장세를 바탕으로 7,000만 달러 시장 규모가 될 것으로 전망된다.

[표 3-4] 캐나다 만화시장 규모 및 전망, 2009-2018

[단위 : 백만 달러, %]

구분	2009	2010	2011	2012	2013p	2014	2015	2016	2017	2018	2013-18 CAGR
인쇄 만화	42	42	43	45	53	53	52	52	51	51	△0.8
디지털	0	0	1	4	5	7	9	12	15	19	30.5
합계	42	43	44	49	58	59	61	63	66	70	3.8

출처 : ICv2(2014), Barnes(2014), PwC(2014)

[그림 3-9] 캐나다 만화시장 규모 및 성장률, 2009-2018

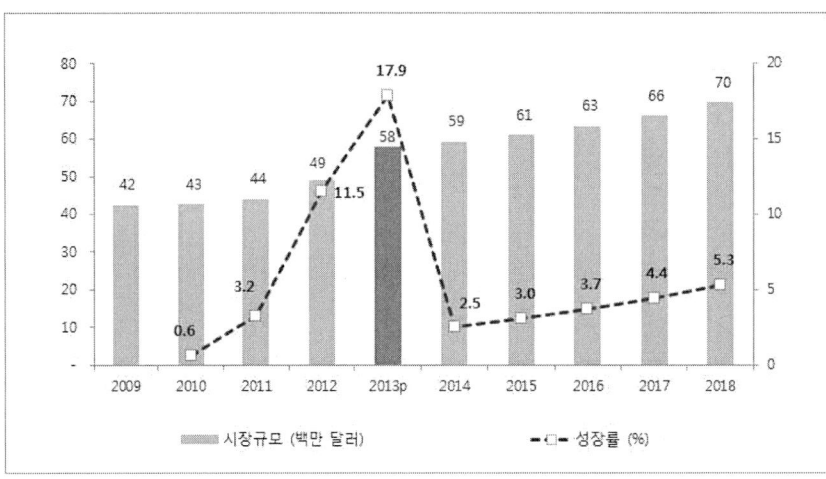

출처 : ICv2(2014), Barnes(2014), PwC(2014)

캐나다의 만화시장은 2009년 인쇄 출간물이 99.9%를 점유하였고 0.1%의 디지털 만화가 뒤를 이었다. 그러나 2013년 디지털 만화시장의 폭발적인 성장으로 인쇄 만화시장을 잠식하는 경향을 보이고 있다. 2013년 8.7%의 점유율을 보이는 디지털 만화시장은 2018년까지 지속적으로 성장하여 27.3%의 시장을 점유할 것으로 전망된다.

[그림 3-10] 캐나다 만화시장별 비중 비교, 2009 vs. 2013 vs. 2018

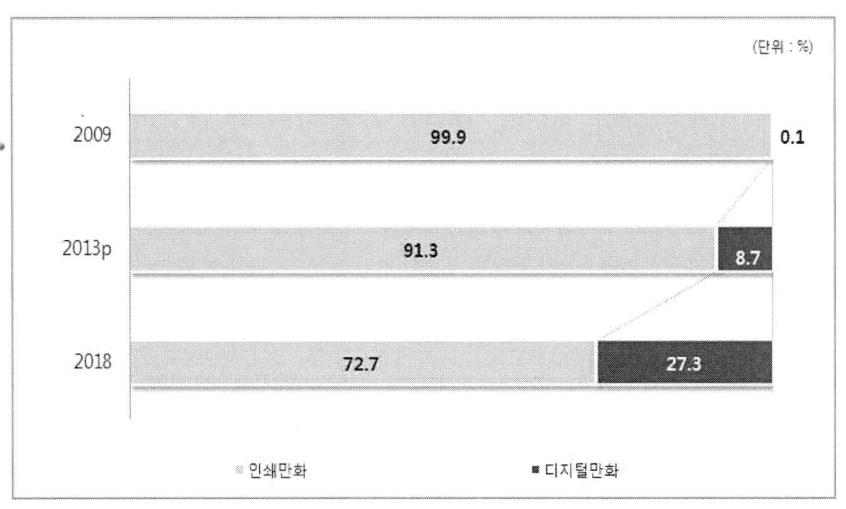

출처 : ICv2(2014), Barnes(2014), PwC(2014)

가. 인쇄 만화

2013년 캐나다의 인쇄 만화시장은 독보적인 시장점유율을 보이며 전년대비 17.8% 성장한 5,300만 달러로 집계되었다. 캐나다의 인쇄 만화시장은 자국 만화의 부흥을 위해 조 슈스터 상(Joe Shuster Awards)과 더그 라이트 상(Doug Wright Awards)이 2005년부터 재정되어 작가와 작품에 수상되어왔지만 디지털 만화 시장이 빠르게 성장하면서 인쇄 만화시장이 침체기를 맞이하였다. 때문에 캐나다의 인쇄 만화시장은 2018년까지 0.8%의 하락세를 보이며 5,100만 달러로 위축될 전망이다.

[그림 3-11] 캐나다 인쇄 만화시장 규모 및 성장률, 2009-2018

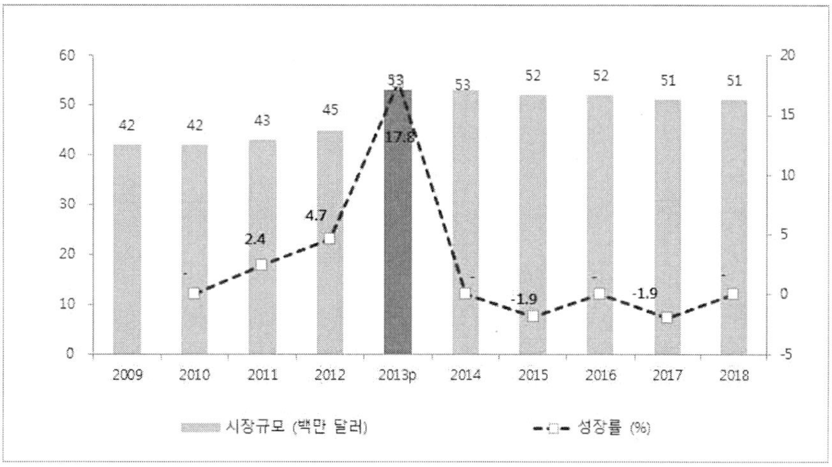

출처 : ICv2(2014), Barnes(2014), PwC(2014)

나. 디지털 만화

2013년 캐나다의 디지털 만화시장은 기존 인쇄 만화의 디지털화가 시작되는 단계를 맞이하면서 높은 성장세를 보여 전년대비 25.0% 성장한 500만 달러 규모로 집계되었다. 미국과 마찬가지로 초고속인터넷 보급률이 빠르게 증가하면서 2018년까지 연평균 30.5% 성장한 1,900만 달러에 달할 것으로 전망된다.

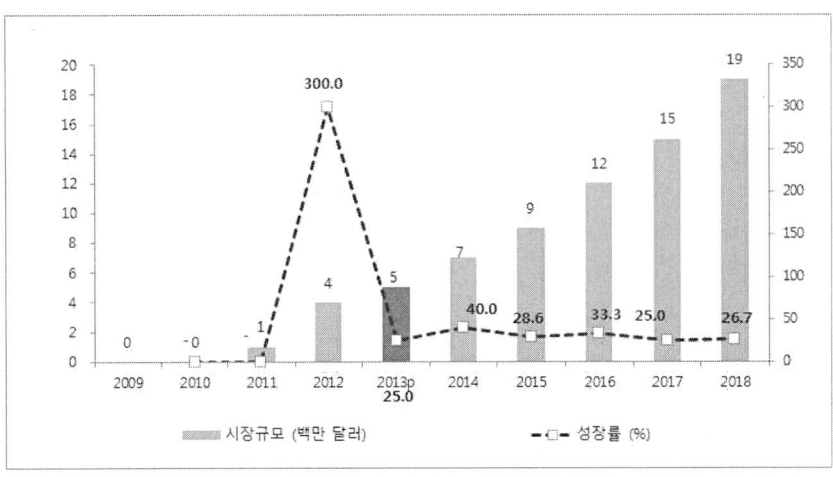

[그림 3-12] 캐나다 디지털 만화시장 규모 및 성장률, 2009-2018

출처 : ICv2(2014), Barnes(2014), PwC(2014)

(3) 음악

캐나다 음악시장은 2013년 13억 3,800만 달러 규모로 전년대비 2.7%의 성장률을 기록했다. 캐나다의 디지털 음원 총 수익은 꾸준히 성장하여 전년대비 13% 증가한 2억 6,100만 달러로 전년대비 6%p 하락한 오프라인 음반 수익을 앞질렀다. 캐나다의 음악시장은 향후 5년간 2.2%의 성장률을 바탕으로 2018년까지 14억 8,800만 달러의 규모에 이를 전망이다.

[표 3-5] 캐나다 음악시장 규모 및 전망, 2009-2018

[단위 : 백만 달러, %]

구분	2009	2010	2011	2012	2013p	2014	2015	2016	2017	2018	2013-18 CAGR
음반	581	496	495	496	511	512	514	518	523	528	0.6
오프라인 음반	452	349	301	266	250	219	190	161	134	109	△15.3
디지털 음원	129	147	193	231	261	292	324	357	388	419	9.9
공연 음악	777	757	778	807	826	847	871	897	926	960	3.1
합계	1,358	1,253	1,272	1,303	1,338	1,359	1,385	1,415	1,449	1,488	2.2

출처 : PwC(2014)

[그림 3-13] 캐나다 음악시장 규모 및 성장률, 2009 - 2018

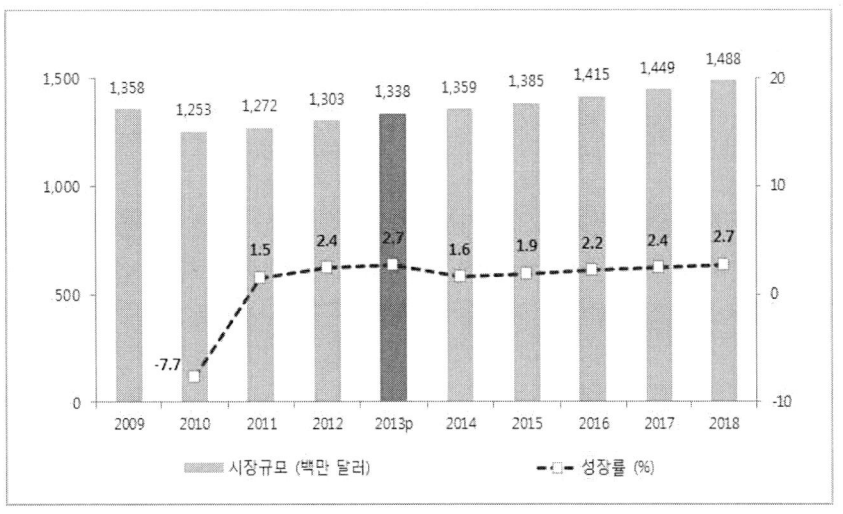

출처 : PwC(2014)

 캐나다 음악시장은 공연 음악시장 점유율이 매우 높은 것으로 나타났다. 2009년 57.2%의 점유율을 보이던 공연 음악시장은 지속적으로 확대되어 2013년 61.7%의 점유율을 차지했는데, 이 같은 성장세는 지속되어 2018년에는 64.5%까지 증가할 것으로 보인다.
 캐나다 음악시장에서 폭발적인 성장세를 보이는 것은 디지털 음원시장으로 2009년 9.5%의 점유율을 차지하던 디지털 음원시장은 2013년 19.5%로 성장하며 오프라인 음반시장을 대체하고 있는 것으로 나타났다. 향후, 이 같은 현상은 계속되어 2018년 디지털 음원시장 점유율은 28.2%까지 확대될 것으로 전망되고 있는 반면, 오프라인 음반시장은 전체 시장의 7.3%까지 축소될 것으로 보인다.

[그림 3-14] 캐나다 음악시장 분야별 비중 비교, 2009 vs. 2013 vs. 2018

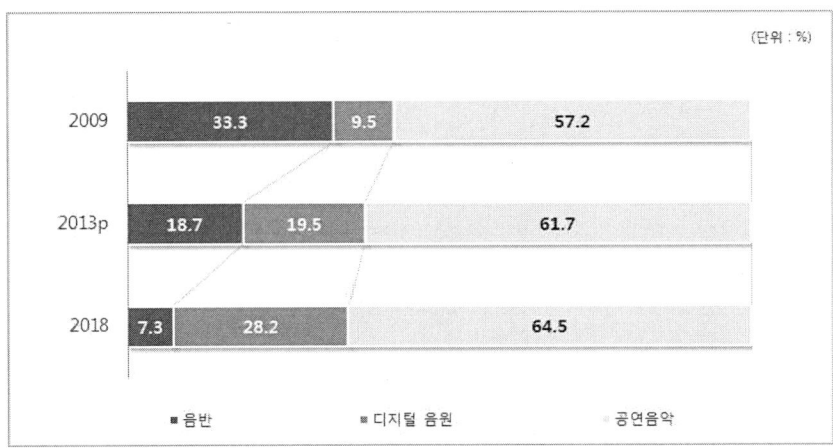

출처 : PwC(2014)

가. 오프라인 음반

캐나다의 오프라인 음반시장은 지속적으로 축소되어 2013년 전년대비 6% 하락한 2억 5,000만 달러로 집계되었다. 2013년에는 캐나다에 다양한 디지털 음원 서비스가 등장하면서 상대적으로 오프라인 음반시장에 타격을 안겨 준 것으로 보인다. 향후 5년간 오프라인 음반 수익은 지속적으로 감소하여 1억 900만 달러까지 감소할 것으로 전망된다.

[그림 3-15] 캐나다 오프라인 음반시장 규모 및 성장률, 2009 - 2018

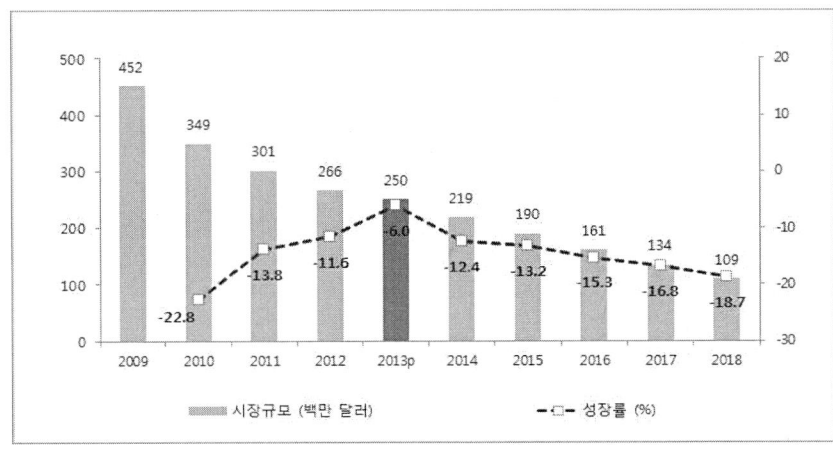

출처 : PwC(2014)

나. 디지털 음원

캐나다의 디지털 음원시장은 꾸준히 성장하여 전년대비 13% 성장한 2억 6,100만 달러로 집계되었다. 이 같은 성장은 잘 갖추어진 네트워크 인프라와 높은 사양의 단말 보급, 그리고 새로운 디지털 서비스의 등장에 힘입은 것으로 보인다. 2013년 1월에는 미국의 스트리밍 서비스업체 알디오(Rdio)가 최대 6개월간 무료접속 서비스를 제공하며 사업을 시작했으며 5월에는 노키아(Nokia)가 'Nokia Music' 서비스를 개시했다. 여기에 저작권법의 강화로 불법 음원 유통이 제한되는 분위기가 조성됨에 따라 디지털 음원시장은 더욱 더 발전할 가능성이 높아졌다. 향후 5년간 디지털 음원시장은 2018년까지 연평균 9.9%의 성장률을 보이며 4억 1,900만 달러 규모에 이를 것으로 전망된다.

[그림 3-16] 캐나다 디지털 음원시장 규모 및 성장률, 2009 - 2018

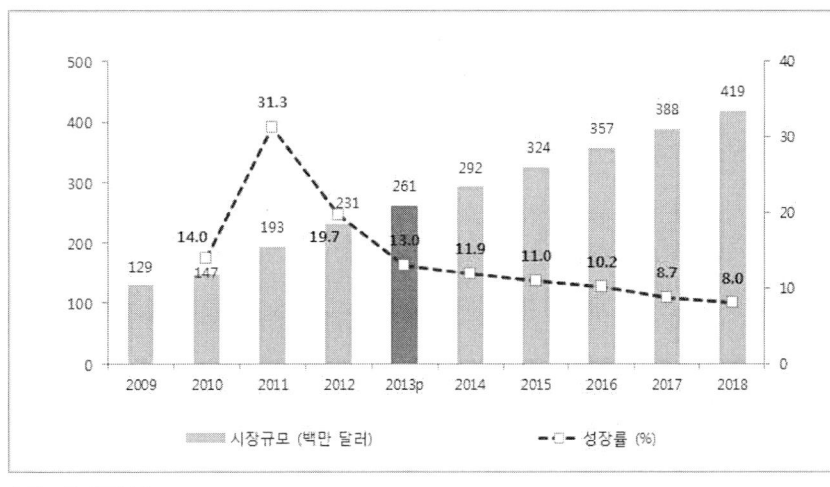

출처 : PwC(2014)

[표 3-6] 캐나다 디지털 음원시장 규모 및 전망, 2009-2018

[단위 : 백만 달러, %]

구분	2009	2010	2011	2012	2013p	2014	2015	2016	2017	2018	2013-18 CAGR
다운로드	105	125	170	208	237	266	295	323	351	379	9.8
스트리밍	5	8	13	16	20	24	28	32	36	39	14.6
모바일	19	13	10	6	4	3	2	1	1	1	△30.6
합계	129	147	193	231	261	292	324	357	388	419	9.9

출처 : PwC(2014)

다. 공연 음악

2013년 캐나다의 음악시장 중에 큰 비중을 차지하는 공연 음악시장은 전년대비 2.4% 성장한 8억 2,600만 달러의 시장 규모로 집계되었다. 실제로 2013년에 실시된 공연을 보면, 저스틴 비버(Justin Bieber)가 총 160여 개의 공연으로 이루어진 'Believe' 투어 공연을 시작했으며 마이클 부블레(Michael Buble), 드레이크 더 위크엔드(Drake the Weekend)의 투어도 있었다. 아케이드 파이어는 신보 '리플렉터(Reflektor)'의 서포트를 위해 2014년 미국 투어를 계획하고 있다. 아티스트들의 활발한 공연은 향후 5년간 계속될 것으로 보이면서 향후 공연 음악시장은 꾸준히 성장하여 2018년까지 연평균 3.1% 성장한 9억 6,000만 달러에 달할 것으로 전망된다.

[그림 3-17] 캐나다 공연 음악시장 규모 및 성장률, 2009-2018

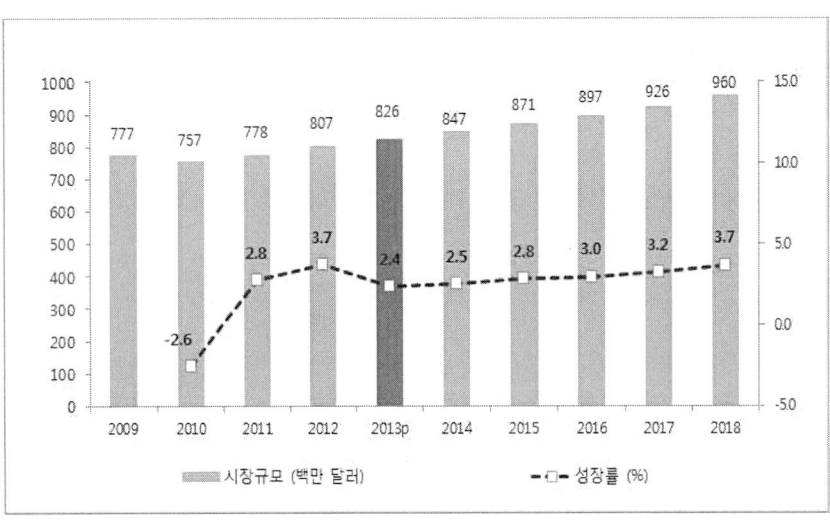

출처 : PwC(2014)

[표 3-7] 캐나다 공연 음악시장 규모 및 전망, 2009-2018

[단위 : 백만 달러, %]

구분	2009	2010	2011	2012	2013p	2014	2015	2016	2017	2018	2013-18 CAGR
후원	163	175	173	177	183	189	194	199	204	209	2.6
티켓 판매	614	582	605	630	643	658	676	697	722	751	3.2
합계	777	757	778	807	826	847	871	897	926	960	3.1

출처 : PwC(2014)

(4) 게임

캐나다는 미국과 일본에 이어 세계에서 3번째로 큰 게임시장을 보유하고 있다. 2013년 캐나다의 게임시장 규모는 전년대비 4.9% 성장한 10억 9,700만 달러로 집계되었다.

2011년에서 2012년에 걸쳐 다소 침체기에 빠진 모습을 보이기는 했으나, 2013년 콘솔 게임의 매출 상승에 힘입어 소폭의 성장세를 회복했으며, 모바일 게임과 게임 광고 역시 이러한 성장세 회복에 다소 기여하는 모습을 보였다. 캐나다 게임시장은 유무선 네트워크 기반의 온라인 게임과 모바일 게임의 강세가 향후 시장 성장을 견인할 것으로 예상되어 2018년까지 5.4%의 성장률을 기록하며 14억 2,800만 달러의 시장 규모를 형성할 것으로 전망된다.

[표 3-8] 캐나다 게임시장 규모 및 전망, 2009-2018

[단위 : 백만 달러, %]

구분	2009	2010	2011	2012	2013p	2014	2015	2016	2017	2018	2013-18 CAGR
게임 광고	42	55	68	77	87	100	114	129	143	160	13.0
콘솔 게임	929	937	840	656	678	725	757	788	818	850	4.6
디지털	49	71	83	96	132	169	197	226	256	290	17.0
오프라인	880	866	757	560	546	556	560	562	562	560	0.5
온라인 게임	89	94	100	106	114	121	128	133	139	145	4.8
PC 게임	83	103	92	83	79	75	71	69	67	67	△3.2
디지털	8	26	35	45	47	48	48	52	54	58	4.0
오프라인	75	77	58	38	32	27	23	17	13	10	△21.4
모바일 게임	91	100	111	124	139	153	167	179	192	206	8.2
합계	1,234	1,290	1,210	1,046	1,097	1,174	1,236	1,298	1,359	1,428	5.4

출처 : PwC(2014)

[그림 3-18] 캐나다 게임시장 규모 및 성장률, 2009 - 2018

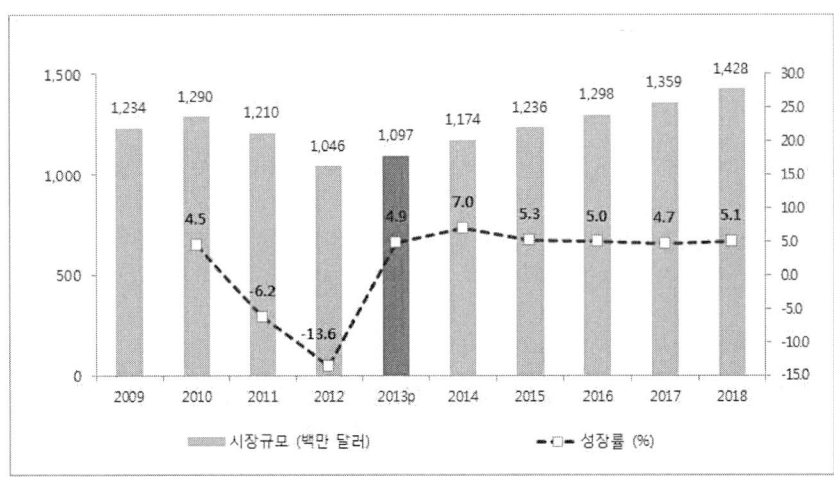

출처 : PwC(2014)

캐나다 게임시장에서 가장 큰 비중을 차지하는 부분은 콘솔 게임시장이다. 콘솔 게임시장은 2009년 75.3%의 점유율을 보였으나 모바일 게임의 소셜 게임과 캐주얼 게임의 강세로 2013년 61.8%까지 축소되었다. 향후 게임 광고와 모바일 게임의 성장으로 2018년 콘솔 게임시장 점유율은 59.5%까지 다소 축소될 것으로 전망된다.

[그림 3-19] 캐나다 게임시장 분야별 비중 비교, 2009 vs. 2013 vs. 2018

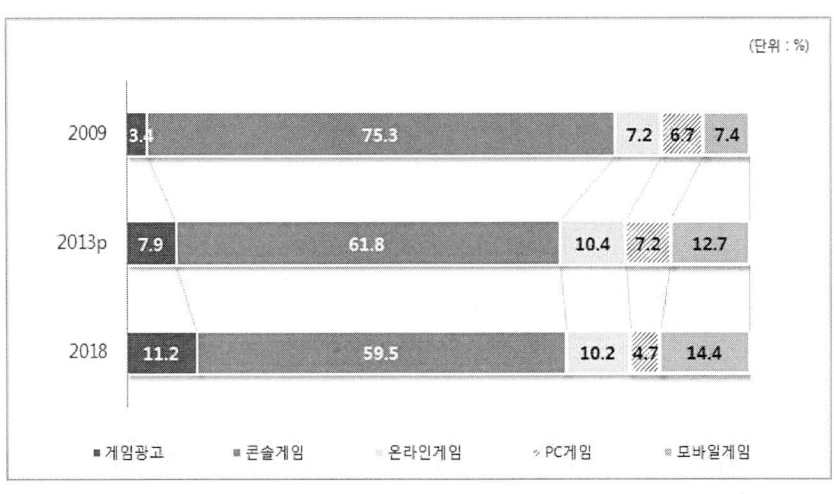

출처 : PwC(2014)

가. 콘솔 게임

모바일 게임시장이 성장하면서 콘솔 게임시장이 다소 주춤하는 모습을 보이고 있지만 여전히 매출 규모 측면에서는 시장의 중심으로 자리 잡고 있다. 소니(Sony)와 마이크로소프트(Microsoft)가 콘솔 게임의 가입형 서비스를 확대하고 있는 만큼 시장이 다시 성장세를 보일 것으로 전망되면서 향후 2018년까지 연평균 4.6% 성장한 8억 5,000만 달러의 규모를 보일 것으로 전망된다.

[그림 3-20] 캐나다 콘솔 게임시장 규모 및 성장률, 2009 - 2018

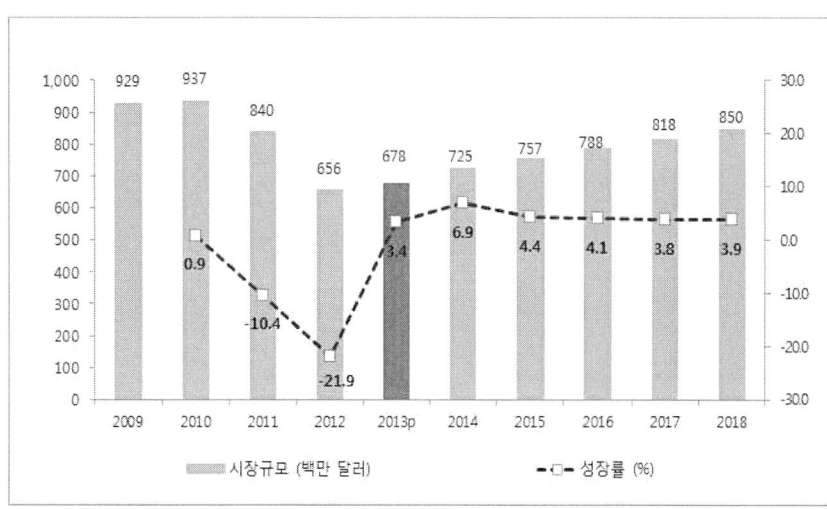

출처 : PwC(2014)

나. 온라인 게임

캐나다 온라인 게임시장은 네트워크 인프라를 기반으로 안정적인 성장세를 나타내면서 2013년 전년대비 7.5% 성장한 1억 1,400만 달러로 집계되었다. 캐나다정부는 브로드밴드 미보급 지역 또는 낙후지역에까지 인프라 보급에 주력하고 있으며, MMORPG와 같은 온라인 게임개발이 활발하게 이루어지고 있어 향후 2018년 온라인 게임시장은 1억 4,500만 달러 규모까지 성장할 것으로 전망된다.

[그림 3-21] 캐나다 온라인 게임시장 규모 및 성장률, 2009 - 2018

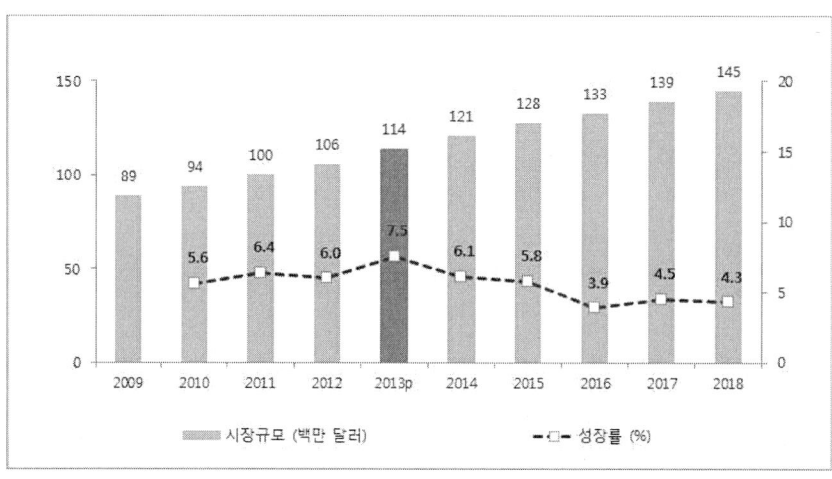

출처 : PwC(2014)

다. PC 게임

캐나다의 PC 게임시장은 콘솔과 소셜 게임, 캐주얼 게임의 영향으로 지속적인 하락세를 보이고 있다. 2012년 8,300만 달러의 매출을 기록한 PC 게임은 2013년에는 7,900만 달러, 2018년에는 6,700만 달러까지 하락할 것으로 보인다.

[그림 3-22] 캐나다 PC 게임시장 규모 및 성장률, 2009 - 2018

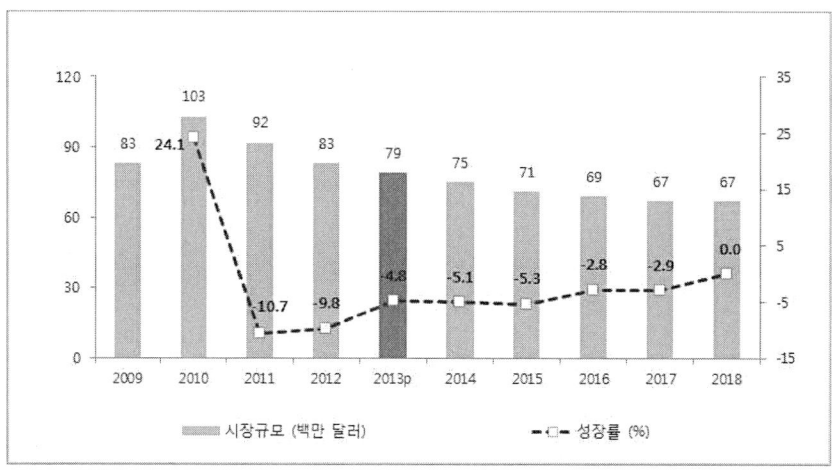

출처 : PwC(2014)

라. 모바일 게임

타 국가와 마찬가지로 캐나다 역시 대형 시리즈 게임과 캐주얼 게임으로 시장의 중심이 옮겨가고 있다. 2013년 캐나다의 모바일 게임시장 규모는 전년대비 12.3% 증가한 1억 3,900만 달러로 집계되었다. 스마트폰의 보급과 모바일 게임의 인기에 힘입어 모바일 게임시장은 빠르게 성장하고 있어 향후 5년간 8.2%의 성장률을 바탕으로 2018년까지 2억 600만 달러 시장으로 규모가 커질 전망이다.

[그림 3-23] 캐나다 모바일 게임시장 규모 및 성장률, 2009 - 2018

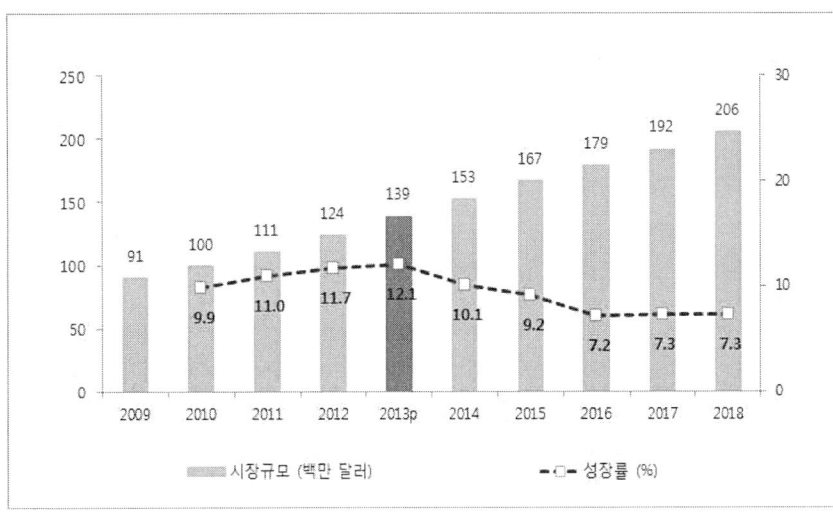

출처 : PwC(2014)

(5) 영화

캐나다의 2013년 영화시장은 전년대비 1.3% 증가한 32억 7,700만 달러로 집계되었다. DVD, 블루레이 대여사업자들의 매장 폐쇄가 증가하면서 홈비디오시장이 지속적으로 축소되고 있으나, 박스오피스의 수익 증가와 OTT시장 확대로 전체적인 시장 규모는 성장세를 보이고 있다. 향후 5년간 캐나다 영화시장은 연평균 1.8%의 안정적인 성장세를 보이며 35억 8,000만 달러 규모를 보일 것으로 전망된다.

[표 3-9] 캐나다 영화시장 규모 및 전망, 2009-2018

[단위 : 백만 달러, %]

구분	2009	2010	2011	2012	2013p	2014	2015	2016	2017	2018	2013-18 CAGR
극장	1,109	1,161	1,140	1,214	1,256	1,299	1,344	1,389	1,435	1,464	3.1
박스오피스	1,091	1,141	1,119	1,193	1,234	1,277	1,321	1,366	1,413	1,441	3.2
극장광고	19	21	21	22	22	22	22	22	22	22	0.9
홈비디오	1,901	1,783	1,706	1,633	1,550	1,474	1,389	1,303	1,219	1,140	△6.0
대여	414	346	313	282	255	231	209	190	173	157	△9.3
판매	1,487	1,437	1,394	1,351	1,295	1,244	1,180	1,113	1,047	983	△5.4
디지털배급	145	159	316	387	472	557	649	749	853	975	15.6
OTT/스트리밍	0	0	141	195	260	332	413	501	600	720	22.6
TV 구독	145	159	174	191	212	224	236	249	252	256	3.8
합계	3,155	3,103	3,162	3,234	3,277	3,330	3,381	3,441	3,507	3,580	1.8

출처 : PwC(2014)

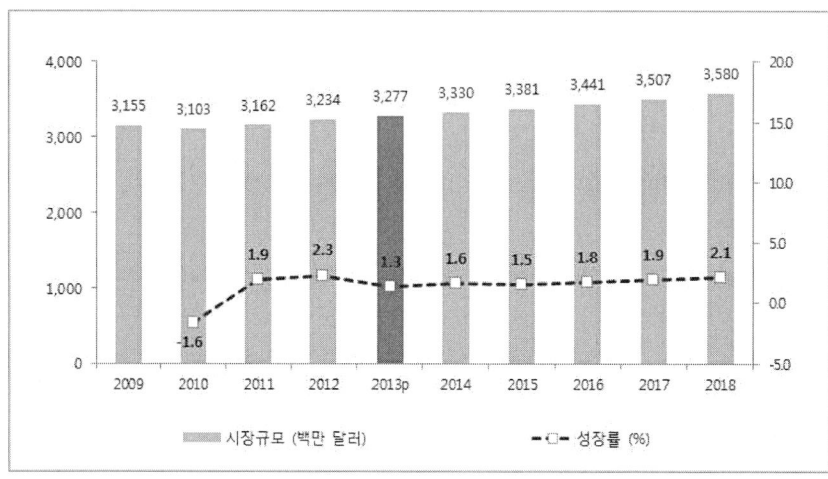

[그림 3-24] 캐나다 영화시장 규모 및 성장률, 2009 - 2018

출처 : PwC(2014)

2009년 캐나다 영화시장에서 가장 큰 비중을 차지한 것은 홈비디오시장으로 홈비디오 대여와 판매시장이 50% 이상을 차지했다. 그러나 디지털배급시장의 급격한 성장으로 인해 2013년 47.3%로 비중이 축소되었으며, 이러한 추세는 지속되어 향후 2018년에는 31.9%까지 줄어들 것으로 전망된다. 반면, 디지털배급시장의 점유율은 지속적으로 확대되어 2013년 22.3%에서 2018년 27.3%로 증가할 것으로 보인다.

[그림 3-25] 캐나다 영화시장 분야별 비중 비교, 2009 vs. 2013 vs. 2018

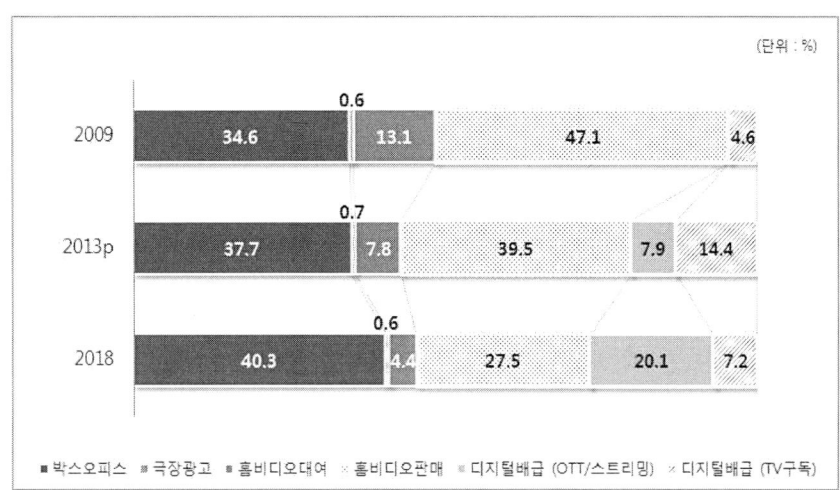

출처 : PwC(2014)

가. 박스오피스

캐나다의 박스오피스시장은 미국 영화와 외국 영화에 지배되고 있는 상황으로 자국 영화의 시장점유율은 2013년 2.3%에 지나지 않았다.[42] 그러나, 미국의 프랜차이즈 영화의 흥행에 힘입어 2013년 캐나다 박스오피스시장은 전년대비 1.4% 성장한 12억 3,400만 달러로 집계되었다.

경기회복과 더불어 미국의 대작 영화들이 시리즈로 개봉될 예정이어서 영화 소비가 늘어날 것으로 보이며 향후 5년 동안 안정적인 성장세를 유지하여 2018년에는 14억 4,100만 달러의 시장이 형성될 것으로 전망된다.

---

42) Canadian Heritage, Canadian Films' Share of the Box Office Revenues

[그림 3-26] 캐나다 박스오피스시장 규모 및 성장률, 2009 - 2018

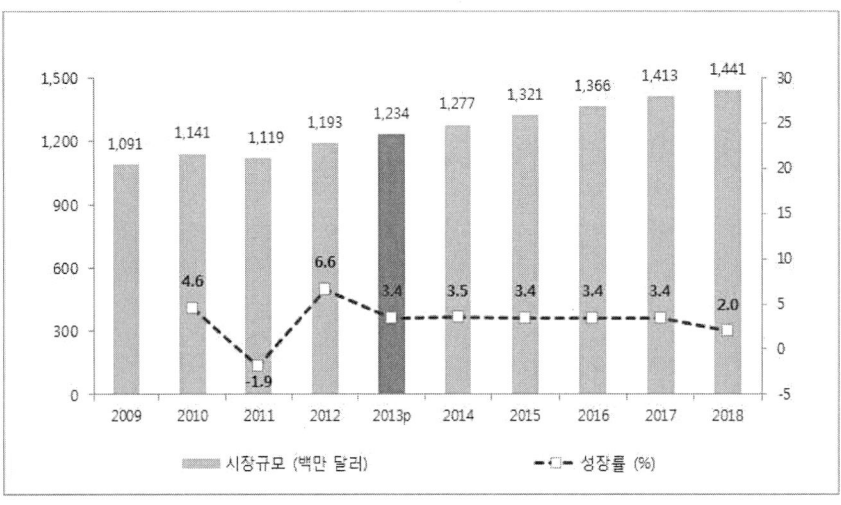

출처 : PwC(2014)

나. 홈비디오

캐나다 영화시장에서 가장 높은 비중을 보이던 홈비디오시장은 지속적으로 축소되는 양상을 보이며 2013년에는 전년대비 5.1% 하락한 15억 5,000만 달러의 시장 규모로 집계되었다. 잘 정비된 인터넷 인프라와 더불어 OTT업체들의 약진으로 향후 홈비디오시장 위축이 지속되어 2018년에는 11억 4,000만 달러까지 시장이 위축될 것으로 전망된다.

그러나 이는 박스오피스 수익에 비해 크게 차이가 나는 규모가 아니다. 홈비디오 판매 및 대여 아웃렛 매장이 폐쇄되면서 살아남은 업체들은 공백을 채우기 위해 노력하고 있는데, 레드박스(Redbox)와 같은 경우는 비디오 대여 자동판매기를 캐나다에 설치하며 부활을 꿈꾸고 있다. 또한 공항이나 편의점에 위치한 가판대에서 영화를 대여해 주는 디지부(Digiboo)는 2013년 캐나다로 사업을 확장했다. 따라서 홈비디오시장이 다시 확대될 가능성의 여지는 여전히 남아 있는 것으로 보인다.

[그림 3-27] 캐나다 홈비디오시장 규모 및 성장률, 2009 - 2018

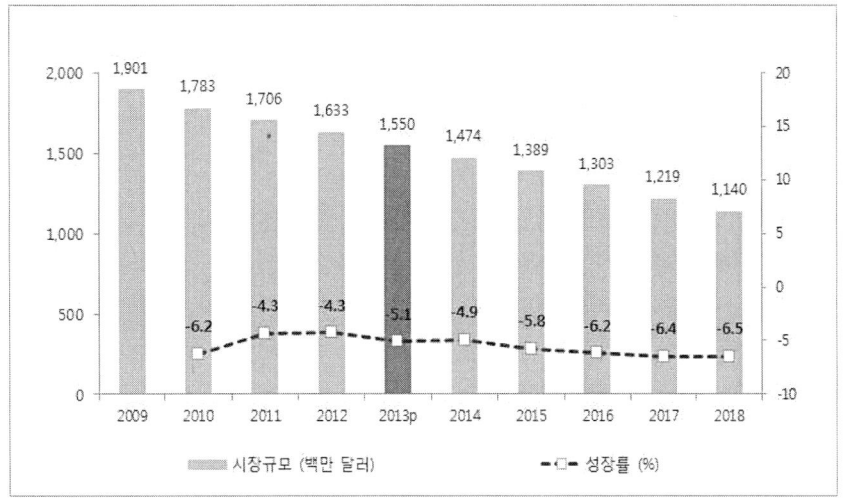

출처 : PwC(2014)

다. 디지털배급

　OTT시장의 성장세로 2013년 캐나다의 디지털배급시장은 전년대비 22% 성장한 4억 7,200만 달러의 규모로 집계되었다. 2010년 넷플릭스(Nerflix)가 이미 캐나다 시장에 진출하며 전체 트래픽의 3-40%를 차지하고 있으며 로저 미디어(Rogers Media)와 쇼 미디어(Shaw Media)와 같은 미디어 그룹은 자체 OTT 서비스업체를 공동으로 설립하며 시장에 진입하고 있다. 향후 다양한 서비스가 등장함에 따라 향후 5년간 꾸준한 성장세를 보이면서 2018년에는 9억 7,500만 달러에 이를 것으로 전망된다.

[그림 3-28] 캐나다 디지털배급시장 규모 및 성장률, 2009 - 2018

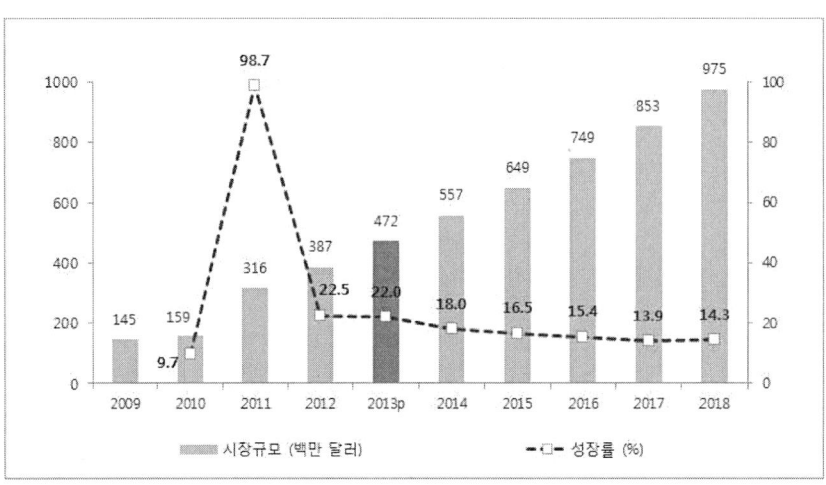

출처 : PwC(2014)

(6) 애니메이션

2013년 캐나다의 애니메이션시장은 할리우드 애니메이션의 인기를 통해 전년대비 20.9%나 성장한 4억 7,500만 달러를 기록하였다. 애니메이션시장은 경기회복, 온라인 동영상 서비스 확산, 그리고 전 세계적으로 히트한 '겨울왕국'과 '슈퍼배드 2'와 같은 할리우드 애니메이션의 인기로 인해 홈비디오 애니메이션을 제외한 전 부문에서 고른 성장세를 나타내고 있다.

이러한 성장세가 지속되면서 캐나다 애니메이션시장은 향후 5년간 1.8%의 성장세를 보이며 2018년에는 5억 1,800만 달러에 이를 것으로 전망된다.

[표 3-10] 캐나다 애니메이션시장 규모 및 전망, 2009-2018

[단위 : 백만 달러, %]

구분	2009	2010	2011	2012	2013p	2014	2015	2016	2017	2018	2013-18 CAGR
영화	118	152	111	145	179	185	191	198	205	209	3.2
극장광고	2	3	2	3	3	3	3	3	3	3	0.0
디지털배급	0	0	14	24	38	48	60	73	87	104	22.6
방송	16	21	17	23	31	32	34	36	36	37	3.8
홈비디오	205	237	169	199	224	213	201	189	176	165	△6.0
합계	340	412	313	393	475	482	489	498	508	518	1.8

출처 : Box Office Mojo(2014), Digital Vector(2013), The-Numbers(2014), PwC(2014)

[그림 3-29] 캐나다 애니메이션시장 규모 및 성장률, 2009 - 2018

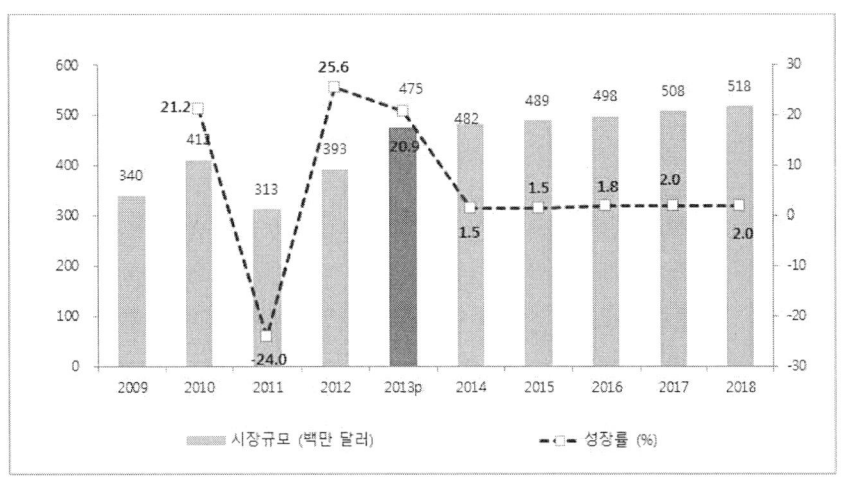

출처 : Box Office Mojo(2014), Digital Vector(2013), The-Numbers(2014), PwC(2014)

2009년 캐나다 애니메이션시장에서 큰 비중을 차지한 홈비디오시장은 디지털배급시장에 잠식당하며 점차 축소되는 경향을 보였다. 반면 디지털배급시장은 OTT 서비스 이용자가 증가하면서 급격한 성장세를 보이고 있다. 2009년 시장이 형성되어 있지 않던 디지털배급시장은 2013년에는 8.0%의 점유율을 보였으며, 향후 2018년에는 두 배가 넘는 20.1%의 점유율을 보일 것으로 전망된다.

[그림 3-30] 캐나다 애니메이션시장 분야별 비중 비교, 2009 vs. 2013 vs. 2018

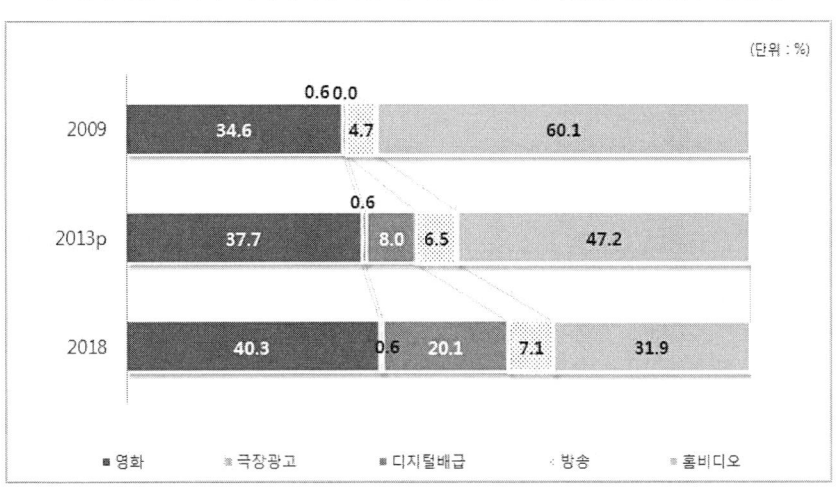

출처 : Box Office Mojo(2014), Digital Vector(2013), The-Numbers(2014), PwC(2014)

가. 영화 애니메이션

2013년 캐나다의 영화 애니메이션시장은 '겨울왕국', '슈퍼배드 2', '몬스터 대학교', '터보'와 같은 할리우드 애니메이션이 흥행한데다 경기가 회복세를 나타내면서 전년대비 23.2% 성장한 1억 7,900만 달러의 규모로 집계되었다. 향후에도 할리우드 애니메이션의 인기에 힘입어 캐나다 영화 애니메이션은 2018년까지 안정적인 성장률을 기록하며 2억 900만 달러의 규모를 형성할 것으로 전망된다.

[그림 3-31] 캐나다 영화 애니메이션시장 규모 및 성장률, 2009 - 2018

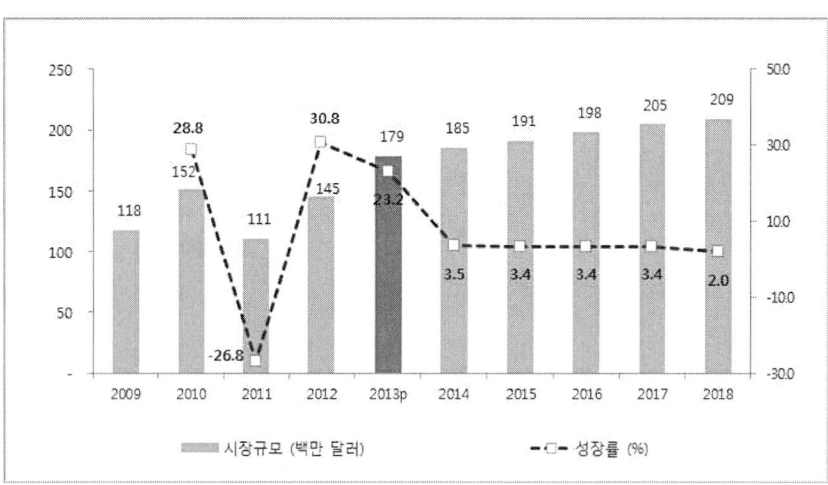

출처 : Box Office Mojo(2014), Digital Vector(2013), The-Numbers(2014), PwC(2014)

나. 방송 애니메이션

2013년 캐나다의 방송 애니메이션시장 규모는 전년대비 34.8% 성장한 3,100만 달러로 집계되었다. 디지털TV의 보급과 IPTV, VoD 서비스로 인해 방송 애니메이션에 대한 수요가 꾸준히 증가하고 있으며 이는 향후 5년간 유지될 것으로 보인다. 향후 5년간 연평균 3.8%의 성장세를 바탕으로 2018년까지 3,700만 달러에 이를 것으로 전망된다.

[그림 3-32] 캐나다 방송 애니메이션시장 규모 및 성장률, 2009 - 2018

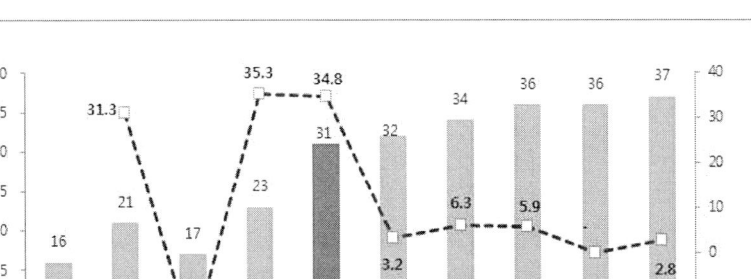

출처 : Box Office Mojo(2014), Digital Vector(2013), The-Numbers(2014), PwC(2014)

다. 홈비디오 애니메이션

캐나다의 홈비디오 애니메이션시장 규모는 2011년 큰 폭으로 하락하였다가 2012년 회복하는 양상을 보였지만 2013년을 기점으로 지속적으로 하락할 것으로 전망된다.

[그림 3-33] 캐나다 홈비디오 애니메이션시장 규모 및 성장률, 2009 - 2018

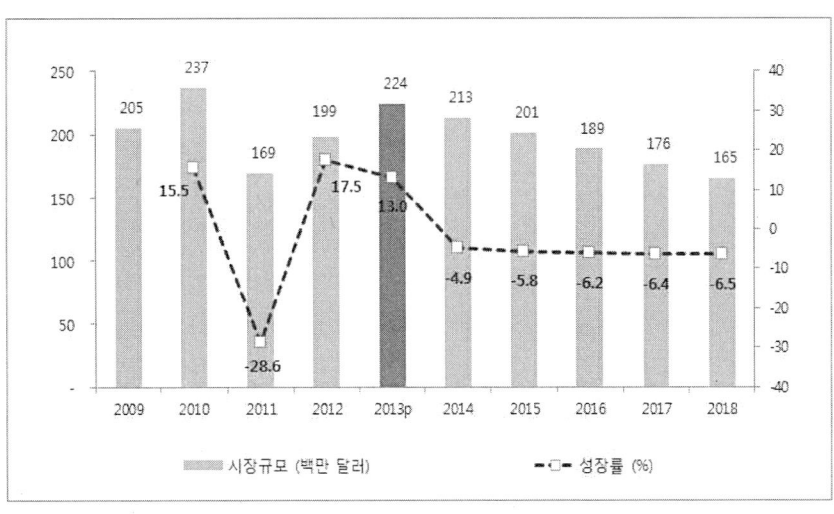

출처 : Box Office Mojo(2014), Digital Vector(2013), The-Numbers(2014), PwC(2014)

2013년 캐나다 홈비디오 애니메이션은 전년대비 13.6% 증가한 2억 2,400만 달러 규모로 집계되었다. 모바일 네트워크 구축과 단말의 보급으로 인하여 디지털배급 애니메이션 비중이 증가됨에 따라 향후 5년간 마이너스 성장을 보이며 2018년까지 1억 6,500만 달러로 시장 규모가 축소될 것으로 보인다.

라. 디지털배급 애니메이션

폭발적인 성장을 보이고 있는 디지털배급 애니메이션시장은 2013년 전년대비 58.3%의 성장률을 보이며 3,800만 달러의 시장 규모를 형성하였다. 캐나다의 디지털배급 애니메이션시장은 PC뿐만이 아닌 스마트폰과 태블릿을 통한 이용이 늘면서 그 수요가 증가하는 추세이다. 향후 디지털배급시장은 폭발적인 성장세를 보이며 2018년 1억 400만 달러에 달할 것으로 전망된다.

[그림 3-34] 캐나다 디지털배급 애니메이션시장 규모 및 성장률, 2009 - 2018

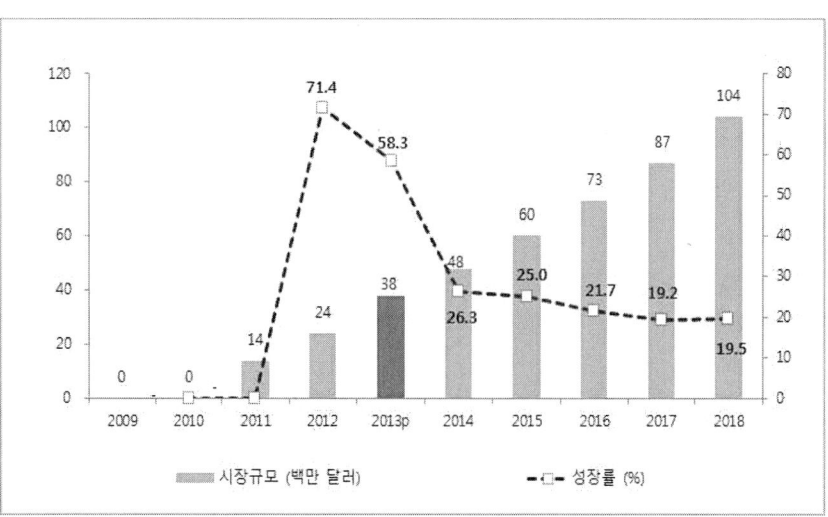

출처 : Box Office Mojo(2014), Digital Vector(2013), The-Numbers(2014), PwC(2014)

(7) 방송

2013년 캐나다 방송시장은 전년대비 약 0.1% 감소한 135억 4,200만 달러로 집계되었다. 캐나다는 고도로 발달한 유료방송시장이 형성되어 있으며 사업자들 간에 활발한 경쟁이 이루어지고 있다. 케이블방송은 IPTV의 위협으로부터 디지털 방송 가입자들을 지키려는데 노력을 기울이고 있다. 그렇지만 방송시장에서 가장 많은 비중을 차지하고 있는 TV 수신료시장은 거의 정체되어 있으며 앞으로도 이러한 현상은 지속될 것으로 보인다. 향후 5년간 방송시장은 연평균 1.0% 성장하며 2018년 142억 5,500만 달러에 이를 것으로 전망된다.

[표 3-11] 캐나다 방송시장 규모 및 전망, 2009-2018

[단위 : 백만 달러, %]

구분	2009	2010	2011	2012	2013p	2014	2015	2016	2017	2018	2013-18 CAGR
TV 수신료	7,250	7,866	8,261	8,261	8,133	8,039	8,008	8,035	8,066	8,088	△0.1
공영방송	-	-	-	-	-	-	-	-	-	-	-
유료방송	7,250	7,866	8,261	8,261	8,133	8,039	8,008	8,035	8,066	8,088	△0.1
TV 광고	3,074	3,365	3,537	3,496	3,545	3,637	3,703	3,831	3,897	3,989	2.4
다중 채널	978	1,087	1,205	1,236	1,267	1,306	1,337	1,392	1,424	1,468	3.0
지상파	2,054	2,226	2,266	2,176	2,172	2,202	2,215	2,266	2,280	2,310	1.2
온라인	42	52	66	84	106	129	151	173	193	211	14.9
라디오	1,623	1,681	1,774	1,803	1,864	1,919	1,984	2,054	2,113	2,178	3.2
라디오 광고	1,436	1,483	1,541	1,549	1,581	1,614	1,653	1,694	1,736	1,779	2.4
공영 라디오	-	-	-	-	-	-	-	-	-	-	-
위성 라디오	187	198	233	254	283	305	331	360	377	399	7.1
합계	11,947	12,912	13,572	13,560	13,542	13,595	13,695	13,920	14,076	14,255	1.0

출처 : PwC(2014)

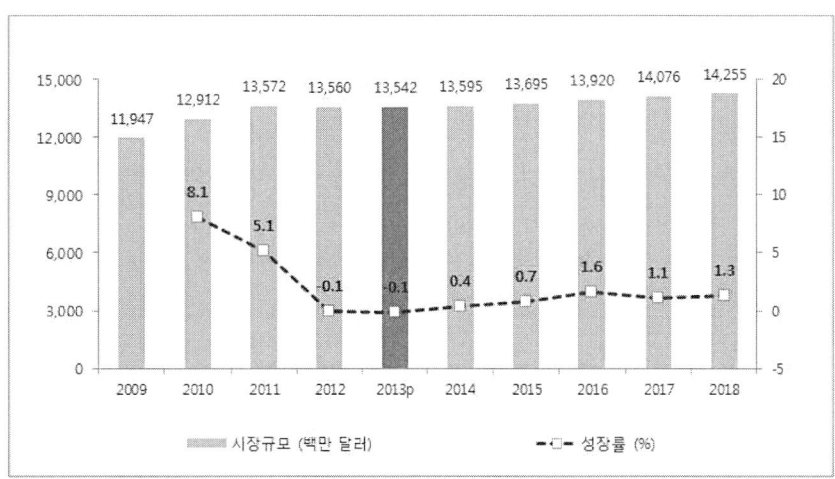

[그림 3-35] 캐나다 방송시장 규모 및 성장률, 2009 - 2018

출처 : PwC(2014)

TV 수신료시장은 캐나다 방송시장에서 가장 큰 비중을 차지하고 있으며 2013년 60.1%에서 2018년 56.7%로 비중이 감소할 것으로 보인다. 이미 포화된 시장으로 경쟁은 치열하지만 시장의 성장은 어려울 것으로 예측되고 있다. TV 광고시장은 온라인 영역의 급성장이 예상되면서 2013년 26.2%에서 2018년 28%로 확대될 전망이다.

[그림 3-36] 캐나다 방송시장 분야별 비중 비교, 2009 vs. 2013 vs. 2018

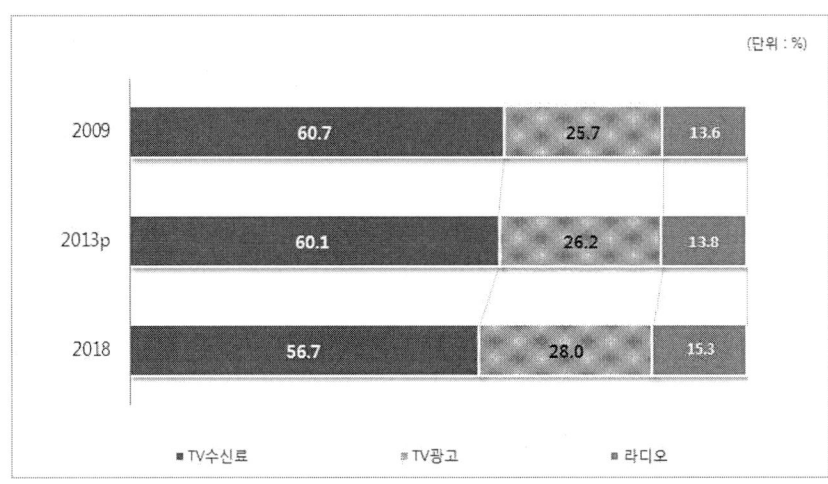

출처 : PwC(2014)

가. TV 수신료

캐나다의 유료방송시장은 80%의 비중을 차지하는 매우 발달된 시장으로 케이블사업자와 위성, IPTV 사업자가 활발한 경쟁을 벌이고 있다. 2013년 TV 수신료시장은 전년대비 1.5% 감소한 81억 3,300만 달러로 집계되었다. 향후 캐나다 TV 수신료시장은 2018년까지 연평균 0.1% 감소하면서 80억 8,800만 달러의 시장으로 다소 정체된 현상을 보일 것으로 전망된다.

[그림 3-37] 캐나다 TV 수신료시장 규모 및 성장률, 2009 - 2018

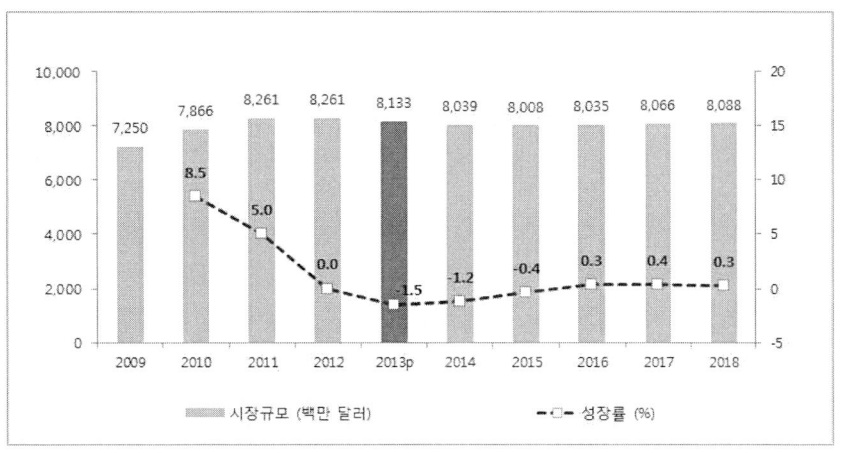

출처 : PwC(2014)

나. TV 광고

2009년 경기침체 이후 캐나다의 TV 광고시장은 회복세를 이어오고 있다. 그렇지만 여전히 경제회복이 취약하여 2012년에는 TV 광고시장이 1.2% 감소하기도 했다. 그렇지만 2013년 다시 성장세로 전환되어 전년대비 1.4% 성장한 35억 4,500만 달러를 기록했다. 온라인TV 광고의 증가로 2018년까지 연평균 2.4% 성장하여 39억 8,900만 달러에 이를 것으로 전망된다.

[그림 3-38] 캐나다 TV 광고시장(방송) 규모 및 성장률, 2009 - 2018

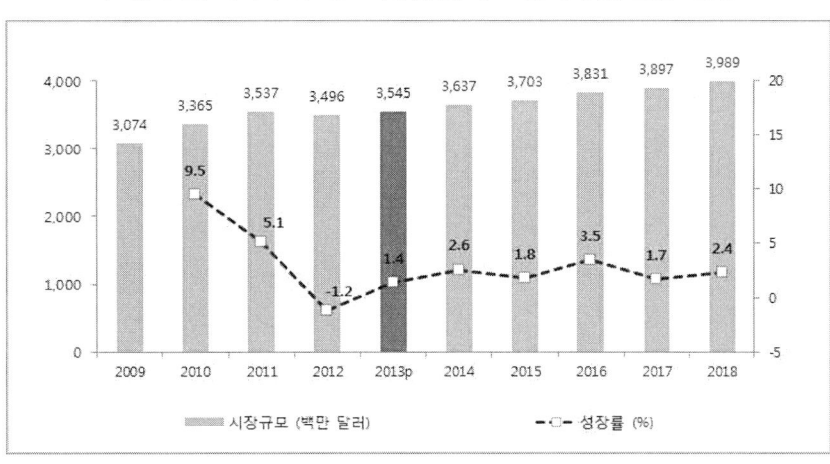

출처 : PwC(2014)

다. 라디오

캐나다의 라디오시장은 경제침체의 영향을 미국에 비해 덜 받았으며, 2009년에서 2013년까지 15%나 성장했다. 2013년 캐나다의 라디오시장은 전년대비 3.4% 성장하여 18억 6,400만 달러로 나타났다. 향후에도 위성TV 가입자와 광고 수익의 증가로 연평균 3.2%의 성장률을 보이며 2018년 21억 7,800만 달러에 도달할 것으로 예측된다.

[그림 3-39] 캐나다 라디오시장 규모 및 성장률, 2009 - 2018

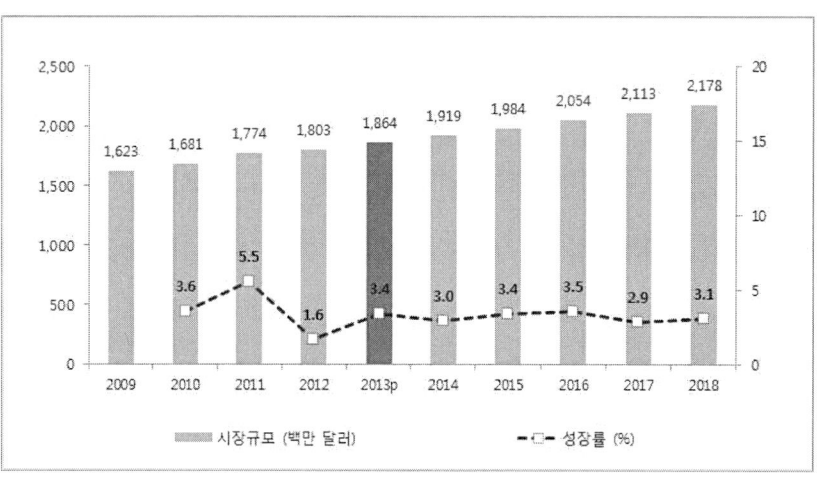

출처 : PwC(2014)

(8) 광고

캐나다 광고시장은 인터넷 광고와 게임 광고가 높은 성장률을 보이면서 2013년 전년대비 3.2% 성장한 126억 9,200만 달러로 집계되었다. 잡지, 신문 광고시장에서 인쇄 광고시장은 향후 지속적으로 축소될 것으로 전망되며, 디지털 광고시장이 그 자리를 대신할 것으로 보인다. 이와 함께, 라디오 광고와 TV 광고, 그리고 옥외 광고시장이 꾸준히 성장할 것으로 보인다.

특히, 온라인과 모바일 부문의 성장이 두드러지는데, TV 광고의 경우 지상파보다는 온라인TV 광고시장의 성장률이 크며, 인터넷 광고에서는 모바일 광고시장의 성장률이 훨씬 큰 것으로 나타났다. 이러한 성장 추세가 인쇄 광고시장의 하락세를 상쇄시켜 캐나다 광고시장은 2018년까지 연평균 4.5%의 성장률을 보이며 158억 2,900만 달러 규모에 이를 것으로 전망된다.

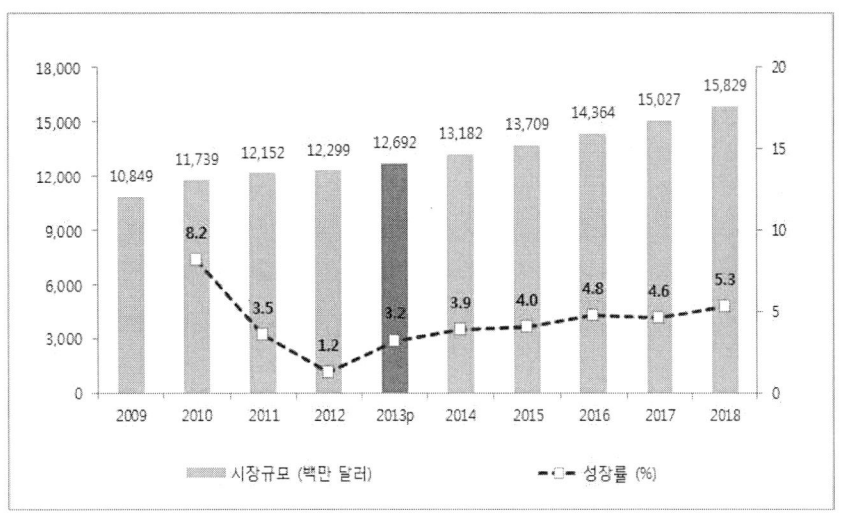

[그림 3-40] 캐나다 광고시장 규모 및 성장률, 2009 - 2018

출처 : PwC(2014)

[표 3-12] 캐나다 광고시장 규모 및 전망, 2009-2018

[단위 : 백만 달러, %]

구분	2009	2010	2011	2012	2013p	2014	2015	2016	2017	2018	2013-18 CAGR
디렉토리 광고	1,234	1,237	1,192	1,129	1,088	1,066	1,061	1,071	1,094	1,127	0.7
디지털	204	250	308	371	440	515	594	677	763	851	14.1
인쇄	1,030	986	884	758	648	551	467	394	331	276	△15.7
잡지 광고	859	907	923	937	957	971	987	1,005	1,023	1,042	1.7
디지털	38	64	99	138	160	184	211	242	276	313	14.3
인쇄	821	843	825	799	796	787	776	763	748	729	△1.7
산업잡지 광고	181	192	200	210	219	225	231	236	244	248	2.6
디지털	19	31	47	64	73	83	92	103	114	125	11.3
인쇄	162	161	153	146	145	143	138	134	130	124	△3.2
극장광고	19	21	21	22	22	22	22	22	22	22	0.9
신문 광고	2,121	2,259	2,169	2,076	1,993	1,907	1,816	1,721	1,625	1,529	△5.2
디지털	91	156	199	260	284	309	333	356	377	398	6.9
인쇄	2,031	2,103	1,971	1,816	1,708	1,598	1,483	1,365	1,247	1,132	△7.9
라디오 광고	1,436	1,483	1,541	1,549	1,581	1,614	1,653	1,694	1,736	1,779	2.4
TV 광고	3,074	3,365	3,537	3,496	3,545	3,637	3,703	3,831	3,897	3,989	2.4
다중 채널	978	1,087	1,205	1,236	1,267	1,306	1,337	1,392	1,424	1,468	3.0
지상파	2,054	2,226	2,266	2,176	2,172	2,202	2,215	2,266	2,280	2,310	1.2
온라인TV	42	52	66	84	106	129	151	173	193	211	14.9
인터넷 광고	1,827	2,253	2,690	3,162	3,666	4,222	4,823	5,488	6,210	7,038	13.9

[단위 : 백만 달러, %]

구분	2009	2010	2011	2012	2013p	2014	2015	2016	2017	2018	2013-18 CAGR
모바일	22	46	72	111	137	169	206	251	304	368	21.8
유선	1,805	2,207	2,618	3,051	3,529	4,053	4,616	5,237	5,907	6,670	13.6
옥외 광고	453	524	536	565	606	648	692	733	773	814	6.1
디지털	0	147	161	181	206	234	264	294	325	358	11.6
실물	453	377	375	384	400	415	429	439	448	456	2.7
게임 광고	42	55	68	77	87	100	114	129	143	160	13.0
산술합계43)	11,246	12,296	12,877	13,223	13,764	14,412	15,102	15,930	16,767	17,748	5.2
합계	10,849	11,739	12,152	12,299	12,692	13,182	13,709	14,364	15,027	15,829	4.5

출처 : PwC(2014)

2009년 캐나다의 광고시장은 TV 광고시장이 27.3%로 가장 높은 점유율을 보이고 있으며 신문 광고와 인터넷 광고시장이 그 뒤를 잇고 있다. 그러나 2013년 인터넷 광고시장이 급속히 성장하며 TV 광고시장의 점유율을 상회하고 있는 것으로 나타났다. 캐나다의 인터넷은 상당히 발전해 있는 상황으로 인터넷을 통한 광고 플랫폼 확장이 가능하다. 또한, 모바일 광고도 성장 가능성이 높기 때문에 인터넷 광고시장은 2018년에 39.7%의 점유율을 보이며 성장할 것으로 보이나 TV 광고시장은 다소 위축될 것으로 전망된다.

[그림 3-41] 캐나다 광고시장 분야별 비중 비교, 2009 vs. 2013 vs. 2018

출처 : PwC(2014)

43) 산술합계에는 디렉토리 광고, 잡지 광고, 산업잡지 광고, 신문 광고의 디지털 광고와 온라인TV 광고, 지상파 라디오 온라인 광고가 인터넷 광고시장 규모에 포함되어 있어 합계에서는 중복되는 부분을 제외함

가. TV 광고

2013년 캐나다의 TV 광고시장은 전년대비 1.4% 성장한 35억 4,500만 달러 규모인 것으로 나타났다. VOD, OTT 등 새로운 서비스의 등장으로 인해 전통적인 TV 광고보다 온라인 광고에 대한 관심이 고조되고 있다.

특히, 젊은 층이 기존의 케이블TV나 위성방송을 끊고 OTT(Over the Top)로 넘어가는 코드커팅(Code Cutting)의 우려가 있지만 온라인TV 광고시장이 폭발적인 성장세를 보일 가능성이 높기 때문에 전체적으로 TV 광고시장은 성장세를 보일 것으로 전망된다.

향후 TV 광고시장은 2018년까지 안정적인 성장세를 보이며 39억 8,900만 달러의 규모로 성장할 것으로 전망된다.

[그림 3-42] 캐나다 TV 광고시장 규모 및 성장률, 2009 - 2018

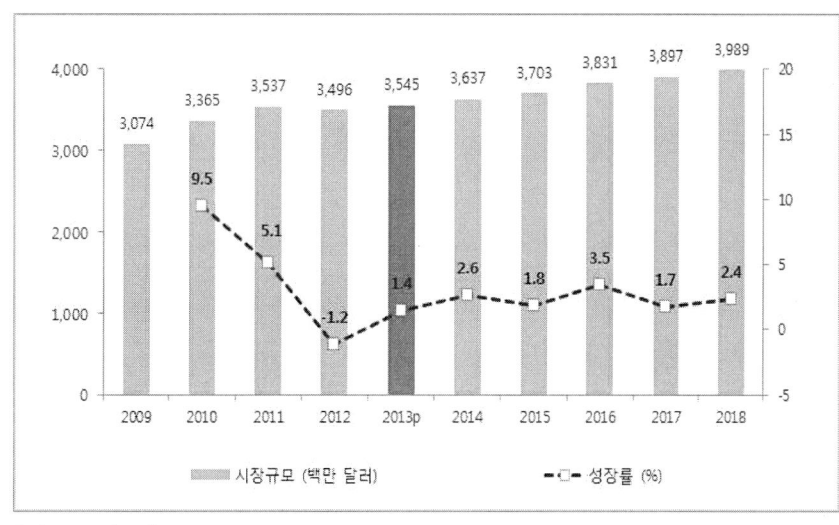

출처 : PwC(2014)

나. 인터넷 광고

시장조사회사 컴스코어(comScore)에 따르면, 캐나다인들은 온라인을 통한 정보 검색에 적극적이어서 이로 인해 검색 기반 인터넷 광고가 큰 효과를 본 것으로 나타났다.

또한, 스마트폰의 보급으로 인해 모바일 광고가 빠르게 성장하고 있으며 페이스북(Fac전자책)과 기타 소셜 미디어가 광고업자로 크게 두각을 나타내며 광고 가격 하락을 유도하고 있다.

2013년 캐나다의 인터넷 광고시장은 전년대비 15.9% 성장한 36억 6,600만 달러 규모인 것으로 집계되었다. 2009년 경제위기로 인해 인터넷 광고시장의 성장률은 둔화되었지만 2018년까지 연평균 10.7%의 성장률을 유지하며 70억 3,800만 달러 규모의 시장을 이룰 것으로 전망된다.

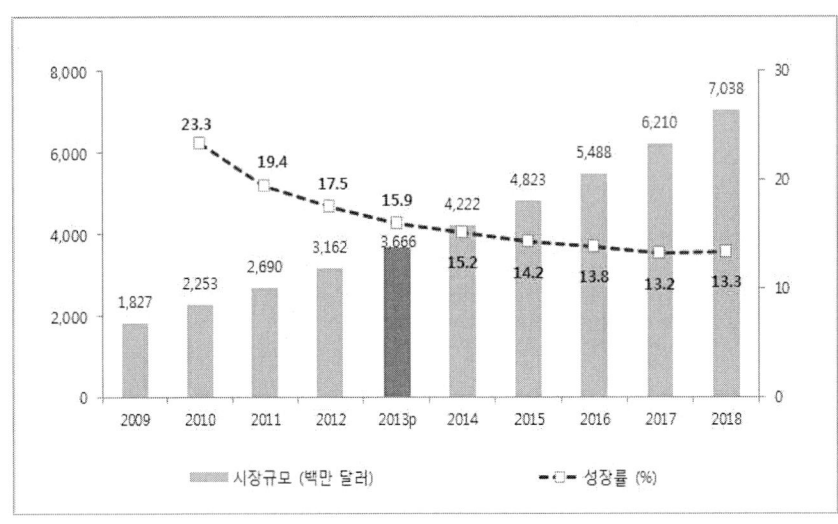

[그림 3-43] 캐나다 인터넷 광고시장 규모 및 성장률, 2009 - 2018

출처 : PwC(2014)

[표 3-13] 캐나다 인터넷 광고시장 규모 및 전망, 2009-2018

[단위 : 백만 달러, %]

구분	2009	2010	2011	2012	2013p	2014	2015	2016	2017	2018	2013-18 CAGR
모바일	22	46	72	111	137	169	206	251	304	368	21.8
유선	1,805	2,207	2,618	3,051	3,529	4,053	4,616	5,237	5,907	6,670	13.6
안내광고	457	574	660	719	798	870	931	1,015	1,102	1,197	8.4
디스플레이광고	565	673	780	895	1,028	1,172	1,325	1,492	1,671	1,872	12.7
비디오	59	74	96	138	204	292	404	513	634	785	30.9
유료검색	724	887	1,082	1,298	1,499	1,720	1,956	2,217	2,499	2,817	13.4
합계	1,827	2,253	2,690	3,162	3,666	4,222	4,823	5,488	6,210	7,038	13.9

출처 : PwC(2014)

다. 신문 광고

2010년 정점을 찍은 캐나다 신문 광고시장은 이후 지속적인 하락세를 보이고 있다. 2013년 캐나다 신문 광고시장 규모는 전년대비 4% 감소한 19억 9,300만 달러로 집계되었다. 주요 신문사들이 디지털화를 대비하고 있지만 온라인을 통한 신문 광고의 경우 수익성이 낮고 다른 온라인 매체들을 통한 광고시장이 크게 활성화 되어 있어 신문 광고시장은 2018년까지 15억 2,900만 달러로 축소될 전망된다.

[그림 3-44] 캐나다 신문 광고시장 규모 및 성장률, 2009-2018

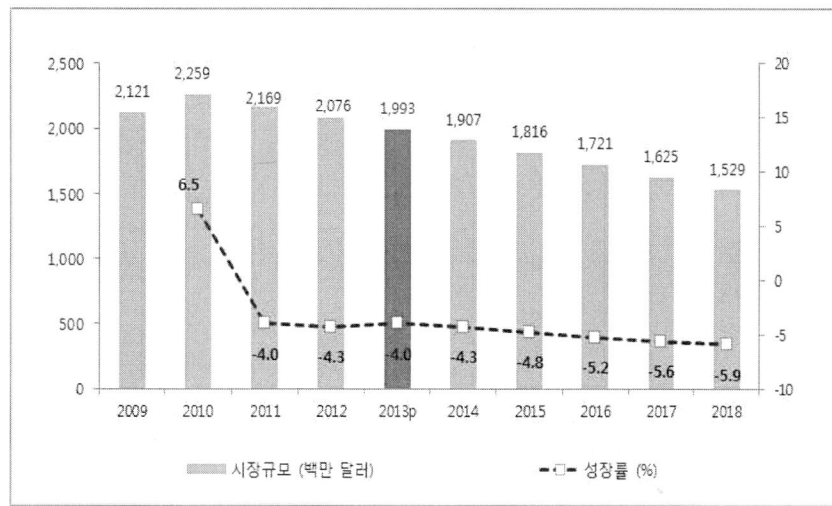

출처 : PwC(2014)

라. 옥외 광고

캐나다의 옥외 광고시장은 2009년 4억 5,300만 달러 규모로 하락하였다가 회복하여 2013년에는 6억 600만 달러 규모로 성장했다. 2012년 10월부터 2013년 1월까지 15개월 동안 디지털 옥외 광고에 대한 투자를 받아 현재는 스크린 수가 3,700개에서 7,800개로 늘어난 상태이다.

그러나 광고주들이 술과 담배, 온라인 도박, 선거 등에 대한 옥외 광고 규제를 받게 됨에 따라 옥외 광고시장 성장 또한 영향을 받을 것으로 보인다. 그럼에도 불구하고 디지털 옥외 광고가 각광을 받고 있어 향후 옥외 광고시장은 8억 1,400만 달러의 시장 규모로 성장할 것으로 보인다.

[그림 3-45] 캐나다 옥외 광고시장 규모 및 성장률, 2009-2018

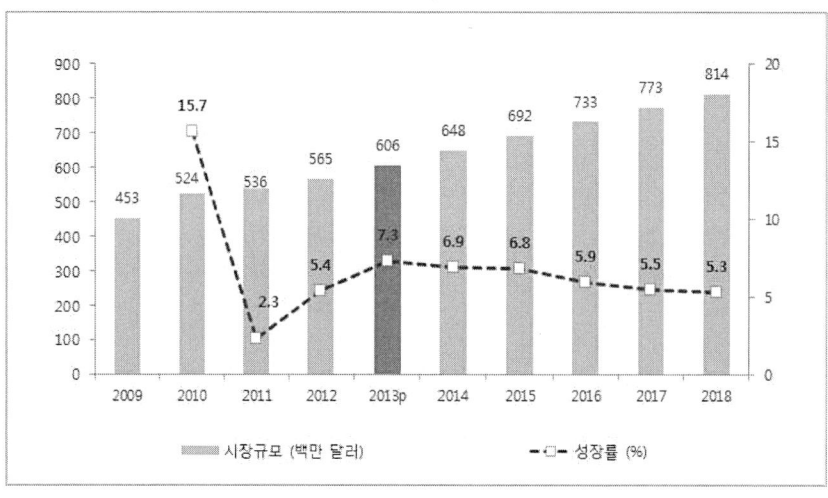

출처 : PwC(2014)

(9) 캐릭터·라이선스

북미 시장의 약 10%를 차지하는 캐나다의 캐릭터·라이선스시장은 북미지역의 경기회복에 힘입어 전년대비 1.4% 성장한 95억 1,300만 달러의 시장으로 집계되었다.

캐나다의 캐릭터·라이선스시장 규모는 미국 시장의 10분의 1밖에 되지 않지만 1인당 라이선스 소비액은 미국과 비슷한 수준을 유지하고 있다. 캐나다의 캐릭터·라이선스시장은 기대했던 것만큼 성장 폭이 크지는 않지만 꾸준한 성장세를 보여 향후 5년 뒤인 2018년에는 2.7%의 성장률에 힘입어 108억 6,700만 달러의 시장으로 성장할 전망이다.

[표 3-14] 캐나다 캐릭터·라이선스시장 규모 및 전망, 2009-2018

[단위 : 백만 달러, %]

구분	2009	2010	2011	2012	2013p	2014	2015	2016	2017	2018	2013-18 CAGR
캐릭터·라이선스	9,300	8,930	9,240	9,385	9,513	9,750	10,012	10,295	10,584	10,867	2.7

출처 : EPM(2013, 2014), PwC(2014)

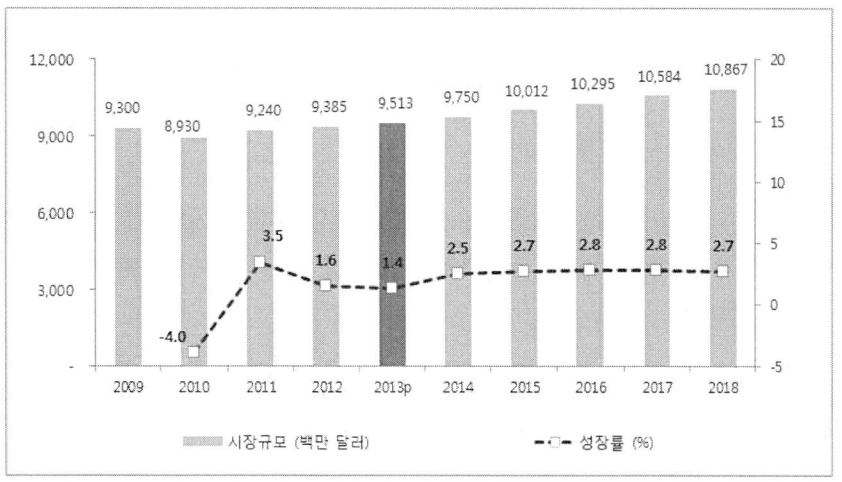

[그림 3-46] 캐나다 캐릭터·라이선스시장 규모 및 성장률, 2009-2018

출처 : EPM(2013, 2014), PwC(2014)

2013년 캐나다의 캐릭터·라이선스시장은 '기업브랜드·상표' 부문이 26.6%의 높은 점유율을 차지했다. 기업브랜드·상표는 2009년 이후 소폭의 증가세를 보이고 있다. 뒤이어 '패션' 부문과 '스포츠' 부문도 2009년 이후 소폭 증가하여 2013년 각각 20.5%, 13.3%의 점유율을 보여주었다. 반면, '엔터테인먼트·캐릭터', '예술', '기타' 부분은 2009년 이래로 시장점유율이 지속적으로 감소하였다.

[그림 3-47] 캐나다 캐릭터·라이선스 부문별 시장 비중 비교, 2009 vs. 2011 vs. 2013

출처 : EPM(2013, 2014), PwC(2014)

[표 3-15] 캐나다 캐릭터·라이선스 분야별 시장 규모, 2009-2013

[단위 : 백만 달러, %]

구분	2009		2011			2013		
	시장 규모	비중	시장 규모	비중	증감율	시장 규모	비중	증감율
엔터테인먼트/캐릭터	1,230	12.3	1,140	12.3	△7.3	1,135	11.9	△0.4
스포츠	1,190	13.2	1,220	13.2	2.5	1,265	13.3	3.7
패션	1,740	19.3	1,780	19.3	2.3	1,947	20.5	9.4
기업브랜드/상표	2,340	26.0	2,400	26.0	2.6	2,532	26.6	5.5
예술	630	6.8	630	6.8	-	641	6.7	1.7
기타	2,170	22.4	2,070	22.4	△4.6	1,993	21.0	△3.7
합계	9,300	100.0	9,240	100.0	△0.6	9,513	100.0	3.0

출처 : EPM(2013, 2014), PwC(2014)

제품별 캐릭터·라이선스 제품을 보면 의류·신발·잡화가 40.8%로 가장 높은 비중을 보여주었고 다음으로 기타 13.4%, 게임완구 9.9% 가정용품·가구·침구 8.9%, 식음료 8.9% 등의 순으로 나타났다.

[그림 3-48] 캐나다 캐릭터·라이선스 제품별 시장 비중 비교, 2009 vs. 2011 vs. 2013

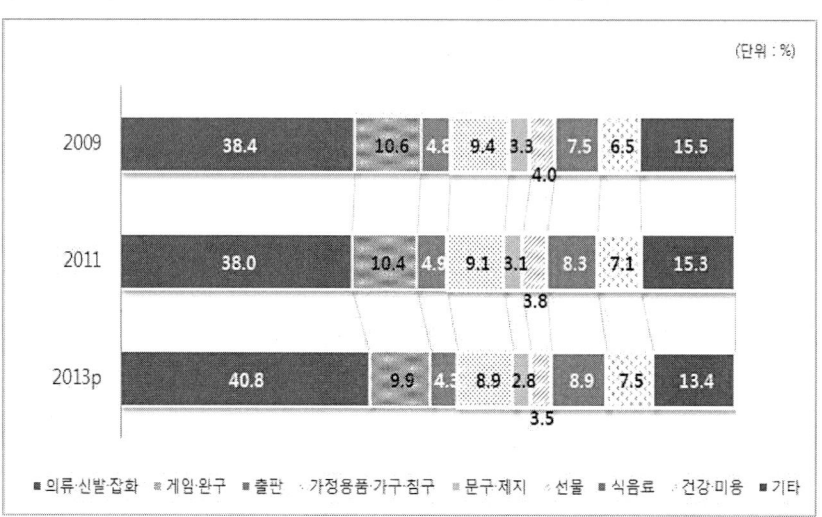

출처 : EPM(2013, 2014), PwC(2014)

[표 3-16] 캐나다 캐릭터·라이선스 제품별 시장 규모, 2009-2013

[단위 : 백만 달러, %]

구분	2009		2011			2013		
	시장 규모	비중	시장 규모	비중	증감율	시장 규모	비중	증감율
의류·신발·잡화	3570	38.4	3,510	38.0	△1.7	3,878	40.8	10.5
게임·완구	990	10.6	960	10.4	△3.0	941	9.9	△2.0
출판	450	4.8	450	4.9	-	411	4.3	△8.7
가정용품·가구·침구	870	9.4	840	9.1	△3.4	845	8.9	0.6
문구·제지	310	3.3	290	3.1	△6.5	268	2.8	△7.6
선물	370	4.0	350	3.8	△5.4	329	3.5	△6.0
식음료	700	7.5	770	8.3	10.0	848	8.9	10.1
건강·미용	600	6.5	660	7.1	10.0	716	7.5	8.5
기타	1440	15.5	1,410	15.3	△2.1	1,276	13.4	△9.5
합계	9300	100.0	9,240	100.0	△0.6	9,513	100.0	3.0

출처 : EPM(2013, 2014), PwC(2014)

(10) 지식정보

캐나다는 미국의 경기회복에 따른 성장에 대한 기대와 더불어 지식정보시장에 대한 투자도 활발히 진행되고 있다. 2013년 캐나다 지식정보시장 규모는 전년대비 9.4% 증가한 162억 800만 달러로 집계되었다. 앞으로 디렉토리 광고, 전문서적, 산업잡지 광고의 인쇄 부문의 수익 감소와 지면 광고의 수익률이 지속적으로 하락할 것으로 보여 시장 규모가 다소 위축될 것으로 예측되지만 디지털화가 진행될수록 성장세가 크게 이루어질 것으로 전망되어 향후 5년간 8.3%의 연평균 성장률을 기록하며 241억 3,400만 달러로 증가할 것으로 보인다.

[표 3-17] 캐나다 지식정보시장 규모 및 전망, 2009-2018

[단위 : 백만 달러, %]

구분	2009	2010	2011	2012	2013p	2014	2015	2016	2017	2018	2013-18 CAGR
비즈니스 정보	3,385	3,630	3,787	3,979	4,082	4,179	4,312	4,463	4,630	4,805	3.3
디렉토리 광고	1,234	1,237	1,192	1,129	1,088	1,066	1,061	1,071	1,094	1,127	0.7
디지털	204	250	308	371	440	515	594	677	763	851	14.1
인쇄	1,030	986	884	758	648	551	467	394	331	276	△15.7

[단위 : 백만 달러, %]

구분		2009	2010	2011	2012	2013p	2014	2015	2016	2017	2018	2013-18 CAGR
전시회		417	404	436	434	450	465	482	501	520	539	3.7
전문서적		448	419	414	424	430	436	439	439	433	420	△0.5
	전자	45	50	58	68	78	89	101	112	124	136	11.7
	인쇄	403	369	356	356	352	346	339	327	309	284	△4.2
산업잡지		318	318	317	326	337	345	352	360	369	375	2.2
	광고	181	192	200	210	219	225	231	236	244	248	2.6
	디지털	19	31	47	64	73	83	92	103	114	125	11.3
	인쇄	162	161	153	146	145	143	138	134	130	124	△3.2
	구독	137	126	117	116	118	120	121	123	125	126	1.3
	디지털	-	-	1	3	5	8	12	17	21	24	36.8
	지면	137	126	116	113	113	111	109	107	104	102	△2.0
인터넷접근		5,195	6,273	7,259	8,520	9,821	11,077	12,484	13,927	15,467	16,868	11.4
	모바일	1,052	1,715	2,536	3,664	4,780	5,782	6,895	8,017	9,219	10,286	16.6
	고정브로드밴드	4,143	4,558	4,723	4,856	5,041	5,296	5,589	5,911	6,248	6,583	5.5
합계		10,997	12,281	13,405	14,812	16,208	17,568	19,130	20,761	22,513	24,134	8.3

출처 : PwC(2014)

[그림 3-49] 캐나다 지식정보시장 규모 및 성장률, 2009-2018

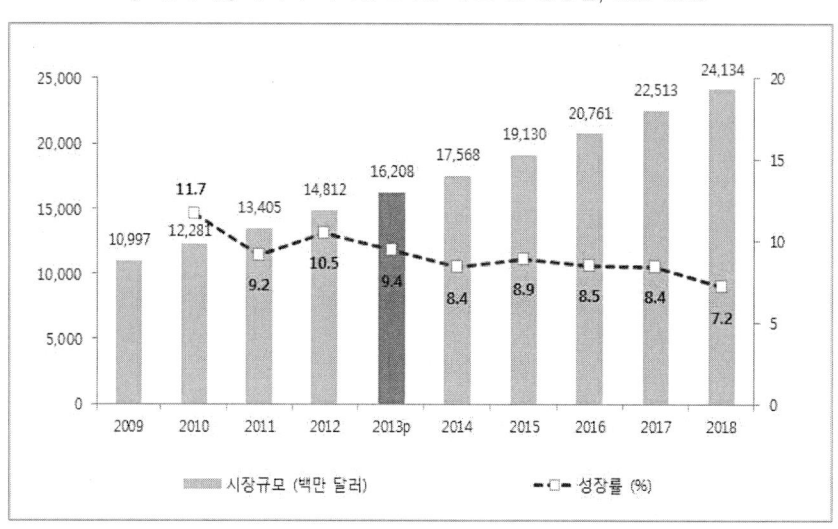

출처 : PwC(2014)

2013년 전체 지식정보시장의 60.6%를 차지하고 있는 인터넷접근시장은 2018년 69.9%로 시장의 규모가 확대될 것으로 전망되는 반면 나머지 비즈니스 정보, 디렉토리 광고, 전시회, 전문서적, 산업 잡지에 대한 시장점유율은 꾸준히 줄어들 것으로 전망된다.

[그림 3-50] 캐나다 지식정보시장 분야별 비중 비교, 2009 vs. 2013 vs. 2018

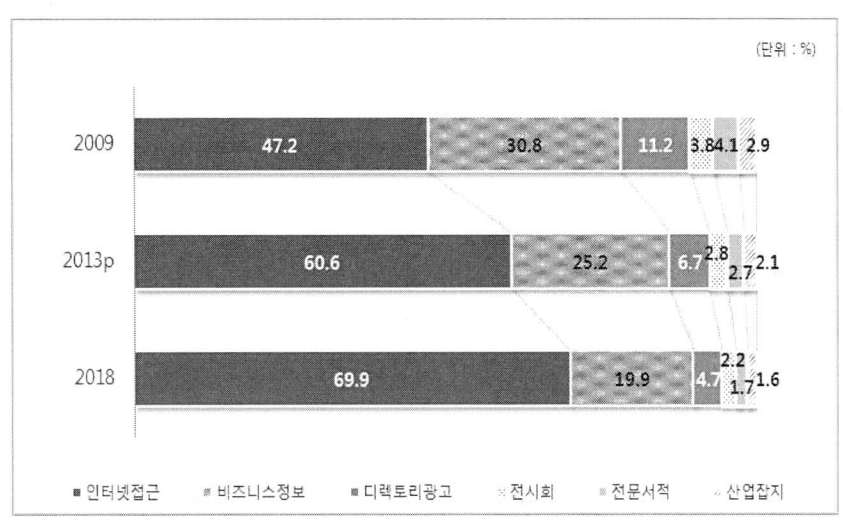

출처 : PwC(2014)

가. 인터넷접근

캐나다의 인터넷접근시장은 큰 폭으로 성장하고 있다. 2013년 캐나다의 인터넷접근시장은 전년대비 15.3% 성장한 98억 2,100만 달러로 집계되었다.

캐나다의 인터넷 보급률은 2013년 말 66.3%이며 모바일 인터넷 보급률은 48.5%인 것으로 나타났다. 다른 선진국과 비교했을 때 높은 보급률 수준을 보이지 않는 것은 상대적으로 적은 인구로 인해 인터넷 보급에 높은 비용이 들어 시장경쟁력에서 떨어지기 때문이라는 지적이 지배적이다.

한편, 캐나다의 광대역 브로드밴드사업자는 로저(Rogers), 쇼(Shaw), 비디오트론(Videotron) 등이 있으며 DSL 사업자로는 벨(Bell)과 텔러스(Telus)가 서로 경쟁하고 있다.

모바일 인터넷시장은 로저 와일리스(Rogers Wireless)와 텔러스, 그리고 벨 모빌리티(Bell Mobility)가 90% 이상을 장악하고 있는 상황이다.

2013년 캐나다 인구의 60%를 커버할 수 있는 LTE 네트워크 인프라를 확보한 로저 와일리스는 2017년까지 캐나다 전체 국토의 90%를 커버할 수 있는 3G 네트워크 인프라를 확보하고 빠른 속도를 지원하는 LTE MAX 서비스 제공지역을 확대할 방침이다.

향후 캐나다의 인터넷접근시장은 사업자들 간의 활발한 경쟁으로 빠르게 성장할 것으로 보여 2018년까지 연평균 9%의 성장률을 보이며 168억 6,800만 달러 규모로 성장할 것으로 전망된다.

[그림 3-51] 캐나다 인터넷접근시장 규모 및 성장률, 2009-2018

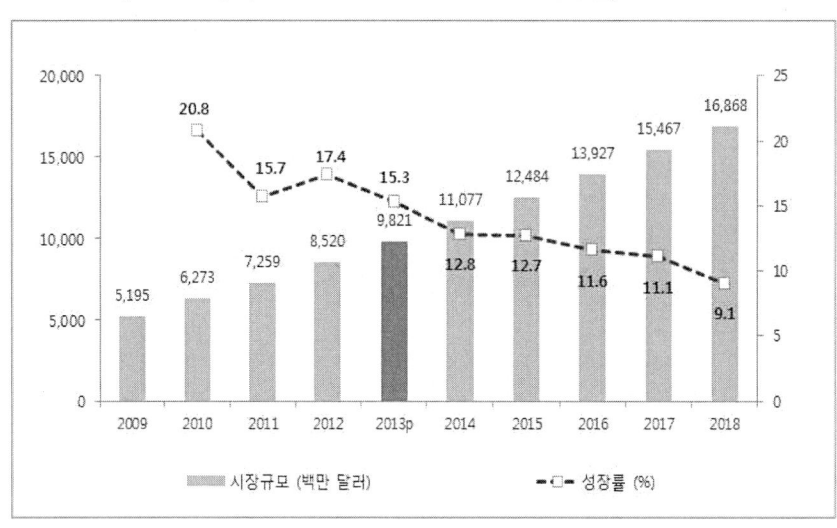

출처 : PwC(2014)

나. 전문정보[44]

2013년 캐나다의 전문정보시장은 전년대비 1.5% 성장한 63억 8,700만 달러 규모를 기록하였다. 전문정보시장은 경기 회복세에 따른 수요 증가로 큰 폭은 아니지만 성장세를 유지할 것으로 보인다. 경제상황이 안정화되면서 시카고와 같은 도시들과 방문객 유치를 놓고 경쟁하고 있는 상황도 생기면서 전시회시장이 활성화 되었다. 캐나다 전문정보시장은 향후 5년간 연평균 2.6%의 증가율을 유지하며 72억 6,600만 달러 규모까지 성장할 것으로 전망된다.

---

44) 전문정보시장은 인터넷접근을 제외한 지식정보시장(비즈니스 정보, 디렉토리 광고, 전문서적, 산업잡지, 전시회)을 의미함

[그림 3-52] 캐나다 전문정보시장 규모 및 성장률, 2009-2018

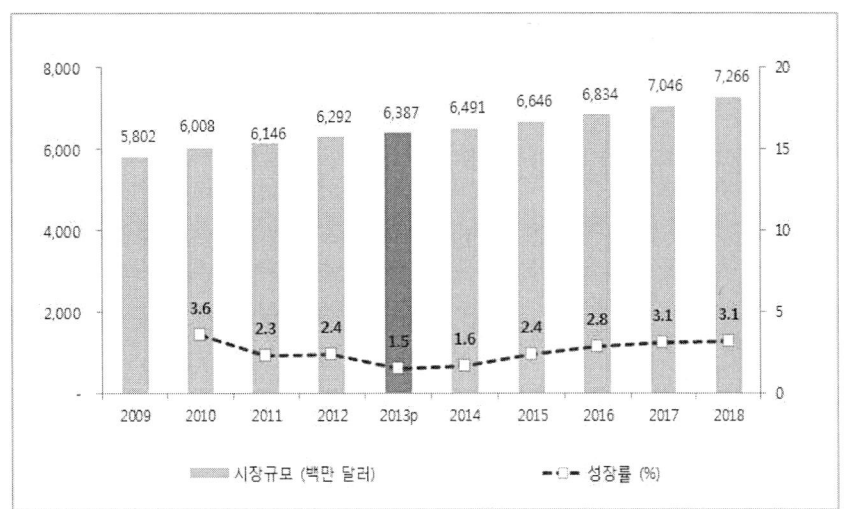

출처 : PwC(2014)

3) 주요 이슈 및 트렌드

(1) 출판

가. 캐나다정부, 전자책 유통 재정비

캐나다의 공정거래위원회인 '경쟁관리국 (Competition Bureau)'은 전자책을 출판하는 주요 4대 출판사의 전자책 유통과 관련하여 2014년 2월 협약을 맺었다. 맥밀란(Mcmillan), 아세트 북 그룹(Hachette Book Group), 사이먼&슈스터(Simon & Schuster), 하퍼콜린스(HarperCollins)는[45] 그 동안 소매상인들이 책값 할인을 내놓을 수 없도록 '배포 협약'을 맺어온 것으로 알려졌다. 이는 도서 가격 경쟁을 제한하게 되어 전자책 가격상승으로 이어지게 되고 결국 소비자들의 부담이 커지게 했다. 하지만 경쟁관리국은 '배포 협약'에 대한 관련 규정을 철폐함으로써 전자책 가격이 약 20% 정도 저렴해질 것으로 내다보고 있다.[46]

---

45) 그린경제, [캐나다] 전자책(전자책s)의 할인 혜택 허가, 2014.03.01
46) 캐나다 비즈니스, 캐나다 전자책(전자책) 값 비싼 이유있었네, 2014.02.11

나. 신간 도서 가격 규제를 준비하는 퀘벡

캐나다 퀘벡의 '프랑스어도서 독점공급자협회(ADELF)'는 퀘벡의 도서 가격 규제의 필요성을 역설하였다. 퀘벡에서 신간이 나오면 서점에서는 보통 출판사의 권장도서 가격으로 판매되지만 코스트코나 월마트에서는 25% 저렴한 가격으로 판매되고 있기 때문이다. 이러한 이유로 2013년 8월 19일, 퀘벡 의회에서 도서협의회 회원들의 만장일치 요구안인 신간 서적 가격 규제에 대한 심사가 의회 심의위원회에서 시작되었다. 위원회에서 위기에 빠진 서점의 상황을 호소하는 퀘벡의 도서 분야 전문가들은, 가격 전쟁이 독과점 회사의 승리로 끝나면서 결국 종사자들에게도, 독자들에게도 이익을 주지 못 했던 앵글로-색슨 국가의 경우를 들며, 퀘벡 주정부에 도서 가격 규제 법률을 제정할 것을 촉구했다.

(2) 음악

가. 음원 스트리밍 서비스업체의 캐나다 진출

구글이 자사의 Play Music All-Access 스트리밍 서비스를 캐나다까지 확장시켰다. 2014년 5월 구글은 첫 달 월 $7.99(이후 월 $9.99)의 요금으로 2,500만 곡에 달하는 음악을 즐길 수 있는 Google Play Music 스트리밍 서비스를 캐나다에 제공할 것을 밝혔다.[47] 이용자는 구글의 온라인 스토어에서 음원을 구매한 후 이를 'locker'라고 하는 클라우드 저장소에 해당 음원 또는 기존의 디지털 음악들을 최대 2만 곡까지 업로드 할 수 있다. 또한 업로드 된 음악은 구글 플러스(Google Plus)를 통해 친구들과 공유할 수도 있다. 한편, 스웨덴의 스트리밍 서비스로 전 세계 58개국에서 4,000만 명의 사용자와 1,000만 명의 유료가입자를 보유하고 있는 스포티파이(Spotify)도 2014년 10월 캐나다 시장에 진출했으며, 비트 일렉트로닉(Beats Electronics)이 소유하고 있는 미국의 가입형 음악 스트리밍업체인 비트 뮤직(Beats Music) 또한 2015년 1월부터 캐나다에서 서비스를 시작한다고 밝혔다.[48] 현재 30개국 이상의 국가에서 스트리밍 서비스가 음악산업의 수익에서 차지하는 순수익의 비중은 23%로 예상되지만, 캐나다의 경우 아직 그 수치가 5%에 불과해 캐나다의 음악산업계가 이 부분을 놓치고 있다는 비판도 존재한다. 스트리밍 서비스가 캐나다 소비자들의 라이프스타일에 스며들지 못하는 것은 바로 캐나다의 음악인(퍼블리셔)들이 다른 국가들과 비교해 받아들일 수 없는 수준의 높은 요금을 관철하기 때문이라고 업계에서는 지적하고 있다. 하지만, 전 세계적으로 스트리밍 서비스는 확대되면서 생활 깊숙이 침투하는 경향을 보이고 있기 때문에 캐나다 음악시장에도 더 많은 스트리밍업체들이 진출할 것으로 보인다.

---

47) Google canada blog, Music to our ears! Google Play Music comes to Canada, 2014.05.05
48) fyi music news, SPOTIFY, BEATS MUSIC COMING TO CANADA, 2014.06.25

(3) 게임

가. 캐나다 퀘벡, 세계 게임사의 집합지로 변모[49]

캐나다 엔터테인먼트 소프트웨어협회(ESAC)의 2013년 보고서에 따르면, 캐나다의 비디오 게임산업 규모는 약 20억 달러(한화 약 2조 1억 원) 수준이며, 약 1만 6,000천여 명이 게임 직종에 종사하고 있고 약 348개의 회사가 캐나다에 상주하고 있는 것으로 알려졌다.

캐나다는 미국 비디오 게임산업의 중심지로 꼽히는 캘리포니아와 오랜 시간 동안 세계 비디오 게임산업을 주도해온 일본에 이은 세계에서 3번째로 큰 규모의 비디오 게임개발 국가로 성장했다. 이 같은 성장은 불과 5년이 채 지나지 않은 짧은 기간 동안 이루어졌는데, 이 같은 캐나다의 게임산업의 급격한 성장에는 퀘벡과 몬트리올, 밴쿠버 등의 도시들을 중심으로 한 적극적인 게임산업 지원 정책이 가장 큰 영향을 미쳤다고 전문가들은 지적한다.

(4) 영화

가. 캐나다, 캘리포니아의 세제혜택 강화 정책에 대응[50]

미국의 캘리포니아주가 영화와 TV 제작자들에 대한 세제혜택 제도를 공개하자 캐나다 역시 그에 대한 대응책으로 다음과 같은 장점을 강조했다.

첫째, 영화와 TV에 대한 캐나다의 세제혜택이 예산에 묶여 자주 변경, 취소되는 미국과 비교했을 때 오랫동안 예측 가능하고 안정적이라는 것이다.

둘째, 캐나다에는 할리우드에 버금가는 뛰어난 제작 인력들과 훌륭한 기반시설을 갖추고 있다. 특히 토론토, 밴쿠버, 몬트리올 등은 할리우드의 영화와 TV 프로그램을 제작하는 경우가 많다.

실제로 2014년 토론토는 기예르모 델 토로(Guillermo del Toro) 감독의 영화 '크림슨 픽(Crimson Peak)'과 FX TV 시리즈인 'The Strain'의 촬영 유치에 성공했다.

그 밖에도 벤 스틸러(Ben Stiller) 주연의 영화 'Night at the Museum 3'는 밴쿠버에서, 로버트 저메키스(Robert Zemeckis)의 영화 'The Walk'는 몬트리올에서 촬영이 이루어졌다.

---

49) 게임동아, [게임산업 위기보고서] 세계의 게임사가 모여드는 캐나다 퀘벡, 2014.09.30
50) Hollywood Reporter, How Canada Plans to Compete With California's Increased Film Tax Incentives, 2014.08.27

나. 캐나다 영화센터, 세계적인 크라우드 펀딩업체와 제휴[51]

2014년 9월, 캐나다 영화센터(CFC, Canadian Film Centre)는 세계적인 크라우드 펀딩 사이트인 '인디고고(Indiegogo)'와 함께 1,600명이 넘는 CFC의 레지던트와 졸업생들의 1:1 지원과 플랫폼 비용의 할인혜택을 제공하도록 하는 새로운 파트너십을 체결했음을 발표했다.

2008년 출시 이후 캐나다에서 크게 성장하고 있는 인디고고는 이보다 앞서 2014년 초 캐나다 다큐멘터리 기구(DOC, Documentary Organization of Canada)와 토론토에 위치한 웹사이트 '트위치 필름(Twitch Film)'에 대해서도 유사한 파트너십을 체결했다.

CFC의 출신의 조르단 워커(Jordan Walker)프로듀서와 제레미 라론드(Jeremy LaLonde)감독의 작품 'How To Plan an Orgy in a Small Town'는 파트너십 체결 하에 이루어진 첫 영화이다. 라론드 감독은 2012년 인디고고를 통해 목표인 CAN$ 50,000 이상인 CAN$ 61,057의 자금을 모집하는데 성공해 자신의 첫 장편 영화 'Sex After Kids'를 제작했다. 또 다른 신작 'Orgy'에 대한 펀딩 또한 이미 목표치를 초과했다.

다. 인도, 캐나다 공동 제작 조약에 서명[52]

인도 델리에서 인도의 정보방송부 장관 Bimal Julka와 캐나다의 고등판무관 Stuart Beck이 2014년 2월 말 인도와 캐나다의 시청각 공동 제작에 대한 합의서에 서명했다. 이는 캐나다에게는 55번째 공동 제작 협정이기도 하다.

조약에 따르면 공동 제작된 작품들은 양측 국가에서 국가 제작으로서 자격을 갖게 되며 현지 영화나 TV 산업체들이 이용할 수 있도록 한다. 또한 정부의 재정적 지원, 세금감면, 시상식 및 페스티벌 참여, 국내 방송쿼터 포함 등의 혜택들도 포함되어 있다.

인도 MIB에서 발매되는 한 인도 언론에 따르면, 협정으로 인해 캐나다 영화를 촬영하는데 인도를 현장으로 활용하는 일이 많아지고, 더불어 인도 영화의 수출 증가와 자금 시스템의 투명화에도 도움을 주게 될 것으로 기대하고 있다. 1990년대 'Thank You', 'International Khiladi'와 같은 몇몇 인도 영화들이 캐나다에서 촬영된 적이 있었다. 앞으로 인도에서 촬영하게 될 캐나다 영화로는 'Amal', 'Cooking with Stella' 등이 있다.

---

[51] Variety, Toronto: Indiegogo Pacts With Canadian Film Centre (EXCLUSIVE), 2014.09.07
[52] Variety, India, Canada Sign Co-Production Treaty, 2014.02.24

(5) 애니메이션

가. 할리우드의 시선을 끄는 캐나다의 애니메이션 인재들[53]

캐나다의 온타리오가 풍부한 애니메이션 인재들로 할리우드의 시선을 끌고 있다. 토론토의 제작사들은 미국 및 해외에서 상당한 수준의 성공을 거두고 있다. '구루 스튜디오(Guru Studio)'가 'Spin Master Entertainment'를 위해 제작 감독한 '퍼 퍼트롤(Paw Patrol)'은 현재 니켈로디온(Nickelodeon)에게 우선 순위 작품으로 떠올랐으며, 미국에서 미취학 아동대상의 시리즈 가운데 최고의 인기를 끌고 있다. '퍼 퍼트롤'은 가상의 마을인 Adventure Bay에서 어려움을 극복하는 6마리 강아지의 영웅적 모험담을 그리고 있다.

최근 디즈니 쥬니어(Disney Junior)와 공동 제작한 'Lucky Duck'을 비롯해 'Bubble Guppies', 'Max & Ruby' 등의 작품을 제작한 넬바다 스튜디오(Nelvana Studio)의 대표인 아이린 웨이벨(Irene Weibel)은 애니메이션 분야에 있어 미국에는 상당한 인재들이 있으나, 캐나다가 갖고 있는 중요한 차이점은 캐나다에서는 애니메이션을 산업으로서 보고 자금을 조달(펀딩)하는 환경에 있다고 지적했다. 캐나다정부는 자국에서 제작되는 애니메이션에 대해 세제혜택과 보조금 등을 통한 지원을 제공하고 있는 반면, 미국에는 그런 것들이 거의 없기 때문에 캐나다 애니메이션 제작 산업이 우위에 있을 수밖에 없다는 것이다.

다. 캐나다, 영국과 함께 TV 프로그램 및 애니메이션 공동 제작 탐사[54]

영국에서 새로운 감세법이 시행됨에 따라, 캐나다의 TV 프로그램 및 애니메이션 제작자의 무역 대표단이 향후 양국 공조의 가능성을 타진하기 위해 2014년 초 영국에 방문했다.

영국 영화위원회(BFC, British Film Commission)와 독립제작자연맹(the Producers Alliance for Cinema and Television: Pact)은 영국에 좀 더 많은 제작을 유치하고자 대표단을 환영했다. 이번 방문은 Ontario Media Development Corporation(OMDC)와 런던시장, 캐나다 미디어제작협회(Canadian Media Production Association), 캐나다 펀딩 에이전시인 Creative BC 등의 제휴 속에 이루어졌다. 캐나다에는 TV 프로그램 제작사 및 애니메이션 제작사들과 유명 인사는 물론 맨체스터의 애니메이션 제작자들은 3일간 개최되는 포럼에서 발표하며 법적 관점에서 볼 때 새로운 영국의 TV 프로그램 및 애니메이션 감세, 공동 제작 조약이 어떻게 작용할 지에 대한 토론이 진행되었다.

---

53) Variety, Toronto: Hollywood Looks to Canada for Animation Talent, 2014.09.08
54) KFTV, Canada and UK exploreTV and animation co-productions, 2014.02.27

(6) 방송

가. 채널 선택형(pick-and-pay) 시청모델과 콘텐츠 편성 가이드라인 제시

캐나다 통신규제 기관인 라디오TV통신위원회(CRTC)가 시청자에게 적합한 TV 시스템 및 프로그램 제공 방식 구축을 위한 3차 'Let's TalkTV ' 캠페인의 일환으로 A-la-Carte 방식의 프로그램 선택형 모델의 도입에 나섰다.

해당 모델은 위성방송과 케이블방송사업자들로 하여금 채널의 번들링 판매를 중지하고 공공 인기 채널과 교육채널, 지방정부가 제공하는 커뮤니티 채널 등의 '기본형 TV 패키지'를 최소화하는 한편, 프리미엄 서비스에 대해 이용자들이 개별 채널을 선택적으로 시청(pick-and-pay) 할 수 있도록 하는 내용을 골자로 하고 있다[55]. 이는 IPTV 와 케이블TV시장의 성장에 따른 사업자들의 번들링 판매 강화에 따른 것으로, 캐나다 최대의 케이블TV사업자인 로저스(Rogers)는 현재 최대 160개 채널의 아날로그 및 디지털 케이블TV를 제공하고 있으며 이와 더불어 HDTV 와 VOD콘텐츠 등의 부가 서비스를 번들링 형태로 제공하고 있다. 쇼(Shaw) 역시 케이블TV와 초고속 인터넷, 디지털 전화 서비스의 번들링 상품을 판매 중이며 BCE의 벨 캐나다(Bell Canada)의 경우 100개 이상의 실시간 및 온디맨드 채널을 제공하는 'TV everywhere' 서비스를 개시하고 이동통신 부가 서비스를 포함한 프리미엄 상품을 출시하는 등 패키지 상품을 잇달아 출시 중이다.

[표 3-18] Bell Canada MobileTV 요금제

구분	세부내용	가격(캐나다 달러)
BellTV Clients	▪ 48개 일반TV 채널 ▪ 48개 주문형TV 채널	▪ 무료
Bell Mobility Clients	▪ 30개 일반TV 채널 ▪ 14개 주문형TV 채널 ▪ 이동통신 부가서비스	▪ 기본가격: $5 (10시간) ▪ 초과비용: 시간당 $3
BellTV & Mobility Clients (TV everywhere)	▪ 100개 이상의 TV 채널	▪ 기본가격: $5 (10시간) ▪ 초과비용: 시간당 $3

출처: Bell Canada, KISA 재인용

그러나 2014년 10월 초 진행된 공청회에서 이들 사업자들이 반대 입장을 피력하면서 논쟁이 가열되고 있다. 특히 로저스는 방송 제작사와 배급사, 주요 채널의 지역 방송국 등 업계 내부의 거래 과정이 복잡해지면 이 비용이 이용자들의 부담으로 직결된다는 점을 지적했다.

벨 역시 해당 모델의 도입을 위해서는 방송 제작사가 다양한 방송 배급사들에게 요금을 부과할

---

55) CBC News, CRTC begins hearing proposals for pick-and-pay, other cableTV Changes, 2014.09.08

수 있는 시스템이 먼저 도입되어야 한다는 입장을 밝혔다56). 미국 비아컴(Viacom)과 AMC 등 콘텐츠 제작사들도 해당 모델의 도입이 방송 제작업체에게 금전적 손실을 가져올 수 있다는 점에서 '필요에 따라 캐나다시장에 대한 방송콘텐츠 제공을 완전 철수할 수도 있다'는 의지를 피력했으며, 또한 방송통신업계를 거치지 않고 넷플릭스(Netflix)와 같은 온라인 서비스를 통한 직접 제공도 대안이 될 수 있다고 언급57)하는 등 갈등이 심화되고 있는 상황이다. 한편, CRTC는 이와 더불어 공영방송사업자인 CBC와 민영방송사업자들로 하여금 방송 프로그램 편성 시 국내 제작 프로그램을 일정 퍼센티지 이상 편성하도록 하는 콘텐츠 규제를 시행 중이다. 이는 현재 시청률 상위 10개 프로그램 중 9개를 미국에서 제작, 공급받고 있을 정도로 방송사들의 해외콘텐츠 의존도가 높기 때문으로, 콘텐츠 편성과 관련된 세부 가이드라인을 제시하고 있다는 점에서 이를 둘러싼 콘텐츠 제공업체 및 방송사들과의 갈등 상황에도 주목할 필요가 있을 것으로 보인다.

나. 온라인 비디오시장 확대

OTT와 VOD 서비스 이용률 증가에 따른 코드커팅 추세도 가속화되고 있다. Convergence Consulting Group에 따르면 2014년 말 전체 캐나다 가구의 5.7%인 66만 5,000가구가 넷플릭스(Netflix)와 같은 온라인 서비스만을 이용하게 될 것으로 보이며 이는 지난해 3.9%에서 소폭 증가한 수치이다58).

[그림 3-53] 캐나다 코드커팅 가구 증가 추이(2011-2014)

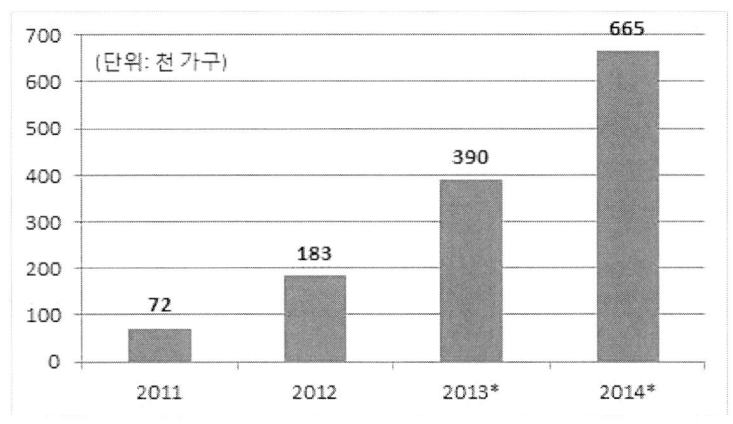

출처: statistics

---

56) 밴쿠버 중앙일보, Pick-and-Pay 모델 둘러싼 논쟁 가열, 2014.07.01
57) 밴쿠버 중앙일보, 미국 방송제작사들, 픽앤페이 모델에 거부반응, "캐나다시장 철수할 수도", 2014.10.10.
58) CBC News, Cord-cutting continues as Canadians ditch TV & landlines, 2014.04.07

비록 기존 TV 서비스가 여전히 전체 TV 매출의 대부분을 차지하고 있는 것은 사실이지만, 코드커팅으로 인한 가입자 감소는 케이블TV시장을 시작으로 조금씩 영향력을 확대하고 있다.

로저스(Rogers)의 경우 2013년 말 가입자 수가 전년대비 4% 감소하는 모습을 보였으며, 매년 소폭의 감소세를 이어가고 있다. 전체 케이블TV시장 역시 2014년 말 총 3만 2,000명의 가입자를 잃게 될 것이라는 전망이 제기되고 있는 상황이다. 이에 로저스를 비롯한 케이블사업자들은 가입자 이탈 방지를 위한 대책 마련에 고심하고 있는 모습이며, 미디어 콘텐츠 확보와 서비스 개선 투자 등의 실질적인 시도 역시 이어지고 있다.

4) 콘텐츠 소비 실태 및 동향

(1) 디지털 인프라 환경 및 소비 행태

가. 디지털 인프라 환경

캐나다의 2013년 스마트폰 보급률은 64.7%로 전년대비 9.3%p 증가하였다. 이와같은 스마트폰 보급률의 상승은 저렴한 스마트폰 요금제에 힘입은 것으로 보인다. 하지만 2013년을 기점으로 캐나다 내의 스마트폰 가입률이 큰 폭으로 감소할 전망이다. 종전에는 무선통신 사업자들이 3년의 약정을 제시하는 대신 저렴한 요금혜택을 제공해 왔으나 캐나다정부의 법적 제재 이후 약정 기간이 2년으로 바뀌면서 월 평균 요금이 큰 폭으로 상승하였기 때문이다. 이러한 환경으로 인해 캐나다의 스마트폰 보급률은 2018년 80.1%의 수준을 보일 것으로 전망된다.

캐나다의 모바일 인터넷 보급률은 2013년 48.5%로 전년대비 9.9%p 성장하였다. 원래 캐나다는 넓은 대륙에 겨울이 긴 특성을 지닌 국가로 유선 인터넷을 설치하는데 비용이 많이 든다. 그럼에도 높은 보급률을 지속할 수 있었던 데에는 캐나다의 이동통신 사업자들이 모바일 번들링(QPS)을 통한 시장 차별화를 시도해 왔기 때문인 것으로 보인다. 캐나다의 모바일 인터넷 보급률은 2018년 77.3%에 이를 것으로 전망된다.

2013년 캐나다의 고정 브로드밴드 보급률은 66.3%로 전년대비 0.4% 성장하였다. 2009년부터 브로드밴드 보급전략(Broadband Canada: Connecting Rural Canadians)을 발표해 보급률 증가를 위한 노력을 해왔지만 금융위기를 타개하기 위한 경기 부양의 일환이었고 서비스 사업자들을 독려하는 방식의 정책이어서 효과성 부분에서는 상당히 비효율적이었다. 이를 반증하듯 2014년 5월 발표된 디지털 캐나다 150(Digital Canada 150)에 의하면 2017년까지 캐나다인들의 98% 이상이 5Mbps급 초고속 인터넷 서비스를 이용할 환경을 제공한다고 명시하였다. 이에 캐나다의 고정 브로드밴드 보급률은 2018년 74.9%에 이를 것으로 전망된다.

[표 3-19] 캐나다 유·무선 인터넷 보급률 및 전망, 2009-2018

구분	2009	2010	2011	2012	2013p	2014	2015	2016	2017	2018
스마트폰 보급률 (%)	-	-	-	55.4	64.7	71	75	77.6	79.1	80.1
전년대비증감 (%p)	-	-	-	-	9.3	6.3	4.0	2.6	1.5	1.0
모바일 보급률 (%)	14.3	20.8	28.9	38.6	48.5	56.8	64.2	70.2	74.2	77.3
전년대비증감 (%p)	-	6.5	8.1	9.7	9.9	8.3	7.4	6.0	4.0	3.0
고정브로드밴드 보급률(%)	61.4	63.6	65.2	65.9	66.3	68.1	70.3	72.1	73.6	74.9
전년대비증감 (%p)	-	2.2	1.6	0.7	0.4	1.9	2.2	1.8	1.5	1.2

출처 : PwC(2014)

나. 디지털 소비 및 이용 행태

Consumer Barometer with Google에서 2014년 3월 조사한 바에 의하면 캐나다 사람들이 선호하는 디지털기기로는 모바일폰이 76%로 가장 높았으며, 그 다음으로 75%는 컴퓨터, 스마트폰 57%, 태블릿 33% 등의 순으로 조사되었다.

[그림 3-54] 캐나다인들이 선호하는 디지털기기

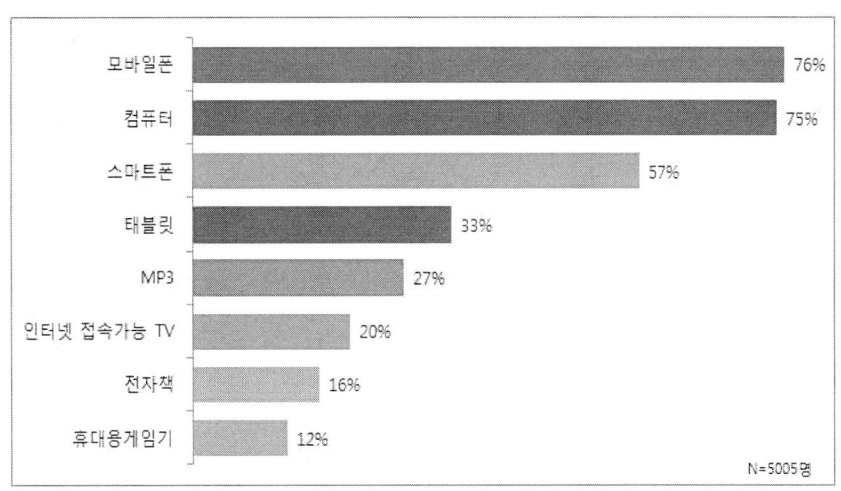

출처: Consumer Barometer with Google

① 인터넷 이용 행태

캐나다인들을 대상으로 인터넷 이용 행태에 대해 조사한 바에 의하면 응답자의 79%가 하루에 한두 번 정도 인터넷을 이용하는 것으로 나타났다. 그 다음으로 하루 한 번 정도 이용하는 경우가 10%, 한 주에 2~6회 5% 등의 순으로 조사되었다.

[그림 3-55] 캐나다인들의 인터넷 사용 빈도

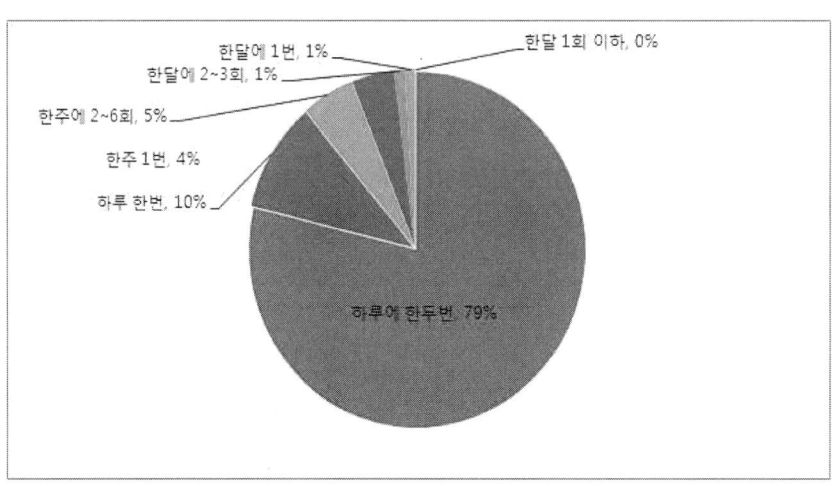

출처 Consumer Barometer with Google

태블릿, 컴퓨터, 스마트폰 이용자를 대상으로 조사한 결과에 의하면 인터넷 이용 시 컴퓨터, 태블릿을 선호하는 경우는 35%, 모두 선호하는 경우는 27%, 스마트폰만을 선호하는 경우는 7%로 나타났다. 또한 응답자의 8%는 컴퓨터나 태블릿보다는 스마트폰을 더 선호하는 것으로 조사되었다.

[그림 3-56] 인터넷 이용 시 선호하는 스마트기기

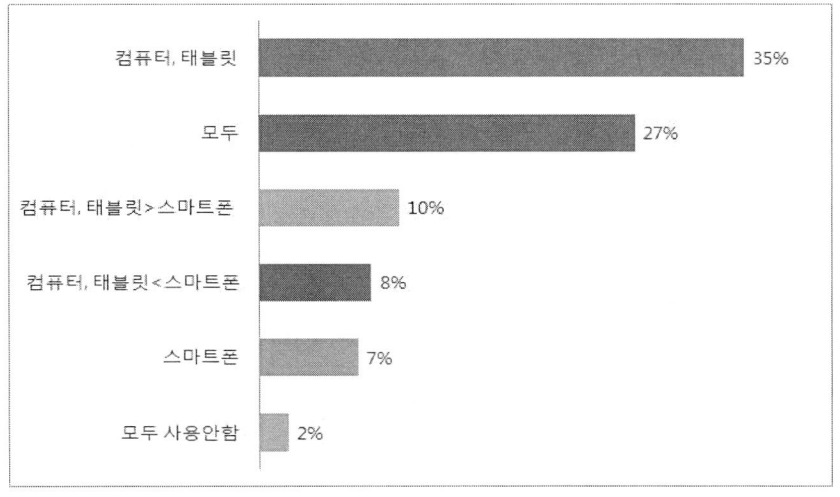

출처 Consumer Barometer with Google

상품 및 서비스 구매 시 인터넷이 어떤 도움이 되는지에 대해서 응답자의 50%가 가격비교를 하는데 도움이 된다고 응답하였으며, 그 다음으로 의견수렴 및 리뷰를 정독한다는 비중이 26%, 아이디어 획득 22%, 상품재고 확인 18%, 상표검색 13% 등의 순으로 나타났다.

[그림 3-57] 상품 및 서비스 구매 시 인터넷이 도움이 된 분야

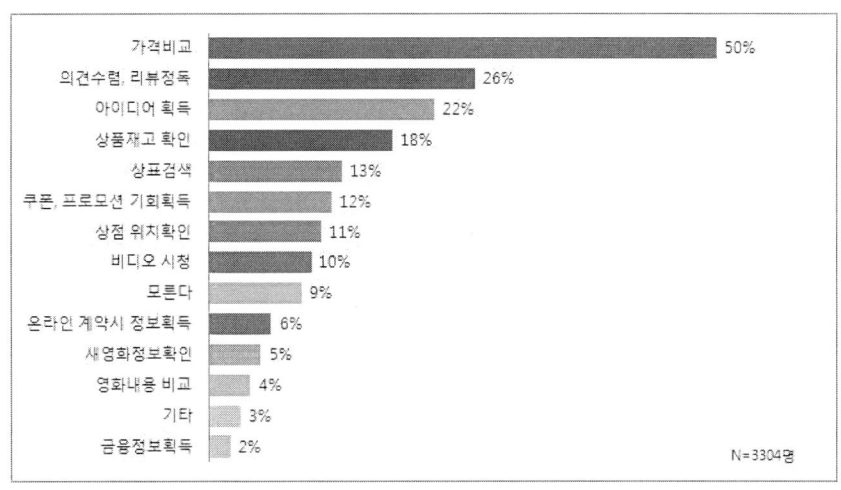

출처 Consumer Barometer with Google

② 스마트폰 이용 행태

2013년 5월 Ipsos MediaCT에서 캐나다 시민 16세 이상 1,000명을 대상으로 스마트폰 이용 행태를 조사하였다.

응답자들의 특성을 보면, 여성이 47%, 남성이 53%였으며, 25세~34세 응답자가 29%로 가장 많은 것으로 나타났다. 지역적으로는 도시지역거주자가 47%로 가장 많았으며, 응답자의 42%가 기혼자인 것으로 조사되었다.

[그림 3-58] 스마트폰 이용 행태 조사 응답자 특성

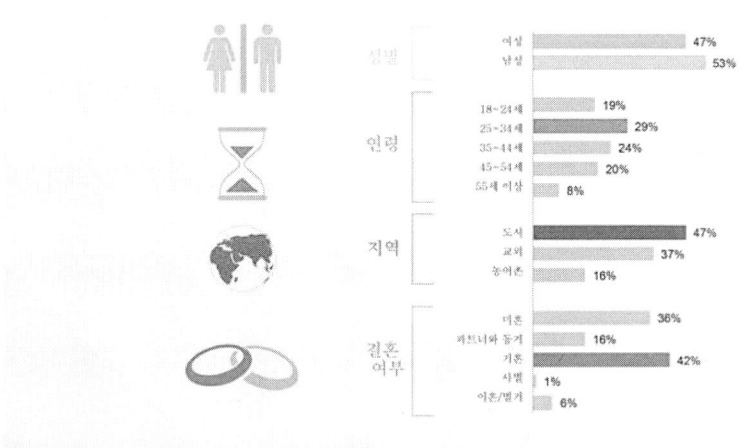

출처: Ipsos MediaCT, Google mobile planet

먼저 스마트폰을 주로 이용하는 장소로는 96%가 집에서, 86%가 이동 중 또는 상점에서 사용하고 있는 것으로 조사되었다.

특히 전체 응답자의 80% 이상이 음식점이나 직장에서 스마트폰을 사용하고 있는 것으로 나타났으며, 공항에서 이용하는 경우는 58%에 불과한 것으로 조사되었다.

[그림 3-59] 스마트폰을 가장 많이 이용하는 장소(복수응답)

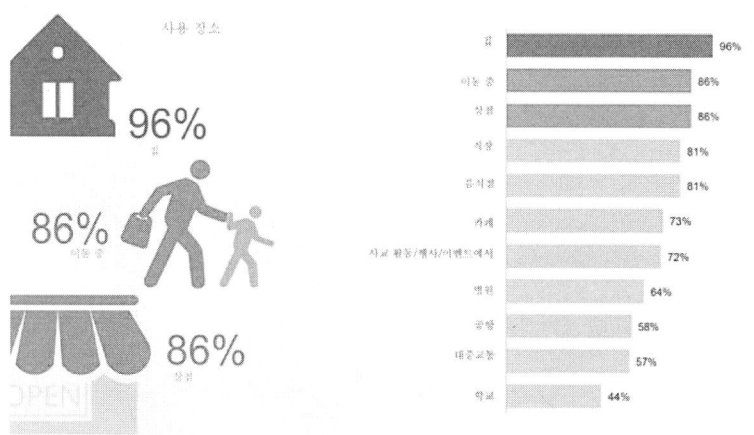

출처: Ipsos MediaCT, Google mobile planet

설문 조사결과 스마트폰 이용 시 주로 이용하는 서비스를 살펴보면, 이메일 확인을 위한 이용이 41%로 가장 높은 비중을 보였으며, 그 다음으로 검색엔진 사용 39%, SNS 방문 32%, 상품 정보 획득 29%, 동영상 감상이 26% 순으로 조사되었다.

[그림 3-60] 스마트폰 이용 시 주요 이용 서비스

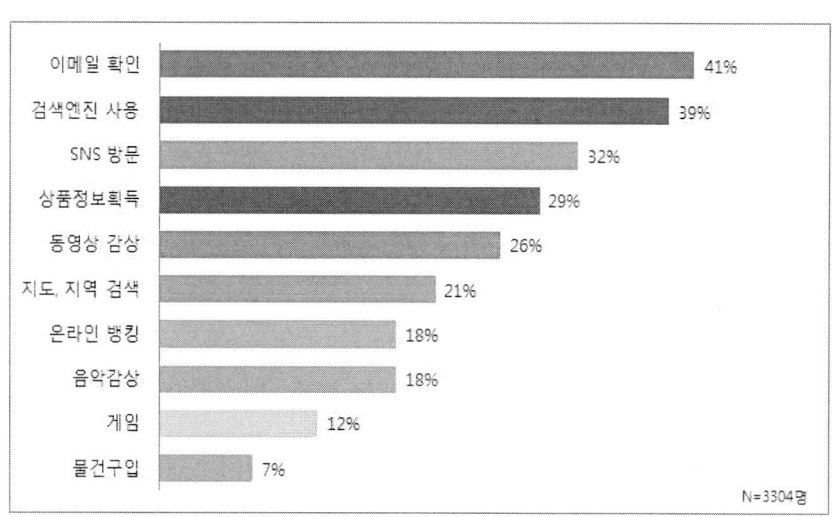

출처: Consumer Barometer with Google

응답자들이 오프라인으로 광고를 보는 비중을 보면, TV가 46%로 가장 높았으며 그 다음으로 상점/업체 42%, 잡지 33%, 포스터/옥외 광고 29%의 순으로 나타났으며, 응답자의 51%는 오프라인의 광고 노출 후 모바일로 재검색을 실행하는 것으로 나타났다.

[그림 3-61] 오프라인 광고에 노출된 후 모바일로 검색을 실행하는 비율

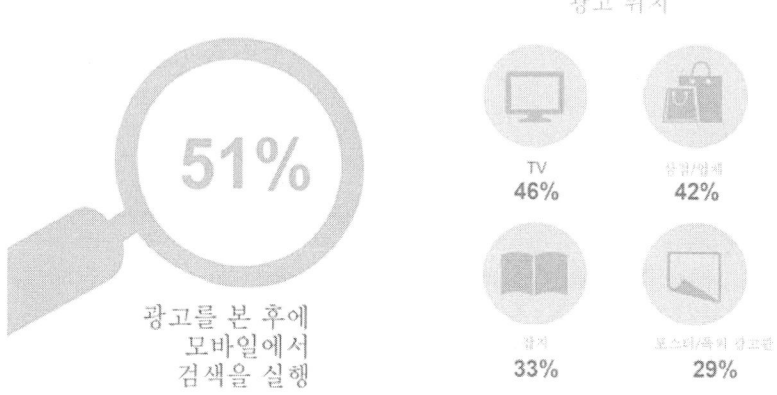

출처: Ipsos MediaCT, Google mobile planet

캐나다의 소비자들이 스마트폰에서 모바일 광고를 보는 곳을 보면, 52%는 온라인 매장에서, 43%는 모바일 게임이나 앱 안에서, 32%는 검색엔진을 이용하는 동안, 또 다른 32%는 동영상을 조회하면서 광고를 보는 것으로 조사되었다. 반면, 동영상 웹사이트에서 광고를 접하는 비중은 21%로 나타났다.

[그림 3-62] 캐나다 사람들이 스마트폰에서 모바일 광고를 보는 위치 (복수응답)

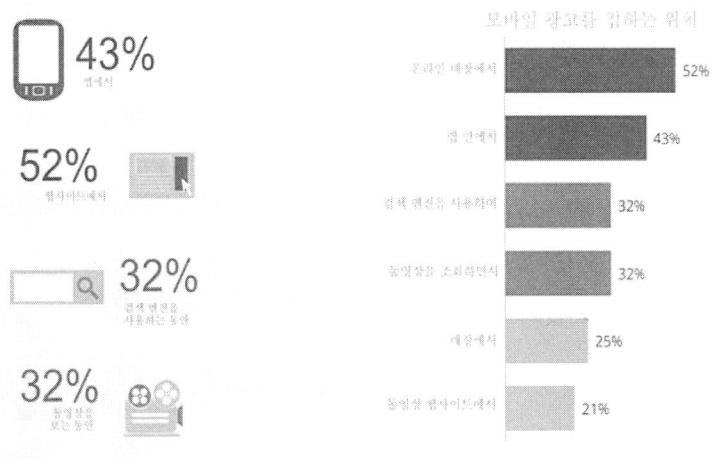

출처: Ipsos MediaCT, Google mobile planet

캐나다의 모바일기기 사용자들의 80%는 스마트폰을 이용하는 동안 다른 활동을 동시에 하는 것으로 나타났다. 설문에 응답한 사람들의 47%는 스마트폰을 사용하면서 TV 시청을 하는 것으로 나타났으며, 42%는 음악 감상을, 41%는 인터넷, 29% 영화 감상을 동시에 하고 있는 것으로 조사되었다.

[그림 3-63] 스마트폰을 이용하면서 다른 활동을 하는 비율

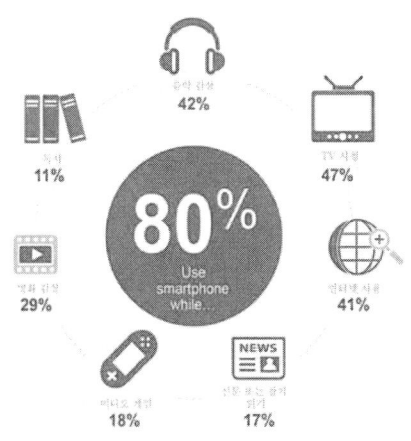

출처: Ipsos MediaCT, Google mobile planet

(2) 콘텐츠 소비 행태 및 선호 장르

가. 온라인 비디오 시청 행태 및 선호 장르

스마트기기별로 비디오 시청 횟수를 조사한 결과, 스마트폰이나 태블릿을 이용하여 비디오를 시청하는 횟수보다 컴퓨터를 이용하여 시청하는 수가 더 많은 것으로 나타났다.

[그림 3-64] 스마트기기별 온라인 비디오 시청 횟수

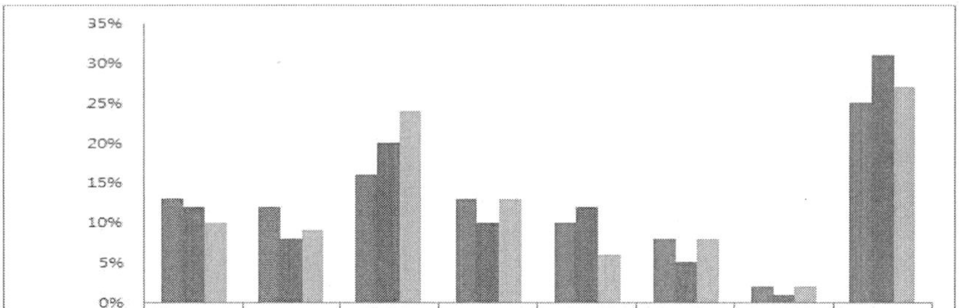

N=2225명	하루에도 여러 번	하루 1번	한주 2~6회	한주 1번	한달에 2~3회	한달에 1번	한달 1회 이하	안본다
컴퓨터	13%	12%	16%	13%	10%	8%	2%	25%
스마트폰	12%	8%	20%	10%	12%	5%	1%	31%
태블릿	10%	9%	24%	13%	6%	8%	2%	27%

출처: Consumer Barometer with Google

온라인 비디오 시청 시 주요 이용 플랫폼으로 온라인 비디오나 앱을 이용하고 있다는 응답자들이 73%로 가장 높았으며, SNS 이용이 30%로 나타났다.

[그림 3-65] 온라인 비디오 시청 시 주로 이용하는 플랫폼

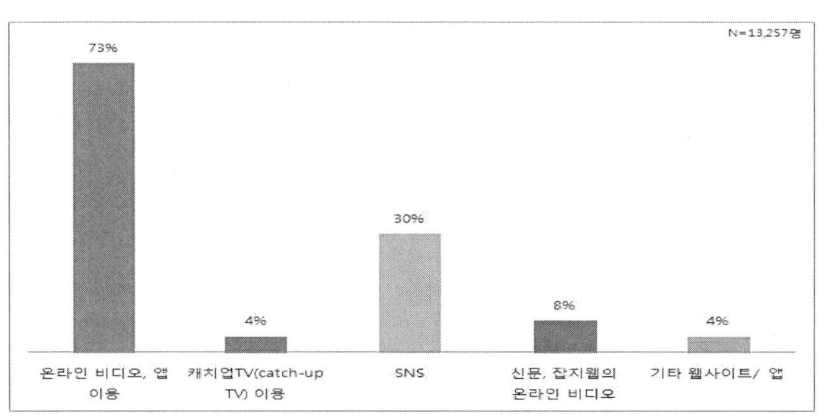

출처: Consumer Barometer with Google

온라인 비디오를 시청하는 이유에 대한 설문에 응답자의 53%가 여흥을 위해서라고 응답하였으며 32%는 휴식을 위해서라고 답하였다. 또한 취미생활을 위하여 비디오를 시청한다고 답한 사람들도 21%나 되는 것으로 조사되었다.

[그림 3-66] 온라인 비디오를 시청하는 이유

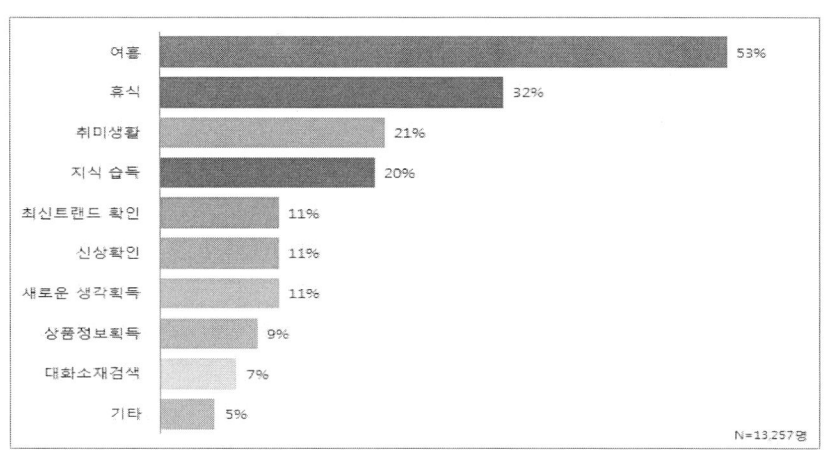

출처: Consumer Barometer with Google

응답자의 33%는 온라인 비디오를 시청 시 주로 음악(뮤직비디오)을 시청하는 것으로 조사되었으며, 그 다음으로 코미디 29%, 영화 25%, TV쇼 18%, 영화 16% 등의 순으로 나타났다.

[그림 3-67] 온라인 비디오 시청 시 주요 장르

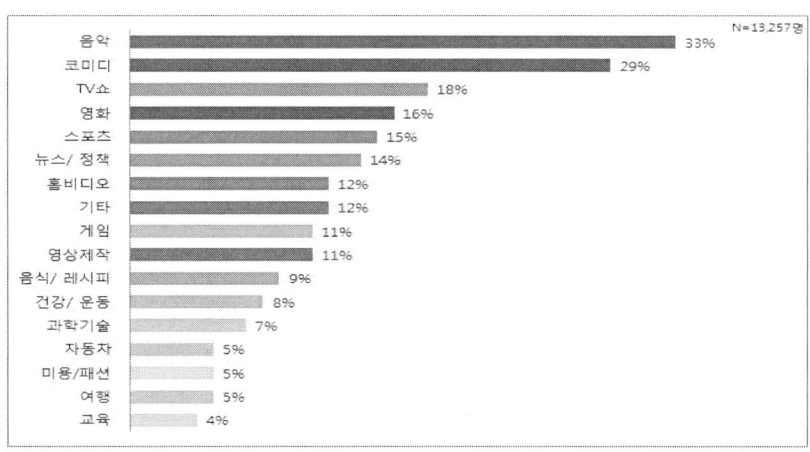

출처: Consumer Barometer with Google

나. 콘텐츠 소비 주요 이슈

① '쇼루밍(Showrooming)' 등 크로스오버(Cross-over) 소비패턴

최근 캐나다에서는 매장에서 제품을 살펴본 뒤 실제 구매는 온라인 채널을 이용하는 '쇼루밍족'이 부쩍 증가하고 있는 것으로 나타났다. 또한 이와 유사하게 온라인 대신 모바일을 구매에 활용하는 모루밍 소비도 확산되는 추세이다. 이와 반대로 상품의 사양과 가격에 대한 정보를 온라인에서 미리 검토하고 실제 구매는 일반 상점을 활용하는 '역-쇼루밍' 트렌드도 보편화되고 있다. 구매대상제품에 대한 다른 사용자의 후기와 평가를 참고하는 소비패턴이 두드러지며 온라인과 오프라인의 경계가 허물어지는 '크로스오버 쇼핑'이 주목되고 있다.

쇼루밍, 모루밍 등 크로스오버 쇼핑이 일반화되면서 온라인 유통업계와 소셜 미디어 마케팅업계가 성장하는 계기가 마련되고 있다. 캐나다 소비자의 '합리적'인 측면이 온라인, 모바일 마케팅 환경을 자극하면서 Groupon, Eservus, Living Special 등 관련 회사가 소비자의 수요에 부합하는 서비스 제공 경쟁을 펼치고 있다.

② '소셜네트워크(SNS)' 마케팅 영향력 증가

스마트폰, 태블릿, 노트북 등 모바일 제품 사용이 보편화되면서, 이 기기를 기반으로 하는 SNS 광고 서비스가 크게 증가하고 있다. 인터넷 마케팅이 빠르게 진화하는 한국과 마찬가지로 캐나다에서도 다양한 SNS 마케팅이 영향력을 얻고 있다. 특히 캐나다 SNS 광고의 경우, 동영상 양방향(interactive) 기능을 보강해서 소비자가 관련 제품에 대한 정보를 확인하거나 테스트할 수 있도록 제작되는 추세이다. 양방향(Interactive) 광고회사(Innovid)에 따르면 양방향 기능이 포함된 광고의 클릭 수가 일반 광고에 비해서 400%까지 증가한 것으로 나타나고 있다.

5) 콘텐츠 유통 현황

(1) 주요 유통 플랫폼 현황

가. 오프라인 플랫폼

① 영화

캐나다는 영화시장 규모가 전 세계적으로 손에 꼽히는 대국이지만, 미국 영화산업과의 지리적, 산업적 연관성으로 북미시장으로 분류되면서 그 독자성을 인정받지 못하는 경향이 있다.

2013년 캐나다 영화는 비교적 많이 개봉되었음에도 매출 점유율은 2.3%에 그쳤다. 반면 미국 영화는 무려 88.6%를 기록했으며 다른 외국 영화는 9.1%를 차지했다. 캐나다는 자국 영화산업이 침체되어 가는 가운데 전체 영화산업 규모도 감소하고 있는 추세이다. 이에 따라 캐나다는 할리우드 영화 촬영 유치를 위해 더욱 적극적인 정책을 펼치고 있다.

[표 3-20] 캐나다 영화산업 기초 지표 (2013)

연 관객	1억 7,500만 명
극장매출	10억 957만 USD
평균 관람료	9.39 USD
스크린 수	3,031개
디지털 스크린 수	3,017개
3D 스크린 수	1,299개

출처 : 영화진흥위원회

캐나다는 전체 스크린 3,031개 중 3,017개가 디지털 스크린으로 거의 디지털화가 이루어졌다고 볼 수 있다. 캐나다의 대표적인 극장체인은 시네 플렉스(Cineplex)라고 할 수 있는데, 161개 극장과 1,639개의 스크린으로 캐나다 영화시장의 75%를 점유하고 있다. 캐나다의 극장체인 현황을 보면 다음과 같다.

[표 3-21] 캐나다 영화관

영화관	개요
Cineplex Entertainment	• 캐나다에서 가장 크고 북미에서 다섯 번째로 큰 극장체인 • 161개 극장과 1,639개의 스크린 보유

영화관	개요
	• Cineplex 미디어, Cineplex 디지털 솔루션, Cineplex 디지털 네트워크 서비스 제공 • 영화관련 전시, 요식업, 게임, 이벤트 사업 병행 • 약 7,700만 명의 관람객이 Cineplex 극장체인 방문
Landmark Cinemas	• 캐나다에서 두 번째로 큰 극장체인 • 54개 극장과 359개의 스크린 보유 • British Columbia, Alberta, Saskatchewan, Manitoba, Ontario, Yukon에 극장 위치
Cinémas Guzzo	• 1974년 설립 • 캐나다 퀘백지역에 입지를 다진 극장체인 • 8개의 메가플렉스와 2개의 극장, 141개의 스크린 보유 • IMAX 스크린 보유
Rainbow and Magic Lantern Cinemas	• 1990년에 설립된 Rainbow Cinemas와 1984년에 설립된 Magic Lantern Theatres는 합병 • 에드몬튼을 중심으로 극장 확대 • 16개 극장과 87 스크린을 보유
Premier Theatres	• 1934년 카지노 극장으로 시작 • 5 drive-in theaters와 7개의 극장을 보유 • 23개의 스크린 보유 • 온타리오와 옐로우나이프 중심으로 확장 중
Alliance Cinemas	• 소규모 극장체인 • 캐나다 메이저 영화 배급사인 Alliance Films와 Cineplex 소유
Ciné Entreprise	• 퀘벡주에 위치한 독립 영화 극장 체인 • 50개 이상의 스크린 보유

출처 : 각사 홈페이지

② 애니메이션

캐나다에서는 NFB(National Film Board)라는 캐나다 국립영화협회에서 애니메이션 제작을 지원하고 있다. 캐나다 국립영화협회의 지원으로 제작하는 애니메이터들은 상업적인 애니메이션과는 달리 인형, 모래, 유리 등 실험적인 애니메이션들을 연출해 내면서 작가별로 독특한 표현양식과 주제의식이 돋보이는 작가주의 작품들을 많이 제작하고 있다.[59] 이러한 지원은 캐나다 애니메이션 발전에 큰 힘이되고 있지만, 대다수의 젊은 애니메이터들은 할리우드 애니메이션 작업으로 경력을 쌓고 있다. 캐나다의 애니메이션 제작과 배급을 맡은 주요 유통 플랫폼을 보면 다음과 같다.

---

[59] National Film Board of Canada

[표 3-22] 캐나다 애니메이션 유통 플랫폼

기업명	설명
Nelvana Limited inc.	• 1971년 Michael Hirsh, Patrick Loubert, Clive A. Smith 등 3인이 설립 • 현재 캐나다 토론토에 본사 위치해 있으며 프랑스, 아일랜드, 일본 등에 지사 설립. 2000년 Corus Entertainment에 의해 인수된 이후 현재까지 자회사로 활동 • 설립 초기부터 아동 애니메이션으로 유명, 지금까지 Nelvana의 콘텐츠는 전 세계 150여개국에서 방영되었으며, 에미상 등을 비롯한 세계적인 주요상을 70여 차례 수상 • 사업 분야는 크게 자체 애니메이션콘텐츠 제작(Nelvana Studio), 해외 콘텐츠를 포함한 방송 판매 및 배급(Nelvana Enterprises), 라이선싱 및 머천다이징 등 3개 분야로 구분 • 주요 자산 : The Backyardigans, Babar, Beyblade, Bakugan, Hot Wheels®: Battle Force 5, Franklin, Ruby Gloom 등 다수
9 Story Media Group	• 2002년 Vince Commisso와 Steven Jarosz에 의해 설립된 캐나다의 애니메이션 제작 및 배급업체로 현재 토론토에 본사 위치 • 2006년, 배급 사업을 시작하며 9 Story Media Group 출시, Disney Channel, Cartoon Network, ABC Kids Australia, Canal+ and Nickelodeon 등 세계적인 어린이 TV 방송 채널에 프로그램을 라이선싱 형태로 제공 • Vivendi Universal Entertainment, Disney Home Entertainment, NCircle, eOne Entertainment 등의 세계적인 업체들의 DVD 배급을 위해 홈비디오 라이선싱 보유 • 2014년, 9 Story Media Group으로 리브랜딩
House of Cool	• 2004년에 베테랑 애니메이터인 Ricardo Curtis와 그의 사업 파트너 Wes Lui가 설립한 프리 프러덕션(pre-production) 애니메이션 스튜디오로 현재 토론토에 본사 위치 • 국내외 극장용 장편, TV 시리즈, 광고 등을 대상으로 디자인 설계, 스토리텔링 작업 전문 • 2008년, 영국의 풀서비스 애니메이션 스튜디오인 Red Rover Studios를 인수 • 대표작 : Betty Banner, Party Planner (시리즈), Despicable Me (2010), Rio (2011), Epic (2013), Escape from Planet Earth (2013), The Nut Job (2014) 등 다수

출처 : 각사 홈페이지

③ 음악

캐나다 오프라인 음악시장은 '소니뮤직(Sony Music Entertainment Canada Inc.)', 'EMI뮤직(EMI Music Canada)', '워너뮤직(Warner Music Canada co.)', '유니버설뮤직(Universal Music Canada Inc.)' 등 4개의 메이저 레코드기업이 주도하고 있으며 중소형 독립 레코드기업들이 활동하고 있다. 메이저기업들은 높은 수준의 마케팅 지원으로 캐나다 음악시장의 약 70%를 점유하고 있다.[60] 이 외에 중소형 레코드기업 현황을 보면 다음과 같다.

[표 3-23] 캐나다 중소형 레코드기업

기업명	설명
G7 Records	• 2004년, 캐나다의 힙합 그룹 Ghetto Concept의 멤버인 Kwajo 'Cinqo' Boateng이 캐나다 온타리오에 설립한 힙합 전문 인디레이블 • G7 Records는 제작, 배급, 매니지먼트, 머천다이징 등 풀 서비스 플랫폼을 보유하고 있는 미국기업인 Global 7 Entertainment Inc.을 모기업으로 하고 있음 • 소속 아티스트들은 주로 토론토지역에서 활동하고 있는 경우가 주를 이루고 있으나, 해외 아티스트나 프로듀서도 찾고 있음 • 세계 시장 배급은 Universal Music Group을 통해 이루어짐. 참고로 UMG가 캐나다의 어번 뮤직 레이블과 직접 계약한 것은 이것이 최초 • 주요 아티스트 : DJ G-Starr, JJ Money, Kwajo Cinqo, LP Da Original, Reema Major
Beatkamp Inc.	• 1989년에 설립된 캐나다의 일렉트로닉(전자) 음악 전문 레이블로 Walter Balys가 운영 중 • 모든 뮤직비디오 작업은 내부적으로 이루어지며, Bad WolfTV 라는 자체적인 동영상 웹사이트를 통해 공개 • Beatkamp는 테크 느와르(tech noire)라는 장르 를 만들었으며, 토론토에서 영화 페스티벌도 개최하고 있음 • 주요 아티스트 : Dada Pogrom, Sauzeug, Ranlub, Error 144, Lead Berry Research 등

출처 : 각사 홈페이지

나. 온라인 플랫폼

구글플레이(Google Play)나 스포티파이(Spotify)와 같은 메이저급 스트리밍 서비스업체들이 2014년 캐나다에 진출하면서 디지털 음악 플랫폼의 이용이 폭발적으로 늘어나고 있다. 이에 캐나다에는 글로벌 서비스뿐만이 아니라 로컬 서비스도 다수 등장하고 있다.

[표 3-24] 캐나다 디지털 음악 플랫폼 현황(2014)

구분	음원 다운로드형	유료가입형	광고지원형	혼합형
글로벌 서비스	• iTunes • 7Digital	• Rdio • Mixradio • Music Unlimited	• DailyMotion • MTV • Vevo • Youtube	• Google Play (음원 다운로드형, 유료가입형) • Spotify (유료가입형, 광고지원형) • Deezer (유료가입형, 광고지원형) • XBox Music (음원 다운로드형, 유료가입형, 광고지원형) • Songza (유료가입형, 광고지원형)

---

60) PwC, Music Canada-Economic Impact Analysis of the Sound Recording Industry in Canada, 2012.04.12

구분	음원 다운로드형	유료가입형	광고지원형	혼합형
로컬 서비스	· Archambault · Artistxite · Classical Archives · HMV Digital · Motime	· Naxos · Quello · Rara.com · Slacker · Stingray Music · Tidal · Zik	· CBC Music · Mediazoic	· EMusic (음원 다운로드형, 유료가입형)

출처 : Pro Music

(2) 기타 산업별 주요 사업자

가. 출판

캐나다 주요 출판사로는 전 세계 107개국에서 29개 언어로 매달 약 120개의 신간이 발매되고 있는 Harlequin Enterprises와 캐나다의 메이저급 출판사인 McClelland & Stewart가 대표적이라고 할 수 있다.

[표 3-25] 캐나다 출판사

기업명	설명
Harlequin Enterprises	· 1949년 Jack Palmer와 Doug Weld가 공동 설립 · 토론토에 본사를 둔 출판사로 주로 로맨스 시리즈와 여성 소설을 발간하고 있음. 전 세계 107개국에서 29개 언어로 매달 약 120개의 신간 발매. 작품들은 전 세계 1,300여명의 작가들에 의해 쓰여짐 · 캐나다 최대의 신문사인 Torstar Corporation가 1981년부터 최근인 2014년까지 소유하고 있었으나, 2014년 News Corp로 넘어가며 현재 HarperCollins의 산하에서 운영되고 있음
McClelland & Stewart	· 1906년 John McClelland과 Frederick Goodchild에 의해 설립된 캐나다의 메이저급 출판사로 본사는 토론토에 위치 · 현재 독일의 미디어기업 Bertelsmann 소유의 국제적 출판기업인 Random House의 캐나다 지사 Random House of Canada의 자회사로 운영 중

출처 : 각사 홈페이지

나. 게임

캐나다의 대표적인 게임회사로는 프랑스의 비디오게임개발사인 Ubisoft의 자회사로 1997년에 캐나다정부의 펀딩으로 설립된 Unisoft Montreal과 토론토에 위치한 독립 게임개발업체로 2003년 토론토의 IGDA 멤버들이 모여 설립 Capybara Games 등이 대표적이라고 할 수 있다.

[표 3-26] 캐나다 게임회사

기업명	설명
Unisoft Montreal	• 프랑스의 비디오게임개발사인 Ubisoft의 자회사로 1997년에 캐나다정부의 펀딩으로 프랑스어 인구가 많은 퀘벡주 몬트리얼에 본사 위치 • 현재 2,600명 이상의 직원을 보유한 세계 최대의 규모의 업체 중 하나로 성장 • 대표작 : Prince of Persia 시리즈, Far Cry 시리즈, Assassin's Creed 시리즈, Tom Clancy의 프랜차이즈 (Rainbow Six, Splinter Cell, Watch Dogs 등), Naruto 시리즈 (Rise of a Ninja, The Broken Bond) 등 다수
Capybara Games	• 토론토에 위치한 독립 게임개발업체로 2003년 토론토의 IGDA 멤버들이 모여 설립 • 현재 iPhone, Nintendo DS, 다운로드가 가능한 콘솔 게임 등에 사업 집중 • 높은 완성도를 인정받으며 Critter Crunch, Superbrothers: Sword & Sworcery EP, Might and Magic: Clash of Heroes 등 다수의 게임들이 전문가들로부터 호평, 관련 분야의 시상식에서 수차례 수상 • 대표작 : Critter Crunch, Superbrothers: Sword & Sworcery EP, S.M.A.B.U: Earth Wars, Super Time Force 등
DrinkBox Studios	• 토론토에 위치한 독립 게임개발업체 • Pseudo Interactive가 문을 닫게 되자, 2008년 Chris Harvey를 비롯한 3명이 함께 DrinkBox Studios를 설립 • iOS, Nintendo DS, PlayStation 3, PlayStation Portable, Wii, Xbox 360 등 다양한 플랫폼의 게임개발체로 인증 받음 • 자체적인 오리지널 게임 제작 뿐 아니라, Activision, Vicarious Visions, Playbrains, Electronic Arts 등 타 업체의 프로젝트에서 프로그래밍, 아트, 디자인 등에 관여 • 대표작 : Tales from Space: About a Blob (2010), Tales from Space: Mutant Blobs Attack (2011), Guacamelee! (2013) 등

출처 : 각사 홈페이지

다. 방송

캐나다의 대표적인 방송사업자로는 먼저 공영방송사인 CBC와 민영방송사인 CTV, Global를 비롯하여 캐나다 최대의 케이블TV업체인 Rogers Cable 등이 대표적이라고 할 수 있다.

[표 3-27] 캐나다 방송사업자

방송사	구분	설명
CBC	공영	• 1952년 TV 서비스 개시 • 영어권의 CBC Television과 프랑스어 기반의 Ici Radio-Canada Tele 두 가지 네트워크 운영 • Explora와 Category B 등 디지털 서비스도 존재 • 무광고(Commercial-free)를 원칙으로 하지만 재정보안을 위해 일부 유료서비스도 제공 • 대부분의 프로그램을 자체제작을 통해 조달
CTV	민영	• 2010년 통신사업자 BCE에 피인수 • 캐나다 27개 지역에 방송국을 운영하는 최대의 민영방송사업자 • The Comedy Network, TSN 등 30여개의 케이블 및 위성방송 채널 보유 • 미국 인기 지상파 및 케이블 프로그램을 수입해 프라임타임 시간대에 편성
Global	민영	• 2010년 통신사업자 Shaw Media에 피인수 • 11개 지역 방송사를 소유 및 운영(O&Os) • 드라마와 리얼리티쇼 등 엔터테인먼트 프로그램 중심의 편성정책
Rogers Cable	케이블방송	• 캐나다 최대의 케이블TV사업자 • 320개 아날로그 및 디지털 케이블TV 채널 제공 • HDTV, 온디맨드 콘텐츠, PVR 등 부가서비스 다수 제공 • 8개의 요금패키지와 추가 채널 구입 등 서비스 확충 • Netflix 등 OTT 서비스의 확대로 최근 가입자 수 감소세 • 2014년 3분기 가입자 수 204만 가구
Shaw	케이블방송	• 서부지역을 중심으로 서비스 전개 • 'ShawTV '를 통해 299개 채널 공급 • 케이블TV 와 인터넷, 디지털 전화의 번들링 서비스 제공
BellTV	위성방송	• 통신사업자 BCE의 DTH 기반 위성TV 서비스 • 미디어사업자 CTV 와 방송사업자 Astral 등을 잇따라 인수하며 콘텐츠 영향력 강화 • 채널 수에 따라 총 4개의 패키지를 제공 • VoD와 TV 앱 등 인터넷 기반 서비스의 번들링 서비스 • 2014년 1분기 가입자 수 230만 가구

방송사	구분	설명
Shaw Direct	위성방송	• 통신사업자 Shaw의 자회사 • 210개 HD 채널을 포함 총 650개의 오디오/비디오 채널과 1만개의 온디맨드TV 및 영화콘텐츠 제공 • 2014년 현재 가입자 수 90만 명 이상
TELUS Satellite	위성방송	• Telus Mobility의 위성TV 서비스 • BCE의 위성TV 인프라를 이용 • 운영 주체는 Bell Canada • 인터넷과 전화서비스와의 번들링 서비스 제공

출처 : Conex

또한 주요 IPTV업체로는 2005년 서비스를 개시한 캐나다 최대 사업자인 Telus를 비롯하여 'UltimateTV' 서비스를 제공하고 있는 MTS Allstream 등이 있다.

[표 3-28] 캐나다 IPTV업체

IPTV	설명
Telus	• 2005년 서비스를 개시한 캐나다 최대 사업자 • 'TelusTV'와 'OptikTV' 서비스를 앨버타와 브리티시 컬럼비아주 등에 제공 • 125개 HD채널과 50개의 음악채널을 포함 총 500여개의 채널을 공급 • Cisco등과의 제휴를 통해 TV 뿐아니라 셋톱박스, 스마트폰, 콘솔 등으로 서비스 단말 확대 • 2014년 기준 가입자 수 89만가구
MTS Allstream	• 캐나다 중앙지역의 통신사업자 • 2009년 'UltimateTV' 서비스 출시 • Movie Central, Super Channel 등 다양한 채널 패키지 제공이 강점 • 2013년 기준 9만 명의 가입자 기반 확보
SaskTel	• 'Max Entertainment Services' 서비스 운영 • 2012년 기준 가입자 수 총 9만 7천가구 • 190개 이상의 채널과 DVR, VoD, 라디오 등을 4가지 패키지로 제공
Bell Wireline	• 통신사업자 BCE의 유선사업 부문 • 2010년 IPTV 서비스 'FibeTV' 출시 • 2013년 기준 47만9천가구의 가입자 확보 • 퀘백과 토론토 등 도심부가 핵심지역 • 70여개의 국제방송과 100여개의 HD방송 채널을 제공 • 인터넷, 유선전화와의 번들링 서비스에 강점
Bell Aliant	• BCE의 아틀랜틱 캐나다 지역사업부 • 브랜드 명은 'Bell AliantTV' • 2013년 기준 17만8천가구의 가입자 확보 • 70여개 채널로 구성된 HD패키지 제공

IPTV	설명
Tbaytel	• 1902년 설립 • 4G네트워크를 기반으로 2010년 서비스 출시 • 4가지 디지털 채널 패키지 및 311가지 콘텐츠당 과금(pay-per-view) 채널, VoD 등 제공 • 가입자 수 공개하지 않음

출처 : Conex

라. 지식정보

캐나다 주요 통신사업자로는 최대 이동통신 사업자인 Rogers Wireless와 나다 2위 이동통신 사업자이자 메이저 유선통신 사업자인 BCE 등이 대표적이다.

[표 3-29] 캐나다 통신사업자

기업명	설명
Rogers Wireless	• 캐나다 최대의 이동통신 사업자 • GSM/EDGE 기반의 2G, HSPA+ 기반의 3G, LTE 서비스를 제공
BCE	• 캐나다 2위 이동통신 사업자이자 메이저 유선통신 사업자 • 유선통신, Voip, 3G, LTE 서비스 등을 제공
Telus	• BCE와 2위 자리를 다투는 이동통신 사업자이자 유선통신 사업자 • VoIP, 3G, LTE 서비스 등을 제공

출처 : Conex

6) 주요 지원 제도 및 정책 동향

(1) 콘텐츠 관련 중장기 계획

가. 캐나다 문화유산부의 콘텐츠 진흥 정책

캐나다의 문화콘텐츠에 대한 지원 정책은 문화유산부(Cultural Heritage)를 통해 이루어지며 모든 캐나다인이 문화적 삶에 참여하는 것을 골자로 캐나다인 모두가 문화적 풍요로움과 다양성을 고취시키기 위해 국가적 차원에서 지원하고 있다.

[표 3-30] 캐나다 예술과 문화콘텐츠 개발을 위한 프로그램

예술	문화산업	유산
캐나다 예술작품 기금	방송&디지털 커뮤니케이션	박물관 지원 프로그램
캐나다 문화분야 기금	캐나다 미디어기금	캐나다 여행, 전시회 보증 프로그램
연방 건축 트러스트	영화&비디오 정책	캐나다 유산 정보 네트워크
캐나다 예술훈련 기금	영화&비디오제작 세금공제	캐나다 보존기관
캐나다 문화투자 기금	캐나다 음원기금	문화재 재산이전 프로그램
	캐나다 출판기금	
	저작권 국제무역 정책	
	문화섹터 투자검수	
	TV 5	

[표 3-31] 문화유산부 콘텐츠 지원금

[단위: 백만(캐나다) 달러]

전략	프로그램	실 지출액 2010-11	실 지출액 2011-12	예상 지출액 2012-13	지출 계획		
					2013-14	2014-15	2015-16
분야	예술	114.6	110.4	126.8	117.8	115.8	37.1
	문화산업	303.5	311.3	308.2	299.9	297.3	280.0
	유산	41.4	40.1	37.1	40.3	40.4	36.3
	총계	459.5	461.8	472.1	458.0	453.5	353.4

문화유산부는 문화산업의 발전을 위해 기금을 지원하고 있는데 지원 방식은 다음과 같다.

[표 3-32] 문화유산부 기금 지원 방식

분야	기금명	지원방식
서적	Canada Book Fund	• 캐나다 작가의 출판을 장려하고 출판물을 유통하기위해 저자부터 출판사까지 관련된 제반 사항을 돕고 관련된 조직을 지원
방송, 미디어	Partnerships Fund	• 공공기관 이나 비영리기관에 대한 지원을 위주로 기금을 운영하며 캐나다 문화정체성과 관련된 콘텐츠를 제작 유통하는 것을 지원
	Gateway Fund	• 원주민과 커뮤니티를 대상으로 문화콘텐츠의 제작 활성화를 목적으로 하는 비영리기관을 지원
	Canada New Media Fund	• 미디어 콘텐츠의 제작 활성화를 위해 노력하는 캐나다 회사 및 전문가 협회 등을 지원
	Northern Aboriginal Broadcasting and Distribution Projects	• 원주민과 관련된 라디오와 TV 프로그램 제작, 유통 활성화를 위해 프로그램을 제작, 유통하는 사업자 지원
영화, 비디오	Canadian Film or Video Production Tax Credit (CPTC)	• 시청각 인증 사무소와 문화유산부의 연계를 통해 프로그램 제작활성화를 위한 세제 지원
	Film or Video Production Services Tax Credit (PSTC)	• 캐나다 내에서 영화, 비디오를 제작하는 회사의 고용 혜택과 세제를 지원
잡지, 신문	Canada Periodical Fund	• 잡지와 신문사의 콘텐츠가 시장에서의 불공정 거래가 되는 것을 막기 위한 지원
음악	Canada Music Fund	• 캐나다에서 만들어지는 음악콘텐츠의 창작자, 기업 또는 음악작품을 지원
공연예술, 페스티벌	Canada Cultural Investment Fund	• 민간 기금을 통해 비영리 예술 조직의 안정적 운영 및 능력 향상을 위해 설립, 연간 최대 후원 가능 금액은 2백만 달러
기타	Consultations on the Canada Prizes for the Arts and Creativity	• 캐나다의 이름을 알린 개인, 기관에 수여하는 상으로 가이트너재단(Gairdner Foundation)이 주관하며 문화 예술 관련 시상을 함 • 대상은 캐나다 연방 기관 Canada Council for the Arts)이 선정하고 시상금으로 매년 2천만 달러 이상을 기부

나. 캐나다정부, 디지털 전략 'Digital Canada 150' 프로젝트 추진[61]

캐나다 산업부의 제임스 무어(James Moore) 장관은 캘거리대학교(University of Calgary)의 공공정책학(School of Public Policy) 강연에서 캐나다정부의 새로운 디지털 전략인 'Digital Canada 150' 계획의 세부사항들을 공개했다. 무어 장관은 'Digital Canada 150' 프로젝트가 98% 이상의 캐나다인들에게 고해상도 동영상 이용에 충분한 인터넷 서비스를 제공하고 중소기업들이 디지털 기술을 도입할 수 있도록 지원하는 새로운 투자를 진행하며, 캐나다인의 프라이버시 보호 및 온라인 거래의 보안 보장 등을 목표로 한다고 밝혔다. 구체적인 내용을 보면, 캐나다정부는 2017년까지 3억 500만 달러를 지출해 외곽 및 외지의 약 28만 가구에 고속 인터넷 서비스를 확장하고, 도서관, 비영리 단체, 소규모 토착 커뮤니티의 컴퓨터 수리, 개조, 기부를 위해 3,600만 달러를 지원할 계획이다. 이에 따라, 캐나다기업개발은행(Business Development Bank of Canada)은 디지털 기술업체에 3억 달러, 새로운 기술 채택기업에 2억 등 총 5억 달러를 투자할 것을 요청했다. 또한, 테러리스트 또는 국내 위협으로부터 인터넷 네트워크가 보호되도록 보장하는 법제화를 진행하여, 온라인 위협으로부터 캐나다인을 보호하기 위한 새로운 스팸 방지 법안이 2014년 7월 1일 발효되었다.

(2) 콘텐츠산업 지원 제도

퀘백주정부의 경제개발공사인 'Investissement Quebec'은 '정부지원프로그램'을 통해 약 86개 회사(2013년 기준)를 지원하고 있다. 즉, 게임개발사의 급여로 지급되는 돈의 30%를 '세금환급' 방식으로 지원한다는 것이다. 프랑스어를 공용어로 이용하는 퀘벡주의 특성을 고려하여 게임에서 지원하는 언어 중 프랑스어가 포함되어 있다면 세금감면 범위를 최대 7.5%를 추가하는 지원 정책 역시 시행 중이다. 이에 따라, 현재 퀘벡에는 캐나다 전체 게임기업의 70%가 상주해 있으며 유럽의 거대 게임사 유비소프트, 일본의 대표 게임사인 스퀘어에닉스, 배트맨 아캄 시리즈로 명성을 높인 워너브라더스 게임, 모바일 게임의 강자 게임로프트, 세계 최대 게임사로 손 꼽히는 EA스튜디오 등 세계 게임시장을 움직이는 게임기업들이 상주해 있다.

(3) 조세 제도

캐나다의 브리티시컬럼비아(British Columbia)주는 북미에서 4번째로 큰 영화 및 프로덕션 센터의 본거지로, 비디오 게임개발의 글로벌 허브로서 자국에서 활동하는 국내외기업들을 위해

---

[61] 한국콘텐츠진흥원, 캐나다정부의 디지털 전략이 게임산업에 미치는 영향(글로벌 게임산업 트렌드 2014.01 제1호), 2014.04

다양한 제도적 지원을 통해 디지털 미디어 및 영화 제작을 위한 맞춤형 세금공제 지원을 하고 있다.

영화 및 TV 프로젝트에 대해서는 브리티시컬럼비아 해당 인건비에 대해 33%의 환급성 세금공제혜택을 제공하며 국내 제작에 대해서는 35%를 공제한다. 해당 지역의 제작사는 연방정부로부터 전체 제작비용의 16%에 상응하는 세금공제를 받을 수 있으며 적격 국내 제작에 대해서는 25%의 공제를 받을 수 있다. 밴쿠버지역이 아닌 다른 곳에서 촬영한 영화나 TV 프로그램, 소요 인건비는 거리에 따라 지원 정도가 다른데 벤쿠버 인근인 경우 6%를 세금공제 받으며 원거리인 경우 12%의 추가 세금공제를 받을 수 있다. 하지만 해당 국내 제작의 경우 공제율이 각각 12.5% 및 18.5%로 높아진다. 영화나 TV, 디지털 애니메이션, 그리고 시각 효과에 관한 제작은 지출된 인건비의 17.5%가 추가적으로 공제된다. 비디오 게임개발자도 공제 대상이므로 브리티시컬럼비아 인건비의 17.5%에 달하는 대화형 디지털 미디어(Interactive Digital Media) 세제혜택을 받을 수 있다. 브리티시컬럼비아는 지식기반 분야에도 조세 제도와 인센티브를 제공하고 있는데 현재까지 50개의 지식기반 연구센터에 세제 혜택을 주고 있으며 연방정부의 세금공제 외에도 기업들에게 해당 SR&ED 비용의 10% 공제를 제공하고 있다. 지식기반 분야 기업에 대한 세금 제도 조항은 다음과 같다. 캐나다에서 사업을 운영하고 있으며 그 관리 권한이 캐나다정부에 소속된 경우 해당 민간기업은 캐나다의 과학 연구 및 실험개발 (SR&ED) 법률에 의거 세금공제 대상 자격을 가지게 되며 회사가 지출한 금액의 최대 35%까지 연방의 세금공제를 받을 수 있다. 과학 연구 또는 실험 개발에 관련기업이 아니더라도 지식기반 분야에 관련된 기업들은 '기타기업'으로 분류하며 해당 기업들은 최대 20%의 세금공제를 받을 수 있다.

(4) 규제 제도[62]

캐나다에서는 외국 콘텐츠 유통 및 외국인 투자를 제한하고 있다. 서비스 교역 제한 세부 내용을 살펴보면 다음과 같다. 먼저 외국산 콘텐츠의 유통에 관해 제한하고 있는데, 방송콘텐츠에 대해서는 연간 방송시간의 60% 이상을 캐나다 제작 프로그램으로 구성하도록 하고 있다. 황금 시간대(18:00~00:00)에는 국영방송국(CBC, Canadian Broadcasting Corporation)은 경우 60% 이상을 캐나다 제작 프로그램으로 구성해야 하며, 상업방송의 경우 50% 이상을 구성해야 한다. 라디오 콘텐츠의 경우, 방송되는 음악의 35% 이상이 로컬 콘텐츠로 구성되어야 한다. 여기서 로컬 콘텐츠는 다음의 기준 중 2가지 이상을 충족한 곡을 말한다.

- M(Music) 캐나다인에 의해 전적으로 만들어진 음악
- A(Artist) 캐나다인에 의해 주로 공연되는 음악

---

[62] 한국무역진흥공사, 주요국의 서비스 규제조치 현황, 2013. 11. 29.

- P(Production) 캐나다에서 녹음/라이브로 연주된 음악
- L(Lyrics) 전적으로 캐나다인에 의해 쓰여 진 가사

다음으로 콘텐츠 관련 분야 투자에 관한 제한을 하고 있는데 먼저 캐나다의 문화, 문화유산, 국가 정체성 등과 관련된 분야로 투자할 경우 (기존 법인의 인수 또는 법인 신설 포함) 정부의 사전 심의를 거치도록 하고 있다. 또한 영상물 제작, 배급 및 판매에 있어 캐나다의 기존업체 인수는 불허하며, 지적재산권 보유 상품의 수입 및 배포는 신규 투자에 한 해 허용하고 있다. 새로운 영화 배급사 설립은 국제 규모의 인가 받은 수입업자에 한하고 있다.

방송 분야의 경우는 주주 혹은 이사회에서 80% 이상의 의결권을 내국인이 보유하지 않은 경우, 사업승인서의 발급 혹은 재발급을 불가하는 등 지분 제한을 하고 있으며, 캐나다기업의 요청이 있을 시, 외국기업은 시장에서 규제를 당할 수 있다. (CRTC, Canadian Radio-television and Telecommunications Commission)

[표 3-33] 캐나다 외국 콘텐츠 유통 및 외국인 투자제한 관할 부처 및 법령

구분	내용
관할부처	캐나다 무선통신위원회 (CRTC, Canadian Radio-Television and Telecommunications Commission) website : www.crtc.gc.ca
관련법령	방송법 (Broadcasing Act, 2013.8.25. 개정) 하이퍼링크 : http://laws-lois.justice.gc.ca/PDF/B-9.01.pdf

출처 : 한국무역진흥공사

제2절 중남미 콘텐츠시장

2013년 중남미 경제는 미국 양적완화 축소 우려에 따른 외환·금융시장 혼란과 중국 경제의 성장세 둔화 등 대외 경제 여건 악화로 2012년에 이어 2%대의 저성장세에 그쳤다. 또한 교역조건 악화를 반영해 2013년 중남미지역의 민간 소비 증가율은 전년보다 소폭 하락한 3.1%를 기록해 2010년 이후 지속적인 하락세를 보였다. 그럼에도 불구하고 페루, 브라질, 아르헨티나를 중심으로 한 중남미지역 투자 증가와 글로벌 금융위기 속에서도 상대적으로 안정적인 중남미 경제가 외국인투자자들의 주요 투자 대상으로 주목을 받으면서 2013년 대중남미 순외국인직접투자(FDI)가 1,491억 달러로 사장 최고치를 기록하였다. 또한 지속적인 투자 증가세에 힘입어 2013년 중남미지역의 투자율(GDP대비)이 최근 10년간 가장 높은 23.0%를 기록하였다. 이러한 영향으로 인해 중남미 콘텐츠시장은 지속적으로 높은 성장세를 보였으며, 2013년에는 전년대비 10.4% 증가한 1,000억 3,500만 달러를 기록하였다. 향후 중남미 콘텐츠시장은 2018년까지 연평균 8.8% 성장한 1,526억 8,800만 달러에 이를 것으로 전망된다.

[그림 4-1] 중남미지역 콘텐츠시장 규모 및 성장률, 2009-2018

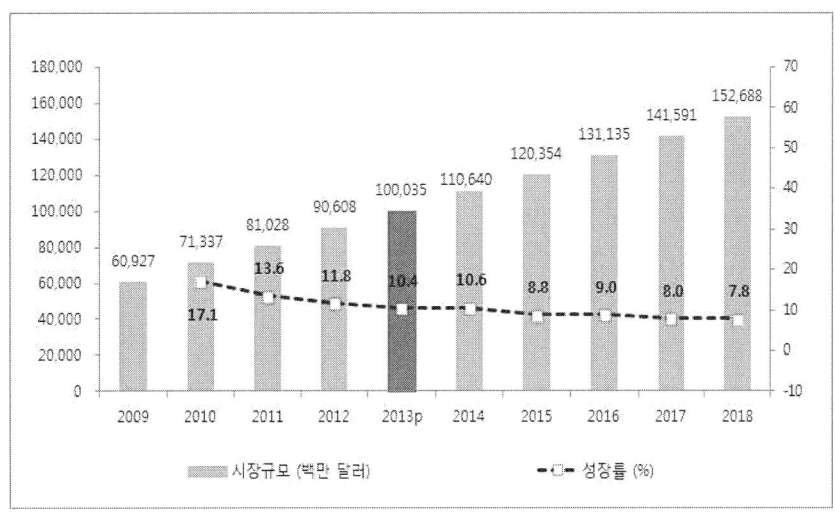

출처 : PwC(2014), ICv2(2013, 2014), Barnes report(2013, 2014), Box Office Mojo(2014), Digital Vector(2013), EPM(2013, 2014)

[표 4-1] 중남미지역 콘텐츠시장 규모 및 전망, 2009-2018

[단위 : 백만 달러, %]

구분	2009	2010	2011	2012	2013p	2014	2015	2016	2017	2018	2013-18 CAGR[63]
출판	14,151	15,401	16,501	17,225	17,955	18,772	19,601	20,444	21,309	22,214	4.3
만화	93	98	111	129	161	173	187	201	218	237	8.1
음악	1,249	1,224	1,311	1,324	1,351	1,384	1,425	1,473	1,527	1,589	3.3
게임	995	1,108	1,274	1,440	1,619	1,803	1,984	2,179	2,393	2,643	10.3
영화	3,651	4,028	4,423	4,721	5,026	5,333	5,683	6,094	6,575	7,062	7.0
애니메이션	347	472	386	506	639	675	716	766	824	884	6.7
방송	18,754	22,545	25,859	29,411	32,644	36,262	38,789	42,066	44,683	47,521	7.8
광고	17,625	20,888	23,270	25,488	27,589	30,483	32,601	35,623	38,002	40,724	8.1
캐릭터	3,400	3,850	3,820	3,990	4,122	4,445	4,751	5,083	5,412	5,760	6.9
지식정보	18,097	22,353	26,632	31,028	35,466	40,426	45,520	50,823	56,335	62,122	11.9
산술합계	78,362	91,967	103,587	115,262	126,572	139,756	151,257	164,752	177,278	190,756	8.5
합계[64]	60,927	71,337	81,028	90,608	100,035	110,640	120,354	131,135	141,591	152,688	8.8

출처 : PwC(2014), ICv2(2013, 2014), Barnes report(2013, 2014), Box Office Mojo(2014), Digital Vector(2013), EPM(2013, 2014)

2013년 중남미 콘텐츠시장은 브라질이 408억 7,800만 달러로 전체 시장의 42.6%의 점유율을 보이며 시장을 주도하고 있는 가운데, 멕시코 240억 9,700만 달러, 아르헨티나 137억 달러로 뒤를 따르고 있다.

---

63) 2013년부터 2018년까지 연평균성장률
64) 중복 시장을 제외한 시장 규모임
 - 출판의 신문/잡지 광고, 게임의 게임 광고, 영화의 극장광고, 방송의 TV /라디오 광고, 지식정보의 디렉토리 광고는 광고시장에 포함
 - 만화, 지식정보의 전문서적/산업잡지는 출판시장에 포함
 - 애니메이션은 영화시장에 포함

[표 4-2] 중남미지역 콘텐츠시장 규모 및 전망, 2009-2018

[단위 : 백만 달러, %]

구분	2009	2010	2011	2012	2013p	2014	2015	2016	2017	2018	2013-18 CAGR[65]
아르헨티나	7,322	8,793	10,557	12,160	13,700	15,267	16,372	17,548	18,466	19,389	7.2
브라질	25,671	29,563	33,795	37,650	40,878	45,373	49,862	55,261	60,619	66,446	10.2
칠레	2,889	3,207	3,608	3,954	4,416	4,891	5,360	5,856	6,406	6,973	9.6
콜롬비아	3,335	3,805	4,303	4,844	5,411	5,923	6,435	6,981	7,515	8,067	8.3
멕시코	13,995	17,029	19,232	21,443	24,097	26,389	28,412	30,381	32,264	34,246	7.3
페루	1,777	2,111	2,478	2,849	3,264	3,721	4,149	4,605	5,095	5,568	11.3
베네수엘라	2,541	2,978	3,237	3,719	4,146	4,630	5,013	5,421	5,814	6,239	8.5

출처 : PwC(2014)
* 캐릭터・라이선스를 제외한 시장 규모를 기준으로 작성됨
* 만화, 애니메이션, 광고시장의 중복값을 제외한 합계 기준으로 작성됨

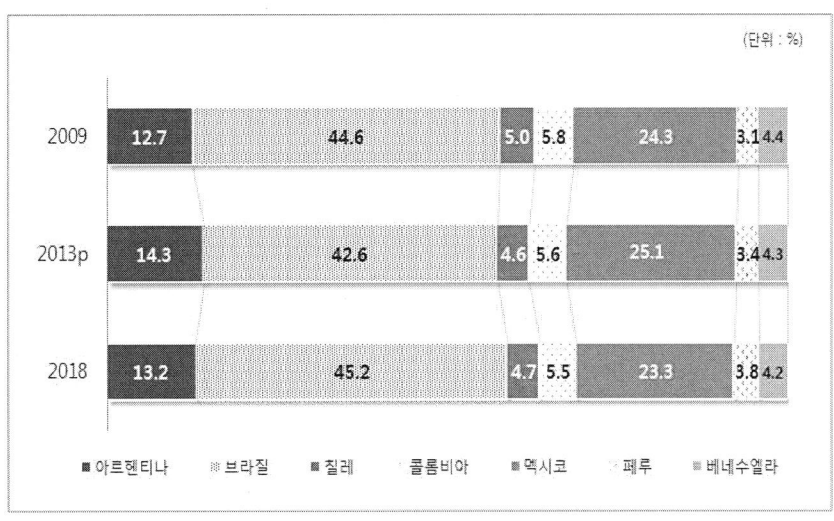

[그림 4-2] 중남미지역 콘텐츠시장 국가별 점유율, 2009 vs. 2013 vs. 2018

출처 : PwC(2014)

65) 2013년부터 2018년까지 연평균성장률

글로벌콘텐츠시장의 향후 5년간 연평균 성장률이 5.0%로 추정되고 있는데 비하여 중남미 국가들은 7%가 넘는 높은 성장률을 기록할 것으로 전망되고 있다.

특히 페루와 브라질은 향후 5년간 연평균 10%가 넘는 매우 높은 성장세를 기록하면서 콘텐츠 소비시장이 활성화될 것으로 예측되고 있다.

[그림 4-3] 중남미지역 국가들의 향후 5년간 연평균 성장률 추정

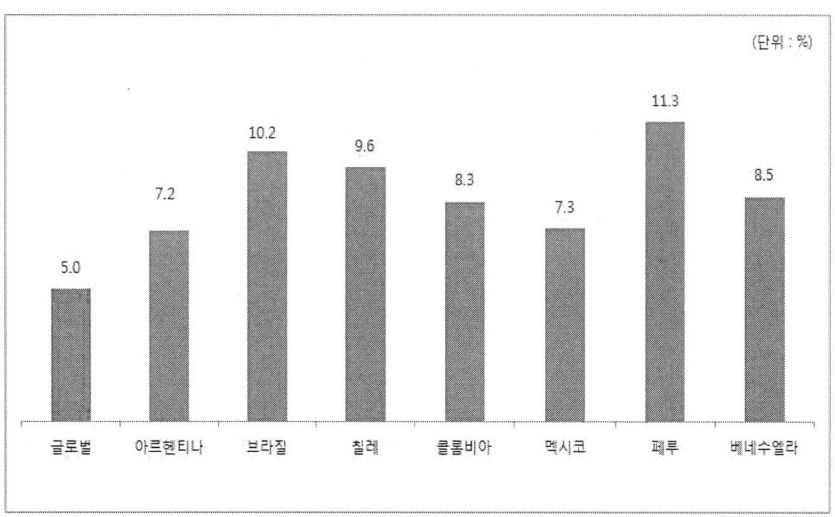

출처 : PwC(2014)

1. 브라질

1) 콘텐츠시장 개요

2013년 브라질 콘텐츠시장은 예년과 비교하여 경제성장이 둔해졌지만 활발한 내수시장의 확대와 신흥 중산층의 유입으로 지식정보, 게임, 캐릭터산업 등 다양한 부분에 걸쳐 성장하면서, 2012년 대비 8.3% 성장한 431억 2,900만 달러를 기록하였다.

향후 브라질 콘텐츠시장은 지식정보와 방송, 캐릭터시장의 가파른 성장세가 기대되고, 모바일, 인터넷 광고의 성장이 다양한 분야로 확산되면서 향후 5년간 연평균 10.1%의 높은 성장세를 기록하며 2018년 699억 3,400만 달러의 시장이 형성될 것으로 전망된다.

[표 4-3] 브라질 콘텐츠시장 규모 및 전망, 2009-2018

[단위 : 백만 달러, %]

구분	2009	2010	2011	2012	2013p	2014	2015	2016	2017	2018	2013-18 CAGR[66]
출판	7,569	7,868	8,214	8,475	8,774	9,120	9,485	9,882	10,314	10,783	4.2
만화	57	58	63	72	89	95	101	108	116	126	7.1
음악	475	478	497	515	533	551	571	594	621	652	4.1
게임	223	262	316	380	448	519	585	658	744	844	13.5
영화	1,697	1,806	1,932	2,030	2,157	2,288	2,437	2,612	2,810	2,990	6.7
애니메이션	183	240	191	247	312	331	353	378	407	433	6.7
방송	7,988	9,735	11,224	12,962	14,236	15,681	16,687	18,312	19,546	20,956	8.0
광고	8,757	10,185	11,062	11,848	12,648	13,959	14,866	16,411	17,553	18,912	8.4
캐릭터	1,650	1,960	2,050	2,167	2,251	2,466	2,687	2,941	3,202	3,486	9.1
지식정보	7,528	9,150	11,202	12,800	14,077	16,414	19,118	22,043	25,217	28,615	15.2
산술합계	36,127	41,741	46,751	51,496	55,525	61,424	66,890	73,939	80,530	87,796	9.6
합계[67]	27,320	31,519	35,845	39,816	43,129	47,837	52,547	58,205	63,821	69,934	10.1

출처 : PwC(2014), ICv2(2013, 2014), Barnes report(2013, 2014), Box Office Mojo(2014), Digital Vector(2013)

---

66) 2013년부터 2018년까지 연평균성장률
67) 중복 시장을 제외한 시장 규모임
- 출판의 신문/잡지 광고, 게임의 게임 광고, 영화의 극장광고, 방송의 TV/라디오 광고, 지식정보의 디렉토리 광고는 광고시장에 포함
- 만화, 지식정보의 전문서적/산업잡지는 출판시장에 포함
- 애니메이션은 영화시장에 포함

[그림 4-4] 브라질 콘텐츠시장 규모 및 성장률, 2009-2018

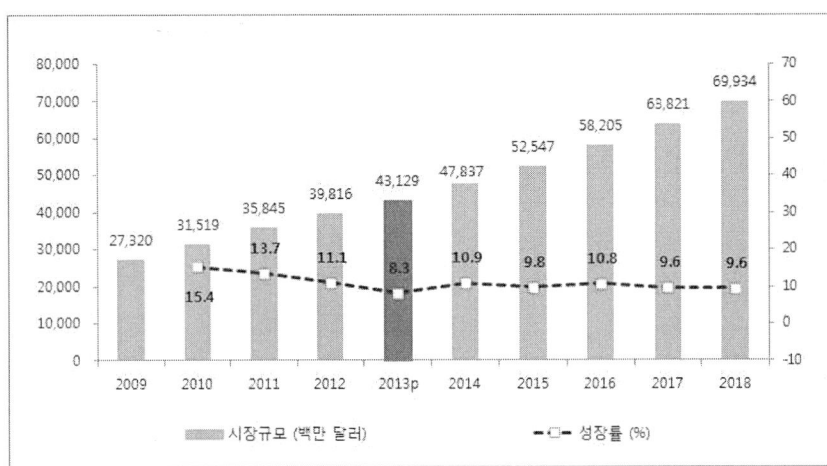

출처 : PwC(2014), ICv2(2013, 2014), Barnes report(2013, 2014), Box Office Mojo(2014), Digital Vector(2013), EPM(2013, 2014)

2013년 브라질의 방송시장은 2009년 대비 시장점유율이 확대되었으나 향후 2018년에는 지식정보시장의 확대로 전체 시장에서의 점유율은 소폭 감소할 것으로 보인다. 디지털 보급률이 빠르게 확산됨에 따라 인쇄 출판시장이 급속도로 위축되면서 시장에서의 영향력이 감소될 것으로 전망된다.

[그림 4-5] 브라질 콘텐츠별 시장점유율, 2009 vs. 2013 vs. 2018

출처 : PwC(2014), ICv2(2013, 2014), Barnes report(2013, 2014), Box Office Mojo(2014), Digital Vector(2013), EPM(2013, 2014)

지식정보시장은 2018년까지 가장 큰 비중을 보이면서 지속적으로 확대되어 2018년에는 40.9%의 점유율을 보이며 방송시장 규모를 넘어설 것으로 전망된다.

[그림 4-6] 브라질 콘텐츠별 연평균성장률 추정 2013-2018

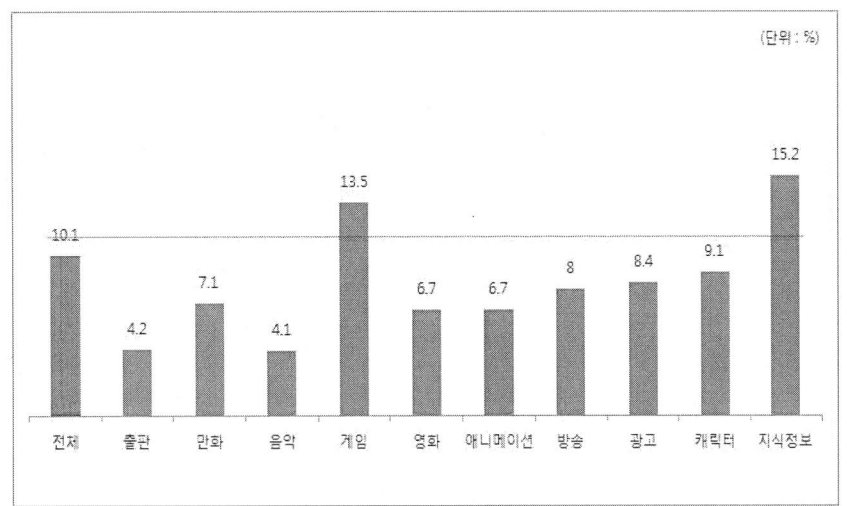

출처 : PwC(2014), ICv2(2013, 2014), Barnes report(2013, 2014), Box Office Mojo(2014), Digital Vector(2013), EPM(2013, 2014)

향후 5년간 브라질 콘텐츠시장은 모든 부분에서 높은 성장세를 나타낼 것으로 보이며, 특히 지식정보와 게임시장이 연평균 10%가 넘는 성장률을 나타내며 브라질 콘텐츠시장 성장에 일조할 것으로 전망된다.

2) 산업별 콘텐츠시장 규모 및 전망

(1) 출판

2013년 브라질의 출판시장은 인쇄 출판뿐만 아니라 디지털 출판도 성장세를 보여 전년대비 3.5% 성장한 87억 7,400만 달러를 기록하였다. 대부분의 국가들이 인쇄 출판 부분에서 감소세를 보이는 반면, 브라질은 인쇄 출판과 디지털 출판 모두 매우 높은 성장률을 보이고 있는 것으로 나타났다. 향후 브라질의 출판시장은 연평균 4.2%의 성장률을 보이며 2018년 107억 8,300만 달러에 이를 것으로 전망된다.

[표 4-4] 브라질 출판시장 규모 및 전망, 2009-2018

[단위 : 백만 달러, %]

구분		2009	2010	2011	2012	2013p	2014	2015	2016	2017	2018	2013-18 CAGR
도서		1,997	2,156	2,218	2,294	2,359	2,426	2,503	2,599	2,704	2,819	3.6
	인쇄	1,997	2,148	2,198	2,253	2,297	2,336	2,374	2,416	2,456	2,493	1.7
	디지털	-	8	20	41	62	90	129	183	248	326	39.4
신문		3,630	3,551	3,707	3,789	3,933	4,078	4,235	4,411	4,607	4,819	4.1
	광고	1,484	1,534	1,593	1,603	1,649	1,693	1,740	1,791	1,847	1,908	3.0
	지면	1,467	1,514	1,566	1,571	1,609	1,646	1,684	1,724	1,767	1,812	2.4
	디지털	17	20	26	32	39	47	56	67	80	95	19.5
	구독	2,146	2,017	2,114	2,186	2,284	2,385	2,495	2,620	2,760	2,911	5.0
	지면	2,146	2,017	2,114	2,175	2,256	2,337	2,419	2,501	2,583	2,662	3.4
	디지털	-	-	-	11	28	48	76	119	176	248	54.7
잡지		1,942	2,161	2,289	2,392	2,482	2,616	2,747	2,872	3,003	3,145	4.8
	광고	944	1,097	1,151	1,176	1,236	1,313	1,385	1,451	1,513	1,581	5.0
	지면	944	1,085	1,123	1,105	1,149	1,206	1,255	1,295	1,327	1,359	3.4
	디지털	-	12	28	71	87	107	130	156	186	222	20.6
	구독	998	1,064	1,138	1,216	1,246	1,303	1,362	1,421	1,490	1,564	4.7
	지면	998	1,064	1,137	1,213	1,239	1,286	1,333	1,377	1,423	1,474	3.5
	디지털	-	-	1	3	7	17	29	44	67	90	66.7
합계		7,569	7,868	8,214	8,475	8,774	9,120	9,485	9,882	10,314	10,783	4.2

출처 : PwC(2014)

[그림 4-7] 브라질 출판시장 규모 및 성장률, 2009-2018

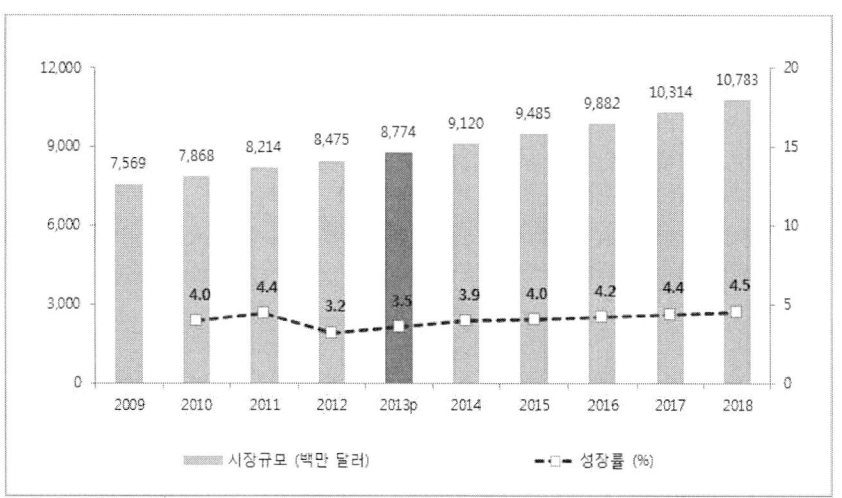

출처 : PwC(2014)

2013년 브라질의 출판시장은 신문이 44.8%로 가장 높은 점유율을 보이고 있으며, 잡지와 도서 출판이 뒤를 잇고 있다. 신문시장은 안정적인 시장 규모를 유지하고 있으나 잡지시장이 활성화되면서 2009년 대비 2013년 시장의 규모가 다소 축소된 것으로 나타났다.

[그림 4-8] 브라질 출판시장 비중 비교, 2009 vs. 2013 vs. 2018

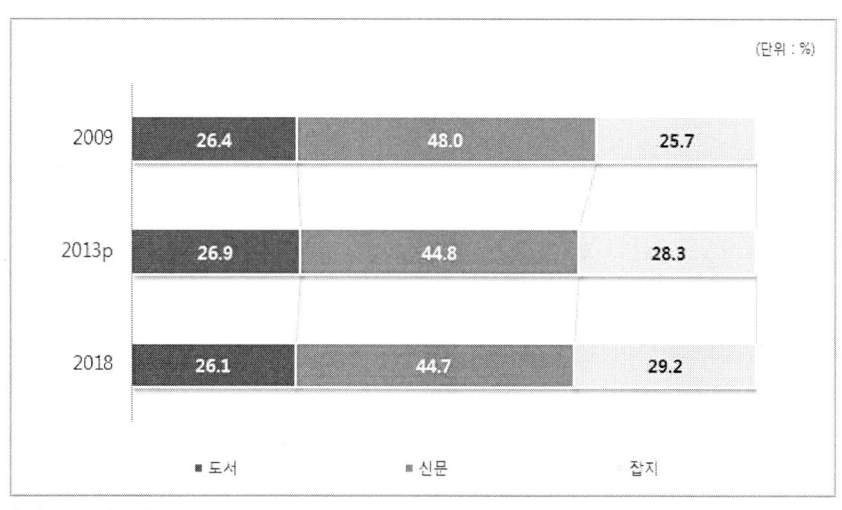

출처 : PwC(2014)

가. 도서

브라질은 인쇄 도서와 디지털 도서 모두 고르게 성장세를 보이면서 2013년 전년대비 2.8% 성장한 23억 5,900만 달러로 집계되었다. 일반 도서시장은 디지털 도서의 출판, 유통 증가로 인해 낮은 성장률을 보이거나 정체 상태를 맞이할 것으로 보이는 반면, 디지털 도서는 20%이상의 매우 높은 성장률을 보일 것으로 전망된다. 향후 5년간 브라질의 도서시장은 연평균 3.6%의 성장세를 보이며 2018년 28억 1,900만 달러에 이를 것으로 전망된다.

[표 4-5] 브라질 도서시장 규모 및 전망, 2009-2018

[단위 : 백만 달러, %]

구분		2009	2010	2011	2012	2013p	2014	2015	2016	2017	2018	2013-18 CAGR
인쇄		1,997	2,148	2,198	2,253	2,297	2,336	2,374	2,416	2,456	2,493	1.7
	전문	340	341	341	348	355	359	361	363	364	365	0.6
	일반	1,064	1,193	1,212	1,237	1,264	1,283	1,300	1,317	1,331	1,341	1.2
	교육	593	614	645	668	678	694	713	736	761	787	3.0
디지털		-	8	20	41	62	90	129	183	248	326	39.4
	전문	-	7	14	22	30	39	51	65	81	99	27.0
	일반	-	1	6	19	31	50	77	116	165	224	48.5
	교육	-	-	-	-	1	1	1	2	2	3	24.6
합계		1,997	2,156	2,218	2,294	2,359	2,426	2,503	2,599	2,704	2,819	3.6

출처 : PwC(2014)

[그림 4-9] 브라질 도서시장 규모 및 성장률, 2009-2018

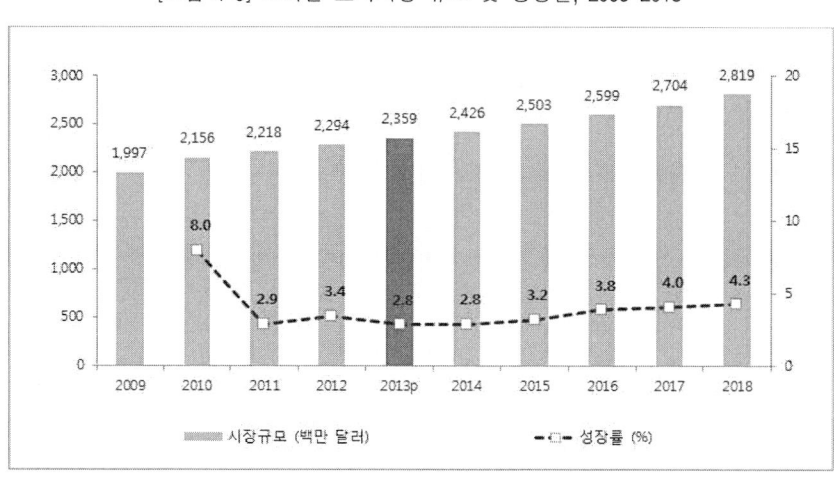

출처 : PwC(2014)

나. 신문

2013년 브라질의 신문시장은 신흥 중산층의 유입으로 전년대비 3.8% 성장한 39억 3,300만 달러로 집계되었다. 일반 인쇄 신문의 성장률도 완만한 성장세를 보이는 가운데 디지털 신문시장의 성장이 매우 가파르게 증가하고 있는 것으로 나타났다. 일반 무료신문과 유료신문 구독 모두 비슷한 성장세를 보이고 있으며, 2013년에는 평균 896만 부가 인쇄된 것으로 나타났다. 디지털 신문의 경우 가정의 브로드밴드 보급률 증가에 힘입어 구독자들이 빠르게 늘어나고 있는 것으로 나타났다. 이러한 성장세가 지속된다면 향후 5년간 브라질의 신문시장 규모는 연평균 4.1%의 성장률을 보이며 48억 1,900만 달러까지 확대될 것으로 전망된다.

[그림 4-10] 브라질 신문시장 규모 및 성장률, 2009-2018

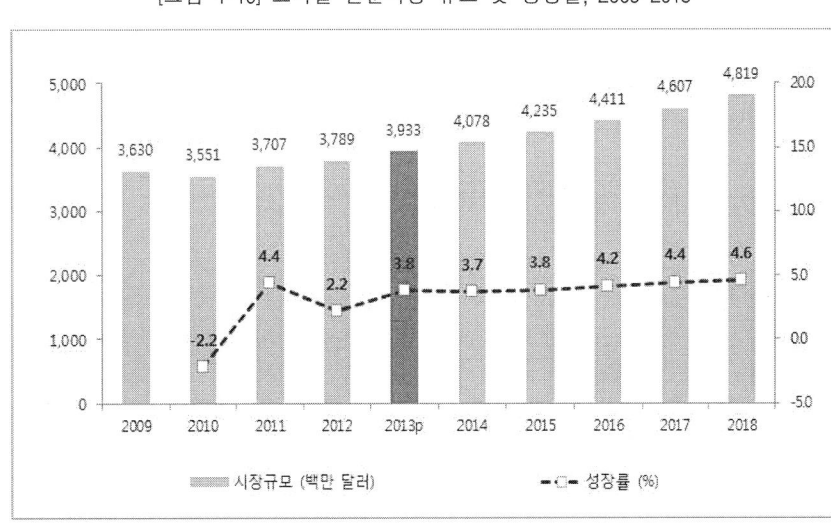

출처: PwC(2014)

다. 잡지

브라질의 잡지시장도 높은 경제성장률과 중산층 인구의 증가로 잡지에 대한 관심이 높아지면서 2013년 전년대비 3.8% 성장한 24억 8,200만 달러로 집계되었다. 특히 트레이드 매거진의 성장률이 높았는데, 이로 인한 수익은 3억 6,100만 달러에 이를 것으로 예상되고 있다. 트레이드 매거진의 경우 디지털 출판이 일반 인쇄보다 더 많은 수익을 만들어 냈으며 이를 통한 광고 수익도 전체 잡지 광고보다 높은 것으로 나타났다. 이처럼 잡지 인기가 높아지면서 향후 5년간 연평균 4.8%의 성장률을 보이며 2018년에는 31억 4,500만 달러의 시장이 형성될 것으로 전망된다.

[그림 4-11] 브라질 잡지시장 규모 및 성장률, 2009-2018

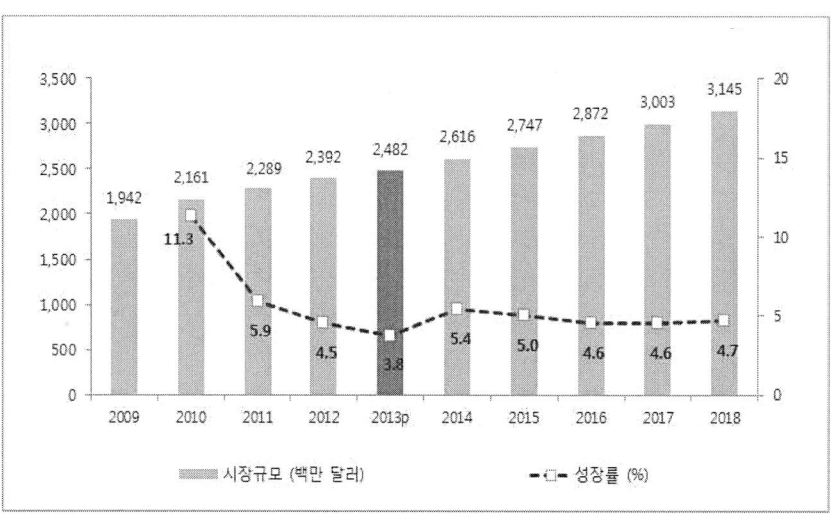

출처 : PwC(2014)

(2) 만화

2013년 브라질의 만화시장은 전년대비 23.5% 성장한 8,900만 달러로 집계되었다. 인쇄 만화와 디지털 만화 모두 고른 성장률을 보였는데 디지털 만화의 경우 성장 폭은 폭발적이었던 반면 규모 면에서는 아직도 비중이 매우 작다. 하지만 인터넷의 보급률이 증가할수록 디지털 만화의 성장세도 폭발적으로 증가할 것으로 보여 향후 5년간 7.1%의 연평균 성장률로 2018년까지 1억 2,600만 달러의 시장을 형성할 것으로 전망된다.

[표 4-6] 브라질 만화시장 규모 및 전망, 2009-2018

[단위 : 백만 달러, %]

구분	2009	2010	2011	2012	2013p	2014	2015	2016	2017	2018	2013-18 CAGR
인쇄 만화	57	57	63	71	88	93	98	103	109	114	5.4
디지털	0	0	0	1	1	2	3	5	8	12	56.8
합계	57	58	63	72	89	95	101	108	116	126	7.1

출처 : ICv2(2014), Barnes(2014), PwC(2014)

[그림 4-12] 브라질 만화시장 규모 및 성장률, 2009-2018

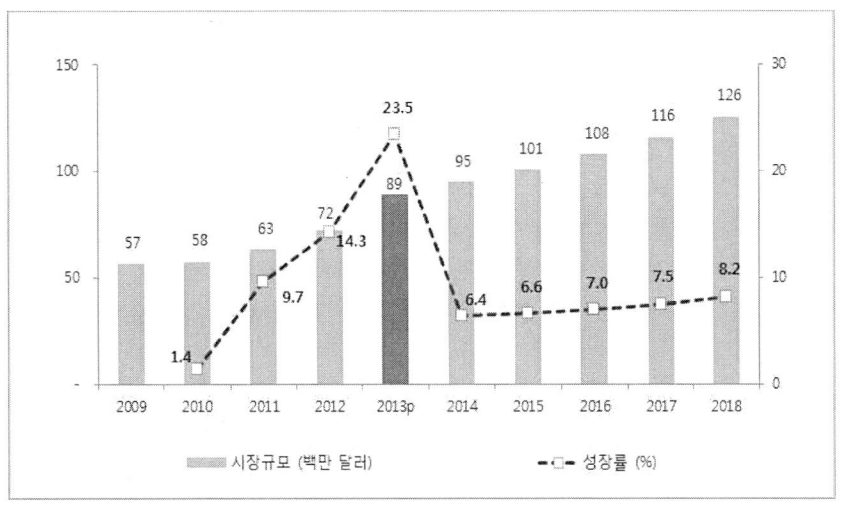

출처 : ICv2(2014), Barnes(2014), PwC(2014)

브라질의 만화시장은 아직까지 인쇄 만화 출판시장의 비중이 큰 것으로 나타났는데 2009년의 경우 100%였던 것이 2018년에는 90.5%까지 시장점유율이 하락할 것으로 보이며 그 부족분을 디지털 만화시장이 점유할 것으로 전망된다.

[그림 4-13] 브라질 만화시장별 비중 비교, 2009 vs. 2013 vs. 2018

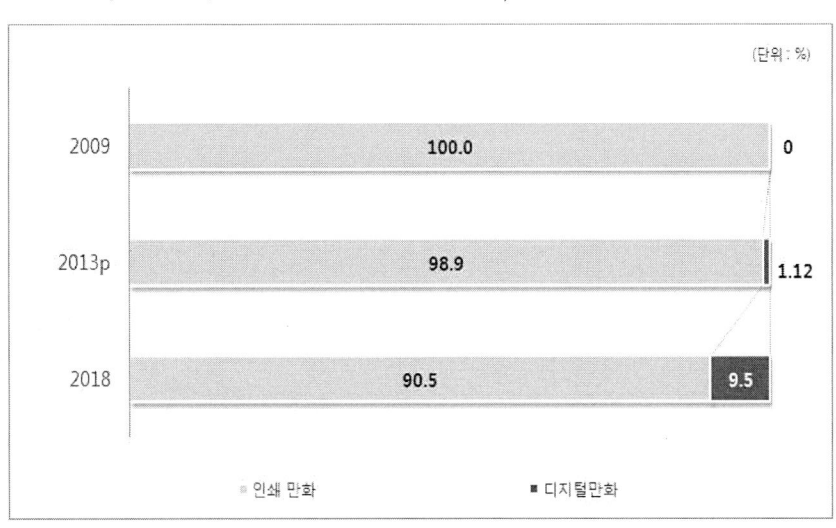

출처 : ICv2(2014), Barnes(2014), PwC(2014)

가. 인쇄 만화

2013년 브라질의 인쇄 만화시장은 독보적인 시장점유율을 보이며 전년대비 23.9% 성장한 8,800만 달러로 집계되었다. 유·무선 인터넷의 커버리지가 확대되면서 디지털 만화시장이 빠르게 성장하고 있지만 당분간 기존의 인쇄 만화가 높은 시장점유율을 유지할 것으로 예상된다.

향후 브라질 인쇄 만화시장은 2018년까지 연평균 23.9%의 성장률을 보이며 1억 1,400만 달러의 시장을 형성할 것으로 전망된다.

[그림 4-14] 브라질 인쇄 만화시장 규모 및 성장률, 2009-2018

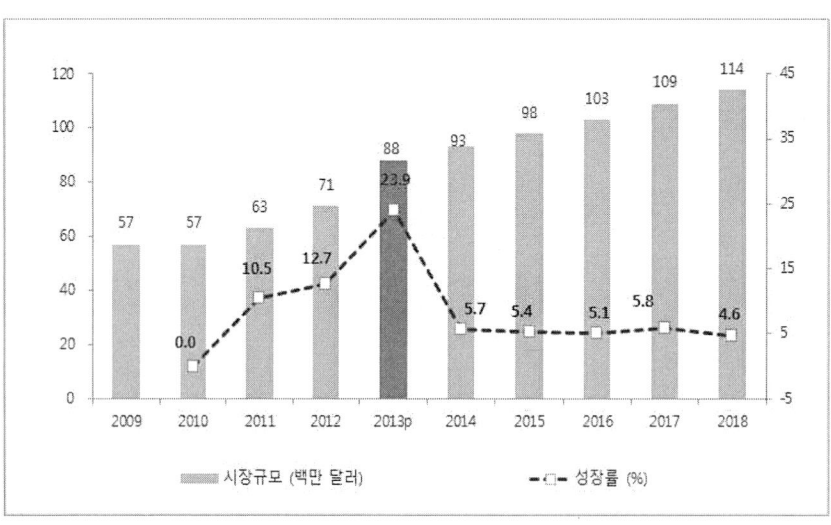

출처 : ICv2(2014), Barnes(2014), PwC(2014)

나. 디지털 만화

2013년 브라질의 디지털 만화시장은 아직까지는 수요가 낮아 전년과 동일한 시장 규모인 100만 달러로 집계되었다. 하지만 현재 인터넷 보급률이 빠른 속도로 증가하면서 수요가 증가될 것으로 예측되고 있어 향후 브라질 디지털 만화시장은 빠르게 성장하여 2018년에는 1,200만 달러에 달하는 시장 규모를 형성할 것으로 전망된다.

[그림 4-15] 브라질 인쇄 디지털 만화시장 규모 및 성장률, 2009-2018

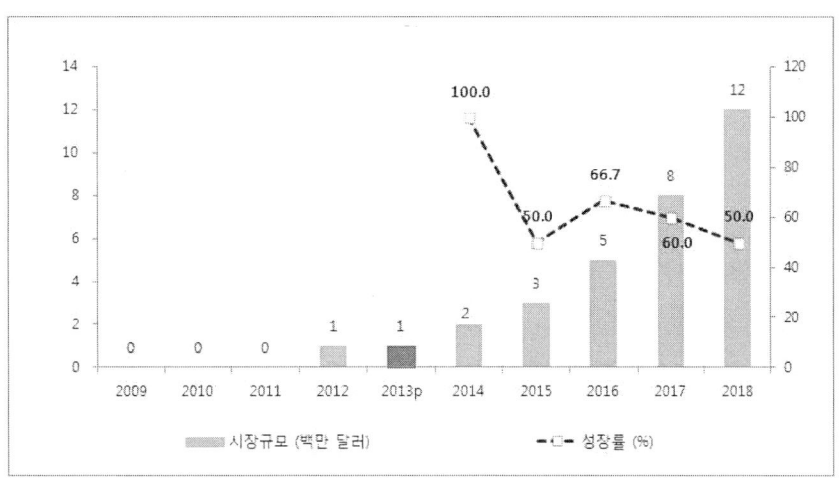

출처 : ICv2(2014), Barnes(2014), PwC(2014)

(3) 음악

브라질의 음악시장은 2013년 전년대비 3.5% 성장한 5억 3,300만 달러로 집계되었다. 전 세계적으로 소유에서 접속으로 콘텐츠 소비가 변화되면서 브라질 음악시장 역시 같은 트랜드를 보이고 있다. 오프라인 음반시장은 감소세를 보이고 있으나 디지털 음원시장은 높은 성장률을 보이며 시장이 확대되고 있다. 이와 더불어 공연 음악시장 또한 안정적인 성장을 보이고 있어 브라질 음악시장은 향후 5년간 연평균 4.1%의 성장세를 보이며 2018년 6억 5,200만 달러에 달하는 시장이 형성될 것으로 전망된다.

[표 4-7] 브라질 음악시장 규모 및 전망, 2009-2018

[단위 : 백만 달러, %]

구분	2009	2010	2011	2012	2013p	2014	2015	2016	2017	2018	2013-18 CAGR
음반	298	295	306	312	319	323	330	338	348	361	2.5
오프라인 음반	257	250	254	250	243	233	225	216	207	198	△4.0
디지털 음원	41	45	52	62	75	90	105	122	140	162	16.6
공연 음악	176	183	192	203	215	228	241	257	273	292	6.3
합계	475	478	497	515	533	551	571	594	621	652	4.1

출처 : PwC(2014)

[그림 4-16] 브라질 음악시장 규모 및 성장률, 2009 - 2018

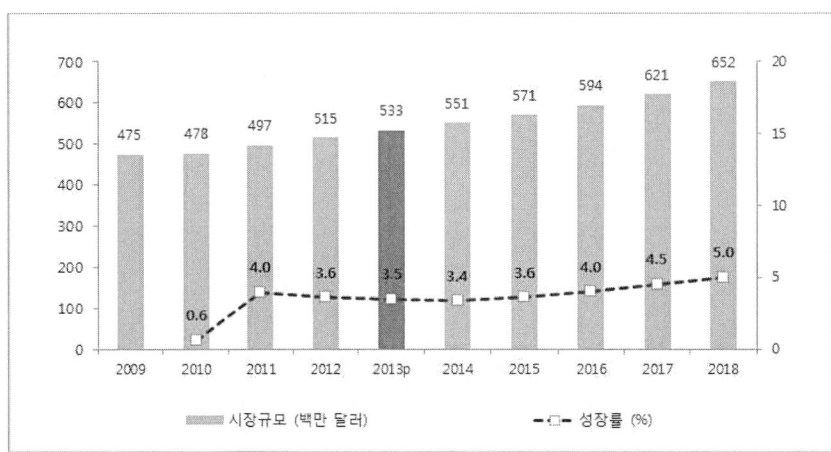

출처 : PwC(2014)

브라질의 음반시장은 2009년 기준 오프라인 음반시장이 54.1%의 점유율을 보이며 시장을 주도하였으나 유무선 인터넷 보급률 확대와 디지털로의 소비자 이탈이 가속화되면서 2013년 45.6%로 위축되었다. 향후 이러한 추세가 지속될 것으로 보이면서 2018년에는 30.4%까지 시장점유율이 하락하면서 브라질 음악시장에서의 영향력이 감소할 것으로 전망된다. 반면 공연 음악은 2009년부터 지속적인 성장세를 보이는데 2013년에 이어 2018년에도 시장점유율이 확대될 것으로 예측되면서 브라질 음악시장에서 가장 큰 영향력을 행사할 것으로 전망된다.

[그림 4-17] 브라질 음악시장 분야별 비중 비교, 2009 vs. 2013 vs. 2018

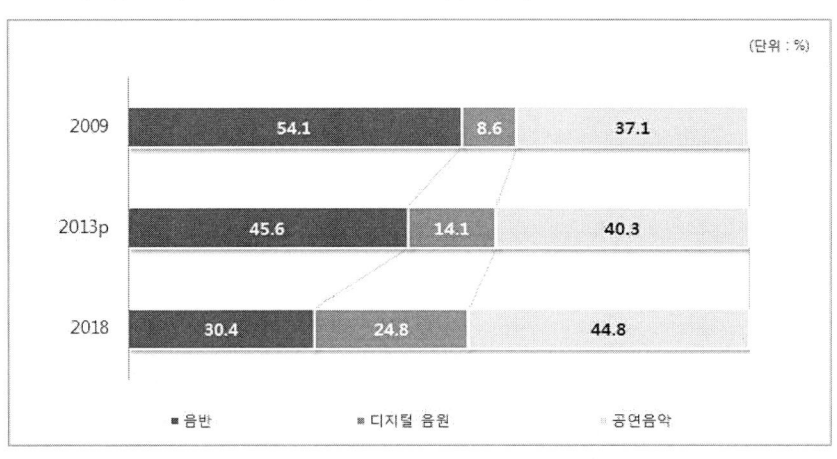

출처 : PwC(2014)

가. 오프라인 음반

2013년 브라질 오프라인 음반시장은 전년대비 2.8% 하락한 2억 4,300만 달러로 집계되었다. 오프라인 음반시장은 콘텐츠 소비패턴 변화로 향후 5년간 연평균 4.0%의 하락세를 보이며 2018년에는 1억 9,800만 달러까지 시장이 축소될 것으로 전망된다.

[그림 4-18] 브라질 음반시장 규모 및 성장률, 2009 - 2018

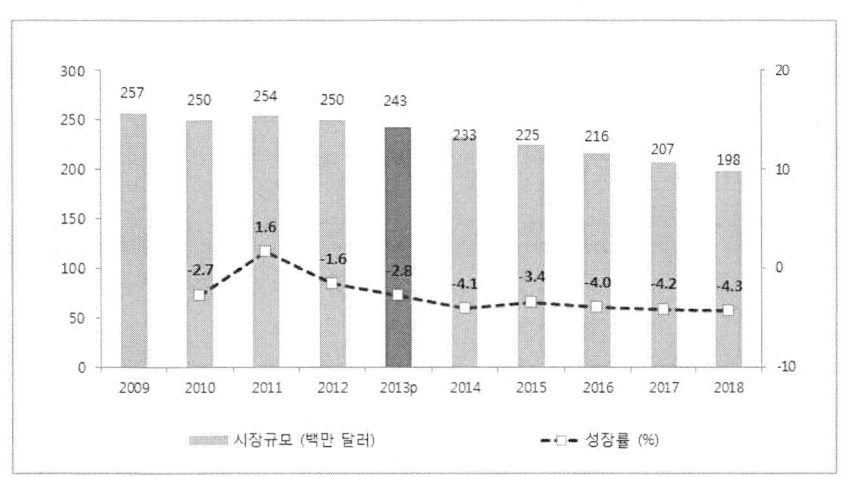

출처 : PwC(2014)

나. 디지털 음원

전 세계적으로 높은 성장률을 보이고 있는 디지털 음원시장은 브라질에서도 높은 성장세를 나타내며 시장이 확대되고 있다. 2013년 브라질 디지털 음원시장은 전년대비 21.0% 증가한 7,500만 달러로 집계되었다. 브라질에서 사업 중인 해외 서비스업체들로는 알디오(Rdio), 디저(Deezer), 엑스 박스 뮤직(Xbox Music) 등이 있다. 2013년에는 소니(Sony)가 자사의 'Music Unlimited' 서비스를 브라질까지 확장했으며, 노키아(Nokia) 역시 자사의 기존 브랜드 노키아 뮤직(Nokia Music) 서비스를 노키아 믹스 라디오(Nokia MixRadio)라는 새로운 브랜드로 변경하였으며, 스포티파이는 아직 브라질 시장에 진출하지 않았다.

아이튠즈(iTunes)는 브라질 최대의 다운로드 서비스 제공업체로, 2011년 말 애플의 해당 서비스가 시장에 들어오며 2012년 디지털 음악 다운로드 수익이 급등했다. 이러한 서비스의 확대 보급으로 향후 5년간 브라질의 디지털 음원시장은 연평균 16.6%의 높은 성장률을 보이며 2018년에는 1억 6,200만 달러에 달하는 시장이 형성될 것으로 전망된다.

[그림 4-19] 브라질 디지털 음원시장 규모 및 성장률, 2009 - 2018

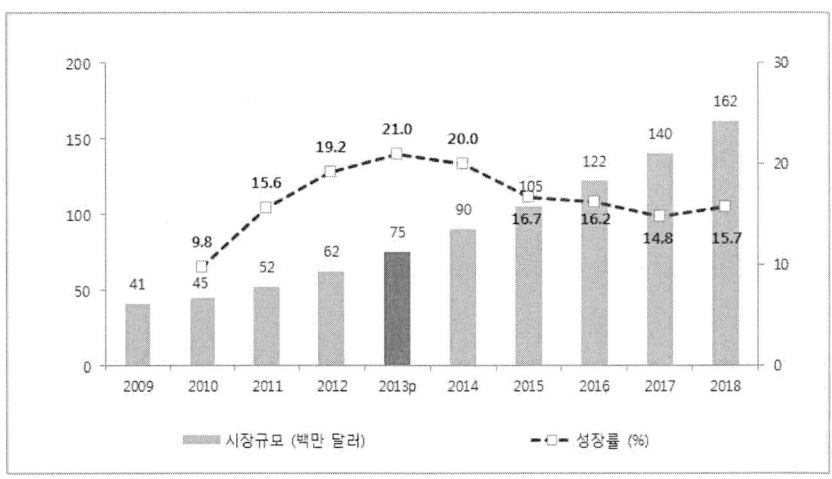

출처 : PwC(2014)

[표 4-8] 브라질 디지털 음원시장 규모 및 전망, 2009-2018

[단위 : 백만 달러, %]

구분	2009	2010	2011	2012	2013p	2014	2015	2016	2017	2018	2013-18 CAGR
다운로드	13	8	8	11	13	17	22	30	40	56	33.4
스트리밍	19	29	35	42	53	63	74	83	91	97	13.1
모바일	9	8	10	9	9	9	9	9	9	9	△1.0
합계	41	45	52	62	75	90	105	122	140	162	16.6

출처 : PwC(2014)

다. 공연 음악

2013년 브라질은 중남미에서 멕시코에 이어 2위의 공연 음악시장으로 2009년 이후 지속적으로 성장하여 2013년에는 전년대비 5.9% 성장한 2억 1,500만 달러로 집계되었다.

브라질은 최근 10년 사이에 놀라운 경제성장을 이룩하면서 4,000만 명의 새로운 중산층이 편입되었고 구매력지수 역시 높아지면서 공연에 대한 수요가 늘어나고 있다. 브라질의 공연 음악시장이 높은 성장세를 보일 것으로 예측되면서 향후 5년간 6.3%의 성장세를 바탕으로 2018년에는 시장 규모가 2억 9,200만 달러에 달할 것으로 전망된다.

[그림 4-20] 브라질 공연 음악시장 규모 및 성장률, 2009-2018

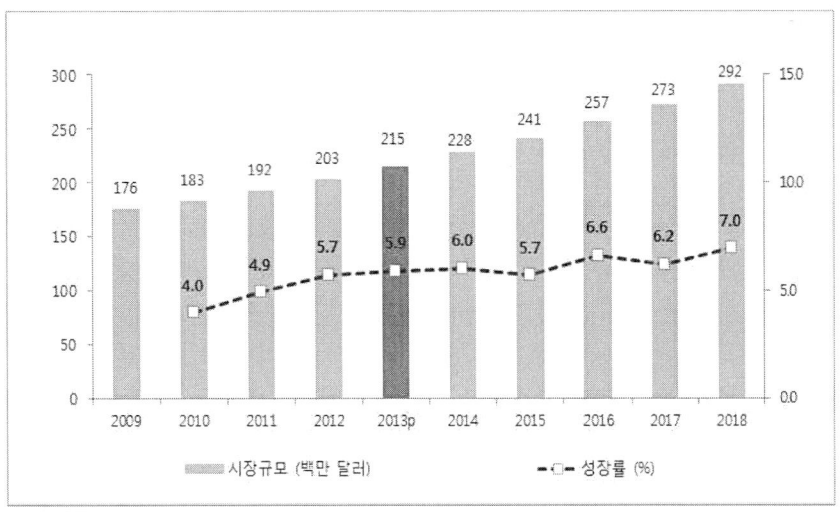

출처 : PwC(2014)

[표 4-9] 브라질 공연 음악시장 규모 및 전망, 2009-2018

[단위 : 백만 달러, %]

구분	2009	2010	2011	2012	2013p	2014	2015	2016	2017	2018	2013-18 CAGR
후원	39	42	42	43	46	48	50	52	55	57	4.5
티켓판매	137	141	149	160	169	180	191	204	219	235	6.8
합계	176	183	192	203	215	228	241	257	273	292	6.3

출처 : PwC(2014)

(4) 게임

2013년 브라질의 게임시장은 전년대비 17.9% 성장한 4억 4,800만 달러로 집계되었다. 오프라인 디스크를 이용하는 PC시장을 제외하고 전부분에 걸쳐 고른 성장을 하였을 뿐만 아니라 대부분 두 자릿수의 성장률을 기록하였다. 향후 5년간 브라질 게임시장은 연평균 13.5%의 높은 성장세를 보이며 2018년 8억 4,400만 달러의 시장이 형성될 것으로 전망된다.

[표 4-10] 브라질 게임시장 규모 및 전망, 2009-2018

[단위 : 백만 달러, %]

구분	2009	2010	2011	2012	2013p	2014	2015	2016	2017	2018	2013-18 CAGR
게임 광고	11	14	17	21	24	27	31	35	40	45	13.9
콘솔 게임	74	83	92	98	106	119	134	152	179	212	14.8
디지털	0	5	8	13	19	26	33	42	55	72	30.5
오프라인	74	78	84	85	87	93	101	111	124	139	9.9
온라인 게임	60	75	103	147	192	237	277	319	365	418	16.9
PC 게임	37	43	49	51	52	51	49	47	44	42	△4.3
디지털	0	5	7	11	16	21	24	26	27	27	10.8
오프라인	37	39	42	40	36	30	25	21	17	14	△16.6
모바일 게임	41	46	54	64	74	85	95	105	116	128	11.4
합계	223	262	316	380	448	519	585	658	744	844	13.5

출처 : PwC(2014)

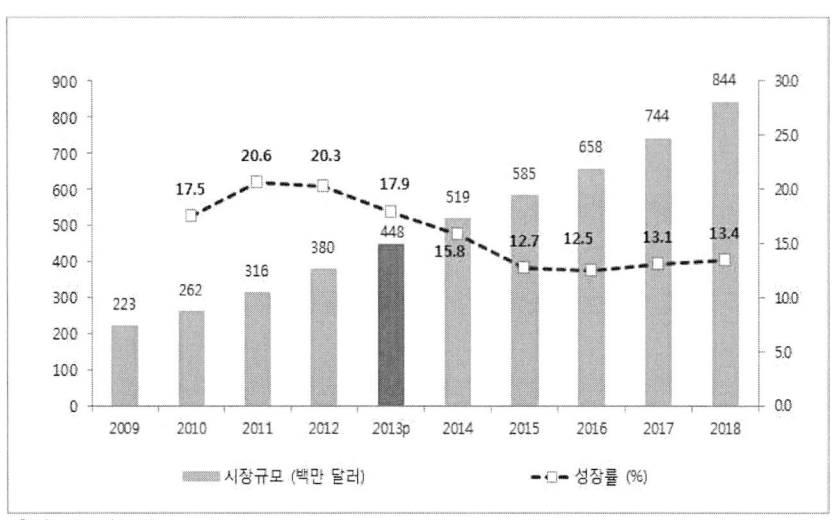

[그림 4-21] 브라질 게임시장 규모 및 성장률, 2009 - 2018

출처 : PwC(2014)

2009년 전체 게임시장의 33.2%의 비중을 차지하며 가장 높은 점유율을 보이던 콘솔 게임시장은 온라인 게임시장의 급성장으로 2013년 23.7%까지 하락하였다. 반면 2009년 26.9%의 점유율을 보이던 온라인 게임시장은 2013년 42.9%까지 확대되었는데 이는 MMO 게임으로 유명한 '리그 오브 레전드'의 유행이 큰 몫을 한 것으로 나타났다.

[그림 4-22] 브라질 게임시장 분야별 비중 비교, 2009 vs. 2013 vs. 2018

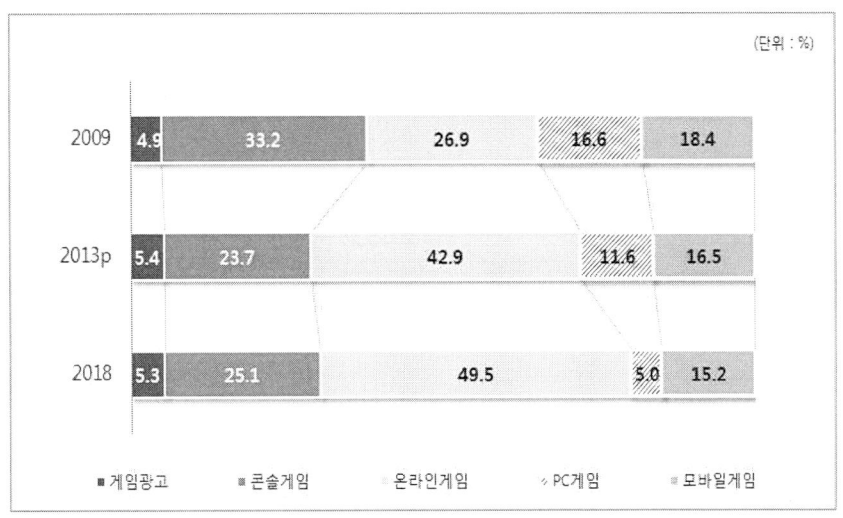

출처 : PwC(2014)

가. 콘솔 게임

2013년 브라질 콘솔 게임시장은 1억 600만 달러로 전년대비 8.2% 성장한 것으로 나타났다. 차세대 게임기 엑스박스와 소니의 플레이스테이션 4의 출시에 대한 기대감도 콘솔 게임시장 활성화에 한 몫을 한 것으로 보인다. 향후 콘솔 게임시장은 연평균 14.8%의 높은 성장률을 보이며 2018년 현재의 2배가 넘는 2억 1,200만 달러의 시장이 형성될 것으로 전망된다.

하지만 플레이스테이션과 엑스박스 게임기에 대한 높은 수입세와 게임 타이틀에 대한 높은 유통세 및 수입세 등은 콘솔 게임기의 인기를 저해하는 요인으로 작용할 것으로 보고 있다.

[그림 4-23] 브라질 콘솔 게임시장 규모 및 성장률, 2009 - 2018

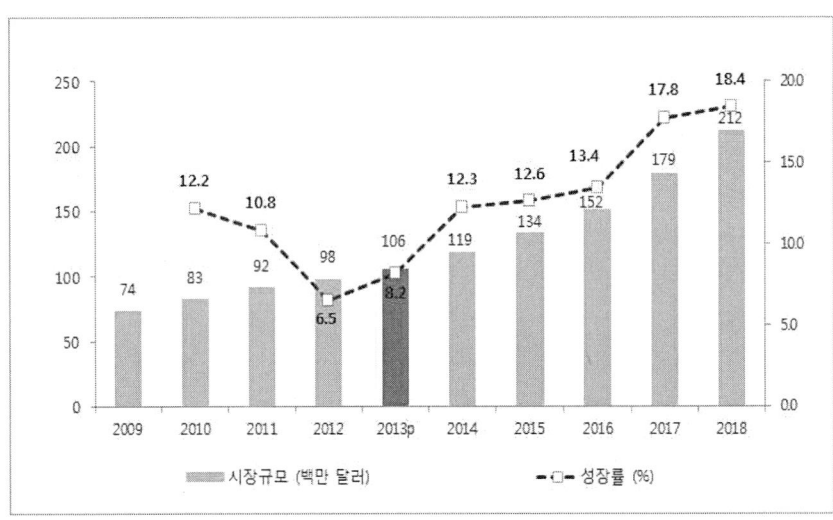

출처 : PwC(2014)

나. 온라인 게임

2013년 브라질 온라인 게임시장은 전년대비 30.6% 증가한 1억 9,200만 달러로 집계되었다. 브라질은 다양한 온라인 게임이 경쟁을 벌이고 있는데 '리그 오브 레전드', '월드 오브 탱크' 와 같은 PC 온라인 게임과 페이스북(Fac전자책)을 통한 SNS 웹 게임처럼 온라인으로 간편하게 즐길 수 있는 소셜·캐주얼 게임의 인기가 가장 높아 상당 기간 인기를 끌 것으로 예상된다. 브라질의 온라인 게임은 향후 5년간 16.9%의 성장률을 보이며 2018년까지 4억 1,800만 달러의 시장을 형성할 것으로 전망 된다.

[그림 4-24] 브라질 온라인 게임시장 규모 및 성장률, 2009 - 2018

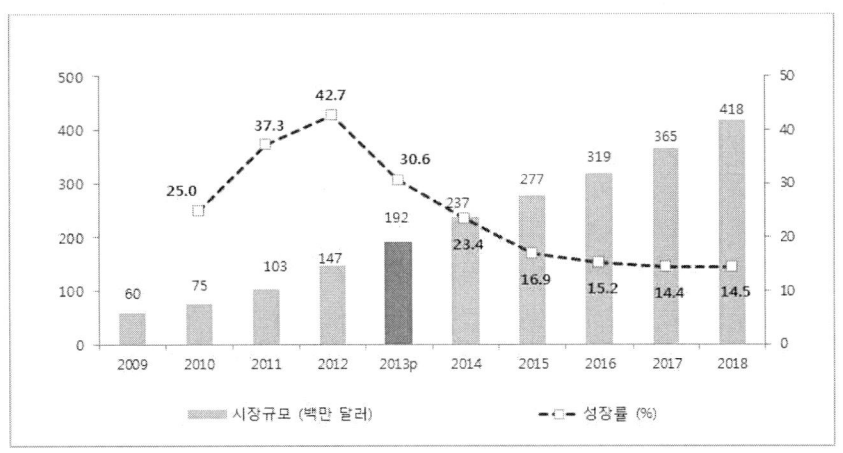

출처 : PwC(2014)

다. PC 게임

PC 게임시장은 브라질 시장에서 의미가 있는 시장이 아니다 세금이 높고 다양한 장애물이 관련 시장의 성장을 저해하기 때문인데 최근 해적판 복제물에 대한 단속으로 인하여 2013년 PC 게임시장은 전년대비 2% 상승한 5,200만 달러로 집계되었다. 그러나 차세대 콘솔 게임기의 출시로 인해 PC 게임시장의 점유율은 향후 5년간 4.3%의 하락세를 보여 4,200만 달러까지 감소할 것으로 전망된다.

[그림 4-25] 브라질 PC 게임시장 규모 및 성장률, 2009 - 2018

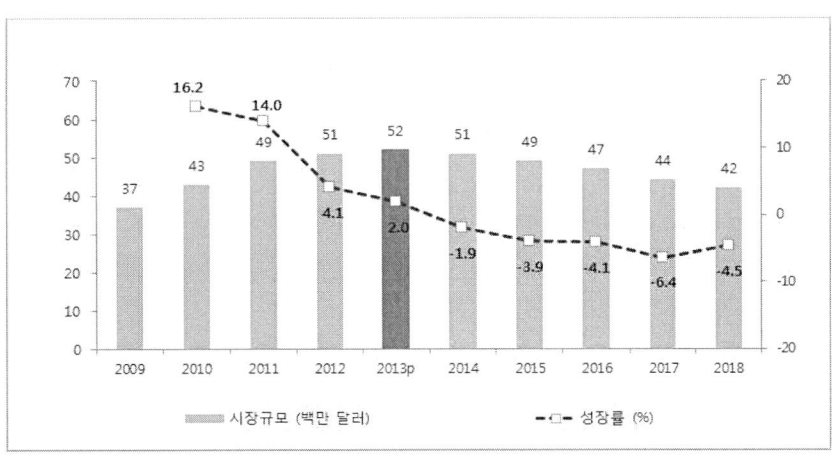

출처 : PwC(2014)

라. 모바일 게임

브라질의 모바일 게임시장은 2013년 기준 7,400만 달러로 전년대비 15.6% 성장한 것으로 나타났다. 모바일 게임시장의 성장은 전적으로 스마트기기의 보급률과 관계가 깊은데 2013년 브라질의 스마트폰 판매량이 전년대비 120% 증가했다는 점에서 향후 브라질 모바일 게임시장은 2018년까지 연평균 11.4%의 성장률을 보이며 1억 2,800만 달러 규모로 성장할 것으로 전망된다.

[그림 4-26] 브라질 모바일 게임시장 규모 및 성장률, 2009 - 2018

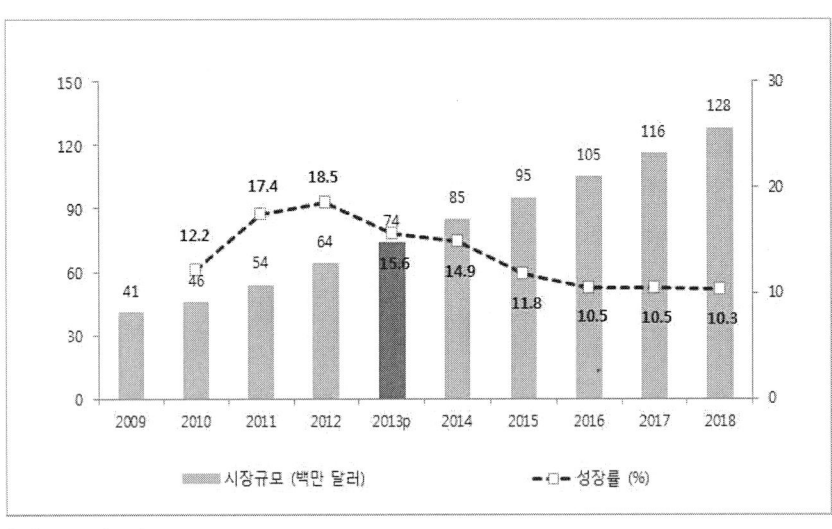

출처 : PwC(2014)

(5) 영화

2013년 브라질에서는 자국 영화가 강세를 보였다. 브라질 영화시장은 많은 수의 관객을 동원해 자국 영화의 점유율이 증가하면서 전년대비 6.3% 성장한 21억 5,700만 달러의 규모를 형성했다. 특히 박스오피스 시장과 디지털배급시장의 성장이 두르러졌다. 반면 홈비디오 대여와 판매는 하락세를 보일 것으로 전망된다. 향후 브라질의 영화시장은 연평균 6.7%의 성장률로 2018년까지 29억 9,000만 달러의 영화시장으로 성장할 전망이다.

[표 4-11] 브라질 영화시장 규모 및 전망, 2009-2018

[단위 : 백만 달러, %]

구분	2009	2010	2011	2012	2013p	2014	2015	2016	2017	2018	2013-18 CAGR
극장	498	640	721	767	833	904	980	1,062	1,150	1,188	7.4
박스오피스	459	596	680	724	788	856	930	1,009	1,095	1,130	7.5
극장광고	39	44	41	43	45	48	50	53	56	59	5.2
홈비디오	1,155	1,083	1,065	1,048	1,033	1,021	1,011	1,006	1,003	1,001	△0.6
대여	520	481	477	473	468	463	457	451	445	439	△1.3
판매	635	602	588	575	565	558	554	555	559	563	△0.1
디지털배급	45	83	146	215	291	364	445	545	656	800	22.4
OTT/스트리밍	0	0	25	42	64	91	131	186	260	363	41.7
TV 구독	45	83	121	173	228	272	314	358	396	437	13.9
합계	1,697	1,806	1,932	2,030	2,157	2,288	2,437	2,612	2,810	2,990	6.7

출처 : PwC(2014)

[그림 4-27] 브라질 영화시장 규모 및 성장률, 2009 - 2018

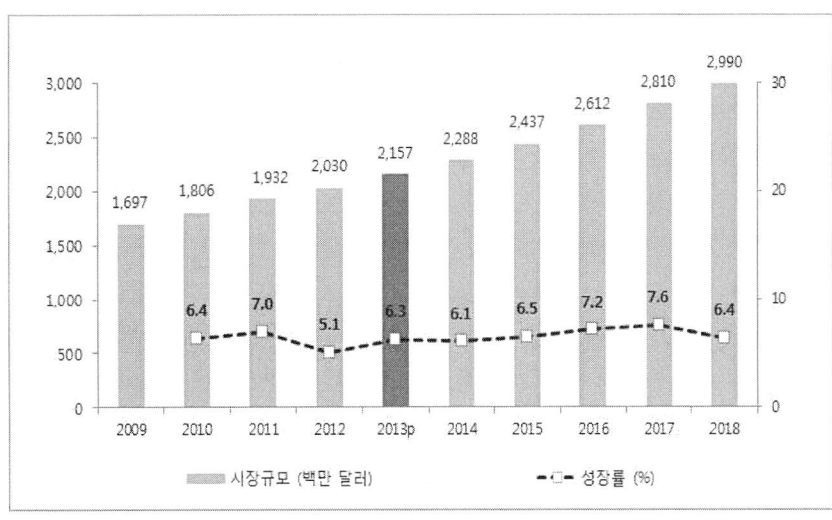

출처 : PwC(2014)

2013년 브라질 영화시장은 박스오피스를 통한 영화 관람이 가장 높은 점유율을 차지하였다. 박스오피스시장은 2018년에도 증가하여 37.8%의 점유율을 보여줄 것으로 전망된다. 홈비디오 대여시장은 인터넷 보급 증가로 인해 비중이 지속적으로 감소해 2018년에는 14.7%의 점유율을 나타낼 것으로 보이며 홈비디오 판매 역시 18.8%로 감소할 전망이다. 디지털배급시장은 2009년 극히 미약한 점유율을 보여주었으나 인터넷의 발달로 2018년까지 고속 성장을 이루어 낼 것으로 전망된다.

[그림 4-28] 브라질 영화시장 분야별 비중 비교, 2009 vs. 2013 vs. 2018

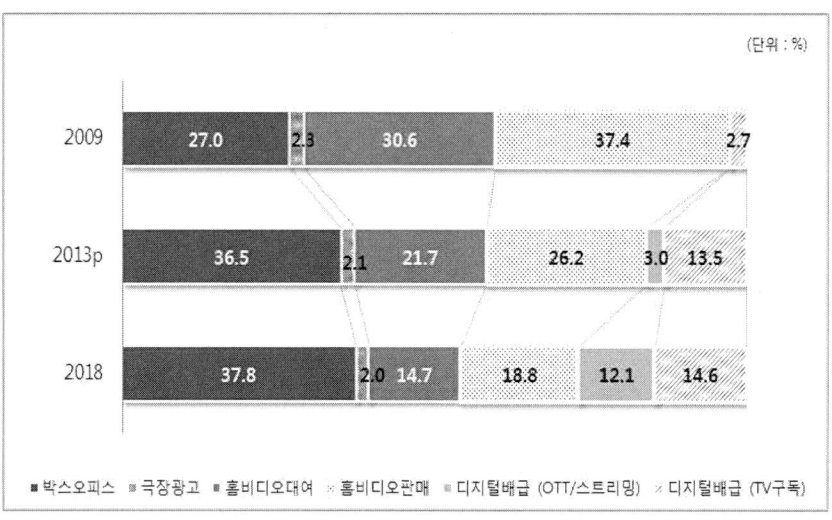

출처 : PwC(2014)

가. 박스오피스

2013년 브라질 박스오피스시장은 전년대비 8.8% 성장한 7억 8,800만 달러 규모로 집계되었다. 2013년 브라질 정부는 영화 산업 육성을 위하여 1억 6,930만 달러의 지원 정책을 발표하였고 영화 개발 기금, 박스오피스 순위에 따른 보조금 지원, 예술영화의 마케팅과 배급을 지원한다.

향후 브라질 영화시장은 연평균 7.4%의 성장률로 2018년까지 11억 3,000만 달러 규모에 이를 것으로 전망된다.

[그림 4-29] 브라질 박스오피스시장 규모 및 성장률, 2009 - 2018

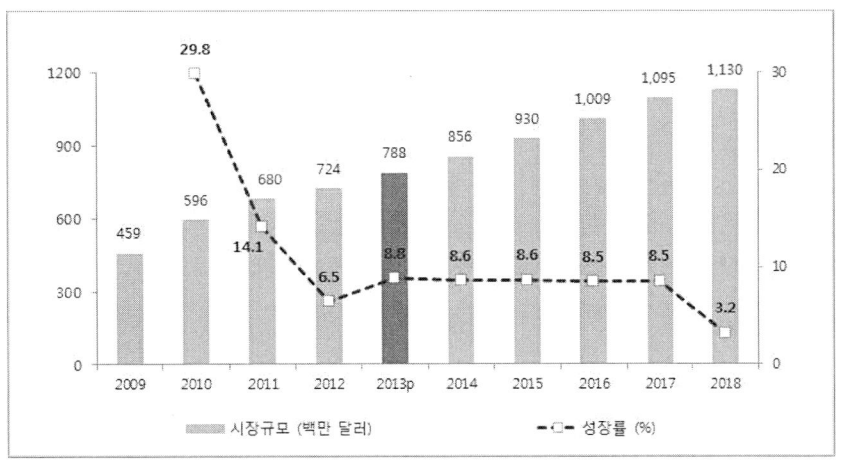

출처 : PwC(2014)

나. 홈비디오

브라질의 홈비디오시장은 2013년 10억 3,300만 달러로 전년대비 1.4% 하락하였다. 디지털배급시장의 성장으로 이러한 하락세는 계속될 것으로 보여, 홈비디오시장은 향후 5년간 연평균 0.6% 하락세를 보이며 2018년까지 10억 100만 달러의 시장으로 축소될 것으로 전망된다.

[그림 4-30] 브라질 홈비디오시장 규모 및 성장률, 2009 - 2018

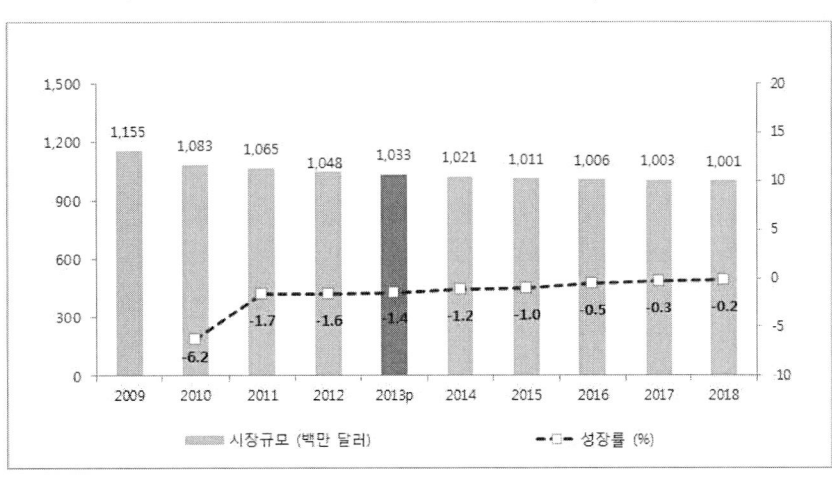

출처 : PwC(2014)

다. 디지털배급

2013년 브라질 영화시장은 다양한 디지털 서비스의 확대로 전년대비 35.3% 성장한 2억 9,100만 달러의 시장으로 집계되었다. 넷플릭스(Netflix)도 2011년부터 브라질에서 사업을 해오고 있었는데 2013년까지 가입자 수가 상당히 증가하고 있으며 2013년 말 가격을 인상하였음에도 가입자 수에는 부정적인 영향을 주지 않은 것으로 알려졌다. 디지털배급시장은 향후 5년간 연평균 22.4%의 높은 성장세를 보이며 2018년까지 8억 달러의 시장을 형성할 것으로 전망된다.

[그림 4-31] 브라질 디지털배급시장 규모 및 성장률, 2009 - 2018

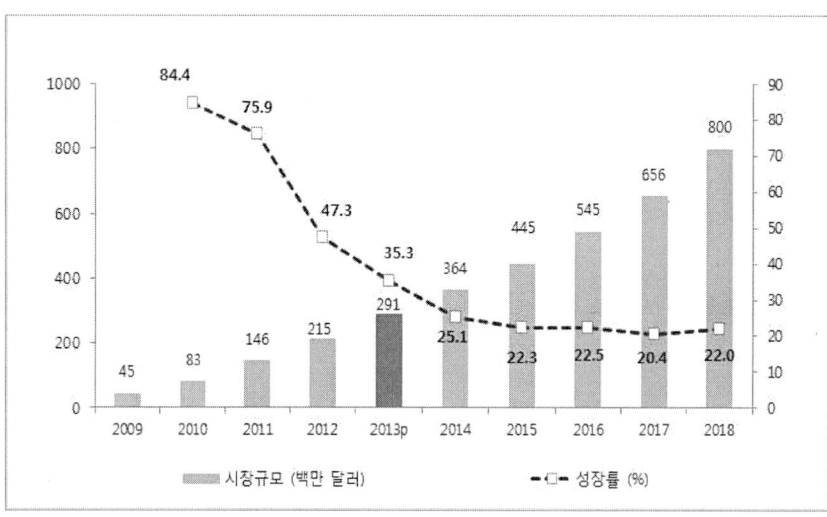

출처 : PwC(2014)

(6) 애니메이션

2013년 브라질 애니메이션시장은 경제성장과 소비심리 확산으로 전 분야 걸쳐 고른 성장세를 보여 전년대비 26.3% 성장한 3억 1,200만 달러로 집계되었다. 향후 애니메이션에 대한 수요가 더욱 증가할 것으로 보여 2018년까지 연평균 6.7%의 성장률을 보이며 4억 3,300만 달러의 시장으로 성장할 것으로 전망된다.

[표 4-12] 브라질 애니메이션시장 규모 및 전망, 2009-2018

[단위 : 백만 달러, %]

구분	2009	2010	2011	2012	2013p	2014	2015	2016	2017	2018	2013-18 CAGR
영화	49	79	67	88	114	124	135	146	159	164	7.5
극장광고	4	6	4	5	7	7	7	8	8	9	5.6
방송	5	11	12	21	33	39	46	52	57	63	13.9
홈비디오	125	144	106	127	150	148	146	146	145	145	△0.6
디지털배급	0	0	3	5	9	13	19	27	38	53	41.5
합계	183	240	191	247	312	331	353	378	407	433	6.7

출처 : Box Office Mojo(2014), Digital Vector(2013), The-Numbers(2014), PwC(2014)

[그림 4-32] 브라질 애니메이션시장 규모 및 성장률, 2009 - 2018

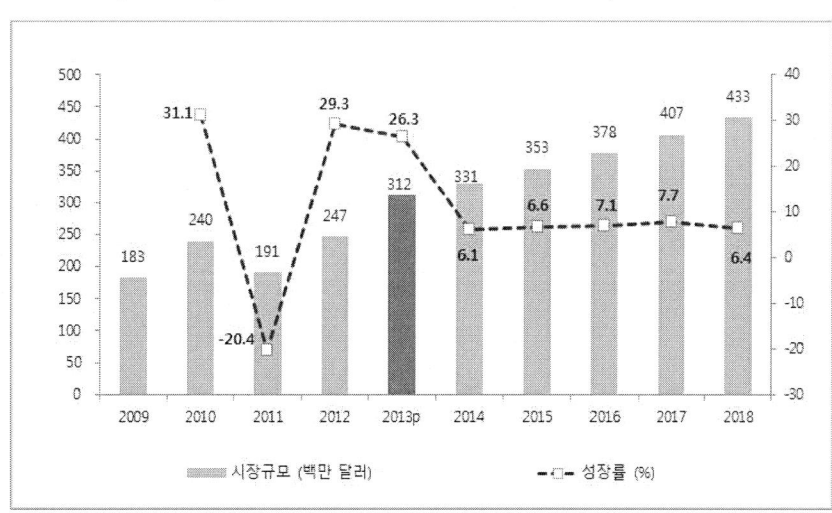

출처 : Box Office Mojo(2014), Digital Vector(2013), The-Numbers(2014), PwC(2014)

2009년 홈비디오시장은 68.0%의 시장점유율을 보이면서 가장 큰 애니메이션시장의 비중을 차지했었으나 인터넷망의 발달로 인해 2013년에는 무려 10.1%p 하락하였다. 2013년 영화 애니메이션의 시장점유율은 36.5%로 2009년과 비교해 10%p 가까이 증가하였다.

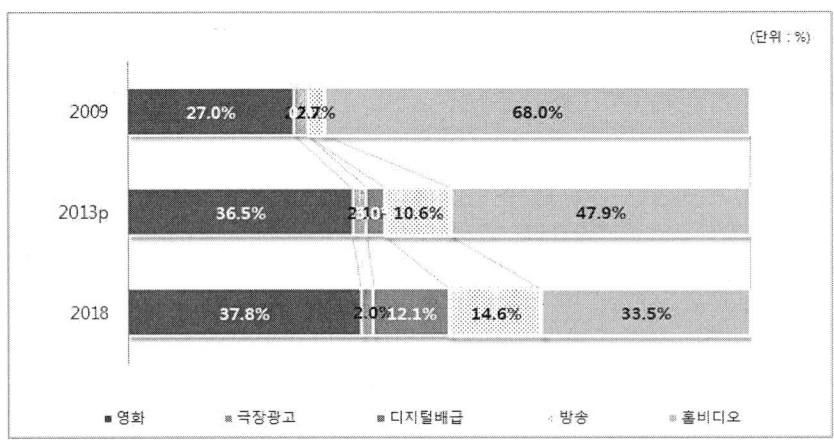

[그림 4-33] 브라질 애니메이션시장 분야별 비중 비교, 2009 vs. 2013 vs. 2018

출처 : Box Office Mojo(2014), Digital Vector(2013), The-Numbers(2014), PwC(2014)

가. 영화 애니메이션

2013년 영화 애니메이션 '슈퍼배드 2', '몬스터 대학교' 등 글로벌 프랜차이즈 애니메이션의 흥행에 힘입어 전년대비 29.6% 성장한 1억 1,400만 달러를 기록했다. 향후에도 경제성장에 따른 소비자들의 문화소비심리가 확대되면서 연평균 7.2%의 높은 성장률을 나타내며 2018년 시장 규모가 1억 6,400만 달러로 확대될 전망이다.

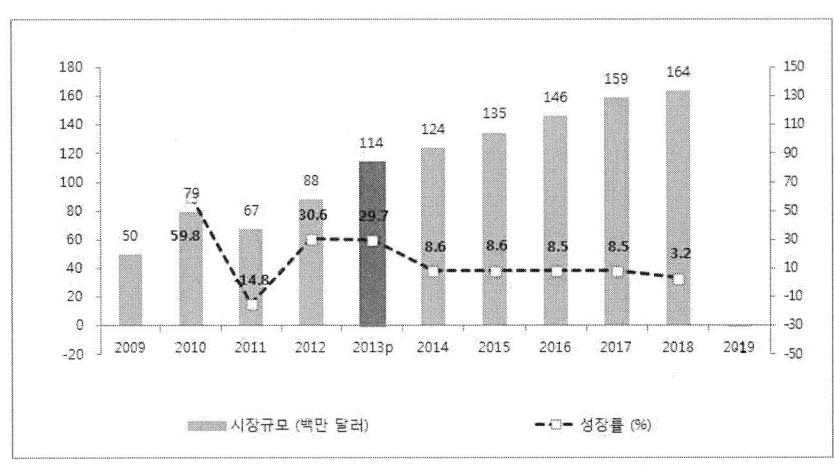

[그림 4-34] 브라질 영화 애니메이션시장 규모 및 성장률, 2009 - 2018

출처 : Box Office Mojo(2014), Digital Vector(2013), The-Numbers(2014), PwC(2014)

나. 방송 애니메이션

2013년 방송 애니메이션시장은 청소년과 어린이 층을 중심으로 높은 시청률을 보였는데 전년 대비 57.1% 증가한 3,300만 달러로 집계되었다.

향후에도 정부의 방송영화진흥정책과 수신지역의 확대로 브라질 방송 애니메이션시장은 2018년까지 연평균 7.5%의 성장률을 보이며 6,300만 달러 규모로 성장할 전망이다.

[그림 4-35] 브라질 방송 애니메이션시장 규모 및 성장률, 2009 - 2018

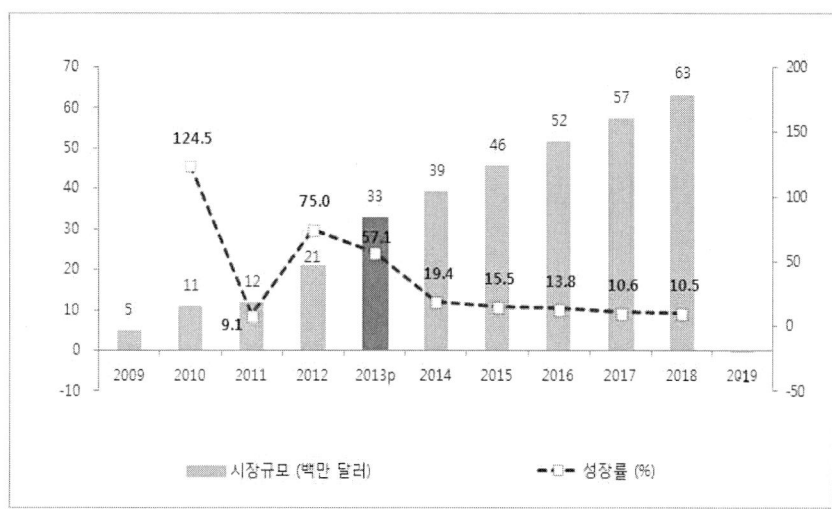

출처 : Box Office Mojo(2014), Digital Vector(2013), The-Numbers(2014), PwC(2014)

다. 홈비디오 애니메이션

2013년 홈비디오 애니메이션시장은 전년대비 17.4% 증가한 1억 5,000만 달러 규모로 집계되었다. 홈비디오 애니메이션시장은 향후 2018년까지 연평균 0.6%씩 하락하여 1억 4,500만 달러의 시장으로 소폭 위축될 전망이다.

[그림 4-36] 브라질 홈비디오 애니메이션시장 규모 및 성장률, 2009 - 2018

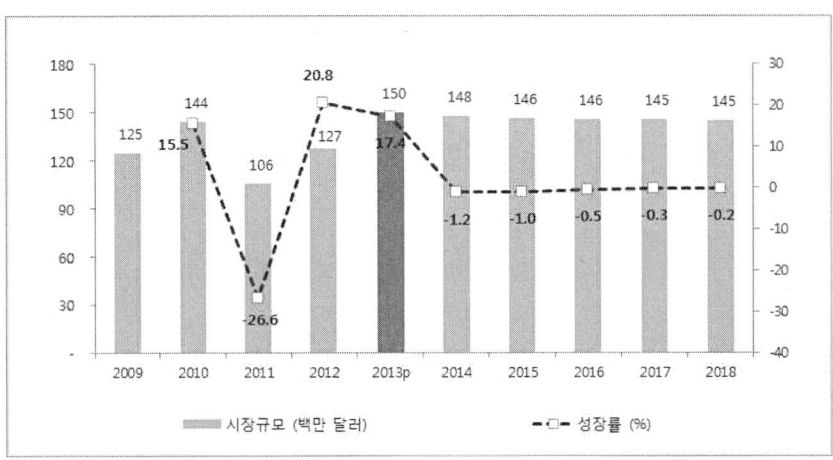

출처 : Box Office Mojo(2014), Digital Vector(2013), The-Numbers(2014), PwC(2014)

라. 디지털배급 애니메이션

2013년 디지털배급 애니메이션시장은 스마트기기의 확대 보급과 TV, 태블릿의 보급으로 전년대비 80.0% 증가한 900만 달러를 기록했다. 스마트폰과 태블릿의 보급률이 증가하면서 소비자들의 디지털 만화 소비 역시 증가할 것으로 예상되며 2018년까지 연평균 41.5%의 성장률을 보이며 5,300만 달러 규모로 성장할 전망이다.

[그림 4-37] 브라질 디지털배급 애니메이션시장 규모 및 성장률, 2009 - 2018

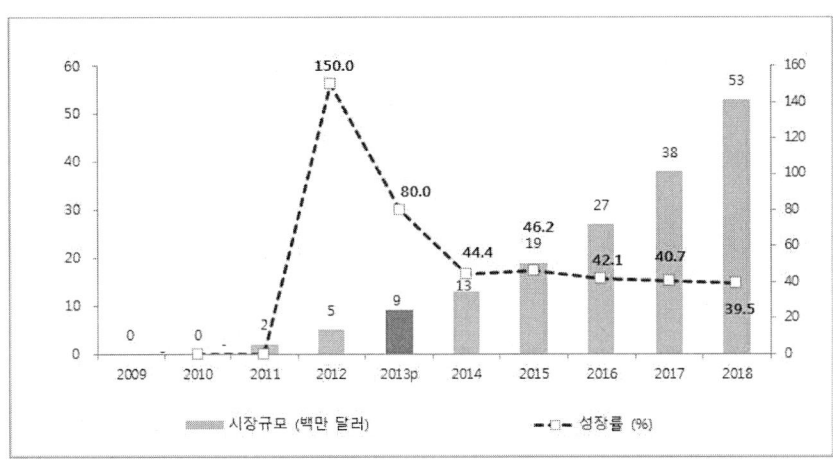

출처 : Box Office Mojo(2014), Digital Vector(2013), The-Numbers(2014), PwC(2014)

(7) 방송

브라질은 중남미에서 가장 큰 경제 규모를 가지고 있으며 인구도 많기 때문에 성장잠재력이 매우 크다고 평가받고 있다. 글로벌 경제위기의 영향은 거의 받지 않았으며 지속적인 성장을 거듭하고 있다. 특히 TV 광고시장에는 2014년의 월드컵과 2016년의 올림픽이 개최되기 때문에 긍정적인 요인으로 작용할 것으로 보인다. 2013년 브라질 방송시장은 전년대비 약 9.8% 증가한 142억 3,600만 달러로 집계되었다. 향후 방송시장은 연평균 8% 성장률을 보이며 2018년 209억 5,600만 달러에 이를 것으로 전망된다.

[표 4-13] 브라질 방송시장 규모 및 전망, 2009-2018

[단위 : 백만 달러, %]

구분	2009	2010	2011	2012	2013p	2014	2015	2016	2017	2018	2013-18 CAGR
TV 수신료	2,850	3,538	4,489	5,683	6,564	7,095	7,626	8,157	8,724	9,312	7.2
공영방송	-	-	-	-	-	-	-	-	-	-	-
유료방송	2,850	3,538	4,489	5,683	6,564	7,095	7,626	8,157	8,724	9,312	7.2
TV 광고	4,671	5,679	6,200	6,719	7,094	7,990	8,444	9,517	10,162	10,959	9.1
다중 채널	260	319	376	422	452	538	599	709	831	1,015	17.6
지상파	4,411	5,359	5,823	6,293	6,633	7,432	7,810	8,750	9,244	9,815	8.2
온라인	-	1	1	4	9	20	35	57	87	128	70
라디오	467	518	535	560	578	596	617	638	660	685	3.5
라디오 광고	467	518	535	560	578	596	617	638	660	685	3.5
공영라디오	-	-	-	-	-	-	-	-	-	-	-
위성라디오	-	-	-	-	-	-	-	-	-	-	-
합계	7,988	9,735	11,224	12,962	14,236	15,681	16,687	18,312	19,546	20,956	8.0

출처 : PwC(2014)

[그림 4-38] 브라질 방송시장 규모 및 성장률, 2009 - 2018

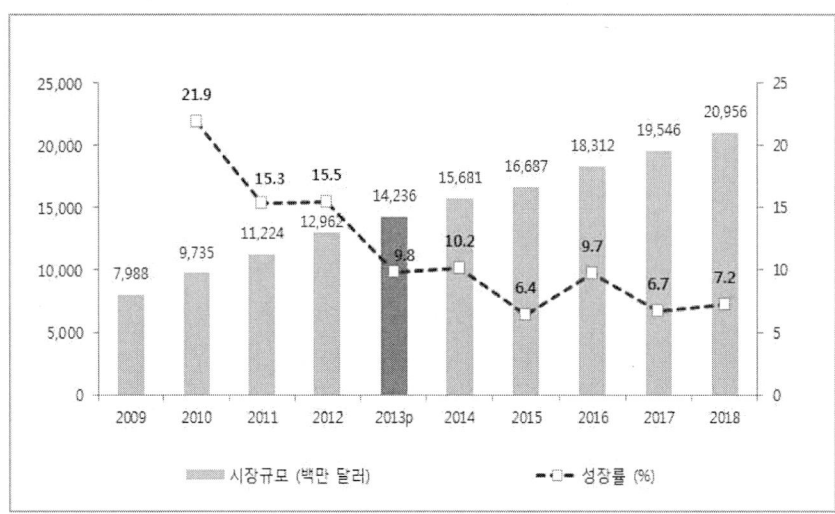

출처 : PwC(2014)

TV 수신료시장의 비중은 2013년 46.1%에서 2018년 44.4%로 소폭의 하락이 예측된다. TV 광고시장은 2013년 49.8%에서 2018년 52.3%로 확대될 전망이다. 라디오는 4.1%에서 3.3%로 축소될 것으로 보인다.

[그림 4-39] 브라질 방송시장 분야별 비중 비교, 2009 vs. 2013 vs. 2018

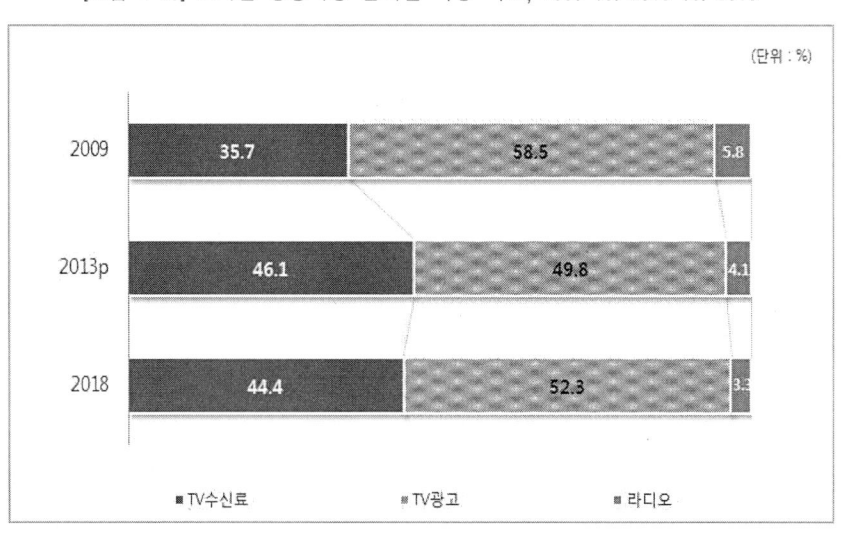

출처 : PwC(2014)

가. TV 수신료

브라질은 중남미에서 가장 부유한 국가로 유료TV 분야도 성장의 여지가 있는 경쟁력 있는 시장으로 평가받고 있다. 2013년 TV 수신료시장은 전년대비 15.5% 증가한 65억 6,400만 달러로 나타났다. 이후 TV 수신료시장은 2018년까지 연평균 7.2%의 성장률을 보이며 93억 1,200만 달러에 이를 것으로 전망된다.

[그림 4-40] 브라질 TV 수신료시장 규모 및 성장률, 2009 - 2018

출처 : PwC(2014)

나. TV 광고

2013년 브라질의 TV 광고시장은 전년대비 5.6% 성장한 70억 9,400만 달러로 집계되었다. 2014년 피파 월드컵과 2016년 리오데자네이루(Rio de Janeiro)에서 올림픽 경기 주최로 이러한 성장이 계속될 것으로 예측된다. 대외적인 경제 효과가 영향을 미치게 될 것으로 전망되어 브라질의 TV 광고시장은 향후 5년간 연평균 9.1%의 성장률을 바탕으로 2018년까지 109억 5,900만 달러에 이를 것으로 전망된다.

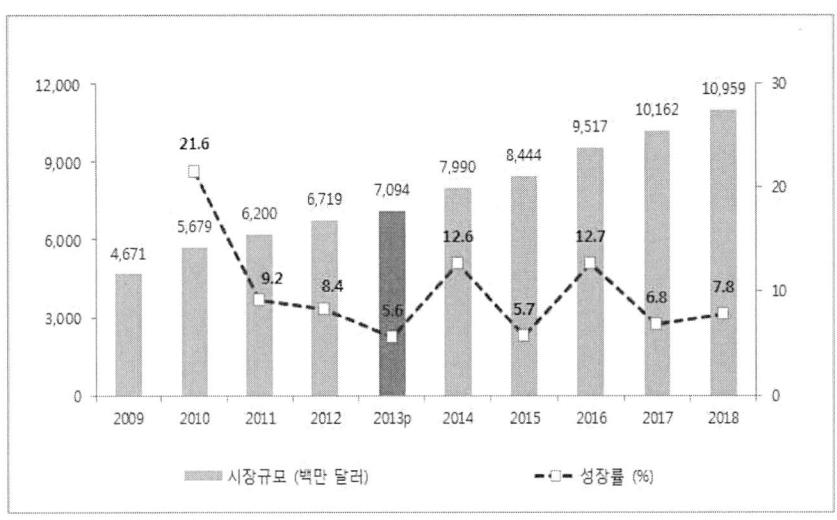

[그림 4-41] 브라질 TV 광고시장(방송) 규모 및 성장률, 2009 - 2018

출처 : PwC(2014)

다. 라디오

브라질은 중남미에서 가장 큰 라디오시장이지만 글로벌 기준으로는 12번째 규모이다. 브라질 총 인구는 2억 100만 명으로 매우 큰 잠재력을 가지고 있다고 볼 수 있다.

브라질 라디오시장 수익은 라디오 광고로 이루어져 있지만 글로벌 경기침체로 인한 부정적인 영향은 없었으며 2009년부터 2013년까지 성장해 왔다. 라디오시장은 2013년 전년대비 3.2% 증가한 5억 7,800만 달러의 규모로 집계되었다. 이후 2018년까지 연평균 3.5% 성장률을 보이며 6억 8,500만 달러에 이를 것으로 전망된다.

[그림 4-42] 브라질 라디오시장 규모 및 성장률, 2009 - 2018

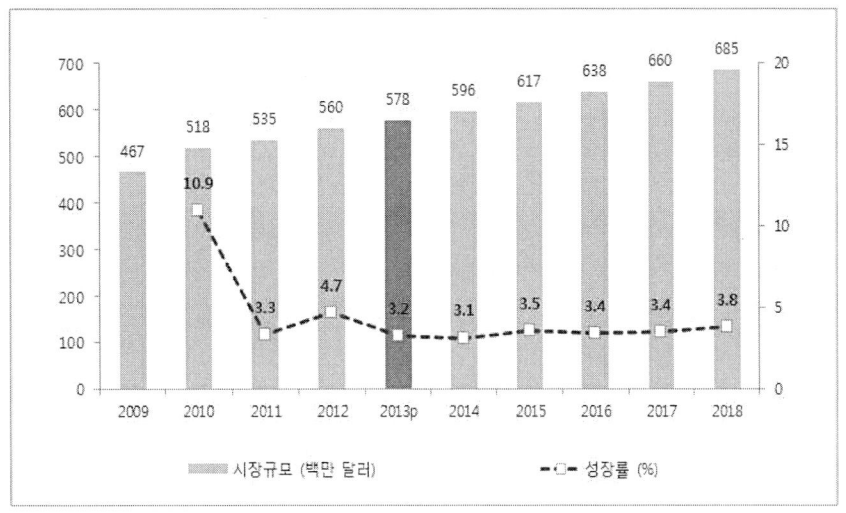

출처 : PwC(2014)

(8) 광고

브라질의 2013년 광고시장 규모는 126억 4,800만 달러로 전년대비 6.8% 성장하였는데 주된 성장 요인은 디지털화된 광고였다. 디지털 광고는 다양한 플랫폼을 통해 성장세를 보였는데 모바일 광고와 옥외 디지털 광고가 25%에 육박하는 높은 성장률을 보였고 산업잡지와 일반잡지의 성장률도 20%를 넘겨 2013년의 광고시장을 견인하였다.

브라질 광고시장은 디렉토리 인쇄 분야를 제외한 전 영역에서 고르게 성장세를 보였는데 브라질 경제성장률이 작년과 유사한 추세를 유지한다면 앞으로도 전체 광고시장은 매우 유사한 방향으로 흐를 것이라 예상되어 연평균 8.4%의 성장세를 유지하면서 189억 1,200만 달러의 광고시장으로 성장할 것으로 전망된다.

[표 4-14] 브라질 광고시장 규모 및 전망, 2009-2018

[단위 : 백만 달러, %]

구분	2009	2010	2011	2012	2013p	2014	2015	2016	2017	2018	2013-18 CAGR
디렉토리 광고	341	357	374	409	453	505	565	636	716	805	12.2
디지털	127	143	160	204	256	317	387	467	558	657	20.7
인쇄	214	214	214	206	197	187	178	168	158	148	△5.5
잡지 광고	810	940	985	992	1,035	1,099	1,162	1,221	1,279	1,341	5.3
디지털	-	9	21	53	64	78	94	113	135	161	20.3
인쇄	810	931	963	938	971	1,021	1,068	1,108	1,144	1,180	4.0
산업잡지 광고	134	157	167	185	201	214	223	230	235	240	3.6
디지털	-	3	7	18	23	29	36	43	51	61	21.5
인쇄	134	154	160	167	178	185	187	187	183	179	0.1
극장광고	39	44	41	43	45	48	50	53	56	59	5.2
신문 광고	1,484	1,534	1,593	1,603	1,649	1,693	1,740	1,791	1,847	1,908	3.0
디지털	17	20	26	32	39	47	56	67	80	95	19.3
인쇄	1,467	1,514	1,566	1,571	1,609	1,646	1,684	1,724	1,767	1,812	2.4
라디오 광고	467	518	535	560	578	596	617	638	660	685	3.5
TV 광고	4,671	5,679	6,200	6,719	7,094	7,990	8,444	9,517	10,162	10,959	9.1
다중 채널	260	319	376	422	452	538	599	709	831	1,015	17.6
지상파	4,411	5,359	5,823	6,293	6,633	7,432	7,810	8,750	9,244	9,815	8.2
온라인TV	-	1	1	4	9	20	35	57	87	128	70
인터넷 광고	632	756	959	1,199	1,492	1,767	2,087	2,433	2,812	3,257	16.9
모바일	3	5	6	10	14	17	22	28	35	44	26.7
유선	628	752	953	1,189	1,479	1,750	2,065	2,405	2,777	3,212	16.8
옥외 광고	312	362	406	428	468	511	555	604	657	715	8.9
디지털	-	40	52	64	81	103	128	159	197	242	24.3
실물	312	322	354	364	387	408	427	444	460	473	4.1
게임 광고	11	14	17	21	24	27	31	35	40	45	13.9
산술합계[68]	8,901	10,361	11,277	12,159	13,039	14,450	15,474	17,158	18,464	20,014	8.9
합계	8,757	10,185	11,062	11,848	12,648	13,959	14,866	16,411	17,553	18,912	8.4

출처 : PwC(2014)

[68] 산술합계에는 디렉토리 광고, 잡지 광고, 산업잡지 광고, 신문 광고의 디지털 광고와 온라인TV 광고, 지상파 라디오 온라인 광고가 인터넷 광고시장 규모에 포함되어 있어 합계에서는 중복되는 부분을 제외함

[그림 4-43] 브라질 광고시장 규모 및 성장률, 2009 - 2018

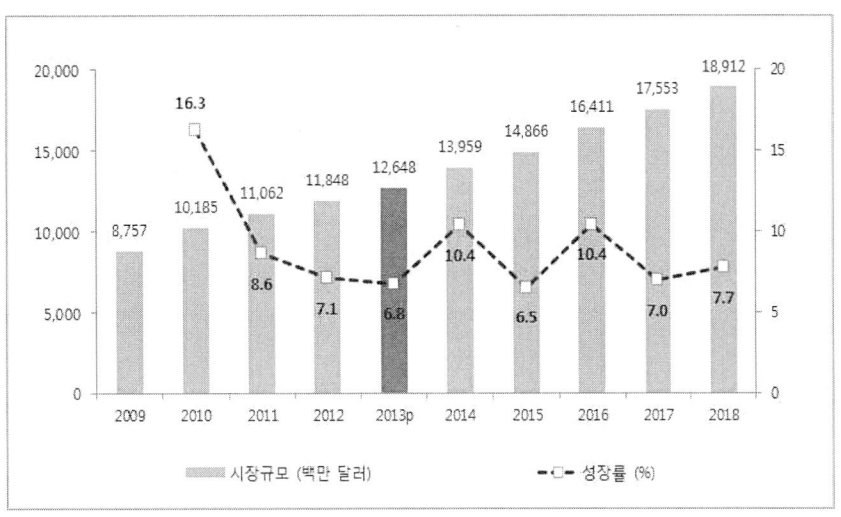

출처 : PwC(2014)

2009년 당시 광고시장에서 가장 큰 비중을 차지하는 것은 TV 광고였는데 점유율이 계속 증가해 2018년에는 54.8%를 차지할 것으로 보인다. 신문 광고와 잡지 광고는 디지털화가 진행될수록 비중이 낮아지는 경향을 보였는데 마찬가지로 해당 분야 비중은 2018년까지 점유율이 감소할 것으로 전망된다.

[그림 4-44] 브라질 광고시장 분야별 비중 비교, 2009 vs. 2013 vs. 2018

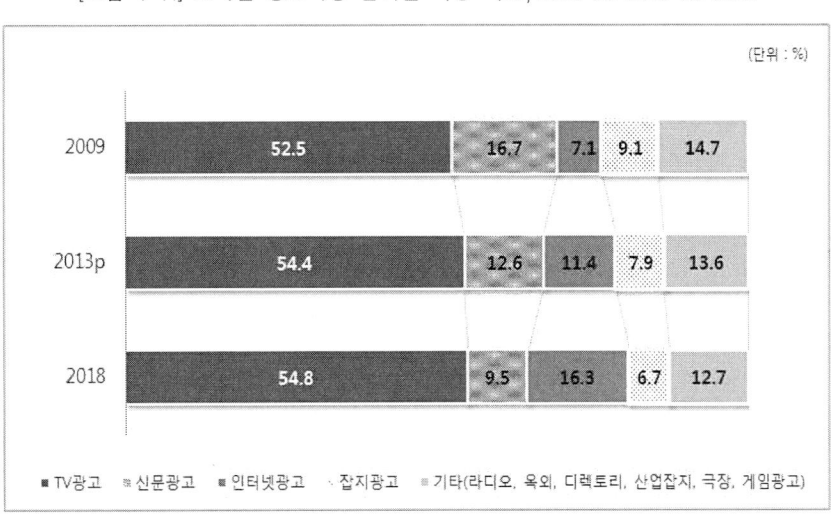

출처 : PwC(2014)

가. TV 광고

2013년 브라질 TV 광고시장은 브라질정부의 노력으로 서비스지역이 확대되어 늘어난 TV 가입자 수에 월드컵 특수가 기대되면서 전년대비 5.6% 성장한 70억 9,400만 달러로 집계되었다. 향후 브라질의 TV 광고시장은 9.1%의 성장세를 바탕으로 2018년까지 109억 5,900만 달러 규모로 성장할 전망이다.

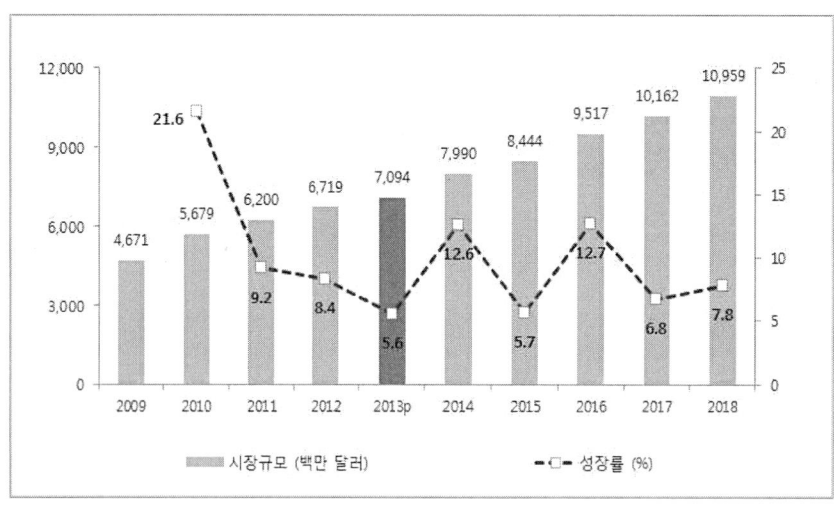

[그림 4-45] 브라질 TV 광고시장 규모 및 성장률, 2009 - 2018

출처 : PwC(2014)

나. 인터넷 광고

2013년 브라질 인터넷 광고시장은 전년대비 24.4% 증가한 14억 9,200만 달러 규모로 나타났다. 검색광고는 브라질 인터넷 경제가 활황상태를 맞이하면서 수익이 무려 61% 증가하였는데 현재는 구글이 대단히 높은 점유율을 보이고 있다. 인터넷 디스플레이 광고는 2013년 한 해 동안 서치엔진과 소셜 미디어 사이트를 통해 광고가 게재 되는 경향을 보였으며 페이스북(Fac전자책)은 인터넷 디스플레이 광고의 수혜를 받은 최대 웹사이트였고 UOL과 글로보(Globo)역시 상당수의 인터넷 디스플레이 광고를 게재하였다. 향후 브라질 인터넷 광고시장은 연평균 16.9%의 성장률을 보이며 32억 5,700만 달러 시장으로 성장할 전망이다.

[그림 4-46] 브라질 인터넷 광고시장 규모 및 성장률, 2009 - 2018

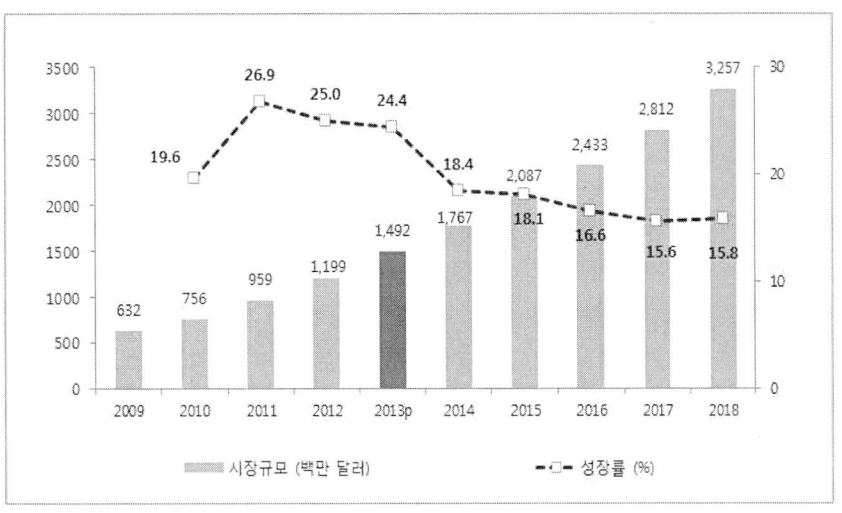

출처 : PwC(2014)

[표 4-15] 브라질 인터넷 광고시장 규모 및 전망, 2009-2018

[단위 : 백만 달러, %]

구분	2009	2010	2011	2012	2013p	2014	2015	2016	2017	2018	2013-18 CAGR
모바일	3	5	6	10	14	17	22	28	35	44	26.7
유선	628	752	953	1,189	1,479	1,750	2,065	2,405	2,777	3,212	16.8
안내광고	67	86	104	132	154	162	174	185	197	211	6.5
디스플레이 광고	166	190	253	301	370	434	507	585	669	766	15.7
비디오	3	4	6	18	39	73	113	159	212	281	48.6
유료검색	392	472	589	739	916	1,081	1,271	1,476	1,698	1,955	16.4
합계	632	756	959	1,199	1,492	1,767	2,087	2,433	2,812	3,257	16.9

출처 : PwC(2014)

다. 신문 광고

2013년 브라질 인쇄 신문 광고시장은 전년대비 2.9% 성장한 16억 4,900만 달러를 기록하였다. 신문에 대한 수요는 여전히 존재하기 때문에 신문 광고시장은 꾸준히 성장할 것으로 본다. 신문 광고시장은 향후 5년간 연평균 3.0%의 성장률로 19억 800만 달러의 시장을 형성할 것으로 전망된다.

[그림 4-47] 브라질 신문 광고시장 규모 및 성장률, 2009-2018

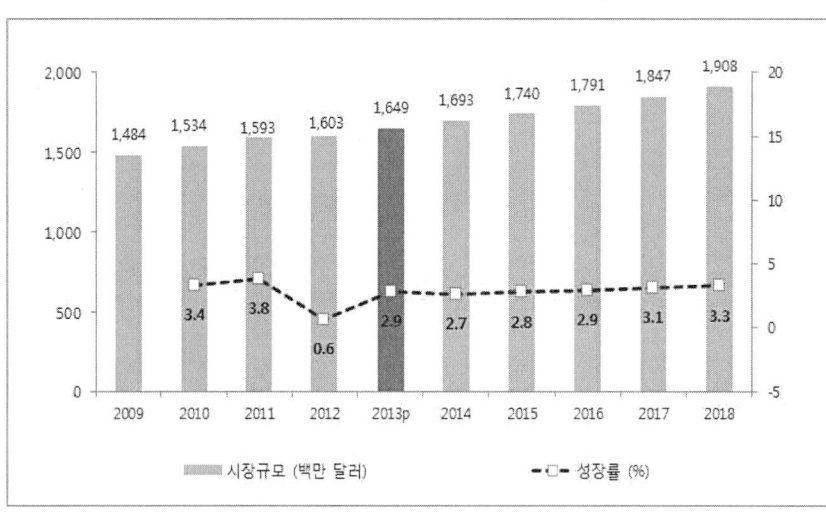

출처 : PwC(2014)

라. 옥외 광고

경제성장에 의해 브라질 내부 소비가 크게 늘어났고 실질 GDP 역시 성장하자 브라질은 전 세계 광고업자들에게 매력적인 시장으로 탈바꿈 하였다. 이처럼 변화된 브라질의 산업동력 덕분에 2013년 옥외 광고시장은 전년대비 9.3% 성장한 4억 6,800만 달러를 기록하였다.

향후 경제성장에 의한 건축 산업의 붐이 옥외 광고의 성장을 주도할 것으로 보인다. 브라질 옥외 광고시장은 연평균 8.9%의 성장률에 힘입어 2018년 7억 1,500만 달러의 시장을 형성할 것으로 전망된다.

[그림 4-48] 브라질 옥외 광고시장 규모 및 성장률, 2009-2018

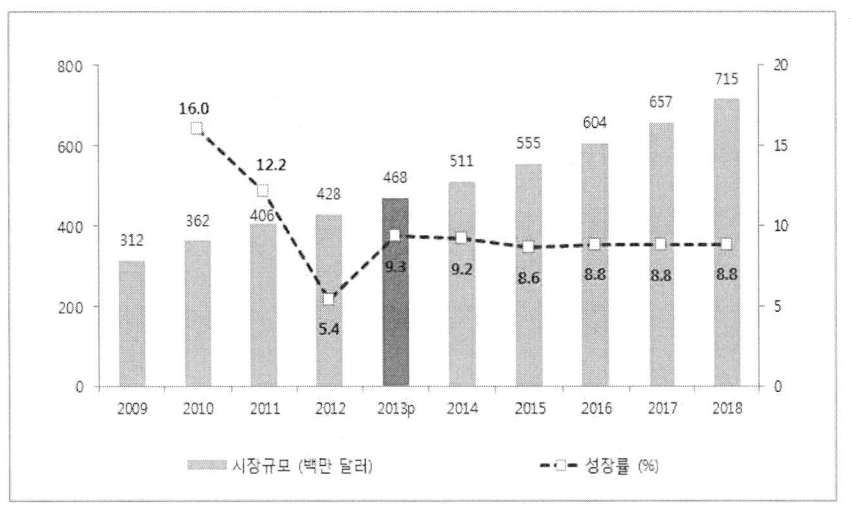

출처 : PwC(2014)

(9) 캐릭터·라이선스

브라질 캐릭터·라이선스시장은 의류, 패션, 잡화등 다양한 분야에 걸쳐 고른 성장세를 보였는데 2013년은 3.9% 성장한 22억 5,100만 달러를 기록하였다. 향후 브라질의 다양한 문화와 캐릭터들이 접목되면 2018년까지 34억 8,600만 달러의 캐릭터·라이선스시장으로 성장할 것으로 전망된다.

[표 4-16] 브라질 캐릭터·라이선스시장 규모 및 전망, 2009-2018

[단위 : 백만 달러, %]

구분	2009	2010	2011	2012	2013p	2014	2015	2016	2017	2018	2013-18 CAGR
캐릭터·라이선스	1,650	1,960	2,050	2,167	2,251	2,466	2,687	2,941	3,202	3,486	9.14

출처 : EPM(2013, 2014), PwC(2014)

[그림 4-49] 브라질 캐릭터·라이선스시장 규모 및 성장률, 2009-2018

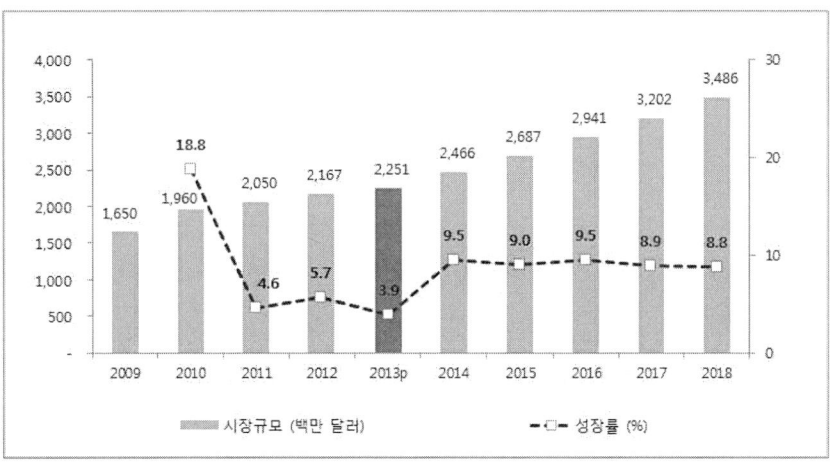

출처 : EPM(2013, 2014), PwC(2014)

브라질 캐릭터·라이선스시장은 엔터테인먼트·캐릭터와 패션 라이선스가 여전히 강세를 보이며 시장을 주도하고 있는 것으로 나타났다. 연도별로 큰 차이를 보이지는 않으나 패션분야의 시장점유율이 지속적으로 확대되고 있는 경향을 보이고 있으며, 2009년에 비하여 2011년 다소 위축되었던 엔터테인먼트·캐릭터시장은 경기회복과 애니메이션의 인기에 힘입어 2013년에 이전의 시장점유율을 다시 회복하였다.

[그림 4-50] 브라질 캐릭터·라이선스 부문별 시장 비중 비교, 2009 vs. 2011 vs. 2013

출처 : EPM(2013, 2014), PwC(2014)

[표 4-17] 브라질 캐릭터·라이선스 분야별 시장 규모, 2009-2013

[단위 : 백만 달러, %]

구분	2009		2011			2013		
	시장 규모	비중	시장 규모	비중	증감율	시장 규모	비중	증감율
엔터테인먼트/캐릭터	630	38.2	660	32.2	4.8	712	31.6	7.9
스포츠	100	6.1	118	5.8	18.0	122	5.4	3.4
패션	470	28.5	560	27.3	19.1	580	25.8	3.6
기업브랜드/상표	130	7.9	150	7.3	15.4	157	7.0	4.7
예술	90	5.5	90	4.4	-	95	4.2	5.6
기타	230	13.9	472	23.0	105.2	585	26.0	23.9
합계	1,650	100.0	2,050	100.0	24.2	2,251	100.0	9.8

출처 : EPM(2013, 2014), PwC(2014)

2011년 브라질 캐릭터·라이선스 제품별 시장점유율을 살펴보면, 의류·신발·잡화가 41%로 가장 높은 점유율을 보이고 있으며 2013년까지 비슷한 비중을 유지할 것으로 전망된다. 게임·완구, 문구·제지는 2009년 이후 점유율이 하락하며 2018년에는 비중이 더욱 감소할 것으로 보인다. 기타 부분의 규모는 2013년까지 30.6%의 점유율을 차지하였다.

[그림 4-51] 브라질 캐릭터·라이선스 제품별 시장 비중 비교, 2009 vs. 2011 vs. 2013

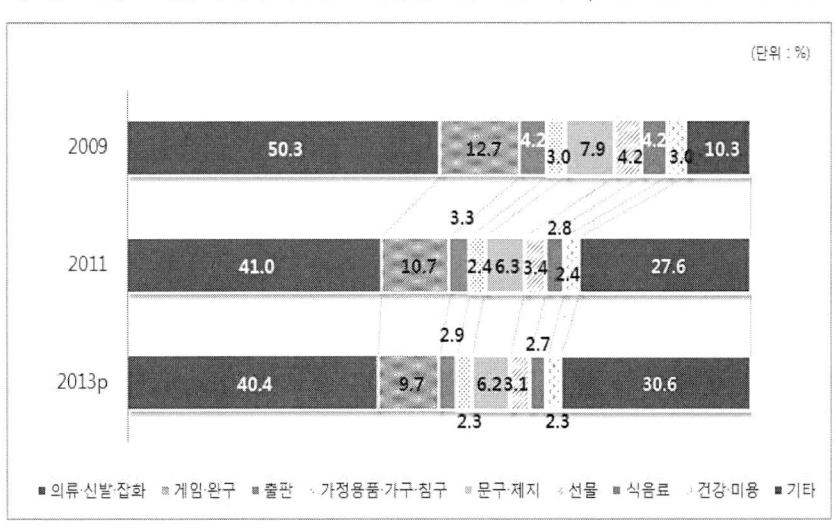

출처 : EPM(2013, 2014), PwC(2014)

[표 4-18] 브라질 캐릭터·라이선스 제품별 시장 규모, 2009-2013

[단위 : 백만 달러, %]

구분	2009		2011			2013		
	시장 규모	비중	시장 규모	비중	증감율	시장 규모	비중	증감율
의류·신발·잡화	830	50.3	840	41.0	1.2	909	40.4	8.2
게임·완구	210	12.7	220	10.7	4.8	218	9.7	△0.9
출판	70	4.2	67	3.3	△4.3	65	2.9	△3.0
가정용품·가구·침구	50	3.0	50	2.4	-	52	2.3	4.0
문구·제지	130	7.9	130	6.3	-	139	6.2	6.9
선물	70	4.2	70	3.4	-	69	3.1	△1.4
식음료	70	4.2	58	2.8	△17.1	61	2.7	5.2
건강·미용	50	3.0	50	2.4	-	51	2.3	2.0
기타	170	10.3	565	27.6	232.4	688	30.6	21.8
합계	1650	100.0	2,050	100.0	24.2	2,251	100.0	9.8

출처 : EPM(2013, 2014), PwC(2014)

(10) 지식정보

2013년 브라질 지식정보시장은 전년대비 10% 성장한 140억 7,700만 달러로 집계되었다. 인터넷접근시장과, 산업잡지의 디지털 광고, 디렉토리 디지털 광고가 시장 성장세를 주도적으로 이끌었는데 가장 높은 성장률을 기록한 것은 인터넷접근시장의 모바일 부문이었다.

산업잡지와 전문서적 인쇄 광고시장은 전반적으로 1%미만의 성장률을 보이면서 정체 상태를 유지할 것으로 보이지만 전 영역에서 전반적으로 고른 성장세를 보여 지식정보시장은 향후 5년간 연평균 15.2%의 성장세로 2018년까지 286억 1,500만 달러의 규모로 성장할 것으로 전망된다.

[표 4-19] 브라질 지식정보시장 규모 및 전망, 2009-2018

[단위 : 백만 달러, %]

구분	2009	2010	2011	2012	2013p	2014	2015	2016	2017	2018	2013-18 CAGR
비즈니스정보	788	984	1,074	1,112	1,156	1,210	1,271	1,334	1,403	1,479	5.1
디렉토리 광고	341	357	374	409	453	505	565	636	716	805	12.2
디지털	127	143	160	204	256	317	387	467	558	657	20.7
인쇄	214	214	214	206	197	187	178	168	158	148	△5.5
전시회	477	528	588	644	710	787	866	953	1,048	1,153	10.2
전문서적	340	348	355	370	385	398	412	428	445	464	3.8

[단위 : 백만 달러, %]

구분	2009	2010	2011	2012	2013p	2014	2015	2016	2017	2018	2013-18 CAGR
전자	0	7	14	22	30	39	51	65	81	99	27
인쇄	340	341	341	348	355	359	361	363	364	365	0.6
산업잡지	225	251	265	287	303	319	331	341	351	361	3.5
광고	134	157	167	185	201	214	223	230	235	240	3.6
디지털	-	3	7	18	23	29	36	43	51	61	21.5
인쇄	134	154	160	167	178	185	187	187	183	179	0.1
구독	90	94	98	102	102	105	108	112	116	121	3.4
디지털	-	-	-	-	-	1	3	4	7	9	-
지면	90	94	98	102	102	104	106	107	109	111	1.8
인터넷접근	5,357	6,682	8,546	9,978	11,070	13,195	15,673	18,351	21,254	24,353	17.1
모바일	1,250	2,001	3,037	3,725	4,190	5,374	6,964	8,882	11,153	13,726	26.8
고정브로드밴드	4,107	4,682	5,509	6,253	6,880	7,821	8,709	9,468	10,101	10,627	9.1
합계	7,528	9,150	11,202	12,800	14,077	16,414	19,118	22,043	25,217	28,615	15.2

출처 : PwC(2014)

[그림 4-52] 브라질 지식정보시장 규모 및 성장률, 2009-2018

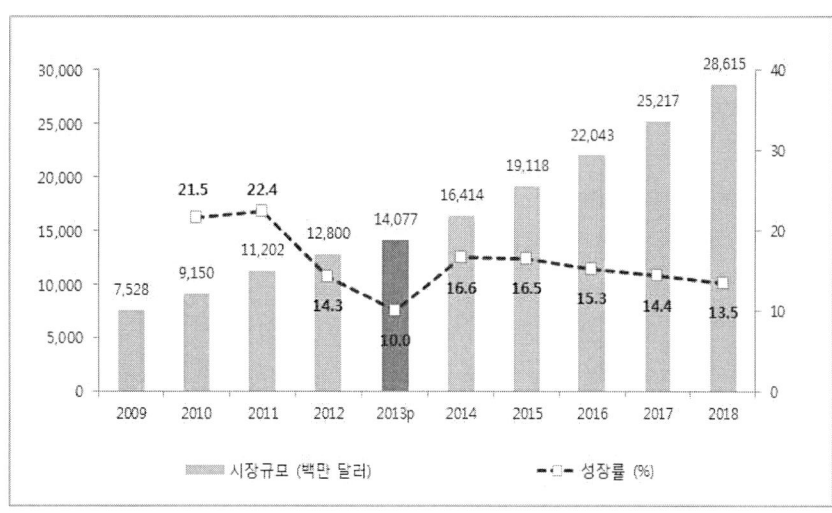

출처 : PwC(2014)

2013년 전체 지식정보시장의 78.6%를 차지하고 있는 인터넷접근시장은 2018년 85.1%로 확대될 것으로 전망된다. 비즈니스 정보, 디렉토리 광고, 전시회시장등 기타 부분은 전체 지식정보시장에서 차지하는 비중이 줄어들 것으로 전망된다.

[그림 4-53] 브라질 지식정보시장 분야별 비중 비교, 2009 vs. 2013 vs. 2018

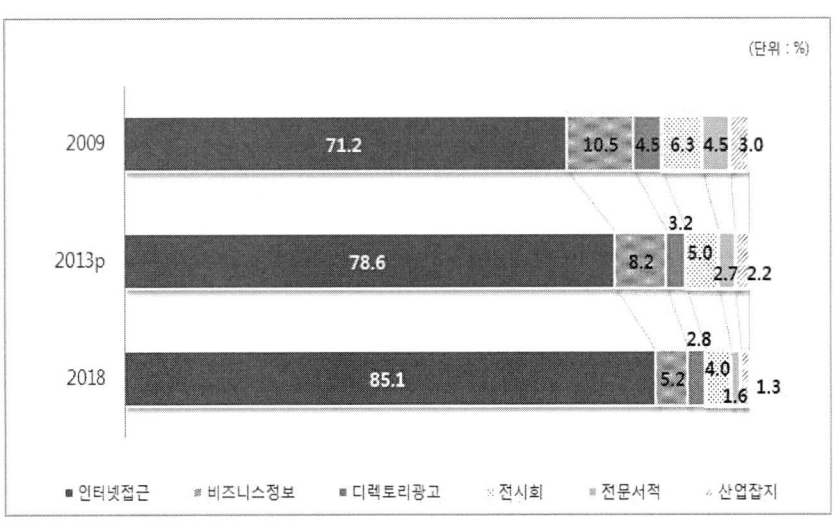

출처 : PwC(2014)

가. 인터넷접근

월드컵에 대한 통신 인프라가 브라질의 여러 지역에 마련되는 동안 자연스럽게 스마트폰의 도입과 가입자들이 늘어나면서 2013년 브라질의 인터넷접근시장은 전년대비 10.9% 성장한 110억 7,000만 달러의 규모인 것으로 집계되었다.

스마트폰의 가입률은 2013년 기준으로 27%에 머물렀지만 2018년에는 59%에 가까운 성장률을 기록할 것으로 보여 모바일 인터넷시장도 빠른 성장이 기대된다.

브라질 인터넷접근시장은 향후 5년간 17.1%의 성장세로 2018년까지 243억 5,300만 달러규모로 성장할 전망이다.

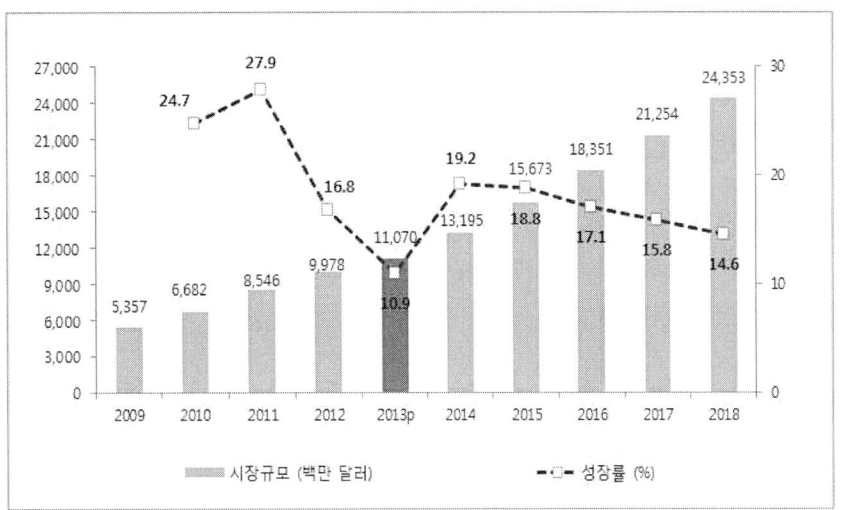

[그림 4-54] 브라질 인터넷접근시장 규모 및 성장률, 2009-2018

출처 : PwC(2014)

나. 전문정보[69]

2013년 브라질은 경제호황에 힘입어 글로벌기업들이 자국과 해외에서 사업을 시작하는 경우가 많았다. 이에 전문정보시장은 전년대비 6.6% 성장한 30억 700만 달러로 집계되었다.

새로운 중산층으로 무려 4,000만 명이 진입하였고 이들을 바탕으로 브라질의 구매력은 높아졌으며 신규 비즈니스에 대한 사업계획과 정보 획득을 위한 시장의 요구가 커지면서 향후 브라질의 전문정보시장은 꾸준히 성장할 것으로 보인다. 브라질 전문정보 시장은 2018년까지 42억 6,200만 달러까지 성장할 전망이다.

---

[69] 전문정보시장은 인터넷접근을 제외한 지식정보시장(비즈니스 정보, 디렉토리 광고, 전문서적, 산업잡지, 전시회)을 의미함

[그림 4-55] 브라질 전문정보시장 규모 및 성장률, 2009-2018

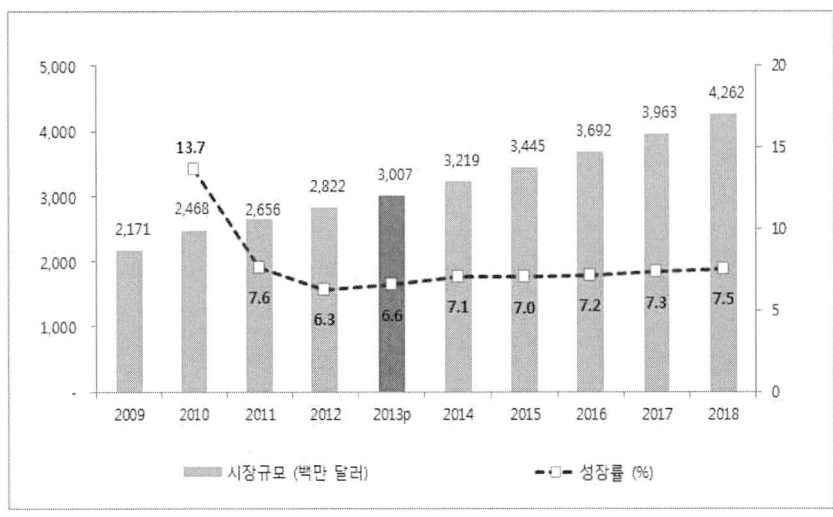

출처 : PwC(2014)

3) 주요 이슈 및 트렌드

(1) 출판

가. 브라질의 전자출판시장

브라질의 프라도(Prado)에 의하면 전자책리더 킨들(Kindle)이 6만 개 이상 브라질에 팔렸으며 전자책시장의 40%를 점유했다고 밝혔다.[70] 아마존이 진출한 2012년 이후 포르투갈어로 제작된 전자책은 2만 8,000개로 증가하였다.[71] 반면, 일본의 인터넷 서비스기업 라쿠텐(Rakuten)의 자회사인 전자출판회사 코보(KOBO)는 브라질의 리브라리아 컬투라(Livraria Cultura)와 협약을 통해 브라질에 전자책을 공급하고 있지만 고전을 면치 못하고 있다.

애플의 iOS와 안드로이드 진영은 스마트폰 보급에 힘입어 전자책시장에서 돌풍을 보일 것으로 예상되었으나 특별한 발전을 보이고 있지 않다. 주된 이유로는 앱 스토어에서 전자책을 구매할 경우 브라질 사람들은 미화로 결제를 해야 하며 6.38%의 해외 세금을 추가 지불해야 하기 때문인 것으로 나타났다.[72]

---

70) Publishingperspectives.com, In Brazil amazon starts selling kindles direct books are next, 2014. 2. 12.
71) KITA.NET, 브라질 경제 동향 및 이슈, 2014. 4. 16
72) Publishingperspectives.com, With Print amazon challenges brazil's bookseling Establishment, 2014. 8. 28.

나. 자가출판이 가져온 전자 출판의 역기능

최근 5년간 브라질에서 홀로 책을 출판하는 경향이 두드러지고 있는 것으로 나타났다.[73] 이러한 현상은 브라질 전자 출판시장의 발전을 가져올 것이 분명하지만 자가 출판 때문에 피해를 보고 있는 저작권자들이 늘어나고 있는 것으로 나타났다.[74] 아마존은 2012년 말 자체 플랫폼(Kindle Direct Publishing: 이하KDP)을 통해 작가들이 직접 자신의 작품을 올릴 수 있게 하였다.

하지만 작가들이 출판사의 검열과 수정 편집 없이 직접 올릴 수 있게 되면서 질 낮은 전자책과 해적판이 성행하게 되었으나 현재까지 아마존은 아무런 제재조치를 취하지 않은 것으로 나타났다.[75]

다. 아마존의 출현에 대응하는 브라질 출판시장[76]

브라질 서적상들은 2014년 8월 22일부터 31일까지 개최된 상파울로 국제 도서전 비엔날레에 집결해 브라질정부를 대상으로 현재 남미 최대 경제 규모를 자랑하는 브라질에서 활동하는 아마존의 종이책 및 전자책 판매 서비스들로부터 자신들을 보호해 달라는 로비 활동을 벌였다. 아마존은 8월 21일 자사가 보유한 15만 권의 장서를 기반으로 종이책 서비스를 시작했는데, 이는 브라질 포르투갈어 시장에서는 최대 규모를 자랑하는 것이었다. 아마존의 종이책 서비스는 이미 지난 2012년에 출범한 바 있는 3만 5,000여 종의 브라질 포르투갈어 전자책 서비스와 결합되었다.

서적상연맹(Associação Nacional de Livrarias: ANL)과 출판협회(Câmara Brasileira do Livro: CBL), 도서출판조합(Sindicato Nacional dos Editores de Livros: SNEL), 그리고 출판사동맹(Liga Brasileira de Editoras: Libre) 등 총 네 곳의 브라질 출판 단체들은 이번 국제 도서전에서 연합을 통해 도서 정가제 정책 지원에 대한 의견을 피력하였다.

이들이 발의한 다른 제안에는 소규모 출판사들에 대한 운임 인하와 전자책 면세, 그리고 브라질에서는 여전히 금지되어 있는 인가받지 못한 전기(傳記) 출판을 허용하는 법안이 포함되어 있다. 이들 출판 관련 협회들은 프랑스와 독일, 그리고 스페인과 마찬가지로 신간 도서 할인율을 10%로 제한해 주길 희망하고 있다.

아마존이 브라질에 입성한 것은 2012년 겨울로, 그다지 많지 않은 13만 종의 브라질 포르투갈어 전자책 사업 출시를 통해 이뤄졌는데, 당시 브라질에서는 태블릿과 유사 전자기기들이 전혀 인기를 끌지 못하고 있는 상황이었다. 그러나 이후 40%라는 대폭 할인과 69 브라질 레알(미화 32달러) 이상 구매자를 대상으로 한 무료배송 서비스로 고객을 유입해 온 결과, 전자책시장이 확대되

---

[73] PublishingPerspectives, Clube de Autires: A self-publishing boom in brazil, 2014. 5. 15.
[74] 한국저작권위원회, 아마존, 2년동안 정체불명의 번역본 전자책으로 부당이득 취해, 2014. 6. 4.
[75] 한국저작권위원회, 아마존, 2년동안 정체불명의 번역본 전자책으로 부당이득 취해, 2014. 6. 4
[76] 한국출판문화산업진흥원, 해외출판동향, 2014. 9. 5

었다. 브라질 진출을 기념하기 위해 아마존은 킨들 전자책 단말기 구매에 299 브라질 레알(미화 120 달러)을 소비하고 이후 아마존에서 종이책 1권을 구매한 고객들은 구매한 종이책이 배송될 때까지 전자책 단말기를 통해 구매 도서의 텍스트를 읽을 수 있는 서비스를 제공하고 있다.

한편, 브라질의 일부 소비자들은 브라질은 아직 위험한 나라로 사람들이 강도를 당하지 않을까 두려워하고 있기 때문에 다른 사람들 눈에 (킨들 기기를 들고 다니기보다) 종이책을 가지고 다니는 모습을 보이는 게 분명 훨씬 안전할 것이라며 킨들 전자책 단말기 소비가 늘어나는 데는 한계가 있을 것으로 보고 있다.

(2) 만화

가. 브라질 유명 애니메이션 모니카갱

브라질 만화는 1917년부터 시작되어 무려 100년에 가까운 역사를 지니고 있다.[77] 만화는 크게 소설만화(Graphic Novel)와 신문만화, 만화책으로 구분되는데 모니카 갱(Monica Gang)은 1950년대부터 신문만화를 필두로 시작되었으며 1959년에는 만화책으로도 출간되기도 하였다. 1979년에는 영화 애니메이션으로 제작되었는데, 이후 모니카 갱 시리즈는 TV 만화로 제작되어 지금까지 방영되고 있다.[78]

[표 4-20] 브라질 제작 만화 (TV, 애니메이션 제외)

만화 제목	제작년도	형식	작가
Astronauta- Magnetar	2012.1	소설 만화	Danilo Beyruth
Bidu	2014.8	n/a	Eduardo Damasceno e Luis Felipe Garrocho
Blu (Monica's Gang)	1959	신문만화	Mauricio de Sousa
Chico Bento -Pavor Espaciar	2013.8	소설 만화	Gustavo Duarte
The Funnies	1963	신문만화	Mauricio de Sousa
Holy Avenger	1988	만화책	Marcelo Cassaro
Jimmy Five	1960	신문만화	Mauricio de Sousa
Luluzinha Teen e sua Turma	2009.9	만화책	Ediouro
Monica's Gang	1959	만화책	Mauricio de Sousa
Monica Teen	2008.8	만화책, 방송	Mauricio de Sousa
O Menino Maluquinho	1980	만화책	Ziraldo
Piteco-Inga	2013.11	소설 만화	Shiko
Senninha	1994	만화책	
Sesinho	1947	티비 만화	
Sítio do Picapau Amarelo	1977	만화책	rede globo
Turma do Pererê	1959	만화책	Ziraldo
Turma da Monica - Lacos	2013.6	소설 만화	Mauricio de Sousa
XDragoon	2008	티비만화	Felipe Marcantonio

출처 : Wikipedia, 2014. 9

---

77) Variety.com, Incentives Creative energy fuel brazil's burgeoning animation biz, 2014. 6. 9.
78) WikiPedia.com,, Brizilian Animation Titles, 2014.8.

(3) 음악

가. 음악 매체와 점유율의 변화

브라질의 음악산업 수익은 CD가 매출이 가장 큰 것으로 나타났다. 뒤이어 디지털 음원(MP3)과 음악 콘서트 공연이 각각 2위, 3위였다. 배경음악(Synchronization)[79]은 2011년 이후부터 수익이 나타나기 시작하였는데 전체 음악산업의 수익과 비교했을 때 0.7% 수준인 것으로 나타났다.[80]

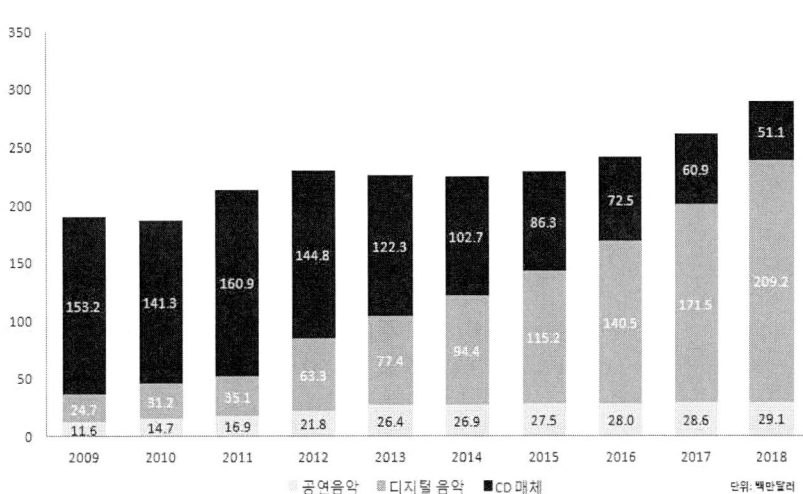

[그림 4-56] 브라질 사람들이 선호하는 음악 매체

출처: Statista.com, 2014.

브라질은 2013년 CD같은 오프라인 음반으로 1억 2,230만 달러의 수익을 올렸으며 디지털 음원으로 7억 7,400만 달러의 수익을 올렸다 공연과 배경음악은 각각 2억 6,400만 달러와 1억 8,000만 달러였다. 2012년에 비해 2013년 전체 음악시장은 약간의 하락세를 보였는데 이는 오프라인 음반의 판매가 하락했기 때문으로 나타났다. 브라질의 오프라인 음반 판매량은 점차 줄어 2018년에는 5,110만 달러가 될 것으로 보이며 디지털 음원시장은 성장하여 같은 해 2억 920만 달러의 시장을 형성할 것으로 예상된다.

---

79) 싱크로나이제이션(Synchronization)은 비디오 영상매체(TV쇼, 광고, 영화트레일러, 비디오 게임, 웹사이트)등에 음악을 입히는 것으로 본 보고서에서는 '배경음악'으로 번역했다.
80) Statista, Recorded music industry revenue in Brazil from 2009 to by sector, 2014.

나. 브라질에서 K-Pop 인지도 상승[81]

브라질 내 각종 음악차트에서는 자국 음악과 팝 음악 그리고 라틴계 음악이 모든 순위를 차지하고 있다. 반면 K-Pop을 비롯한 아시아 음악은 브라질 음악 차트에서 찾아보기 힘들다. 아직 브라질 내에서 아시아 음악에 대한 인지도가 낮으며, 브라질인들이 자신들의 음악에 대한 자부심이 강하기 때문으로 보인다.

하지만 K-Pop 몇 곡이 2013년 12월 200위권에 위치하여 눈길을 끌었다. 브라질 아이튠즈(iTunes) 일렉트로닉 음악 부문에 오른 K-POP은 96위에 랭크된 2NE1의 '내가 제일 잘나가'와 199위에 랭크된 f(x)의 '일렉트로닉 쇼크(Eletric shock)'이다. '스웨덴 하우스 마피아(Swdish House Mafia)', '다비다게타(Davida Guetta)', '아비치(Avicii)' 등 유명 DJ들의 음악이 차트를 점령하고 있는 가운데 아시아 음악으로써는 유일하게 K-Pop 위 두 곡이 200위권 순위에든 것이다. 특히, 2NE1의 '내가 제일 잘나가'는 브라질 아이튠즈 일렉트로닉 장르 순위에서 1년 이상 100위권 내에 꾸준히 자리를 지켰다.

브라질 내에는 공신력 있는 음악 차트가 없는 이유로 아이튠즈에서 제공하는 순위가 실제 인기도를 가장 잘 반영한다고 평가되고 있다. 이 차트의 POP음악 순위를 보면 147위에 싸이의 '강남스타일'이, 그리고 151위에 '젠틀맨'이 오른 바 있다.

전문가들은 2013년은 브라질에서 K-Pop이 성공할 수 있는 큰 가능성을 보여준 한 해라고 평가하고 있다. 세계최대의 축제인 '브라질 카니발'에 싸이가 초청되어 브라질 전역에 소개되었으며 슈퍼주니어의 브라질 공연에서는 1만 5천명 이상의 엄청난 관객을 동원했다. 이는 소규모의 현지 공연뿐만 아니라 대규모 공연도 충분히 흥행 할 수 있다는 사실을 증명한 것이다.

(4) 게임

가. 콘솔 게임기와 게임 타이틀에 대한 높은 세금 및 수입 정책

브라질 게이머들이 가장 많은 비용을 지출한 게임 플랫폼은 콘솔 게임인 것으로 나타났다. 2013년 한 해에만 브라질 사람들은 콘솔 게임과 관련 타이틀의 구입을 위하여 9억 2,500만 달러를 지출한 것으로 나타났다.[82] 지출이 늘어난 이유는 포르투갈어로 번역된 게임 타이틀이 증가한 것도 있지만 금융위기에서 브라질이 벗어난 것도 한 몫 한 것으로 보인다.[83]

---

81) 한국문화산업교류재단, 2013년 12월 4번째주 브라질 각종 차트 순위 및 연말 결산, 2013. 12. 30
82) CNBC, Video game makers' goal: Score big in Brazil, 2014. 5. 17.
83) thebrazilbusiness.cm, Market for videogames in Brazil, 2013.

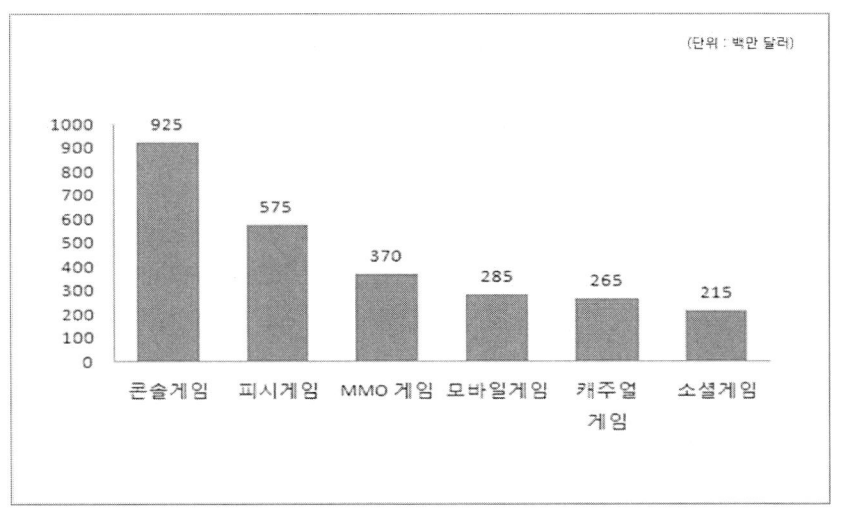

[그림 4-57] 가장 높은 지출을 보인 게임 플랫폼

출처 : CNBC, Video game makers' goal: Score big in Brazil, 2014. 5. 17.

그러나 콘솔 게임에 대한 지출이 가장 높은 편임에도 수익이 낮은 이유는 콘솔 게임기와 게임 타이틀에 대한 높은 세금과 수입 정책 때문이었다. 브라질에서 플레이스테이션 4를 구입하기 위해서는 PS4기본가격 858헤알(한화 36만7천원)에 상품유통세(ICMS), 공업세(IPI), 사회보장세(COFINS), 수입세, 유통마진 등을 합한 3,399헤알(약 143만 원)을 추가로 납부해야 한다. 플레이스테이션 4 하나의 제품을 구입하기 위해서는 할인율 6.5%를 적용하더라도 도합 3,999헤알(약 170만원)을 지불해야 한다.[84] 게다가 미국에서 출시된 콘솔 게임 타이틀의 평균 가격은 60 달러였지만 브라질에 판매되는 콘솔 게임 타이틀의 평균 가격은 160 달러로 나타났다.[85] 한국에 출시된 플레이스테이션 4의 가격은 40만 원대 중후반이었으며 미국에 출시된 플레이스테이션 4의 가격은 400~450 달러였다.[86]

나. 글로벌시장으로의 도약 꿈꾸는 브라질 인디게임[87]

브라질의 게임유저 수가 큰 폭으로 증가하면서 게임시장이 성장세를 보이자 세계 각국의 게임 퍼블리셔들은 브라질의 게이머들을 적극적으로 공략하고 있다. 브라질정부도 이를 인지한 듯 2011

---

84) 게임동아, [게임산업 위기보고서] 게임에 열광하는 새로운 블루오션 '남미 대륙'
85) CNBC, Video game makers' goal: Score big in Brazil, 2014. 5. 17.
86) newegg.com, Console game price, & Danawa.com, 콘솔 게임기 가격, 2014. 10. 4.
87) 한국콘텐츠진흥원, 글로벌 게임산업 트렌드, 2014. 12. 제1호

년부터 창조산업진흥법인 르네법(Rouanet Law)에 게임 부문을 포함하였고 게임개발을 위한 지원금을 제공하였다. 이러한 정책에 힘입어 게임 개발사 소드테일즈(Swordtales)는 비교적 완성도가 높은 게임 'Toren'을 발매하였다. 하지만 모든 회사가 소드테일즈처럼 좋은 성과를 보인 것은 아니었으며 대부분의 브라질 인디게임 개발환경은 시장의 성장세를 따라가지 못하고 있는 실정이다. 인디게임회사가 성장을 하기 위해서는 일종의 엔젤 투자(Angel Investment)가 이루어져야 하는데 정작 브라질 내의 인디게임개발사들은 투자 유치부터 어려움을 겪어 글로벌시장으로 도약하지 못하고 있다. 게다가 상당수의 인디게임 개발자들이 게임을 대중문화콘텐츠가 아닌 예술로 접근하려는 경향을 보이고 있어 많은 게임 투자자들이 투자를 꺼리고 있는 상황이다. 특히 유럽의 게임 발매사들은 게임을 성공적으로 개발 또는 출시한 경력이 없는 브라질의 게임개발사에 투자하는 것을 기피하고 있다.

(5) 영화

가. 성장세를 보이는 브라질 영화

2013년 브라질은 127편의 자국 영화를 개봉하였다. 2012년의 83편과 비교하면 2013년에는 53% 성장하였을 뿐만 아니라 관객 수 면에서도 2,780만 명이 관람을 하여 1억 2,630만 달러의 수입을 거둬들였다.[88] 2013년 브라질의 상영관은 2012년의 2,517개 보다 6.4%증가한 2,679개였다. 또한 상위 20위 안에는 브라질에서 제작된 영화 'Os Homens Sao de Marte'와 'SOS: Mulheres ao Mar'도 포함되어 브라질 영화의 저력을 보여 주었다.

나. 남미의 할리우드를 꿈꾸는 리우[89]

월드컵과 2016년 올림픽 준비로 바쁜 브라질 리우데자네이루에서 2014년 15회 째인 '리우 영화제'가 9월 30일 시작되었다. '리우 영화제'를 앞두고 에두아르도 파에스 리우 시장은 2013년 세계적인 거장 우디 앨런(Woody allen) 감독에게 리우에서 영화를 찍어달라고 부탁하면서 제작비 전액을 지원하겠다고 약속한 바 있다. 앨런 감독은 여기에 응하지 않았지만 리우 시장은 계속 구애를 한 것으로 보도되었다. 이는 미국 로스앤젤레스처럼 남미의 '할리우드'를 꿈꾸는 리우의 숙원사업을 위해서인 것으로 알려졌다. 브라질의 영화산업은 최근 급성장 하고 있는데 2003년 30편에 머물던 제작 편수는 2012년 100편으로 늘었다. 2008년 3억 2,700만 달러 규모였던 시장은 4년 만에 7억 3,700만 달러로 두 배 성장했다. 현지 영화잡지 '피우미B'는 세계 10대 영화 소비

---

88) Ancine, 2013 Brazil Movie Theatre, 2014. 1. 16.
89) 경향신문, 브라질 리우데자네이루 '남미 할리우드' 꿈꾼다, 2013. 9. 30

규모라고 분석했다. 무서운 성장세는 국가 지원도 한 몫 했다. 브라질 연방정부는 지난 10년간 영화산업에 4억 5,000만 달러를 투자했다. 법적으로 문화산업은 세금혜택도 받고 있으며, 국영 석유기업 페트로브라스나 통신사 클라로도 영화사를 보조한다.

(6) 애니메이션

가. 브라질 애니메이션산업 성장을 이끌고 있는 '아니마 문디'

브라질의 애니메이션산업은 과거에 비해 최근 괄목할 만한 성장을 보이고 있다. 최근 10년 사이에 자국에서 제작한 극장용 애니메이션 개봉 수만 봐도 꾸준히 늘고 있는 것을 알 수 있다.
이는 1992년 캐나다 영화사가 브라질의 지역 애니메이터를 위해 교육을 한 것이 그 결실을 맺은 것으로 발전의 계기가 된 것은 남미 최대의 애니메이션 페스티벌 '아니마 문디(Anima Mundi)'의 시작으로 보는 견해가 지배적이다.[90]

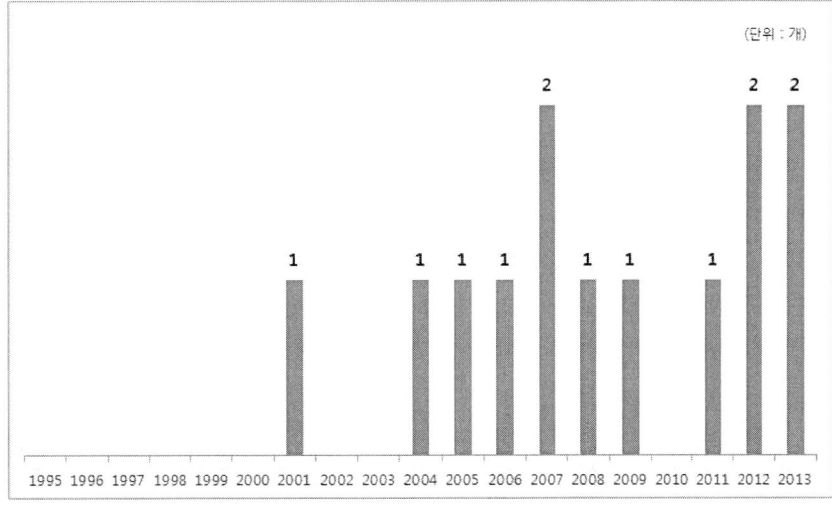

[그림 4-58] 브라질 극장용 애니메이션 개봉 수 추이 (1995-2013)

출처 : Ancine (National Cinema Agency)

---

90) Variety.com, Incentives Creative energy fuel brazil's burgeoning animation biz, 2014. 6. 9.

아니마 문디는 캐나다 애니메이션 문화를 접한 4명의 애니메이터가 리우데자네이루에서 애니메이션 문화를 널리 알리고자 시작한 시민 영화제이다.[91]

아니마 문디는 22년 후, 국제 영화제로서 비즈니스 네트워크의 장으로 성장했다. 2014년 제 22회를 맞이한 본 영화제는 리우데자네이루와 상파울루에서 개최되었으며, 전 세계에서 장편과 단편 애니메이션 1,500개 작품이 응모했다.

타 영화제와 다른 점은 어린이가 참여할 수 있는 '애니메이션 스쿨(Anima Escola)'이라는 애니메이션 교육프로그램을 운영하는 점이다. 영화제 메인 회장에 아니마 문디의 워크숍인 '오픈 스튜디오'를 설치하여, 여기에서 '모래 애니메이션', '드로잉', '조에트로프(Zoetrope)'[92], '픽실레이션(Pixilation)'[93] 등 애니메이션의 여러 기법을 체험할 수 있게 한다.

또한, 아니마 문디 측은 어린이의 창작 교육에도 힘을 쏟고 있는데, IBM으로부터 지원을 받아 국립 순수응용수학연구소와 애니메이션 소프트웨어 'MUAN'을 제작하여 쉽게 애니메이션을 창작할 수 있도록 했다. MUAN은 리우데자네이루 학교에 무상으로 제공되어 미술 교육이나, 수학, 사회 수업에도 응용되고 있다. [94]

나. 해외 페스티벌에서 좋은 성과를 거두고 있는 브라질 애니메이션

2013년 12월, 브라질의 문화부 장관 마르타 수플리쉬(Marta Suplicy)는 방송영상산업을 위해 영화사와 TV 프로그램 제작사, 그리고 배급사에게 1억 8,020만 달러의 지원금을 지급하기로 결정하였다.[95] 지금까지 없었던 이러한 경제적 지원책에 업계 관계자들은 환영을 표했다.

이러한 지원에 힘입어서인지 브라질 애니메이션은 해외에서 좋은 결과를 보이고 있다. 전 세계에서 가장 큰 국제 애니메이션 행사인 프랑스의 '안시 국제 애니메이션 필름페스티벌(Annecy international Animation Film Festival)'이 2014년 6월에 개최되었는데, 여기에 브라질에서 제작된 애니메이션 '소년과 세상', 'Till Sbornia Do Us Part', 'Beetween Frames' 세 편이 공식 초청되어 경쟁 부문에 올랐다. 특히, '소년과 세상'은 2013년 'Rio 2096: A Story of Love and Fury'라는 작품에 이어 또 한 번 브라질에 최고상을 안겨 주었다.

가장 많은 애니메이션을 제작하는 미국의 경우 단 두 편만 경쟁 부문에 오른 것과 비교하면 큰

---

91) Anime Anime, 成長するブラジル・アニメーション ラテンアメリカ最大のアニメーションフェスAnima Mundiか報告-1-, 2014.09.15
92) 조에트로프(Zoetrope) : 회전하게 만든 여러 장의 그림을 사용하여 작은 구멍을 통해 회전 드럼이 만드는 움직이는 환영을 볼 수 있도록 하는 초기 애니메이션 기구 [네이버 지식백과]
93) 픽실레이션(Pixilation) : 피사체로 사람을 이용하는 애니메이션 기법. 순간 포착적인 연속 촬영에 의해 인물을 표현하므로 마치 무성 영화처럼 끊어지는 동작을 표현할 수 있어, 이에 연출을 가미하면 현실에서는 불가능한 동작을 표현할 수 있다. [네이버 지식백과]
94) Anime Anime, 成長するブラジル・アニメーション Anima Mundiから報告-2- 國際共同製作にも注目, 2014.09.16
95) Variety.com, Incentives Creative energy fuel brazil's burgeoning animation biz, 2014. 6. 9.

성과라고 할 수 있다.96) 알레 아브레유(Ale Abreu) 감독의 'The Boy and the World'은 세계 5대 애니메이션 영화제인 서울 국제만화·애니메이션 페스티벌(SICAF2014)에서도 장편 부문 그랑프리를 수상하며 브라질 애니메이션의 저력을 보였다.97)

[그림 4-59] 'Rio 2096'과 '소년과 세상'

Rio 2096: A Story of Love and Fury   The Boy and the World

다. 기대를 모으고 있는 브라질 애니메이션 '노아의 방주(Noah's Ark)'

브라질 애니메이션산업이 성장하고 있지만, 해외 애니메이션에 비하면 제작 편수와 개봉 편수에서 점유율이 미미하다. 2013년 브라질 극장가에서 인기를 얻은 애니메이션은 모두 해외 애니메이션으로 흥행수익 상위를 차지한 것은 미국작품이다.

2013년에 이어 2014년 상반기 역시 해외제작 애니메이션이 상위 10위를 차지하고 있다. 2014년 브라질에 개봉된 애니메이션 1위는 브라질을 배경으로 제작한 '리오 2'로 2,852만 달러의 수익을 올렸다. 마찬가지로 폭스에서 유통 배급한 '드래곤 길들이기 2'가 2,463만 달러의 수입을 올리면서 브라질 애니메이션 박스오피스 2위에 랭크되었다.98)

---

96) Variety.com, Incentives Creative energy fuel brazil's burgeoning animation biz, 2014. 6. 9.
97) 제18회 서울국제만화애니메이션페스티벌, 보도자료 수상작, 2014. 7. 30.
98) Box office mojo (Brazil Yearly Box Office 2014)

[표 4-21] 2013년 브라질 흥행 수익 상위 애니메이션

영화제목	원제목	제작국	박스오피스 수익 (달러)	배급사	개봉일
슈퍼배드 2	Despicable Me 2	미국	35,538,035	UPI	7월 5일
주먹왕 랄프	Wreck-It Ralph	미국	21,368,787	Disney	1월 4일
몬스터 대학교	Monsters University	미국	16,549,029	Disney	6월 21일
크루즈 패밀리	The Croods	미국	15,193,380	PPI	3월 22일
개구쟁이 스머프 2	The Smurfs 2	미국	14,552,378	Sony	8월 2일
하늘에서 음식이 내린다면 2	Cloudy with a Chance of Meatballs 2	미국	13,057,310	Sony	10월 4일
에픽 : 숲속의 전설	Epic	미국	8,093,616	Fox	5월 17일
비행기	Planes	미국	6,393,358	Disney	9월 13일
터보	Turbo	미국	5,302,514	Fox	7월 19일
터키	Free Birds	미국	4,626,987	-	11월 8일

출처 : Box office mojo (Brazil Yearly Box Office 2013)

이렇게 해외 애니메이션이 강세를 보이는 가운데, 브라질의 유명 영화감독 월터 살레스(Wilter Salles)가 '노아의 방주(Noah's Ark)' 애니메이션을 제작하기로 해 주목을 끌고 있다.[99] '모터사이클 다이어리(The Motorcycle Diaries, 2004)', '중앙역(Central Station, 2012)' 등을 연출한 바 있는 월터 살레스(Wilter Salles) 감독은 '아마조니아(Amazonia)'의 제작사인 굴레인(Gullane)과 손을 잡고 브라질 애니메이션의 플래그쉽이 될 '노아의 방주'를 제작할 것을 밝혔다. '노아의 방주'는 그에게 첫 애니메이션 작품이 되지만, 그는 안시 국제 애니메이션 필름 페스티벌(Annecy international Animation Film Festival)에서 호평을 받으며 수상한 루이즈 보로네시(Luiz Bolognesi)의 'Rio 2096: A Story of Love and Fury'를 제작한 경험이 있기에 기대를 받고 있다.

(7) 방송

가. 브라질 디지털 지상파 방송 전환과 서비스 보급 가속화

2014년 월드컵과 2016년 올림픽으로 브라질 방송시장 역시 상당한 특수를 누릴 것으로 전망되고 있다. 특히 2013년 주요 이동통신사업자들의 LTE 서비스 본격화와 브라질정부의 LTE용 모바일 브로드밴드 서비스를 위한 700MHz 주파수 할당의 완료로 스트리밍 기반의 모바일TV시장이 강화될 것이라는 전망이 제기되고 있는데, 이미 텔레포니카 브라질(Telefonica Brazil)과 TIM

---

[99] Variety, CANNES: Walter Salles' VideoFilmes, Gullane Ally for 'Noah's Ark', 2014.05.27

Brasil 등 다수의 업체들이 관련 서비스를 제공하고 있다. 특히 TIM Brasil의 경우 2013년 9월을 기준으로 Cartoon Network와 CNN, Discovery Mobile, Discovery Kids Mobile 등 11개 TV 채널을 제공100)해 큰 인기를 끌고 있는 상황이다.

또한 이를 앞두고 디지털 지상파 방송 전환과 디지털 방송 서비스 보급 등 방송기술 향상 역시 예정되어있다. 현재 글로보(Globo), 헤지 헤코르지(Rede Record), 헤지TV (RedeTV), 반데이란 치스TV (BandeirantesTV), SBT, Gazeta 등이 디지털 지상파 방송 서비스를 제공하고 있으며, 브라질 통신부(MC)는 2018년 브라질 전체에 아날로그 방송 송출이 종료되면 분기마다 약 3,000만~3,500만 대의 셋톱박스 수요가 발생할 예정으로 보인다고 밝히기도 했다101).

[표 4-22] 브라질 디지털 지상파 방송 전환 과정

2006.06.29.	ISDB-T 디지털 기술 표준 채택
2007.12.03.	상파울루지역 디지털 시험 방송 개시
2009.12.31.	26개 주요 도시로 디지털 방송 서비스 영역 확대
2013.12.31.	브라질 전역으로 디지털 방송 서비스 영역 확대
2016.06.29.	도시지역 아날로그 방송 송출 종료
2018	아날로그 방송 송출 완전 종료

출처: Wikipedia 재구성

나. 글로보(Globo), 방송 및 미디어시장 독점

브라질 최대지역 방송사 글로보(Globo)의 미디어시장 독점 역시 주목을 끌고 있다. 글로보는 지난해 브라질 전체 TV 방송 매출액의 절반 이상인 115억 헤알의 매출을 기록했는데, 이것이 2위와 3위 방송사인 SBT와 헤코르지(Record)의 매출액의 합계보다 10배 이상 높다102)는 점에서 시장 독점에 대한 우려가 제기된 바 있다.

---

100) 한국인터넷진흥원, 브라질 정보통신(ICT) 방송 품목 보고서, 2013.09.06
101) 한국인터넷진흥원, 브라질 정보통신(IOCT) 방송사업자 보고서, 2013.12.16
102) 전자신문, 브라질 최대 방송사 매출 5조원…전체 절반 넘어, 2014.02.07

[그림 4-60] 글로보 매출 변화 추이

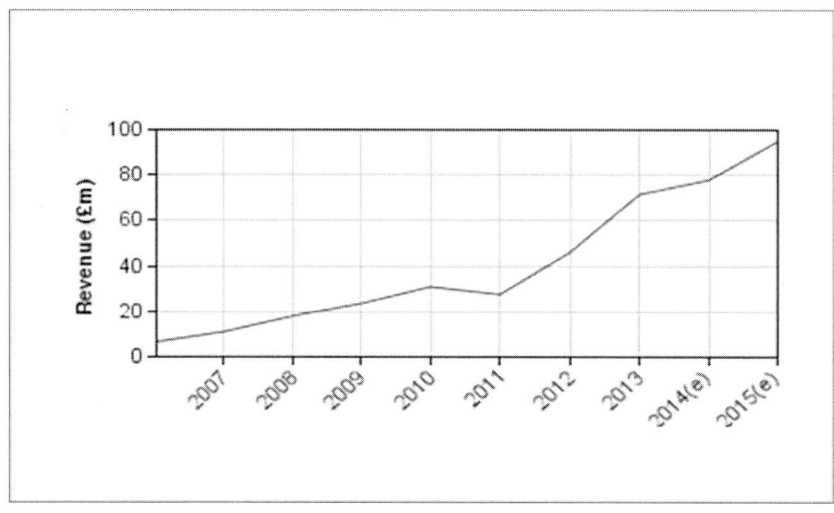

출처: Digital Look

문제는 글로보의 영향력이 단순히 방송시장에 국한되어 있지 않다는 점에서 발생한다. 글로보는 현재 유료방송과 라디오 채널은 물론 잡지사와 영화 제작 등의 사업에도 진출해 있는데 이러한 영향력을 바탕으로 2010년 이후 황금시간대의 광고비용을 60%가까이 인상하는 등 강력한 요금정책에 대한 우려는 물론, 미디어 트렌드의 지연에 대한 우려도 제기되고 있다.

한편, 글로보는 최근 자체 셋톱박스와 커넥티드TV 등의 다양한 단말을 통해 가입형 프리미엄 콘텐츠를 제공하는 OTT 인프라를 포함한 멀티플랫폼 솔루션 클라우디오(Cloudio)TV 로 기존 가입자를 이동시키기 위한 전략 마련에 고심하고 있다[103].

클라우디오TV는 독자적인 OTT 스트리밍 셋톱박스 등의 다양한 단말 및 타 셋톱박스와 연결된 커넥티드TV를 통해 프리미엄 콘텐츠를 제공하는 OTT 인프라의 형태를 나타내고 있다. 이에 글로보가 현재 브라질 시장에서 보유하고 있는 독점적 위치를 고려했을 때, 향후 브라질 시장에서 이와 같은 서비스의 영향력이 더욱 확대될 가능성 역시 배제할 수 없을 것으로 보인다.

---
103) TV B Europe, CloudioTV to migrate Brazil's Globo subs to OTT, 2014.08.18

(8) 광고

가. 다국적 광고기업 투자 확대

브라질 광고시장의 눈에 띄는 현상은 다국적 광고기업이 투자를 늘리고 있는데서 찾아볼 수 있다. 브라질의 미디어관련 시장조사기관인 IBOPE (Instituto Brasileiro de Opinião Pública e Estatística-in Portuguese; Brazilian Institute of Public Opinion and Statistics)에 의하면 브라질에 투자한 다국적기업 Top 15은 대부분은 미국, 브라질, 유럽의 기업들이었다.

대형 미디어 광고회사인 영&루비캠 (Young & Rubicam)이 2013년 74억 달러를 옥외 광고, 디지털 광고, 온라인, 웹 광고에 투자하였으며 브라질 광고기업 알맙BBDO(AlmapBBDO)는 4위에 올라 2013년 33억 8,000만 달러를 지출하였다. 알맙BBDO는 1956년 창립한 알맙 회사가 1988년 BBDO 네트워크 회사에 합병되면서 알맙BBDO가 되었고 현재는 펩시콜라, 폭스바겐, 마스터 푸드의 광고 캠페인을 디자인했다.[104]

[그림 4-61] 브라질 광고시장에 투자한 글로벌기업

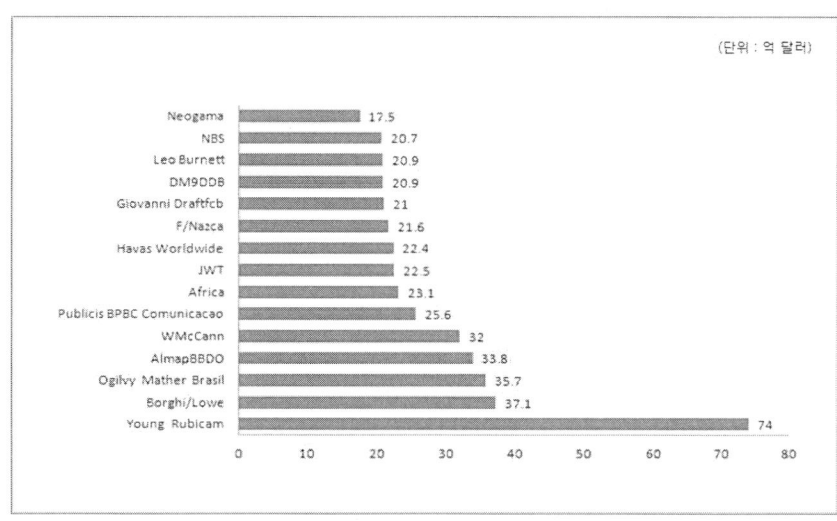

출처 : Statista

---

104) Statista.com, Leading advertising agencies in Brazil in 2013, by investment in advertising, 2014. 5.

나. 월드컵 기간 브라질 사람들의 방송시청 행동 패턴

2014년 브라질 월드컵이 개최된 기간 동안 브라질 사람들은 독특한 행동 패턴을 보인 것으로 나타났다. 특히 월드컵 기간 중 온라인을 통한 광고의 노출은 오후 3시와 10시 사이에 급격히 줄어 든 것으로 나타났다. 이는 대다수의 브라질 사람들이 축구를 보기 위해 온라인 접속을 끊었다는 뜻이며 이 짧은 기간 동안 온라인을 통해 광고를 준비했던 광고주들은 큰 손실을 경험했을 것으로 보인다. 하지만 반대로 TV 광고주들은 반사 이익을 얻었을 것으로 전망되었다.[105]

[그림 4-62] 6월 월드컵기간과 평상시의 광고 노출도

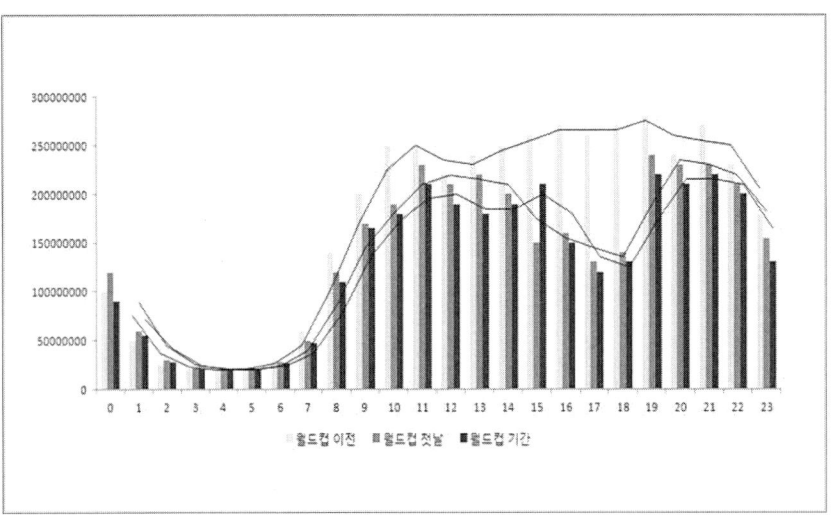

출처: comScore.com, 2014. 9. 23

(9) 캐릭터·라이선스

가. AGP, 브라질 직접 판매권 획득

AGP(American Greeting Properties)는 브라질의 로아스 리아쉐로(Lohas Riachuelo)매장과 '스트로베리 쇼트케익(Strawberry Shortcake)'의 여자 아이용 의류 침구 액세서리의 직판 계약을 맺었다. AGP는 엑심(Exim) 라이선스그룹을 대리인으로 로아스와 협상을 통해 브라질의 182개 매장에서 판매한다.[106]

---

105) comScore, The Huge Impace of the 2014 World Cup on Internet Usage in Brazil, 2014. 9. 23.

나. 남미 시장으로 확대하는 Gallina pintadita

브라질의 레디브라(Redibra)와 P&L 글로벌 네트워크는 '갈리나 핀타디타(Gallina pintadita)' 상표 사용권을 남미지역으로 확대하는 라이선스 계약을 완료했다. 레디브라가 제작한 '갈리나 핀타디타'는 P&L을 통해 태블릿, DVD 플레이어, 장난감, 출판, 의류, 신발, 생활용품, 학용품, 식료품, 침구 등 다양한 상품으로 출시되었다. P&L은 이번 라이선스를 통하여 '갈리나 핀타디타' 캐릭터 상품을 기타 남미국가로 확대한다.[107]

다. 다양한 분야로 진출하는 모니카와 친구들

최근 3년, 브라질의 캐릭터시장이 빠르게 성장하면서 미국과 유럽 아시아국가의 기업에게 매력적인 시장으로 변화하였다. 2013년 브라질의 마우리시우 지 소우자(Mauricio De Sousa)는 모니카와 친구들(Monica and friends)의 라이선스를 통해 테마파크뿐만 아니라 저렴한 브랜드에도 캐릭터 라이선스를 적용하였고 의류 액세서리 제작 회사인 피코(FICO)는 피시트론(FishTronaut)과 페이소나타(Peisonauta)의 만화 캐릭터를 의류에 접목하였다.

(10) 지식정보

가. 빠른 성장을 보이고 있는 브라질 앱시장

영국의 다국적 회계감사기업 프라이스워터 하우스 쿠퍼스(Pricewaters house coopers: PwC)의 2014-2018 보고서에 의하면 브라질의 스마트폰시장은 2008년 이래로 보급률이 크게 증가하고 있다. 증가하는 보급률의 주된 원인은 단말기 가격의 하락과 저렴한 요금제로 나타났다.[108] 브라질은 구글 플레이(Google Play)를 이용한 앱의 다운로드는 미국에 이어 두 번째로 많은 것으로 나타났다. 또한 2014년 1분기와 비교하여 2분기의 다운로드 횟수는 간단하게 두 배를 넘었는데 주목할 분야는 브라질 월드컵 특수로 의한 스포츠 앱 다운로드였다. 애플도 이러한 점을 눈 여겨 보아 브라질의 리우데자네이로(Rio de Janeiro)에 애플 직영점을 2014년 1분기에 오픈하였다.[109]

---

106) Global License, AGP Signs Brazil DTR Deal, 2014. 1. 8.
107) Global License, Gallina Pintadita Adds LatAm Agent, 2014. 9. 11.
108) PwC. 15th annual Global entertainment and media outlook 2014-2018, 2014.
109) App Annie, App Annie Index - Market Q2 2014, 2014. 7. 16

나. 지속적인 하락세를 보이는 브라질 B2C시장[110]

전자상거래에는 기업 간의 거래(B2B), 기업과 고객 간의 거래(B2C), 고객 간의거래(C2C)등이 있는데 전 세계의 B2C시장은 2014년 1조 5천억 달러의 시장으로 성장하였으며 2013년보다 20.1% 성장하였다. 하지만 브라질의 전자상거래 B2C시장이 지속적으로 하락세를 보이는 것으로 나타났다. 2012년에는 전체 전자상거래의 21.8%를 차지했으나 2013년에는 16.5%로 하락하였으며, 이러한 하락세가 지속되어 2017년경에는 6%까지 추락할 것으로 보인다. 하락폭이 큰 원인은 모바일과 태블릿을 이용한 전자상거래의 도입과 인터넷 광대역망의 공급이 기대만큼 성숙하지 않았기 때문으로 보인다. 실제로 브라질의 인터넷 광대역 보급률은 2012-2013년 기준으로 30%에 머물러 있는 것으로 나타났고 스마트폰의 보급률은 27%로 나타났다.[111]

[그림 4-63] B2C 전자상거래 매출 성장 추이

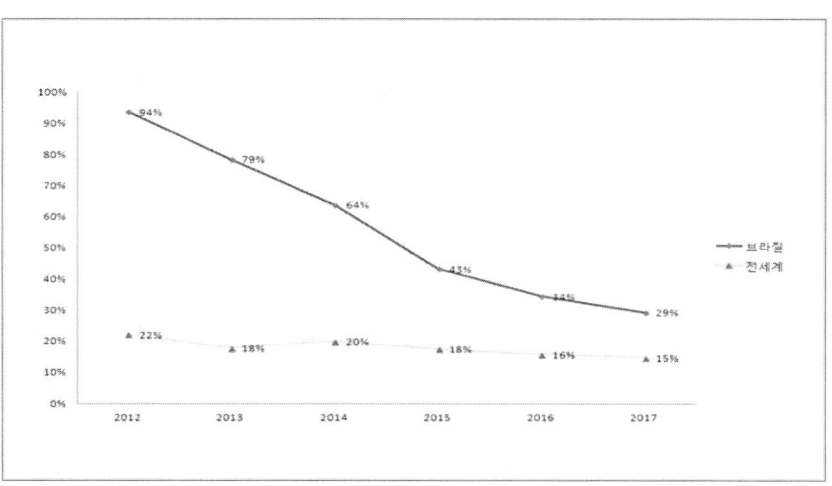

출처 : eMarketer, 2014 & daz@info 2014. 3. 3.

다. 브라질 이동통신사 Oi, TIM Brasil 인수 진행

브라질은 지난 10년 동안 경제정책의 성공과 내수 활성화에 힘입어 4,000만 명 이상이 새로운 중산층 인구로 편입되었다. 스마트폰 뿐만 아니라 인터넷, VOD같은 콘텐츠 소비가 증가할 것으로 예상됨에 따라 브라질 4위의 이동통신사 Oi는 자사의 아프리카 통신사 아프리카텔(Africatel)

---
110) Business to Company (B2C)
111) PwC, Internet access:Brazil, 2014.

의 자산을 매각하여 브라질의 2위 이동통신사 팀 브라질(TIM Brasil)의 인수를 위해 현금 유동성을 확보하였다. 이번 매각으로 자사의 부채가 상당 부분 완화되었으며 여유자금으로 멕시코의 미디어 재벌 Carlos Slim과 Tim Brasil의 공동 인수에 대하여 협의를 진행하는 것으로 나타났다.

알려진 인수금액은 80억 달러에 달하는 것으로 추정되었고 브라질의 이동통신사 Oi가 팀 브라질을 인수하게 될 경우 1위 사업자인 '비보 파티시파고에스(Vivo Participacoes)'를 넘어 브라질 최대의 이동통신사가 될 것으로 전망되고 있다.[112]

[그림 4-64] 브라질 이동통신 가입자

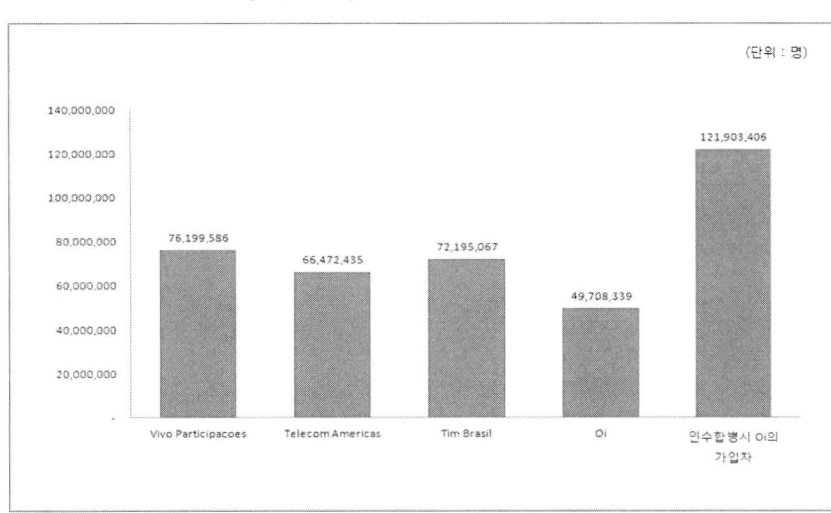

4) 콘텐츠 소비 실태 및 동향

(1) 디지털 인프라 환경 및 소비 행태

가. 디지털 인프라 환경

브라질 경제가 크게 발전하기 전까지만 해도 브라질에서 스마트폰은 부유층의 전유물로 인식되어왔으나 연방정부의 '스마트폰 연구·개발업체 대상 세제지원(Lei do Bem)' 정책으로 인하여 브라질 사람들의 스마트폰 보급률은 빠른 속도로 증가하여 2013년 브라질 스마트폰 이용자는 27.2%에 달했다. 하지만 2013년 급격히 증가하던 스마트폰 보급률이 소폭 둔화되는 조짐을 보이

---
112) CONEX, 브라질 Oi 아프리카 통신자산 Africatel 매각, 2014. 10. 1

고 있는데, 첫 번째 이유로 스마트폰 이용자들의 단말기 교체주기가 길어지고 있고, 둘째로 구형 스마트폰을 가족에게 물려주는 환경이 브라질의 잠재적 고객을 잃게 하는 요소로 작용하고 있다. 이러한 이유로 2018년까지 스마트폰을 이용하는 브라질 사람들은 59.2%에 이를 것으로 전망된다. 스마트폰의 도입과 스마트폰 제조사들에게 지원되는 세제혜택은 모바일 인터넷접근성 확장에 긍정적인 효과를 주어 2013년 모바일 인터넷 보급률은 전년대비 7.7%p 증가한 30.6%로 나타났다.

SNS의 인기가 높아지면서 어디에서나 SNS를 사용할 수 있는 스마트폰 이용자가 늘어났다는 점도 모바일 인터넷 이용량 증가에 긍정적으로 작용하였다. 2018년에는 모바일 인터넷 이용자들이 65.9%에 이를 것으로 예상된다. 2013년 브라질의 고정 브로드밴드는 29.8%의 보급률을 보이며 전년대비 3.2%p 증가 하였다. 브라질의 주된 고정 브로드밴드는 ADSL이지만 가정과 빌딩을 서로 연결하는 광섬유망이 브라질의 통신사업자 Oi와 Vivo에 의해 넓혀지고 있고 GVT도 과감한 투자를 단행하여 광섬유 인프라를 구축하고 있어 2018년에는 42.7%의 브라질 사람들이 초고속 고정 브로드밴드를 이용할 것으로 전망된다.

[표 4-23] 브라질 유·무선 인터넷 보급률 및 전망, 2009-2018

구분	2009	2010	2011	2012	2013p	2014	2015	2016	2017	2018
스마트폰 보급률(%)	-	-	-	20.3	27.2	34.5	41.8	48.8	54.5	59.2
전년대비증감(%p)	-	-	-	-	6.9	7.3	7.3	7.0	5.7	4.7
모바일 인터넷 보급률(%)	7.6	11.7	16.6	22.9	30.6	38.6	46.7	54.8	61.2	65.9
전년대비증감(%p)	-	4.1	4.9	6.3	7.7	7.9	8.2	8.1	6.4	4.7
고정브로드밴드 보급률(%)	18.5	21.4	25.0	26.6	29.8	33.6	36.9	39.5	41.3	42.7
전년대비증감(%p)	-	2.9	3.6	1.7	3.2	3.7	3.3	2.6	1.9	1.3

출처 : PwC(2014)

나. 디지털 소비 및 이용 행태

Consumer Barometer with Google에서 2014년 3월 조사한 바에 의하면 브라질 사람들이 선호하는 디지털기기로는 모바일폰이 82%로 가장 높았으며, 그 다음으로 컴퓨터가 37%, 스마트폰 29%, 태블릿 9% 등의 순으로 조사되었다.

[그림 4-65] 브라질 사람들이 선호하는 디지털기기

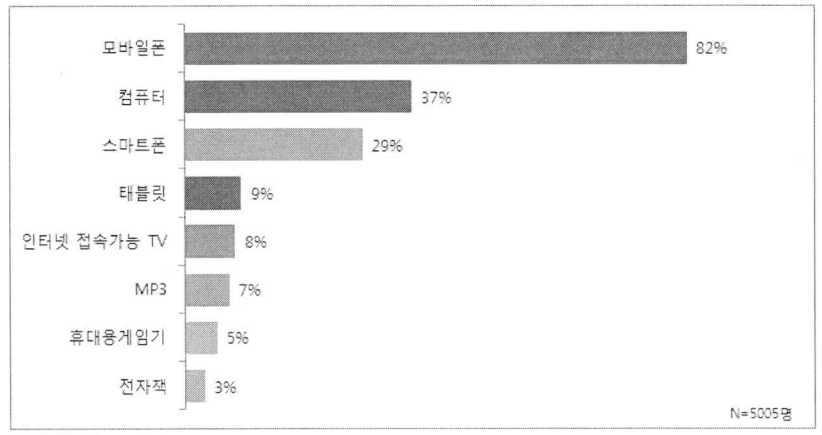

출처: Consumer Barometer with Google

① 인터넷 이용 행태

브라질 사람들의 인터넷 이용 행태를 조사한 바에 의하면 응답자의 52%가 하루에 한두 번 정도 인터넷을 이용하는 것으로 나타났다. 그 다음으로 하루 한 번 정도 이용하는 경우가 17%, 한 주에 2~6회 이용이 14% 순으로 조사되었다.

[그림 4-66] 브라질 사람들의 인터넷 사용 빈도

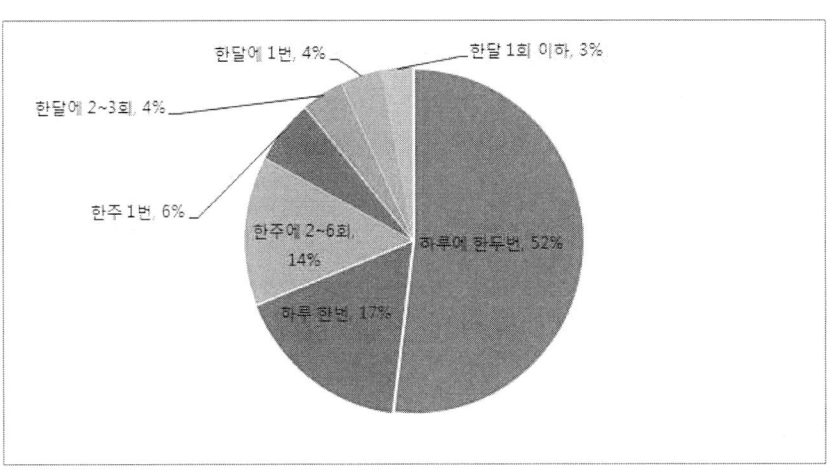

출처 Consumer Barometer with Google

태블릿, 컴퓨터, 스마트폰 이용자를 대상으로 조사한 결과에 의하면 인터넷 이용 시 컴퓨터, 태블릿을 선호하는 경우는 39%, 스마트폰만을 선호하는 경우는 17%, 모두 선호하는 경우가 15%로 나타났다. 또한 응답자의 7%는 컴퓨터나 태블릿 보다는 스마트폰을 더 선호하는 것으로 조사되었다.

[그림 4-67] 인터넷 이용 시 선호하는 스마트기기

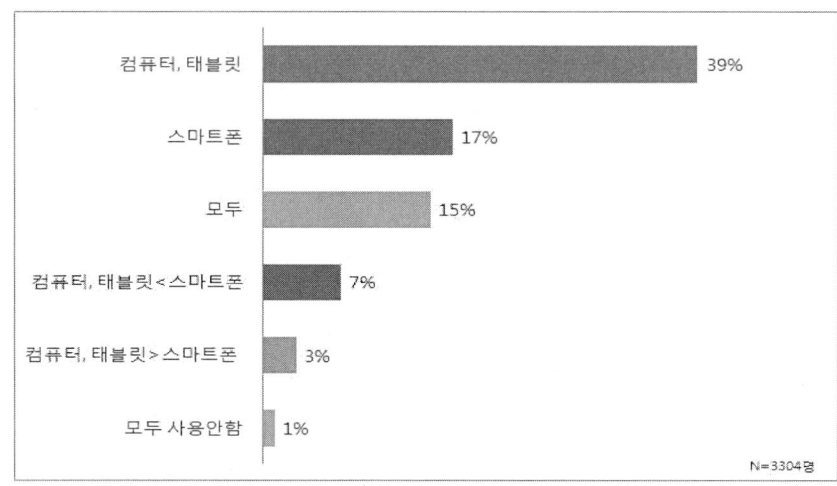

출처 Consumer Barometer with Google

상품 및 서비스 구매 시 인터넷이 어떤 도움이 되는지에 대해서 응답자의 45%가 가격비교를 하는데 도움이 된다고 응답하였으며, 그 다음으로 의견수렴 및 리뷰를 정독한다는 비중이 29%, 아이디어 획득 22%, 상표검색 19%, 상품재고 확인 19% 등의 순으로 나타났다.

[그림 4-68] 상품 및 서비스 구매 시 인터넷이 도움이 된 분야

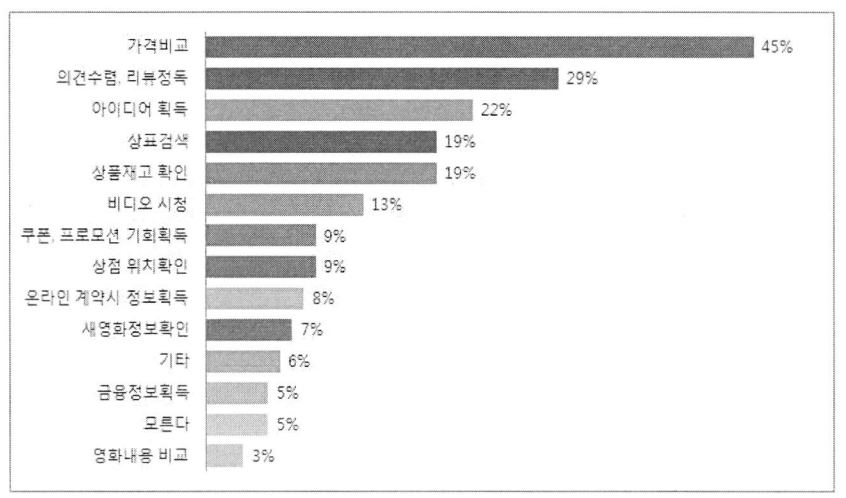

출처 Consumer Barometer with Google

② 스마트폰 이용 행태

2013년 5월 Ipsos MediaCT에서 브라질 시민 16세 이상 1,000명을 대상으로 스마트폰 이용 행태를 조사하였다.

[그림 4-69] 스마트폰 이용 행태 조사 응답자 특성

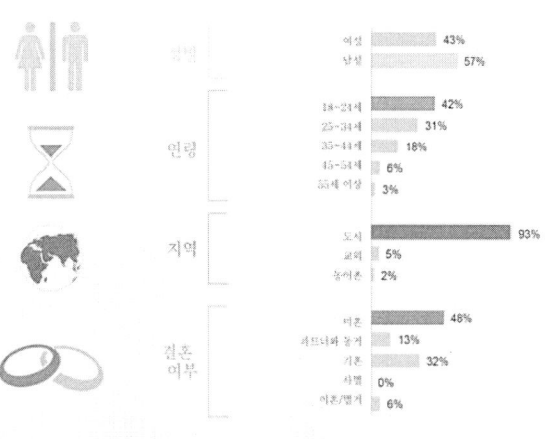

출처: Ipsos MediaCT, Google mobile planet

먼저 스마트폰을 주로 이용하는 장소로는 96%가 집에서, 78%가 이동 중, 80%가 상점에서 이용하고 있는 것으로 조사되었다. 특히 전체 응답자의 80% 이상이 음식점이나 직장에서 스마트폰을 사용하고 있는 것으로 나타났으며, 공항에서 이용하는 경우가 가장 낮은 비율을 보인 것으로 조사되었다.

[그림 4-70] 스마트폰을 가장 많이 이용하는 장소(복수응답)

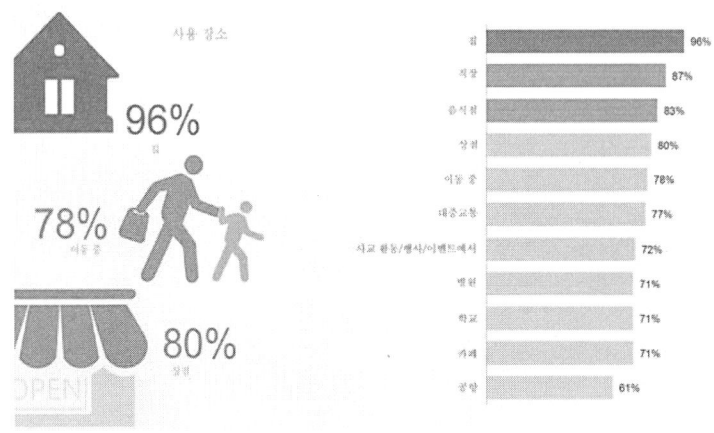

출처: Ipsos MediaCT, Google mobile planet

설문조사결과 스마트폰 이용 시 주로 이용하는 서비스를 살펴보면, SNS 방문이 35%로 가장 높은 비중을 보였으며, 그 다음으로 이메일 확인 31%, 검색엔진 사용 29%, 동영상 감상이 24%, 음악 감상이 22%의 순으로 조사되었다.

[그림 4-71] 스마트폰 이용 시 주요 이용 서비스

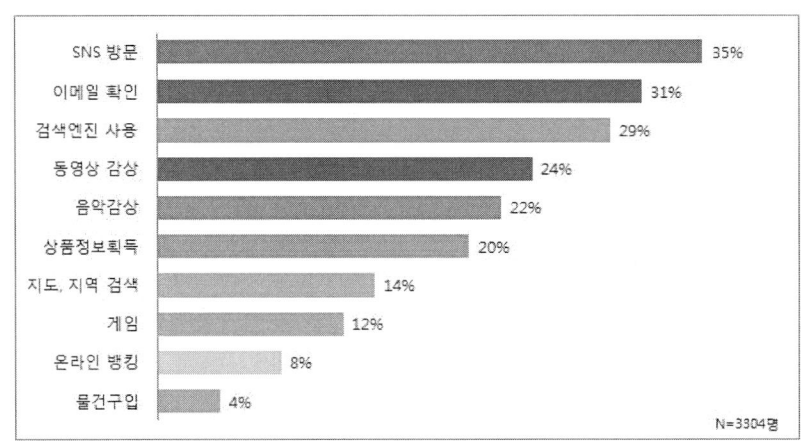

출처: Consumer Barometer with Google

응답자들이 오프라인으로 광고를 보는 비중을 보면, TV가 69%로 가장 높았으며 그 다음으로 상점/업체 67%, 잡지 61%, 포스터/옥외 광고 48%의 순으로 나타났다. 응답자의 76%는 오프라인의 광고 노출 후 모바일로 재검색을 실행하는 것으로 나타났다.

[그림 4-72] 오프라인 광고에 노출된 후 모바일로 검색을 실행하는 비율

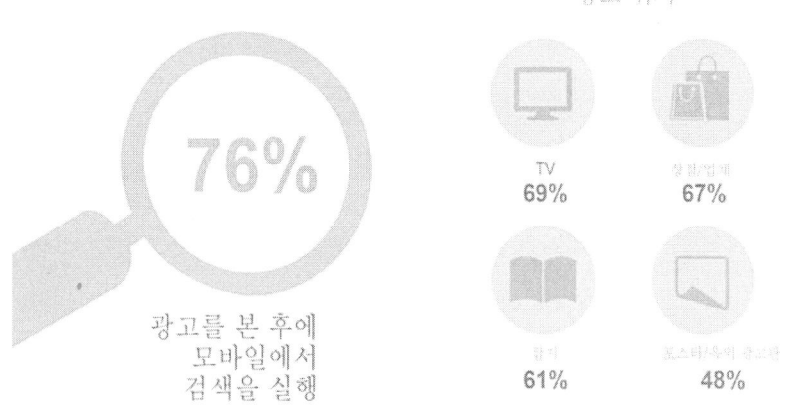

출처: Ipsos MediaCT, Google mobile planet

브라질의 소비자들이 스마트폰에서 모바일 광고를 보는 곳을 보면, 40%는 온라인 매장에서, 37%는 검색엔진을 이용하는 동안, 37%는 모바일 게임이나 앱 안에서, 34%는 동영상을 조회하면서 광고를 보는 것으로 조사되었다. 반면, 매장을 통해 광고를 접하는 경우는 14%로 나타났다.

[그림 4-73] 브라질 사람들이 스마트폰에서 모바일 광고를 보는 위치 (복수응답)

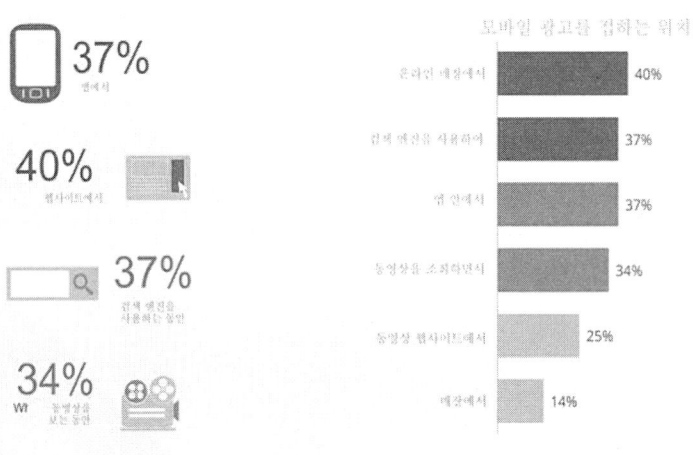

출처: Ipsos MediaCT, Google mobile planet

브라질의 모바일기기 사용자들의 90%는 스마트폰을 이용하는 동안 다른 활동을 동시에 하는 것으로 나타났다. 설문에 응답한 사람들의 41%는 스마트폰을 사용하면서 TV를 시청하는 것으로 나타났으며, 62%는 음악 감상을, 54%는 인터넷, 32%는 영화 감상을 동시에 하고 있는 것으로 조사되었다.

[그림 4-74] 스마트폰을 이용하면서 다른 활동을 하는 비율

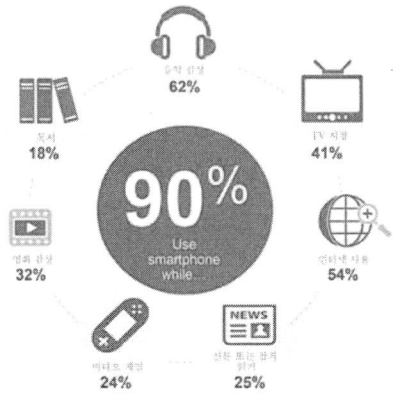

출처: Ipsos MediaCT, Google mobile planet

(2) 콘텐츠 소비 행태 및 선호 장르

가. 뉴스콘텐츠 소비 및 신문 이용 행태

브라질은 남미에서 가장 큰 미디어시장을 보유하고 있다. 수천 개의 라디오 방송국과 TV 채널이 있으며 인터넷 이용이 빠르게 증가하면서 수 많은 블로거와 소셜네트워크 유저들이 존재하고 있다. 이에 따라 해외 서비스인 버즈피드(BuzzFeed)나 스페인 신문인 엘 파스(EL Pais) 그리고 허핑턴 포스트(Huffington Post) 등의 포르투갈어 서비스를 이용하는 경우가 증가하고 있다. 'Reuters Institute Digital News Report 2014'는 브라질인 1,015명의 설문 조사를 통해 뉴스콘텐츠 이용 행태를 조사했는데, 자세한 내용을 살펴보면 다음과 같다.

① 뉴스콘텐츠 이용 행태

온라인 매체를 이용해 뉴스를 접하는 브라질인들은 주로 인터넷 전용 신문 사이트나 야후 뉴스와 같은 포털 뉴스를 통해 뉴스를 접하고 있는 것으로 나타났다. 57%가 이와 같이 응답했으며, 52%는 방송사 사이트, 49%는 뉴스사이트에서 뉴스콘텐츠를 이용하고 있었다. 오프라인 기반의 온라인 사이트보다 인터넷 전용 신문 사이트나 포털 뉴스를 통해 뉴스를 접하는 경향이 강한 것이 다른 나라와는 다른 점이라고 할 수 있다.

[그림 4-75] 브라질 온라인 매체별 뉴스콘텐츠 이용률 현황 (2014)

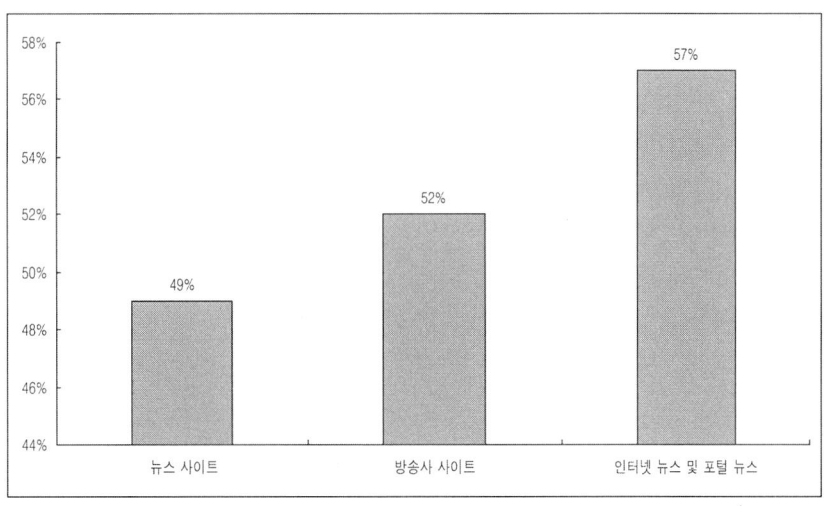

출처 : Reuters Institute Digital News Report 2014

인쇄 신문이나 TV 방송과 같은 오프라인 매체를 통해 뉴스를 접하는 사람들은 주로 브라질의 24시간 뉴스 채널인 글로보(Globo)의 뉴스를 시청하는 사람들이 많은 것으로 나타났다. 응답자의 46%는 글로보 뉴스를 시청하고 있었으며, 34%는 Jornal do SBT를, 31%는 헤코르지 뉴스(Record News)를 시청하고 있었다. 지역 신문은 그 다음으로 인기가 많아 21%가 지역 신문을 이용하고 있다고 응답했다. 그 외에 Folha de S. Paulo, Jornal Extra, RedeTV News, Jornal O Dia 등이 뒤를 따르고 있다.

[그림 4-76] 브라질 오프라인 브랜드별 뉴스콘텐츠 이용률 현황 (2014)

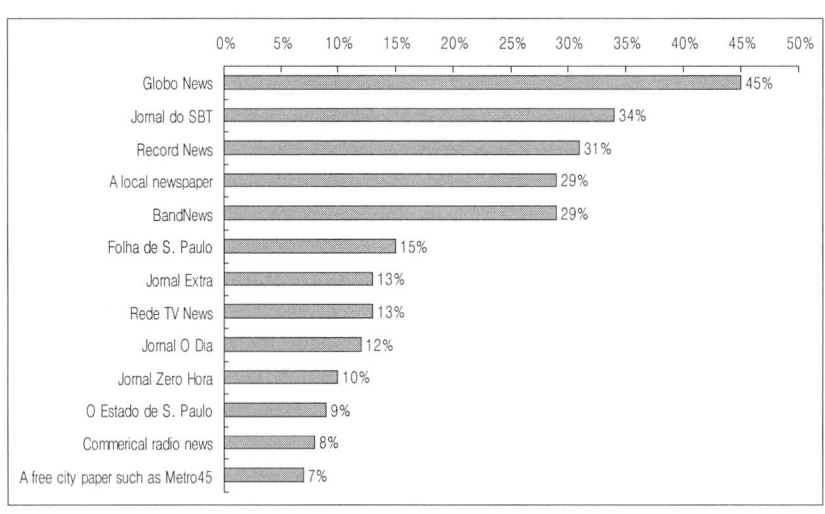

출처 : Reuters Institute Digital News Report 2014

브라질에서 온라인 매체를 통해 뉴스를 접하는 사람들은 주로 구글 뉴스를 이용하는 것으로 나타났다. 응답자의 36%는 구글 뉴스를 이용하고 있었으며, 31%는 브라질의 24시간 뉴스 채널 글로보 뉴스의 온라인 사이트를 이용하고 있었다. 그 뒤를 MSN(24%), 테라(Terra) 뉴스사이트(24%), 헤코르지 뉴스(Record News) 사이트 (17%), Jornal do SBT 사이트(13%) 등이 따르고 있다.

[그림 4-77] 브라질 온라인 브랜드별 뉴스콘텐츠 이용률 현황 (2014)

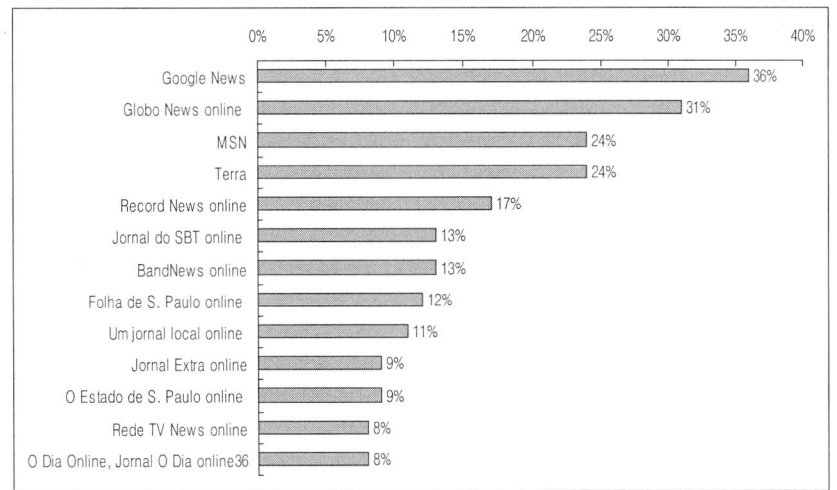

출처 : Reuters Institute Digital News Report 2014

최근에는 소셜네트워크를 통해 뉴스를 접하는 사람들이 증가하고 있다. 특히, 브라질인들은 90년대 인터넷 서비스 제공업체 UOL 덕분에 일찍부터 채팅 문화가 발달했으며 젊은 층에게 큰 인기를 얻고 있었다. 구글의 소셜네트워크 서비스인 오르켓(Orkut)은 미국보다는 브라질을 중심으로 가입자가 폭발적으로 늘어난 서비스이다.

오르켓은 2014년 9월 서비스가 종료되었지만, 트위터나 페이스북이 그 인기를 대신하고 있다. 페이스북은 브라질에서만 가입자 8,000만 명을 보유하고 있으며 뉴스사이트를 중개하는 중요한 역할을 하고 있다. 이에 응답자의 67%가 페이스북을 통해 뉴스를 접하고 있다고 밝혔다.

그 다음으로 응답자 중 33%가 유튜브(Youtube)를 통해 뉴스를 접하고 있었으며, 14%가 구글플러스(Google Plus)를 이용했다. 트위터(13%), 인스타그램(4%), 오르켓(3%)이 그 뒤를 이었다.

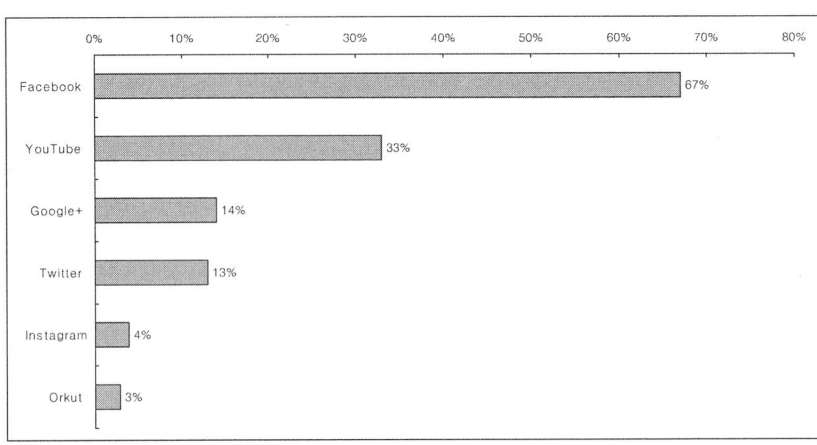

[그림 4-78] 브라질 소셜네트워크별 뉴스콘텐츠 이용률 현황 (2014)

출처 : Reuters Institute Digital News Report 2014

② 신문 이용 행태

브라질에서는 여전히 인쇄 신문을 이용하고 있는 비율이 높다. 응답자의 67%는 인쇄 신문을 통해 뉴스를 접하고 있으며 49%는 온라인 사이트를 통해 뉴스를 접하고 있다. 인쇄 신문과 온라인 사이트 모두 이용한다고 응답한 비율은 74%로 대다수의 사람들이 온·오프라인 매체를 모두 이용하고 있는 것으로 나타났다.

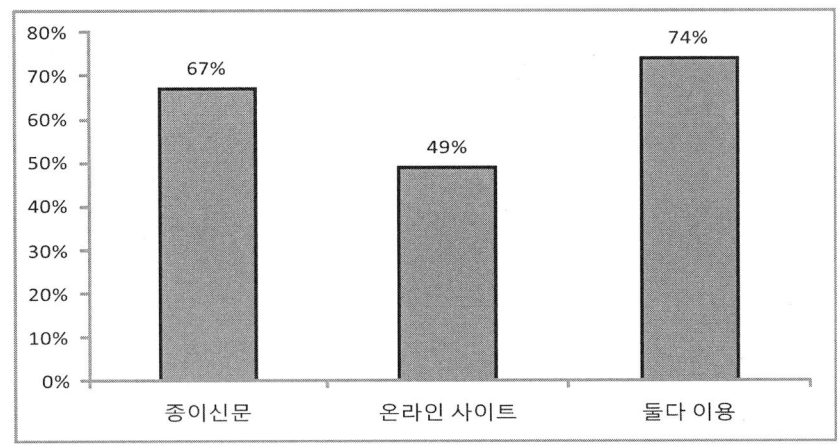

[그림 4-79] 브라질 신문 온·오프라인 매체별 이용률 현황 (2014)

출처 : Reuters Institute Digital News Report 2014

브라질인들은 인쇄 신문을 배달을 통해 구독하기보다 가판대에서 구입하는 경우가 많은 것으로 나타났다. 응답자의 35%는 가판대에서 신문을 구입하고 있었으며 16%는 신문 배달을 이용하고 있는 것으로 나타났다.

[그림 4-80] 브라질 종이 신문 구입방법 현황 (2014)

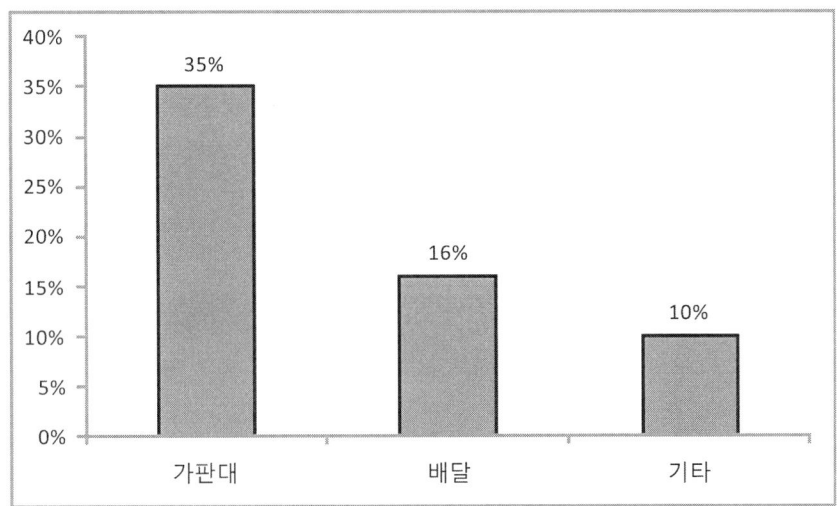

출처 : Reuters Institute Digital News Report 2014

최근 스마트폰과 태블릿과 같은 스마트기기가 확산되면서 이들 기기를 통한 뉴스콘텐츠 이용이 늘어나고 있다. 특히 브라질은 모바일기기를 통해 뉴스콘텐츠를 이용하는 비율이 폭발적으로 늘어났는데 스마트폰을 통해 뉴스를 접하는 사람들은 2013년 23%에서 2014년 35%로 1년 사이에 12%p 증가했다. 또한 태블릿을 통한 뉴스콘텐츠 이용은 2013년 14%에서 2014년 20%로 6%p 증가한 것으로 나타났다.

[그림 4-81] 브라질 모바일 단말별 뉴스콘텐츠 이용률 추이, 2012-2014

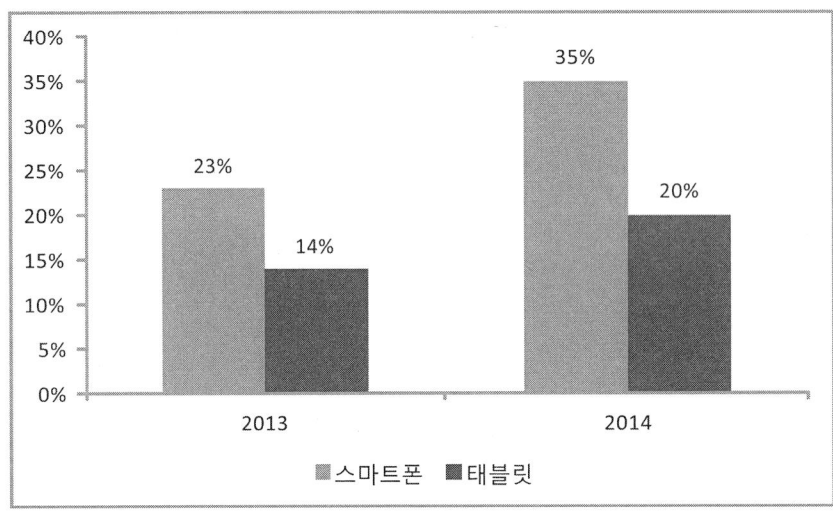

출처 : Reuters Institute Digital News Report 2014

나. 온라인 비디오 시청 행태 및 선호 장르

스마트기기별로 비디오 시청 횟수를 조사한 결과, 스마트폰이나 컴퓨터를 사용하여 비디오를 시청하는 횟수가 태블릿을 이용하여 시청하는 것 보다 더 많은 것으로 나타났다.

[그림 4-82] 스마트기기별 온라인 비디오 시청 횟수

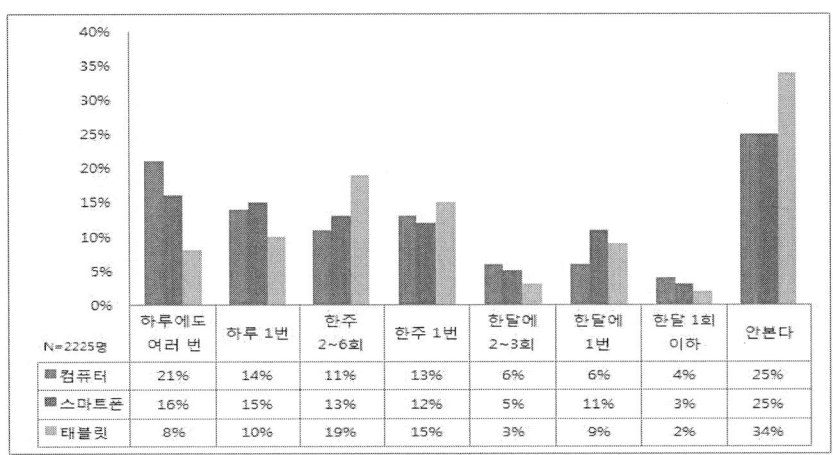

N=2225명	하루에도 여러 번	하루 1번	한주 2~6회	한주 1번	한달에 2~3회	한달에 1번	한달 1회 이하	안본다
컴퓨터	21%	14%	11%	13%	6%	6%	4%	25%
스마트폰	16%	15%	13%	12%	5%	11%	3%	25%
태블릿	8%	10%	19%	15%	3%	9%	2%	34%

출처: Consumer Barometer with Google

온라인 비디오 시청 시 주요 이용 플랫폼으로 온라인 비디오나 앱을 이용하고 있는 응답자들은 75%로 가장 높았으며, SNS 이용이 42% 순으로 나타났다.

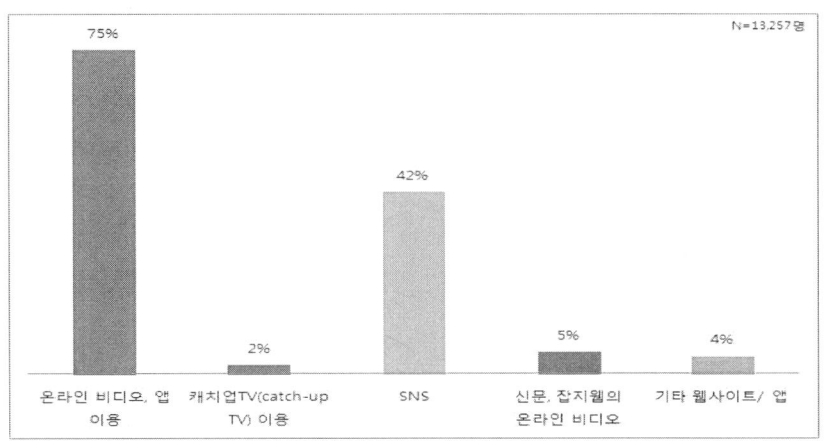

[그림 4-83] 온라인 비디오 시청 시 주로 이용하는 플랫폼

출처: Consumer Barometer with Google

온라인 비디오를 시청하는 이유에 대한 설문에 응답자의 38%가 취미생활이라 응답하였으며, 37%는 여흥을 위해서라고 답하였다. 또한 휴식을 위하여 비디오를 시청한다고 답한 사람들도 35%나 되는 것으로 조사되었다.

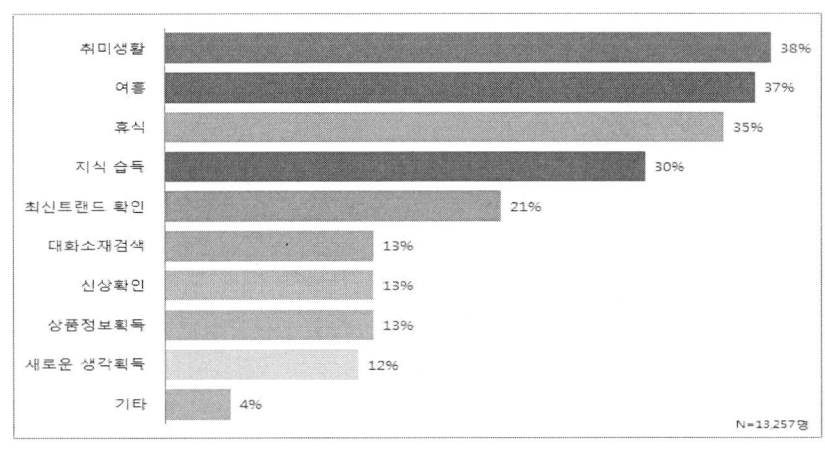

[그림 4-84] 온라인 비디오를 시청하는 이유

출처: Consumer Barometer with Google

응답자의 48%는 온라인 비디오를 시청 시 주로 음악(뮤직 비디오)을 시청하는 것으로 조사되었으며, 그 다음으로 코미디 34%, 영화 25%, 홈비디오 24%, 뉴스/정책 21% 순으로 나타났다.

[그림 4-85] 온라인 비디오 시청 시 주요 장르

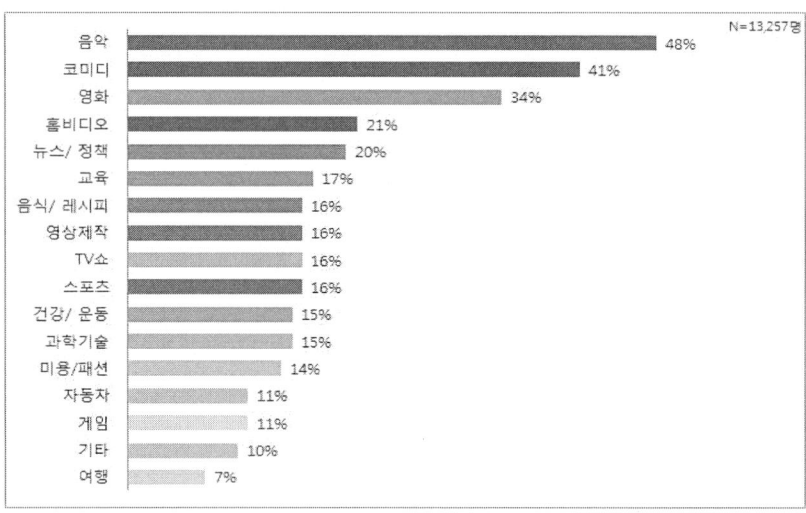

출처: Consumer Barometer with Google

다. 브라질 사람들의 음악 재생기기에 대한 선호도

영국의 회계법인 딜로이트(Delloite)가 브라질 국민 2000명을 대상으로 2013년 설문조사에서 향후 1년 안에 음악을 재생하는 기기를 구입할 의향이 있는지 조사한 결과, 설문에 응답한 2,000명의 브라질 사람들 중 63%는 스마트폰을 구입할 계획이라고 답하였고 노트북을 구입하여 음악을 청취할 것이라 밝힌 사람은 53%로 나타났다. 반면 소형 DVD 플레이어를 구입하여 음악을 감상할 것이라 밝힌 사람은 23%로 나타났다.

[그림 4-86] 음악 재생기기에 대한 선호도

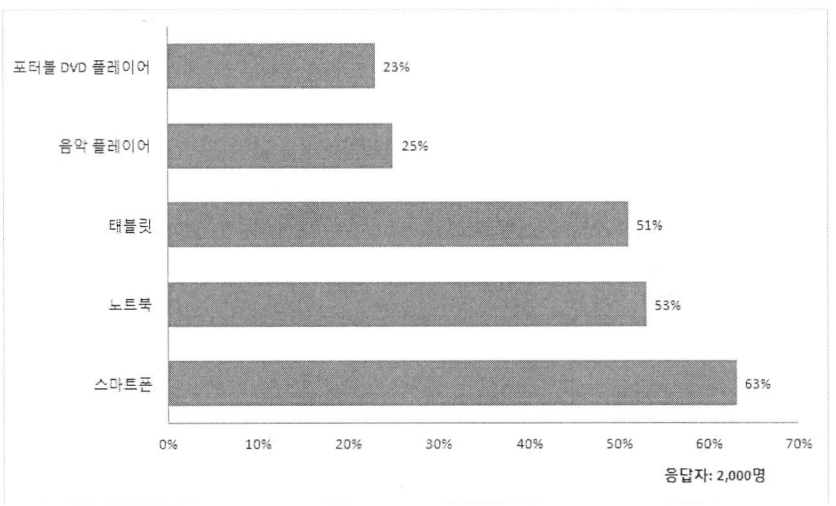

출처: Deloitte Mobile Consumer Surbey, 2013. 7.

5) 콘텐츠 유통 현황

(1) 주요 유통 플랫폼 현황

가. 오프라인 플랫폼

① 영화

브라질의 영화산업은 1990년대 초 영화산업을 민영화하고 시장 개방정책을 도입하면서 쇠락의 길을 걷게 되지만 2000년대에 정부 주도로 국립영화관리공단(ANCINE)을 설립하고 적극적인 진흥정책을 추진하면서 점차 회복세를 보이게 되었다.

[표 4-24] 브라질 영화산업 기초 지표 (2013)

제작 편수	129편
연 관객	1억 5,100만 명
극장매출	7억 8,832만 USD
평균 관람료	5.22 USD

스크린 수	2,678개
디지털 스크린 수	1,266개
3D 스크린 수	920개

출처 : 영화진흥위원회

　브라질의 경우 평균 관람횟수가 2008년 0.47회에서 2012년 0.75회로 꾸준히 상승하고는 있지만 여전히 1회를 넘지 못하고 있다. 이는 온라인과 오프라인을 막론하고 다양한 형태의 불법관람행위가 관람횟수 하락에 영향을 미치고 있는 것으로 보인다.[113]

　불법관람이 기승을 부리지만 브라질에는 멀티플렉스를 비롯한 쇼핑센터 내 영화관이 늘고 있다. 상위 5개 극장체인이 전체 상영관의 44%를 차지하고 있는데, 빠르게 확대되고 있는 멕시코의 극장체인 씨네폴리스(Cinempolis)는 2010년에 브라질시장에 진출한 이래 173개의 상영관을 확보하며 5위에 랭크되었다. 이 체인은 2014년 말까지 11개 극장을 추가로 오픈할 예정이다. 이 외에 상위 5개 극장에 속하지는 않지만 시네시스템(Cinesystem), 센터플렉스(Centreplex)가 활발하게 건립되고 있다. 브라질의 극장체인을 살펴보면 다음과 같다.

[표 4-25] 브라질 영화관

영화관	개요
Cinemark	• Cinemark Holdings, Inc.소유의 미국 극장 체인 • 1984년 설립. 텍사스 플라노가 본사 • 미국내 334개 극장과 4,457개의 스크린 보유 • 북남미 등 12개국에서 148개의 극장과 1,106개의 스크린 보유 • 브라질에서 가장 큰 극장체인
UCI	• 미국 극장체인 • 2002년 브라질 진출 • 리오데자네이로, 상파울로 등 대도시에 15개 멀티플렉스와 147개의 스크린 보유
Hoyts	• 1926년 설립 • 호주의 The Hoyts Group 소유 • 호주에 40개의 멀티플렉스와 뉴질랜드에 10개의 멀티플렉스가 있으며 450개의 스크린 보유 • IMAX 스크린 보유
Moviecom	• 브라질의 대형 극장체인 • 16개 도시에 82개 극장 보유 • 주로 쇼핑센터나 몰 내에 위치

---
113) 영화진흥위원회, BRIC (브라질, 러시아, 인도, 중국) 영화시장의 성장 잠재력 연구, 2013.04.10

영화관	개요
Cinepolis	• 멕시코의 대형 극장체인 • 1947년 설립 • 멕시코 내 65개 도시에서 205개 극장 소유 • 중남미에서 가장 큰 규모를 가지고 있으며 전 세계에서 4번째로 큰 극장 체인임 • 브라질 이외에 과테말라, 엘살바도르, 코스타리나, 파나마, 콜롬비아, 페루, 인도, 미국 등에 진출

출처 : 각사 홈페이지

② 애니메이션

브라질의 애니메이션산업은 정부의 지원 제도 확충과 글로벌 제휴 급증, 그리고 숙련된 애니메이터의 증가로 급속도로 발전할 가능성이 높다. 그러나 여전히 대부분의 애니메이션 스튜디오는 독립적이며 소규모인 경우가 많다. 브라질의 애니메이션 제작 및 배급을 맡은 주요 스튜디오와 기업은 다음과 같다.

[표 4-26] 브라질 애니메이션 스튜디오와 기업

기업명	설명
Copa Studio	• 2009년에 설립, 현재 본사는 리오 데 자네이루에 위치 • 최근 브라질 현지TV 시리즈물인 Trunk Train(2010-현재), Haunted Tales for Wicked Kids(2012-현재), Jorel's Brother(2014-현재), Monica's Gang(TV specials) 등 다수의 애니메이션 작품들을 제작 중에 있음 • 최근에는 카툰 네트워크(Cartoon Network)의 작품 제작에 집중하고 있음
Start Desenhos Animados	• 1966년 상파울로에서 애니메이터인 Walbercy Ribas가 고품질의 광고 및 영화용 애니메이션 제작을 목표로 설립 • 현재 라틴 아메리카지역의 주요 애니메이션 스튜디오 중에서 가장 뛰어난 업체 중 하나로 인정받고 있으며, 특히 애니메이션 광고 제작 분야에서 베니스 리옹, 깐느 리옹 등 유수의 광고 시상식에서 수상 경력 보유 • 설립 이후 현재까지 코카콜라, 샤프, 존슨 앤 존슨, 네슬레 등 전 세계 메이저급 회사들을 대상으로 2,000여편 이상의 TV 광고물을 제작했으며, 브라질 외에도 미국, 칠레, 영국, 포르투갈, 멕시코, 아르헨티나 등 해외 국가에서도 영업 중 • 2001년 장편 영화 'O Grilo Feliz (The Happy Cricket)'을 제작해 호평을 받았으며, 미국, 러시아, 중국, 멕시코, 포르투갈 등 전 세계 14개국에 수출되기도 함 • 2009년 속편격으로 'O Grilo Feliz e os Insetos Gigantes (The Happy Cricket and the Giants Insects)'을 3D로 제작해 브라질내에서 Academia Brasileira de Cinema 에서 베스트 애니메이션, 베스트 어린이 장편 영화 부문 수상

기업명	설명
Vídeo Brinquedo	• 1994년 설립되어 현재 상파울로에 위치 • 주로 헐리웃의 블록버스터를 모방, 표절해 저예산으로 만든 아류작들인 소위 목크버스터 영화(mockbuster films)의 제작 및 배급 사업. 예) 픽사의 카즈(Cars)를 모방한 The Little Cars, 라따뚜이(Ratatouille)를 모방한 Ratatoing 등 • 자체 제작 외에 Sonic X, The Adventures of Super Mario Bros. 3, Little Lulu 등 해외 애니메이션 작품들의 브라질 배급도 주요 사업

출처 : 각사 홈페이지, Digital Vector

③ 음악

브라질 음반시장은 불법복제 음반의 만연과 디지털 음악시장의 성장으로 음반시장이 점차 축소되고 있다. 이러한 가운데 브라질의 로컬 음반 레이블은 워너뮤직, 유니버설 뮤직, 소니뮤직 등과 같은 해외 메이저업체들과 경쟁하며 선전하고 있다. 브라질의 인디 음반 레이블은 다음과 같다.

[표 4-27] 브라질 인디음반 레이블

기업명	설명
Discos Copacabana (또는 Copacabana)	• 1948년 리오 데 자네이로에서 설립된 브라질의 로컬 음반 레이블. 이후 상파울로로 본사 이전 • 현지 아티스트들의 음반 제작 작업, 배급, 판매 및 해외 아티스트들의 음반 배급 판매 등이 주요 사업 분야 • Adiel Macedo de Carvalho가 CEO로 재임했던 1970-80년대가 황금기였으나, 1990년대 이후에는 해외 메이저업체들과의 경쟁이 심화되며 소속 아티스트들의 이전하고, 현지 시장에서 불법복제 음반이 급증하며 사업에 어려움을 겪음 • 대표 아티스트들 : Maysa, Paulo Sergio, Trio Parada Dura, Sandro Becker, Benito Di Paula 등 다수
Som Livre	• Rede Globo에 의해 1969년 설립된 브라질 현지 레코딩 레이블로, 'Free Sound'라는 의미의 포르투갈어 • 설립 초기에는 주로 드라마 사운드트랙을 음반으로 개발, 제작하는 업무를 하며 성장하다가 이후에는 일반 음반으로 사업 영역을 확대했으며, 2010년 Som Livre Gospel을 출시 • 현재 브라질 최대의 로컬 레이블 중 하나이며, Organizações Globo의 자회사 • 대표 아티스트 : Diante do Trono, Ana Paula Valadão, Gal Costa, André Valadão, Tim Maia등 다수
Deckdisc	• 1998년 설립되었으며 유니버설 뮤직을 통해 배급을 시작 • 1998년 첫 CD 'O Som do Barzinho' 시리즈 발매, 5 CDs로 구성된 앨범으로 1백만장 이상을 판매 • 2000년 Falamansa 그룹의 데뷔 앨범이 발매 후 곧 전국적으로 히트함으로써 150만장 이상 판매

기업명	설명
	• A&R(가수와 음반제작) 면에서 7년간 많은 다양한 스타일의 가수/그룹을 발굴, 소개했으며 음반 판매에 있어서도 많은 히트작을 출시 • 대표아티스트 : 삼바 스타일 유명 아티스트 Grupo Revelação, Sorriso Maroto, Bokaloka, Swing & Simpatia, 가수이자 작사(작곡)가인 Teresa Cristina, 그리고 Sertanejo(ZéHenrique & Gabriel, Edson & Hudson, Roby & Roger), Forró(Falamansa), Pop(Perlla), Electrobeat/house(Marcelinho da Lua)등이 있음

출처 : 각사 홈페이지

나. 온라인 플랫폼

① 디지털 음악 플랫폼

브라질에는 아이튠즈(iTunes)와 스포티파이(Spotify), 디저(Deezer)와 같은 글로벌 서비스와 함께 브라질 자체 서비스 사이트를 포함하여 약 20여개에 가까운 합법적인 디지털 음악 플랫폼이 있으며, 이들 사업자들은 서로 경쟁을 통해 소비자들에게 높은 품질의 서비스를 제공하고 있다.

[표 4-28] 브라질 디지털 음악 플랫폼 현황(2014)

구분	음원 다운로드형	유료가입형	광고지원형	혼합형
글로벌 서비스	• iTunes	• Rdio • Mixradio • Music Unlimited • Rara.com	• Vevo • Youtube	• Spotify (유료가입형, 광고지원형) • Deezer (유료가입형, 광고지원형) • XBox Music (음원 다운로드형, 유료가입형, 광고지원형)
로컬 서비스	• IMusica • Mercado Da Musica • Mundo Oi • Tim Music Store • Toing • Vivo Musica (By Napster)	• Claro Musica • Terra Musica	• KBoing • Power Music Club	• UOL Megastore (음원 다운로드형, 광고지원형)

출처 : Pro Music

(2) 기타 산업별 주요 사업자

가. 출판

브라질 주요 출판사로는 브라질 최대 업체 중 하나인 캄파니아 다 레트라스(Companhia das Letras)를 비롯하여, 중남미지역 최대 미디어 홀딩 중 하나인 그루포 아브리우(Grupo Abril)의 자회사로 브라질 메이저 출판업체인 에디토라 아브리우(Editora Abril) 등이 대표 업체로 알려져 있다.

[표 4-29] 브라질 출판사

기업명	설명
Editora Abril	• 1950년 Victor Civita에 의해 상파울로에 설립된 브라질의 메이저 출판업체 • 현재 라틴 아메리카지역 최대의 미디어 홀딩 중 하나로 Grupo Abril의 자회사 • Brazilian MTV, 케이블TV업체 Abril Grafica, 브라질의 인기 웹사이트 MdeMulher 등 소유 • 대표 출판물로 AnaMaria, Tititi, Minha Novela, Sou+Eu!, Veja, Nova, Placar, Claudia, Boa Forma, Manequim 등이 있으며, 더불어 Disney comics, Cosmopolitan, Men's Health, Women's Health, Runner's World, Playboy 등 해외 서적의 브라질판도 발행하고 있음
Editora Globo	• 1883년 Porto Alegre에서 L. P. de Barcellos와 S. A. Pinto에 의해 Livraria do Globo라는 이름의 소형 서점으로 시작 • 1917년부터 작가, 시인, 정치인, 사상가 등이 방문하며 유명해지기 시작 • 1940년대 브라질에 여러개의 지점을 내고 상 파울로와 리오 데 자네이로 등에 사무소를 열며 급속히 성장 • 1986년 Rio Gráfica Editora에게 매각되며 현재의 Editora Globo로 사명 변경
Companhia das Letras	• 1986년 상 파울로에서 Luiz Schwarcz가 설립한 출판업체로 현재 브라질 최대의 업체 중 하나 • 설립 초기에 출간한 작품 중 Edmund Wilson의 To the Finland Station가 크게 성공을 계기로 빠르게 발전 • Companhia das Letras 외에도 Cia das Letras (청소년 소설), Companhia das Letrinhas (아동도서), Companhia de Bolso (포켓판), Quadrinhos na Companhia (그래픽 소설), Penguin-Companhia (고전) and Claro Enigma (교육) 등 총 6개의 레이블을 소유하고 있음 • 2011년 12월, 영국의 출판사 Penguin이 주식의 45% 매입

출처 : 각사 홈페이지

나. 게임

브라질 대표 게임개발 및 배급업체로는 지보(Zeebo) 및 Zeebo 2의 콘솔 배급을 담당하고 있는 텍토이(Tectoy)와 독립 게임개발업체인 볼텍스 게임 스튜디오(Vortex Game Studios) 등이 있다.

[표 4-30] 브라질 게임개발업체 및 배급사

기업명	설명
Tectoy	• 1987년 샤프 전자의 엔지니어였던 Daniel Dazcal가 브라질 내수시장에서 전자 장난감 제작, 판매를 목표로 설립 • 일본의 Sega와 브라질 내수시장에서 독점 계약을 맺고, 1988년부터 2000년대까지 콘솔 및 비디오 게임의 퍼블리싱과 배급으로 이름을 알리며 크게 성공. 반면 설립 초기의 완구 분야는 사업 규모가 축소 • 2009년부터 최근까지 브라질시장에서 Zeebo 및 Zeebo 2의 콘솔의 배급을 담당
Vortex Game Studios	• 브라질의 독립 게임개발업체로, 1998년에 Vortex Entertainment라는 이름으로 설립 • 창립 초기 JukeBox VIRTUAL의 개발로 명성을 쌓아나감 • 현재는 자체 제작한 액션 게임 My Country, My Name과 함께 브라질의 게임 이벤트인 SPJam의 제작업체로 잘 알려져 있음 • SP Jam은 2011년 이후 상 파울로에서 매년 개최되어 규모를 키우고 있으며, 2013년 340명 이상이 참여하며 세계 최대의 로컬 게임 이벤트로 성장

출처 : 각사 홈페이지

다. 방송

브라질 방송사업자로는 브라질 최대 규모의 공영방송사인 TV Culture를 비롯하여 전체 인구의 99.5%를 커버하면서 브라질 지상파 방송시장의 지배적 민영방송사업자인 헤지 글로보(Rede Globo), 헤지 헤코르지(Rede Record) 등이 있다.

[표 4-31] 브라질 지상파 방송국

방송사	소유	설명
TV Culture	국영	• 1969년 설립된 브라질 최대 규모의 공영방송 • 상파울루 주정부가 운영
TV Educativa	국영	• 리우데자네이루 주정부가 운영하는 교육 전문 방송사

방송사	소유	설명
Rede Globo	민영	• 5개 직영 방송국과 117개의 제휴 방송국 보유 • 전체 인구의 99.5%를 커버하는 브라질 지상파 방송시장의 지배적 사업자 • 내부 제작센터를 통해 제작되는 콘텐츠가 브라질 전체 프로그램 수출의 80%를 차지 • Globo International Network 통해 북미, 유럽, 일본 등 130개 국가를 대상으로 국제방송 제공 • 2007년 SBTV D 디지털방송 제공 개시
Rede Record	민영	• 1953년 설립된 브라질 2위 방송사 • 총 27개 방송 프로그램 송출 • 현재 브라질 전역에서 77.3%의 커버리지 구축 • 홈페이지 통해 온라인 동영상 서비스 제공
SBT	민영	• Grupo Silvio Santos 산하의 지상파 방송국 • Rede Record와 경쟁 구도를 형성하고 있으며, 시장 규모 측면에서 3위 사업자의 위치 유지
BANDTV (Rede Bandeirantes)	민영	• 1967년 상파울루를 기점으로 개국 • 1972년 브라질 최초로 컬러방송을 시작
RedeTV!	민영	• 1999년 민영방송 • 1999년 Rede Manchete의 폐쇄 후 설립
TV Culture	국영	• 1969년 설립된 브라질 최대 규모의 공영방송 • 상파울루 주정부가 운영
TV Educativa	국영	• 리우데자네이루 주정부가 운영하는 교육 전문 방송사

출처 : Conex

또한 브라질 케이블 및 위성방송사업자로는 남미 최대 케이블TV사업자인 NET을 비롯하여 케이블과 위성방송 사업을 모두 추진하고 있는 스카이 브라질(Sky Brasil), 텔레포니카(Telefonica) 등이 있다.

[표 4-32] 브라질 케이블 방송사업자

케이블방송	설명
NET	• 중남미 최대 케이블TV사업자 • 2007년 브라질 케이블TV사업자 Vivax 인수 • 자체 케이블망 이용, MMDS(Multichannel Multipoint Distribution Service) 공급 • 2013년 9월 기준 922만7,154가구에 서비스 제공
Sky Brasil	• 1996년 설립 • DirecTV 와 Globo가 지분 소유 • SKY Live와 Cine SKY, Cine SKY HD 등 다수의 서비스 제공
Telefonica	• 2007년 브라질 방송사업자 TVA 인수 • 상파울루, 리우데자네이루 등 대도시에서 MMDS 서비스 제공
Oi	• 2006년 케이블방송사업자 WayTV 의 인수를 통해 케이블방송시장 진출

출처 : Conex

[표 4-33] 브라질 위성방송

위성방송	설명
SKY Brasil	• 브라질 1위의 위성 사업자 • DirecTV 와 Globo가 지분 소유 • 위성서비스와 양방향TV (iTV)서비스를 통해 게임, 날씨, 금융 등 부가서비스 출시
Telefonica	• 2007년 위성TV 사업 라이선스 획득 • 'TelefonicaTV Digital' 서비스를 브라질 전역에 제공하고 있음
OiTV	• 북동부지역 최대 통신사업자 Telemar의 방송 서비스 • 2008년 위성TV 사업 라이선스 획득 • 현재 리우데자네이루와 상파울루 등 10개 주에서 서비스 전개
Emvratel	• TV -전화-이동통신 번들링 서비스 제공 • 브라질 3위의 위성방송사업자

출처 : Conex

라. 브라질 통신사업자

브라질의 대표적인 통신사업자로는 브라질과 중남미 최대의 휴대전화사업자인 Vivo를 비롯하여 유선전화 부문에서 브라질 최대 업체인 Oi 등이 있다.

[표 4-34] 브라질 통신사업자

기업명	설명
Vivo	• 브라질과 라틴 아메리카 최대의 휴대 전화 사업 회사 • 사용자 4,000만 명 • 다중 접속 서비스도 제공 • 현재는 휴대 전화 인터넷 서비스도 제공 • EVDO, 3G 서비스 제공
Oi	• 브라질 리우데 자네이루에 본사를 둔 통신 사업자 • 유선전화 부문에서 브라질 최대업체 • Oi 브랜드로 휴대 전화, 인터넷 사업 전개
Embratel	• 브라질 제2의 통신업체 원거리 통신을 담당하는 회사 • 멕시코 텔멕스 자회사 • 5기의 통신위성 소유 • 마이크로파 및 광통신 망을 보유
Net	• 중남미 최대 케이블TV회사 • 인터넷 서비스 540만 가입자 확보

출처 : Conex

6) 주요 지원 제도 및 정책 동향

(1) 콘텐츠 관련 중장기 계획

가. 창조적 디지털콘텐츠 정책

통신부가 콘텐츠 생산기반 확충과 디지털 방식의 창조적 콘텐츠 제작 지원을 위해 수립한 '창조적 디지털콘텐츠 정책'은 연방정부의 타 기관과의 협력을 통해 제정되었다.

정책 수행 기간은 2012년부터 2016년까지의 4년간이며, 텔레비전, 컴퓨터, 스마트폰, 태블릿, 비디오 게임 및 기타 전자매체 등에 대해 적용된다. 한편, 브라질정부는 해당 정책을 통해 브라질 콘텐츠산업의 글로벌 역량 강화도 도모하고 있는데, 이를 위해 기업과 사회에 다양한 제작 기회를 제공하고 있다.

[표 4-35] 창조적 디지털콘텐츠 정책 세부 프로그램

프로그램	세부 내용
rograma Ginga Brasil	▪ 디지털TV 개발을 위한 인센티브 프로그램 ▪ 관련 콘텐츠 및 TV 셋의 제작과 보급 지원 ▪ 디지털TV 콘텐츠 생산의 독립성 확보
Ginga BR.Labs	▪ 시청각 분야에 대한 공공 투자 지원 ▪ 게임, 음악 등 로컬 콘텐츠 파워 강화 ▪ 연방 대학과 국가교육 네트워크 통한 지원

출처 : 브라질 통신부(2014)

나. 로우아네트 법(Rouanet law)

문화 인센티브를 위한 연방법의 별칭이기도 한 로우아네트 법은 1991년 정식 제안되었으며 이후 국가 공공문화 발전을 위한 공공정책으로 조성되었다. 해당 법안은 개인과 기업 후원자의 모집을 통한 기부 촉진을 기본 목표로 하고 있으며, 개인 또는 기업 기부자에 대해서는 각종 세제혜택 등이 주어진다. 지원 대상은 문화산업에 종사하는 아티스트, 제작자, 기술자 등과 관련 협동조합, 비영리 법인 등이며, 해당 정책은 영화와 음악, 문학, 그래픽아트, 시청각 등 문화 활동과 관련된 영역 전체를 '문화'로 간주한다. 한편, 브라질정부는 일련의 공공정책 집합(Programa Nacional de Apoio a Cultura: PRONAC)을 로우아네트 법의 산하에 두고 운영하고 있는데, 이는 문화 상품에 대한 생산과 유통, 접근 및 역사적이고 예술적인 유산에 대한 보호와 브라질 문화의 다양성 보급 촉진을 목적으로 하고 있다.

[표 4-36] PRONA 세부 프로그램

프로그램	내용
FNC (Fundo Nacional de Cultura)	▪ 국립문화기금 ▪ 교환프로그램의 활성화 및 문화콘텐츠의 확산 지원 ▪ 공연예술, 음악, 미디어, 디자인 등 문화산업 전체가 대상 ▪ 인력수송 외 재료, 시나리오, 장비 수송 등에 사용 가능
Fundos de Investimento Cultural e Artístico	▪ 문화예술투자펀드 ▪ 문화콘텐츠 구현에 필요한 자원 모임으로 구성 ▪ 수익성 높은 예술 프로젝트에 대한 투자와 수익 배분

출처 : The Brazil Business(2014)

그러나 최근에는 로우아네트 법을 통한 지원이 민간의 주도로 직접 콘텐츠에 투자하는 방식이 아니라 정부를 거쳐 진행된다는 점에서 실효성에 대한 의문도 제기되고 있다. 실제로 이미 부유하고 유명한 아티스트들이 로우아네트 법과 그 산하의 펀드를 통해 자금을 지원받으면서 이와 같은 비판은 더욱 거세지고 있는 실정이다.

다. 브라질정부의 인터넷 망중립성 법안 제정

브라질정부가 인터넷 환경의 급격한 변화에 대응하기 위해 인터넷망의 중립성(Net Neutrality)과 개인의 프라이버시를 보호하는 이용자보호법(Internet Constitution) 법안을 2014년 4월에 제정하였다. 이 법안을 통해 브라질정부는 현재 서비스 중인 인터넷 공급자들에게 망중립성을 보장해야 하는 의무 사항을 고지하였으며 서비스 이용자들의 개인정보 및 사생활에 대한 보호 강화를 촉구했다. 특히 이번에 통과된 법안은 브라질뿐만 아니라 인근 남미지역의 국가들에게도 해석에 따라 확대 적용이 가능하고 미국이나 다른 국가들에게도 동일한 효과를 가진다.

(2) 콘텐츠산업 지원 제도

가. 영화·시청각 콘텐츠 관련 지원 활동

브라질정부는 특히 영화와 시청각 콘텐츠와 관련된 분야에서 다양한 지원 활동을 펼치고 있다. 특히 1993년 제정된 시청각법(Audiovisual Law)의 경우 원래 2003년이었던 유효기간을 20년 늘리면서 관련 사업을 지속하고 있는데, 브라질정부는 해당 법을 통해 독립 영화의 홍보와 배급, 기술적 인프라 등의 영역에서 스폰서로 참여한 개인 또는 기업에게 투자증명서(CI) 구입에 투자한 비용의 최대 100%까지 소득세 공제를 지원하고 있다. 브라질정부와 각 지역 주정부는 영화와 시청각콘텐츠를 대상으로 이 외에도 다수의 지원 프로그램을 운영하고 있는데, 그 내용은 다음과 같다.

[표 4-37] 브라질정부 지원 제도

프로그램	내용	투자금액
Culture Program of Petrobras	• 문화 프로그램 대상 • 35mm로 촬영된 장편 및 단편영화, 디지털 미디어를 위해 제작된 영상콘텐츠, 영화제, 극장 배급이 대상	2,660만 헤알
BNDES	• 국가가 필름 프로젝트를 선정 • 영화와 다큐멘터리, 애니메이션의 생산 등이 대상	1,400만 헤알

프로그램	내용	투자금액
SAv	▪ 문화부 시청각사무소(BO)가 주체 ▪ 저예산 영화와 단편영화의 제작 및 대본 개발과 관련된 지원사업	750만 헤알

출처 : The Brazil Business(2014)

나. 모바일 게임개발 및 활성화를 위한 자금 지원

브라질의 게임시장이 빠르게 성장하고 있는 것으로 나타났다. 비디오 게임은 3억 8,600만 달러 규모로 전 세계에서 4번 째로 큰 시장이 되었고 남미지역에서 가장 큰 게임시장으로 성장하였다. 모바일 부분의 소비도 증가하고 있는데 구글 플레이를 이용한 다운로드 횟수는 전 세계에서 두 번째로 컸다.114) 이처럼 양적인 성장은 이룩하였으나 게임개발은 아직 미숙한 단계인 것으로 나타났다. 브라질에는 133여개의 중소 게임 개발업체가 있지만, 글로벌 모바일 게임시장에서 브라질 게임사가 차지하는 비율은 1%에도 미치지 못했다.115) 개발자들은 한두 차례의 셀프 퍼블리싱 이후 개발을 포기하고 기업이나 다른 직업으로 전환하는 경우가 많았다.

균형적이지 못한 게임개발 환경도 브라질의 게임개발을 저해하는 것으로 나타났다. 브라질의 개발자들은 체계적인 소프트웨어 교육에 의해 충분한 개발 능력을 가지고 있지만 예술적인 측면만을 중시하다보니 금전적인 부분을 소홀히 하여 성공이라는 기회를 잃었다. 마찬가지로 투자자들은 게임이라는 콘텐츠의 이해 없이 재정적 능력으로 시장을 주도하다 보니 실패하는 결과를 맞이하였다.116) 이 때문에 브라질은 디지털 게임과 콘텐츠 분야의 발전을 위한 방법을 모색하고 있는 것으로 나타났다. 브라질 정보통신부(Minicom)의 사무국장 제임스 궤젠(James Gorgen)은 모바일 게임의 개발과 활성화를 위한 자금 지원을 약속하였다. 지금까지 246개의 브라질 앱 제작사들과 36개의 게임개발사들이 정보통신부로부터 인증을 받았고 2014년 상반기에 45개의 모바일 앱과 게임개발에 대하여 자금이 지원되었다.117)

다. 브라질정부 시청각산업 발전을 위한 자금 지원

브라질의 대통령 딜마 로세프(Dilma Rousseff)는 2014년 7월 1일 브라질의 시청각산업의 발전을 위하여 4억 5,000만 달러를 지원하기로 발표하였다. 시청각 nsdi에 지원되는 금액으로는 역대 최대인 것으로 알려졌다. '모든 스크린의 브라질화(Brazil of All Screens)'라는 슬로건 아래 내수

---

114) App Annie, App Annie Index – Market Q2 2014, 2014. 7. 16
115) CONEX, 브라질 글로벌 게임시장 진입추진 정부차원 육성, 2014. 6. 25
116) KOCCA, 브라질 게임시장에서의 개발자 환경, 2014. 10.
117) Bnamericas, Brazil wants to be serious player in global gamin market, 2014. 5. 29.

시장의 확대와 브라질 사람들의 시청각 자료에 대한 접근성을 높이고 콘텐츠와 프로그램 개발을 위해 자금을 사용한다고 밝혔다.118)

(3) 규제 제도119)

가. 방송·언론 분야 외국인 투자 지분 제한

브라질에는 언론분야(TV, 라디오 방송, 신문사, 잡지 또는 기타 발행물) 소유나 경영에 대한 연방헌법(제222조 1항)상의 제약이 존재한다. 신문, 잡지 등 언론사와 라디오방송사 자본 및 의결주식의 최소 70%는 브라질 출생자 또는 귀화한지 10년 이상 된 브라질인이 보유해야 한다.

특히 방송이나 언론사의 경영과 출판물 제작에 대한 책임직은 브라질인 또는 귀화한지 10년 이상 된 사람만 맡을 수 있도록 하고 있다.

[표 4-38] 방송·언론 분야 외국인 투자 지분 제한 개요

구분	내용
서비스 분류	▪ 언론 분야 투자
관할부처	▪ 브라질 연방정부
관련법령	▪ 헌법 제 5장 222조 1항
추가정보	▪ http://alerjln1.alerj.rj.gov.br/constfed.nsf/16adba33b2e5149e032568f600 ▪ 71600f/867c0b7d461bdcb50325656200704c11?OpenDocument

나. 광고산업 보호 제도

다수 업체의 참여로 시장 경쟁이 과열되고 있는 브라질 광고시장은 타 시장에 비해 3배 이상 높은 성장률을 기록하고 있으며, 2014년에는 총 222억 달러 규모의 시장을 형성하며 세계에서 5번째로 큰 광고시장으로 등극할 전망이다. 이에 브라질정부는 광고시장에 대해 CDC(Codigo de Defesa do Consumidor)와 특별법, CONAR(Conselho Nacional de Autorregulamentcao Publicitaria) 등 다양한 규제 정책을 적용하고 있으며, 입법부와 사법부, 행정부가 모두 해당 규

---

118) CinemaTropical, Brazil announces bit financial support for its film industry, 2014. 7. 2.
119) KOTRA, 주요국의 서비스규제조치 현황, 2013. 11. 29

제에 참여하는 복합 시스템을 채택하고 있다. CDC와 CONAR는 각각 소비자와 광고주간의 공정 경쟁을 보호하는 역할을 목표로 하고 있는데 특히 CONAR의 경우 공적인 강제성을 가지고 있지는 않지만, 광고 윤리에 초점을 맞추고 과잉광고 등을 바로잡는 역할을 수행하고 있다. 이 외에도 다수의 자율규제 국방부 직할부대 및 기관이 과잉 경쟁과 그에 따른 부작용으로부터 광고주 및 소비자들을 보호하기 위한 정책을 수행하고 있다.

[표 4-39] 브라질 광고산업의 자율규제 기관

기관명	역할
ABA	- Associacao Brasileira de Anunciantes - 브라질 최대 규모의 광고주들의 연합체
ABAP	- Associacao Brasileiora de Agencias de Publicidade - 핵심 광고 에이전시들의 연합체
ABERT	- Associacao Brasilerira de Emissoras de Radio e Televisao - 주요 라디오 및 방송국들의 연합체
ABP	- Associacao Brasileira de Propaganda - 광고관련기업 및 전문가들의 연합체 - 광고 관련 협회 중 가장 오래된 기관
ADVB	- Associacao dos Dirigentes de Vendas e Marketing do Brasil - 마케팅 및 광고 관련 전문가들의 연합체
IVC	- Instituto Verificador de Circulacao - 광고사, 에이전시, 유통업체로 구성 - 신문과 잡지 등 출판매체의 순환을 독립적으로 감시

출처 : The Brazil Business(2014)

(4) 지적재산권 보호 제도

브라질정부는 자국의 저작권 환경 개선과 발전을 위하여 6년의 기간 동안 저작권법의 현대화를 위해 논의해 왔는데 2013년 8월, 브라질정부는 저작권법 개정안을 공개하였다. 저작권 개정안은 단체와 기관의 설립, 라이선스 비용 등 다양한 부분에 걸쳐 언급하고 있는데 그 내용은 다음과 같다.[120] 세계무역기구(WTO)에서 제작되는 저작물은 각 회원국으로부터 저작권자 또는 그에 상응하는 수준의 허가를 받아야하며 저작물의 판매가 최초로 이루어진 시점부터 해당 저작권이 소진된다는 것을 규정하여 최초 판매 원칙을 도입하였다.

---
120) 한국저작권위원회, [2013-17 브라질] 6년간의 긴 논의 끝에 저작권법 개정안 드디어 공개

브라질정부는 저작물에 대한 민간 또는 단체의 운영을 감독하는 권한을 가지게 되고 문화부 장관은 해당 단체의 운영에 대하여 감독할 수 있는 권한으로 분쟁에서 중재자로서의 기능을 하게 된다. 브라질의 저작권법에 의하면 저작권자는 생애주기 동안 작품이 공공영역의 산물이 되게 할 수 있다. 본 저작권법은 모든 경우의 저작물에 적용되지만 개인적으로 이용하며 판매를 목적으로 하지 않는 복제와 연구목적의 저작물 인용, 종교나 공연을 위해 음원을 이용하는 경우에는 저작권법에 저촉되지 않는다.

앞으로 브라질의 인터넷망에서 유통되고 있는 음원들 중에 저작권자의 허락을 받지 않고 서비스되는 경우 그 음원을 제공하는 서비스 업자에게 저작권 침해의 경고와 주의를 주는 것이 가능하며 정부의 요청 시 해당 웹 서비스업자는 그 음원을 삭제해야 하는 의무가 있다. 앞으로 브라질에서의 저작권은 저작권자의 사후 70년까지 저작권이 보호된다.

2. 멕시코

1) 콘텐츠시장 개요

2013년 멕시코의 경제는 1%대의 GDP 성장률을 보였으나 오히려 소비자 지출은 전년보다 3배 가까이 큰 폭으로 증가하여 콘텐츠시장의 회복세에 큰 기여를 하였다. 콘텐츠시장은 전년대비 11.8% 증가한 254억 7,500만 달러로 집계되었다.

특히 만화, 게임, 지식정보, 방송 분야의 콘텐츠 소비가 크게 증가하여 콘텐츠시장 규모의 증가에 주도적으로 작용하였고 음악, 영화, 캐릭터 등 전 분야에 걸쳐 고르게 콘텐츠시장이 성장하여 향후 5년간 7.1%의 성장세를 통해 2018년까지 359억 7,200만 달러로 시장은 커질 전망이다.

[표 5-1] 멕시코 콘텐츠시장 규모 및 전망, 2009-2018

[단위 : 백만 달러, %]

구분	2009	2010	2011	2012	2013p	2014	2015	2016	2017	2018	2013-18 CAGR
출판	2,789	3,059	3,233	3,357	3,526	3,694	3,871	4,055	4,243	4,446	4.7
만화	21	22	25	29	36	39	42	45	50	55	8.9
음악	430	415	458	445	452	464	479	497	517	539	3.6
게임	538	581	647	704	773	840	908	977	1,043	1,119	7.7
영화	992	1,200	1,336	1,471	1,551	1,621	1,698	1,781	1,873	1,955	4.7
애니메이션	107	159	132	179	225	235	246	258	271	283	4.7
방송	4,359	5,419	6,300	6,957	7,745	8,595	9,280	9,881	10,363	10,839	7.0
광고	3,964	4,492	4,891	5,200	5,501	5,858	6,212	6,610	6,991	7,444	6.2
캐릭터	1,280	1,360	1,290	1,347	1,380	1,459	1,528	1,596	1,661	1,727	4.6
지식정보	4,771	6,181	6,961	8,142	9,597	10,641	11,538	12,450	13,371	14,368	8.4
산술합계	19,251	22,889	25,273	27,831	30,785	33,445	35,802	38,150	40,382	42,775	6.8
합계[121]	15,276	18,388	20,521	22,790	25,475	27,849	29,938	31,978	33,921	35,972	7.1

출처 : PwC(2014), ICv2(2013, 2014), Barnes report(2013, 2014), Box Office Mojo(2014), Digital Vector(2013), EPM(2013, 2014)

---

121) 중복 시장을 제외한 시장 규모임
 - 출판의 신문/잡지 광고, 게임의 게임 광고, 영화의 극장광고, 방송의 TV/라디오 광고, 지식정보의 디렉토리 광고는 광고시장에 포함
 - 만화, 지식정보의 전문서적/산업잡지는 출판시장에 포함
 - 애니메이션은 영화시장에 포함

[그림 5-1] 멕시코 콘텐츠시장 규모 및 성장률, 2009 - 2018

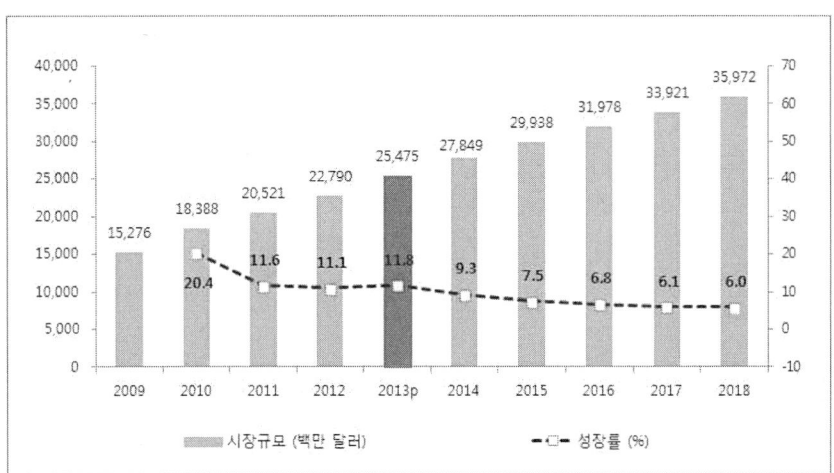

출처 : PwC(2014), ICv2(2013, 2014), Barnes report(2013, 2014), Box Office Mojo(2014),
Digital Vector(2013), EPM(2013, 2014)

2013년 멕시코의 지식정보시장은 37.7%로 가장 높은 비중을 보였는데 앞으로도 해당 시장의 비중은 더욱 커질 것으로 보여 2018년에는 39.9%의 시장점유율을 보일 것으로 나타났다.

[그림 5-2] 멕시코 콘텐츠별 시장점유율, 2009 vs. 2013 vs. 2018

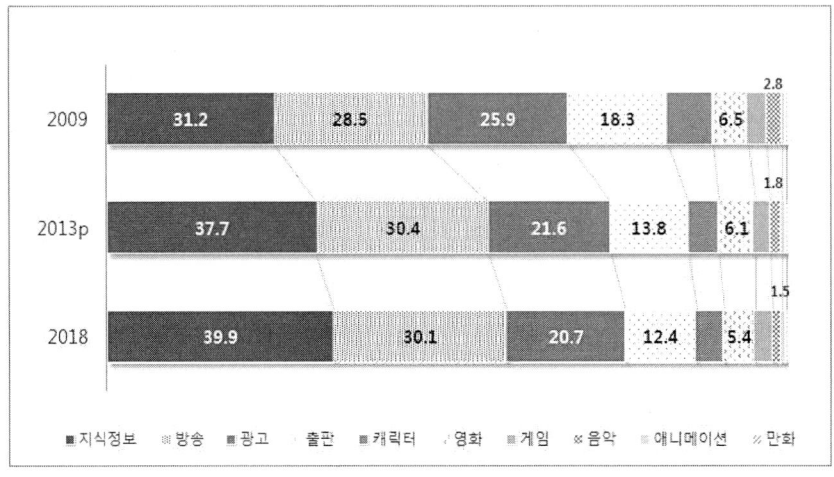

출처 : PwC(2014), ICv2(2013, 2014), Barnes report(2013, 2014), Box Office Mojo(2014),
Digital Vector(2013), EPM(2013, 2014)

방송분야는 2013년 멕시코의 콘텐츠시장에서 두 번째로 큰 비중을 차지했었는데 2018년까지 지속적으로 시장 규모가 성장할 것으로 보인다.

한편, 출판과 게임시장은 성장세를 유지하고 있음에도 지식정보와 방송 분야의 성장세가 가파르기 때문에 전체에서 차지하는 비중은 줄어들 것으로 보인다.

[그림 5-3] 멕시코 콘텐츠별 연평균성장률 추정 2013-2018

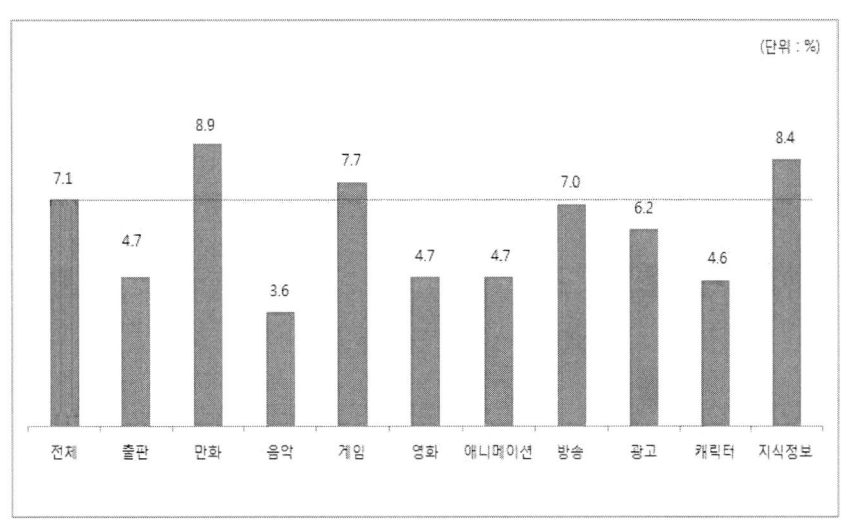

출처 : PwC(2014), ICv2(2013, 2014), Barnes report(2013, 2014), Box Office Mojo(2014), Digital Vector(2013), EPM(2013, 2014)

향후 2018년까지 멕시코 콘텐츠시장은 전 장르에서 성장세를 유지할 것으로 전망되는 가운데 만화 게임 지식정보, 방송시장의 성장률은 7%이상, 음악 영화 캐릭터시장은 3%이상의 성장률을 지속할 것으로 보인다.

2) 산업별 콘텐츠시장 규모 및 전망

(1) 출판

2013년 멕시코 출판시장은 전년대비 5.0% 증가한 35억 2,600만 달러로 집계 되었다. 디지털 부문 성장에 힘입어, 2018년까지 향후 5년간 멕시코 출판시장은 연평균 4.7%의 성장세를 보이며 44억 4,600만 달러의 규모를 보일 것으로 전망된다.

[표 5-2] 멕시코 출판시장 규모 및 전망, 2009-2018

[단위 : 백만 달러, %]

구분		2009	2010	2011	2012	2013p	2014	2015	2016	2017	2018	2013-18 CAGR
도서		828	893	921	963	1,001	1,041	1,082	1,124	1,170	1,221	4.1
	인쇄	828	889	911	944	973	999	1,020	1,037	1,050	1,059	1.7
	디지털	0	4	10	19	28	42	62	87	120	162	42.1
신문		1,528	1,698	1,799	1,856	1,956	2,059	2,171	2,294	2,417	2,548	5.4
	광고	493	538	551	542	559	573	594	618	642	676	3.9
	지면	490	533	543	532	547	558	577	596	615	642	3.3
	디지털	3	5	8	10	12	15	18	22	27	34	23.2
	구독	1,035	1,160	1,248	1,314	1,397	1,486	1,577	1,676	1,775	1,872	6.0
	지면	1,035	1,160	1,248	1,307	1,380	1,455	1,533	1,613	1,696	1,779	5.2
	디지털	0	0	0	7	17	31	45	63	79	93	40.5
잡지		433	468	513	538	569	594	618	637	656	677	3.5
	광고	315	347	405	440	476	503	531	553	575	597	4.6
	지면	315	342	393	411	439	457	476	488	497	505	2.8
	디지털	0	5	12	29	37	46	55	65	78	92	20.0
	구독	118	121	108	98	93	91	87	84	81	80	△3.0
	지면	118	121	108	98	93	90	86	82	79	76	△4.0
	디지털	0	0	0	0	0	1	1	2	2	4	41.4
합계		2,789	3,059	3,233	3,357	3,526	3,694	3,871	4,055	4,243	4,446	4.7

출처 : PwC(2014)

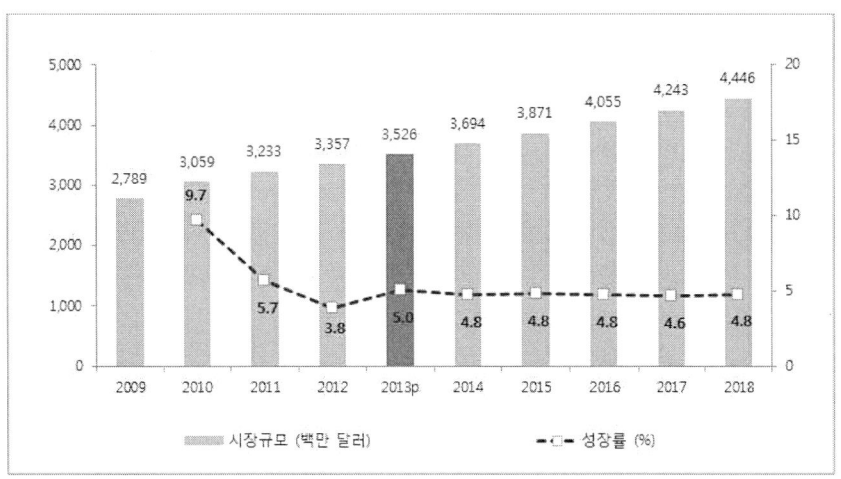

[그림 5-4] 멕시코 출판시장 규모 및 성장률, 2009-2018

출처 : PwC(2014)

2013년 멕시코 출판시장에서 신문시장은 55.5%의 높은 점유율을 보이며 시장점유율 1위로 나타났으며, 뒤이어 도서시장이 28.4%로 두 번째로 큰 비중을 보여주었다. 2009년과 비교하여 신문, 도서, 잡지의 시장점유율 순위는 변동이 없었지만 신문시장의 점유율은 2018년까지 소폭 증가할 것으로 보이며 도서시장과 잡지시장은 인쇄 출판시장의 하락세로 인해 점유율이 감소할 것으로 보인다.

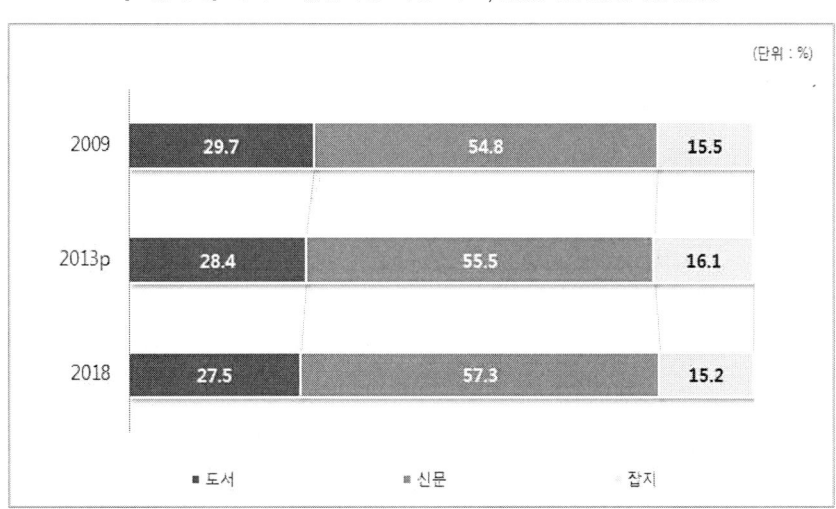

[그림 5-5] 멕시코 출판시장 비중 비교, 2009 vs. 2013 vs. 2018

출처 : PwC(2014)

가. 도서

멕시코 도서시장은 유통망 형성의 부족 등의 약점에도 불구하고 2013년은 전년대비 3.9% 성장한 10억 100만 달러 규모로 집계되었다. 특이한 점은 디지털 미디어에 익숙한 젊은 세대의 인쇄도서에 대한 수요가 증가하였는데 향후 5년간 연평균 1.4%의 성장률을 보이며 5억 2,500만 달러의 매출을 달성할 것으로 보인다. 여기에는 2008년 제정된 도서정가제의 영향도 작용할 것으로 보인다. 멕시코의 도서시장은 향후 5년간 연평균 4.1%의 성장률을 유지하면서 2018년까지 12억 2,100만 달러로 성장할 전망이다.

[표 5-3] 멕시코 도서시장 규모 및 전망, 2009-2018

[단위 : 백만 달러, %]

구분		2009	2010	2011	2012	2013p	2014	2015	2016	2017	2018	2013-18 CAGR
인쇄		828	889	911	944	973	999	1,020	1,037	1,050	1,059	1.7
	전문	178	185	188	190	193	195	196	198	199	200	0.7
	일반	396	452	454	472	491	504	514	520	524	525	1.3
	교육	254	252	269	282	289	300	310	319	327	334	2.9
디지털		0	4	10	19	28	42	62	87	120	162	42.1
	전문	0	4	8	12	16	21	27	34	41	50	25.6
	일반	0	-	2	7	12	21	34	52	78	111	56.0
	교육	0	0	-	-	-	-	1	1	1	1	0.0
합계		828	893	921	963	1,001	1,041	1,082	1,124	1,170	1,221	4.1

출처 : PwC(2014)

[그림 5-6] 멕시코 도서시장 규모 및 성장률, 2009-2018

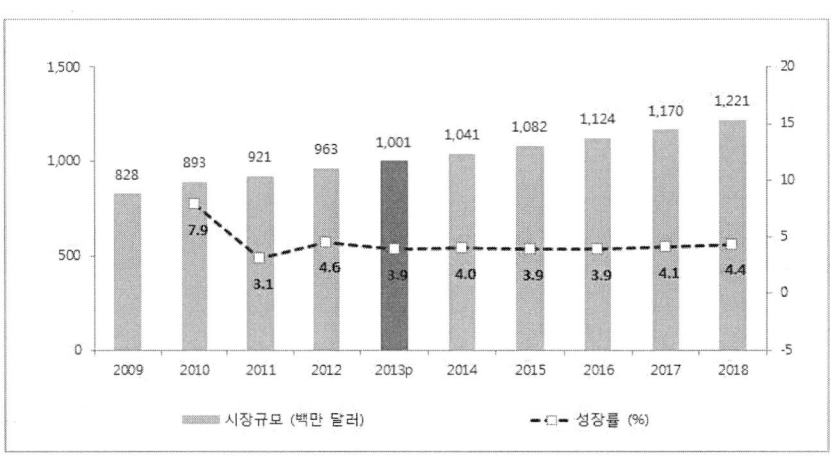

출처 : PwC(2014)

나. 신문

현재 멕시코 시장에는 약 500여 개의 신문사가 존재하는데 인쇄 신문의 발행 부수는 유료와 무료 영역에서 모두 성장하고 있는 추세를 보이고 있다. 2013년 멕시코의 신문시장은 전년대비 5.4%의 성장세를 보이며 19억 5,600만 달러의 시장 규모로 집계되었다.

디지털 발행 부수의 경우 같은 기간 6,400만 부에서 7억 1,300만 부로 증가할 것으로 기대된다. 이에 따라 총 신문 매출 역시 25억 달러 규모로 확대될 것으로 전망된다. 멕시코의 디지털 신문콘텐츠 수요는 유무선 인터넷의 보급률이 높아지고 확산되면서 더욱 높아질 것으로 보인다. 또한, 현재 1%를 기록하고 있는 전체 디지털 신문 발행 매출과 디지털 신문 광고 매출의 합이 전체 신문 매출에서 차지하는 비중 역시 5년 후 5%로 성장할 것으로 보이는 등 낙관적인 전망이 제기되고 있다. 멕시코의 신문시장은 향후 5년간 4.1%의 성장세를 유지하여 2018년까지 25억 4,800만 달러의 시장 규모를 보일 것으로 전망된다.

[그림 5-7] 멕시코 신문시장 규모 및 성장률, 2009-2018

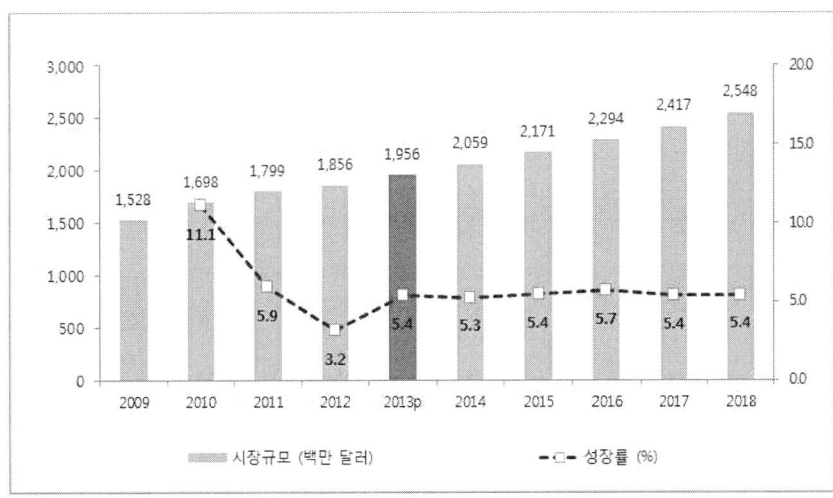

출처 : PwC(2014)

다. 잡지

멕시코에 중산층의 수가 크게 증가하면서 일반 잡지 매출도 덩달아 증가해 2013년 멕시코 잡지 시장은 전년대비 5.8% 성장한 5억 6,900만 달러로 집계되었다. 가계 경기의 호황은 광고 매출의 증가를 유도할 것으로 보이는데, 일반 잡지의 디지털 광고 매출은 연평균 20.9%의 성장률을 보일 것으로 기대를 모으고 있으며, 매출 대부분이 잡지 웹사이트를 통해 발생할 전망이다. 이에 따라 전체 잡지시장은 향후 5년간 3.5%의 성장세를 유지하여 2018년까지 6억 7,700만 달러의 시장을 형성할 것으로 전망된다.

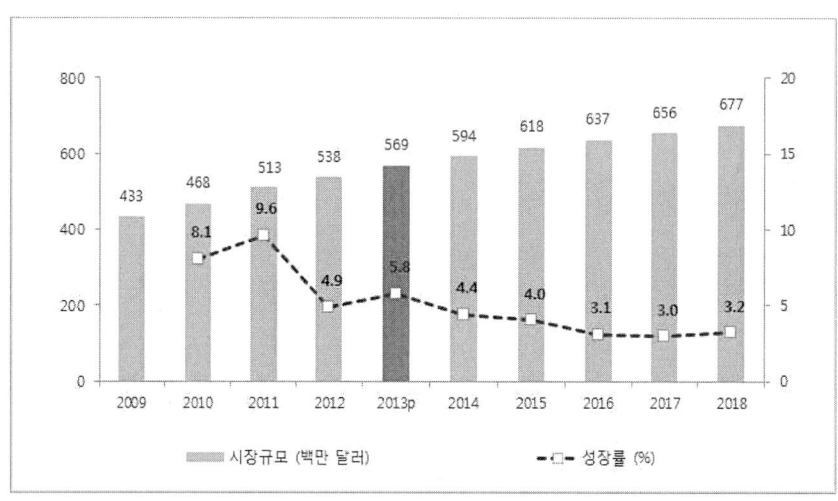

[그림 5-8] 멕시코 잡지시장 규모 및 성장률, 2009-2018

출처 : PwC(2014)

(2) 만화

2013년 멕시코의 만화시장 규모는 전년대비 25.2%라는 높은 성장률을 보이며 3,600만 달러의 규모로 나타났다. 인쇄 만화는 디지털 만화에 비해 상대적으로 작은 성장률을 보였지만 규모면에서는 디지털 만화시장 규모를 크게 앞질렀다. 멕시코의 만화시장은 향후 5년간 연평균 8.9%의 성장률을 보이며 5,500만 달러 규모로 성장할 전망이다.

[표 5-4] 멕시코 만화시장 규모 및 전망, 2009-2018

[단위 : 백만 달러, %]

구분	2009	2010	2011	2012	2013p	2014	2015	2016	2017	2018	2013-18 CAGR
인쇄 만화	21	22	25	28	35	38	40	43	46	48	6.6
디지털	-	-	-	-	1	1	1	2	4	6	66.0
합계	21	22	25	29	36	39	42	45	50	55	8.9

출처 : ICv2(2014), Barnes(2014), PwC(2014)

[그림 5-9] 멕시코 만화시장 규모 및 성장률, 2009-2018

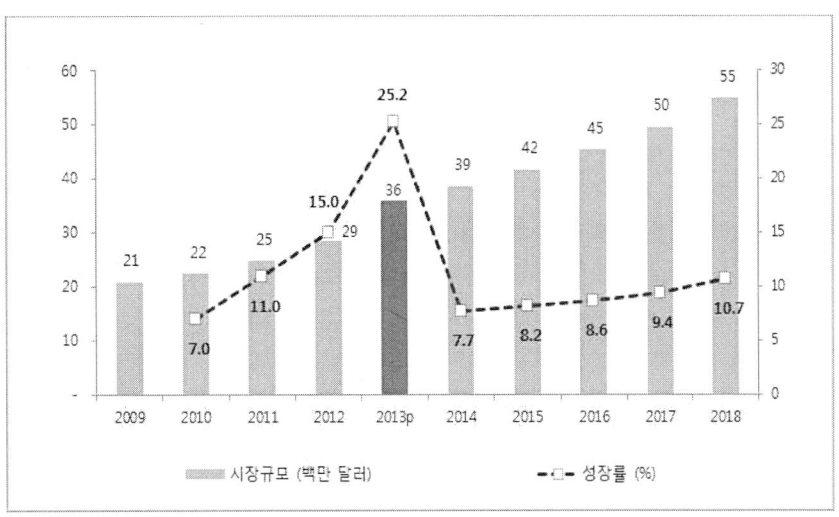

출처 : ICv2(2014), Barnes(2014), PwC(2014)

멕시코 만화시장은 2009년 인쇄 만화가 100%의 시장을 점유하고 있었는데 2013년 인터넷의 보급과 스마트폰을 이용한 모바일 서비스가 확충되면서 디지털 만화의 점유율이 소폭 상승하였다. 이에 2018년까지 디지털 만화의 점유율은 10.9%까지 올라갈 것으로 전망된다.

[그림 5-10] 멕시코 만화시장별 비중 비교, 2009 vs. 2013 vs. 2018

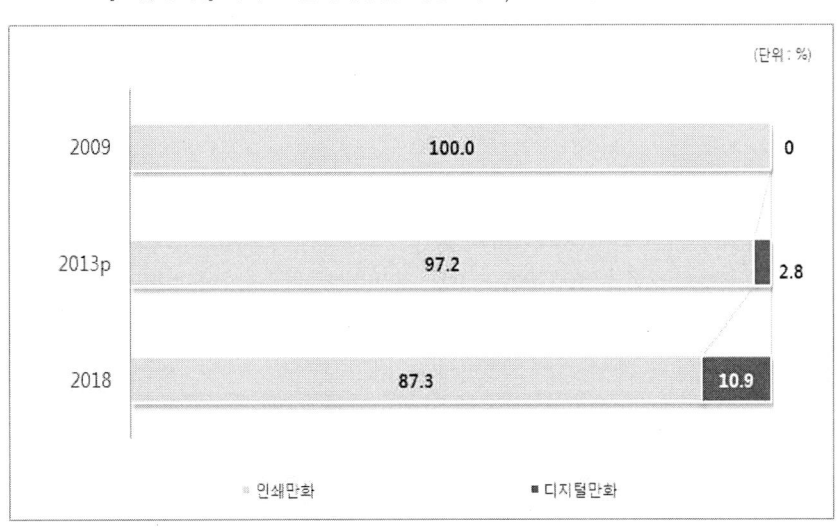

출처 : ICv2(2014), Barnes(2014), PwC(2014)

가. 인쇄 만화

2013년 멕시코의 인쇄 만화시장은 전년대비 25% 성장한 3,500만 달러로 집계되었다. 북미 만화시장으로부터 만화책과 그래픽 노블의 유통이 매우 용이하고 스페인어권 국가의 만화책들도 다수 유통되고 있을 뿐만 아니라 2013년 말 출시된 첫 남미 슈퍼히어로 시리즈 'Aztec of the City'가 출시되어 좋은 반응을 얻고 있다. 2018년까지 멕시코의 만화시장은 매년 6.6% 성장세를 보이며 4,800만 달러의 규모로 커질 전망이다.

[그림 5-11] 멕시코 인쇄 만화시장 규모 및 성장률, 2009-2018

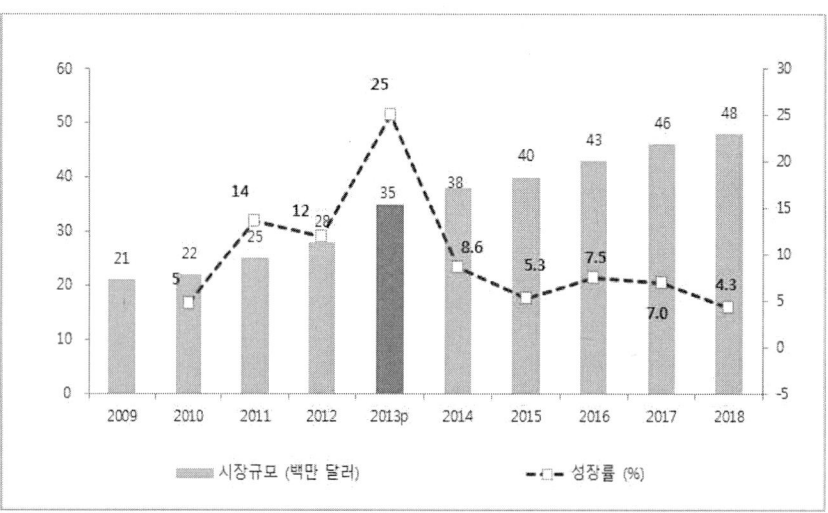

출처 : ICv2(2014), Barnes(2014), PwC(2014)

나. 디지털 만화

2013년 멕시코의 디지털 만화시장은 이제 시장이 태동하는 단계를 맞이하여 100만 달러의 시장으로 집계되었다. 아직까지 디지털 만화시장의 규모가 인쇄 만화시장에 견줄 만큼 성장하지 못하였지만 국가 주도로 저가 스마트폰이 빠르게 보급되고 있기 때문에 2018년까지 66.0%의 성장세를 보이며 600만 달러의 시장으로 성장할 전망이다.

[그림 5-12] 멕시코 디지털 만화시장 규모 및 성장률, 2009-2018

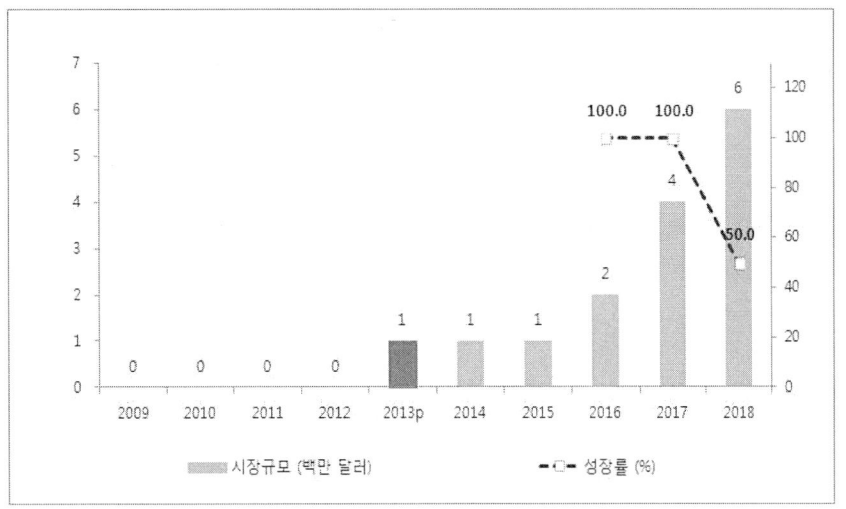

출처 : ICv2(2014), Barnes(2014), PwC(2014)

(3) 음악

멕시코는 중남미에서 브라질에 이어 2번째로 큰 시장으로 2013년 멕시코의 음악시장은 전년대비 1.6% 증가한 4억 5,200만 달러의 시장으로 집계되었다. 오프라인을 통한 음반의 유통은 큰 폭으로 하락한 반면 디지털을 통해 유통되는 음원은 두 자릿수의 성장률을 보여 온·오프라인을 통한 매출의 역전이 2016년을 기점으로 나타날 것으로 보인다. 향후 5년간 멕시코의 음악시장은 연평균 3.6%의 성장률을 유지하여 2018년까지 5억 3,900만 달러의 규모를 형성할 것으로 전망된다.

[표 5-5] 멕시코 음악시장 규모 및 전망, 2009-2018

[단위 : 백만 달러, %]

구분	2009	2010	2011	2012	2013p	2014	2015	2016	2017	2018	2013-18 CAGR
음반	223	207	237	210	207	207	209	213	218	224	1.6
오프라인 음반	194	168	185	147	133	121	112	105	98	93	△6.8
디지털 음원	29	39	52	63	74	85	97	108	120	130	12
공연 음악	207	208	221	234	245	257	270	284	299	315	5.1
합계	430	415	458	445	452	464	479	497	517	539	3.6

출처 : PwC(2014)

[그림 5-13] 멕시코 음악시장 규모 및 성장률, 2009 - 2018

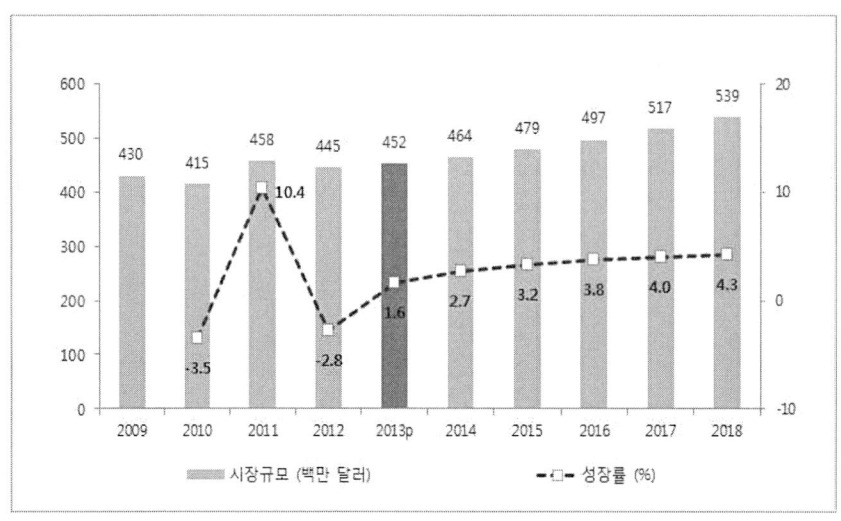

출처 : PwC(2014)

멕시코 음악시장은 공연 음악이 시장을 주도하고 있는데 2013년 54.2%의 시장점유율을 보이며 가장 많은 비중을 차지하였다. 음반시장은 2009년 가장 높은 시장점유율을 보였으나 점차 규모가 줄어들어 2013년에는 많은 부분을 디지털 음악시장에 내주게 되었다.

[그림 5-14] 멕시코 음악시장 분야별 비중 비교, 2009 vs. 2013 vs. 2018

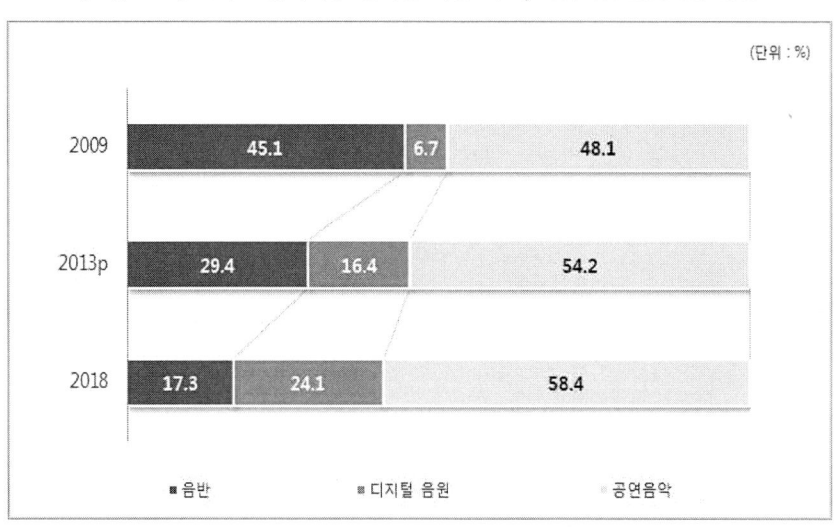

출처 : PwC(2014)

가. 오프라인 음반

2013년 멕시코 오프라인 음반시장은 전년대비 9.5% 하락한 1억 3,300만 달러의 시장을 형성한 것으로 집계되었다. 디지털 음원 서비스업체 스포티파이(Spotify), 디저(Deezer), 아이튠즈(iTunes)의 수요가 크게 증가하고 있어 브라질 오프라인 음반시장은 향후 5년간 6.8%의 하락세를 보이며 2018년에는 시장 규모가 9,300만 달러로 감소할 전망이다.

[그림 5-15] 멕시코 오프라인 음반시장 규모 및 성장률, 2009 - 2018

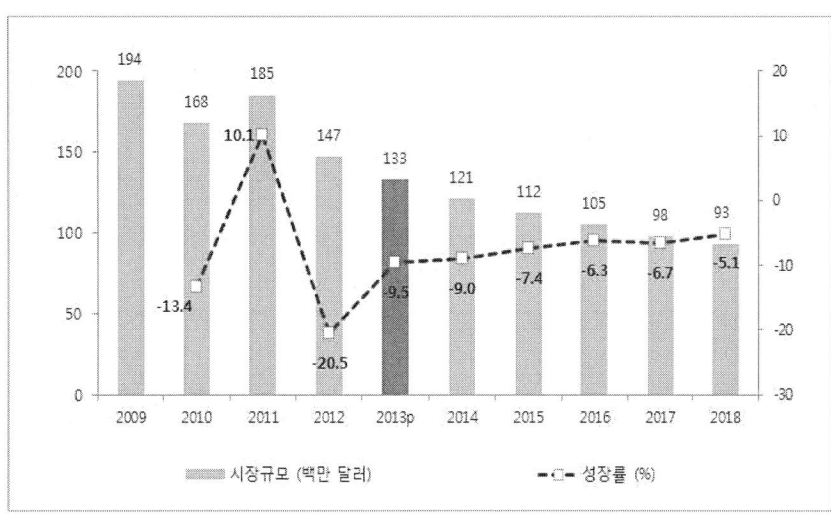

출처 : PwC(2014)

나. 디지털 음원

2013년 멕시코의 디지털 음원은 전년대비 17.5%의 높은 성장률을 기록하면서 7,400만 달러 규모에 이르렀다. 멕시코에도 메이저급 스트리밍업체들이 이미 진출해 있는데, 디저(Deezer)와 알디오(Rdio)는 2012년 멕시코에 진출하였으며 스포티파이(Spotify)는 2013년에 진출했다. 멕시코 지역 통신 서비스업체인 텔셀(Telcel)도 'Ideas'라는 브랜드를 통해 다양한 음악 서비스를 제공하고 있으며 2013년 멕시코 텔레포니카(Telefonica)의 테라(Terra)도 음원 서비스를 번들 형태로 제공하기 시작했다.

이처럼 많은 디지털 음원 서비스들의 진출로 인해 향후 5년간 멕시코의 음원시장은 12%의 성장세를 보이며 2018년까지 1억 3,000만 달러의 시장 규모로 성장할 전망이다.

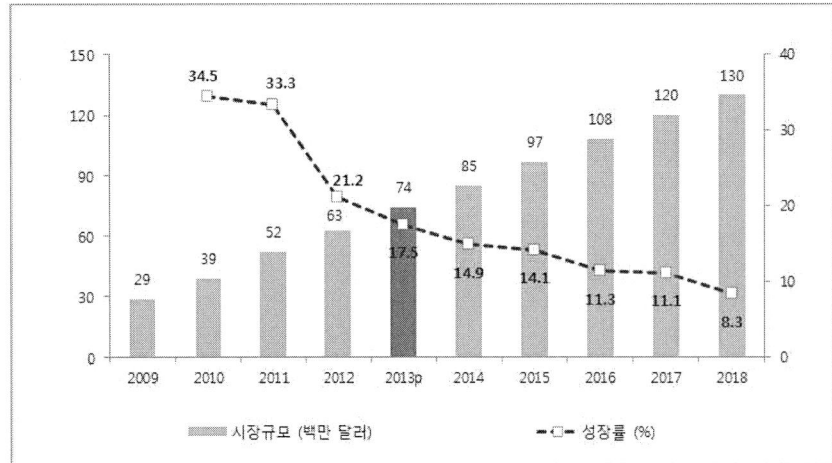

[그림 5-16] 멕시코 디지털 음원시장 규모 및 성장률, 2009 - 2018

출처 : PwC(2014)

[표 5-6] 멕시코 디지털 음원시장 규모 및 전망, 2009-2018

[단위 : 백만 달러, %]

구분	2009	2010	2011	2012	2013p	2014	2015	2016	2017	2018	2013-18 CAGR
다운로드	11	24	32	41	49	57	65	72	79	86	11.8
스트리밍	7	7	13	15	18	22	26	30	34	38	16.1
모바일	11	8	8	7	7	6	6	6	6	6	△1.2
합계	29	39	52	63	74	85	97	108	120	130	12

출처 : PwC(2014)

다. 공연 음악

멕시코에는 음악 공연을 위한 프로모터나 협회가 없음에도 2013년 멕시코의 공연 음악시장은 전년대비 4.7% 성장한 2억 4,500만 달러로 집계되었다. 대부분 멕시코의 공연 음악을 위한 프로모터는 글로벌 콘서트 프로모터인 Live Nation이 멕시코의 공연 음악시장에 독점적인 배급을 하고 있다. 또한 멕시코시티(Mexico City)에 위치한 멕시코 최대 규모인 포로 솔(Foro Sol) 야구 경기장(5만석)을 콘서트 장소로 관리하고 있다. 공연 음악시장은 지속적으로 규모가 커질 것으로 보이며 향후 5년간 연평균 5.1%의 성장률을 보이며 2018년까지 3억 1,500만 달러의 시장 규모를 갖출 것으로 전망된다.

[그림 5-17] 멕시코 공연 음악시장 규모 및 성장률, 2009-2018

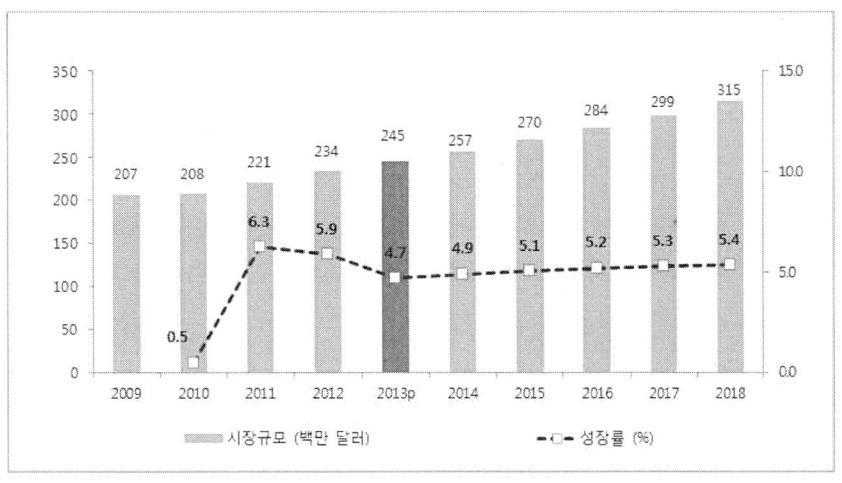

출처 : PwC(2014)

[표 5-7] 멕시코 공연 음악시장 규모 및 전망, 2009-2018

[단위 : 백만 달러, %]

구분	2009	2010	2011	2012	2013p	2014	2015	2016	2017	2018	2013-18 CAGR
후원	40	40	44	44	45	47	49	51	53	55	4.1
티켓판매	167	167	177	190	200	211	222	234	246	260	5.4
합계	207	208	221	234	245	257	270	284	299	315	5.1

출처 : PwC(2014)

(4) 게임

2013년 멕시코의 게임시장은 전년대비 9.8% 성장한 7억 7,300만 달러로 집계되었다. 특히 디지털 부분의 성장세가 두드러졌는데 디지털 콘솔 게임이 압도적인 성장률을 보였고 온라인 게임과 모바일 게임도 높은 성장률을 보였다.

대부분 고른 성장세를 보여주고 있는 멕시코의 게임시장이지만 PC 게임의 오프라인시장은 해적판의 유통과 소비자들의 이탈로 하락세가 지속될 것으로 보인다. 멕시코 게임시장은 유무선 인터넷망과 스마트폰의 보급률이 증가함에 따라 향후 5년간 연평균 7.7%의 성장률에 힘입어 11억 1,900만 달러 규모로 성장할 전망이다.

[표 5-8] 멕시코 게임시장 규모 및 전망, 2009-2018

[단위 : 백만 달러, %]

구분		2009	2010	2011	2012	2013p	2014	2015	2016	2017	2018	2013-18 CAGR
게임 광고		5	6	8	9	11	12	13	15	16	18	11.5
콘솔 게임		310	300	307	314	327	349	375	407	435	468	7.4
	디지털	0	4	7	10	16	23	32	45	60	80	38.7
	오프라인	310	295	300	304	312	326	343	361	375	388	4.5
온라인 게임		30	37	48	58	70	79	88	95	103	111	9.6
PC 게임		56	63	71	70	68	66	63	61	58	55	△4
	디지털	0	4	7	10	17	24	29	32	33	34	14
	오프라인	56	59	64	60	50	42	34	29	25	22	△15.5
모바일 게임		137	174	213	253	297	335	369	399	432	467	9.4
합계		538	581	647	704	773	840	908	977	1,043	1,119	7.7

출처 : PwC(2014)

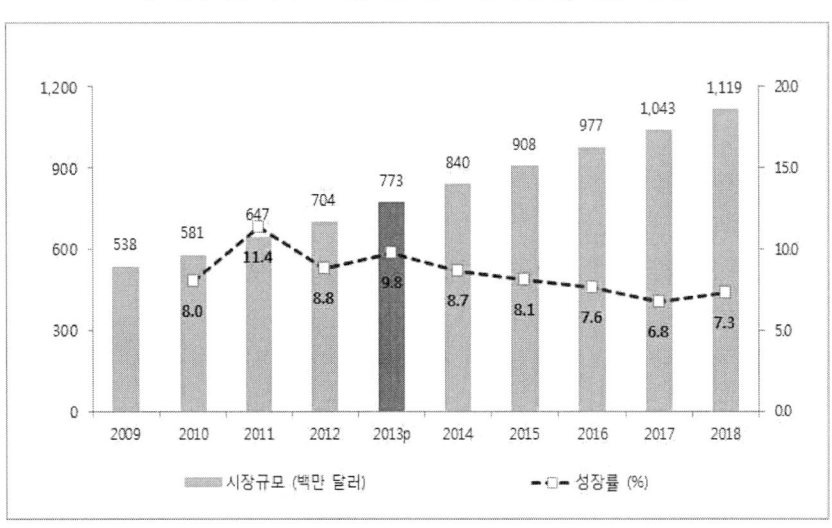

[그림 5-18] 멕시코 게임시장 규모 및 성장률, 2009 - 2018

출처 : PwC(2014)

2009년 콘솔 게임시장은 57.6%의 점유율로 압도적인 비중을 차지했었는데 2018년에는 온라인·모바일 게임시장의 성장으로 그 비중이 줄어들 것으로 보인다. 2009년 PC 게임시장은 불법복제와 디지털 시스템의 정착으로 2018년까지 비중이 크게 하락할 것으로 보인다.

반면, 온라인·모바일 게임시장은 성장세를 지속해 2018년에는 모바일 게임시장이 41.7%로 콘솔 게임시장과 비슷한 점유율을 보일 것으로 전망되며 온라인 게임시장 역시 9.9%의 점유율로 2009년에 비해 2배 가까운 비중을 보일 것으로 전망된다.

[그림 5-19] 멕시코 게임시장 분야별 비중 비교, 2009 vs. 2013 vs. 2018

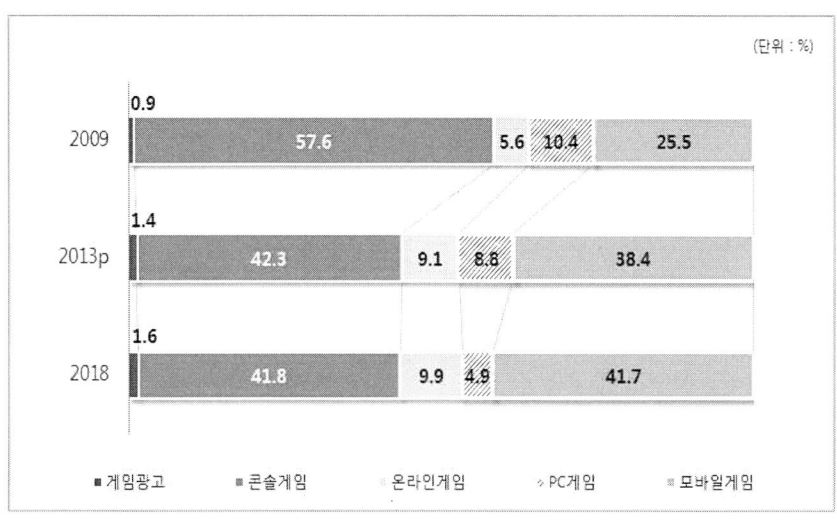

출처 : PwC(2014)

가. 콘솔 게임

2013년 멕시코의 콘솔 게임시장은 전년대비 4.1% 성장한 3억 2,700만 달러의 시장으로 집계되었다. 2013년 멕시코의 경제성장률은 낮은 편이었지만 소비자 지출이 전년대비 3배 이상 늘어나면서 소비심리가 살아났고 앞으로도 경제성장이 지속될 것으로 전망되면서 콘솔 게임에 대한 소비증가세가 이어지고 있다. 차세대 게임이 플레이스테이션 4가 출시되면서 2018년까지 평균 7.4%의 성장률을 보여 4억 6,800만 달러의 규모로 성장할 전망이다.

[그림 5-20] 멕시코 콘솔 게임시장 규모 및 성장률, 2009 - 2018

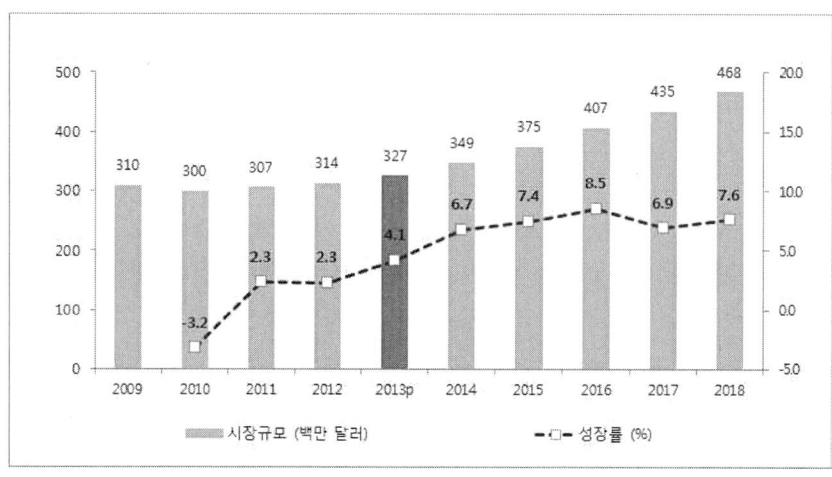

출처 : PwC(2014)

나. 온라인 게임

2013년 멕시코의 온라인 게임시장은 전년대비 20.7% 증가한 7,000만 달러로 집계되었다. 유선 인터넷의 보급이 확대되면 보다 더 많은 온라인 게임시장이 형성될 것으로 예상되며 향후 5년간 9.6%의 성장세를 보이며 2018년에는 1억 1,100만 달러에 이를 것으로 전망된다.

[그림 5-21] 멕시코 온라인 게임시장 규모 및 성장률, 2009 - 2018

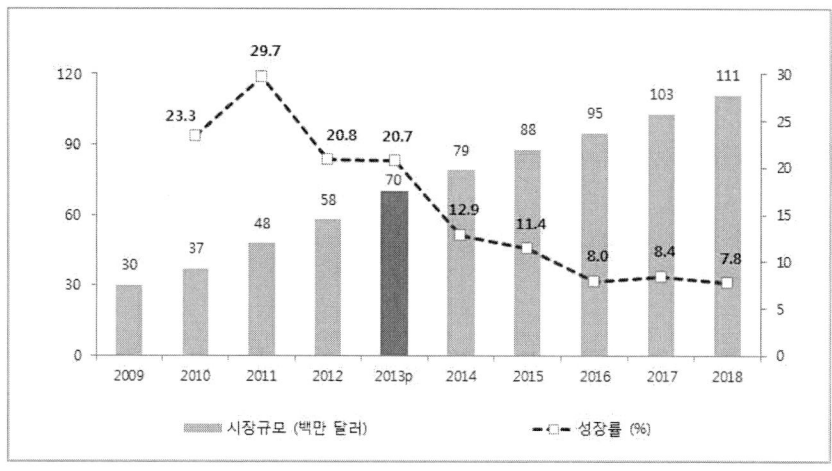

출처 : PwC(2014)

다. PC 게임

2013년 멕시코의 PC 게임시장에서 오프라인 게임시장 규모는 불법복제로 인해 전년대비 2.9% 감소한 6,800만 달러인 것으로 집계됐다. 향후 2018년까지 연평균 4%의 하락세를 보이면서 멕시코의 PC 게임시장 규모는 5,500만 달러로 감소할 전망이다.

[그림 5-22] 멕시코 PC 게임시장 규모 및 성장률, 2009 - 2018

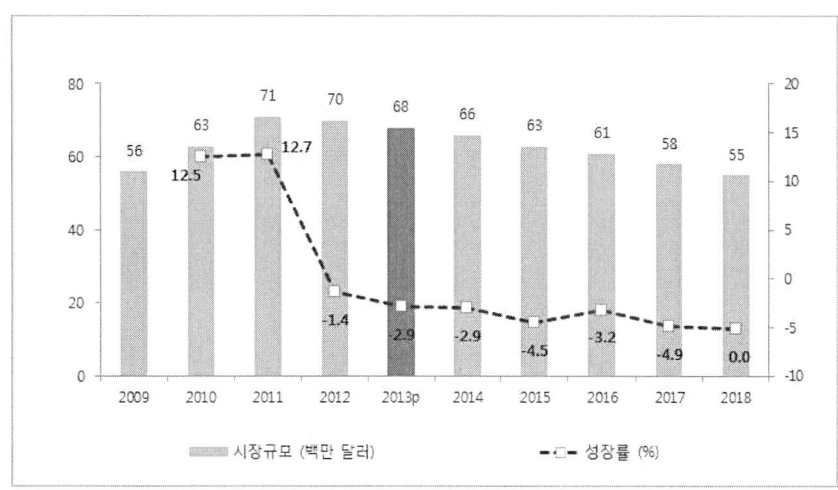

출처 : PwC(2014)

라. 모바일 게임

2013년 멕시코의 모바일 게임시장은 전년대비 17.4% 증가한 2억 9,700만 달러로 집계되었다. 스마트 단말기 사용이 늘어나고 모바일 네트워크 인프라도 구축될 것으로 예상되어 멕시코 모바일 게임시장은 2018년까지 연평균 9.4%의 성장률을 보이며 4억 6,700만 달러의 시장으로 성장할 전망이다.

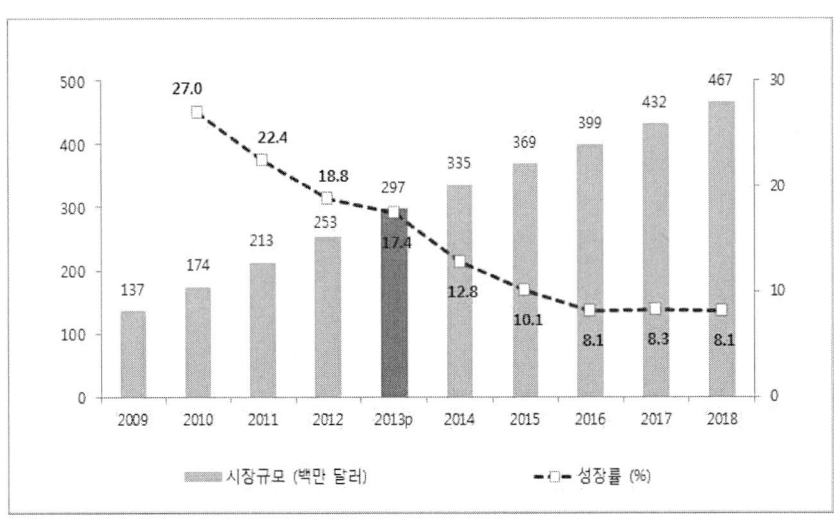

[그림 5-23] 멕시코 모바일 게임시장 규모 및 성장률, 2009 - 2018

출처 : PwC(2014)

(5) 영화

멕시코의 2013년 영화시장은 전년대비 5.4% 증가한 15억 5,100만 달러의 시장인 것으로 나타났다. 디지털배급망을 이용한 OTT 스트리밍과 TV 구독시장이 전반적인 성장세를 이끌었고 극장의 박스오피스와 광고시장도 무난한 성장률을 보여주었다.

하지만 홈비디오시장은 소폭 하락하여 디지털이 주도하는 영화의 유통시대가 멕시코에서도 시작된 것으로 보인다. 멕시코 영화시장은 향후 5년간 2018년까지 연평균 4.7%의 성장세를 보이며 19억 5,500만 달러의 시장으로 성장할 것으로 전망된다.

[표 5-9] 멕시코 영화시장 규모 및 전망, 2009-2018

단위 : 백만 달러, %]

구분	2009	2010	2011	2012	2013p	2014	2015	2016	2017	2018	2013-18 CAGR
극장	544	738	855	963	1,026	1,076	1,129	1,183	1,240	1,270	4.4
박스오피스	479	699	772	878	940	990	1,042	1,096	1,153	1,182	4.7
극장광고	65	39	83	85	86	86	87	87	88	88	0.6
홈비디오	390	358	345	334	323	314	307	301	296	292	△2
대여	171	143	139	135	132	128	125	121	118	114	△2.8
판매	219	215	206	198	191	186	182	180	178	177	△1.5

단위 : 백만 달러, %]

구분	2009	2010	2011	2012	2013p	2014	2015	2016	2017	2018	2013-18 CAGR
디지털 배급	58	104	136	175	202	231	262	296	336	393	14.2
OTT/ 스트리밍	-	-	-	1	2	3	7	15	29	58	105.5
TV 구독	58	104	135	174	201	227	255	281	307	335	10.8
합계	992	1,200	1,336	1,471	1,551	1,621	1,698	1,781	1,873	1,955	4.7

출처 : PwC(2014)

[그림 5-24] 멕시코 영화시장 규모 및 성장률, 2009 - 2018

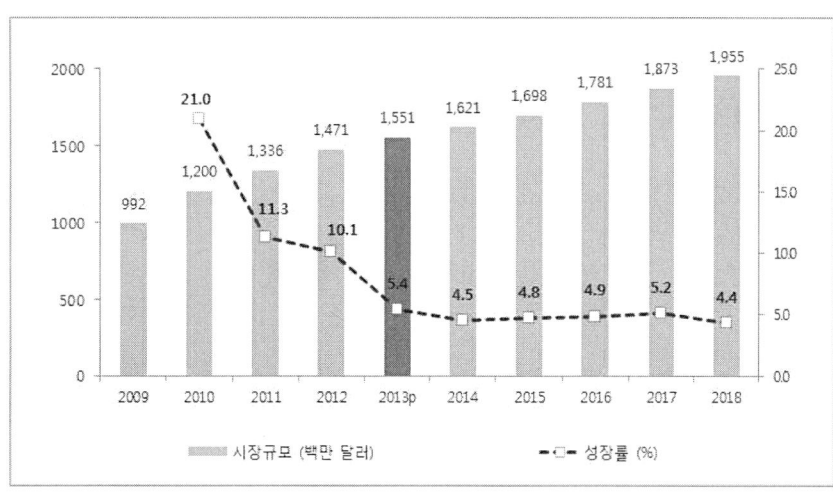

출처 : PwC(2014)

멕시코 영화시장에서 가장 큰 비중을 차지하는 것은 박스오피스시장이다. 박스오피스시장은 2009년 48.3%의 점유율에서 2013년 60.6%로 증가했다. 홈비디오시장 점유율은 2009년과 비교하면 2013년은 절반 이하로 하락하였는데 영화 유통망의 디지털화가 주된 원인으로 보인다. 반면, 디지털 배급시장은 2009년 5.8%의 점유율에서 2018년 20.1%의 점유율로 크게 확대될 것으로 전망된다.

[그림 5-25] 멕시코 영화시장 분야별 비중 비교, 2009 vs. 2013 vs. 2018

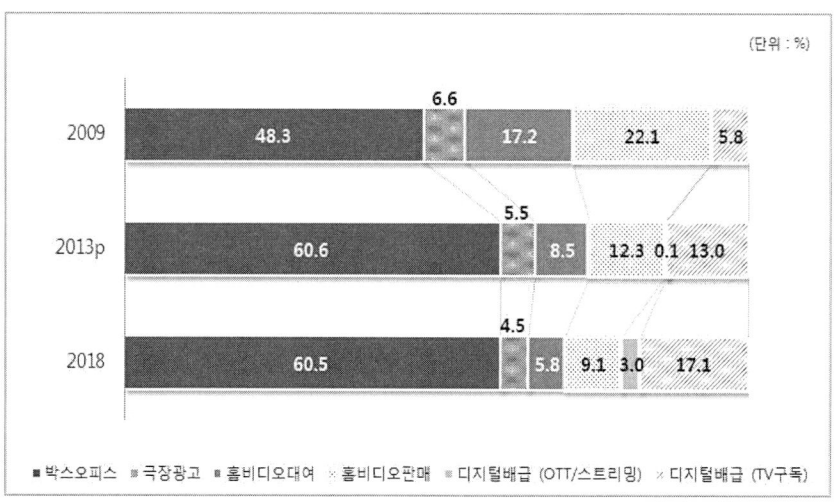

출처 : PwC(2014)

가. 박스오피스

2013년 멕시코의 박스오피스시장은 전년대비 7.1% 성장한 9억 4,000만 달러의 규모를 형성하였다.

[그림 5-26] 멕시코 박스오피스시장 규모 및 성장률, 2009 - 2018

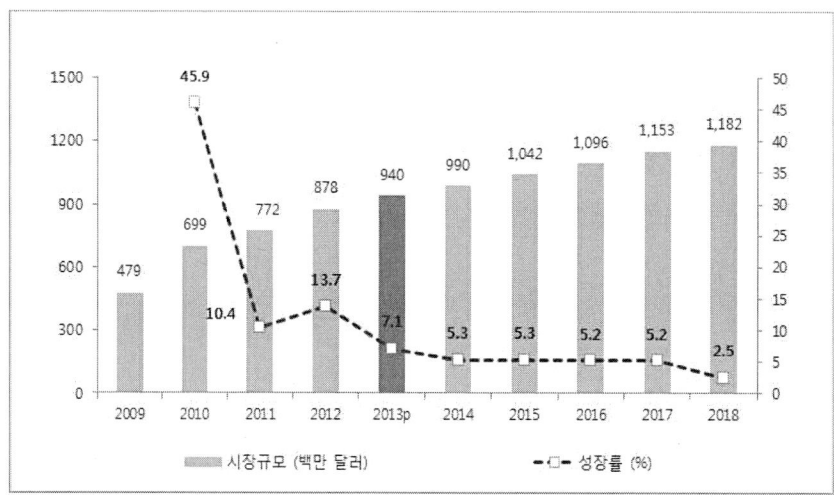

출처 : PwC(2014)

특히 유지니오 데베즈(Eugenio Derbez)의 영화 'Instructions Not Included'가 개봉되어 멕시코 영화사상 역대 최고의 박스오피스 성적을 거두었고 2013년 한 해 동안 총 99편의 상업 영화가 개봉되었는데 이 역시 신기록이었다. 멕시코 박스오피스시장은 향후 5년간 연평균 4.7%씩 성장해 2018년에는 11억 8,200만 달러까지 증가할 것으로 전망된다.

나. 홈비디오

한때 멕시코 영화시장에서 가장 높은 비중을 보였던 홈비디오시장은 2009년 이후 급격한 감소세를 보였다. 2013년 홈비디오시장은 전년대비 3.3% 하락한 3억 2,300만 달러의 시장으로 집계되었다. 홈비디오시장의 하락세는 계속되어 향후 5년간 2018년까지 연평균 2% 하락세를 보이며 2억 9,200만 달러 규모가 될 것으로 전망된다.

[그림 5-27] 멕시코 홈비디오시장 규모 및 성장률, 2009 - 2018

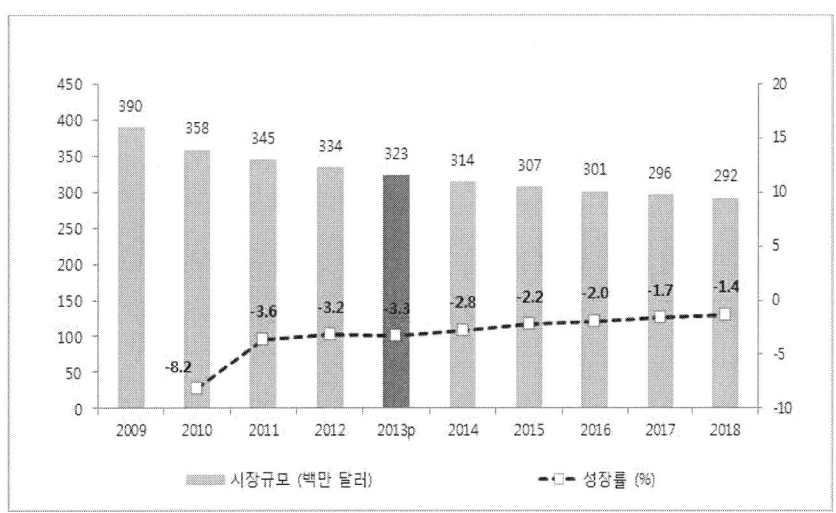

출처 : PwC(2014)

다. 디지털배급

2013년 멕시코의 디지털배급시장 규모는 전년대비 15.4% 성장한 2억 200만 달러로 집계됐다. 멕시코는 케이블업체들의 과다 경쟁으로 2013년 한해 디지털 인프라가 크게 확대 되었다. 멕시코의 디지털배급시장은 향후 5년간 연평균 14.2%의 성장률로 3억 9,300만 달러까지 성장할 전망이다.

[그림 5-28] 멕시코 디지털배급시장 규모 및 성장률, 2009 - 2018

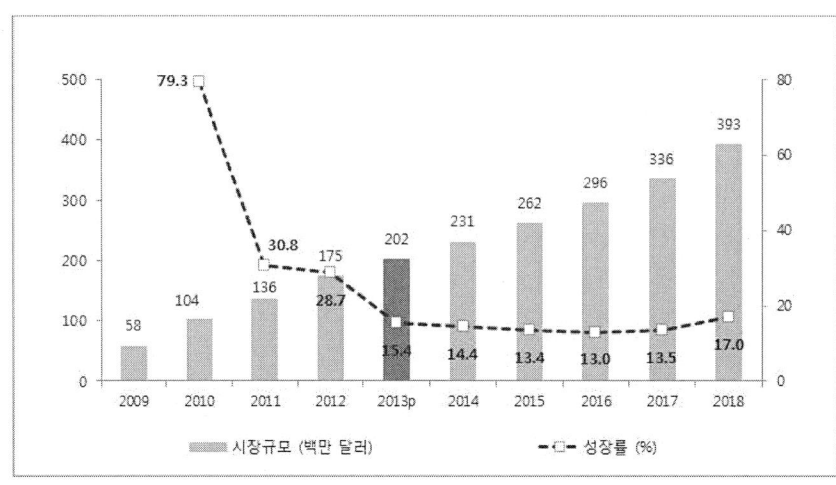

출처 : PwC(2014)

(6) 애니메이션

2013년 멕시코의 애니메이션시장은 전년대비 25.7% 성장한 2억 2,500만 달러의 시장을 형성하였다. '슈퍼배드 2'와 '몬스터 대학교' 등 할리우드 애니메이션의 인기로 멕시코의 애니메이션시장이 활기를 전영역에서 고른 성장세를 보였다. 하지만, 홈비디오 애니메이션시장이 2013년 이후 하락세를 보일 것으로 예상되며 아직 형성되지 않은 디지털배급시장이 2015년부터 급격한 성장률을 보일 것으로 전망된다. 멕시코 애니메이션시장은 향후 5년간 연평균 4.7%의 성장률로 2018년에는 2억 8,300만 달러 규모에 이를 것으로 전망된다.

[표 5-10] 멕시코 애니메이션시장 규모 및 전망, 2009-2018

[단위 : 백만 달러, %]

구분	2009	2010	2011	2012	2013p	2014	2015	2016	2017	2018	2013-18 CAGR
영화	52	93	76	107	136	143	151	159	167	171	4.7
극장광고	7	5	8	10	12	12	13	13	13	13	0.5
디지털배급	0	0	0	0	0	0	1	2	4	8	96.1
방송	6	14	13	21	29	33	37	41	44	48	10.8
홈비디오	42	48	34	41	47	45	44	44	43	42	△2.0
합계	107	159	132	179	225	235	246	258	271	283	4.7

출처 : Box Office Mojo(2014), Digital Vector(2013), The-Numbers(2014), PwC(2014)

[그림 5-29] 멕시코 애니메이션시장 규모 및 성장률, 2009 - 2018

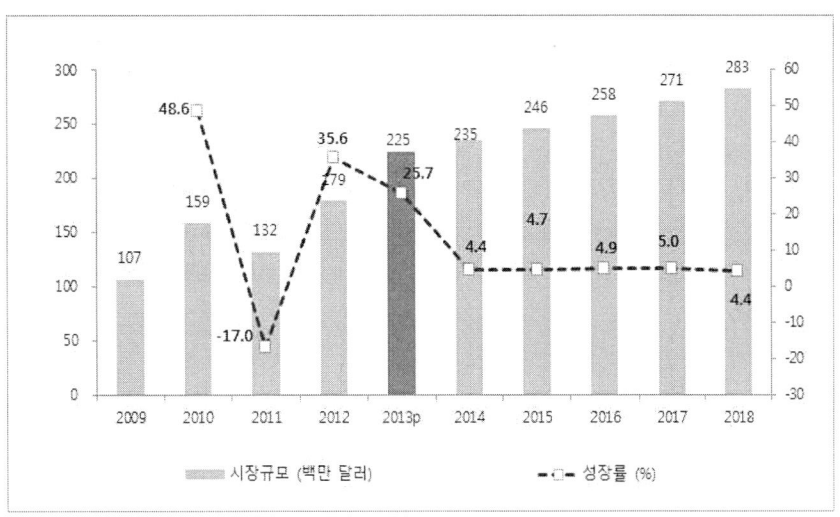

출처 : Box Office Mojo(2014), Digital Vector(2013), The-Numbers(2014), PwC(2014)

2013년 멕시코의 애니메이션시장은 영화 애니메이션이 60.6%의 점유율로 가장 큰 비중을 차지하고 있다.

[그림 5-30] 멕시코 애니메이션시장 분야별 비중 비교, 2009 vs. 2013 vs. 2018

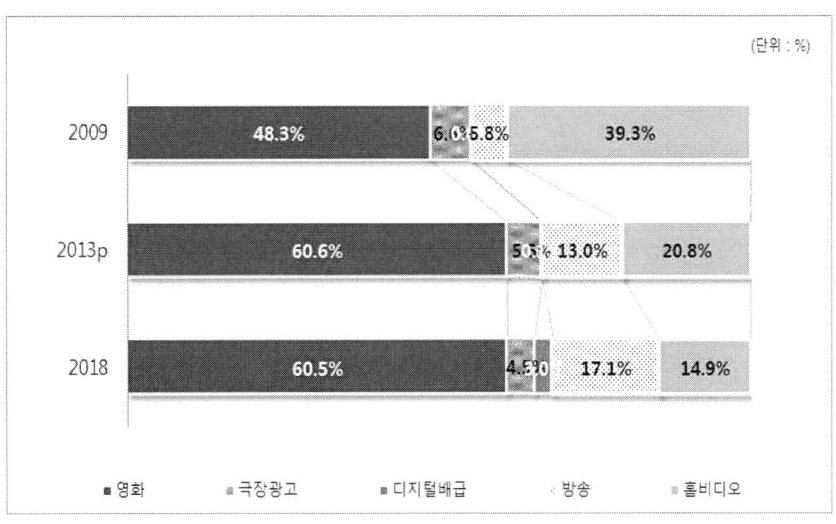

출처 : Box Office Mojo(2014), Digital Vector(2013), The-Numbers(2014), PwC(2014)

영화 애니메이션시장은 2018년까지 유사한 수준의 시장 비중을 보일 것으로 전망된다. 홈비디오시장은 2009년 39.3%의 점유율로 두 번째로 높은 시장을 형성하였으나 2013년 20.8%로 감소하였고 2018년까지 14.9%로 감소하여 방송에 이은 3번째 시장으로 분류될 전망이다.

가. 영화 애니메이션

2013년 멕시코의 영화 애니메이션시장은 3D 애니메이션의 큰 흥행과 높아진 멕시코인들의 소비지출로 인해 문화콘텐츠의 소비가 증가하면서 전년대비 27.5% 성장한 1억 3,600만 달러로 집계되었다. 멕시코 영화 애니메이션시장은 향후 5년간 연평균 4.7%의 성장세를 통해 2018년에는 1억 7,100만 달러의 시장에 도달할 전망이다.

[그림 5-31] 멕시코 영화 애니메이션시장 규모 및 성장률, 2009 - 2018

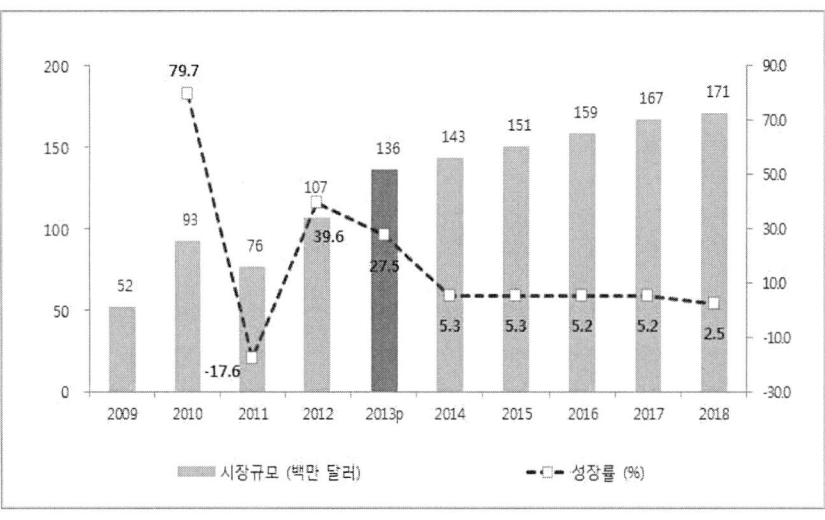

출처 : Box Office Mojo(2014), Digital Vector(2013), The-Numbers(2014), PwC(2014)

나. 방송 애니메이션

2013년 멕시코의 방송 애니메이션시장 규모는 전년대비 37.5% 성장한 2,900만 달러로 집계되었다. 향후 멕시코 방송 애니메이션은 5년간 10.8%의 성장세를 보이며 4,800만 달러 시장 규모에 이를 전망이다.

[그림 5-32] 멕시코 방송 애니메이션시장 규모 및 성장률, 2009 - 2018

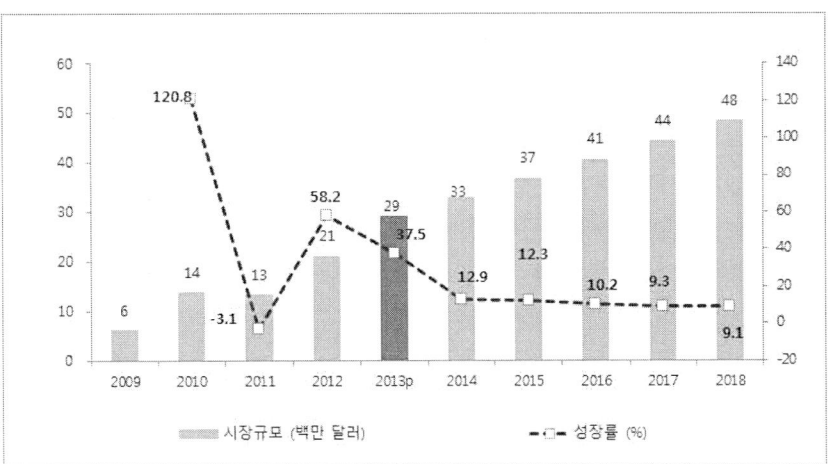

출처 : Box Office Mojo(2014), Digital Vector(2013), The-Numbers(2014), PwC(2014)

다. 홈비디오 애니메이션

2013년 멕시코의 홈비디오 애니메이션은 전년대비 15.2% 증가한 4,700만 달러의 시장으로 성장하였다. 하지만 디지털 유통을 통한 애니메이션의 시청이 늘어나고 있어 향후 5년간 홈비디오 시장은 연평균 2%의 하락세를 보이며 2018년에는 4,200만 달러의 시장 규모로 축소될 전망이다.

[그림 5-33] 멕시코 홈비디오 애니메이션시장 규모 및 성장률, 2009 - 2018

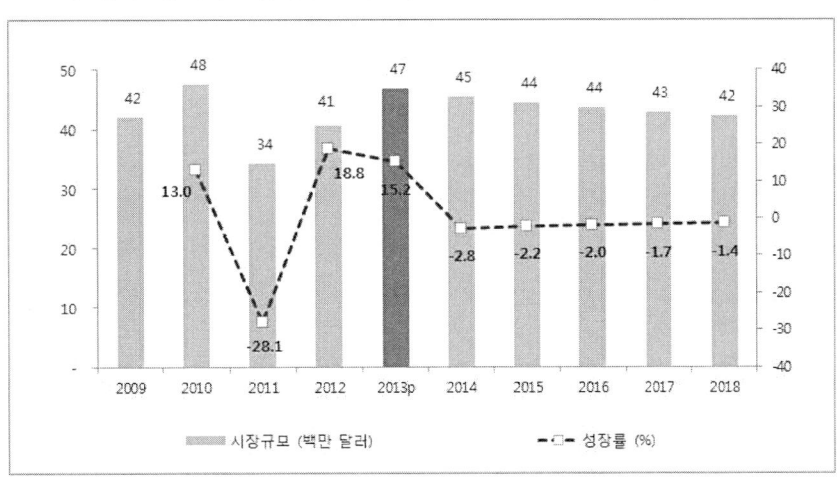

출처 : Box Office Mojo(2014), Digital Vector(2013), The-Numbers(2014), PwC(2014)

라. 디지털배급 애니메이션

2013년 멕시코의 디지털배급 애니메이션시장은 100만 달러 미만의 시장 규모를 형성하였다. 디지털배급 애니메이션시장은 이동통신 보급률증가와 모바일 네트워크를 이용한 VOD 서비스의 급성장을 통해 탄력을 받으며 향후 5년간 연평균 96.1%의 성장률을 보이며 2018년에는 800만 달러의 시장 규모로 성장할 것으로 전망된다.

[그림 5-34] 멕시코 디지털배급 애니메이션시장 규모 및 성장률, 2009 - 2018

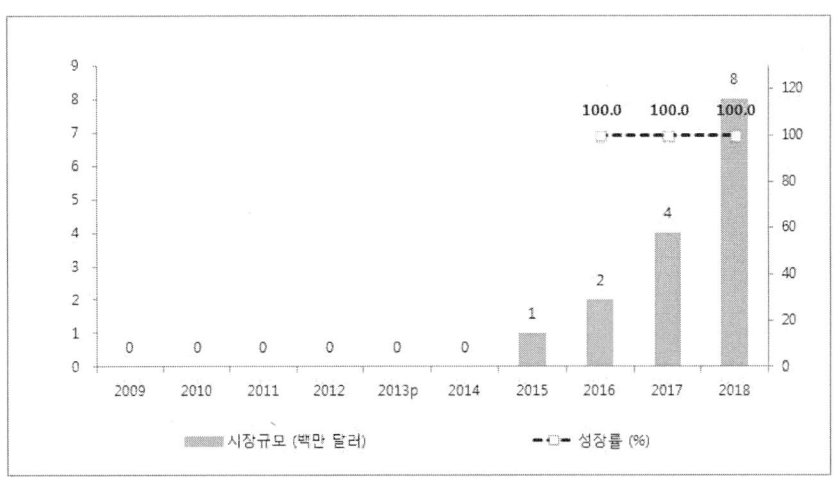

출처 : Box Office Mojo(2014), Digital Vector(2013), The-Numbers(2014), PwC(2014)

(7) 방송

멕시코의 방송시장은 글로벌 금융위기의 여파도 빠른 속도로 극복했다. 방송시장의 전 분야가 성장세를 보이고 있으며 TV 수신료와 라디오시장은 두 자릿수 이상의 성장률을 보이고 있다.

2013년 멕시코 방송시장은 전년대비 약 11.3% 증가한 77억 4,500만 달러로 집계되었다. 향후 방송시장은 연평균 7% 성장세를 보이며 2018년에는 108억 3,900만 달러에 이를 것으로 전망된다.

[그림 5-35] 멕시코 방송시장 규모 및 성장률, 2009 - 2018

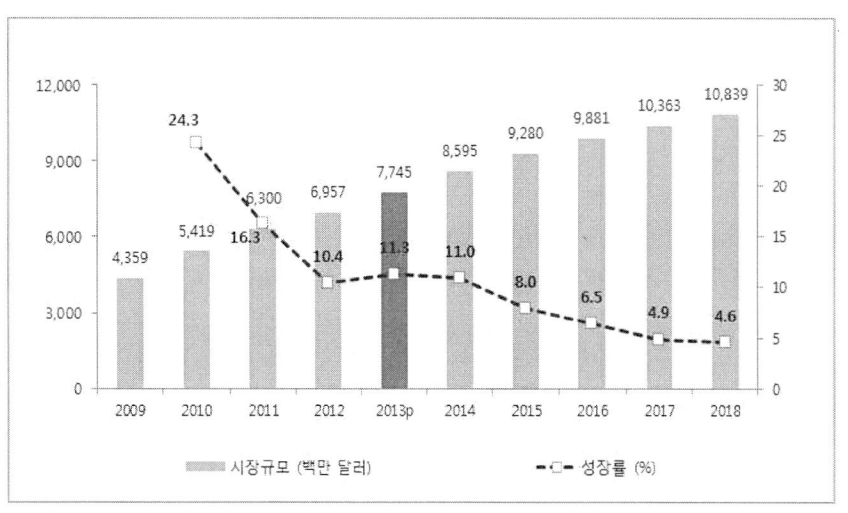

출처 : PwC(2014)

[표 5-11] 멕시코 방송시장 규모 및 전망, 2009-2018

[단위 : 백만 달러, %]

구분	2009	2010	2011	2012	2013p	2014	2015	2016	2017	2018	2013-18 CAGR
TV 수신료	2,039	2,739	3,505	4,017	4,691	5,352	5,878	6,274	6,570	6,819	7.8
공영방송	-	-	-	-	-	-	-	-	-	-	-
유료방송	2,039	2,739	3,505	4,017	4,691	5,352	5,878	6,274	6,570	6,819	7.8
TV 광고	1,955	2,253	2,322	2,427	2,489	2,629	2,739	2,896	3,034	3,211	5.2
다중 채널	165	198	224	255	286	341	382	417	451	492	11.5
지상파	1,790	2,055	2,097	2,171	2,200	2,282	2,346	2,460	2,556	2,681	4
온라인			1	1	3	6	12	18	27	39	67.6
라디오	365	427	473	513	565	614	663	711	759	809	7.4
라디오 광고	365	427	473	513	565	614	663	711	759	809	7.4
공영라디오	-	-	-	-	-	-	-	-	-	-	-
위성라디오	-	-	-	-	-	-	-	-	-	-	-
합계	4,359	5,419	6,300	6,957	7,745	8,595	9,280	9,881	10,363	10,839	7.0

출처 : PwC(2014)

멕시코 방송시장에서 가장 큰 비중을 차지하는 것은 TV 수신료시장이다. TV 수신료 시장은 2009년 이후 확대되어 왔으며 2018년에는 62.9%의 점유율을 보이며 시장을 주도할 것으로 전망된다. TV 광고시장은 2013년 32.1%에서 2018년 29.6%로 축소될 전망이나, 라디오시장은 7.3%에서 7.5%로 소폭 확대될 것으로 보인다.

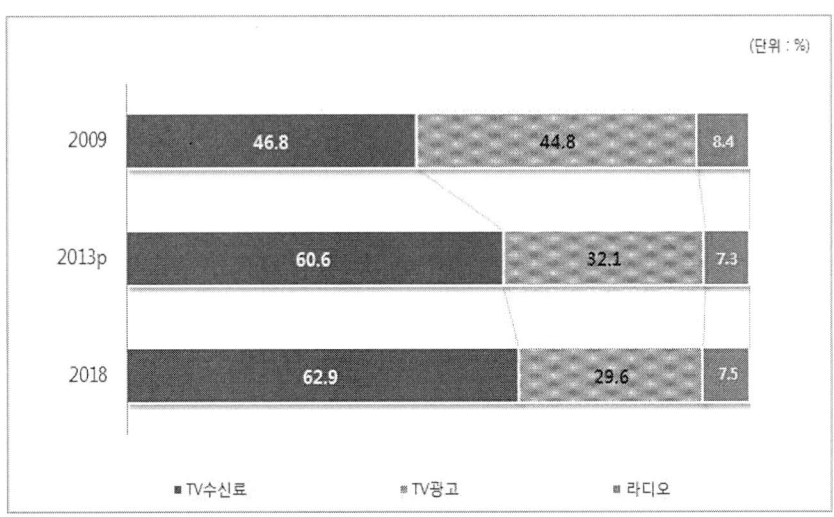

[그림 5-36] 멕시코 방송시장 분야별 비중 비교, 2009 vs. 2013 vs. 2018

출처 : PwC(2014)

가. TV 수신료

멕시코의 유료TV시장은 방송 기반이 탄탄하게 확립되어 있어 가입자들도 늘어나는 추세이다. 2013년 유료가입 가구가 1,570만인 것으로 나타났는데 2018년에는 2,160만으로 증가할 것으로 예상되고 있다. 2013년 멕시코 TV 수신료시장은 전년대비 약 16.8% 증가한 46억 9,100만 달러로 나타났다. 이후 TV 수신료시장은 2018년까지 연평균 7.8%의 성장률을 보이며 68억 1,900만 달러에 이를 것으로 전망된다.

[그림 5-37] 멕시코 TV 수신료시장 규모 및 성장률, 2009 - 2018

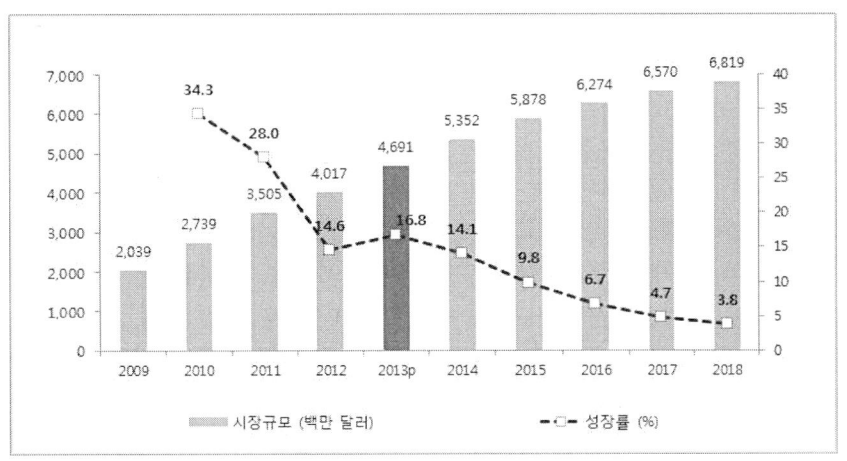

출처 : PwC(2014)

나. TV 광고

TV 광고는 멕시코 광고 분야에서 가장 큰 시장으로 전체 광고 수익의 60%를 차지하고 있다. 글로벌 금융위기 이후 빠른 회복세를 보이면서 2013년 멕시코의 TV 광고시장은 전년대비 2.6% 증가한 24억 8,900만 달러로 집계되었다. TV 광고시장은 2018년까지 연평균 5.2% 성장하여 32억 1,100만 달러에 이를 것으로 전망된다.

[그림 5-38] 멕시코 TV 광고시장(방송) 규모 및 성장률, 2009 - 2018

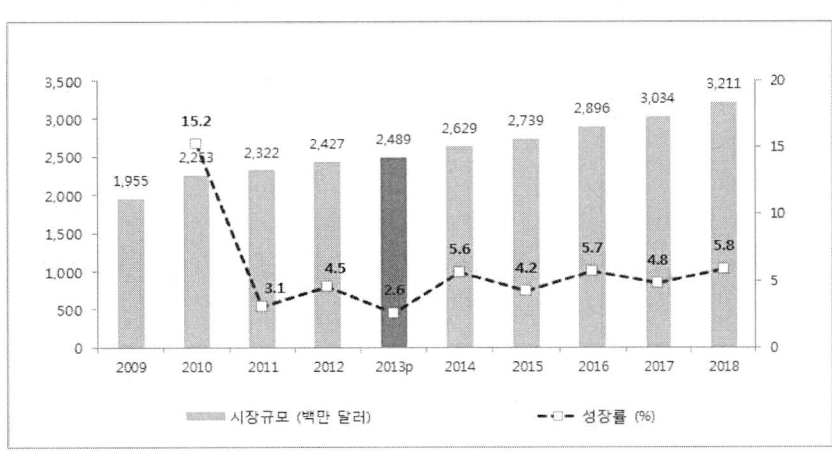

출처 : PwC(2014)

다. 라디오

멕시코는 중남미에서 두 번째로 큰 라디오시장으로 수익은 모두 라디오 광고에서 나온다. 2008년 경기침체로 라디오 광고시장은 2009년에는 감소했지만 2010년 성장세로 돌아섰다. 2013년에는 전년대비 10.1% 증가한 5억 6,500만 달러의 규모로 측정되었다. 이 해에 브라질이 5억 7,800만 달러를 기록하면서 멕시코는 중남미에서 최고의 시장 지위를 잃게 되었다. 이후 라디오시장은 2018년까지 연평균 7.4% 성장률을 보이며 8억 900만 달러에 이를 것으로 전망된다.

[그림 5-39] 멕시코 라디오시장 규모 및 성장률, 2009 - 2018

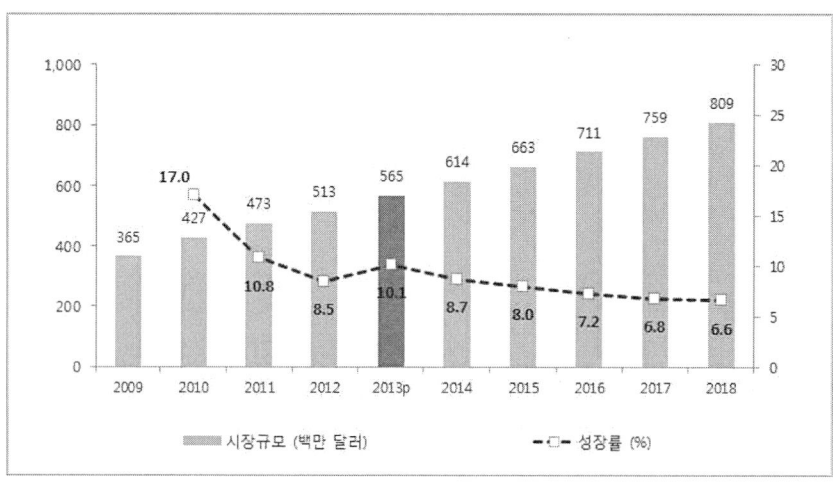

출처 : PwC(2014)

(8) 광고

멕시코는 중남미에서 두 번째로 큰 옥외 광고시장과 인터넷 광고시장을 가지고 있는데 이러한 광고시장의 크기와 기회 덕분에 2013년의 멕시코 광고시장은 전년대비 5.8% 성장한 55억 100만 달러로 집계되었다. 멕시코의 디지털화된 광고매체와 인터넷 광고가 광고시장의 성장을 주도했으며 전 분야에 걸쳐 고른 성장률을 보여주었다. 향후 5년간 연평균 6.2%의 성장세를 보이며 2018년에는 74억 4,400만 달러에 달할 것으로 전망된다.

[표 5-12] 멕시코 광고시장 규모 및 전망, 2009-2018

[단위 : 백만 달러, %]

구분	2009	2010	2011	2012	2013p	2014	2015	2016	2017	2018	2013-18 CAGR
디렉토리 광고	330	322	312	318	319	319	319	319	317	314	△0.3
디지털	13	15	18	21	23	26	30	33	37	42	12.6
인쇄	316	307	294	297	296	293	290	285	280	273	△1.6
잡지 광고	243	265	306	327	350	366	386	402	418	435	4.5
디지털	-	3	7	16	20	25	30	36	44	52	20.9
인쇄	243	262	299	311	329	342	356	366	375	383	3
산업잡지 광고	72	82	100	114	127	136	145	151	156	161	5
디지털	-	2	5	13	17	21	25	29	34	40	18.5
인쇄	72	80	94	100	110	115	120	122	122	122	2.1
극장광고	65	39	83	85	86	86	87	87	88	88	0.6
신문 광고	493	538	551	542	559	573	594	618	642	676	3.9
디지털	3	5	8	10	12	15	18	22	27	34	23.1
인쇄	490	533	543	532	547	558	577	596	615	642	3.2
라디오 광고	365	427	473	513	565	614	663	711	759	809	7.4
TV 광고	1,955	2,253	2,322	2,427	2,489	2,629	2,739	2,896	3,034	3,211	5.2
다중 채널	165	198	224	255	286	341	382	417	451	492	11.5
지상파	1,790	2,055	2,097	2,171	2,200	2,282	2,346	2,460	2,556	2,681	4
온라인TV	-	-	1	1	3	6	12	18	27	39	67.6
인터넷 광고	142	243	370	511	641	767	911	1,059	1,219	1,407	17
모바일	1	2	3	5	8	10	13	16	20	25	26.8
유선	141	242	367	506	634	757	898	1,043	1,199	1,382	16.9
옥외 광고	310	342	405	415	429	449	470	490	511	532	4.4
디지털	-	21	28	33	39	47	55	65	77	90	18.1
실물	310	321	377	381	390	403	415	425	435	442	2.5
게임 광고	5	6	8	9	11	12	13	15	16	18	11.5
산술합계[122]	3,980	4,517	4,930	5,261	5,576	5,951	6,327	6,748	7,160	7,651	6.5
합계	3,964	4,492	4,891	5,200	5,501	5,858	6,212	6,610	6,991	7,444	6.2

출처 : PwC(2014)

122) 산술합계에는 디렉토리 광고, 잡지 광고, 산업잡지 광고, 신문 광고의 디지털 광고와 온라인TV 광고, 지상파 라디오 온라인 광고가 인터넷 광고시장 규모에 포함되어 있어 합계에서는 중복되는 부분을 제외함

[그림 5-40] 멕시코 광고시장 규모 및 성장률, 2009 - 2018

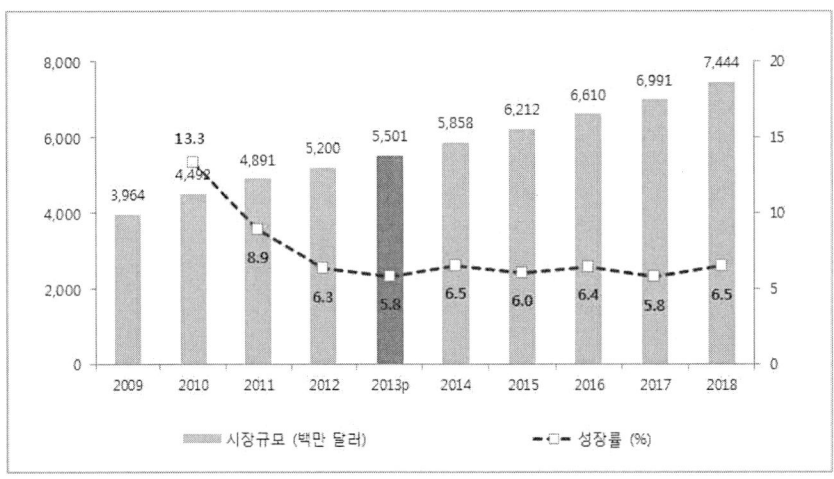

출처 : PwC(2014)

2013년 멕시코의 광고시장은 TV 광고가 2009년에 비해 규모가 작아졌는데 2018년에도 비중이 감소할 전망이다. 반면 인터넷 광고는 폭발적인 성장세를 보이며 2009년 3.6%였던 시장점유율이 2013년에는 11.5%의 시장점유율을 보여주었고 2018년까지 18.4%로 성장하여 TV 광고 다음으로 큰 광고시장 점유율을 보여줄 것으로 전망된다.

[그림 5-41] 멕시코 광고시장 분야별 비중 비교, 2009 vs. 2013 vs. 2018

출처 : PwC(2014)

가. TV 광고

　멕시코의 TV 광고시장은 멕시코에서 가장 큰 비중을 차지하고 있다. 2013년 멕시코의 TV 광고시장은 전년대비 2.6% 성장한 24억 8,900만 달러를 기록하였다. 멕시코의 TV 광고는 특히 다중 채널과 온라인TV에 의해 성장이 주도된 것에 비해 지상파TV 광고는 낮은 성장률을 보여주었다. 향후 멕시코의 TV 광고시장은 연평균 5.2%의 성장률을 보이며 2018년까지 32억 1,100만 달러의 시장으로 성장할 전망이다.

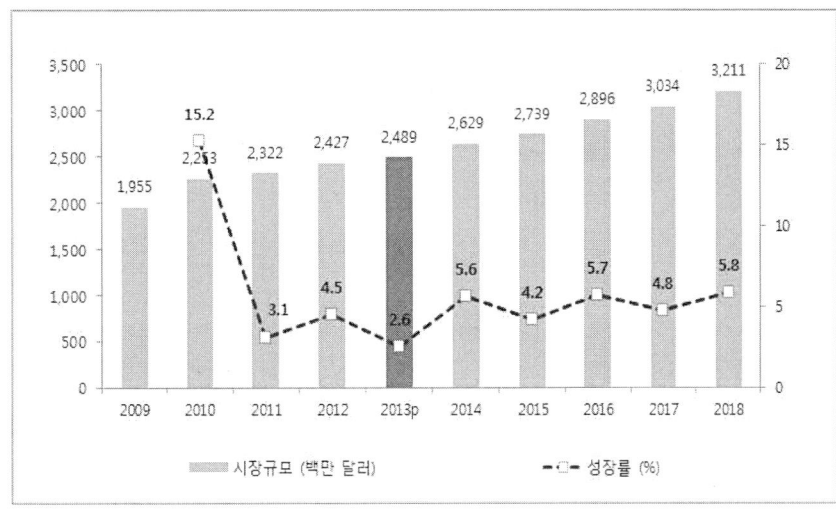

[그림 5-42] 멕시코 TV 광고시장 규모 및 성장률, 2009 - 2018

출처 : PwC(2014)

나. 인터넷 광고

　중남미에서 두 번째로 큰 규모를 형성하고 있는 멕시코 인터넷 광고시장은 2013년 전년대비 25.4% 성장한 6억 4,100만 달러로 집계되었다. 검색 광고시장은 인터넷 광고시장에서 40%의 점유율을 차지하며 성장을 주도했다. 폭발적인 성장세를 보이는 모바일 광고를 비롯해 디스플레이 광고와 비디오 광고 모두 높은 성장률을 보이고 있어 멕시코 인터넷 광고시장은 향후 5년간 연평균 17%의 성장률을 보이며 2018년까지 14억 700만 달러 규모로 성장할 것으로 보인다.

[그림 5-43] 멕시코 인터넷 광고시장 규모 및 성장률, 2009 - 2018

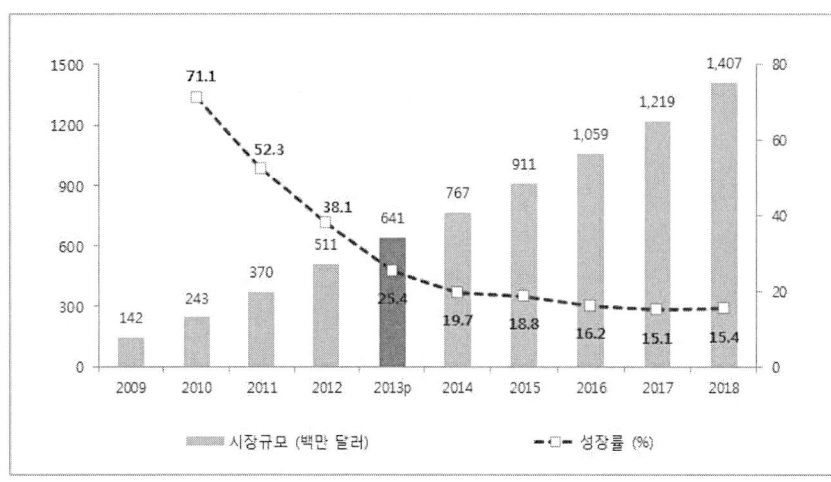

출처 : PwC(2014)

[표 5-13] 멕시코 인터넷 광고시장 규모 및 전망, 2009-2018

[단위 : 백만 달러, %]

구분	2009	2010	2011	2012	2013p	2014	2015	2016	2017	2018	2013-18 CAGR
모바일	1	2	3	5	8	10	13	16	20	25	26.8
유선	141	242	367	506	634	757	898	1,043	1,199	1,382	16.9
안내광고	39	57	75	112	141	163	191	226	267	315	17.4
디스플레이 광고	38	66	116	154	186	214	244	273	302	333	12.3
비디오	3	5	8	16	33	61	93	126	162	208	44.9
유료검색	61	114	167	224	274	319	369	419	469	526	14.0
합계	142	243	370	511	641	767	911	1,059	1,219	1,407	17.0

출처 : PwC(2014)

다. 신문 광고

멕시코 신문 광고시장은 500여 개가 넘는 신문사들이 경쟁을 하고 있어서 규모로 볼 때 매력적인 시장이라고 할 수 있다. 2013년 멕시코의 신문 광고시장은 전년대비 3.1% 성장한 5억 5,900만 달러로 집계되었다. 향후 신문 광고시장은 향후 5년간 3.9%의 성장세를 바탕으로 2018년까지 6억 7,600만 달러에 이를 전망이다.

[그림 5-44] 멕시코 신문 광고시장 규모 및 성장률, 2009-2018

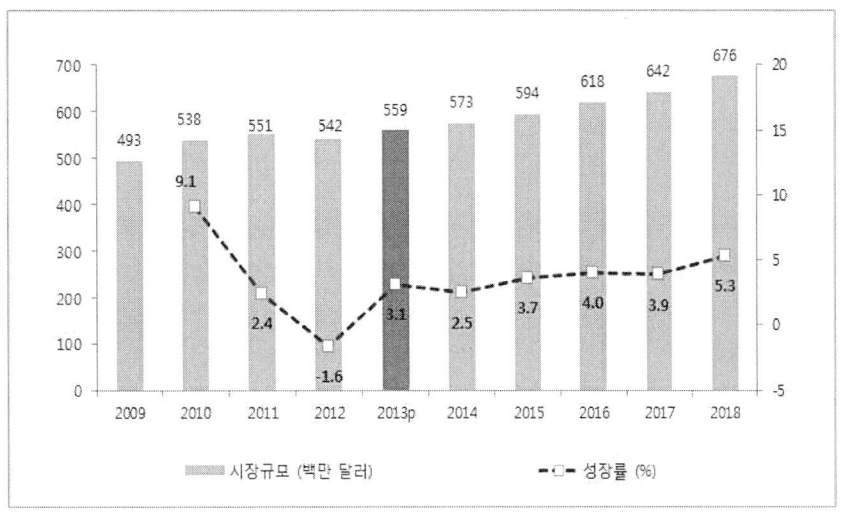

출처 : PwC(2014)

라. 옥외 광고

2013년 멕시코의 옥외 광고시장은 전년대비 3.4% 증가한 4억 2,900만 달러 규모를 기록하였다. 옥외 광고시장의 성장세는 멕시코의 경제성장과 실질 GDP에도 큰 영향을 미칠 것으로 예상되는데 약 10년 후면 멕시코의 옥외 광고시장은 전 세계에서 가장 큰 규모가 될 것으로 전망되고 있다. 디지털 옥외 광고 역시 큰 폭의 성장이 예상되고 있어, 전체 옥외 광고시장은 연평균 4.4%의 성장률로 2018년까지 5억 3,200만 달러 규모로 성장할 것으로 전망된다.

[그림 5-45] 멕시코 옥외 광고시장 규모 및 성장률, 2009-2018

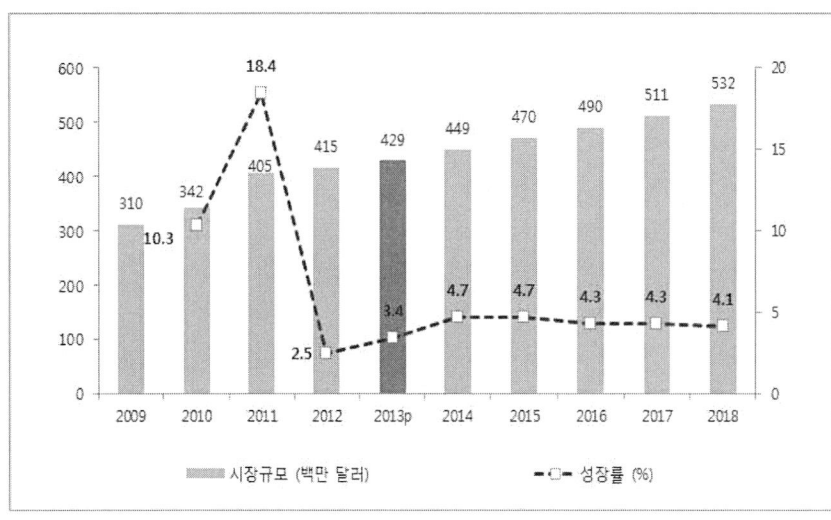

출처 : PwC(2014)

(9) 캐릭터·라이선스

2013년 멕시코의 캐릭터·라이선스시장은 전년대비 2.4% 성장한 13억 8,000만 달러 규모로 집계되었다. 멕시코의 텔레비사(Televisa)는 니켈로디온(Nickelodeon)과 합작으로 '닌자거북이(Ninja Turtle)'와 'Dora the Explorer'를 출시하여 상당한 성공을 거두면서 텔레비사는 50개 국가에 옷, 가구, 건강·뷰티 아이템 등을 라이선스하여 수익을 올렸다. 향후 멕시코의 캐릭터·라이선스시장은 5년간 연평균 4.59%의 성장률을 보이며 2018년까지 17억 2,700만 달러 규모로 성장할 전망이다.

[표 5-14] 멕시코 캐릭터·라이선스시장 규모 및 전망, 2009-2018

[단위 : 백만 달러, %]

구분	2009	2010	2011	2012	2013p	2014	2015	2016	2017	2018	2013-18 CAGR
캐릭터·라이선스	1,280	1,360	1,290	1,347	1,380	1,459	1,528	1,596	1,661	1,727	4.59

출처 : EPM(2013, 2014), PwC(2014)

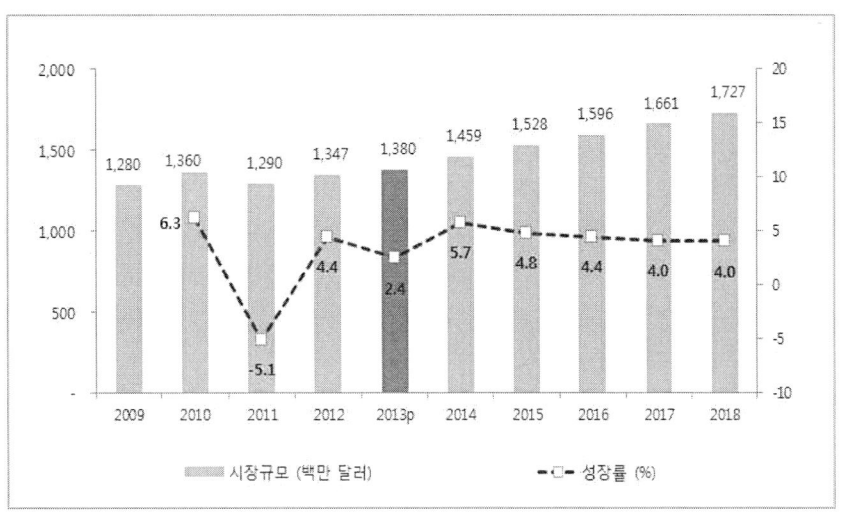

[그림 5-46] 멕시코 캐릭터·라이선스시장 규모 및 성장률, 2009-2018

출처 : EPM(2013, 2014), PwC(2014)

2009년 가장 높은 점유율을 보여준 엔터테인먼트·캐릭터는 2013년 소폭 감소세를 보여주었으나 여전히 35.1%의 점유율로 가장 높은 캐릭터 라이선스의 비중을 보여주었다. 스포츠, 패션, 상표, 예술, 기타 부문도 마찬가지로 2013년까지 비슷한 점유율을 유지할 것으로 전망된다.

[그림 5-47] 멕시코 캐릭터·라이선스 부문별 시장 비중 비교, 2009 vs. 2011 vs. 2013

출처 : EPM(2013, 2014), PwC(2014)

[표 5-15] 멕시코 캐릭터·라이선스 분야별 시장 규모, 2009-2013

[단위 : 백만 달러, %]

구분	2009		2011			2013		
	시장 규모	비중	시장 규모	비중	증감율	시장 규모	비중	증감율
엔터테인먼트/캐릭터	470	36.7	450	34.9	△4.3	484	35.1	7.6
스포츠	80	6.3	88	6.8	10.0	91	6.6	3.4
패션	340	26.6	370	28.7	8.8	382	27.7	3.2
기업브랜드/상표	100	7.8	110	8.5	10.0	115	8.3	4.5
예술	60	4.7	60	4.7	-	63	4.6	5.0
기타	230	18.0	212	16.4	△7.8	245	17.8	15.6
합계	1,280	100.0	1,290	100.0	0.8	1,380	100.0	7.0

출처 : EPM(2013, 2014), PwC(2014)

멕시코의 제품별 라이선스 판매 비중은 의류·신발·잡화가 2013년 기준 42.2%로 가장 높았고 게임·완구 12.9%, 문구·제지 7.7% 순의 비중을 보여주었다. 기타 부문은 22.1%로 대단히 높은 시장 비중을 보여주었다. 2009년 이래로 기타 부문의 비중이 변화한 것 외에 제품별 시장 비중의 변화는 없었다.

[그림 5-48] 멕시코 캐릭터·라이선스 제품별 시장 비중 비교, 2009 vs. 2011 vs. 2013

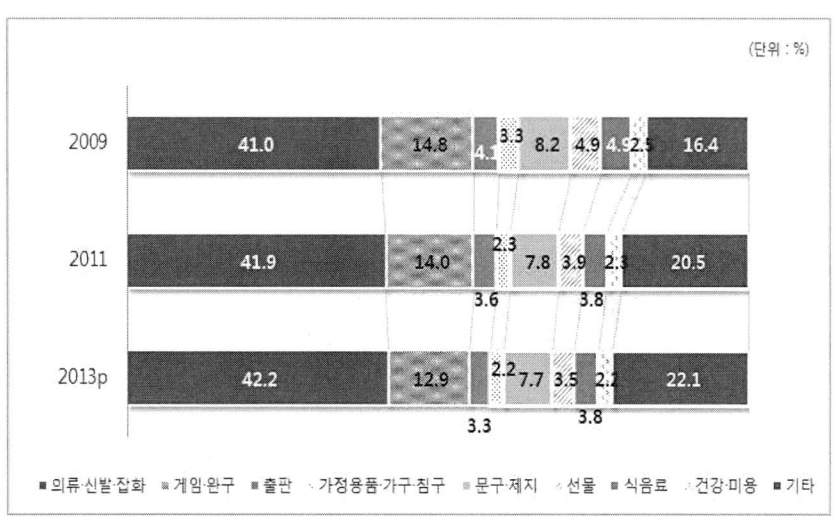

출처 : EPM(2013, 2014), PwC(2014)

[표 5-16] 멕시코 캐릭터·라이선스 제품별 시장 규모, 2009-2013

[단위 : 백만 달러, %]

구분	2009 시장 규모	2009 비중	2011 시장 규모	2011 비중	2011 증감율	2013 시장 규모	2013 비중	2013 증감율
의류·신발·잡화	500	41.0	540	41.9	8.0	583	42.2	8.0
게임·완구	180	14.8	180	14.0	0.0	178	12.9	△1.1
출판	50	4.1	47	3.6	△6.0	46	3.3	△2.1
가정용품·가구·침구	40	3.3	30	2.3	△25.0	31	2.2	3.3
문구·제지	100	8.2	100	7.8	0.0	107	7.7	7.0
선물	60	4.9	50	3.9	△16.7	49	3.5	△2.0
식음료	60	4.9	49	3.8	△18.3	52	3.8	6.1
건강·미용	30	2.5	30	2.3	0.0	30	2.2	0.0
기타	200	16.4	264	20.5	32.0	305	22.1	15.5
합계	1,220	100.0	1290	100.0	5.7	1380	100.0	7.1

출처 : EPM(2013, 2014), PwC(2014)

(10) 지식정보

2013년 멕시코의 지식정보시장은 인터넷접근시장과 전문서적의 디지털 부문이 큰 폭으로 성장하면서 전년대비 17.9% 성장한 95억 9,700만 달러의 시장 규모를 기록하였다.

전문서적과 산업잡지의 디지털 부문의 성장세가 대단히 높았는데 이는 경제가 회복되면서 새로운 사업을 구상하는 진입 단계에서 기업의 정보와 현황에 대한 수요가 높아졌기 때문으로 보인다.

인터넷접근시장의 모바일 부문 역시 높은 성장률을 기록하였는데 구글의 안드로이드와 모질라의 파이어폭스 소프트웨어를 이용하는 스마트폰이 낮은 가격으로 출시된 것에 힘입은 것으로 보인다. 향후 멕시코의 지식정보시장은 5년간 연평균 8.4%의 상승세를 유지하여 2018년까지 143억 6,800만 달러 규모로 성장할 전망이다.

[표 5-17] 멕시코 지식정보시장 규모 및 전망, 2009-2018

[단위 : 백만 달러, %]

구분	2009	2010	2011	2012	2013p	2014	2015	2016	2017	2018	2013-18 CAGR
비즈니스정보	723	710	724	744	759	776	790	807	825	844	2.1
디렉토리 광고	330	322	312	318	319	319	319	319	317	314	△0.3
디지털	13	15	18	21	23	26	30	33	37	42	12.6

[단위 : 백만 달러, %]

구분		2009	2010	2011	2012	2013p	2014	2015	2016	2017	2018	2013-18 CAGR
인쇄		316	307	294	297	296	293	290	285	280	273	△1.6
전시회		238	246	263	272	286	298	311	325	340	357	4.5
전문서적		178	189	196	202	209	216	223	231	240	250	3.6
디지털		0	4	8	12	16	21	27	34	41	50	25.3
인쇄		178	185	188	190	193	195	196	198	199	200	0.7
산업잡지		83	94	110	123	135	144	152	158	163	167	4.4
	광고	72	82	100	114	127	136	145	151	156	161	5
	디지털	-	2	5	13	17	21	25	29	34	40	18.5
	인쇄	72	80	94	100	110	115	120	122	122	122	2.1
	구독	11	11	10	9	8	8	7	7	6	6	△6.5
	디지털	-	-	-	-	-	-	-	-	-	1	-
	지면	11	11	10	9	8	8	7	6	6	5	△8.3
인터넷접근		3,219	4,620	5,356	6,483	7,889	8,888	9,743	10,610	11,486	12,436	9.5
모바일		1,166	1,893	2,176	2,828	3,730	4,365	5,062	5,810	6,593	7,464	14.9
고정브로드밴드		2,053	2,727	3,180	3,655	4,159	4,523	4,681	4,800	4,893	4,972	3.6
합계		4,771	6,181	6,961	8,142	9,597	10,641	11,538	12,450	13,371	14,368	8.4

출처 : PwC(2014)

[그림 5-49] 멕시코 지식정보시장 규모 및 성장률, 2009-2018

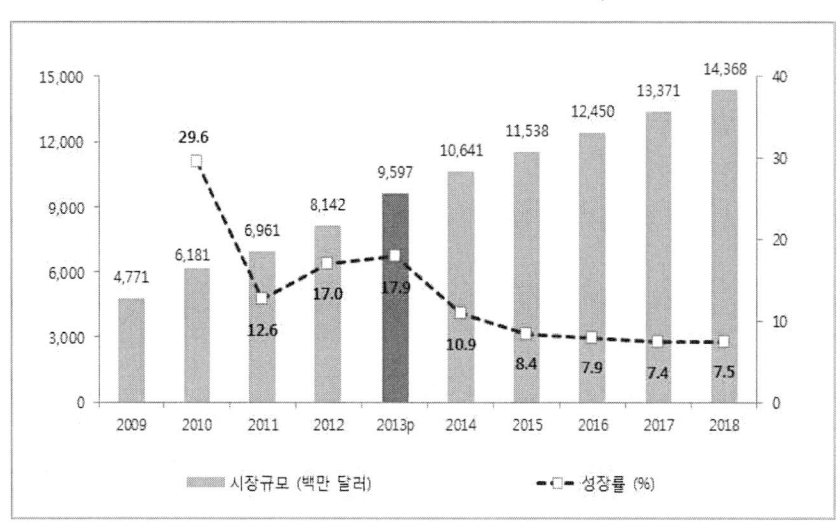

출처 : PwC(2014)

2013년 인터넷접근시장은 82.2%의 점유율을 보이면서 2009년에 이어 지식정보시장에서 최고 높은 시장점유율을 보였다. 유·무선 인터넷 인프라가 구축됨에 따라 인터넷접근시장은 더욱 성장하여 2018년에는 86.6%의 점유율로 전체 시장을 주도할 것으로 보인다. 반면 그 외의 시장들은 상대적으로 그 비중이 줄어들 것으로 보인다. 2013년 비즈니스 정보시장의 점유율은 2009년의 절반 수준으로 하락하였으며 디렉토리 광고시장과 전시회시장도 같은 경향을 보였다. 이러한 추세는 2018년까지 이어질 것으로 전망된다.

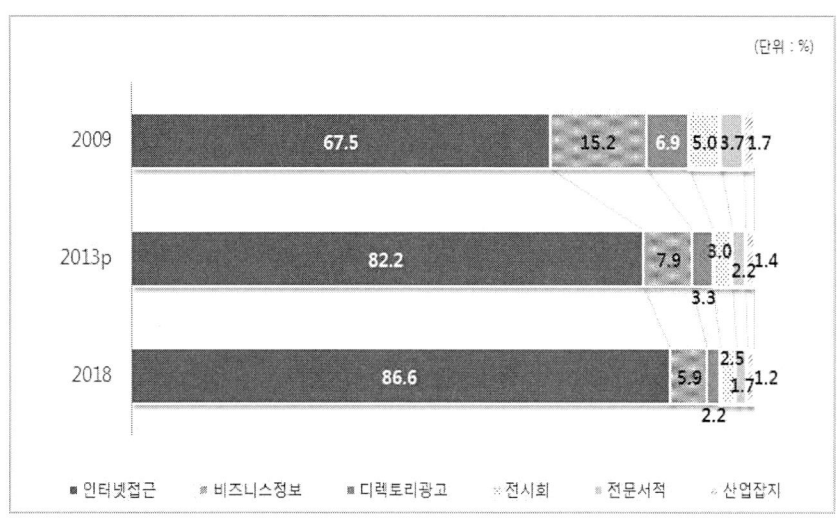

[그림 5-50] 멕시코 지식정보시장 분야별 비중 비교, 2009 vs. 2013 vs. 2018

출처: PwC(2014)

가. 인터넷접근

2013년 멕시코의 인터넷접근시장 규모는 전년대비 21.7% 상승한 78억 8,900만 달러로 집계되었다. 2013년 멕시코정부는 새롭게 방송통신규제기구 연방이동통신협회(Instituto Federal de Telecomunicaciones: IFT)의 설립을 허가했다. IFT는 업체의 자산매각과 사업 허가권의 취소, 네트워크와 인프라 공유 등을 조율할 수 있는 권한을 통해 자국의 인터넷 발전을 저해하는 인터넷과 TV 방송시장의 독점 행위에 대한 단속에 나선다. 이에 따라 멕시코는 통신시장의 경쟁을 통한 속도의 개선과 가격의 효율성을 고려할 수 있게 될 것으로 보인다. 멕시코의 인터넷접근시장은 향후 5년간 연평균 9.5%의 성장률로 2018년까지 124억 3,600만 달러 규모에 이를 것으로 전망된다.

[그림 5-51] 멕시코 인터넷접근시장 규모 및 성장률, 2009-2018

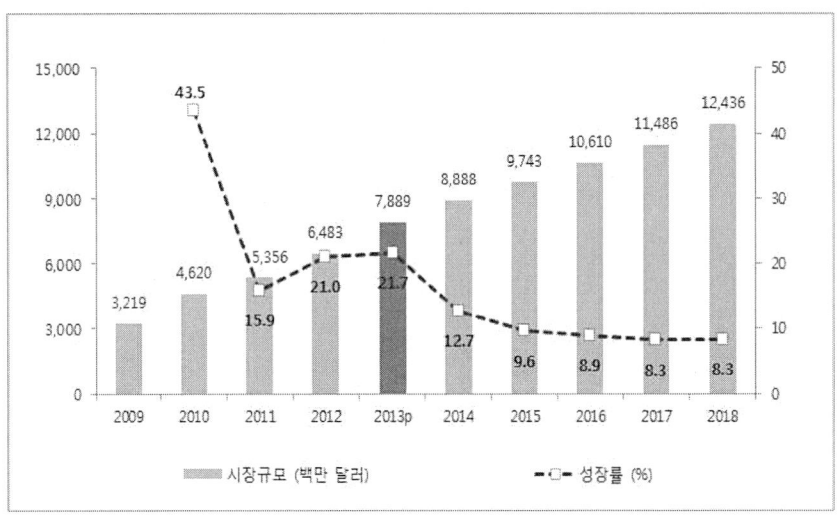

출처 : PwC(2014)

나. 전문정보[123]

2013년 멕시코의 전문정보시장은 전년대비 3.0%의 성장률을 보이면서 17억 800만 달러의 시장 규모를 형성하였다. 멕시코는 미국과 국경이 인접해 있고 접근성이 매우 좋아 미국기업에게 매력적인 시장이다. 게다가 임금이 낮은 편이어서 북미와 중남미를 동시에 공략할 수 있는 생산기지 건설을 위한 최적의 위치이기도 하다. 이처럼 미국과 중남미를 연결하는 교두보로서 지리적 이점을 가진 멕시코의 전문정보시장은 2018년까지 19억 3,200만 달러의 규모에 이를 것으로 전망된다.

---

123) 전문정보시장은 인터넷접근을 제외한 지식정보시장(비즈니스 정보, 디렉토리 광고, 전문서적, 산업잡지, 전시회)을 의미함

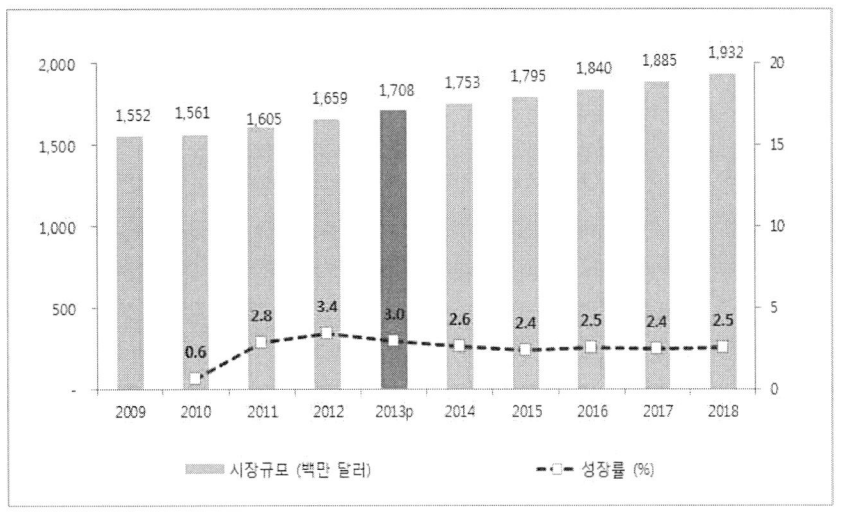

[그림 5-52] 멕시코 전문정보시장 규모 및 성장률, 2009-2018

출처 : PwC(2014)

3) 주요 이슈 및 트렌드

(1) 출판

가. 스페인어책 출판사 오세노의 전자책시장 진출

스페인어책 출판사 오세노(Groupo Oceano)가 2014년 7월에 남미의 전자출판시장 진출을 위하여 멕시코에 다양한 콘텐츠의 전자책을 출시하였다. 오세노는 아동, 소설, 종교 등 다양한 분야에 걸쳐 300여 종이 넘는 도서를 전자책으로 출판한다. 오세노 출판사는 영어 서적시장의 경우 글로벌 출판사들에 의해 전자책 시장이 포화상태를 맞이하였지만 남미 스페인어 권역은 전자책 출판이 전체 인쇄 출판시장의 1~2% 수준이기 때문에 성장 가능성이 높다고 보고 있다. 특히, 멕시코가 향후 아르헨티나나 칠레와 같은 기타 남미 국가로 전자출판시장을 확대할 수 있는 중요한 역할을 할 것으로 보고 멕시코시장 진출에 박차를 가하고 있다.[124]

---
124) Publishingperspectives, Oceano Moves Into ebooks Mines Smaller Spanish Markets, 2014. 7. 8.

나. 과달라하라 도서전, 도서 주문 판매액 4천만 달러 돌파

2013년 11월 30일부터 12월 8일까지, 9일간 멕시코시에서 개최된 '제27회 과달라하라 국제 도서전(Guadalajara International Bookfair)' 중에 출판계의 전문가를 위한 기간인 3일 동안 출판사와 서점, 그리고 독자 등이 맺은 계약액이 총 4천만 달러에 이른 것으로 알려졌다. 계약액의 비중을 자세히 살펴보면, 도서 직판 소매가 40%, 배급업자와 서점, 그리고 도서관 대상 도매는 50~60%, 저작권 직판은 10%였다. 도서전 개최 기간 동안의 소매 도서 판매량은 멕시코 전국 1개월간의 총 판매량에 육박한다. 특히, 한국의 여원미디어는 과달라하라 국제 도서전에서 수주한 멕시코와 브라질에 그림책 8종 32만 2,000부의 저작권 수출 계약을 최종 체결한 것으로 알려졌다. 이에 따라 여원미디어는 2011년부터 2014년까지 멕시코와 브라질 초등학교에 부교재용 도서 132만 부를 수출하는 기록을 세웠다. 중남미지역 단일 시리즈 수출 부수로는 최고 기록이다.[125]

다. 멕시코 출판시장, 시와 원주민 문학에 대한 관심 증가[126]

2013년 8월 멕시코 북동부의 코아일라(Coahuila)주(州)에서 '제1회 마누엘 아쿠냐(Manuel Acuña) 국제 시 축제'가 개최되었다. 코아일라주의 살티요시에서 개최된 축제는 1849년에 코아일라의 수도인 살티요(Saltilio)시에서 출생한 시인 마누엘 아쿠냐의 140 주기를 기념하기 위한 것으로, '시를 통하여 폭력을 이겨내고 예술적 감수성으로 사회를 바꾸기'를 축제의 주제로 삼아 현대시를 일반인에게 친숙하게 하는 것이 축제의 주요 목표이다. 이 축제에서는 낭독회 외에도 시낭독, 워크샵 등 다양한 행사를 진행하였으며, 전통적인 시나 실험적인 시 등 각종의 시 분야에서 활동하는 40여 명의 시인들이 축제에 참가하였다. 또한 2013년 9월 멕시코시티 국립인류학박물관(Museo Nacional de Antropología, MNA)에서 개최된 '제25회 인류학·역사 도서전(Feria del Libro de Antropología e Historia, FLAH)'에서 시를 중심으로 한 원주민 언어 문학을 널리 보급하기 위한 출판 프로젝트가 발표되었다. '멕시코의 현대 원주민어 시'라는 주제와 '오랜 뿌리, 새 목소리'라는 부제의 문집으로 사포텍어, 소께어, 촐어 등 다양한 언어로 쓴 시가 수록된 도서 5권과 CD 5장을 포함한다. 멕시코의 공용어인 스페인어를 이용하는 인구는 전체의 97%이며, 약 67개의 원주민어가 공존한다. 원주민어를 이용하는 인구는 820만 명이다. 원주민 문학이 멕시코의 출판 무대에 나서기 시작한 것은 20여 년 전이지만, 멕시코의 대형출판사 '플루라리아 에디이오네스(Pluralia Ediciones)'의 이 문집 출간 프로젝트의 목적은 현재까지 거의 보급되지 않은 원주민 여성문학을 널리 알리려는 것이다. 이 시집의 수록된 시들은 특히 원주민 조상의 지식과 신화 그리고 현재 원주민의 생활과 그 문제 등을 집중적으로 다루고 있다.

---

[125] 스포츠조선, 여원미디어, 전 세계 40여 국에 400여 종의 그림책 수출, 2014.01.28
[126] 한국출판문화산업진흥원, 해외출판동향, 2013. 10. 10

(2) 음악

2014년 멕시코는 중남미 국가 중 가장 많은 디지털 음악 플랫폼을 제공하는 국가로 나타났다. 멕시코에서 제공되는 디지털 음악 플랫폼은 총 28개로 브라질의 19개, 아르헨티나의 13개, 칠레의 10개보다 많았다. 디지털 다운로드를 통한 2013년의 수익은 2012년과 비교하여 21.95% 성장한 8억 9백만 페소였다. 멕시코에서 가장 많은 수익을 올린 디지털 음악 제공업체는 스포티파이(Spotify), 구글 플레이(Google Play), 디저(Deezer), 알디오(Rdio)였으며 이들은 멕시코 디지털 음반시장의 47.9%를 차지했다.[127]

(3) 게임

가. 신흥 게임시장으로 성장하는 멕시코

멕시코의 게임시장은 미국과 남미 브라질과 비교하여 작은 규모로 여겨져 왔다. 그러나 멕시코는 중남미 2번째의 비디오 게임시장이고 1,600만 명의 게이머들이 게임 관련 제품의 구입을 위하여 1년에 10억 달러를 소비하는 것으로 타나났다.

멕시코 게임 소비자들의 연간 수입은 미국 일본보다 낮은 편에 속한다. 게임 전문 리서치업체 뉴주(Newzoo)에 의하면 멕시코 사람들이 게임 구입을 위하여 소비하는 금액은 미국의 57% 수준인 것으로 나타났다.[128] 하지만 미국의 1인당 국내 총생산이 5만 3,143달러이고 멕시코의 1인당 국내 총생산이 1만 307달러인 것을 감안하면[129] 멕시코 게이머들의 수입 대비 지출은 미국인의 두 배 이상이라는 결과를 보여주었다.

멕시코가 새로운 게임시장으로 성장하자 남미에서 가장 큰 온라인 게임회사 '보아 컴프라(UOL BoaCompra)'는 멕시코시장에 진출 할 것임을 알렸다. 보아컴프라는 멕시코의 게임시장은 영화와 음반시장을 합한 것보다 큰 12억 달러 이상의 가치를 지니고 있으며 매년 게임에 대한 소비자의 지출이 30%씩 증가하고 있다고 밝혔다. 2014년 현재 170여개의 게임개발사가 보아 컴프라를 통해 남미지역에 게임을 제공하고 있다.[130]

---

127) AMPROFON, Ecommerce Mexico leads Latin American music, 2014. 2. 24.
128) Boacompra.eu, The Rise of Mexico's Game Market, 2014. 1. 21.
129) The World Bank Group, GDP per capita(current US$), 2014.
130) BoaCompra a UOL Company, UOL BoaCompra Expands to Mexico, 2014. 9. 3.

나. 멕시코 웨어러블 게임시장[131]

게임로프트(Gameloft), 미디어텍(Mediatek)과 같은 글로벌 게임업체들은 이미 웨어러블 게임의 장점과 가능성을 감지하고 이 분야에 눈을 돌리고 있으며, Woven E-Wearable[132] 플랫폼기반 개발자들도 웨어러블 게임시장에 동참하려는 행보를 보이고 있다.

웨어러블기기를 게임에 도입하겠다고 공식 선언한 미디어텍과 게임로프트는 'Danger Dash'를 미디어텍의 링킷(LinkIt) 플랫폼을 이용해 웨어러블 단말에 맞게 최적화할 예정이라고 밝혔다.

또한 'Woven E-Wearable' 플랫폼을 개발한 패트릭 커슨(Patrick Kersten)과 크리스티안 리븐(Christiaan Ribbens)은 스마트 의류를 리모트 컨트롤로 활용하는 어드벤처 게임인 'Spooky'를 개발하였다.

이와 관련해 멕시코 자치 기술대학(ITAM)의 리디아 프라소니(Lidia Frazoni) 컴퓨터 엔지니어링 학부장은 웨어러블 기술의 진화에 따라 향후 2~3년 이내에 웨어러블 게임의 상용화가 이루어질 것이며 게임산업의 주요 부가가치 창출원이 될 것으로 전망하고 있다.

한편, 멕시코 시장조사기관인 더컴페티티브인텔리전스유닛(The Competitive Intelligence Unit)은, 멕시코 게임시장 규모는 150억 페소로, 멕시코 게이머들의 경제수준은 중산층이 대부분이고, 웨어러블기기가 상용화될 경우 구매력을 가지고 있는 게이머들이 많을 것으로 전망하고 있다.

다. 멕시코, 중남미 디지털 게임개발 선도

2012년 창립한 멕시코 소재 게임업체 엘리베이터 게임즈(Elevator Games)는 현재 자체 개발한 iOS용 최신작인 'Celleste'를 홍보하고 있다. 'Celleste'는 게이머가 보유한 능력에 따라 다양한 전략을 이용하여 다양한 행성의 암소를 구하는 내용으로 수수께끼와 액션을 혼합한 3D 게임이다. 엘리베이터 게임즈는 게임 출시 과정에서 재원 조달 및 배급 채널 확보 등 여러 가지 난제에 부딪혔으나, 재원은 페이스북(Fac전자책) 기반 게임인 'Panadería Bimbo'의 모바일 버전 출시를 통해 조달하는 방식으로 돌파구를 마련하였다.

엘리베이터 게임즈의 창시자인 스테파니 프라다노비치(Stephanie Prodanovich)에 따르면, 2D 게임의 평균 개발 비용이 20만 페소 수준이지만, 3D 게임의 경우 고도의 디자인 전문가가 필요하고 개발에 더 많은 시간이 걸리기 때문에 30~40만 페소 정도가 소요된다고 밝혔다.

유카탄(Yucatán)주 메리다(Mérida)에 위치한 게임업체인 팻판다(Fat Panda)는 개발자들도 즐기고 싶을 만큼 재미있는 게임을 개발하여 해외 시장에서 인정받는 것을 목표로 하고 있으며, 현

---

131) 한국콘텐츠진흥원, 글로벌 게임산업 트렌드, 2014. 8. 제1호
132) 독일의 의류 디자인과 및 게임 디자인과 석사과정 학생 2명이 콜라보레이션으로 개발한 웨어러블 게임 플랫폼으로, 스마트 의류를 입고 게임을 플레이할 경우 실재감과 몰입감을 제공하는 것이 특징

재까지 가장 주목받은 작품에는 다양한 레벨의 3D의 세계를 극복해야 하는 2D 캐릭터가 주인공인 게임 'Flatman'이 있다.

2010년 11월 설립된 게임개발 및 퍼블리셔인 카라키타 게임즈(Caraquita Games)는 '성공적인 게임업체로 거듭나기'라는 로컬 콩쿠르에서 자체 개발작인 'Vacaciones en Babilonia'로 10위 안에 입상하면서 알려지게 되었다. 카라키타 게임즈는 제품군을 스마트폰용 게임으로 확대하기 위해 터치스크린 기반 게임개발을 시작한 것으로 알려졌다. 카라키타 게임즈의 홈페이지에서는 괴한들이 주인공의 목숨을 앗아가기 전에 저택에서 탈출해야 한다는 내용의 'Duke Returns', 혹한의 섬에서 하룻밤을 견뎌야 하는 내용의 'Survival Island' 등 다양한 게임의 데모 버전을 무료로 다운로드할 수 있다.

이멀젼 게임즈(Immersion Games)는 콜롬비아에서 처음 설립되었으나 현재 멕시코 과달라하라에 근거지를 두고 있으며 셀팩터(Cellfactor)와 'Combat Training', 'Cellfactor: Revolution', 'Monster Madnes', 'Cellfactor: Psychokinetic Wars' 등을 공동 제작하였다. 이멀젼 게임즈의 성공은 AAA급 게임으로 프로레슬링을 모티브로 한 세계적인 대작 'Lucha Libre AAA 2010: Héroes del Ring' 및 자체 개발하여 등록한 3건의 신규 IP 때문으로 분석하고 있다.

(4) 영화

가. 제 2의 멕시코 영화 황금기

최근 10년간 멕시코 영화의 성장세가 두드러지고 있다. 2013년 멕시코 영화는 총 126편이 제작되었는데(순수 자국제작, 개봉 영화는 101편) 다수의 작품들이 국제 영화 페스티벌에서 수상하고 전 세계 41개 국가에서 개봉되었다.[133] 2014년에도 알폰소 쿠아론(Alfonso Cuaron)감독은 영화 그래비티(Gravity)로 86회 미국 아카데미 편집상, 감독상을 수상하였고 71회 골든 글러브에서도 최고 감독상을 받았다. 엠마뉴엘 루베즈키(Emmanuel Lubezki)촬영 감독도 그래비티를 통해 67회 영국 아카데미 시상식과 86회 미국 아카데미 시상식에서 촬영상을 수상하였다. 2013년 개봉한 어메이징 캣피시(The Amazing Catfish)는 토론토 국제 영화제에서 해외 작품상을 수상하였고 샌프란시스코 필름 페스티벌에서도 신예감독상을 수상하였다.[134]

---

133) Statistical yearbook of Mwxican cinema, Mexican films released between 1910 and 2013, 2013.
134) North American congress on Latin America, Guadalajara Takes New Leading Role in Mexican Film, 2014. 7. 29.

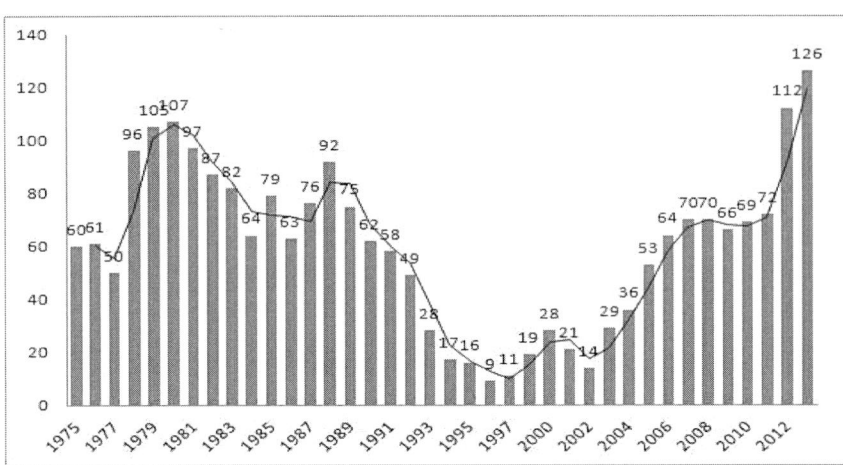

[그림 5-53] 멕시코 자국 영화제작 편수

출처: Statistical yearbook of Mwxican cinema, 2013.

멕시코 영화는 양적인 면에서도 크게 성장하였는데 할리스코(Jalisco)주에서 열린 29회 과달라하라(Guadalajara) 영화 페스티벌에 할리우드의 IM Global, AG Studio와 폭스 인터내셔널(Fox international)등이 행사에 참여하여 큰 관심을 보였다. 멕시코는 2013년 9억 160만 달러의 매출을 올리면서 전 세계 10대 영화시장으로 발돋움하였고 2013년은 영화 관람객이 멕시코 전체 인구의 두 배인 2억 5,700만 명으로 증가하였다.[135] 상영관의 수 역시 증가하였는데 2014년 4월 현재 299개의 극장 2,754개 상영관에 추가로 158개의 상영관과 129개의 해외 영화 상영관을 2014년 말까지 증설하기로 하였다.[136]

---

135) Variety, Guadalajara Fest Spotlights Growing Industry as Hollywood Takes Notice, 2014. 3. 20
136) ScreenDaily, Mexico: taking off, 2014. 4. 2.

[그림 5-54] 멕시코 영화 관람객 수 추이, 2006-2013

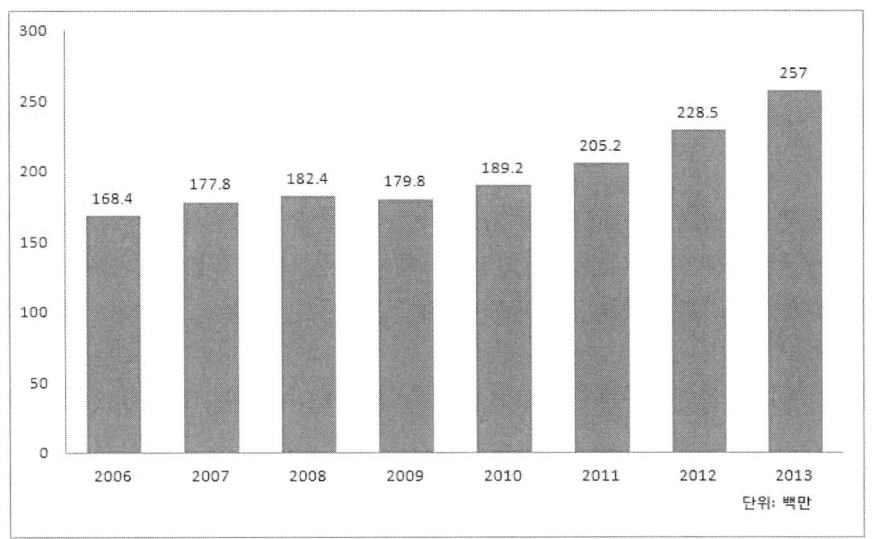

출처: Rentrak, 2013. 12.

나. 자국 영화 관객 수의 증가

2012년 자국 영화 관람객이 700만 명으로 자국 영화의 점유율이 유통과 배급 문제로 인하여 감소할 것으로 예상137)되었으나 2014년 자국 영화를 관람하는 관객의 수가 크게 증가하였는데 2014년 1분기에만 800만 명 이상이 자국 영화를 관람한 것으로 나타났다. 이러한 수치는 10년 평균 관객 수와 비교하였을 때 3배 이상 높은 수치이다. 또한 이러한 트렌드가 지속된다면 2013년 기록한 3,000만 명의 관람객을 넘어설 것으로 보인다.138) 멕시코의 영화제작을 위한 세금감면 제도가 멕시코 영화산업의 성장에 큰 몫을 한 것으로 나타났다. 세금감면 덕분에 영화제작을 위한 평균 예산이 2,220만 페소로 증가하였고 2013년 41개의 영화가 혜택을 받았다. 139)

다. 어린이 관객을 위한 전용관 개관

늘어나는 영과 관람객 수는 다양한 연령층에 영향을 미쳤는데 멕시코의 시네폴리스는 2014년 어린이 전용관을 개관하였다. 영화관을 방문하는 관객 중 50%이상이 가족과 함께 영화를 관람하

---

137) 한국콘텐츠진흥원, 해외콘텐츠시장 동향조사 (2권-미주:멕시코), 2013. 12. 31.
138) Newslinereport.com, Mexican Cinema reaches 8 million viewrs, 2014. 3. 21.
139) Variety.com, Tax Film Finance Builds Around the World, 2014. 9. 23.

는 것으로 나타났으며 6~10%의 고객은 어린이였다. 어린이 전용 상영관이지만 부모가 함께 입장을 해야 하며 상영관내에 준비되어 있는 어린이용 놀이시설을 영화를 관람하면서 즐길 수 있게 준비해 놓았다. 어린이 전용 상영관이지만 일반 상영관과 마찬가지로 디지털 스크린, 돌비 사운드 등 최신 시설이 구비되어 있다. 시네폴리스의 어린이 전용관 개관은 성공적이어서 앞으로 시네폴리스의 다른 지점에도 추가적으로 11개관을 어린이 전용 극장으로 만들 예정이다.

(5) 애니메이션

가. 멕시코 애니메이션 업계, 장편보다 단편 제작에 치중

멕시코 애니메이션은 제작 편수가 많지 않다. 2013년 멕시코에서 제작된 장편 영화는 126 작품이지만 이 중 장편 애니메이션은 단 한 작품에 불과하다.[140]

[표 5-18] 멕시코 장편 영화 장르 별 제작 현황 (2013)

장르	제작 (편)
픽션	93
다큐멘터리	30
애니메이션	1
TV 영화	2
여성 감독 제작 영화	22
여성 감독이 제작한 영화 중 개봉된 영화	13
남성 감독이 제작한 영화 중 개봉된 영화	63

출처 : 멕시코 영화진흥원 (IMCINE)

이에 대해, 멕시코 영화진흥원은 장편 애니메이션을 제작하기에는 현재 어려운 환경이라고 지적하고 있다. 장편 애니메이션 제작은 기본적으로 높은 비용과 시간이 필요하며 애니메이션에 특화된 고급 기술을 보유한 스탭이 있어야 한다. 멕시코 영화진흥원은 이러한 조건들 때문에 프로듀서와 감독들이 애니메이션 작업을 하려하지 않는다고 전하고 있다.

반면, 단편 애니메이션은 장편에 비해 몇 십 배나 많이 제작되고 있다. 멕시코 영화진흥원의 보고서에 따르면, 2013년 제작된 단편 영화는 총 360작품이며 이 중 애니메이션은 41편이다.

---

140) IMCINE, Mexican Cinema 2013, 2013.07

[표 5-19] 멕시코 단편 영화 장르 별 제작 현황 (2013)

장르	제작 (편)
픽션	254
다큐멘터리	65
애니메이션	41

출처 : 멕시코 영화 진흥원 (IMCINE)

장편에 비해 단편 영화가 많이 제작되는 것은 제작에 큰 제약이 없기 때문이기도 하지만, 무엇보다도 멕시코 영화진흥원의 꾸준한 지원이 있기에 가능한 것으로 보인다. 1994년에 단편 애니메이션 '영웅 (El héroe)'이 칸영화제에서 황금종려상을 수상한 이후, 이를 계기로 멕시코 영화진흥원은 단편 애니메이션에 대한 지원을 기획하게 되었다.[141]

한편, 최근 애니메이션 트렌드에서 주목할 점은 3D 애니메이션의 등장이다. '엘 아메리카노: 더 무비(El Americano: The Movie)'는 멕시코 애니메이션 스튜디오 '아니멕스 프로덕션(Animex Produccions)'이 미국의 애니메이션 영화제작사 필름 로만(Film Roman)과 에드워드 제임스 올모스(Edward James Olmos) 프로덕션과 함께 풀 3D 애니메이션으로 제작하기로 하여 주목을 끄는 작품이다. 이 애니메이션은 멕시코와 미국이 처음으로 제작하는 합작 영화 애니메이션이자 멕시코 최초 3D 애니메이션으로 기록될 것이다.

Puebla 국제 영화제의 오프닝 작품으로 선정되기도 했던[142] 이 작품은 2015년 3월 미국과 멕시코의 1,200개 상영관에서 동시 개봉을 목표로 하고 있다. 다음은 멕시코 영화 진흥원에서 발표한 '시네마 멕시코 프로덕션(Cinema Mexico Productions) 2012-2014'에서 발췌한 멕시코 애니메이션 일람이다.

장편 애니메이션은 컴퓨터 그래픽을 앞세운 애니메이션이 주류를 이루고 있으나, 단편 애니메이션은 다양한 스토리와 기법으로 표현한 실험적인 작품들이 다수를 차지하고 있는 것을 알 수 있다. '카산 미디어 그룹(Kaxan Media Group)'의 제작자인 '리카르도 고메즈 퀴노네스(Ricardo Gómez Quiñones)'는 멕시코의 경우, 다른 나라와 비교할 때 재정적인 면에서는 차이가 있지만, 기술력과 창의성에 있어서는 뒤지지 않으며 비용 대비 수준면에서는 멕시코만의 장점이 있다고 설명했는데,[143] 이 같은 힘은 다양한 단편 애니메이션 제작에서 나오는 것으로 보인다.

---

141) 영화진흥위원회, 멕시코의 애니메이션영화산업동향, 2011.08
142) Desired animations, Mexican Filmmakers Struggle to Open Spaces for Animated Film, 2013.09.30
143) Desired animations, Mexican Filmmakers Struggle to Open Spaces for Animated Film, 2013.09.30

[표 5-20] 멕시코 장편 애니메이션 (2012-2014)

타이틀	감독	제작사	제작일
The Alley of Dreams	Ricardo Gomez	Imagination Films, EFICINE 226	제작중 2015년 개봉 예정
Papagiorgio. The Great	Ricardo Gomez	Imagination Films, EFICINE 226	제작중 2015년 개봉 예정
The brave rooster	Gabriel Riva Palacio Alatriste	Huevocartoon Producciones, S.A. de C.V., FIDECINE, EFICINE 226	2014
El Americano: The Movie	Ricardo Arnaiz	Animex, Olmos Productions, Phil Roman Entertainment, FIDECINE, EFICINE 226	2013
El santos vs. Busty Mendoza	Alejandro Lozano	Anima Estudios, S.A. de C.V., Peyote Films, S.A. de C.V., FIDECINE	2012

출처 : 멕시코 영화 진흥원 (IMCINE)

[표 5-21] 멕시코 단편 애니메이션 (2012-2014)

타이틀	감독	제작	제작일
Mister mirror man	Mara Soler Guitian	IMCINE, Viumasters	2014
The great leader	Francisco Javier Jimenez Cabrera	IMCINE	2014
The Teacher and The Flower	Daniel Irabien Peniche	IMCINE	2014
Pickman's model	Pablo Angeles	IMCINE, Pablo Angeles	2014
The trumpeteer	Raul Robin Alejandro Morales Reyes	IMCINE	2014
The vampire returns	Christian Alain Vázquez Carrasco	IMCINE	2013
Rain in the eyes	Rita Basulto	IMCINE	2013
What is war?	Luis Beltran	IMCINE	2013
A family day	Pedro Zulu Gonzalez	IMCINE	2013
Defective	Gabriela Martinez Garza, Jon Fernandez Lopez	IMCINE	2012
Home appliance	Erik de Luna	Pulso, Producciones Animadas	2012
The waterwheel	Karla Castaneda	IMCINE	2012
Tintico's afternoon	Alejandro Garcia Caballero	IMCINE	2012
REALITY 2,0	Victor Orozco Ramirez	Escuela Superior de Bellas Artes de Hamburgo	2012
EYE	Lorenza Manrique	IMCINE	2012

출처 : 멕시코 영화 진흥원 (IMCINE)

(6) 방송

가. 독점금지법안 발효

2014년 7월 반독점 법안의 발효로 멕시코 유료방송업계 역시 점유율 조정을 위한 시장개편이 불가피할 것으로 보인다[144]. 특히 멕시코 지상파방송의 70%와 유료방송시장의 66%를 장악하고 있는 텔레비사(Televisa)의 경우, 정부 승인 없이는 소비자 마케팅 활동이 제한되고 이를 위반할 경우 멕시코 내에서 발생한 매출의 최대 10%를 벌금으로 지불해야 하는 등 상당한 강도의 규제를 받게 되며[145], 방송 광고료 또한 외부에 공개해야 할 의무를 지니게 되었다.

[그림 5-55] 멕시코 유료방송사업자 별 점유율 추이 2010-2013

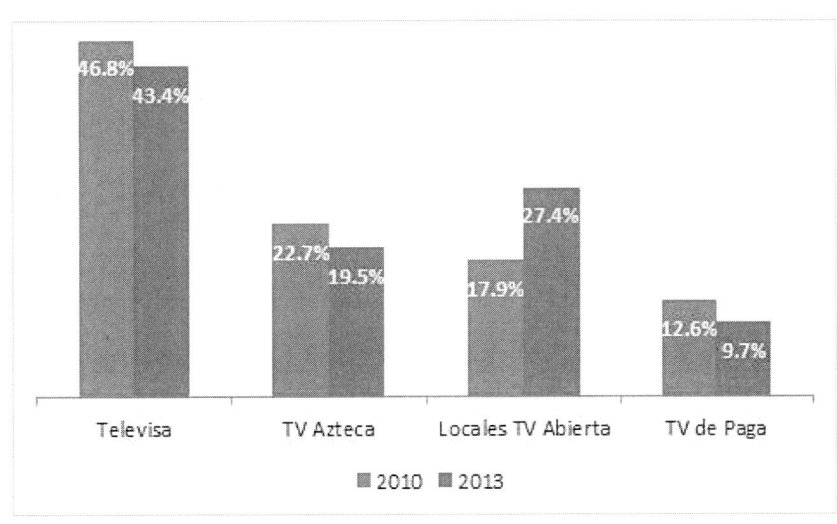

출처: IBOPE Media

이와 더불어 멕시코 연방방송통신원(IFETEL)은 신규 법안에 미디어 서비스의 가격 인하와 품질 개선, 인프라 증대를 위해 방송통신사업 관련 허가권을 그 목적에 따라 상업과 공공, 사회적, 사적분야의 네 가지로 분류하고 정부가 양도하는 허가권을 공개입찰을 통해서만 부여받을 수 있도록 제한하는 내용을 포함했는데, 이를 바탕으로 허가신청을 거쳐 2015년 신규 지상파 채널 두 곳을 새로 설치할 것이라고 밝히기도 했다[146]. 한편, 텔레비사는 신규 법안에 대한 규제 방침의

---

144) 연합뉴스, 멕시코 대통령, 방송통신 反독점법안 서명, 2014.07.15
145) 서울경제, 멕시코 통신·방송개혁법 통과…슬림왕국 무너지나, 2014.07.06
146) Variety, Mexico To Launch Two NewTV Channels, 2014.05.08

일환으로 해당 신규 채널에 자사 네트워크를 무료로 개방할 의무 또한 부여받았다.

이 밖에도 신규 법안은 미디어 분야의 시장개방과 현대화를 위해 외국기업들에게 방송시장에 대한 투자를 개방하는 방침도 담고 있는데, 라디오방송 부문에서 최대 49%까지 직접투자가 보장됨에 따라 향후 외국기업들의 시장 진출로 인한 구조 변화 역시 기대할 수 있을 것으로 보인다.

(7) 광고

가. 넷플릭스, 멕시코에 가장 많은 광고비용을 지불

미국의 시장조사업체 컴스코어(comScore)에 의하면 넷플릭스(Netflix)가 멕시코에서 가장 많은 디지털 디스플레이 광고를 하였다. 조사기간 2013년 6월부터 2014년 6월까지 넷플릭스는 42억 9,000만 달러의 광고를 한 것으로 나타났다. 컴퓨터 운영체제를(OS) 제조하는 마이크로소프트가 30억 달러로 2위에 올랐으며 미국의 신용카드회사 아메리칸 익스프레스(American Express)가 26억 3,000만 달러로 3위에 올랐다.

[그림 5-56] 기업과 디지털 디스플레이 광고

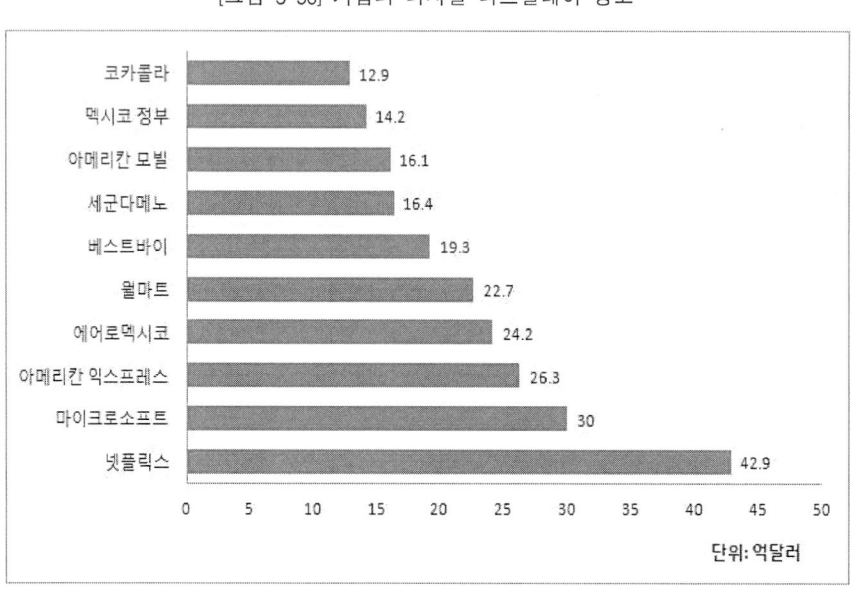

출처: comScore

나. 빠르게 성장하는 멕시코의 모바일 광고

멕시코의 전체 광고시장에서 모바일 광고가 큰 폭으로 증가하였다. 남미의 인터넷 신문 라틴 포스트(Latin Post)에 의하면 2013년 멕시코의 스마트폰 보급률이 2012년보다 50% 증가하였고 2014년에는 3,330만 명의 멕시코 사람들이 스마트폰을 이용할 것으로 예상하였다.[147]

멕시코의 인터넷광고협의회(Interactive Advertising Bureau in Mexico: IAB Mexico)와 프라이스워터하우스(PricewaterhouseCoopers: PwC)에 의하면 디스플레이 온라인 광고는 모바일 브라우저를 타깃으로 하는 광고 형태에서 게임과 앱에 연결된 광고 형태로 전환되고 있는 것으로 나타났다.[148]

[그림 5-57] 모바일을 통한 디지털 광고 지출

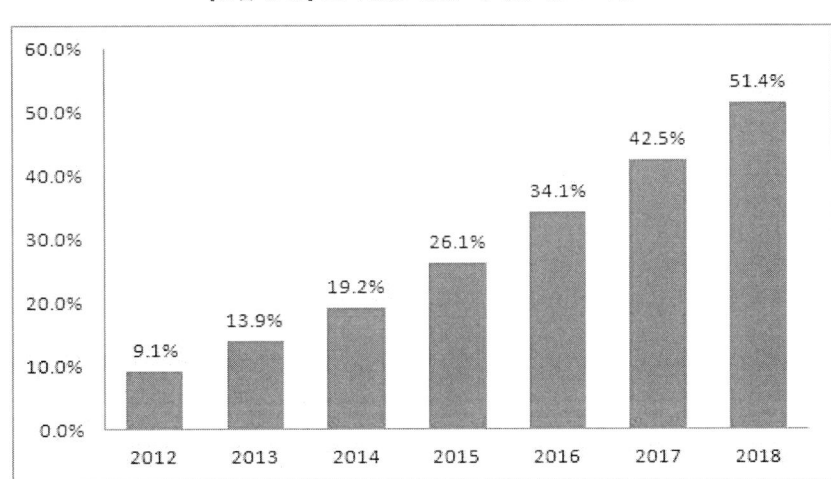

출처:eMarketer, 2014.7

스마트폰 보급률의 큰 성장세와 온라인 디스플레이 광고의 플랫폼 다양화로 인하여 글로벌기업과 마케팅업체들의 광고에 대한 지출이 증가하고 있는데 시장조사업체 eMarketer에 의하면 2014년 광고기업과 마케팅업체의 모바일을 통한 디지털 광고의 지출은 19.2%에 지나지 않았지만 지속적으로 증가하며 2018년에는 모바일을 통한 디지털 광고의 지출이 51.4%에 달할 것으로 전망하였다.[149]

---

147) Latin Post, Mexico Tops Smartphone Market in Latin America With 50 Percent Growth in 2013 Becomes Interest for Mobile Ad Marketers, 2014. 2. 6.
148) Latin Post, Mexico Tops Smartphone Market in Latin America With 50 Percent Growth in 2013 Becomes Interest for Mobile Ad Marketers, 2014. 2. 6.

(8) 캐릭터·라이선스

가. 멕시코시장에 판매되는 최신 트랜스포머 장난감

미국의 장난감·게임업체 해즈브로(Hasbro)는 영화 '트랜스포머(Transformers: Age of Extinction)의 주인공과 악당들 장난감을 멕시코 월마트(Walmart)를 통해 판매하는 라이선스를 취득하였다. 해즈브로는 멕시코뿐만이 아니라 전 세계에 최신 트랜스포머 장난감 판매를 위하여 300여 개 이상의 라이선스 계약을 한 것으로 알려졌다. 멕시코는 트랜스포머 장난감 우선 출시국가에 포함되어 있어, 해즈브로는 멕시코 월마트를 통해 의류, 디지털 게임, 출판물, 신발, 침구류를 판매할 예정이다.[150]

나. 카툰네트워크 'Adventure Time!'의 멕시코시장 진출

카툰네트워크(Cartoon Network)는 '어드벤처 타임(Adventure Time!)'의 남미 라이선스 획득으로 멕시코에도 진출하였다. 어드벤처 타임의 캐릭터 상품들은 직영으로 판매된 것으로 보이며 미국의 청량음료 제조회사 펩시코(PepsiCo)와 식료품회사 콘아그라(Conagra)의 멕시코 유통망과 점포를 통해 어드벤처 타임 캐릭터가 인쇄된 의류, 액세서리, 장난감, 출판물, 게임, 가정용품, 사무용품, 선물세트로 판매된다.[151]

다. 멕시코와 스페인 애니메이션 경영자들이 Anima Kitchent을 출시

멕시코시티에 본사를 둔 라틴 아메리카에서 가장 유명한 애니메이션 제작사인 '아니마 스튜디오(Anima Estudios)'가 브랜드 개발과 판매를 전문적으로 수행하는 업체를 출시했다.

아니마 에스튜디오(Anima Estudios)는 스페인의 동종업체인 보드카 캐피탈(Vodka Capita)의 前경영자 5인[152]과 팀을 이뤄 마드리드에 아니마 키첸트(Anima Kitchent)를 설립했다.

아니마 키첸트는 아동 및 청소년 시장에 포커스를 맞춘 엔터테인먼트 브랜드를 직접 개발, 제작, 판매하는 것을 목표로 하고 있다. 업체는 또한 제 3자 업체에게 브랜딩, 컨설턴트, 멀티플랫폼, 2D/3D 개발 서비스 등도 제공하고 있으며, 온라인 스토어 Famosa, 애니메이션 하우스인

---

149) eMarketer, Digital Advertising spending in Mexico, 2014. 7.
150) Global License!, Hasbro Builds Transformers Roster, 2014. 6. 19.
151) Global License!, Cn's Adverture Time Travels the Globe, 2014. 7. 19.
152) 참여한 5명의 경영자들은 Vodka의 자금 관리 임원이었던 Angel Molinero, 해외 판매를 담당했던 Miguel Aldasoro, 빅히트 시리즈인 'Jelly Jamm'을 제작했던 Carolina Matas, 기술 분야를 담당한 Luis Armengol, 'Jamm'을 제작한 Ruben Zarauza 등이다.

BRB, 유럽 최대의 통신사인 텔레포니카(Telefonica)와 함께 업무를 시작했다.

아니마는 Televisa Home Entertainment와 제휴를 맺었으며, 보드카 캐피탈과는 멀티 플랫폼 브랜드인 'Bugsted'를 공동 제작하기 위해 이보다 앞서 이미 팀을 이루었다. 보드카 캐피탈은 애니메이션 TV 시리즈, 애플 및 안드로이드용 게임 앱, 수집용 액션 피규어 등으로 구성되어 있다.

4) 콘텐츠 소비 실태 및 동향

(1) 디지털 인프라 환경 및 소비 행태

가. 디지털 인프라 환경

멕시코의 2013년 스마트폰 보급률은 21.4%로 전년대비 6.4%p 증가하였다. 멕시코의 스마트폰 보급률은 인근 국가 미국과 비교하여 대단히 낮은 편이지만 멕시코의 통신 서비스업체들이 구글(Google)의 안드로이드(Android)와 모질라(Mozilla)의 파이어폭스OS(FirefoxOS)에 기반한 저가 스마트폰을 앞 다투어 출시하고 있고 저소득층에게 대단히 높은 인기를 얻고 있다. 통신사업자들이 지속적으로 저가 스마트폰을 출시한다면 2018년까지 멕시코인의 49.7%가 스마트폰을 사용할 것으로 전망된다.

2013년 멕시코의 모바일 인터넷 보급률은 20.3%로 전년대비 4.9%p 성장하였다. 멕시코는 브라질과 함께 라틴 아메리카지역에서 인터넷 접근성이 대단히 발달한 국가로 성장 잠재성이 대단히 높은 편이다. 비록 3G 인터넷을 이용한 모바일 통신이지만 무선 인터넷이 증가 추세에 있기 때문에 향후 모바일 인터넷시장이 활성화될 것으로 전망되어 모바일 인터넷 보급률은 2018년까지 45.2%에 이를 것으로 전망된다.

멕시코의 고정 브로드밴드 보급률은 2013년 68.3%을 기록하여 전년대비 4.2%p 증가하였다. 멕시코의 고정 브로드밴드는 대도시와 주요 지역을 중심으로 발달해 있지만 속도 면에서 상당히 느린 편이다. 실제로 2013년 9월 넷플릭스(Netflix)의 멕시코 ISP 서비스 속도 조사 결과 발표에 의하면 멕시코의 평균 인터넷 속도는 2Mbps로 조사되었다. 그래서 멕시코 주요 브로드밴드사업자 케이블마스(Cablemas), 메가케이블(Megacable), 케이블비전(Cable Vision)은 서비스 경쟁력을 높이기 위해 투자를 단행하고 있다. 하지만 고정 브로드밴드는 이미 성숙한 시장의 모습을 보이고 있기 때문에 2018년 고정 브로드밴드 보급률은 2013년에 비해 6.5%p 증가한 74.8%가 될 것으로 전망된다.

[표 5-22] 멕시코 유·무선 인터넷 보급률 및 전망, 2009-2018

구분	2009	2010	2011	2012	2013p	2014	2015	2016	2017	2018
스마트폰 보급률(%)	-	-	-	15.1	21.4	28.3	35.3	41.5	46.3	49.7
전년대비증감(%p)	-	-	-	-	6.3	6.9	7.0	6.2	4.8	3.4
모바일 인터넷 보급률(%)	7.1	9.5	12.7	16.2	20.3	25.1	30.6	36.5	41.5	45.2
전년대비증감(%p)	2.4	3.2	3.4	4.1	4.9	5.4	6.0	4.9	3.8	4.8
고정브로드밴드 보급률(%)	42.2	50.9	54.6	61.3	68.3	72.6	73.7	74.3	74.7	74.8
전년대비증감(%p)	8.7	3.7	6.7	7.1	4.2	1.2	0.6	0.3	0.2	2.3

출처 : PwC(2014)

나. 디지털 소비 및 이용 행태

Consumer Barometer with Google에서 2014년 3월 조사한 바에 의하면 멕시코 사람들이 선호하는 디지털기기로는 모바일폰이 76%로 가장 높았으며, 그 다음으로 44%는 컴퓨터, 스마트폰 40%, 태블릿 18% 순으로 조사되었다.

[그림 5-58] 멕시코인들이 선호하는 디지털기기

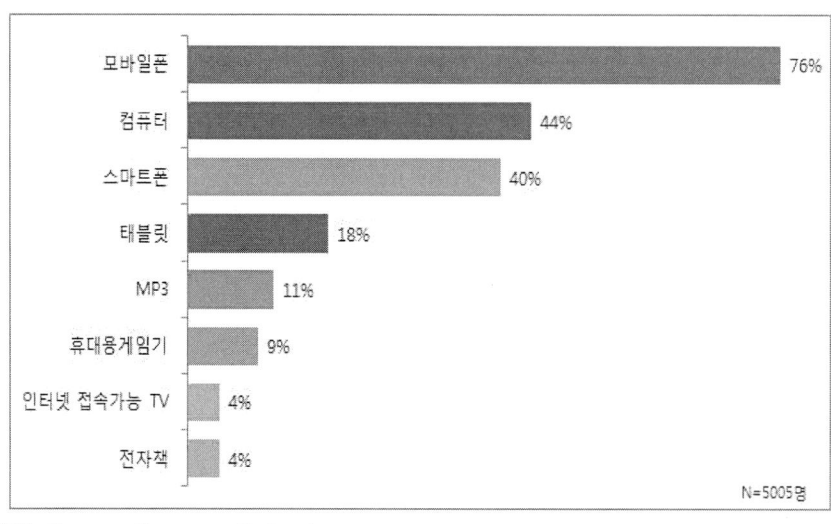

출처: Consumer Barometer with Google

① 인터넷 이용 행태

멕시코인들을 대상으로 인터넷 이용 행태에 대해 조사한 바에 의하면 응답자의 32%가 하루에 한두 번 정도 인터넷을 이용하는 것으로 나타났다. 그 다음으로 하루에 한 번 정도 이용하는 경우가 20%, 한 주에 2~6회 이용이 13%로 조사되었다.

[그림 5-59] 멕시코인들의 인터넷 사용 빈도

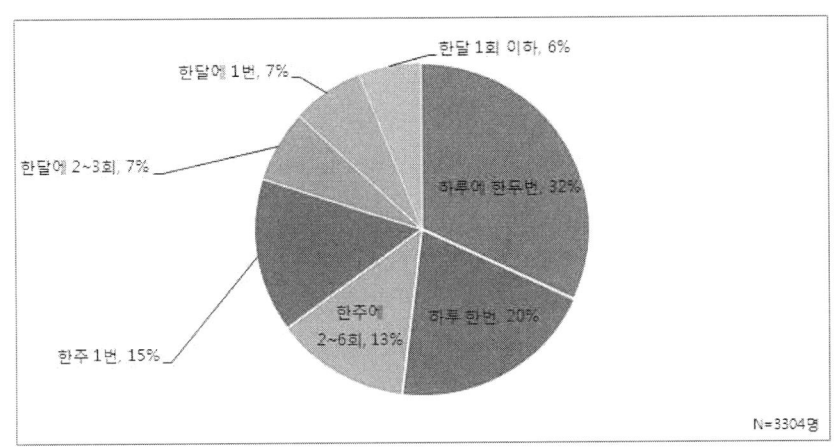

출처 Consumer Barometer with Google

태블릿, 컴퓨터, 스마트폰 이용자를 대상으로 조사한 결과에 의하면 인터넷 이용 시 컴퓨터, 태블릿을 선호하는 경우는 27%, 모두 선호하는 경우는 21%, 스마트폰만을 선호하는 경우는 16%로 나타났다. 또한 응답자의 5%는 컴퓨터나 태블릿보다는 스마트폰을 더 선호하는 것으로 조사되었다.

[그림 5-60] 인터넷 이용 시 선호하는 스마트기기

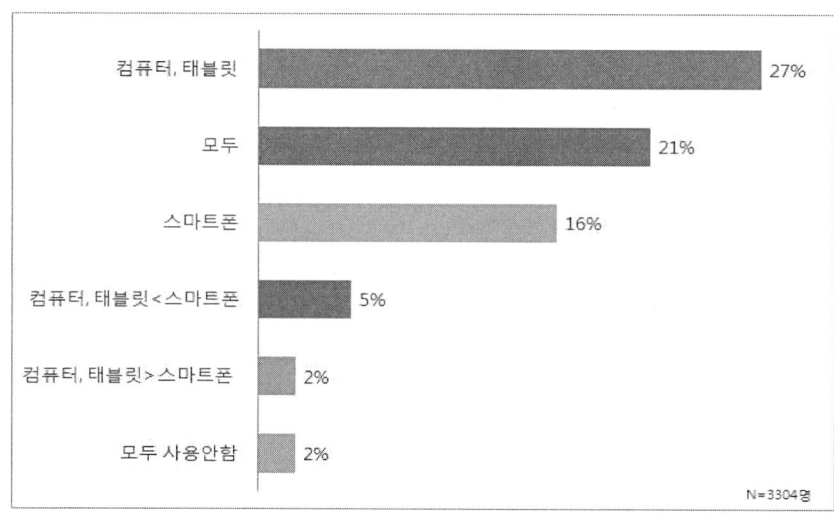

출처 Consumer Barometer with Google

상품 및 서비스 구매 시 인터넷이 어떤 도움이 되는지에 대해서 응답자의 44%가 가격비교를 하는데 도움이 된다고 응답하였으며, 그 다음으로 의견수렴 및 리뷰를 정독한다는 비중이 28%, 상품재고 확인이 23%, 아이디어 획득이 21%, 상표검색이 18% 순으로 나타났다.

[그림 5-61] 상품 및 서비스 구매 시 인터넷이 도움이 된 분야

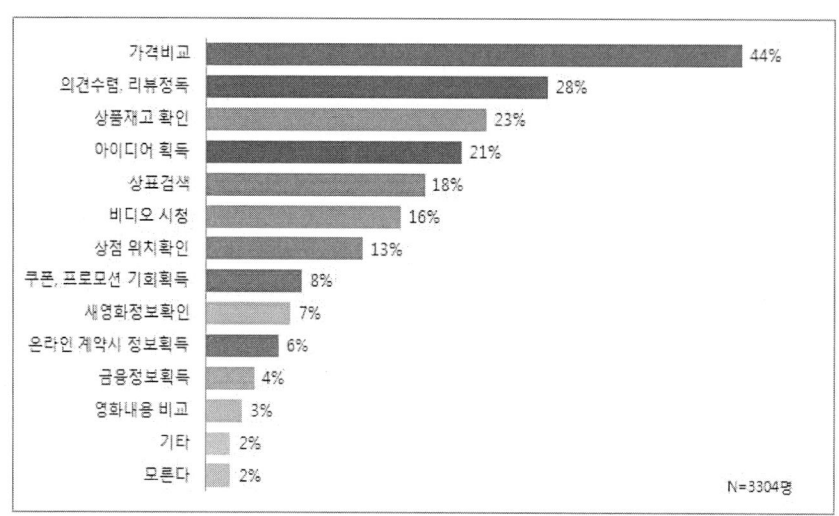

출처 Consumer Barometer with Google

② 스마트폰 이용 행태

2013년 5월 Ipsos MediaCT에서 멕시코 시민 16세 이상 1,000명을 대상으로 스마트폰 이용 행태를 조사하였다.

먼저 스마트폰을 주로 이용하는 장소로는 96%가 집에서, 90%가 직장에서, 88%는 음식점에서 사용하고 있는 것으로 조사되었다. 특히 전체 응답자의 80% 이상이 이동 중에 또는 카페에서 스마트폰을 사용하고 있는 것으로 나타났으며, 공항에서 이용하는 경우는 69% 수준으로 조사되었다.

[그림 5-62] 스마트폰을 가장 많이 이용하는 장소(복수응답)

출처: Ipsos MediaCT, Google mobile planet

Consumer Barometer with Google 조사결과 스마트폰 이용 시 주로 이용하는 서비스를 살펴보면, SNS 방문을 위한 사용이 35%로 가장 높은 비중을 보였으며 이메일 확인 26%, 동영상 감상 25%, 검색엔진 사용 24%, 음악 감상 24%, 게임 17% 순으로 조사되었다.

[그림 5-63] 스마트폰 이용 시 주요 이용 서비스

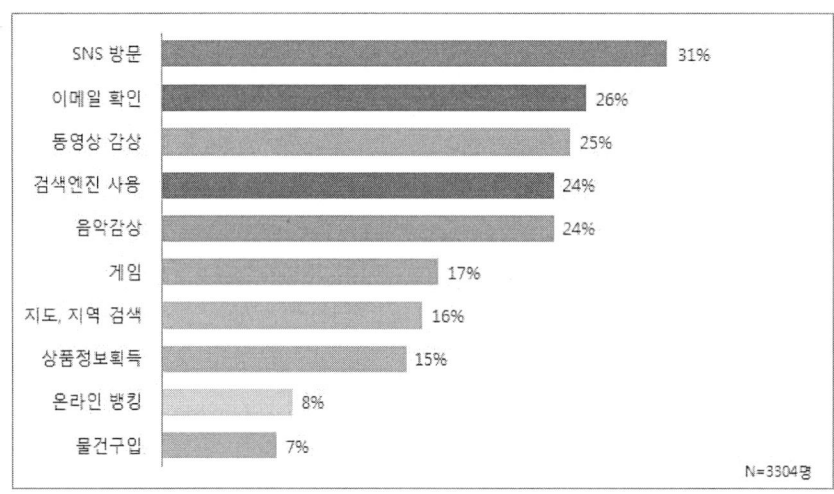

출처: Consumer Barometer with Google

응답자들이 오프라인으로 광고를 보는 비중을 보면, TV가 78%로 가장 높았으며 그 다음으로 상점/업체 76%, 잡지 70%, 포스터/옥외 광고 72%의 순으로 나타났다. 응답자의 86%는 오프라인의 광고 노출 후 모바일로 재검색을 실행하는 것으로 나타났다.

[그림 5-64] 오프라인 광고에 노출된 후 모바일로 검색을 실행하는 비율

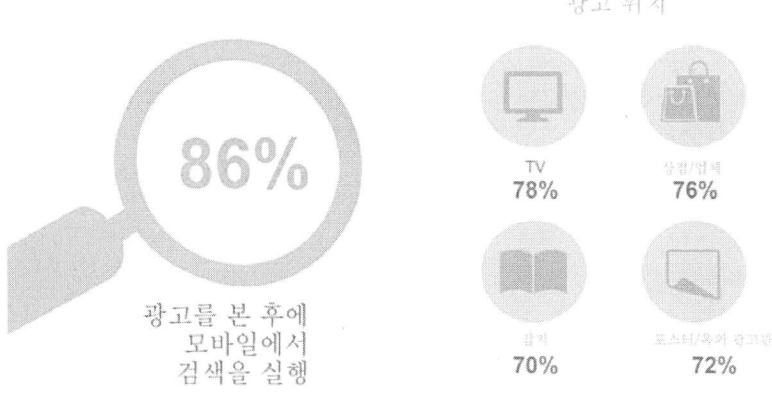

출처: Ipsos MediaCT, Google mobile planet

멕시코의 소비자들이 스마트폰에서 모바일 광고를 보는 위치를 보면, 48%는 온라인 매장에서, 46%는 모바일 게임이나 앱 안에서, 39%는 동영상을 조회하면서, 34%는 검색엔진을 이용하는 동안 광고를 보는 것으로 조사되었다. 반면, 동영상 웹사이트에서 광고를 접하는 경우와 온라인 소매 매장을 통해 광고를 접하는 비율은 각각 23%, 9%로 나타났다.

[그림 5-65] 멕시코 사람들이 스마트폰에서 모바일 광고를 보는 위치 (복수응답)

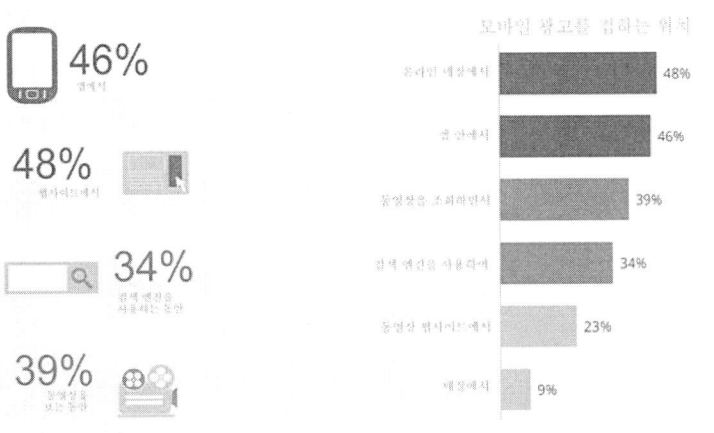

출처: Ipsos MediaCT, Google mobile planet

멕시코의 모바일기기 사용자들의 94%는 스마트폰을 이용하는 동안 다른 활동을 동시에 하는 것으로 나타났다. 설문에 응답한 사람들의 43%는 스마트폰을 사용하면서 TV 시청을 하는 것으로 나타났으며, 66%는 음악 감상을, 53%는 인터넷, 31% 영화 감상을 동시에 하고 있는 것으로 조사되었다.

[그림 5-66] 스마트폰을 이용하면서 다른 활동을 하는 비율

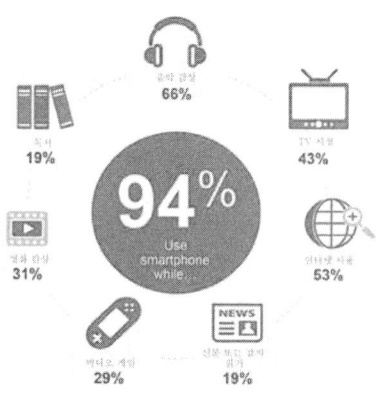

출처: Ipsos MediaCT, Google mobile planet

(2) 콘텐츠 소비 행태 및 선호 장르

가. 온라인 비디오 시청 행태 및 선호 장르

스마트기기별로 비디오 시청 횟수를 조사한 결과, 컴퓨터나 태블릿을 사용하여 비디오를 시청하는 횟수보다 스마트폰을 이용하여 시청하는 수가 더 많은 것으로 나타났다.

[그림 5-67] 스마트기기별 온라인 비디오 시청 횟수

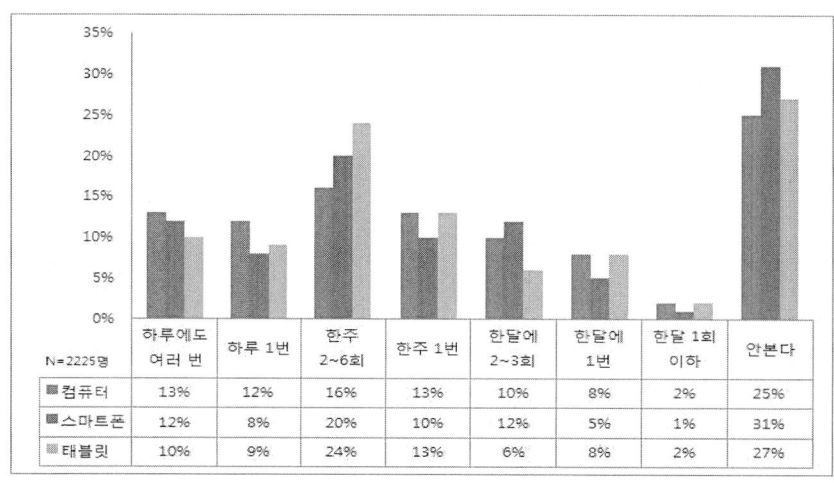

출처: Consumer Barometer with Google

온라인 비디오 시청 시 주요 이용 플랫폼으로 온라인 비디오나 앱을 이용하고 있는 응답자들은 87%로 가장 높았으며, SNS 이용은 31%로 나타났다.

[그림 5-68] 온라인 비디오 시청 시 주로 이용하는 플랫폼

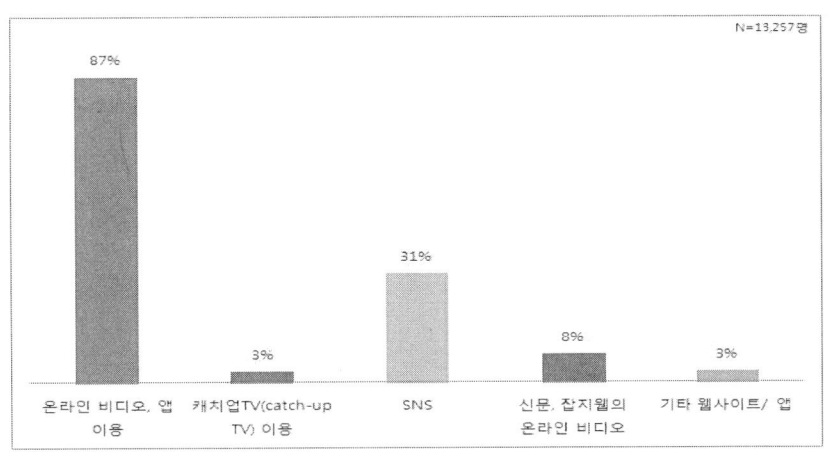

출처: Consumer Barometer with Google

온라인 비디오를 시청하는 이유에 대한 설문에 응답자의 42%가 여흥이나 휴식을 위해서라고 응답하였으며 28%는 지식 습득을 위해서라고 답하였다. 또한 취미생활을 위하여 비디오를 시청한다고 답한 사람들도 26%나 되는 것으로 조사되었다.

[그림 5-69] 온라인 비디오를 시청하는 이유

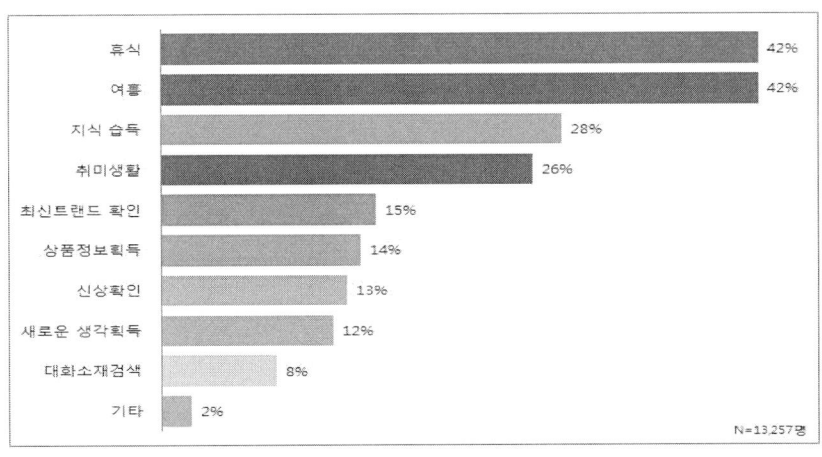

출처: Consumer Barometer with Google

응답자의 64%는 온라인 비디오를 시청 시 주로 뮤직비디오를 시청하는 것으로 조사되었으며, 그 다음으로 영화 38%, 코미디 28%, 뉴스/정책 23%, 스포츠 22% 순으로 나타났다.

[그림 5-70] 온라인 비디오 시청 시 주요 장르

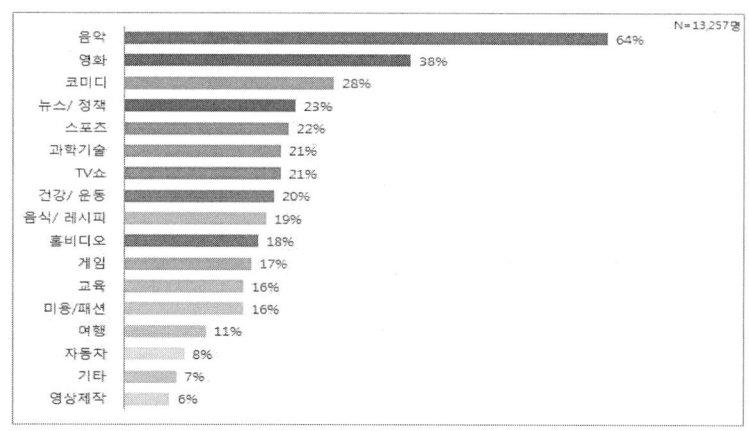

출처: Consumer Barometer with Google

나. 음악청취 행태 및 선호 장르

멕시코의 음반제작협회(Association of Phonographic Producers: Amprofon)에 의하면 멕시코 사람들이 디지털 음원을 구입하여 다운로드할 때 단곡을 제일 선호하는 것으로 나타났다. 디지털 음원을 구입할 때 응답자들의 29%는 단곡을 구입하였고 15%는 앨범 전체를 구입하였다.

[그림 5-71] 멕시코인이 선호하는 디지털 음원구입 형태

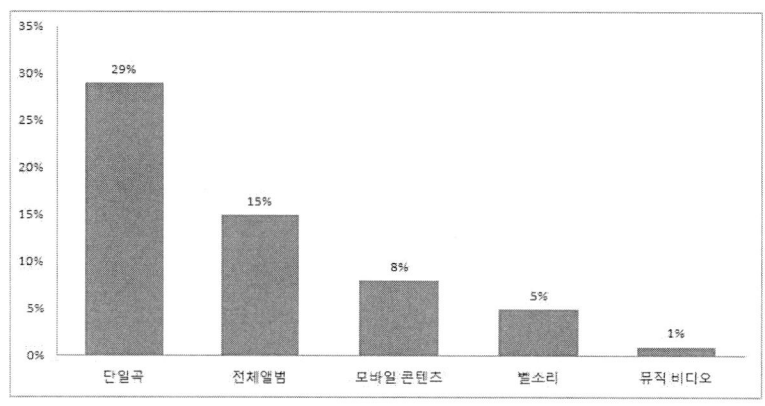

출처 : AMPROFON, 2014. 7.

멕시코 음반계에서 두드러진 성장을 보이고 있는 것은 온라인 스트리밍시장이다. 스트리밍시장은 2014년 1월부터 6월까지 130%의 성장률을 보였는데 2013년 전반기에 41% 성장한 것과 비교하면 상당히 높은 수치이다.

멕시코인들이 디지털 음원 서비스를 선호한다 하더라도 다수는 오프라인 음반을 구입하고 있는데, 멕시코인 83%가 CD를 구매하였고 12%는 DVD를 구입하였으며 4%는 DVD 비디오를 구입한 것으로 나타났다. 오프라인 음반을 구입하는 사람들 중 34%는 멕시코 음악을 구입하였고 29%는 미국과 유럽의 팝송, 24%는 스페인어로 제작된 음악을 구입하였다. 스페인과 유럽의 전통음악과 클래식을 구입하는 비율은 10%가 되지 않았다. 하지만 디지털 음원을 구입하는 사람들과 달리 전통음악과 클래식을 듣는 사람들은 오프라인 음반 구입을 선호했다.153)

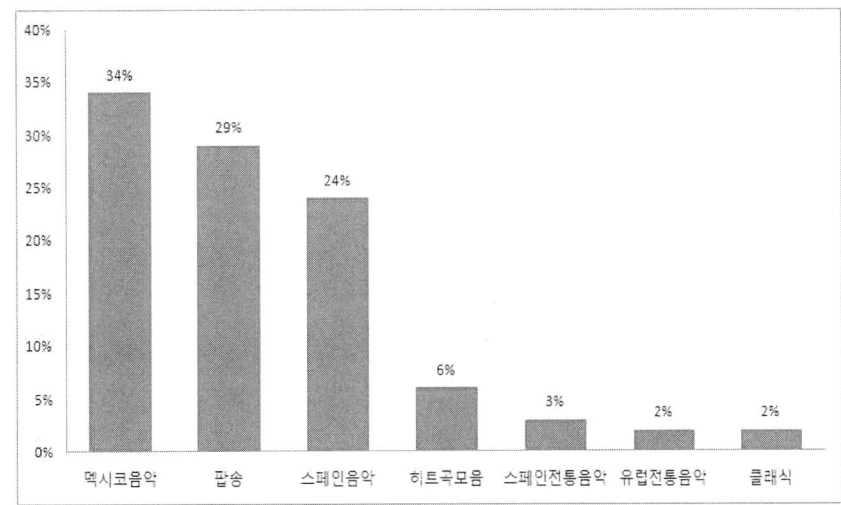

[그림 5-72] 멕시코 오프라인 음반 구매자들이 선호하는 음악

출처: Amprofon: 2014. 7.

다. SNS 이용 실태

멕시코의 인터넷광고협의회(Interactive Advertising Bureau in Mexico: IAB Mexico)에 의하면 멕시코의 인터넷 이용자는 5,200만 명으로 나타났다. 전체 인구가 1억 1,800만 명임을 감안하면 전체 인구의 50%가 인터넷을 이용하는 것이다.154) 또한 스마트폰을 이용하는 멕시코인들도 점차 증가하여 2013년에 멕시코의 50%가 스마트폰을 이용하는 것으로 나타났고 2014년에만 600

---

153) Amprofon, Digital music represents 59% of total sales in the first half of 2014, 2014. 7.
154) Latin Link, 7 Surprising Facts about Mexican Internet Users, 2014. 4. 11.

만 명이 새로이 스마트폰을 이용하는 대열에 합류할 것으로 나타났다.155)

인터넷 환경이 변화함에 따라 소셜네트워크 이용자도 크게 늘어났다. 그 중에 페이스북의 이용자가 가장 크게 증가하였는데, 5,100만 명이 페이스북에 가입한 것으로 타나났다. 멕시코의 페이스북 CEO 조르제 루이즈 에스카밀라(Jorge Ruiz Escamilla)에 의하면 멕시코인들은 한 달에 8시간에서 10시간 페이스북을 이용하고 평균 250명의 친구를 보유하고 있다고 밝혔다.156)

페이스북 뿐만 아니라 모바일 메신저 라인(Line)의 경우 2014년 9월, 이용자가 1,500만 명을 넘었으며157) 동영상 공유 서비스를 제공하는 바인(Vine)은 2014년 2분기에 이용자가 260만 명이나 되는 것으로 나타났다.158)

[그림 5-73] 멕시코의 페이스북 이용자 수

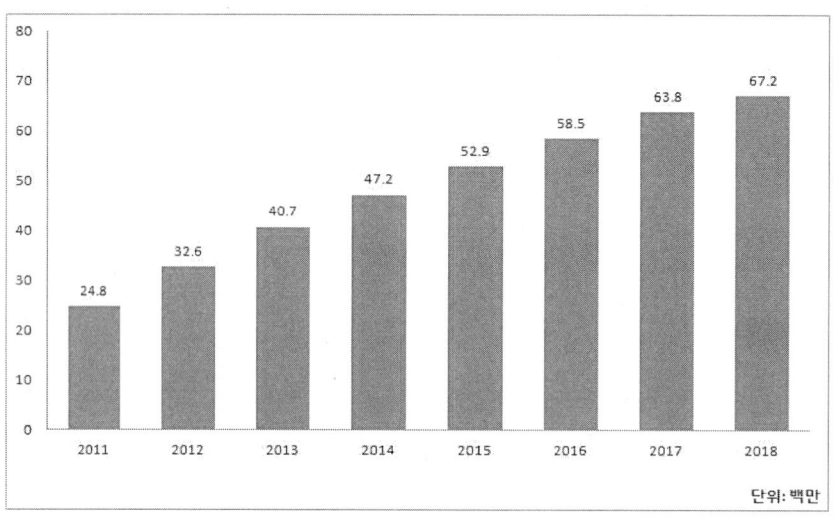

출처: eMarketer, 2014. 5.

스마트폰과 태블릿을 이용하여 인터넷을 이용하는 사람들의 수도 크게 늘어났다. 2014년 1월 미국의 시장조사업체 컴스코어(comScore)의 설문조사에 의하면 멕시코인들이 스마트폰을 이용하여 가장 많이 접속한 웹페이지는 '야후 멕시코'였으며 683만 명이 접속한 것으로 나타났다. 태블릿을 이용하여 야후 멕시코를 접속한 사람들은 269만 3,000명이었다. 멕시코 미디어그룹

---

155) Latin Link, Mexico Becomes Latin America's #1 Mobile Market, 2014. 1. 17.
156) The Yucatan Times, Fac전자책 has 51 million registered users in Mexico, 2014. 7. 18.
157) LINE tech in Asia, Number of registered LINE app users in selected countries, 2014. 9.
158) GlobalWebIndex, Share of mobile internet users in selected countries who are active Vine users as of Q2, 2014, 2014. 9.

그루포 텔리비사(Grupo Televisa)는 포털 검색 사이트 야후 다음으로 가장 많은 접속률을 보였는데 스마트폰을 이용하여 접속한 사람들은 253만 명이었고 태블릿을 이용하여 웹사이트를 방문한 사람은 87만 명이었다.[159]

멕시코에서 야후 접속이 많은 이유는 야후가 포털 검색이 가능하고 스포츠 뉴스 검색이 편리하기 때문이며, 또한 다수의 안드로이드 스마트폰이 검색 포털로 야후(Yahoo)를 기본 제공하기 때문인 것으로 나타났다.

[그림 5-74] 모바일기기를 이용한 웹사이트 방문자 수

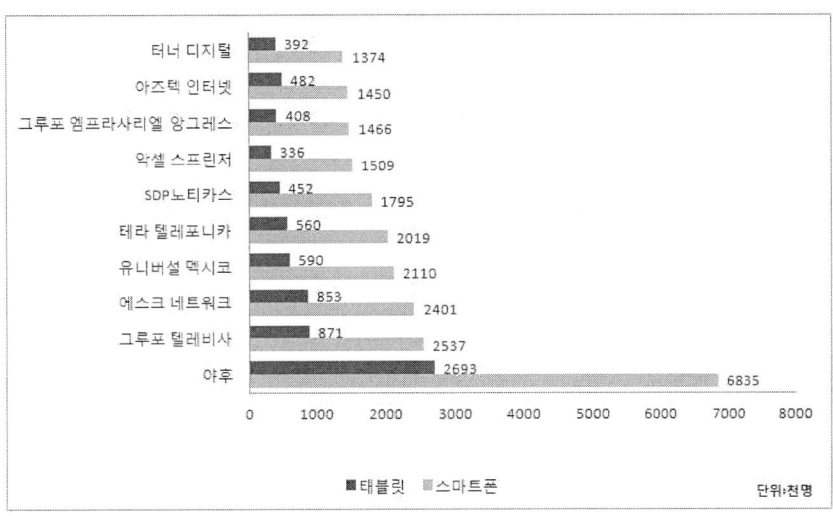

출처: comScore, 2014. 3.

---

159) comScore, Unique visitors to mobile websites in Mexico in January 2014 by device (in 1,000), 2014. 3.

5) 콘텐츠 유통 현황

(1) 주요 유통 플랫폼 현황

가. 오프라인 플랫폼

① 영화

중남미지역은 세계 인구의 8.5%인 5억 3,000만 명의 인구를 보유한 대륙이며 그 중 멕시코는 1억 명 이상의 인구를 보유하고 있다. 멕시코는 전통적으로 다른 중남미 국가들에 비해 미디어산업에서 영화산업의 비중이 크다. 그러나 영화시장이 상영 분야를 중심으로 성장하고 있기 때문에 자국 영화의 제작기반과 소비구조가 공고하지 못한 편이다. 자국 영화의 개봉은 전체 상영작의 15% 안팎이며 자국 영화의 박스오피스 수입은 매년 기복이 심하나 7% 내외의 점유율을 보이고 있다.

[표 5-23] 멕시코 영화산업 기초 지표 (2013)

연 관객	2억 5,700만 명
극장매출	9억 3,248만 USD
평균 관람료	3.63 USD
스크린 수	5,594개
디지털 스크린 수	4,756개
3D 스크린 수	1,968개

출처 : 영화진흥위원회

멕시코 영화유통시장은 시네폴리스(Cinepolis)와 시네멕스(Cinemex)로 대표되는 대형 멀티플렉스체인을 중심으로 이루어져 있다

가) 시네폴리스(Cinepolis)

시네폴리스는 중남미 최대 극장체인으로 멕시코 점유율 1위인 멀티플렉스 체인이다. 1947년 설립된 멕시코업체로 현재 170개 극장에서 1,465개 상영관을 운영한다. 중남미에서 가장 큰 극장체인 중 하나로 멕시코를 비롯해 과테말라·파나마·코스타리카까지 진출해 있다. 현재 관객 수 기준으로 9.2%의 점유율을 보이고 있으며, 매출액 기준으로는 52.1%의 점유율을 차지하고 있다.

[그림 5-75] 멕시코 시네폴리스 영화관

출처 : Asociación de Radio del Valle de México (ARVM)

나) 시네멕스(Cinemex)

MMC시네마(MMCinemas)와 함께 그루포 멕시코(Grupo México) 소속으로 멕시코에서 2번째로 점유율이 높은 멀티플렉스 체인이다. 1993년 설립되었으며, 최초로 365일 상영을 시작했다. 2002년 6월 캐나다의 오넥스(ONEX Corp.)와 오크트리 캐피탈 매니지먼트(Oaktree Capital Management)사에 인수되었다. 멕시코 전역에 44개의 극장을 운영하며, 그 중 36개 극장이 수도권에 집중되어 있다. 전국 관객 수 기준으로 16.8%의 점유율을 보이나 멕시코시티만 고려했을 때는 52%의 점유율을 차지한다. 2013년 말 시네멕스가 시네마크(Cinemark)를 인수하면서 시장점유율이 30%에서 36%로 올라갔다.

[그림 5-76] 멕시코 시네멕스 영화관

출처 : 시네멕스 홈페이지

다) 시네마크(Cinemark)

미국에 본사를 둔 극장 체인으로 중남미 전역에 걸쳐 402개 극장에 4,568개 상영관을 운영한다. 미국에서 285개 극장을 운영하고, 중남미에는 117개 극장이 있는데, 그 중 멕시코에서는 28개 극장이 영업 중이다. 2013년 멕시코시장에서 관객 수 기준 8%의 점유율을 차지했지만 시네멕스에 인수되었다.

라) MMCinemas

시네멕스(Cinemex)와 함께 그루포 멕시코(Grupo México) 소속으로 전국 관객수 기준 점유율은 13.3%이고, 흥행 수입 기준으로는 12.8%의 점유율을 보이고 있다.

[그림 5-77] 멕시코 MMCinemas 영화관

출처 : Tripadvisor.es

한편, 멕시코 영화시장의 배급사는 워너브러더스(Warner Bros), 파라마운트(Paramount), 월트디즈니(Walt Disney), 유니버설(Universal), 소니(Sony), 폭스(Fox) 등과 같은 메이저기업 중심으로 시장이 편중되어 있다.

자국 영화와 할리우드 영화 이외의 영화 배급에 힘을 쏟는 현지 배급사 현황을 보면 다음과 같다.

[표 5-24] 멕시코 배급사 현황 (2013)

배급사	설명
Videocine	• 스페인어권 최대 미디어그룹인 Grupo Televisa의 계열사 • 미국과 멕시코에서 제작과 배급을 모두 수행
Alfavile	• 태국, 한국, 홍콩 등 아시아영화 배급에 적극적인 배급사 • 한국영화 '가발' 판권사
Quality Films	• 1995년 배급을 시작해 '밀리언 달러 베이비' 등의 멕시코 배급을 맡았으며 자국 영화 배급과 해외 웰메이드 작품 수입에 적극적인 편 • 2010년 멕시코 영화 최고 흥행작인 배급을 맡아 흥행 기록을 세운 바 있음 • 한국영화 '실미도' 등의 판권 보유
Corazó Films	• '트와일라잇: 이클립스'의 멕시코 배급을 맡은 배급분야에서 성장 • 다양한 장르 와 예술영화 선호
Mantarraya	• 한국영화 '다른 나라에서' 배급
Gussi	• 한국영화 '괴물' 배급
Cineteca Nacional	• 한국영화 '하하하' 배급
Nueva Era	• 프랑스 영화투어 운영
CANANA	• 배우로 더 잘 알려진 가엘 가르시아, 디에고 루나가 제작에 관여 • 영화는 물론 TV 시리즈도 제작 • 중남미는 물론 미국 등 국제적인 프로젝트에도 참여하고 있음 • 한국영화 '박쥐', '김씨표류기' 배급
Zima Ent.	• 멕시코와 중미지역에 할리우드 영화 중심의 배급형태와는 차별화된 비즈니스 모델을 추구 • 다양한 국가의 영화를 배급 • 한국영화 '스승의 은혜', '장화, 홍련' 배급
Interior XIII	• 작가주의 영화 선호
Zatmeni	• 김기덕 감독 작품 다수 배급

출처 : 영화진흥위원회

② 애니메이션

멕시코의 애니메이션산업은 큰 시장과 함께 숙련된 애니메이터들의 증가로 성장 가능성이 높다. 그러나 대부분의 애니메이션 스튜디오는 독립적이며 소규모이다. 멕시코 애니메이션 스튜디오는 아직은 성장 초기단계로, 미국을 비롯해 해외 작품의 하청 작업을 주로 하고 있으며 해외 대형 스튜디오와 협업하며 작품을 만들어 가고 있다. 멕시코의 주요 애니메이션 스튜디오 현황은 다음과 같다.

[표 5-25] 멕시코 애니메이션 스튜디오

기업명	설명
Anima Estudios	• 2002년 Fernando De Fuentes 외 5명에 의해 설립되어 현재 중남미 최대의 애니메이션 스튜디오로 성장 • 현재 멕시코 및 중남미지역에서 애니메이션 관련 콘텐츠의 제작 및 배급 업무 • 2003년 최초의 작품 Magos y Gigantes(Wizards and Giants)를 제작, 30년만의 첫 멕시코 애니메이션으로 미국에서도 개봉 • 대표작 : El Chavo Animado(2006, TV 시리즈), Top Cat: The Movie(2011, 극장), La Leyenda de las Momias(2011), Teenage Fairytale Dropouts(2012, TV 시리즈) 등 TV 및 극장용 장편 애니메이션 다수
Estudio Haini	• 2003년 Tonatiuh Moreno와 Ruy Fernando Estrada에 의해 설립된 멕시코 애니메이션 스튜디오로 Guadalajara에 위치 • 2014년 5월 현재, Estudio Haini 최초의 장편 애니메이션 Fausto el Mago Extremo 의 제작 중 • 그 외 비디오 게임 Chaneques도 공동 제작 중 • 대표작 : 단편 El relato de Sam Brennan (Sam Brennan's tale), El funeral de Don Jején (Mr. Sandfly's wake) 등
Animex Producciones	• 2000년 Ricardo Arnaiz에 의해 설립된 멕시코 애니메이션 스튜디오로 Puebla에 위치 • 극장용 애니메이션과 TV 애니메이션의 3D 애니메이션 제작에 특화 • 미국 애니메이션 제작사와 함께 멕시코 최초 3D 애니메이션 제작

출처 : 각사 홈페이지

③ 음악

멕시코의 음악시장은 디지털 음원 서비스가 늘어나고 있기는 하지만 아직은 오프라인 매체(CD)를 선호하는 사람이 많은 것으로 나타났다.160) 이들은 멕시코 음악을 선호하고 있어 음반사들은 여전히 멕시코 스타일의 음반을 제작하고 있다. 멕시코의 음반 제작과 유통을 담당하고 있는 기업들은 다음과 같다.

[표 5-26] 멕시코 음반제작 및 유통사

기업명	설명
Fonovisa Records	• 1986년 Guillermo Santiso에 의해 설립된 레코딩 레이블로, 미국과 멕시코를 중심으로 사업을 하고 있으며, 주로 멕시코 스타일의 음반을 제작 • 2002년말 Univision Music Group이 사들였으나, 2008년 5월 Universal Music Group에 매각. 현재 Universal Music Latin Entertainment의 분과

---

160) Amprofon, Digital music represents 59% of total sales in the first half of 2014, 2014. 7.

기업명	설명
	• 대표 아티스트 : Los Tigres Del Norte, Los Bukis, Enrique Iglesias, Lucero, Thalía 등 다수
Discos y Cintas Denver	• 멕시코의 인디(독립) 레이블로 멕시코의 언더그라운드 록음악 아티스트들의 음악을 전문적으로 취급 • 멕시코의 록 음악 문화를 발굴, 발전시키는데 중요한 역할을 하고 있는 것으로 평가받고 있음 • 현재, 멕시코 외에도 미국, 코스타리카, 아르헨티나 등 지역에서도 음반 배급 사업 중에 있음 • 대표 아티스트 : Transmetal, Leprosy, El Haragán, Heavy Nopal, Banda Bostik 등 다수

출처 : 각사 홈페이지

나. 온라인 플랫폼

① 디지털 음악 플랫폼

멕시코에서 다운로드 매출은 아이튠즈(iTunes)가 지배하고 있다. 2009년 멕시코는 중남미 국가들 가운데 가장 먼저 아이튠즈 서비스를 개시했으며, 2010년에는 다운로드 매출이 2배 이상 상승했다. 그러나 아이튠즈의 인기로 인해 다른 플랫폼이 시장에서 자리를 잡기는 쉽지 않아 보인다.

[표 5-27] 멕시코 디지털 음악 플랫폼 (2014)

구분	음원 다운로드형	유료가입형	광고지원형	혼합형
글로벌 서비스	• iTunes	• Rdio • Mixradio • Music Unlimited • Rara.com	• Vevo • Youtube • Guvera	• Spotify (유료가입형, 광고지원형) • Deezer (유료가입형, 광고지원형) • XBox Music (음원 다운로드형, 유료가입형, 광고지원형)
로컬 서비스	• Mixup Digital	• Claro Musica	• Batanga • Corona Music • Terra Live Music • TerraTV	없음

출처 : 각사 홈페이지

멕시코시장에는 모든 종류의 메이저 스트리밍 서비스를 포함해 다양한 유료가입형 음악 서비스들로 넘쳐나고 있다. 디저(Deezer)와 알디오(Rdio)는 2012년 멕시코로 사업을 확장했으며, 스포티파이(Spotify)는 2013년에 사업을 시작했다. 그 외에도 MS의 엑스박스 뮤직(Xbox Music)과 소니의 뮤직 언리미티드(Music Unlimited) 등의 서비스도 있다. 소니 역시 애플과 마찬가지로 중남미 국가들 가운데 멕시코를 자사의 유료가입형 서비스를 개시할 첫 국가로 선택했다.

(2) 기타 산업별 주요 사업자

가. 출판

멕시코 주요 출판 및 배급사로는 멕시코뿐만 아니라 중남미지역에서 가장 중요한 출판사 중 하나로 인정받고 있는 폰도 데 컬투라 에코노미카(Fondo de Cultura Económica: FCE)를 비롯하여 멕시코에서 가장 오래된 도서 판매 및 출판을 하고 있는 리브레리아 포르루아(Librería Porrúa) 등이 있다.

[표 5-28] 멕시코 출판 및 배급사

기업명	설명
Fondo de Cultura Económica (FCE)	• 1934년 Daniel Cosío Villegas가 당시 경제학과 학생들에게 스페인어로 된 전문 서적을 제공하기 위해 설립, 현재 멕시코 시티에 본사 위치 • 설립 이후 점차로 분야를 확대해 현재 아동문학부터 과학 서적에 이르기까지 거의 모든 분야의 서적을 출간 중. 핵심 분야는 멕시코 및 중남미 문학 • 멕시코에서 가장 중요한 출판사이자 중남미지역에서 가장 중요한 출판사 중 하나로 인정받고 있음 • 현재까지 7,000종 이상의 서적을 발간했으며, 이 중 약 5,000종이 여전히 발간 또는 재발간되고 있음
Librería Porrúa	• 멕시코에서 가장 오래된 도서 판매 및 출판업체로 1910년 스페인어로 제작된 José Romero의 "Guide to the City of Mexico"를 최초로 발간하며 출판업무를 시작 • 1940년대부터 현대적인 형태의 조직화가 이루어지며 성장. 법률, 예술 등 분야의 전문 서적을 출간. 1959년부터는 일반 대중성들에게 친숙한 고전도 출간. • 현재 멕시코 시티에 플래그쉽 매장이 있으며, 멕시코 전역에 지점 보유
Grupo Editorial Vid	• 1940년대 초에 Editorial Argumentos (EDAR)라는 이름으로 설립 • 마블, DC, 이미지 코믹스, 다크호스, 봉고 코믹스, 고단샤, 하쿠센샤, 슈에이샤 등 만화(코믹스) 및 망가를 중심으로 기타 서적도 출간 (마블의 경우, 2005년 Televisa가 출판권을 사들여 이후 판매 중지) • 대체적으로 코믹스는 30페소, 망가는 60페소대에 판매되며 매월 발간

출처 : 각사 홈페이지

나. 게임

멕시코 주요 게임개발사 및 유통사로는 라바 게임 스튜디오(Larva Game Studios), 엘리베이터 게임즈(Elevator Games), 카라쿠이타 게임즈(Caraquita Games) 등이 있다.

[표 5-29] 멕시코 게임개발사 및 유통사

기업명	설명
Larva Game Studios	• 2007년 설립되어, 설립 초기에는 현지 고객들을 대상으로 플래시 기반의 게임을 개발하기 시작 • 2008년 Immersion Games의 멕시코 지점이 됨, 당시 콘솔 게임인 Cellfactor: Psychokinetic Wars와 Lucha Libre AAA: Heroes del Ring를 개발 • 2010년 원래의 독립된 개발업체인 Larva Game Studios로 회귀해 게임개발 시작 • iSO 및 안드로이드 디바이스 용 게임개발 중 • 대표작 : HEROES DEL RING, RED BULL CRASHED ICE, BACKYARD MONSTERS 등
Elevator Games	• 2012년 창립한 멕시코 소재 게임업체 • 자체 개발한 iOS용 최신작을 'Celleste'를 홍보하고 있음 • 엘리베이터게임즈는 게임 출시 과정에서 재원 조달 및 배급 채널 확보 등 여러 가지 난제에 부딪혔으나, 재원은 페이스북(Fac전자책) 기반 게임인 'Panadería Bimbo'의 모바일 버전 출시를 통해 조달하는 방식으로 돌파구를 마련
Fat Panda	• 유카탄(Yucatán)주 메리다(Mérida)에 위치 • 가장 주목받은 작품에는 다양한 레벨의 3D의 세계를 극복해야 하는 2D 캐릭터가 주인공인 게임 'Flatman'이 있음
Caraquita Games	• 2010년 11월 설립 • "성공적인 게임업체로 거듭나기"라는 로컬 콩쿠르에서 자체 개발작인 'Vacaciones en Babilonia'로 10위 안에 입상하면서 알려지게 됨
Immersion Games	• 콜롬비아에서 처음 설립되었으나 현재 멕시코 과달라하라에 근거지를 두고 있으며 셀팩터(Cellfactor)와 'Combat Training', 'Cellfactor: Revolution', 'Monster Madnes', 'Cellfactor: Psychokinetic Wars' 등을 공동 제작함
Kokonut Studio	• 멕시코시티에 위치한 독립 게임개발 및 퍼블리싱업체 • 엔터테인먼트 목적의 모바일 게임개발이 핵심 사업 • 게임개발 사업 외 제품, 로고, 캐릭터 등 디자인 개발, 웹사이트 및 모바일 앱 개발, 컨설팅 등의 사업도 실시 • 대표작 : Facechamp, Football Fever, Sky Hero, Monster High 등 • 고객사 : 맥도날드, Televisa, Unocero, Carcal 등

출처 : 각사 홈페이지

다. 방송

멕시코 주요 지상파방송사로는 국영방송사인 카날 원스(Canal Once)와 텔레비전 메트로폴리타나(Television Metropolitana)를 비롯하여 멕시코 최대의 상업방송국인 텔레비사(Televisa) 등이 있다.

[표 5-30] 멕시코 지상파방송사

지상파방송사	소유	설명
Canal Once (Canal 11,33)	국영	• 1958년 설립 • Canal11을 통해 아날로그 지상파TV 서비스를, Canal33을 통해서는 디지털 방송 서비스 제공 • 2013년 기준 총 32.25%의 커버리지 구축 • 인터넷 스트리밍 서비스 제공
Television Metropolitana	국영	• 교육청과 문화청의 지원을 받아 개국 • 음악, 문화, 무용 등 예술 및 교양 프로그램 중심의 편성 • 전국을 대상으로 서비스 전개
Televisa	민영	• 1955년 설립 • 종합미디어업체 Grupo Televisa 소유의 멕시코 최대의 상업방송국 • 3개의 전국채널(Canal 2,5,9)과 1개의 지역채널(멕시코시티, Canal 4))을 운영 • 케이블TV Cablemas와 Cablevision의 지분 보유 • 제공 중인 4개 채널의 일일 통합시청률 49.1%
Azeteca	민영	• 엔터테인먼트 및 드라마 콘텐츠 중심의 Canal 13과 해외 프로그램 중심의 Canal 7 2개 채널 • 제공 중인 2개 채널의 일일 통합시청률 16.8%

출처 : 각사 홈페이지

또한 멕시코의 주요 케이블사업자로는 멕시코 2위 방송사업자인 케이블마스(Cablemas)를 비롯하여 멕시코 최초로 케이블TV -유선전화-인터넷 번들링 서비스 'Triple play Service'를 제공한 Cablevision 등이 대표적이라 할 수 있다.

[표 5-31] 멕시코 케이블사업자

케이블방송	설명
Cablemas	• Televisa가 지분 대부분을 보유한 멕시코 2위 사업자 • 2014년 2분기 기준 121만 가구의 가입자 기반 보유

케이블방송	설명
Cablevision	• Televisa가 지분 대부분을 보유 • 멕시코 최초로 케이블TV -유선전화-인터넷 번들링 서비스 'Triple play Service'를 제공 • 2014년 2분기 기준 88만3,000가구의 가입자 기반 보유
Megacable	• 멕시코 250개 도시에서 서비스 전개 중 • 자체 광고 제작 및 전국방송과 라디오 서비스 제공
MASTV (MVS Multivision)	• 1989년 MVS Comunications가 설립 • 현재 멕시코 내 11개 도시에서 5개의 자체 채널을 포함, 총 17개 채널을 제공 중

출처 : 각사 홈페이지

이외에 위성방송사업자인 SKY Mexico와 Dish Mexico 등이 있다.

[표 5-32] 멕시코 위성방송사업자

위성방송	설명
SKY Mexico	• Televisa와 DirectTV 의 조인트벤처 • 1996년 설립 • 현재 뉴스, 스포츠, 영화 등 239개 채널을 패키지 및 할인 프로모션을 통해 제공 • 다수의 HD 방송서비스 보유
Dish Mexico	• 2008년 멕시코 미디어그룹 MVS Comunications와 미국 통신장비업체 Echostar가 공동 설립 • 6개 HD채널 방송을 포함, 현재 총 74개 채널을 송출하고 있음 • 2008년 멕시코 유선통신사업자 Telmex와 제휴

출처 : 각사 홈페이지

6) 주요 지원 제도 및 정책 동향

(1) 콘텐츠산업 지원 제도

멕시코의 국내문화예술위원회(CONACULTA)는 새로워진 '멕시코 문학 번역 지원 프로그램(PROTRAD)'을 설명하기 위한 소집회를 개최하여 국내외 관계자들의 활발한 참여를 촉구했다. 해외 출판사가 멕시코의 문학 작품과 예술 그리고 인문학 수필을 자국어로 번역할 경우에만 지원하던 기존 프로그램과 달라진 점은, 멕시코 국내 출판사가 외국작품을 스페인어로 번역 출판할 경우에도 지원을 하는 것이라고 CONACULTA의 위원회장이 밝혔다. 쌍방향 번역 지원 프로그램에는 저작권, 복제권, 초상권, 번역권 그리고 판권 지원이 모두 포함되어 있다.

(2) 규제 제도

가. 독과점 방지를 위한 방송법 제정

멕시코정부는 발전하는 방송통신 및 정보통신의 발전과 긍정적인 방송통신 생태계를 조성하기 위해 2013년 3월 발의한 방송 개혁 법안을 5월에 승인하였다. 이번에 승인된 새로운 방송개혁 법에 의하면 방송통신 사업자들이 멕시코의 전파 환경을 어지럽히는 독점체계의 구축을 제한 하기 위한 것이다. 새로이 적용된 법안의 내용은 다음과 같다.[161]

- 멕시코에 새롭게 설립되는 연방방송통신기관(The Federal Telecommunications Institute, IFT)은 방송통신시장을 직접 조정할 수 있는 권한을 가진다.
- 현재까지 유지되고 있는 외국인 지분 제한 50%를 철폐하고 외국인의 지분을 49%까지 확대한다.
- 자국인들을 위한 유무선 통신망의 확충으로 접근성을 향상시키고 국가의 정부기관이 활발한 지원을 한다.
- 새로운 공중파 채널 2개를 출범시키고 기존의 방송사 텔레비사(Televisa)와 TV 아즈테카(TV Azteca)는 새로운 공중파 채널 두 곳에 대한 지분의 소유가 금지된다.

나. 멕시코의 게임콘텐츠 등급분류 심사, 방송통신 매체로 확대

2014년 7월 초 멕시코에서 제2차 방송통신 개혁법이 통과하면서, '방송, 통신 영상 서비스 사업

---
161) CONEX, 멕시코 정보통신 방송 정책 보고서, 2013. 10. 4.

자들은 적절한 분류체계에 의해 구분되지 않은 게임콘텐츠는 제공할 수 없다'는 법의 적용을 받게 된다. 이에 따라, 주무 기관인 멕시코 내무부(Secretaría de Gobernación) 산하의 라디오, TV, 영화산업총국이 방송통신용 콘텐츠 등급분류 심사를 위한 별도의 분류 체계 수립을 추진할 예정이다. 현재 멕시코에서는 게임콘텐츠 등급분류 체계로 미국과 캐나다에서 사용 중인 엔터테인먼트 소프트웨어등급위원회(Entertainment Software Rating Board, 이하 ESRB)의 분류체계 2를 채택하고 있으며, 미국과 캐나다에서도 2011년부터 스마트폰과 태블릿용 게임콘텐츠 규제를 시작하였다. 제2차 방송통신 개혁법 비준 후 새로운 등급분류 체계 제정 및 공표까지 180일의 유예기간을 둘 수 있다. 멕시코에서 게임콘텐츠의 새로운 분류체계를 만들고자 하는 시도는 이번이 처음이 아니며, 가장 최근에는 지난 2014년 4월에도 관련 논의가 있었다.

헌법 전문 변호사인 로드리고 디에스(Rodrigo Díez)는 "이전까지의 게임콘텐츠 분류체계 제정 관련 법안은 논의만 있었을 뿐 실질적인 진척이 없었으나, 이번 방송통신개혁법 비준으로 관련 절차가 탄력을 받을 것으로 예상된다."고 전망하고 있다.

(3) 개인정보보호법 도입

2011년 11월 멕시코도 인터넷 유무선 망의 확대 보급과 사이버 월드 사용자의 증가로 인해 개인 정보를 보호하는 법안이 제정되었다. 그간 멕시코에서는 개인들의 정보를 보호해야한다는 법적 근거가 없었기 때문에 이번에 발효된 법령은 최초로 멕시코의 개인정보보호법으로서 의미를 가지게 된다. 이번에 제정된 법안은 크게 4가지로 분류할 수 있는데 다음과 같다.[162]

- 앞으로 웹 가입 또는 프로그램 설치 시 개인정보의 소집과 활용에 대한 동의를 얻어야한다
- 서비스 이용자에게 서비스를 제공하고자하는 업체나 기업의 정보를 제공해야할 뿐만 아니라 정보의 활용방식, 목적, 정책에 대해서도 고지해야 한다.
- 수집된 정보를 안전하게 유지해야하며 기존의 정보가 불필요할 경우에는 삭제를 해야 한다.
- 만일 정보수집의 목적이 개인의 의사와 배치되는 다른 목적으로 사용되거나 제 3자에게 제공을 하는 경우에는 서비스 이용자들로부터 새로운 동의를 얻어야만 정보 제공이 3자에게 가능하다.
- 이후 멕시코는 개인의 정보보호를 위한 법률의 개정을 2014년 7월에 단행하여 정보통신개혁법 189조와 190조를 발표하였다. 190조 1항, 통신사업자들은 국가기관이 정보를 요청할 경우에 반드시 응해야 하며 필요 시 이동통신 가입자들의 개인정보와 위치정보를 제공해야 한다. 단, 이 조항은 민감한 문제를 야기할 수 있기 때문에 국가의 남용이 우선 시 되어서는 안되며 제한적으로 이루어져야 한다.

---

162) 정보통신산업진흥원 (Conex), 멕시코 정보통신(ICT) 정보보호, 2014. 8. 22.

3. 아르헨티나

1) 콘텐츠시장 개요

2013년 아르헨티나 콘텐츠시장은 캐릭터·라이선스시장을 제외한 전 분야에서 성장세를 나타내었다. 특히 지식정보시장의 높은 성장을 기반으로 전년대비 12.4% 성장한 138억 6,500만 달러를 기록하였다. 향후 정부 주도의 네트워크 구축에 따라 디지털콘텐츠의 소비가 증가하여 2018년까지 연평균 7.1%의 높은 성장세를 기록하며 195억 6,300만 달러로 시장이 확대될 전망이다.

[표 6-1] 아르헨티나 콘텐츠시장 규모 및 전망, 2009-2018

[단위 : 백만 달러, %]

구분	2009	2010	2011	2012	2013p	2014	2015	2016	2017	2018	2013-18 CAGR[163]
출판	1,554	1,936	2,378	2,630	2,856	3,030	3,152	3,228	3,266	3,264	2.7
만화	12	14	18	22	29	33	36	39	43	46	9.7
음악	122	126	133	133	132	132	133	135	138	142	1.5
게임	65	72	82	92	100	110	122	136	152	171	11.3
영화	371	387	448	469	500	537	585	650	742	870	11.7
애니메이션	40	52	44	57	72	78	85	94	107	126	11.7
방송	2,698	3,182	3,676	4,314	4,854	5,503	5,829	6,330	6,664	7,015	7.6
광고	1,754	2,408	3,136	3,905	4,566	5,324	5,745	6,313	6,671	7,022	9.0
캐릭터	210	220	180	175	167	172	173	175	174	174	0.8
지식정보	2,397	2,953	3,620	4,216	4,892	5,516	6,059	6,544	6,962	7,370	8.5
산술합계	9,223	11,350	13,716	16,013	18,168	20,434	21,919	23,644	24,920	26,200	7.6
합계[164]	7,529	9,014	10,738	12,333	13,865	15,439	16,545	17,722	18,642	19,563	7.1

출처 : PwC(2014), ICv2(2013, 2014), Barnes report(2013, 2014), Box Office Mojo(2014), Digital Vector(2013), EPM(2013, 2014)

---

163) 2013년부터 2018년까지 연평균성장률
164) 중복 시장을 제외한 시장 규모임
- 출판의 신문/잡지 광고, 게임의 게임 광고, 영화의 극장광고, 방송의 TV/라디오 광고, 지식정보의 디렉토리 광고는 광고시장에 포함
- 만화, 지식정보의 전문서적/산업잡지는 출판시장에 포함
- 애니메이션은 영화시장에 포함

[그림 6-1] 아르헨티나 콘텐츠시장 규모 및 성장률, 2009-2018

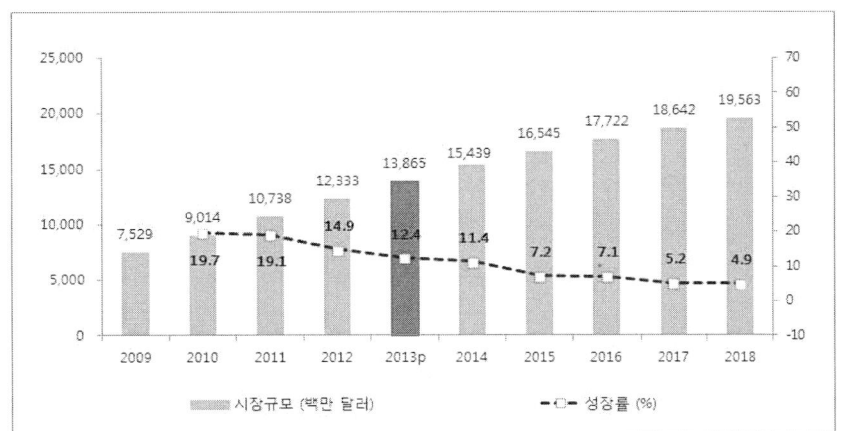

출처 : PwC(2014), ICv2(2013, 2014), Barnes report(2013, 2014), Box Office Mojo(2014), Digital Vector(2013), EPM(2013, 2014)

2013년 아르헨티나 콘텐츠시장에서 지식정보시장은 35.3%로 가장 높은 점유율을 보이고 있으며 2018년까지 37.7%로 확대될 전망이다. 방송과 광고의 경우 지식정보에 이어 높은 점유율을 보였는데 방송은 2018년까지 동일한 수준의 비중을 보일 것으로 전망되고 광고는 소폭 증가하여 26.7%의 점유율을 보일 것으로 전망된다.

[그림 6-2] 아르헨티나 콘텐츠별 시장점유율, 2009 vs. 2013 vs. 2018

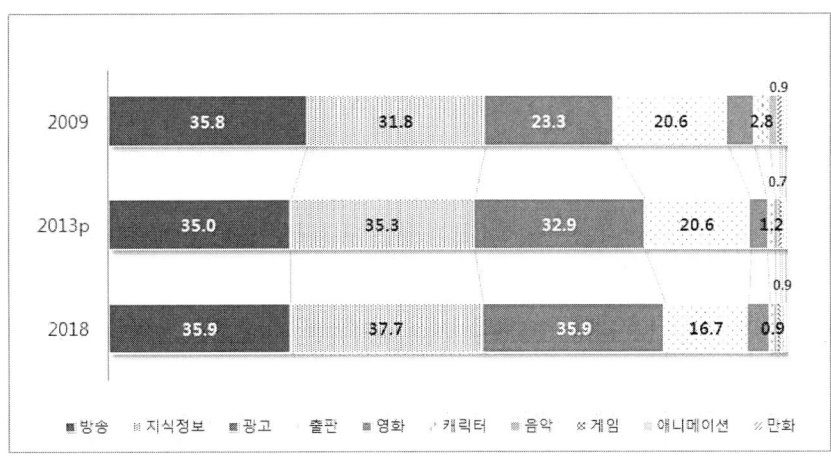

출처 : PwC(2014), ICv2(2013, 2014), Barnes report(2013, 2014), Box Office Mojo(2014), Digital Vector(2013), EPM(2013, 2014)

2018년까지 향후 5년간 아르헨티나의 콘텐츠시장은 전 장르에 걸쳐 성장할 것으로 전망되며, 특히 게임과 영화, 애니메이션시장은 연평균 10%이상의 두 자릿수 성장을 기록할 것으로 예측된다. 음악과 출판시장은 다른 콘텐츠시장에 비하여 상대적으로 낮은 성장을 보일 것으로 전망되며, 캐릭터시장은 한동안 정체 상태에 머물 것으로 보인다.

[그림 6-3] 아르헨티나 콘텐츠별 연평균성장률 추정 2013-2018

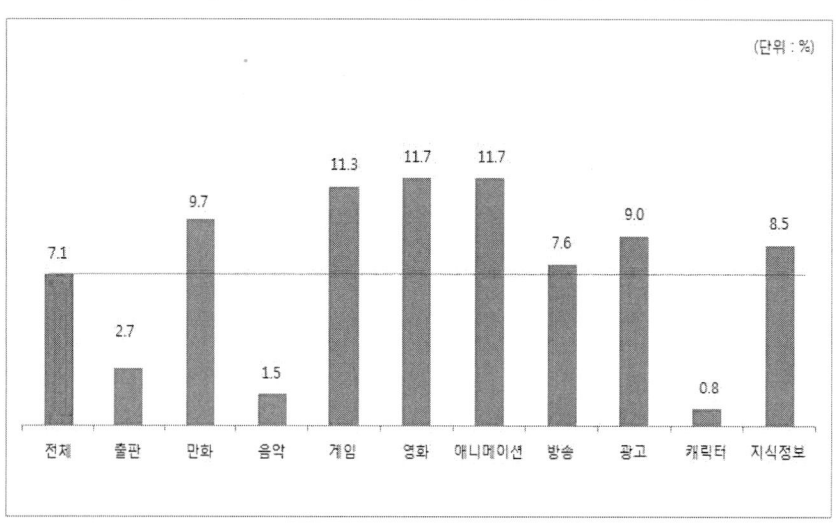

출처 : PwC(2014), ICv2(2013, 2014), Barnes report(2013, 2014), Box Office Mojo(2014), Digital Vector(2013), EPM(2013, 2014)

2) 산업별 콘텐츠시장 규모 및 전망

(1) 출판

2013년 출판시장은 도서, 신문, 잡지 부분 모두 안정적인 소비로 고른 성장률을 보이며, 전년대비 8.6% 성장한 28억 5,600만 달러로 집계되었다. 향후 5년간 아르헨티나 출판시장은 높은 비중을 차지하고 있는 인쇄 신문 구독시장이 위축될 것으로 보이지만 디지털시장의 높은 성장세에 힘입어 2018년까지 연평균 2.7% 성장한 32억 6,400만 달러의 규모를 보일 것으로 전망된다.

[표 6-2] 아르헨티나 출판시장 규모 및 전망, 2009-2018

[단위 : 백만 달러, %]

구분		2009	2010	2011	2012	2013p	2014	2015	2016	2017	2018	2013-18 CAGR
도서		427	518	575	612	641	663	683	700	711	712	2.1
	인쇄	427	518	573	606	630	645	654	655	647	629	0.0
	디지털	-	-	2	6	11	18	29	45	64	83	49.8
신문		813	1,045	1,360	1,539	1,695	1,814	1,892	1,930	1,936	1,919	2.5
	광고	541	782	1,076	1,279	1,452	1,584	1,673	1,719	1,731	1,720	3.4
	지면	536	773	1,062	1,257	1,421	1,544	1,622	1,658	1,657	1,634	2.8
	디지털	4	8	14	22	31	40	50	61	73	86	22.6
	구독	272	263	284	260	243	230	219	211	205	199	△3.9
	지면	272	263	284	259	238	220	203	189	175	163	△7.3
	디지털	-	-	-	1	5	10	16	23	30	36	48.4
잡지		314	373	443	479	520	553	577	598	619	633	4.0
	광고	94	129	173	202	233	256	273	286	295	300	5.2
	지면	94	129	172	200	230	251	264	272	274	268	3.1
	디지털	-	-	1	2	3	5	9	14	21	32	60.5
	구독	220	244	270	277	287	297	304	312	324	333	3.0
	지면	220	244	270	277	287	296	303	311	321	329	2.8
	디지털	-	-	-	-	-	1	1	1	3	4	41.4
합계		1,554	1,936	2,378	2,630	2,856	3,030	3,152	3,228	3,266	3,264	2.7

출처 : PwC(2014)

[그림 6-4] 아르헨티나 출판시장 규모 및 성장률, 2009-2018

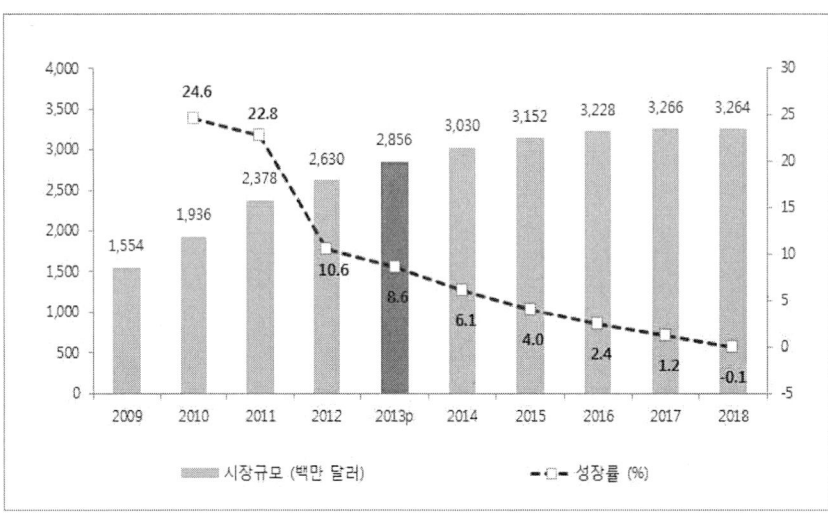

출처 : PwC(2014)

2013년 기준 아르헨티나 출판시장은 신문시장이 59.3%의 점유율을 보이며 2009년에 이어 가장 높은 비중을 차지하고 있는 것으로 나타났다. 향후 인쇄 구독시장이 감소하면서 2018년에는 58.8%까지 소폭 축소될 것으로 전망된다.

[그림 6-5] 아르헨티나 출판시장 비중 비교, 2009 vs. 2013 vs. 2018

출처 : PwC(2014)

반면, 2009년 27.5%의 점유율을 보이던 도서시장은 디지털 도서가 인쇄 출판도서를 대체하기 시작하면서 2018년 21.8%까지 다소 위축될 것으로 전망된다. 2009년 대비 2013년 다소 감소하였던 잡지시장은 디지털 잡지 광고와 구독시장이 매우 빠르게 성장하면서 2018년 출판시장에서의 점유율이 소폭 확대될 것으로 예상된다.

가. 도서

2013년 아르헨티나의 도서시장은 소비자들의 문학소설에 대한 수요 확대가 판매로 이어지면서 전년대비 4.7% 성장한 6억 4,100만 달러를 기록하였다. 향후 인쇄 도서시장은 전문서적의 높은 성장이 예상됨에도 불구하고 높은 비중을 차지하고 있는 일반도서의 정체와 교육도서의 매출 감소가 예상되면서 2018년까지 정체 상태에 머물 것으로 전망된다.

반면 디지털 도서시장은 2018년까지 연평균 49.8%의 매우 높은 성장이 예상된다. 그러나 디지털 도서시장이 전체 도서시장에서 차지하는 점유율이 낮아 2018년까지 향후 5년간 아르헨티나 도서시장은 연평균 2.1% 성장한 7억 1,200만 달러의 시장 규모를 형성할 것으로 예측된다.

[표 6-3] 아르헨티나 도서시장 규모 및 전망, 2009-2018

[단위 : 백만 달러, %]

구분	2009	2010	2011	2012	2013p	2014	2015	2016	2017	2018	2013-18 CAGR
인쇄	427	518	573	606	630	645	654	655	647	629	0.0
전문	5	6	6	7	7	8	9	10	11	12	11.4
일반	257	329	356	375	393	404	412	415	414	408	0.8
교육	165	183	211	224	230	233	233	230	222	209	△1.9
디지털	-	-	2	6	11	18	29	45	64	83	49.8
전문	-	-	-	-	1	1	2	3	5	7	47.6
일반	-	-	2	6	10	17	27	41	58	75	49.6
교육	-	-	-	-	-	-	-	1	1	1	-
합계	427	518	575	612	641	663	683	700	711	712	2.1

출처 : PwC(2014)

[그림 6-6] 아르헨티나 도서시장 규모 및 성장률, 2009-2018

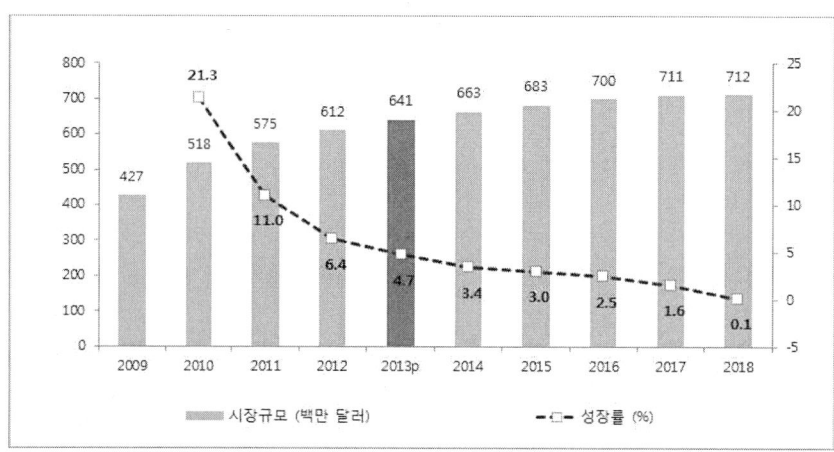

출처 : PwC(2014)

나. 신문

2009년 이후 아르헨티나 신문시장은 지속적으로 성장하고 있는 것으로 나타났으며, 2013년에는 전년대비 10.1% 증가한 16억 9,500만 달러로 집계되었다. 향후 디지털 신문시장의 빠른 증가가 예상되나 인쇄 신문시장의 수익감소를 상쇄하지 못하면서 전반적인 신문시장의 성장세가 둔화되어 2018년에는 19억 1,900만 달러에 머물며 마이너스 성장을 보일 것으로 전망된다.

[그림 6-7] 아르헨티나 신문시장 규모 및 성장률, 2009-2018

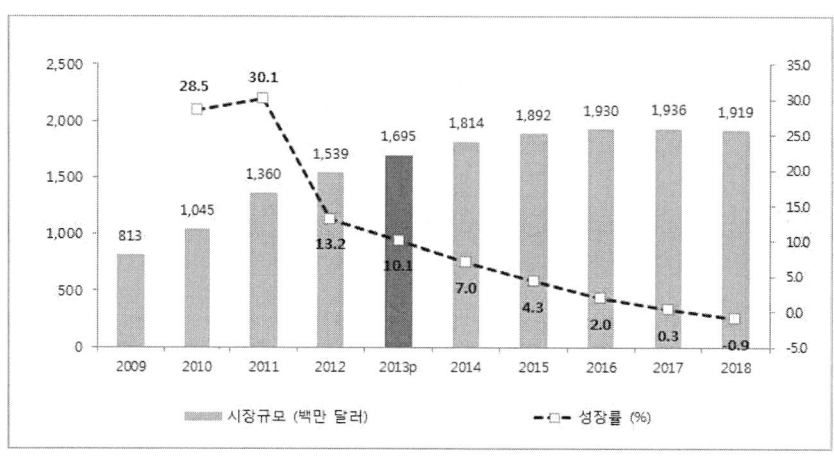

출처 : PwC(2014)

다. 잡지

2013년 아르헨티나 잡지시장은 2012년에 이어 내수시장 활성화의 영향을 받아 전년대비 8.6% 성장한 5억 2,000만 달러로 집계되었다. 향후 잡지시장은 2018년까지 연평균 4.0%의 성장을 보이며 6억 3,300만 달러에 이를 것으로 전망된다.

[그림 6-8] 아르헨티나 잡지시장 규모 및 성장률, 2009-2018

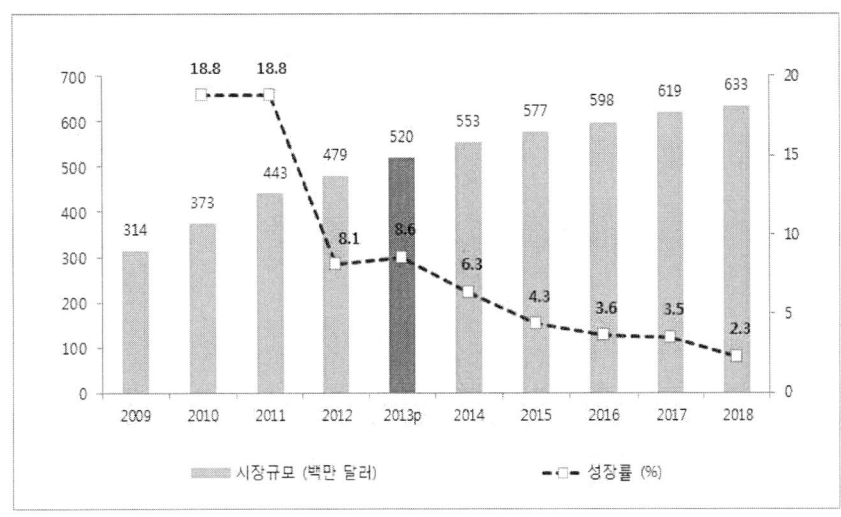

출처 : PwC(2014)

(2) 만화

아르헨티나의 만화시장은 2009년 이후 자국 만화의 강세로 높은 성장세를 보이면서 2013년 전년대비 29.6% 증가한 2,900만 달러로 집계되었다. 현재 디지털 만화시장은 매우 미미한 규모로 나타났으나 이후 스마트단말기의 보급과 디지털 출판시장의 성장으로 2015년부터는 시장이 형성될 것으로 보인다. 향후 5년간 아르헨티나 만화시장은 연평균 9.7%의 성장을 보이며 2018년에는 4,600만 달러의 규모를 보일 것으로 전망된다.

[표 6-4] 아르헨티나 만화시장 규모 및 전망, 2009-2018

[단위 : 백만 달러, %]

구분	2009	2010	2011	2012	2013p	2014	2015	2016	2017	2018	2013-18 CAGR
인쇄 만화	11	141	18	22	28	32	35	38	41	43	8.7
디지털	0	0	0	0	0	0	0	1	1	3	56.9
합계	11	14	18	22	29	32	36	39	42	46	9.7

출처 : ICv2(2014), Barnes(2014), PwC(2014)

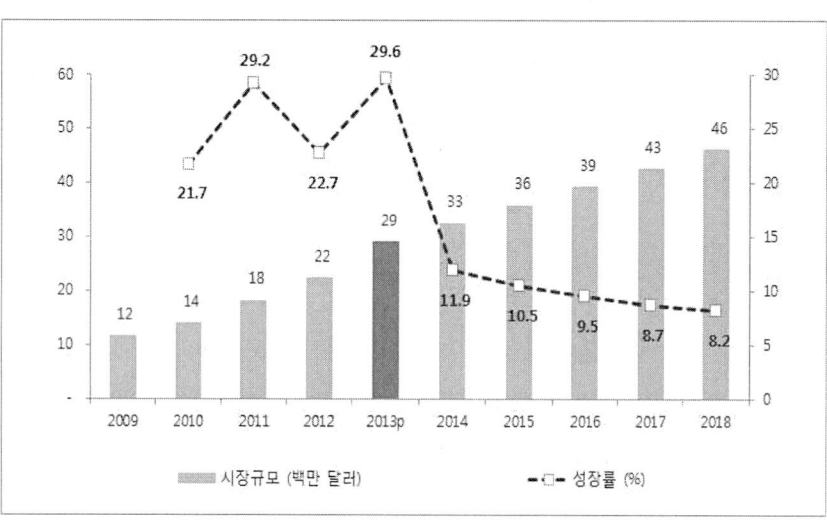

[그림 6-9] 아르헨티나 만화시장 규모 및 성장률, 2009-2018

출처 : ICv2(2014), Barnes(2014), PwC(2014)

아르헨티나 만화시장은 여전히 인쇄 만화가 시장을 주도하고 있는 것으로 나타났다. 2013년 디지털 만화시장이 조금씩 형성되면서 2018년에는 전체 만화시장의 5.5%를 점유할 것으로 전망된다.

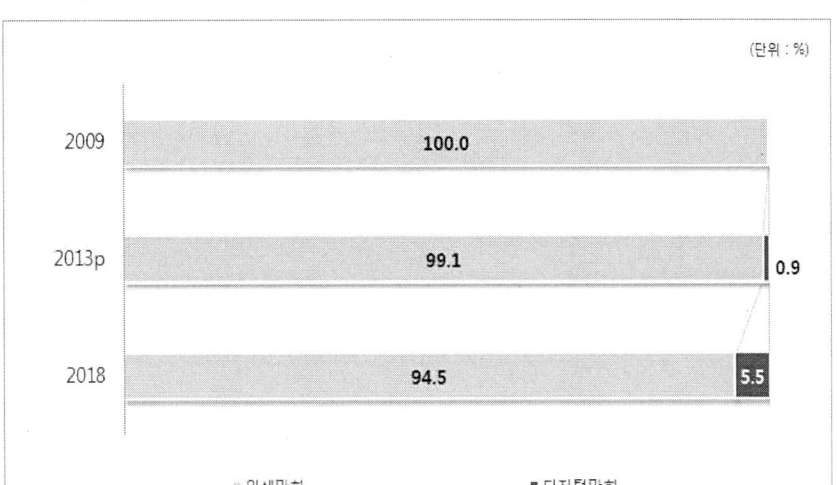

[그림 6-10] 아르헨티나 만화시장별 비중 비교, 2009 vs. 2013 vs. 2018

출처 : ICv2(2014), Barnes(2014), PwC(2014)

가. 인쇄 만화

아르헨티나의 인쇄 만화시장은 더딘 디지털화와 인쇄 매체에 대한 수요의 증가로 인하여 독보적인 시장점유율을 보이고 있다. 2013년 아르헨티나의 인쇄 만화시장은 전년대비 32.0% 성장한 2,900만 달러로 집계되었다. 비록 경기하강의 국면을 맞이하고 있지만 어린 연령층을 중심으로 만화책에 대한 소비가 증가할 것으로 전망되어 2018년까지 매년 8.7%씩 성장한 4,400만 달러의 인쇄 만화시장으로 커질 전망이다.

[그림 6-11] 아르헨티나 인쇄 만화시장 규모 및 성장률, 2009-2018

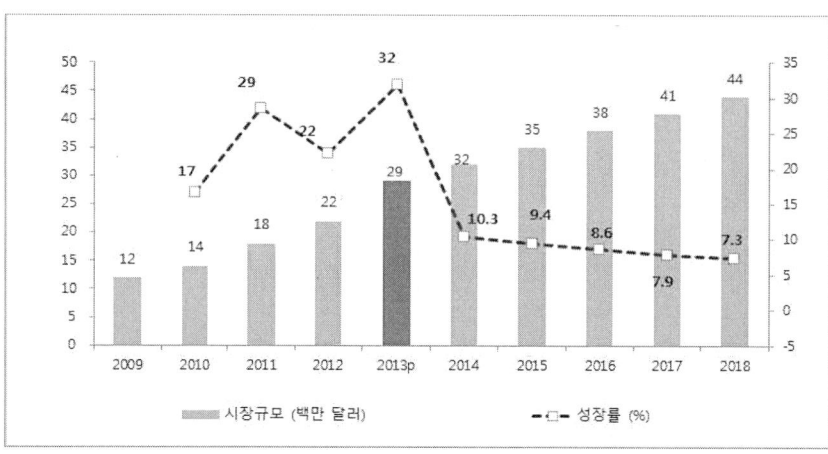

출처 : ICv2(2014), Barnes(2014), PwC(2014)

나. 디지털 만화

2013년 아르헨티나의 디지털 만화시장은 지식정보산업의 확산이 더딘 탓에 디지털 만화가 발전할 수 있는 충분한 인프라 환경이 구축되지 못하여 전년도와 유사한 100만 달러 미만의 시장으로 집계되었다. 유무선 인터넷 커버리지가 확충되면 디지털 만화에 대한 소비가 증가할 것으로 예상되어 2018년까지 300만 달러의 시장으로 성장할 전망이다.

[그림 6-12] 아르헨티나 디지털 만화시장 규모 및 성장률, 2009-2018

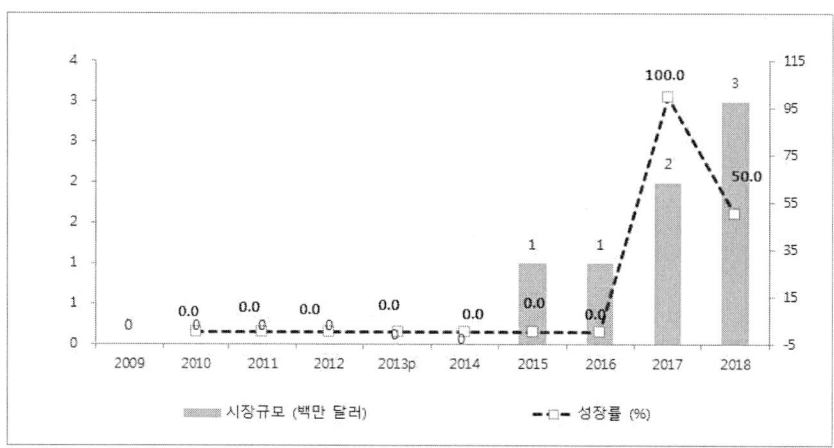

출처 : ICv2(2014), Barnes(2014), PwC(2014)

(3) 음악

2013년 아르헨티나 전체 음악시장은 오프라인 음반의 매출이 크게 하락하면서 전년대비 0.8%의 감소한 1억 3,200만 달러로 집계되었다. 향후 불법복제와 스트리밍 서비스의 증가로 CD, DVD와 같은 오프라인 음반의 수익 감소가 지속될 것으로 보인다. 아르헨티나 오프라인 음반시장은 2018년까지 향후 5년간 연평균 9.1%의 감소를 나타낼 것으로 전망된다. 그러나 오프라인 음반시장의 하락세에도 불구하고 디지털 음원시장과 공연 음악시장의 높은 성장세에 힘입어 아르헨티나 음악시장은 2018년까지 향후 5년간 연평균 1.5%의 성장세를 보이며 1억 4,200만 달러에 이를 것으로 전망된다.

[그림 6-13] 아르헨티나 음악시장 규모 및 성장률, 2009 - 2018

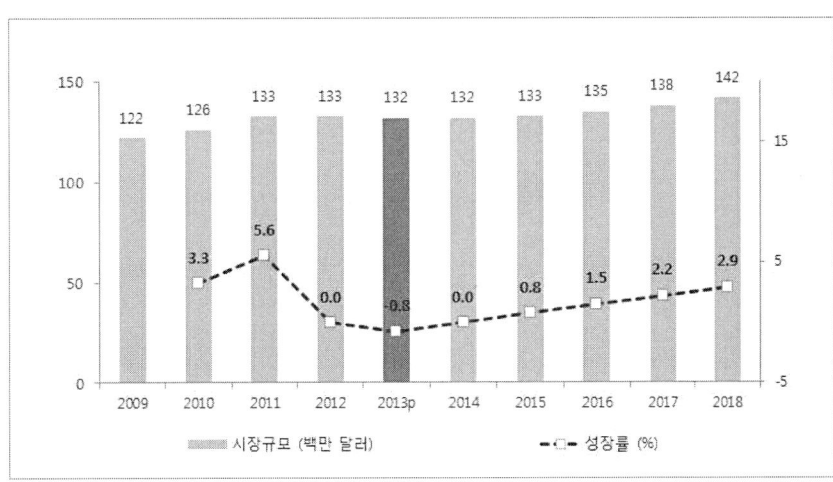

출처 : PwC(2014)

[표 6-5] 아르헨티나 음악시장 규모 및 전망, 2009-2018

[단위 : 백만 달러, %]

구분	2009	2010	2011	2012	2013p	2014	2015	2016	2017	2018	2013-18 CAGR
음반	78	80	84	82	77	73	69	65	61	57	△5.7
오프라인 음반	72	71	75	71	65	60	55	50	45	41	△9.1
디지털 음원	6	9	9	10	11	12	14	15	16	16	8.2
공연 음악	44	46	49	52	55	59	64	70	77	85	9.0
합계	122	126	133	133	132	132	133	135	138	142	1.5

출처 : PwC(2014)

2013년 아르헨티나 음악시장은 오프라인 음반시장이 49.2%, 공연 음악시장이 41.7%의 점유율을 보이며 시장을 주도하고 있는 것으로 나타났다. 2009년 전체 음악시장의 59.0%를 차지하며 가장 높은 시장점유율을 보이던 음반시장은 불법복제와 디지털 음원으로의 소비자 이탈로 점유율이 감소하여 2018년에는 전체 음악시장의 28.9%까지 위축될 것으로 전망된다. 또한, 공연 음악시장은 2009년 36.1%에서 라이브음악에 대한 소비자 선호가 높아지면서 지속적으로 확대되어 2018년에는 59.9%의 점유율을 보이며 음악시장을 주도해 나갈 것으로 보인다.

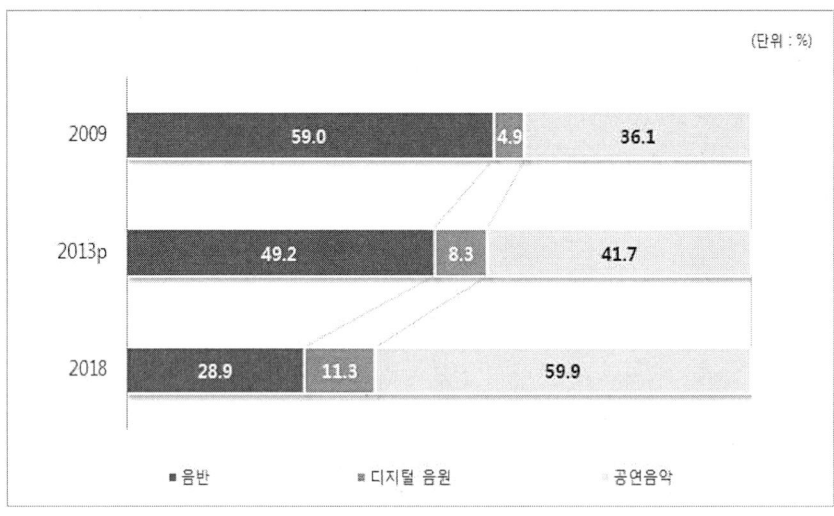

[그림 6-14] 아르헨티나 음악시장 분야별 비중 비교, 2009 vs. 2013 vs. 2018

출처 : PwC(2014)

가. 오프라인 음반

2013년 아르헨티나 오프라인 음반시장은 일상화된 불법복제물로 인하여 유사한 경제 규모를 가진 다른 국가들과 비교했을 때 상대적으로 작은 규모를 보이고 있다. 2011년 7,500만 달러의 규모를 보였던 오프라인 음반시장은 이후 지속적으로 감소하여 2013년에는 전년대비 8.5%나 하락한 6,500만 달러에 그쳤다. 향후 오프라인 음반시장은 불법복제물로 인하여 정상적인 매출을 달성하기가 어려울 것으로 보이며, 온라인 스트리밍 서비스의 출시로 소비자 이탈이 가속화될 것으로 예상되면서 2018년까지 향후 5년간 연평균 9.1% 감소한 4,100만 달러에 머물 것으로 전망된다.

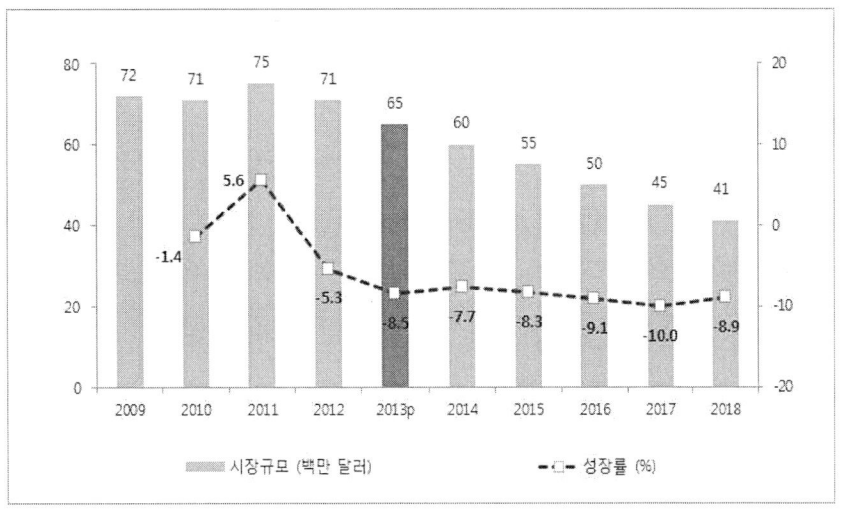

[그림 6-15] 아르헨티나 음반시장 규모 및 성장률, 2009 - 2018

출처 : PwC(2014)

나. 디지털 음원

2013년 아르헨티나의 디지털 음원시장은 통신기반 시설의 빠른 성장과 글로벌 음악 서비스의 시장 진출에 힘입어 전년대비 10.0% 성장한 1,100만 달러를 기록하였다. 아르헨티나는 2013년 기준 애플의 아이튠즈(iTunes)가 다운로드 분야의 선두를 지키고 있으며, 디저(Deezer)와 알디오(Rdio), 스포티파이(Spotify) 등과 같은 유료가입 음악 서비스업체들이 시장을 이끌고 있다.

텔레포니카(Telefonica)의 자회사로 로컬 인터넷 서비스업체인 테라(Terra)는 2013년 냅스터(Napster)의 소유자인 미국 서비스업체 랩소디(Rhapsody)와 계약을 맺고 최근 자사의 스트리밍 서비스인 소나라(Sonara)를 냅스터로 리브랜딩하고 있다.

아르헨티나 디지털 음원시장은 스트리밍 서비스의 높은 성장에 힘입어 향후 5년간 연평균 8.2%의 성장률을 보이며 2018년 1,600만 달러에 이를 것으로 전망된다.

[그림 6-16] 아르헨티나 디지털 음원시장 규모 및 성장률, 2009 - 2018

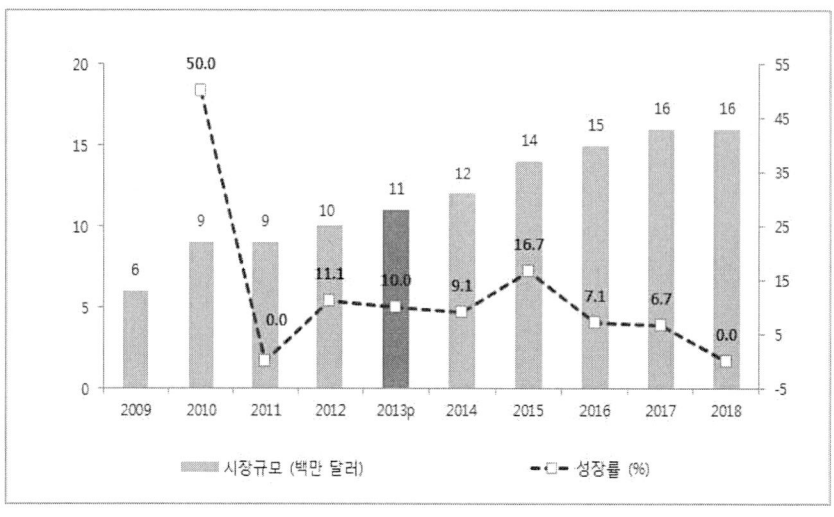

출처 : PwC(2014)

[표 6-6] 아르헨티나 디지털 음원시장 규모 및 전망, 2009-2018

[단위 : 백만 달러, %]

구분	2009	2010	2011	2012	2013p	2014	2015	2016	2017	2018	2013-18 CAGR
다운로드	2	4	4	4	4	5	5	5	5	6	6.1
스트리밍	-	2	3	4	5	6	7	8	8	9	12.8
모바일	4	4	2	2	2	2	2	2	2	2	△1.4
합계	6	9	9	10	11	12	14	15	16	16	8.2

출처 : PwC(2014)

다. 공연 음악

아르헨티나 공연 음악시장은 전 세계적으로 유명한 '부에노스아이레스 재즈 페스티벌(Buenos Aires Jazz Festival)'과 '펩시 뮤직 페스티벌(Pepsi Music Festival)' 등에 힘입어 2013년 전년대비 5.8% 증가한 5,500만 달러를 기록하였다. 특히 아르헨티나는 수도 부에노스아이레스에 리버 플라테(River Plate)의 홈구장인 엘 모누멘탈 안토니오 베스푸치오 리베르(Estadio Monumental Antonio Vespucio Liberti) 등 중남미의 메이저 아티스트들이 방문하는 여러 스타디움이 잘 갖추어져 있다. 향후 아르헨티나 공연 음악시장은 대규모 야외공연과 프로모션 그리고 공연 음악에 대한 소비자 수요가 더욱 증가될 것으로 예상되면서 2018년까지 연평균 9.0%의 높은 성장률을 보이며 8,500만 달러에 육박할 것으로 전망된다.

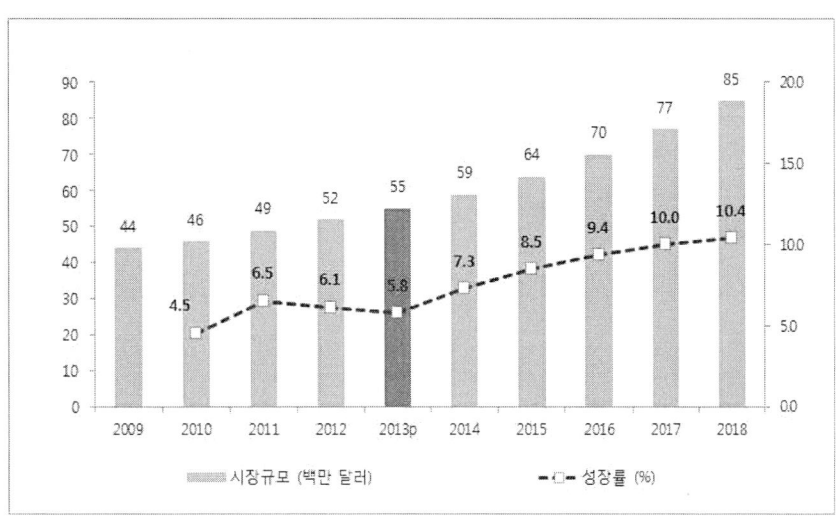

[그림 6-17] 아르헨티나 공연 음악시장 규모 및 성장률, 2009-2018

출처 : PwC(2014)

[표 6-7] 아르헨티나 공연 음악시장 규모 및 전망, 2009-2018

[단위 : 백만 달러, %]

구분	2009	2010	2011	2012	2013p	2014	2015	2016	2017	2018	2013-18 CAGR
후원	11	12	13	14	15	17	20	23	26	31	14.9
티켓판매	33	34	36	38	40	42	45	47	51	54	6.3
합계	44	46	49	52	55	59	64	70	77	85	9.0

출처 : PwC(2014)

(4) 게임

2013년 아르헨티나 게임시장은 경제성장과 함께 지식정보시장의 큰 성장에 힘입어 전년대비 8.7% 성장한 1억 달러로 집계되었으며, 향후 디지털 통신망 확대 보급에 따라 모바일 게임과 온라인 게임 수요가 크게 늘어날 것으로 예상된다. 반면 오프라인 매체를 이용한 게임시장은 소폭의 성장세 내지는 하락세를 보일 것으로 예상된다. 다른 남미국가들과 마찬가지로 아르헨티나의 게임시장 역시 불법복제 문제의 심각성이 해결되지 못하면서 패키지 게임시장 성장에 장애요인으로 작용할 것으로 전망된다. 아르헨티나 게임시장은 패키지 PC 게임시장의 하락에도 불구하고 대부분의 시장이 성장세를 보이면서 2018년까지 연평균 11.3% 성장한 1억 7,100만 달러까지 성장할 것으로 전망된다.

[표 6-8] 아르헨티나 게임시장 규모 및 전망, 2009-2018

[단위 : 백만 달러, %]

구분	2009	2010	2011	2012	2013p	2014	2015	2016	2017	2018	2013-18 CAGR
게임 광고	2	3	4	5	6	8	9	11	12	15	18.1
콘솔 게임	14	15	17	18	18	20	21	22	25	27	8.4
디지털	-	-	1	2	3	4	4	5	7	9	26.8
오프라인	14	15	16	16	16	16	16	17	18	19	3.7
온라인 게임	4	6	8	9	11	12	14	15	16	18	10.8
PC 게임	14	15	17	18	16	15	13	12	10	9	△10.6
디지털	-	-	1	2	3	5	5	6	6	6	12.0
오프라인	14	15	16	16	13	10	8	6	4	3	△23.8
모바일 게임	30	33	37	42	48	56	66	76	88	102	16.0
합계	65	72	82	92	100	110	122	136	152	171	11.3

출처 : PwC(2014)

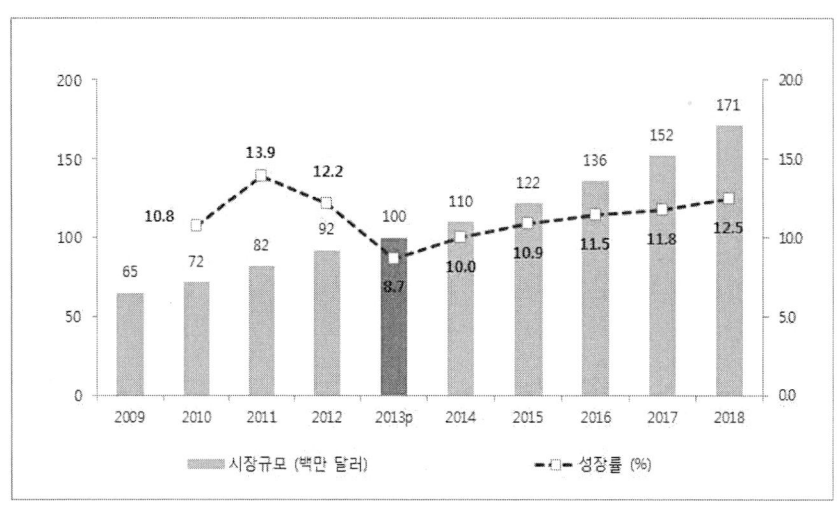

[그림 6-18] 아르헨티나 게임시장 규모 및 성장률, 2009 - 2018

출처 : PwC(2014)

2013년 게임시장의 점유율을 보면, 모바일 게임이 48.0%의 점유율을 보이며 2009년에 이어 아르헨티나 게임시장을 주도하고 있는 것으로 나타났다. 향후 모바일 게임은 스마트기기 보급 확대로 이용자가 급증하면서 2018년에는 전체 게임시장의 59.6%를 점유하며 영향력이 더욱 커질 것으로 전망된다.

[그림 6-19] 아르헨티나 게임시장 분야별 비중 비교, 2009 vs. 2013 vs. 2018

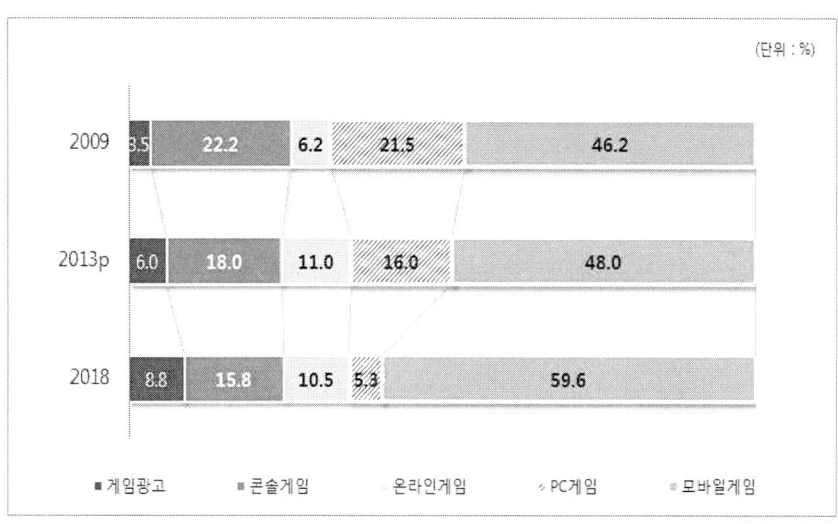

출처 : PwC(2014)

가. 콘솔 게임

2013년 아르헨티나 콘솔 게임시장은 불법복제물 유통으로 게임 타이틀 소비가 원활히 이루어지지 않고 있으며, 가격 또한 미국보다 높은 가격으로 시장이 형성되어 있고 발매에도 상당한 시차를 보인다는 약점을 가지고 있다. 2013년에는 전년과 동일한 수준의 시장을 유지하였으나 향후 디지털배급 수익 증가가 예상되면서 2018년까지 연평균 8.4% 성장한 2,700만 달러에 이를 것으로 전망된다. 특히 발매에 상당한 시차를 보이면서 향후 수익은 신규 콘솔 단말을 통한 수익보다 구 버전 콘솔 게임이 매출의 대부분을 차지할 것으로 보인다. 현재 아르헨티나에 진출한 메이저업체는 소니(Sony)가 유일하다.

[그림 6-20] 아르헨티나 콘솔 게임시장 규모 및 성장률, 2009 - 2018

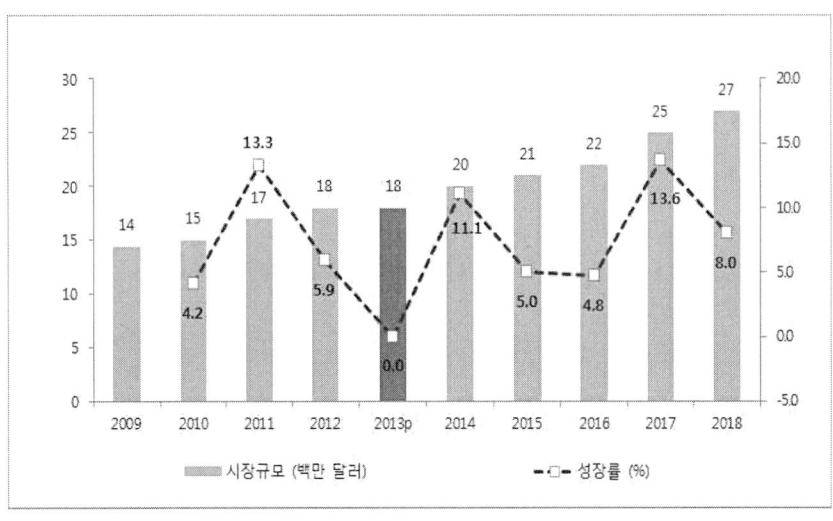

출처 : PwC(2014)

나. 온라인 게임

 2013년 아르헨티나의 온라인 게임시장은 유선 네트워크의 커버리지 확장과 남미에 열풍을 일으키고 있는 '리그 오브 레전드'로 인해 온라인 게임시장이 빠르게 성장하면서 전년대비 22.2% 증가한 1,100만 달러로 집계되었다. 향후 유선 네트워크 사용지역 확대와 접근성 개선, 고급화 되는 PC사양 등에 힘입어 온라인 게임은 2018년까지 향후 5년간 연평균 10.8% 성장한 1,800만 달러에 달할 것으로 전망된다.

[그림 6-21] 아르헨티나 온라인 게임시장 규모 및 성장률, 2009 - 2018

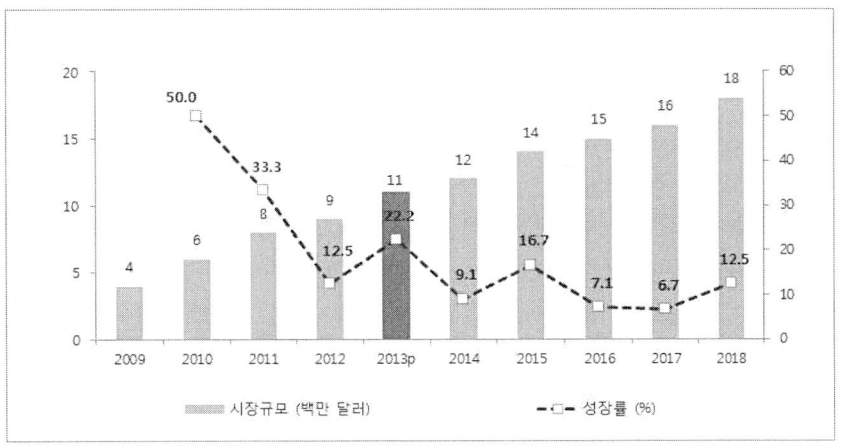

출처 : PwC(2014)

다. PC 게임

2013년 아르헨티나 게임시장에서 가장 큰 하락세를 보이고 있는 PC 게임시장은 전년대비 11.1% 감소한 1,600만 달러로 집계되었다. 토렌트와 P2P를 이용한 불법 다운로드 유통과 모바일 게임으로 소비자 이탈이 가속화됨에 따라 2018년까지 향후 5년간 연평균 10.6% 감소한 9백만 달러로 시장이 축소될 것으로 전망된다.

[그림 6-22] 아르헨티나 PC 게임시장 규모 및 성장률, 2009 - 2018

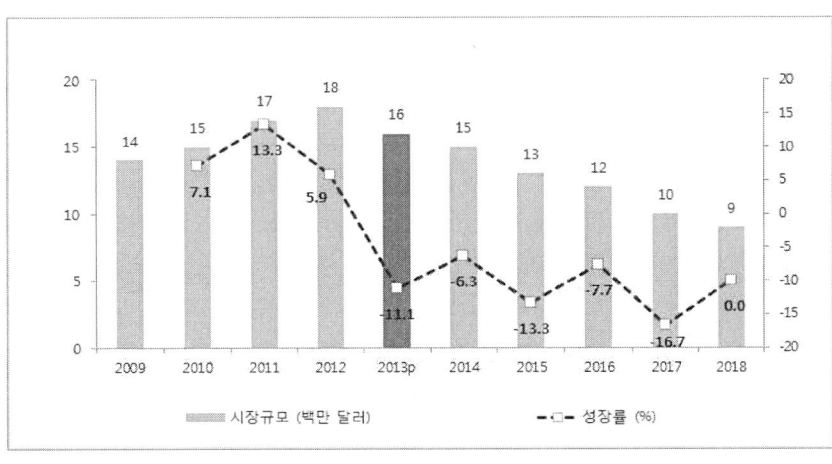

출처 : PwC(2014)

라. 모바일 게임

아르헨티나에서 가장 큰 비중을 차지하고 있는 모바일 게임시장은 무료 또는 저가에 공급되고 있는 소셜 게임과 캐주얼 게임의 인기를 바탕으로 전년대비 14.3% 성장한 4,800만 달러로 집계되었다. 향후 3G 무선 인터넷망과 4G 인터넷 커버리지 확대, 저렴하게 공급되는 스마트기기 확산 등으로 모바일 게임 수요가 지속적으로 증가하면서 2018년까지 향후 5년간 연평균 16.0% 성장한 1억 200만 달러에 육박할 것으로 기대된다.

[그림 6-23] 아르헨티나 모바일 게임시장 규모 및 성장률, 2009 - 2018

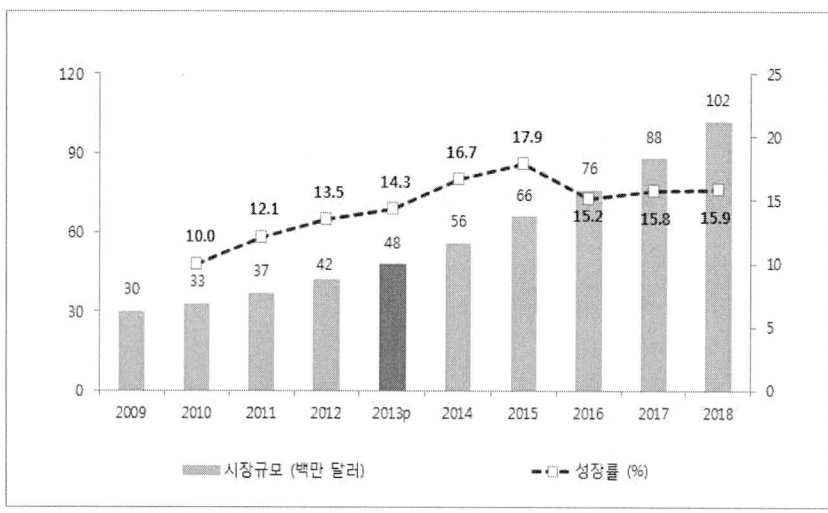

출처 : PwC(2014)

(5) 영화

2013년 2,300만 명의 관람객을 동원하며 가장 많은 관객을 모은 자국 영화 'El secreto de sus ojos'성공과 아동 영화와 액션 영화의 인기에 힘입어 전반적으로 고른 성장세를 보이며 전년대비 6.6% 증가한 5억 달러로 집계되었다.

특히 디지털배급시장은 전년대비 29.1% 증가한 7,100만 달러를 기록하며 높은 성장을 보였다. 향후 아르헨티나의 영화시장은 OTT/스트리밍의 폭발적인 성장세에 힘입어 2018년까지 연평균 11.7% 증가한 8억 7,000만 달러의 규모를 보일 것으로 전망된다.

[표 6-9] 아르헨티나 영화시장 규모 및 전망, 2009-2018

[단위 : 백만 달러, %]

구분	2009	2010	2011	2012	2013p	2014	2015	2016	2017	2018	2013-18 CAGR
극장	123	167	225	242	265	289	315	342	372	391	8.1
박스오피스	99	135	184	194	212	232	253	277	303	318	8.5
극장광고	24	32	41	48	53	58	62	65	69	73	6.7
홈비디오	226	191	181	172	164	157	151	146	141	137	△3.5
대여	138	114	108	103	97	92	87	82	78	73	△5.4
판매	88	76	73	70	67	66	64	64	64	64	△1.0
디지털배급	23	30	41	55	71	90	119	162	229	341	36.9
OTT/스트리밍	-	-	2	5	10	19	35	64	116	212	83.6
TV 구독	23	30	40	50	61	72	84	98	113	130	16.4
합계	371	387	448	469	500	537	585	650	742	870	11.7

출처 : PwC(2014)

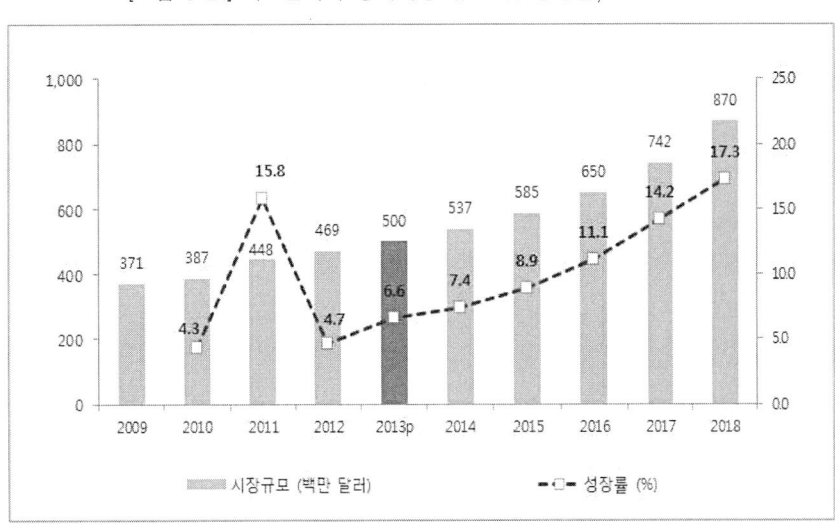

[그림 6-24] 아르헨티나 영화시장 규모 및 성장률, 2009 - 2018

출처 : PwC(2014)

2009년 아르헨티나 영화시장에서 60.8%의 비중을 차지하며 시장을 주도하던 홈비디오 대여 및 판매는 박스오피스 수익 증가와 디지털배급시장의 빠른 성장으로 소비자 이탈이 가속화되면서 2013년에는 32.8%까지 축소되었다. 향후 OTT/스트리밍 서비스에 대한 수요가 급속도로 증가하면서 홈비디오시장은 더욱 위축될 것으로 전망된다.

반면, 2009년 아르헨티나 전체 영화시장의 6.2%에 불과하던 디지털배급시장은 2011년 9월 넷플릭스(Netflix)가 아르헨티나를 포함한 중남미 전역에 걸쳐 서비스를 시작하면서 2013년 16.2%까지 확대되었다. 향후 OTT/스트리밍 서비스에 대한 수요가 급증하면서 2018년에는 전체 영화시장의 39.3%를 차지하며 박스오피스 시장점유율을 추월하여 가장 큰 시장으로 영향력이 커질 것으로 전망된다.

[그림 6-25] 아르헨티나 영화시장 분야별 비중 비교, 2009 vs. 2013 vs. 2018

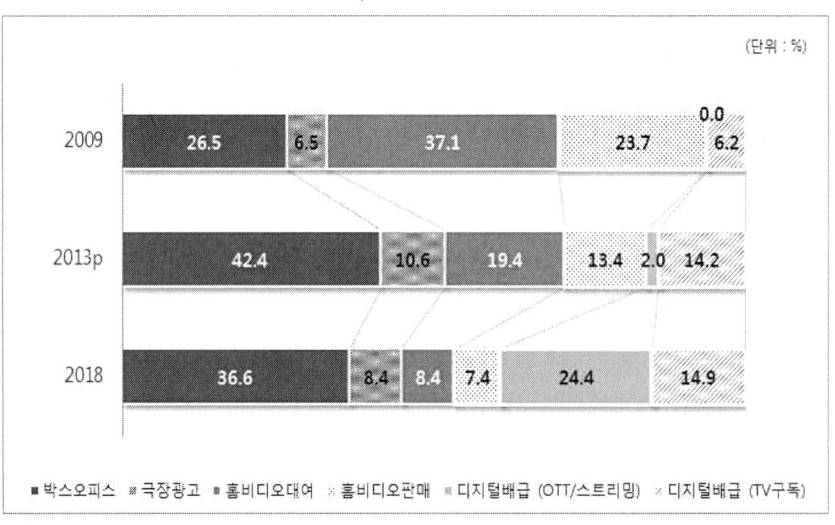

출처 : PwC(2014)

가. 박스오피스

2013년 아르헨티나 박스오피스시장은 전년대비 9.3% 성장한 2억 1,200만 달러로 집계되었다. 2013년 가장 많은 관객을 모은 자국 영화 'El secreto de sus ojos'는 2,300만 명이 관람했으며 아동 영화와 액션 영화가 그 뒤를 이었다. 현재 아르헨티나 국립영화방송예술원(el Instituto Nacional de Cine y Artes Audiovisuales, INCAA)에 등록된 스크린 수는 전국 983개이며, 432개 영화관이 분포해 있는 것으로 나타났다.

아르헨티나에서 열리고 있는 '마르 델 플라타 국제 영화 페스티벌' 또한 아르헨티나 영화산업

발전을 이끄는데 중요한 역할을 하고 있다. 이 영화 페스티벌은 전 세계 45개국의 장편, 단편영화를 망라한 다양한 영화를 상영하고 있으며 한 해 10만 명 이상의 방문객이 찾아오고 있다. 특히 중남미에서는 유일하게 국제영화인연합재단(Federation Internationale des Associations de Producteurs de Films, FIAPF)에서 A 카테고리로 인정받으면서 영화와 영상예술산업의 발전과 교류의 중추로 자리잡고 있다. 향후 아르헨티나 박스오피스시장은 2018년까지 향후 5년간 연평균 8.5%의 성장을 보이며 3억 1,800만 달러에 달할 것으로 전망된다.

[그림 6-26] 아르헨티나 박스오피스시장 규모 및 성장률, 2009 - 2018

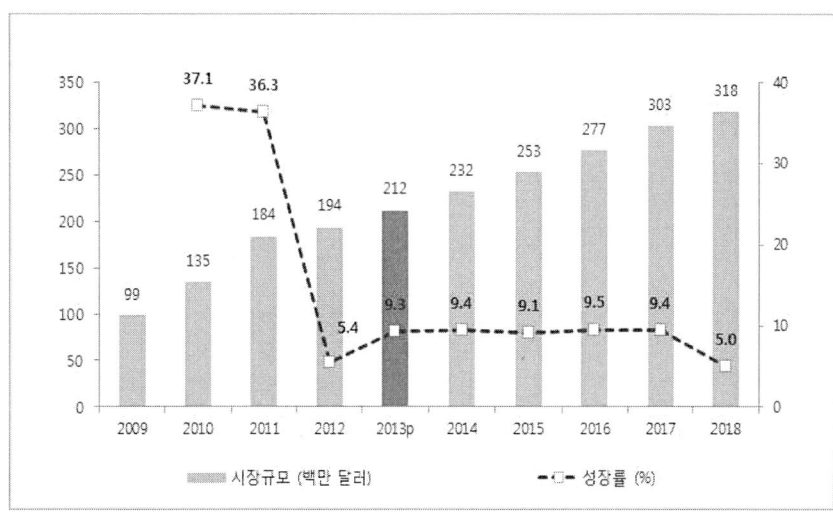

출처 : PwC(2014)

나. 홈비디오

2013년 아르헨티나 홈비디오시장은 불법복제물의 만연과 디지털 서비스로의 소비자 이탈이 가속화되면서 전년대비 4.7% 하락한 1억 6,400만 달러에 그쳤다. 향후 아르헨티나의 홈비디오시장은 2018년까지 연평균 3.5%의 감소세를 보이며 1억 3,700만 달러까지 축소될 것으로 전망된다.

[그림 6-27] 아르헨티나 홈비디오시장 규모 및 성장률, 2009 - 2018

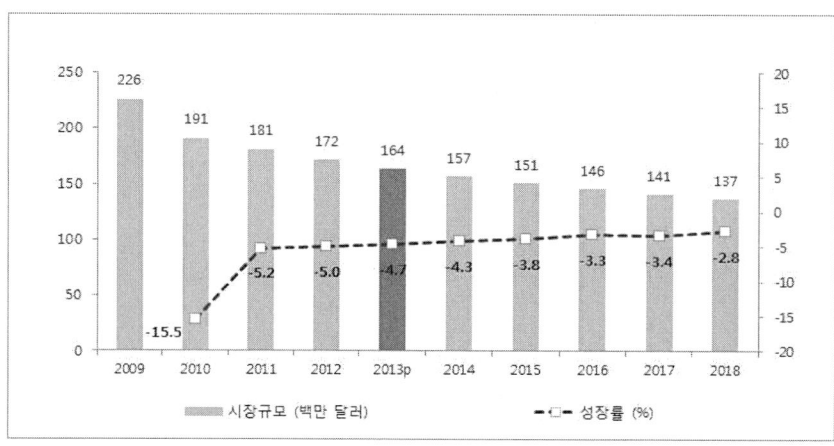

출처 : PwC(2014)

다. 디지털배급

2009년 2,300만 달러에 불과하던 디지털배급시장은 인터넷접근 환경이 개선됨에 따라 2013년에는 3배가 넘는 7,100만 달러를 기록하였다. 향후 모바일 인터넷 사용지역 확대와 스마트기기 보급 확대, OTT/스트리밍 서비스에 대한 수요 급증으로 2018년까지 향후 5년간 연평균 36.9% 성장한 3억 4,100만 달러에 육박하며 박스오피스시장 규모를 넘어설 것으로 전망된다.

[그림 6-28] 아르헨티나 디지털배급시장 규모 및 성장률, 2009 - 2018

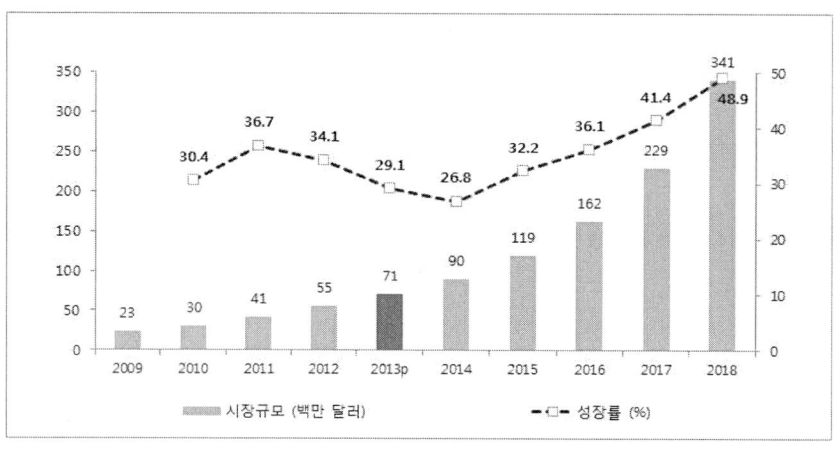

출처 : PwC(2014)

(6) 애니메이션

2013년 아르헨티나의 애니메이션시장은 스페인과 공동 제작한 3D 애니메이션 '메트골(Metegol)'의 성공에 힘입어 전년대비 26.3% 성장한 7,200만 달러로 집계되었다. 특히 '메트골'은 2013년 2,000만 달러의 수익을 올리며 중남미를 통틀어 아르헨티나를 애니메이션 영화 선두 시장으로 만들었다는 평가를 받았다.

1억 달러 매출의 할리우드의 '니모를 찾아서(Finding Nemo)'와 같은 대규모 애니메이션 영화와 비교하면 매우 적은 수익이지만, 아르헨티나 애니메이션 역사의 새로운 장을 열었다고 평가되고 있다. '메트골' 이외에도 최근 아르헨티나 애니메이션시장에는 다양한 애니메이션 영화가 쏟아져 나오고 있다. 아르헨티나정부의 애니메이션산업 육성을 위한 지원과 국제적 증진을 위한 노력 등에 힘입어 2018년까지 향후 5년간 11.7%의 성장세를 보이며 1억 2,600만 달러에 이를 것으로 전망된다.

[표 6-10] 아르헨티나 애니메이션시장 규모 및 전망, 2009-2018

[단위 : 백만 달러, %]

구분	2009	2010	2011	2012	2013p	2014	2015	2016	2017	2018	2013-18 CAGR
영화	11	18	18	24	31	34	37	40	44	46	8.4
극장광고	3	4	4	6	8	8	9	9	10	11	6.6
디지털배급			0	1	1	3	5	9	17	31	84.2
방송	2	4	4	6	9	10	12	14	16	19	16.3
홈비디오	24	25	18	21	24	23	22	21	20	20	△3.5
합계	40	52	44	57	72	78	85	94	107	126	11.7

출처 : Box Office Mojo(2014), Digital Vector(2013), The-Numbers(2014), PwC(2014)

[그림 6-29] 아르헨티나 애니메이션시장 규모 및 성장률, 2009 - 2018

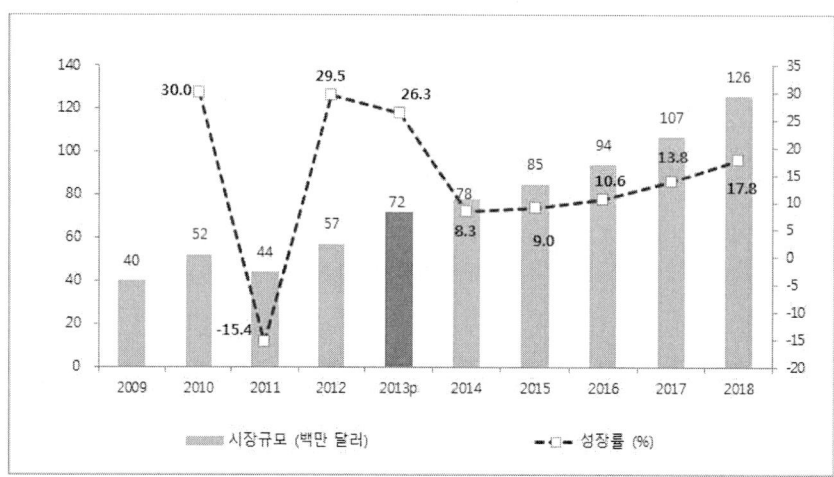

출처 : Box Office Mojo(2014), Digital Vector(2013), The-Numbers(2014), PwC(2014)

아르헨티나는 전통적으로 방송과 홈비디오가 강세를 보였으며 2009년만 해도 홈비디오시장은 전체 애니메이션시장의 60%의 시장점유율을 보였다. 그러나 2013년 디지털배급과 박스오피스시장의 성장으로 홈비디오시장 점유율은 33%까지 축소되었으며, 2018년에는 16%에 불과할 것으로 전망된다. 방송 애니메이션시장은 여전히 아르헨티나의 애니메이션시장을 주도할 것으로 보이나 디지털배급시장의 빠른 성장으로 2018년 시장점유율은 15%에 머무를 것으로 전망된다.

[그림 6-30] 아르헨티나 애니메이션시장 분야별 비중 비교, 2009 vs. 2013 vs. 2018

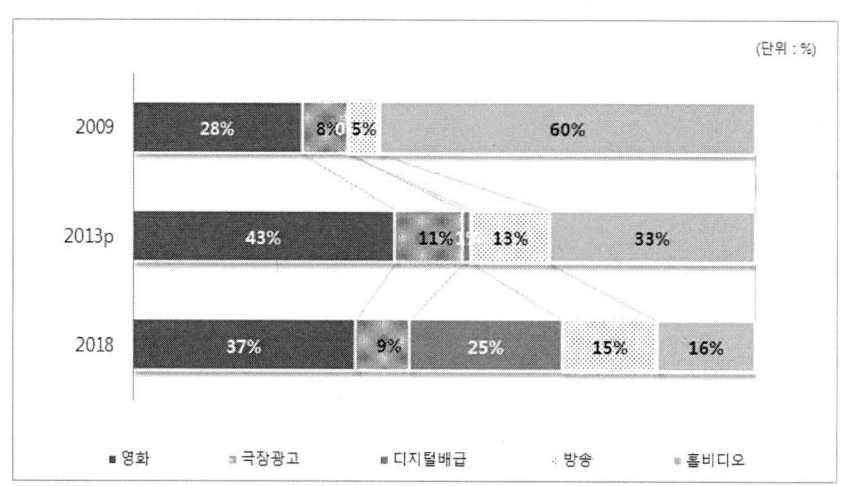

출처 : Box Office Mojo(2014), Digital Vector(2013), The-Numbers(2014), PwC(2014)

가. 영화 애니메이션

'몬스터 대학교', '슈퍼배드 2' 등 새로운 할리우드 시리즈와 스페인과 공동 제작한 '메트골'의 성공으로 전년대비 30.1% 증가한 3,100만 달러를 기록하였다.

[그림 6-31] 아르헨티나 영화 애니메이션시장 규모 및 성장률, 2009 - 2018

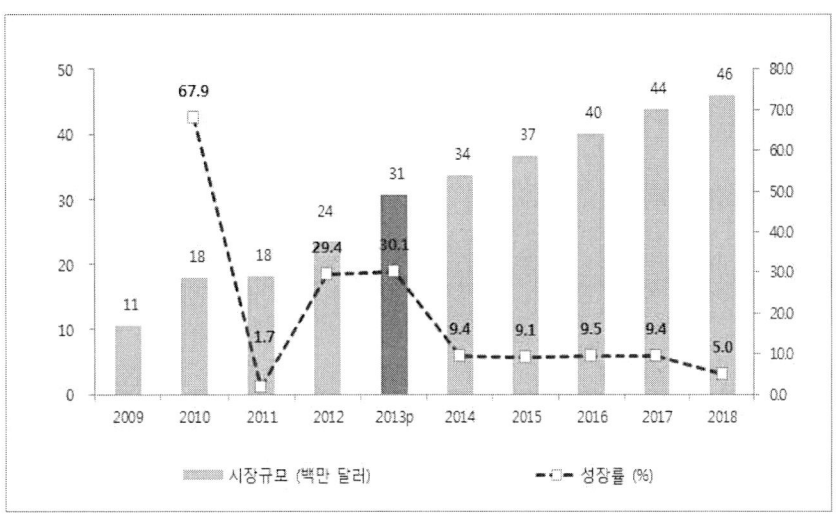

출처 : Box Office Mojo(2014), Digital Vector(2013), The-Numbers(2014), PwC(2014)

향후 정부의 애니메이션지원으로 인한 자국 애니메이션 제작 활성화와 해외 시장 진출을 위한 노력 등으로 2018년까지 향후 5년간 연평균 8.4%의 성장세를 보이며 4,600만 달러에 이를 것으로 전망된다.

나. 방송 애니메이션

2013년 아르헨티나의 방송 애니메이션시장은 전년대비 50.0% 성장한 900만 달러로 집계되었다. TV 시청률이 높은 아르헨티나는 인구의 약 25%가 14세 미만으로 아동용 방송 애니메이션에 대한 수요가 매우 높다. 아직까지 방송 애니메이션은 미국 애니메이션 시리즈가 우위를 점하고 있으나 자국 제작 애니메이션의 TV 방영시간 확대 등에 힘입어 2018년까지 향후 5년간 연평균 16.3%의 성장세를 보이며 1,900만 달러에 이를 것으로 전망된다.

[그림 6-32] 아르헨티나 방송 애니메이션시장 규모 및 성장률, 2009 - 2018

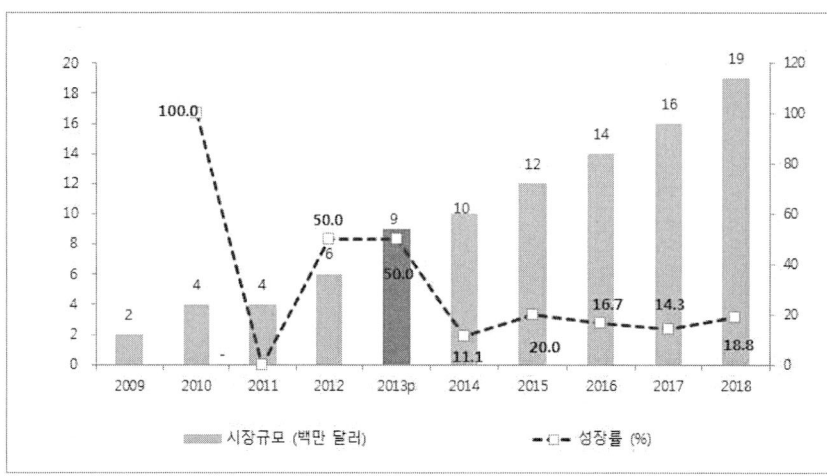

출처 : Box Office Mojo(2014), Digital Vector(2013), The-Numbers(2014), PwC(2014)

다. 홈비디오 애니메이션

2013년 아르헨티나의 홈비디오시장은 전년대비 13.5% 성장한 2,400만 달러로 집계되었다. 하지만 불법복제물의 유통과 디지털배급시장으로 소비자 이탈이 가속화되면서 향후 5년간 연평균 3.5%의 감소세를 보이며 2,000만 달러에 그칠 것으로 전망된다.

[그림 6-33] 아르헨티나 홈비디오 애니메이션시장 규모 및 성장률, 2009 - 2018

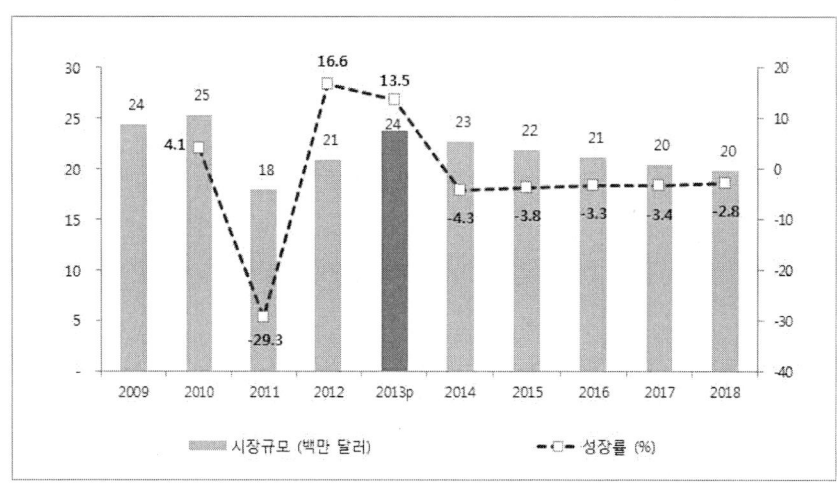

출처 : Box Office Mojo(2014), Digital Vector(2013), The-Numbers(2014), PwC(2014)

라. 디지털배급 애니메이션

2013년 아르헨티나의 디지털배급시장은 전년도와 유사한 수준의 100만 달러 미만으로 집계되었다. 아르헨티나의 디지털배급시장은 유·무선네트워크 구축과 스마트기기 보급 확대로 VOD 서비스 수요가 급증하면서 2018년까지 향후 5년간 연평균 84.2%의 매우 높은 성장세를 기록하며 2013년의 30배에 달하는 3,100만 달러에 육박할 것으로 전망된다.

[그림 6-34] 아르헨티나 디지털배급 애니메이션시장 규모 및 성장률, 2009 - 2018

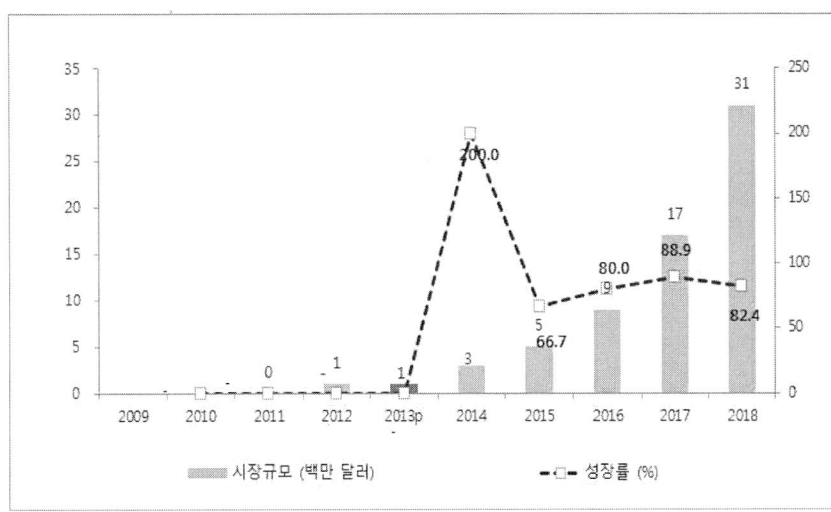

출처 : Box Office Mojo(2014), Digital Vector(2013), The-Numbers(2014), PwC(2014)

(7) 방송

아르헨티나는 글로벌 경제위기에도 불구하고 높은 경제성장을 일구고 있으며 이는 방송시장에도 반영이 되고 있다. 방송시장의 각 분야는 모두 고른 성장률을 보이고 있는데 2013년 특히 TV광고시장과 라디오시장의 성장률은 두 자릿수 이상의 높은 성장세를 기록하였다.

2013년 아르헨티나 방송시장은 전년대비 12.5% 증가한 48억 5,400만 달러로 집계되었다. 향후 방송시장은 연평균 7.6% 성장률을 보이며 2018년 70억 1,500만 달러에 이를 것으로 전망된다.

[표 6-11] 아르헨티나 방송시장 규모 및 전망, 2009-2018

[단위 : 백만 달러, %]

구분	2009	2010	2011	2012	2013p	2014	2015	2016	2017	2018	2013-18 CAGR
TV 수신료	1,837	1,995	2,211	2,420	2,588	2,734	2,824	2,875	2,921	2,961	2.7
공영방송	-	-	-	-	-	-	-	-	-	-	-
유료방송	1,837	1,995	2,211	2,420	2,588	2,734	2,824	2,875	2,921	2,961	2.7
TV 광고	802	1,112	1,365	1,750	2,101	2,575	2,782	3,202	3,460	3,740	12.2
다중 채널	155	205	233	295	359	450	497	584	657	724	15.1
지상파	648	907	1,132	1,455	1,740	2,122	2,281	2,610	2,792	3,001	11.5
온라인	-	-	1	2	3	5	7	10	14	-	55.2
라디오	59	75	100	144	165	194	223	253	283	314	13.7
라디오 광고	59	75	100	144	165	194	223	253	283	314	13.7
공영 라디오	-	-	-	-	-	-	-	-	-	-	-
위성 라디오	-	-	-	-	-	-	-	-	-	-	-
합계	2,698	3,182	3,676	4,314	4,854	5,503	5,829	6,330	6,664	7,015	7.6

출처 : PwC(2014)

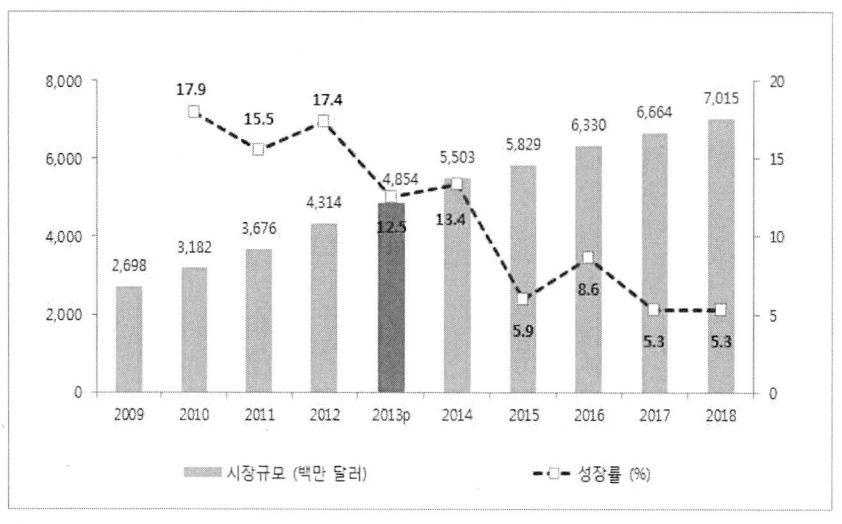

[그림 6-35] 아르헨티나 방송시장 규모 및 성장률, 2009 - 2018

출처 : PwC(2014)

TV 수신료시장의 비중은 2013년 53.3%에서 2018년 42.2%로 축소가 예측된다. TV 광고시장은 2013년 43.3%에서 2018년 53.3%로 확대될 전망이다. 라디오는 3.4%에서 4.5%로 확대될 것으로 보인다.

[그림 6-36] 아르헨티나 방송시장 분야별 비중 비교, 2009 vs. 2013 vs. 2018

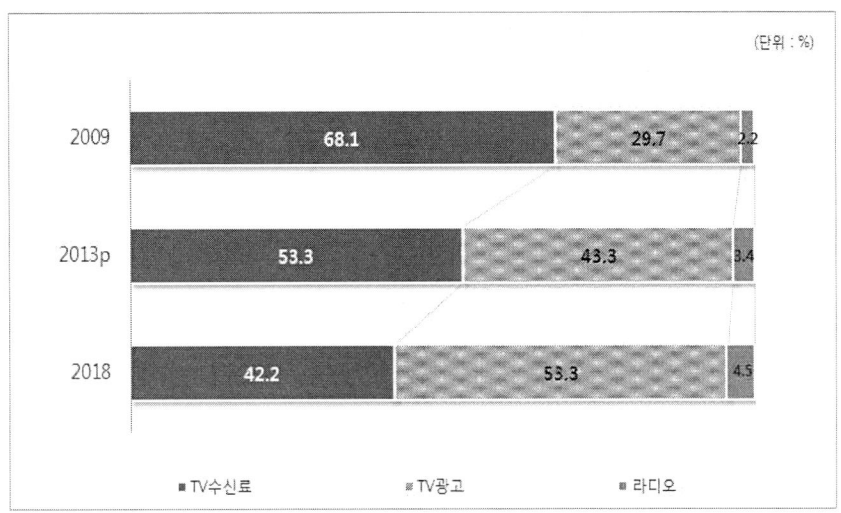

출처 : PwC(2014)

가. TV 수신료

2013년 아르헨티나는 74.8%의 유료방송 가입률을 기록하면서 TV 수신료시장은 전년대비 6.9% 증가한 25억 8,800만 달러로 집계되었다. 아르헨티나 방송시장에서 주도적인 위치를 차지하고 있는 케이블비전(Cablevision)을 필두로 한 케이블업체들의 영향력이 눈에 띄는데, 2010년 4월 정부가 22개 케이블 신호에 대한 접근이 가능한 무료 오픈 디지털TV 서비스의 제공을 시작하면서 케이블시장이 다소 위축될 것이라는 전망도 제기되고 있다.

한편, 위성방송시장을 주도하고 있는 것은 다이렉트TV(DirecTV)로 2013년 870만 명이었던 가입자가 2018년 1,000만 명으로 늘어날 것으로 기대되면서 향후 아르헨티나 TV 수신료시장은 2018년까지 연평균 2.7% 성장한 29억 6,100만 달러에 이를 것으로 전망된다.

[그림 6-37] 아르헨티나 TV 수신료시장 규모 및 성장률, 2009 - 2018

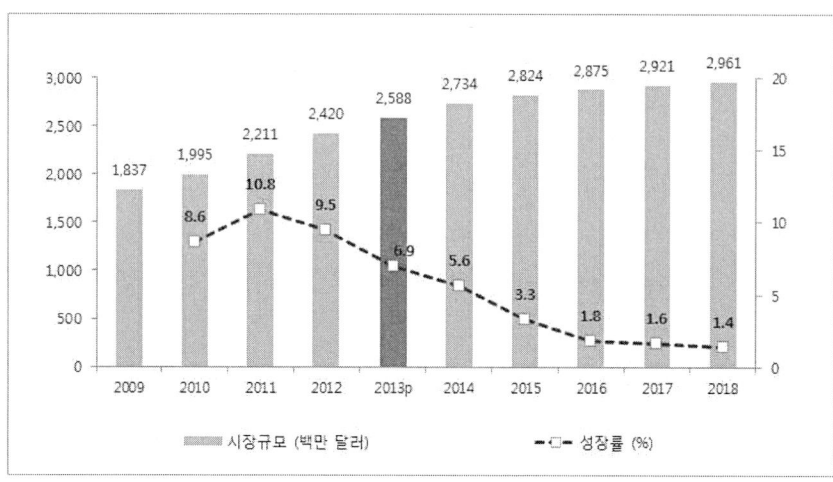

출처 : PwC(2014)

나. TV 광고

2013년 아르헨티나의 TV 광고시장은 전년대비 20.1% 증가한 21억 100만 달러로 집계되었다. 향후 TV 광고시장은 2018년까지 연평균 12.2% 성장하여 37억 4,000만 달러에 이를 것으로 전망된다.

[그림 6-38] 아르헨티나 TV 광고시장(방송) 규모 및 성장률, 2009 - 2018

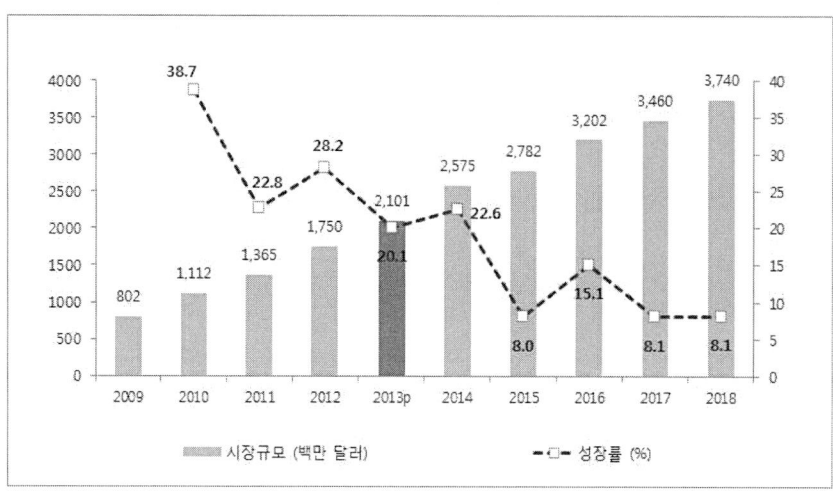

출처 : PwC(2014)

다. 라디오

세계에서 가장 오래된 라디오시장 중 하나인 아르헨티나는 FM과 AM, SW 전 영역에서 총 1,200개 이상의 라디오 채널을 보유하고 있다. 2013년 라디오시장 규모는 2009년에 비해 거의 3배 가까이 상승한 1억 6,500만 달러를 기록했다.

이는 전반적인 경제호조에 따른 GDP의 증가와 밀접한 관계가 있는 것으로 보이며, 앞으로도 연평균 13.7%라는 높은 성장률을 유지하면서 2018년에는 3억 1,400만 달러 규모까지 확대될 것으로 기대된다.

[그림 6-39] 아르헨티나 라디오시장 규모 및 성장률, 2009 - 2018

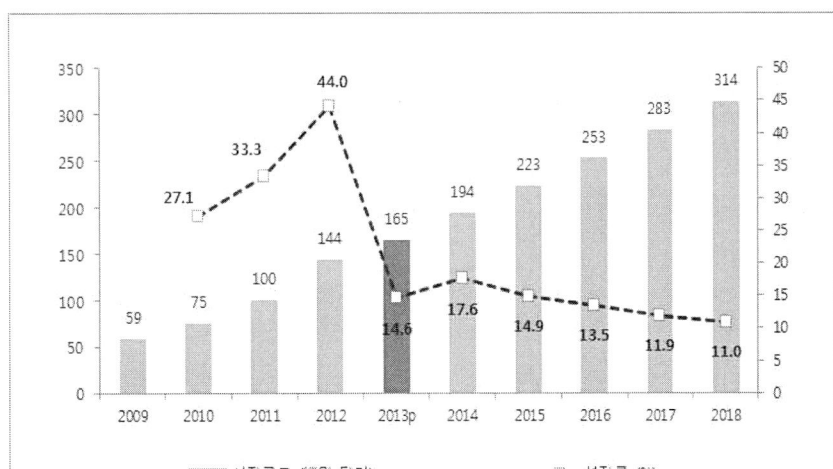

출처 : PwC(2014)

(8) 광고

2013년 아르헨티나의 광고시장은 전통적인 방식의 인쇄 광고뿐만 아니라 디지털 광고의 성장이 큰 폭으로 나타났는데 디지털 광고는 전 분야에 걸쳐 20% 이상의 성장률을 보여 전년대비 16.9% 증가한 45억 6,600만 달러의 시장으로 집계되었다. 특히, 디렉토리, 잡지, 산업잡지 광고의 디지털 부문과 온라인TV 광고는 대단히 큰 폭의 성장률을 보이며 높은 성장률을 견인하였다. 향후 아르헨티나 광고시장의 규모는 연평균 성장률 9.0%를 유지하여 2018년까지 70억 2,200만 달러의 시장으로 성장할 전망이다.

[표 6-12] 아르헨티나 광고시장 규모 및 전망, 2009-2018

[단위 : 백만 달러, %]

구분	2009	2010	2011	2012	2013p	2014	2015	2016	2017	2018	2013-18 CAGR
디렉토리 광고	58	60	61	62	64	66	68	69	71	73	2.7
디지털	4	4	4	5	5	6	7	7	8	9	11.9
인쇄	55	56	57	58	59	60	61	62	63	64	1.7
잡지 광고	80	110	149	175	204	225	240	250	257	262	5.1
디지털	-	-	1	2	3	5	8	12	18	26	54.9
인쇄	80	110	148	173	201	220	232	238	240	236	3.2
산업잡지 광고	14	19	24	27	29	31	33	35	37	39	5.8
디지털	-	-	-	-	-	-	1	2	3	6	97.9
인쇄	14	19	24	27	29	31	32	34	34	32	2.2
극장광고	24	32	41	48	53	58	62	65	69	73	6.7
신문 광고	541	782	1,076	1,279	1,452	1,584	1,673	1,719	1,731	1,720	3.4
디지털	4	8	14	22	31	40	50	61	73	86	22.6
인쇄	536	773	1,062	1,257	1,421	1,544	1,622	1,658	1,657	1,634	2.8
라디오 광고	59	75	100	144	165	194	223	253	283	314	13.7
TV 광고	802	1,112	1,365	1,750	2,101	2,575	2,782	3,202	3,460	3,740	12.2
다중 채널	155	205	233	295	359	450	497	584	657	724	15.1
지상파	648	907	1,132	1,455	1,740	2,122	2,281	2,610	2,792	3,001	11.5
온라인TV	-	-	-	1	2	3	5	7	10	14	55.2
인터넷 광고	67	99	184	274	337	414	476	524	562	603	12.3
모바일	-	-	1	2	2	3	4	5	5	6	21.8
유선	67	98	183	272	335	410	472	520	557	597	12.3
옥외 광고	115	128	151	171	196	223	250	274	301	324	10.6
디지털	-	10	15	21	28	39	52	68	87	109	30.9
실물	115	118	136	151	168	184	198	207	213	215	5.1
게임 광고	2	3	4	5	6	8	9	11	12	15	18.1
산술합계165)	1,762	2,420	3,155	3,935	4,607	5,378	5,816	6,402	6,783	7,163	9.2
합계	1,754	2,408	3,136	3,905	4,566	5,324	5,745	6,313	6,671	7,022	9.0

출처 : PwC(2014)

165) 산술합계에는 디렉토리 광고, 잡지 광고, 산업잡지 광고, 신문 광고의 디지털 광고와 온라인TV 광고, 지상파 라디오 온라인 광고가 인터넷 광고시장 규모에 포함되어 있어 합계에서는 중복되는 부분을 제외함

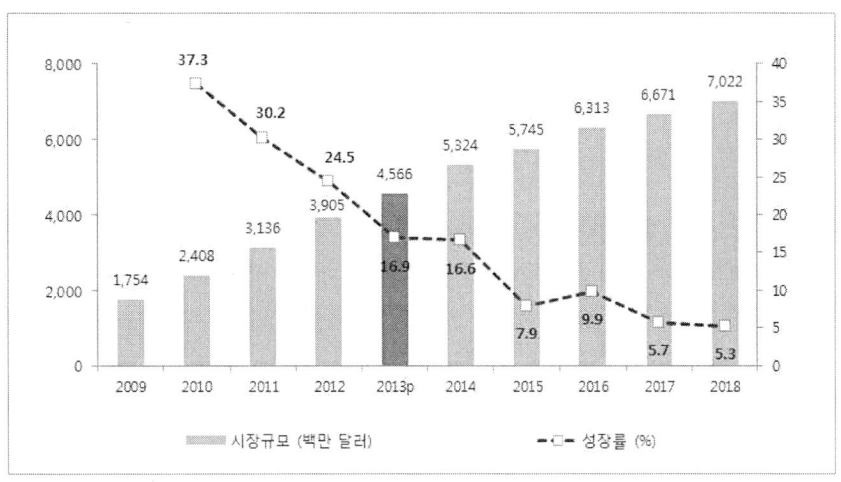

[그림 6-40] 아르헨티나 광고시장 규모 및 성장률, 2009 - 2018

출처 : PwC(2014)

2013년 TV 광고는 유료TV 가입자 증가 및 정부의 DTT 전환정책 시행에 따른 TV시장의 활성화로 가장 높은 비중을 보였고 2018년까지 TV 광고 매력도가 지속적으로 상승하여 시장 지배력이 52.5%까지 높아질 전망이다. 반면 신문 광고는 온라인의 발달과 모바일 통신의 발달로 2018년 시장점유율은 24.0%로 감소할 것으로 예상된다.

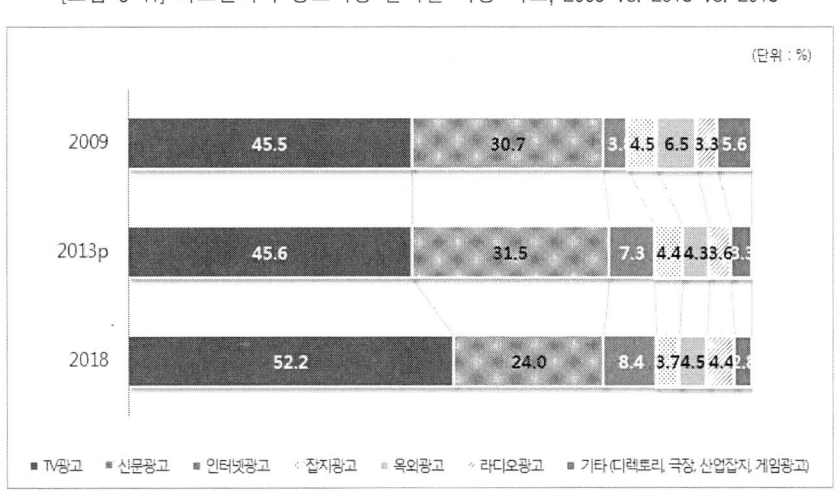

[그림 6-41] 아르헨티나 광고시장 분야별 비중 비교, 2009 vs. 2013 vs. 2018

출처 : PwC(2014)

가. TV 광고

2013년 아르헨티나 TV 광고시장은 TV 가입자 수 증가에 따라 광고의 가치가 상승하면서 광고 투자가 늘어나 전년대비 20.1% 성장한 21억 100만 달러로 집계되었다. 향후 아르헨티나의 TV 광고시장은 2018년까지 연평균 12.2%의 성장세를 보이며 37억 4,000만 달러까지 성장할 전망이다.

[그림 6-42] 아르헨티나 TV 광고시장 규모 및 성장률, 2009 - 2018

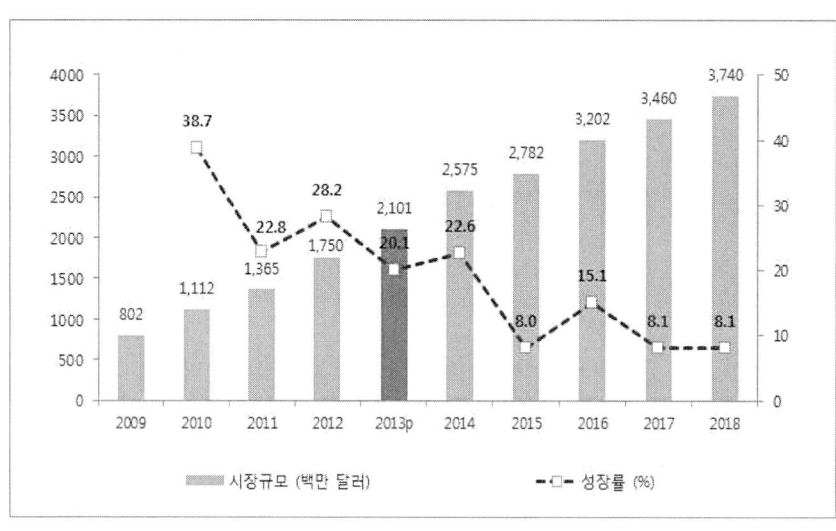

출처 : PwC(2014)

나. 인터넷 광고

2013년 아르헨티나 인터넷 광고시장은 경제가 회복기를 맞으면서 소비심리가 향상되어 전년대비 23.0% 성장한 3억 3,700만 달러로 집계되었다. 앞으로 인터넷 확대 보급과 무선 통신 커버리지의 확대로 인터넷 광고에 대한 매력도가 증가하면서 향후 5년간 연평균 12.3%의 성장세를 보이며 6억 300만 달러까지 성장할 전망이다.

[그림 6-43] 아르헨티나 인터넷 광고시장 규모 및 성장률, 2009 - 2018

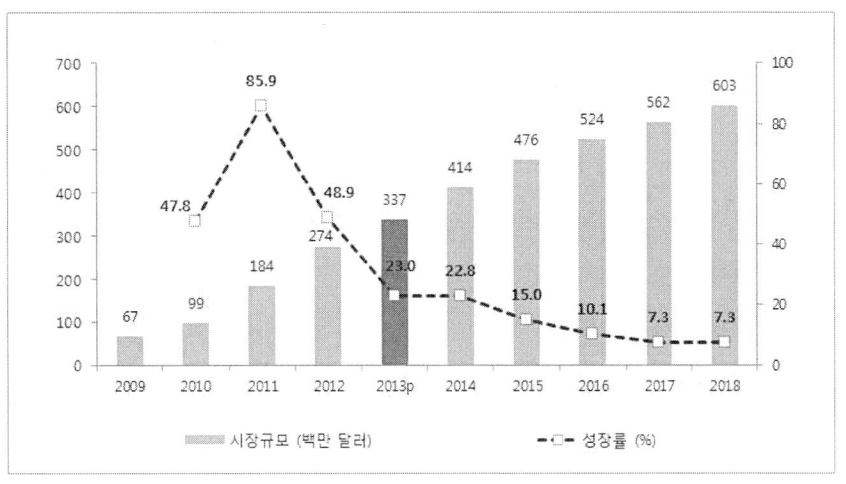

출처 : PwC(2014)

[표 6-13] 아르헨티나 인터넷 광고시장 규모 및 전망, 2009-2018

[단위 : 백만 달러, %]

구분	2009	2010	2011	2012	2013p	2014	2015	2016	2017	2018	2013-18 CAGR
모바일	-	-	1	2	2	3	4	5	5	6	21.8
유선	67	98	183	272	335	410	472	520	557	597	12.3
안내광고	14	20	35	50	61	75	86	95	101	109	12.4
디스플레이 광고	15	22	41	61	74	90	102	112	119	126	11.2
비디오	-	-	1	2	4	6	9	12	15	19	35.5
유료검색	39	56	106	160	196	239	274	301	322	343	11.9
합계	67	99	184	274	337	414	476	524	562	603	12.3

출처 : PwC(2014)

다. 신문 광고

2013년 아르헨티나 신문 광고시장은 전년대비 13.5% 성장한 14억 5,200만 달러로 집계되었다. 아르헨티나 경기가 살아나면서 미디어에 대한 소비가 늘고 있고 최근 신규 무가지의 발행 부수 증가로 총 신문 광고의 매출 상승을 가져올 것으로 기대되면서 향후 5년간 연평균 3.4%의 성장률을 보이며 2018년 17억 2,000만 달러까지 성장할 전망이다.

[그림 6-44] 아르헨티나 신문 광고시장 규모 및 성장률, 2009-2018

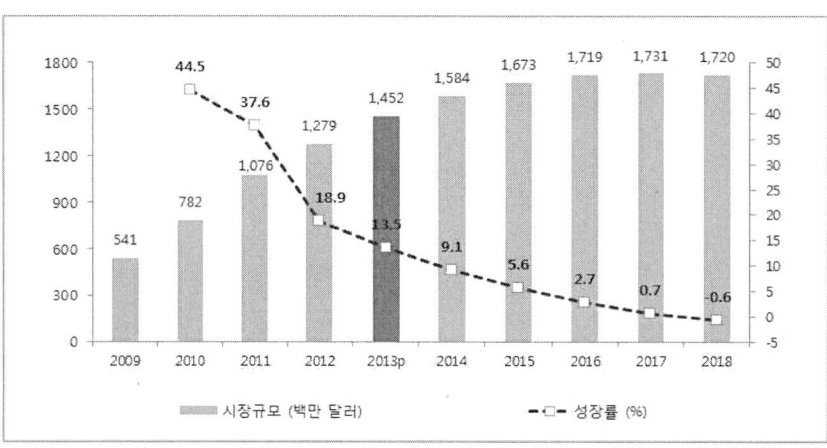

출처 : PwC(2014)

라. 옥외 광고

2013년 아르헨티나 옥외 광고시장은 전년대비 14.6% 성장한 1억 9,600만 달러로 집계되었다. 일반 옥외 광고는 2013년 수익의 85%에 달하였고 광고업주의 디지털 옥외 광고 도입과 네트워크의 확장에 의해 아르헨티나 옥외 광고시장은 2018년까지 연평균 10.6%의 성장을 기록하며 3억 2,400만 달러에 이를 것으로 전망된다.

[그림 6-45] 아르헨티나 옥외 광고시장 규모 및 성장률, 2009-2018

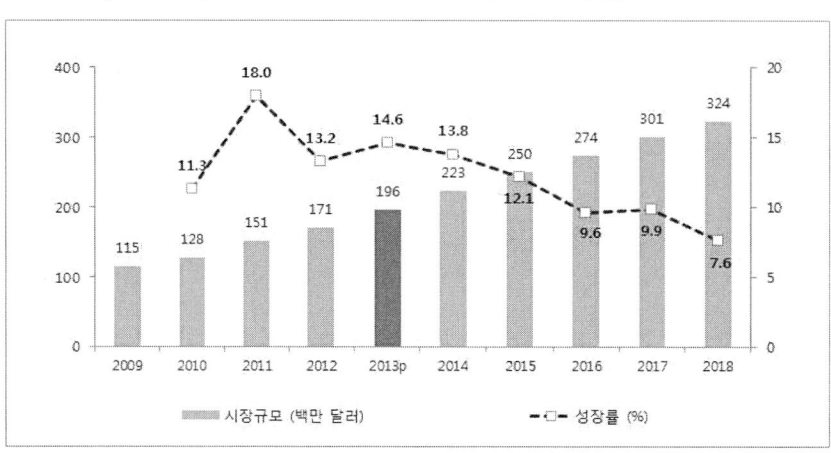

출처 : PwC(2014)

(9) 캐릭터·라이선스

2013년 아르헨티나 캐릭터·라이선스시장은 작년과 마찬가지로 수입제품의 의존도가 높고 정부의 규제가 강화되면서 전년대비 4.6%하락한 1억 6,700만 달러에 그쳤다. 향후 5년간 아르헨티나의 캐릭터 라이선스시장은 연평균 0.8%의 성장세를 보이며 2018년 1억 7,400만 달러에 머물면서 정체된 형상을 보일 것으로 전망된다.

[표 6-14] 아르헨티나 캐릭터·라이선스시장 규모 및 전망, 2009-2018

[단위 : 백만 달러, %]

구분	2009	2010	2011	2012	2013p	2014	2015	2016	2017	2018	2013-18 CAGR
캐릭터·라이선스	210	220	180	175	167	172	173	175	174	174	0.8

출처 : EPM(2013, 2014), PwC(2014)

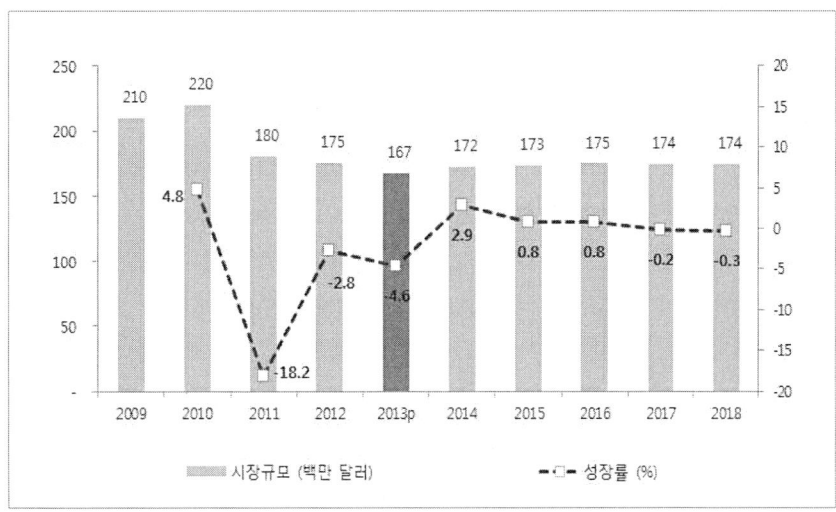

[그림 6-46] 아르헨티나 캐릭터·라이선스시장 규모 및 성장률, 2009-2018

출처 : EPM(2013, 2014), PwC(2014)

2013년 아르헨티나 캐릭터·라이선스시장은 엔터테인먼트·캐릭터시장이 40.4%의 비중을 차지하며 여전히 가장 높은 시장 지배력을 보여주었고, 패션이 28.4%로 그 뒤를 이었다.

[그림 6-47] 아르헨티나 캐릭터·라이선스 부문별 시장 비중 비교, 2009 vs. 2011 vs. 2013

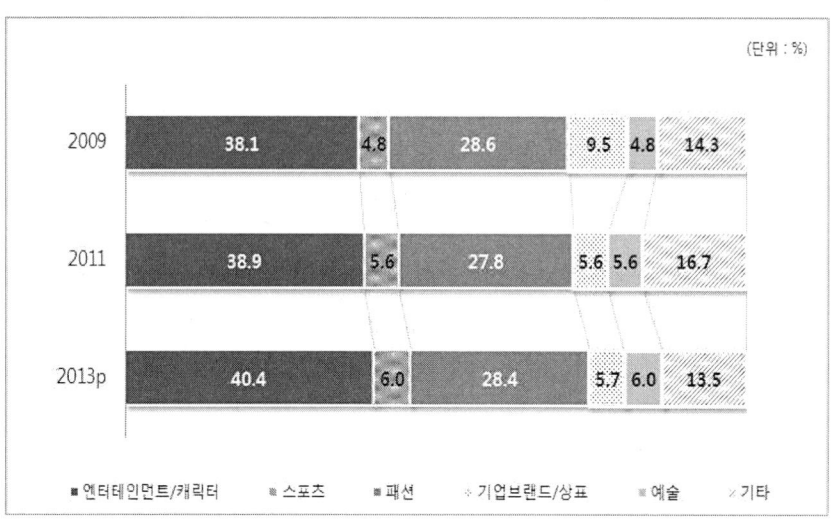

출처 : EPM(2013, 2014), PwC(2014)

[표 6-15] 아르헨티나 캐릭터·라이선스 분야별 시장 규모, 2009-2013

[단위 : 백만 달러, %]

구분	2009		2011			2013		
	시장 규모	비중	시장 규모	비중	증감율	시장 규모	비중	증감율
엔터테인먼트/캐릭터	80	38.1	70	38.9	△12.5	68	40.4	△3.6
스포츠	10	4.8	10	5.6	0.0	10	6.0	0.0
패션	60	28.6	50	27.8	△16.7	48	28.4	△5.0
기업 브랜드/상표	20	9.5	10	5.6	△50.0	10	5.7	△5.0
예술	10	4.8	10	5.6	0.0	10	6.0	0.0
기타	30	14.3	30	16.7	0.0	23	13.5	△25.0
합계	210	100.0	180	100.0	△14.3	167	100.0	△7.2

출처 : EPM(2013, 2014), PwC(2014)

2013년 아르헨티나 캐릭터·라이선스시장의 제품별 점유율을 보면, 의류·신발·잡화가 51.2%로 가장 큰 비중을 차지하였으며, 그 다음으로 문구·제지가 12.0%, 게임·완구가 11.1%로 그 뒤를 이었다.

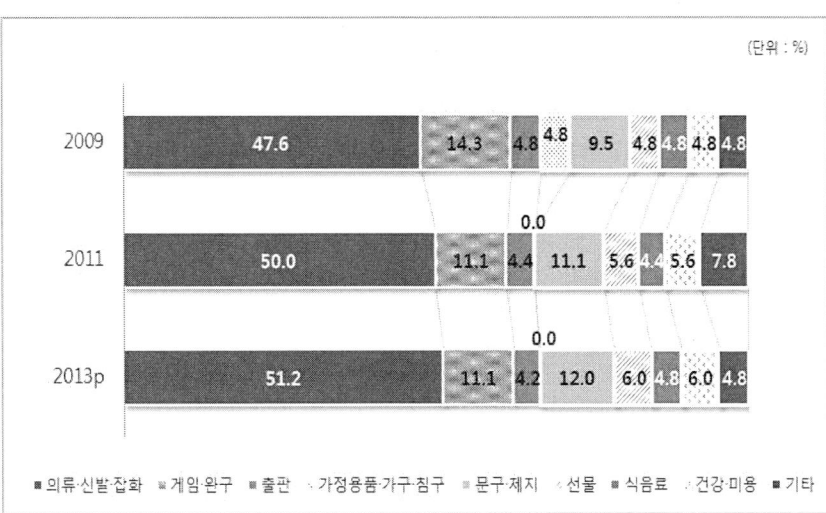

[그림 6-48] 아르헨티나 캐릭터·라이선스 제품별 시장 비중 비교, 2009 vs. 2011 vs. 2013

출처 : EPM(2013, 2014), PwC(2014)

[표 6-16] 아르헨티나 캐릭터·라이선스 제품별 시장 규모, 2009-2013

[단위 : 백만 달러, %]

구분	2009		2011			2013		
	시장 규모	비중	시장 규모	비중	증감율	시장 규모	비중	증감율
의류·신발·잡화	100	47.6	90	50.0	△10.0	86	51.2	△5.0
게임·완구	30	14.3	20	11.1	△33.3	19	11.1	△7.5
출판	10	4.8	10	4.4	△20.0	7	4.2	△12.5
가정용품·가구·침구	10	4.8	-	0.0	△100.0	0	0.0	-
문구·제지	20	9.5	20	11.1	0.0	20	12.0	0.0
선물	10	4.8	10	5.6	0.0	10	6.0	0.0
식음료	10	4.8	10	4.4	△20.0	8	4.8	0.0
건강·미용	10	4.8	10	5.6	0.0	10	6.0	0.0
기타	10	4.8	10	7.8	40.0	8	4.8	△42.9
합계	210	100.0	180	100.0	△14.3	167	100.0	△7.2

출처 : EPM(2013, 2014), PwC(2014)

(10) 지식정보

2013년 아르헨티나 지식정보시장은 대내외적 정치 불안정에도 불구하고 민간 주도의 지식정보시장발전이 극대화되어 전년대비 16.0% 성장한 48억 9,200만 달러로 집계되었다. 민간주도의 성장이 이루어짐에 따라 전문서적과 비즈니스 정보에 대한 수요도 상당히 높은 성장세를 보이고 있으며 전시회 역시 늘어나고 있는 추세다. 향후 지식정보시장은 가장 높은 비중을 차지하고 있는 인터넷접근시장의 안정적 성장과 비즈니스정보와 전문서적시장의 높은 성장이 예상되면서 2018년까지 5년간 연평균 8.5% 성장한 73억 7,000만 달러에 육박할 것으로 기대된다.

[표 6-17] 아르헨티나 지식정보시장 규모 및 전망, 2009-2018

[단위 : 백만 달러, %]

구분	2009	2010	2011	2012	2013p	2014	2015	2016	2017	2018	2013-18 CAGR
비즈니스정보	128	145	166	167	180	195	212	232	259	292	10.2
디렉토리광고	58	60	61	62	64	66	68	69	71	73	2.7
디지털	4	4	4	5	5	6	7	7	8	9	11.9
인쇄	55	56	57	58	59	60	61	62	63	64	1.7
전시회	10	11	12	12	13	14	15	17	18	21	9.7
전문서적	5	6	6	7	8	9	11	13	16	19	19.3
전자	-	-	-	-	1	1	2	3	5	7	59.1
인쇄	5	6	6	7	7	8	9	10	11	12	10.7
산업잡지	34	41	49	54	59	63	68	73	77	81	6.8
광고	14	19	24	27	29	31	33	35	37	39	5.8
디지털	-	-	-	-	-	-	1	2	3	6	97.9
인쇄	14	19	24	27	29	31	32	34	34	32	2.2
구독	20	22	25	27	29	32	35	38	40	43	7.7
디지털	-	-	-	-	-	-	-	-	1	1	-
지면	20	22	25	27	29	32	35	37	40	42	7.3
인터넷접근	2,162	2,690	3,326	3,914	4,568	5,169	5,685	6,140	6,521	6,884	8.5
모바일	618	880	1,252	1,605	2,072	2,486	2,854	3,182	3,452	3,719	12.4
고정브로드밴드	1,544	1,810	2,074	2,309	2,496	2,683	2,831	2,959	3,070	3,165	4.9
합계	2,397	2,953	3,620	4,216	4,892	5,516	6,059	6,544	6,962	7,370	8.5

출처 : PwC(2014)

[그림 6-49] 아르헨티나 지식정보시장 규모 및 성장률, 2009-2018

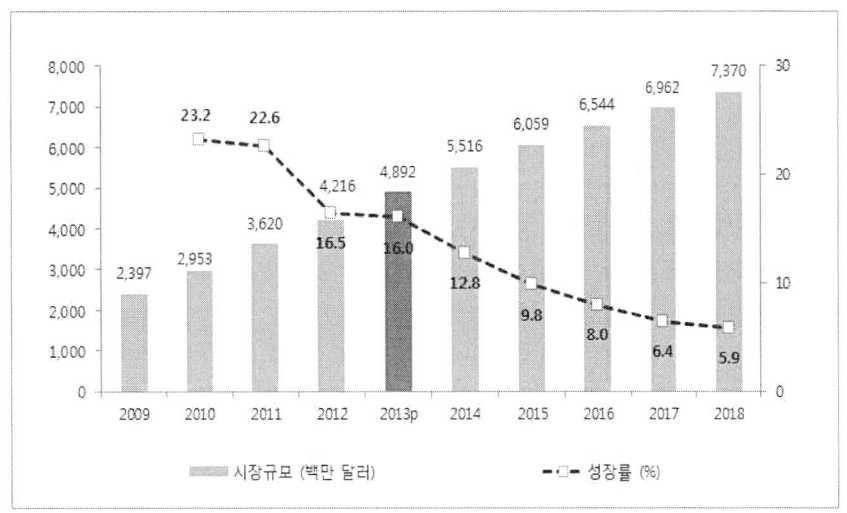

출처 : PwC(2014)

2013년 지식정보시장은 인터넷접근시장이 93.4%의 높은 점유율을 보이며 시장을 주도하고 있다. 2018년까지 지식정보시장의 분야별 점유율은 큰 차이를 보이지 않으며 현재의 시장 비중이 유지될 것으로 보인다.

[그림 6-50] 아르헨티나 지식정보시장 분야별 비중 비교, 2009 vs. 2013 vs. 2018

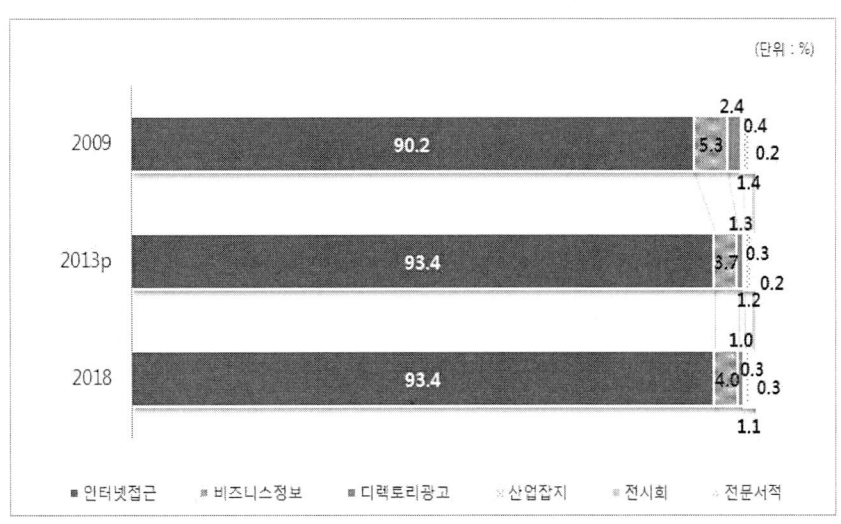

출처 : PwC(2014)

가. 인터넷접근

2013년 아르헨티나 인터넷접근시장은 정부와 민간 주도적인 환경 개선으로 인해 브로드밴드 보급률이 매우 높아졌으며, 무선통신을 이용한 모바일 네트워크 접근성이 향상되어 전년대비 16.7% 상승한 45억 6,800만 달러를 기록하였다. 향후 고속 무선 인터넷망의 발전으로 커버리지가 확장되면서 2018년까지 연평균 8.5%의 성장세를 보이며 68억 8,400만 달러에 이를 것으로 전망된다.

[그림 6-51] 아르헨티나 인터넷접근시장 규모 및 성장률, 2009-2018

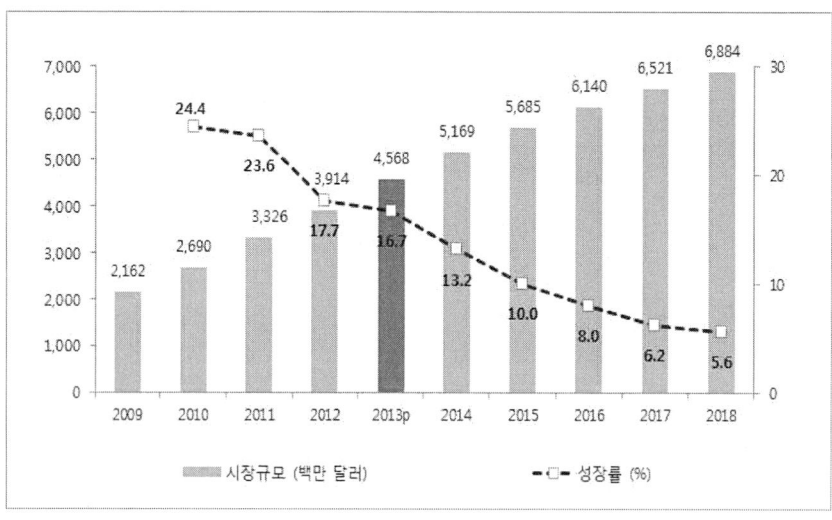

출처 : PwC(2014)

나. 전문정보[166]

2013년 아르헨티나 전문정보시장은 전년대비 7.3% 성장한 3억 2,400만 달러로 집계되었다. 향후 5년간 아르헨티나의 명목상 GDP가 연평균 14%씩 성장할 것으로 예상되면서 전문정보시장 또한 향후 2018년까지 연평균 8.4% 성장하며 4억 8,600만 달러에 이를 것으로 전망된다.

아르헨티나의 비즈니스 정보시장은 중남미에서 가장 빠른 속도인 연평균 10.2%씩 성장하며 2018년 2억 9,200만 달러에 이를 것으로 예상된다. 또한 브로드밴드 보급률과 스마트기기 이용자 증가로 인해 디지털 디렉토리 광고 수익이 연평균 11.9%씩 증가해 2018년 900만 달러에 이를 것으로 보인다.

---

166) 전문정보시장은 인터넷접근을 제외한 지식정보시장(비즈니스 정보, 디렉토리 광고, 전문서적, 산업잡지, 전시회)을 의미함

[그림 6-52] 아르헨티나 전문정보시장 규모 및 성장률, 2009-2018

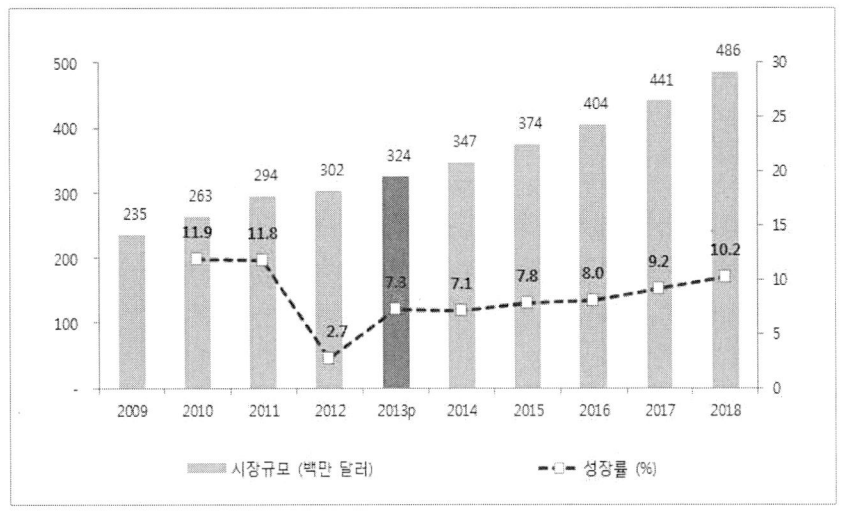

출처 : PwC(2014)

3) 주요 이슈 및 트렌드

(1) 출판

가. 아르헨티나, 중국 출판시장 진출 계획

아르헨티나 출판계는 중국 출판시장의 진출을 위하여 2014년 8월 28일부터 9월 1일 사이에 개최된 제20회 베이징 국제 도서전에 유일한 남미국가로서 참여하였다. 아르헨티나의 수출 촉진단(Agencia de Promoción de Exportaciones de Argentina)의 대표 아구스티나 페레티(Augstina Peretti)는 출판시장 규모가 커지고 있는 거대한 중국시장의 잠재 독자 9억 명에게 아르헨티나의 출판물과 도서 저작권을 수출하기 위함이라고 밝혔다.[167]

이처럼 아르헨티나 출판계가 해외 출판시장의 진출에 큰 관심을 보이는 이유는 아르헨티나가 2009년 2월 2일 통과시킨 장관 결의안 41호 덕분이다. 이 결의안에 의하면 아르헨티나의 작가가 스페인어로 출간한 작품이라면 장르에 관계없이 모든 언어로 출간할 수 있도록 3,200달러를 정부에서 지원해준다.[168]

---

167) 한국출판번역원, 아르헨티나 베이징 국제 도서전 참가 중국 추란 시장 진출 계획, 2013. 9. 6.
168) 한국문학번역원, 아르헨티나 번역출판지원 프로그램 프로그라마 수르, 2012. 9. 4.

나. 남미 출판산업의 중추로 자리 잡은 부에노스아이레스 국제 도서전[169]

2013년 5월 13일, 제 39회 부에노스아이레스 국제 도서전 행사가 열렸다. 오래 전부터 스페인어 출판산업에 있어서 연중 가장 중요한 박람회로 자리잡은 이 행사는 이제 스페인어 작가와 독자를 연결해 주는 가장 전통적인 만남의 장으로 발돋움했다. 부에노스아이레스 국제 도서전은 1975년 첫 행사에서 기치로 내건 '책, 작가에서 독자로'에서 알 수 있듯이, 책이 모든 독자에게 쉽게 다가갈 수 있도록 책을 갈망하고 사랑하는 독자들 모두에게 열린 대중적인 박람회로 키워나가는 것을 목표로 하고 있다. 이러한 특징은 아르헨티나라는 나라의, 특히 부에노스아이레스 특유의 문화적 사회적 독자성에 기인하고 있다고 볼 수 있다.

아르헨티나 출판산업에 있어 부에노스아이레스는 가장 중요한 거점이다. 부에노스아이레스의 정치적, 상업적, 전략적 중요성 때문에 시내와 근교에는 아르헨티나 전체 인구의 약 25%와 아르헨티나 출판시장의 60%가 집중되어 있다. 이러한 불균형은 부에노스아이레스 국제 도서전이 아르헨티나 전역에 거주하는 대다수의 독자와 출판업계 전문가들에게는 의무적으로 참석해야 하는 연례행사로 자리 잡게 해주었다. 이들 독자와 출판 산업 관계자들은 출판 산업의 다양한 정보를 공유하고, 도서의 대량 구입 및 최신 출간서적을 직접 접하기 위해 모여들었고 해를 거듭할수록 박람회 참가자 수는 눈에 띄게 증가하고 있다. 1975년에 열린 첫 박람회에는 14만 명이 참석하였고 9년 뒤인, 아르헨티나가 민주주의를 되찾은 1984년에는 무려 100만 명이 이 행사에 방문하였다. 2000년도에 행사 장소를 현재 개최지로 이전한 이후에는 방문자가 더욱 증가하게 되면서 부에노스아이레스 국제 도서전은 전문가만을 위한 제한된 행사를 진행한 후에 일반인 대상 열린 행사로 진행되는 '혼합된' 형태로 발전하게 되었다.

2013년 박람회는 기상 요인과 경기 요인으로 평소보다 적은 수의 방문객이 방문했다. 박람회 주관기관인 '엘 리브로(책)' 재단에 따르면 금번 박람회의 방문자 수는 95만 명으로 120만을 기록한 전년대비 매우 저조한 수준이라고 밝혔다. 언론에 따르면 방문객 감소는 박람회 초기 며칠간 지속되었던 최악의 기후와 전시회 첫 주에 발생한 여객수송업의 파업사태로 지방 독자들의 이동이 어려웠기 때문이라고 한다. 그러나 참가업체에 따르면 2013년에 더 많은 부수가 판매되어 상업적인 측면에서는 성공적이었다는 평가를 받고 있다.

박람회는 전문가들을 위한 행사와 일반인들을 대상으로 하는 두 개의 파트로 나누어 진행된다. 전문가를 위한 행사에서는 매우 다양한 심화 프로그램이 진행되었는데, 대표적으로는 출판업의 양성과 현대화, 인적 자원의 육성, 해외 수출 활성화, 전문가들을 위한 정보 교환의 장, 저작권 관련 협의체 등이 있다.

또한 박람회에서는 풍부한 문화 행사도 제공한다. 해외 초청 인사와 아르헨티나 문학, 문화계

---

[169] 한국출판문화산업진흥원, 제39회 부에노스아이레스 국제 도서전 개괄, 2013. 5. 23

거물급 인사들이 참여한 1천 5백 개가 넘는 문화 행사가 열리며, 2013년부터 한 가지 새로운 관행이 생겼는데, 외국의 한 도시를 선정하여 주빈 도시로 초대하는 것이다.

첫 번째 초대 도시는 암스테르담이었다. 전시회의 가장 뛰어난 문화 행사 중 하나로 외국 초대 손님 15명 이상이 참여한 국제적인 시의 축제와 중남미 작가들의 대담도 있다. 대담에는 이 지역의 거의 모든 국가에서 작가들이 참여하는 것은 물론, 유명한 해외 작가도 참여한다.

부에노스아이레스 국제 도서전은 몇 해 전부터 문학과 남미 출판산업에 기대를 한 몸에 받는 박람회이자 스페인어권을 대표하는 전문 행사로 성장해 나가고 있다. 부에노스아이레스 국제 도서전은 주최기관, 작가, 출판인, 서점인, 학생, 교수, 등 많은 사람들의 도움과 참여를 통해 진행되는 행사이다. 그러나 가장 중요한 것은 이 행사가 일반 독자들의 전폭적인 지지를 받기 때문에 성공적으로 평가되고 있다.

(2) 게임

가. 아르헨티나의 게임사, 포클랜드 전쟁을 모티브로 한 게임 출시

포클랜드제도는 남대서양에 있는 군도이며 아르헨티나와 영국이 영유권을 주장하고 있는 영토 분쟁지역이다. 현재는 영국이 실효지배를 하고 있는데 아르헨티나의 게임개발사 다타텍(Dattatec)이 영국과 아르헨티나가 1982년에 포클랜드 섬 영유권에 대한 지배권 차지를 모티브로 하는 게임 카운터 스트라이크(Counter Strike)의 애드온격인 온라인 게임용 맵을 아르헨티나판 말비나스(Malvinas)로 2013년 3월 25일 출시하면서 두 나라의 논란이 급속도로 커지고 있다.170)

다타텍에 의하면 자사의 온라인 게임용 맵 출시는 영국이나 아르헨티나를 도발하려는 것이 목적이 아니며 전쟁 발발 31년을 맞이하여 역사적인 이슈를 다시금 알려 보고자 이 온라인용 맵을 만들었고 아르헨티나의 포클랜드 참전 용사들로부터 지지를 받고 있다고 밝혔다.

게다가 아르헨티나 참전 용사들에 대한 예우 차원에서 게임에 영국 국기는 삽입하지 않았으며, 이에 대해 전 세계 8만 6,000명에 이르는 해당 게임 이용자로부터 그 어떤 부정적인 반응도 없었다고 밝혔다. 이러한 게임사의 입장과 발표에도 불구하고 포클랜드를 전쟁 소재로 한 온라인 게임을 둘러싼 네티즌들의 감정은 게임개발사와 다른 방향으로 흐르는 것으로 나타났다. 영국의 해커들이 분산서비스 거부(DDOS)방식으로 다타텍의 전산망을 2013년 3월 29일 공격하였는데 다타텍에 의하면 긴급히 방어 조치를 취했다고 밝혔다.171) 영국의 해커들이 다타텍을 공격한 이유로는 영국 군인들이 테러리스트로 등장했다는 것과 오프닝 영상에서 1982년 아르헨티나가 말비나스섬의 주권 회복을 위해 영국과 전쟁을 벌였다는 설명 때문에 격분한 것으로 나타났다.

---

170) KOCCA, 아르헨티나 게임으로 포클랜드 섬 영유권 갈등 심화, 2013. 4.
171) 전자신문, 포클랜드 게임에 사이버전 논란, 2013. 3. 29.

나. 아르헨티나 게임시장, 캐주얼 위주의 모바일 게임이 장악[172]

아르헨티나 게임시장은 모바일 게임, 특히 스마트폰을 통한 모바일 게임을 통해 게이머들이 시공의 제약에서 벗어나게 됨과 동시에 게임시장을 틈새시장이 아닌 대중시장으로 변모시켰고, 단 한 번의 터치로 선호도에 따른 콘텐츠의 서열화 및 조직화를 가능하게 하면서 게임 소비 행태의 근본적인 변화를 야기하였다.

이와 관련해 게임로프트(Gameloft)의 파울라 아우리에(Paula Haurie) 남미지역 판매부장은, 주로 모바일을 이용해 게임을 하는 캐주얼 게이머의 특징은 게임의 승부에 집착하지 않으면서 현재의 시간과 장소를 즐기고자 하는 대신 게임에 접속하는 모바일기기가 바뀌더라도 같은 '경험'을 누리고자 하는 특징이 있다고 지적하며 아르헨티나 게이머들도 유사한 성향을 보이고 있다고 밝혔다.

다. 아르헨티나, 로컬 게임 박람회 개최 증가[173]

아르헨티나 게임개발자연합(ADVA)이 주최하는 게임 관련 행사인 아르헨티나 게임엑스포 EVA(Exposición de Videojuegos Argentina)는 로컬 게임산업계에서 가장 비중 있는 행사 중 하나로, 기업 연합, 지방정부, 생산부, 혁신부, 문화부 등이 후원하고 있다. 또한, 2014년 11월 28일부터 29일까지 양일간 개최된 엑시비코 박람회(Feria Exivico)는 코르도바주(州)에서 최초로 개최된 국제 게임박람회로, 지난 10년간 코르도바주 게임산업의 현황과 게임개발 능력을 보여줄 수 있는 자리가 되고 있다. 이번 박람회는 아르헨티나 지방도시의 게임산업이 자력으로 해외 진출을 시도하는 첫 행보로, 지역적 차원에서 게임산업 육성을 위해 교육계, 기업, 주정부가 함께 나선 첫 사례이기도 하다. 관계자들은 이번 박람회가 민관 합동 노력의 산물로 전문가, 교육자, 공공기관, 클러스터, 배급 기관 등이 모두 합심하여 그 동안 지방에서는 볼 수 없었던 게임산업 진흥을 목적으로 한 국제 행사 개최에 성공했다는 점에서 큰 의미를 부여하고 있다.

(3) 영화

가. 산타쿠르즈, 영화관 개관과 규모 확대 예정

아르헨티나 최남단 우수아이아(Ushuaia)와 마주보고 있는 산타크루즈(Santa Cruz)주는 인구 10만 명의 소도시로 약 8년간 영화관이 없는 도시였으나 산타크루즈주의 리오가예고스(Rio

---

172) 한국콘텐츠진흥원, 글로벌 게임산업 트렌드, 2014. 9. 제1호
173) 한국콘텐츠진흥원, 글로벌 게임산업 트렌드, 2014. 11. 제2호

Gallegos)지역에 영화관이 다시 들어섰다.

리오가예고스에는 유일하게 시네카레라(Cine Carrera) 영화관이 존재해 왔으나 2007년 매출 하락과 영업의 부진으로 인하여 상영관은 문을 닫았고 이후 2014년까지 간혹 국립영화 영상예술 위원회(INCCA)가 아르헨티나 영화 상영을 목적으로 순회한 적 외에는 영화의 개봉은 사실상 전무했다. 이번에 개관한 극장은 현대화된 시스템을 상당 부분 갖추고 있는데 아르헨티나의 지식정보 분야의 발달과 함께 인터넷으로 원하는 시간대의 영화 입장권을 예약하거나 구매할 수 있는 시스템을 구축해 놓아 산타크루즈지역의 시민들을 배려하였고 2015년까지 2개관을 추가로 늘려 영화를 기다리는 시민들의 편의 제공을 위한 푸드코트도 설치할 예정이라고 밝혔다.174)

나. 아르헨티나 영화계, 중남미판 넷플릭스 서비스를 위한 준비 돌입

아르헨티나가 북미지역에서 서비스 중인 넷플릭스(Netflix)와 유사한 영화콘텐츠 스트리밍 서비스를 준비하고 있다. 이번 남미판 넷플릭스의 제작 및 서비스를 위한 프로젝트는 아르헨티나의 영화 'El secreto de sus ojos', 'Metegol(Foosball)'이 해외의 여러 나라에서 불법복제로 유통되고 있고 그와 관련한 물질적 손해가 극심했던 것이 주된 원인이었다.

남미판 넷플릭스의 구상은 오스카상을 수상한 바 있는 후안 호세 캄파넬라(Juan José Campanella)의 의견으로 시작되었고 아르헨티나 국립예술영화아카데미(La Academia Nacional de Artes Cinematográficas de la Argentina)가 협력하면서 남미판 넷플릭스의 제작이 가시화되었다. 남미판 넷플릭스 서비스는 분명 인력의 충원과 교육, 디지털 스트리밍 기술, 비용 등 많은 문제가 존재한다고 캄파넬라 감독은 밝히면서 불법유통을 통한 피해를 억제하기 위해서는 반드시 필요한 시스템이라고 설명하였고 현재까지 제작된 베타 버전의 영화 스트리밍 플랫폼을 아르헨티나의 국립예술영화아카데미 회원들에게 배포하였다. 아직 인력 구성과 플랫폼 제작, 그리고 온라인으로 유통하는 행정적 절차와 비용이 남아있지만 2015년이면 서비스가 가능할 것으로 전망되고 있다.

(4) 애니메이션

가. 성장 중인 아르헨티나 애니메이션산업

아르헨티나 애니메이션시장은 최근 기업 수, 매출액, 고용 등에서 플러스 성장률을 보이며 두드러지게 발전 중이다. 2013년 부에노스아이레스시 정부의 경제개발부 산하 창조산업청과 애니메이

---

174) Kobiz, 리오 가예고스의 기적, 2014. 8. 13.

션 및 시청각예술제작자 아르헨티나산업연합(UIPAA)이 합동으로 애니메이션 회사를 대상으로 조사 결과를 발표하였다[175]. 주요 조사 내용을 살펴보면, 아르헨티나 애니메이션 회사 중 68%는 사무실에서 작업이 진행되고 28%는 개인주택, 4%는 기타 장소에서 작업이 진행되는 것으로 나타났다.

애니메이션기업의 역사와 규모를 보면, 38.4%가 설립된 지 3년이 채 지나지 않았고 3~8년이 38.5%, 8~11년이 7.7%, 11년 이상이 15.4%를 차지했다. 조사에 응한 기업의 20%가 1년 이내에 생긴 신생기업이었으며 대략 40%가 2008년 이후에 설립됐다는 점에서 회사들이 최근 성장 과정에 있다는 것을 알 수 있다. 아르헨티나 애니메이션기업 중 중기업(19~50명)은 20%, 소기업(5~18명)은 36%, 영세기업(4명 이하)은 44%로, 영세기업이 높은 비율을 차지하고 있는 것으로 나타났다.

애니메이션기업들의 기술보유 현황을 보면, 77%의 기업이 VFX와 3D기술을 사용한다고 답했고 73%가 2D디지털, 58%는 그래픽모션 기술을 사용한다고 답했다. 대부분의 회사들은 프로젝트와 애니메이션 및 VFX 콘텐츠개발 활동에 열을 올리고 있으며 하도급 계약을 통해 고객에게 직접 애니메이션과 VFX 서비스를 제공하는 데에도 박차를 가하고 있는 것으로 나타났다.

한편, 77.8%의 기업은 고유 자산으로 자금을 조달하고 법인 자본을 활용과 다른 기업과의 합작을 활용하는 경우는 44%로 나타났다. 다른 형태의 자금조달에는 타 기업에 제품이나 서비스를 제공하기로 약속하고 받은 선금(22.3%)과 가족 또는 지인의 자금, 그리고 공공 개발 프로그램의 지원(신용대출, 보조금 등)이 있다.

[그림 6-53] 아르헨티나 애니메이션기업의 주요 활동분야

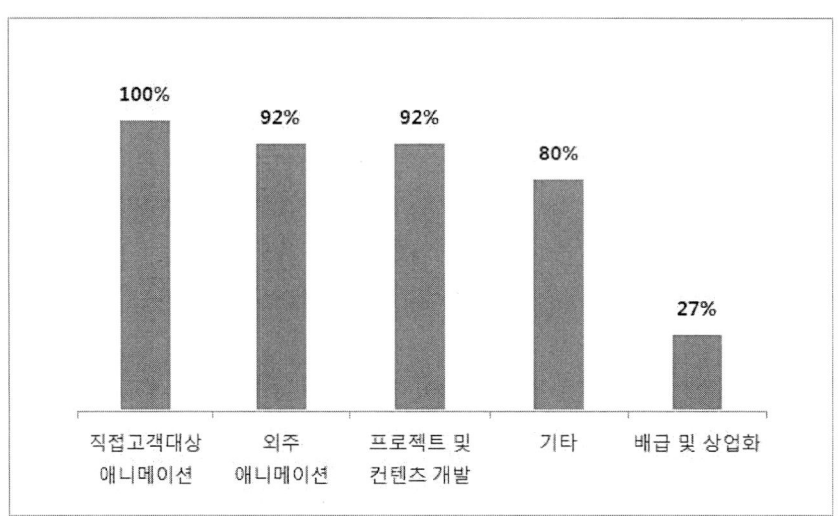

출처 : 부에노스아이레스시 창조산업청, UIPAA

---

175) 글로벌윈도우, '아르헨티나 애니메이션시장 동향', 2013. 10.19

아르헨티나 애니메이션기업들은 애니메이션을 해외에 수출하는 데에도 적극적인데, 84%의 기업이 애니메이션 상품을 수출해왔다고 밝혔다. 주요 수출지는 중남미와 카리브, 유럽, 미국, 캐나다, 아시아, 그리고 아프리카이며 수출지에 따른 수출 비율은 다음과 같다.

[그림 6-54] 아르헨티나 애니메이션 수출대상국 현황

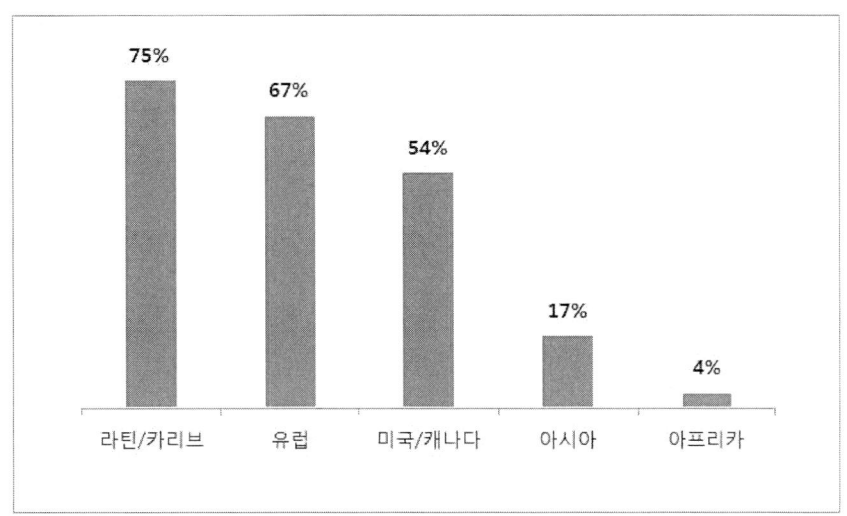

출처 : 부에노스아이레스 시 창조산업청, UIPAA

(5) 방송

가. 아르헨티나정부, 해외 진출 목적으로 교육 프로그램 제작

아르헨티나의 국립영화영상예술위원회(Instituto Nacional de Cine y Artes Audiovisuales: INCAA)는 아르헨티나의 교육부와 공동 협력을 통해 해외 시장으로 진출하기 위한 교육용 방송 텔레비전 프로그램의 공동 제작을 시작한다. 교육부장관 알베르토 실레오니(Alberto Sileoni)와 국립영화영상예술위원회 위원장 루크레시아 카르도소(Lucrecia Cardoso)는 협의를 통해 교육부와 국립영화영상예술위원회는 서로 50%씩 교육용 프로그램의 제작 전반에 소요되는 비용을 부담하기로 하였으며 교육용 프로그램의 제작을 희망하는 사업체를 모집하는 공고를 통해 재능 있는 업체를 선별하기로 하였다.

현재까지 정부주도의 해외 진출 교육용 프로그램의 제작에 참여하는 업체는 교육 프로그램과 콘텐츠를 제작하는 방송사인 카날 엔쿠엔트로(Canal Encunetro), 파카파카TV(Paka PakaTV)가 있으며 일전에도 유사한 프로젝트를 추진한 바 있어 앞으로 교육부와 국립영화영상예술위원회의

금전적인 지원을 통해 프로그램을 완성해서 아르헨티나와 해외 국가들에도 교육 프로그램을 방송할 예정이다.[176]

나. 세 얼간이, 아르헨티나에서 프로그램 제작

세 얼간이는 미국의 유명 코미디언 '모 하워드(Moe Howard), 래리 파인(Larry Fine), 컬리 하워드(Curly Howard)'가 1930년부터 1975년까지 활동하면서 제작된 단편 코미디 영화를 말한다. 이들에 의해 만들어진 영화는 과거 찰리 채플린이 연기했던 슬랩스틱부터 아크로바틱 몸 개그까지 다양하게 깨지고 넘어지는 묘사를 통해 관객에게 웃음을 주는 방식의 영화였는데 지금까지도 단편 영화로 제작된 당시의 포맷이 인기가 많아서 2000년도에는 미국의 ABC 방송에서 TV용 영화로 제작되었고 2012년에는 영화 '덤앤더머(Dumb and Dummer)'의 제작자 피터 패럴리 형제 감독에 의해 재탄생되기도 했다.[177]

아르헨티나의 본디스 엔터테인먼트(Bondis Entertainment)는 세계적으로 많은 인기를 끌었던 코미디 세 얼간이(The Three Stooges)의 저작권자 C3 엔터테인먼트(C3 Entertainment)와 라이선스 계약을 맺어 아르헨티나에 라이브 쇼와 세 얼간이 단편작을 제작하기로 하였다. 이번 세 얼간이의 방송 제작과 라이브 쇼를 기획하면서 본디스 엔터테인먼트는 아르헨티나에는 이미 세 얼간이 시리즈의 팬들이 많기 때문에 좋은 반응을 얻을 것으로 기대한다고 밝혔다. 라이브 쇼로 제작되는 세 얼간이는 소니 픽처스 텔레비전(Sony Pictures Television)과 라이선스 계약을 맺어 아르헨티나의 아메리카TV(AmericaTV) 채널을 통해 방영한다.[178]

다. 아르헨티나, 방송과 라디오시장 대한 강도 높은 규제 여전

아르헨티나는 방송과 라디오 두 영역 모두에서 높은 수준의 정부개입과 규제를 보이고 있다. 특히 2014년 2월에는 반독점법 시행의 일환으로 전체 멀티채널 서비스 가입자의 50% 이상을 점유하고 있는 최대 규모의 미디어그룹 그루포 클라린(Grupo Clarin)을 6개 회사로 분할하는 계획을 승인, 6개월 이내에 분할 및 재편 작업을 이행할 것을 요구했는데, 정부는 이를 "독점 대기업으로서 여론을 조작하고 민주주의에 조건을 부여해온 Grupo 행위의 종말을 알리는 시작"이라고 설명[179]했다.

---

176) Kobiz, INCCA 아르헨티나 교육부와 공동 제작 진행, 2014. 10. 28.
177) Wikipedia.org, The Three Stooges, 2014.
178) Threestooges, C3 Entertainment, Inc. Licenses an All New Live Three Stooges® Stage Show and Television Broadcast of The Three Stooges® Classic Shorts in Argentina, 2013. 11. 14.
179) 연합뉴스, 아르헨티나정부, 비판적 언론기관 무력화, 2014.02.18

[그림 6-55] 아르헨티나정부의 Grupo Clarin 분할 계획

출처: Diario sobre Diarios, 2014

한편, 이는 지난 2010년 개정된 '개정방송법'[180]을 근간으로 하고 있다. 여기에는 케이블방송사업자의 시장점유율을 제한하고 동일 도시 내에서 케이블 네트워크와 TV 채널을 동시에 보유하는 것을 금지하는 내용도 포함되어 있다. 즉, 특정기업이나 그룹이 운영할 수 있는 TV 및 라디오 방송사의 최대 개수를 현행 24개에서 10개로 축소하고 인수합병의 경우에도 특정 기업의 방송시장 점유율이 35%를 넘지 못하도록 규정하는 한편, 케이블TV를 공공 서비스 항목으로 분류함으로써 케이블방송사업자의 시장점유율과 가격을 현행보다 엄격히 통제할 수 있는 기반을 마련한 것이다.

(6) 지식정보

가. 아르헨티나, 고품질 통신 서비스 제공 가능

2014년 10월 아르헨티나는 자국에서 설계한 다목적 위성의 첫 발사에 성공하였다. 순수 아르헨티나 기술력으로 제작된 인공위성 아르셋 1호(Arsat-1)는 아르헨티나 바릴로체의 인뱁(Invap)사에서 7년간의 개발 기간과 2억 5,000만 달러의 자금을 들여 완성되었다. 아르셋 1호 위성은 앞으로 지구를 15년간 공전하면서 아르헨티나, 칠레, 우루과이, 파라과이에 통신, 음성 서비스와 유료 TV방송, 데이터 전송 서비스를 하게 되어 아르헨티나와 인근 국가들에게 고품질의 통신 서비스를 제공할 것으로 예상된다.[181] 현재까지 통신위성을 자체 제작해 발사한 나라로는 유럽연합, 미국, 러시아, 중국, 인도, 이스라엘, 일본이 있다.

---
180) 주 아르헨티나 대한민국 대사관, 아르헨티나 방송법 개정 동향, 2010.10.07
181) TeleGeography, 'Historic' Arsat-1 satellite sees successful launch, 2014. 10. 21.

나. 4G LTE 통신, 상회 입찰된 주파수 경매

2014년 아르헨티나의 4G LTE 무선통신에 대한 이동통신사들 간의 경쟁 심화로 예상보다 13% 높은 금액에 낙찰된 것으로 나타났다.

아르헨티나는 3G와 4G 무선 주파수에 대한 경매를 진행하였는데 최종적으로 22억 3,000만 달러의 낙찰가를 받은 것으로 나타났다. 이는 당초 예상했던 금액 19억 7,000만 달러를 무려 13%가량 상회하는 금액이다. 이번 경매를 통해 낙찰 받은 이동통신사는 라이선스 계약을 통해 15년간 주파수를 이용할 수 있는데, 이번 주파수의 낙찰을 위해 클라로 아르헨티나(Claro Argentina), 텔레콤 퍼스널(Telecom Personal), 텔레포니카 모빌스(Telefonica Moviles)가 경매에 참여하였다. 2015년부터 4G 무선 주파수 이용이 가능해질 것으로 보이면서 향후 4G LTE 관련 장비의 판매가 늘어날 것으로 전망되고 있다.[182]

4) 콘텐츠 소비 실태 및 동향

(1) 디지털 인프라 환경 및 소비 행태

가. 디지털 인프라 환경

아르헨티나는 거대한 인구에 비해 스마트폰의 보급률이 높지 않지만 최근에 보급률은 상승하고 있다. 2013년 아르헨티나의 스마트폰 보급률은 28.7%로 전년대비 6.9%p 증가했다. 이러한 보급률이 이루어진 데에는 스마트폰 단말기의 판매 가격이 통신 서비스 상품에 따라 달라지는 특이한 판매 정책 덕분이다. 실례로 페르소날(Personal)은 통신상품과 회원등급에 따라 가격이 달라지고 정액요금제나 정기요금제로 기기변경 시 30%의 할인혜택을 제공하기도 한다. 게다가 정부는 서비스 품질의 변수를 고정하고 요금제의 가격인상을 허용하고 있지 않기 때문에 2018년에는 아르헨티나의 스마트폰 보급률이 66.1%에 달할 것으로 보인다.

아르헨티나의 모바일 인터넷 보급률은 2013년 26.3%로 전년대비 7.3%p 증가하였다. 아르헨티나는 50Mhz 주파수를 이용하는 3G 통신이 주된 모바일 통신망이다. 오랜 기간 동안 4G LTE 통신으로 이전할 수 있었음에도 약 10년간 정부의 늦장 대응으로 인해 4G 통신을 위한 주파수 경매가 단 한 번도 열리지 못했다. 그럼에도 모바일 단말 보급률이 빠르게 증가하는 신흥시장으로 부상하고 있어 2018년까지 아르헨티나인의 60.4%가 모바일 인터넷을 이용할 것으로 전망된다.

---

182) TeleGeography, Argentina spectrum bids total USD2.23bn; 13% above floor price, 2014. 11. 3.

[표 6-18] 아르헨티나 유·무선 인터넷 보급률 및 전망, 2009-2018

[단위 : %]

구분	2009	2010	2011	2012	2013p	2014	2015	2016	2017	2018
스마트폰 보급률(%)	-	-	-	21.8	28.7	36.7	45.2	53.3	60.4	66.1
전년대비증감(%p)	-	-	-	-	6.9	8.0	8.5	8.1	7.1	5.7
모바일 인터넷 보급률(%)	6.1	8.8	13.4	19.0	26.3	33.4	40.9	48.9	55.4	60.4
전년대비증감(%p)	-	2.7	4.6	5.6	7.3	7.1	7.6	8.0	6.4	5.0
고정브로드밴드 보급률(%)	31.9	36.8	40.7	44.3	47.5	50.3	52.3	53.9	55.1	56.1
전년대비증감(%p)	-	4.9	3.9	3.5	3.2	2.8	2.0	1.6	1.3	0.9

출처 : PwC(2014)

2013년 아르헨티나의 고정 브로드밴드 보급률은 47.5%로 전년대비 3.2%p 성장하였다. 보급률이 50%도 채 되지 않는 현 시점에서 아르헨티나의 고정 브로드밴드 성장률이 둔화되는 데에는 아르헨티나의 고정 브로드밴드사업자들이 경쟁적으로 속도 개선에 참여하고 있지 않은 것이 주된 이유로 보인다. 게다가 아르헨티나의 텔레포니카(Telefonica)와 텔레콤 아르헨티나(Telecom Argentina)는 아르헨티나의 xDSL 통신시장에 절대적인 면모를 보이고 있어 새로운 가입자 유치에 소극적이다. 이 때문에 아르헨티나의 고정 브로드밴드 이용자는 2018년 55.1% 수준이 될 것으로 예상된다.

나. 디지털 소비 및 이용 행태

Consumer Barometer with Google에서 2014년 3월 조사한 바에 의하면 아르헨티나 사람들이 선호하는 디지털기기로는 모바일폰이 84%로 가장 높았으며, 그 다음으로 컴퓨터가 52%, 스마트폰 3%, 태블릿 5% 순으로 조사되었다.

[그림 6-56] 아르헨티나인들이 선호하는 디지털기기

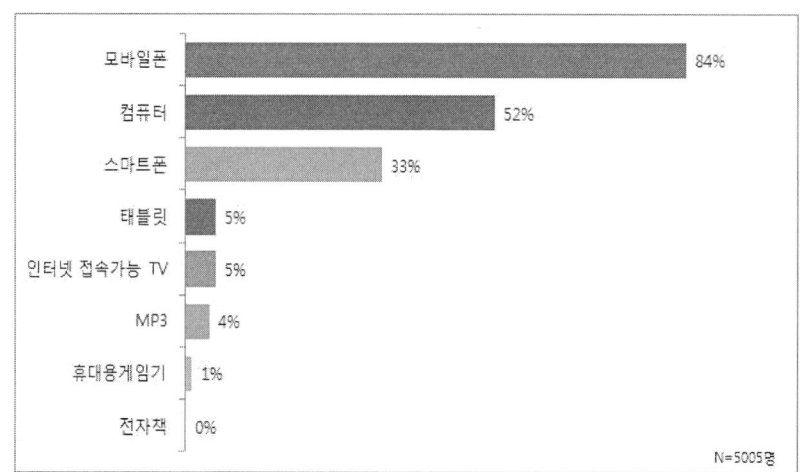

출처: Consumer Barometer with Google

① 인터넷 이용 행태

아르헨티나인을 대상으로 인터넷 이용 행태에 대해 조사한 바에 의하면 응답자의 53%가 하루에 한두 번 정도 인터넷을 이용하는 것으로 나타났다. 그 다음으로 하루에 한 번 정도 이용하는 경우가 18%, 한 주에 2~6회 이용이 13% 순으로 조사되었다.

[그림 6-57] 아르헨티나인의 인터넷 사용 빈도

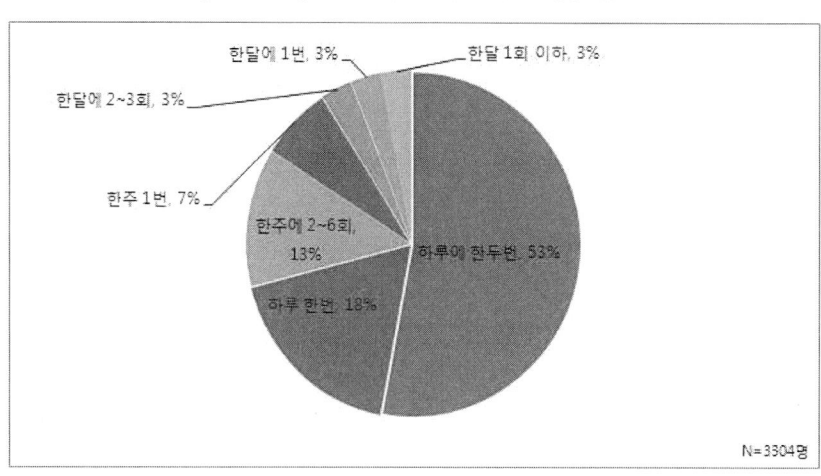

출처 Consumer Barometer with Google

태블릿, 컴퓨터, 스마트폰 이용자를 대상으로 조사한 결과에 의하면 인터넷 이용 시 컴퓨터, 태블릿을 선호하는 경우는 43%, 모두 선호하는 경우가 21%로 나타났다. 또한 응답자의 6%는 컴퓨터나 태블릿보다는 스마트폰을 더 선호하는 것으로 조사되었다.

[그림 6-58] 인터넷 이용 시 선호하는 스마트기기

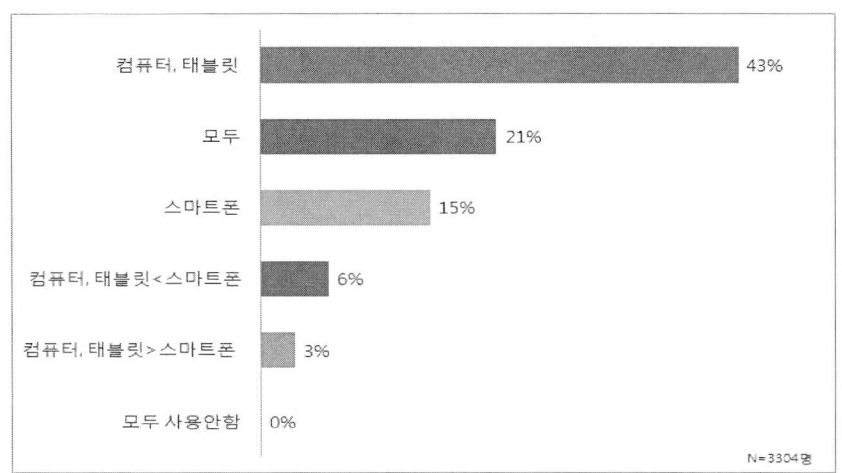

출처 Consumer Barometer with Google

상품 및 서비스 구매 시 인터넷이 어떤 도움이 되는지에 대해서 응답자의 51%가 가격비교를 하는데 도움이 된다고 응답하였으며, 그 다음으로 의견수렴 및 리뷰를 정독한다는 비율이 27%, 상품재고 확인이 26%, 상점위치 확인이 15%, 아이디어 획득이 14% 순으로 나타났다.

[그림 6-59] 상품 및 서비스 구매 시 인터넷이 도움이 된 분야

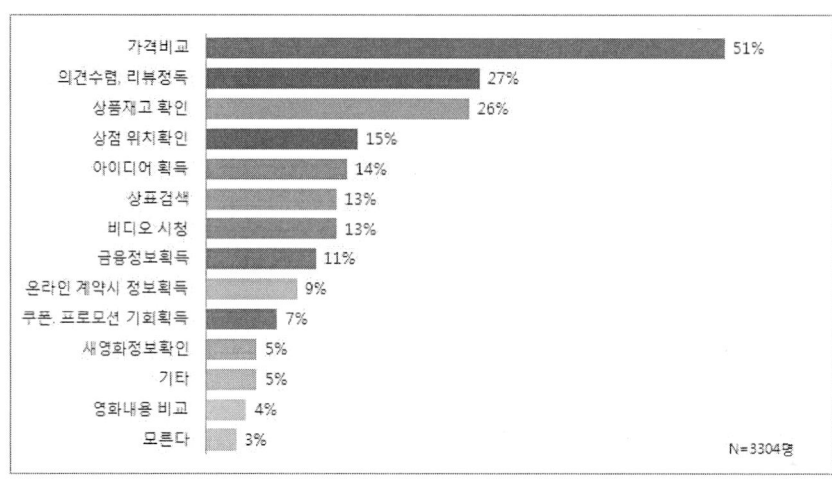

출처 Consumer Barometer with Google

② 스마트폰 이용 행태

2013년 5월 Ipsos MediaCT에서 아르헨티나 시민 16세 이상 1,000명을 대상으로 스마트폰 이용 행태를 조사하였다.

[그림 6-60] 스마트폰 이용행태 조사 응답자 특성

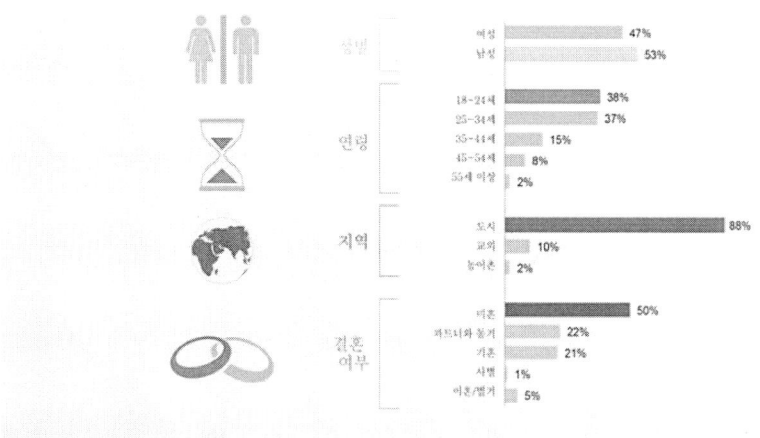

출처: Ipsos MediaCT, Google mobile planet

먼저 스마트폰을 주로 사용하는 장소로는 96%가 집에서, 88%가 이동 중에, 87%가 대중교통을 이용하면서 사용하고 있는 것으로 조사되었다. 특히 전체 응답자의 70% 이상이 음식점이나 직장에서 스마트폰을 사용하고 있는 것으로 나타났으며, 공항에서 이용하는 경우는 62%로 가장 낮은 비율을 보였다.

[그림 6-61] 스마트폰을 가장 많이 이용하는 장소(복수응답)

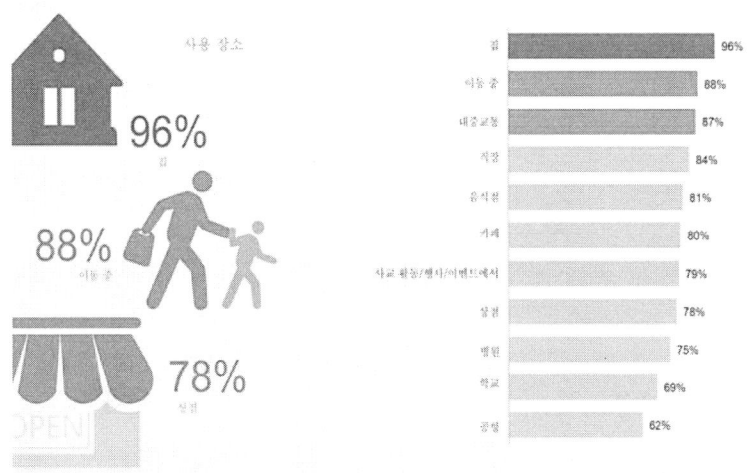

출처: Ipsos MediaCT, Google mobile planet

설문 조사결과 스마트폰 이용 시 주로 이용하는 서비스를 살펴보면, SNS 방문이 38%로 가장 높은 비율을 보였으며, 그 다음으로 검색엔진 사용 36%, 이메일 확인 24%, 동영상 감상이 21%, 상품정보 획득이 12%의 순으로 조사되었다.

[그림 6-62] 스마트폰 이용 시 주요 이용 서비스

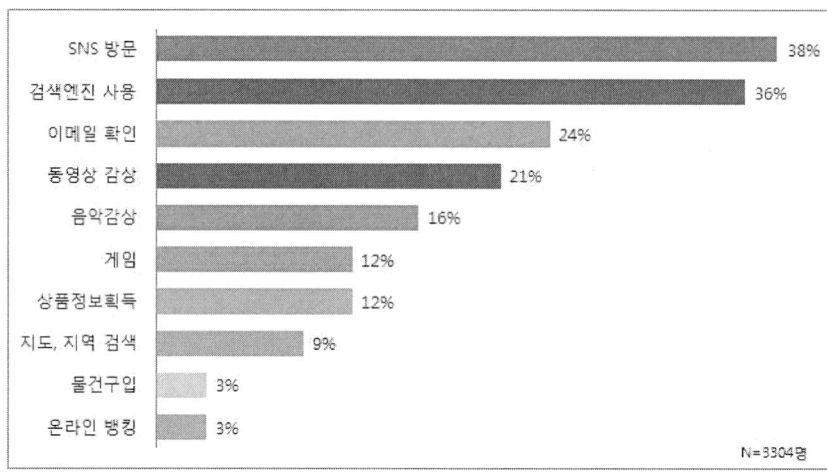

출처: Consumer Barometer with Google

응답자들이 오프라인으로 광고를 보는 비중을 보면, TV가 75%로 가장 높았으며 그 다음으로 상점/업체 71%, 포스터/옥외 광고 65%, 잡지 64%의 순으로 나타났으며, 응답자의 82%는 오프라인의 광고 노출 후 모바일로 재검색을 실행하는 것으로 나타났다.

[그림 6-63] 오프라인 광고에 노출된 후 모바일로 검색을 실행하는 비율

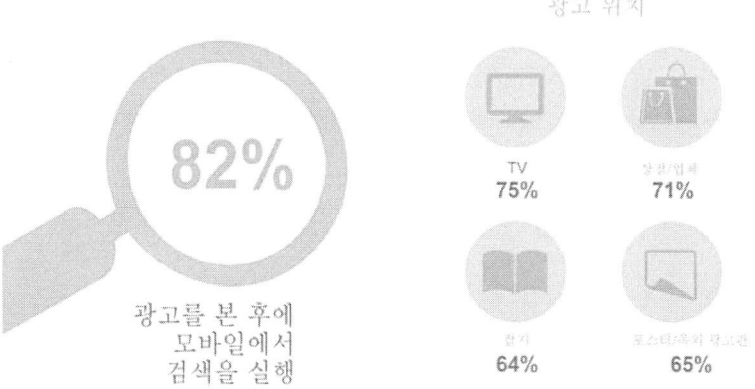

출처: Ipsos MediaCT, Google mobile planet

아르헨티나의 소비자들이 스마트폰에서 모바일 광고를 보는 곳을 보면, 53%는 온라인 매장에서, 38%는 모바일 게임이나 앱 안에서, 32%는 동영상을 조회하면서, 24%는 검색엔진을 이용하는 동안 광고를 보는 것으로 조사되었다. 반면, 동영상 웹사이트에서 광고를 접하는 경우와 온라인 소매 매장을 통해 광고를 접하는 경우는 각각 21%, 9%로 상대적으로 낮은 비율을 보였다.

[그림 6-64] 아르헨티나 사람들이 스마트폰에서 모바일 광고를 보는 위치 (복수응답)

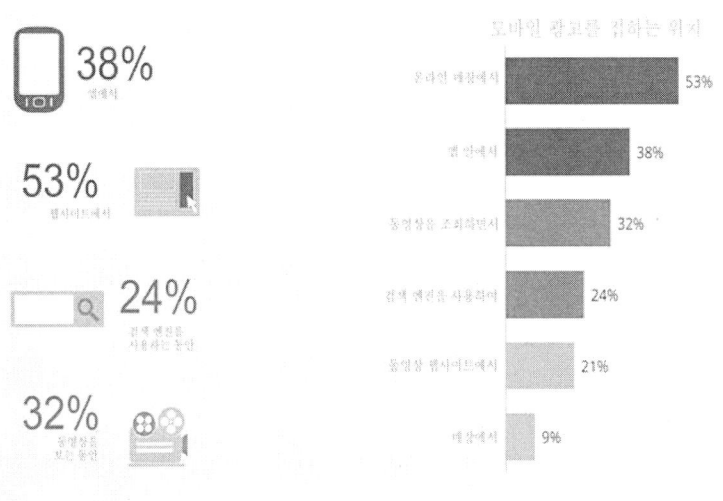

출처: Ipsos MediaCT, Google mobile planet

아르헨티나의 모바일기기 사용자들의 90%는 스마트폰을 이용하는 동안 다른 활동을 동시에 하는 것으로 나타났다. 설문에 응답한 사람들의 44%는 스마트폰을 사용하면서 TV 시청을 하는 것으로 나타났으며, 63%는 음악 감상을, 48%는 인터넷, 29% 영화 감상을 동시에 하고 있는 것으로 조사되었다.

[그림 6-65] 스마트폰을 이용하면서 다른 활동을 하는 비율

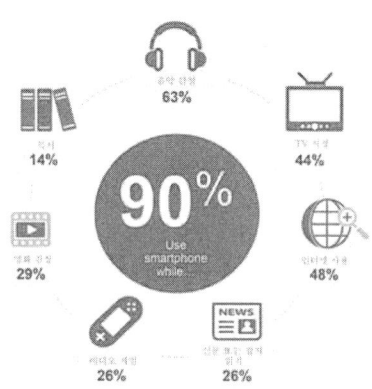

출처: Ipsos MediaCT, Google mobile planet

(2) 콘텐츠 소비 행태 및 선호 장르

가. 온라인 비디오 시청 행태 및 선호 장르

스마트기기별로 비디오 시청 횟수를 조사한 결과, 스마트폰이나 태블릿 보다는 컴퓨터를 이용해서 비디오를 시청하는 횟수가 더 많은 것으로 나타났다.

[그림 6-66] 스마트기기별 온라인 비디오 시청 횟수

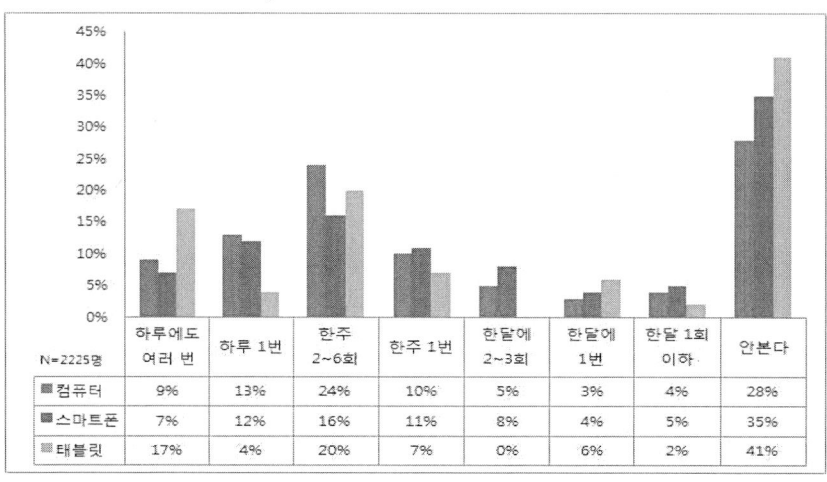

N=2225명	하루에도 여러 번	하루 1번	한주 2~6회	한주 1번	한달에 2~3회	한달에 1번	한달 1회 이하	안본다
컴퓨터	9%	13%	24%	10%	5%	3%	4%	28%
스마트폰	7%	12%	16%	11%	8%	4%	5%	35%
태블릿	17%	4%	20%	7%	0%	6%	2%	41%

출처: Consumer Barometer with Google

온라인 비디오 시청 시 주요 이용 플랫폼으로 온라인 비디오나 앱을 이용하고 있다는 응답자들은 85%로 가장 높았으며, SNS 이용이 30%로 나타났다.

[그림 6-67] 온라인 비디오 시청 시 주로 이용하는 플랫폼

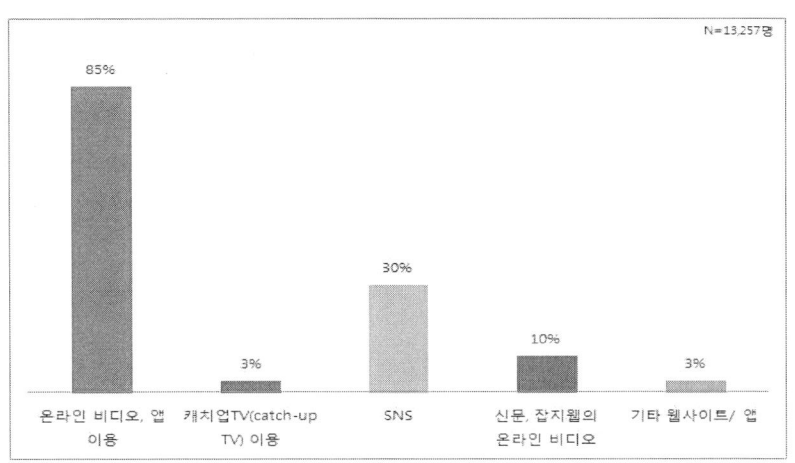

출처: Consumer Barometer with Google

온라인 비디오를 시청하는 이유에 대한 설문에 응답자의 43%가 휴식의 일부라고 하였으며, 40%는 여흥을 위해서라고 응답하였다. 또한 지식 습득을 위하여 비디오를 시청한다고 답한 사람들도 31%나 되는 것으로 조사되었다.

[그림 6-68] 온라인 비디오를 시청하는 이유

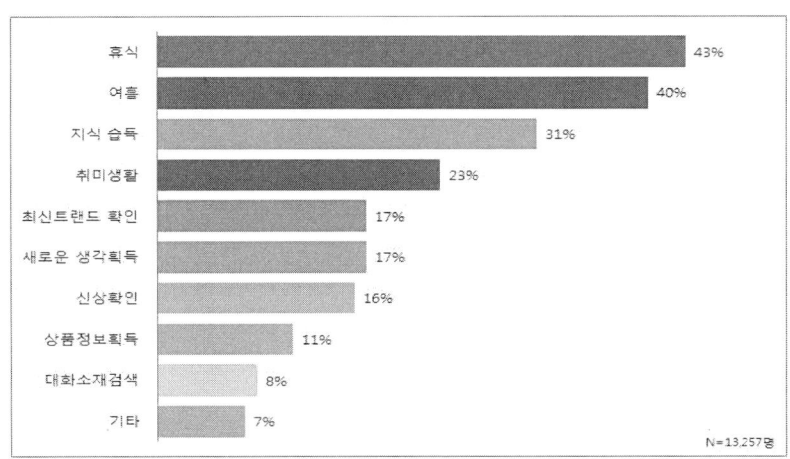

출처: Consumer Barometer with Google

응답자의 33%는 온라인 비디오를 시청 시 주로 뮤직비디오를 시청하는 것으로 조사되었으며, 그 다음으로 영화 34%, 스포츠 25%, 뉴스 및 정책 24%, 교육 21% 순으로 나타났다.

[그림 6-69] 온라인 비디오 시청 시 주요 장르

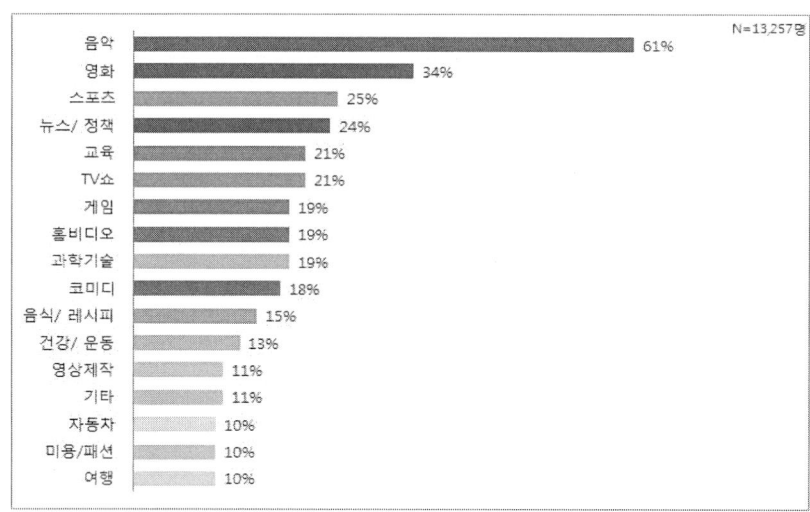

출처: Consumer Barometer with Google

5) 콘텐츠 유통 현황

(1) 주요 유통 플랫폼 현황

가. 오프라인 플랫폼

① 영화

2013년 아르헨티나 영화산업은 정치적으로 어려운 상황과 20%가 넘는 인플레이션율에도 우려와 달리 좋은 성적을 보였다. 멕시코와 브라질보다도 개봉 편수가 훨씬 많았고 관객 수의 증가, 스크린 수 확대, 입장료 상승과 같은 요인이 작용하여 극장 매출도 증가했다.

[표 6-19] 아르헨티나 영화산업 기초 지표 (2013)

연 관객	4,576만 명
극장매출	3억 5,907만 USD
평균 관람료	7.85 USD
스크린 수	854개 (2013년 기준)
디지털 스크린 수	407개
3D 스크린 수	296개

출처 : 영화진흥위원회

영화 유통 현황을 보면, 아르헨티나 영화시장에서 배급사는 디즈니, UIP, 폭스, 워너브러더스와 같은 메이저기업들이 시장을 장악하고 있다. 이들은 할리우드 영화를 주로 배급하고 있으며 아르헨티나 영화 배급에는 소홀한 면을 보이고 있다. 그러나 디즈니는 2013년 1분기에 배급한 아르헨티나 영화 '살인사건에 관한 논문'의 흥행으로 자국 영화 관객점유율 1위를 차지했다. 아르헨티나 영화 배급에는 디스트리뷰션 컴퍼니 수다메리카나(DSC)와 프리메르 플라노 필름 그룹(Primer Plano Film Group S.A.)등 로컬업체가 적극적으로 나서고 있다.

[표 6-20] 아르헨티나 주요 영화 배급사 현황 (2013)

영화배급사	설명
Distribution Company Sudamericana S.A.	• 아르헨티나에서 가장 긴 역사를 가진 배급사 • 아르헨티나 자국 영화의 80% 이상을 유통 • 영화, TV 프로그램, DVD-video 등을 배급 • 주소 : Lavalle 1979, 1051 BUENOS AIRES, ARGENTINA • 전화 : 54 11 4371 3662, 팩스 : 54 11 4372 9945 • 홈페이지 : http://www.distribution-company.com/
Primer Plano Film Group S.A.	• 1981년 설립 • 2002년, 자국 영화와 외국 영화 유통으로 업계 1위 차지 • 영화 이 외에 TV 프로그램, 인터넷, 케이블 프로그램 등도 유통 • 사장인 Pascual Condito는 2014년 7월 31일 이후 자국 영화 유통 중단 선언 • 주소 : Av Elcano 4020 Piso 1,CIUDAD DE BUENOS AIRES,Buenos Aires, Argentina • 전화 : (011) 4554-7278
ALFA FILMS S.A.	• 1999년 설립 • 아르헨티나 독립 영화 배급사

영화배급사	설명
	• 주로 유럽영화와 미국 영화 수입 배급 • 주소 : Av. Corrientes 2025 Piso 2 Dto. A, (C1045AAC), Buenos Aires - Argentina • 전화 : +54 11 4951 3003 • 홈페이지 : http://www.alfafilms.com.ar/

출처 : 각사 홈페이지, 영화진흥위원회

한편, 2013년 3분기까지 주요 극장 체인의 관객점유율을 보면 시네마 호이츠(Cinemas Hoyts)가 24.04%로 1위에 랭크되었으며 시네마크 아르헨티나(Cinemark Argentina)가 13.79%, 빌리지 시네마(Village Cinemas)가 13.44%로 그 뒤를 이었다. 하지만, 시네마크 아르헨티나가 2011년 시네마 호이츠를 인수하여[183] 두 체인은 사실상 합병된 상태이기 때문에 시네마 호이츠와 시네마크 아르헨티나가 37.83%의 압도적인 관객점유율을 차지하고 있는 셈이다.

[표 6-21] 아르헨티나 주요 영화관 현황 (2013)

영화관	설명
Cinemas Hoyts	• 1997년 7월 4일 Moron타운의 쇼핑몰에 설립 (8스크린) • 아르헨티나 멀티 스크린 영화관의 45% 이상을 차지 • 2010년 이후 관객점유율 1위 차지 • 2011년 Cinemark Argentina에 인수됨
Cinemark Argentina S.R.L.	• Cinemark USA의 자회사 • 아르헨티나의 부에노스 아이레스에 본사 위치 • 주소 : Antonio Beruti 3399, Piso 5, Buenos Aires, 1425, Argentina • 전화 : 54 11 5777 1000, 팩스 : 54 11 5777 1001 • 홈페이지 : http://www.cinemark.com.ar/
Village Cinemas	• 호주의 멜버른에 본사를 둔 극장체인 • 1954년 설립 • 1996년 12월 아르헨티나 지사 설립 • 3D 영화 상영관 보유
Showcase Cinemas	• 미국 National Amusements의 극장체인 • Viacom과 CBS 소유 • 부에노스 아이레스의 Norcenter LifeStyle Mall점은 IMAX상영관이며 Dolby Digital 6.1 EX sound 시스템 설비가 갖춰짐 • 3D 영화 상영관 보유
RIOCIN S.A.	• 아르헨티나 자국의 극장체인 중 가장 큰 규모를 가짐

---

[183] Hollywood Reporter, Cinemark Argentina Buys Out Hoyts Multiplexes, 2011.08.25

영화관	설명
	• 14개 도시에 극장분포, 전체 86 스크린 중 48개는 디지털 화면 • 주소 : SAN FERNANDO DEL VALLE DE CATA, CATAMARCA, ARGENTINA • 전화 : (0383) 442-3040, 팩스 : (0383) 442-3040 • 홈페이지 : http://www.cinemacenter.com.ar/
CINE SUNSTAR	• 아르헨티나 극장체인으로 미국에도 진출(남부, 중앙 플로리다, 뉴욕 등 각각 6-8 스크린)[184] • 아르헨티나 7개 도시에 극장 분포

출처 : 각사 홈페이지, 영화진흥위원회

② 음악

불법복제 비율이 높은 수준임에도 불구하고 아르헨티나의 레코딩 음악산업은 지난 몇 년간 회복의 기미를 보였으며 오프라인 음반 수익은 2012년에서야 하락하기 시작했다. 불법복제 CD가 주요 도시의 시장 곳곳에 널리 퍼져있지만, 오프라인 음반은 여전히 아르헨티나 소매 음악시장의 다수를 차지하고 있다. 아르헨티나의 레코드 레이블 현황을 보면 다음과 같다.

[표 6-22] 아르헨티나 주요 레코드 레이블

기업명	설명
Trident Music	• 2008년 Roman Speranza에 의해 설립된 아르헨티나의 독립 레코드 레이블로, 현재 본사는 부에노스 아이레스에 위치 • 현재 설립자 Roman Speranza를 비롯해 Dany Oghia와 Phonica 등 3인이 레이블을 운영하고 있음 • Trident Music은 주로 일렉트로니카, 일렉트로 하우스, 댄스, 하우스, 트랜스 뮤직 등 일렉트로/댄스 음악 분야에 전문화된 레이블로 해당 분야의 언더그라운드 음악가들을 발굴, 계약하고 있음 • Trident Music의 배급은 Symphonic Distribution이 담당 • 소속 아티스트 : Roman Speranza, Dany Oghia, Antonio Spaziani, Martin Stork, Bart Lectro, Damyard 등 다수
Pinhead Records	• 1990년에 설립된 아르헨티나의 독립 레이블로 Rosario에 본사 위치 • 주로 펑크록, 하드코어, 메틀 등 다양한 장르 의 록 음악 전문으로 하고 있음 • 아티스트들의 음반과 머천다이징 상품의 유통 배급을 담당하고 있으며, 2007년부터 아르헨티나에서 The Resistance Tour를 운영 중 • 소속 아티스트 : Earth Crisis, No Fun at All, Agnostic Front, Millencolin 등 다수

출처 : 각사 홈페이지

---

184) INFOBAE, Llega a Buenos Aires la cadena de cine Sunstar, 2010.06.29

③ 애니메이션

2013년 아르헨티나 애니메이션산업은 기업 수, 매출액, 고용 등에서 플러스 성장률을 보이며 두드러지게 발전하고 있다.[185] 최근 수년간 신생기업 비율이 증가하고 있는데, 부에노스아이레스시 정부의 경제개발부 산하 창조산업청과 애니메이션 및 시청각예술제작자 아르헨티나산업연합(UIPAA)이 조사한 바에 따르면, 애니메이션기업 중 38.4%가 세워진 지 3년이 채 지나지 않았고 38.5%가 3-8년 된 기업이었다. 주요 개발 기술면에서는 77%의 기업이 VFX와 3D기술을 사용한다고 답했고 73%가 2D디지털, 58%는 그래픽모션 기술을 사용한다고 답했다. 아르헨티나의 주요 애니메이션 스튜디오 현황은 다음과 같다.

[표 6-23] 아르헨티나 주요 애니메이션 스튜디오

기업명	설명
Patagonik Animation	• 1997년 설립된 파타고닉 애니메이션은 중남미의 주요 애니메이션 프로덕션임 • buena vista international, Artear, Cinecolor, Polka 등과 협력해 작업해 옴 • 1996년 이래로 파타고닉 애니메이션은 꾸준히 성장하여 TV 시리즈와 장편 영화 애니메이션, 광고 등을 제작 • 2000년, 미래사회를 그린 첫 장편 애니메이션 '콘도르 크룩(Cóndor Crux)'을 발표한 파타고닉은 시리즈물인 '디부(Dibu)'와 '생쥐 페레스(El ratón Pérez)'를 잇달아 내놓아 아르헨티나 애니메이션 업계들 중 가장 높은 위치에 서게 됨 • 현재 3D 애니메이션까지 제작
Robotto Studio	• 2008년에 애니메이터 Juan 'JJ' Sánchez가 주축이 되어 아르헨티나 로사리오에서 설립한 아르헨티나의 Animation & VFX 스튜디오로, 현재 부에노스 아이레스와 로사리오에 사업장을 두고 있음 • 미국, 영국, 유럽지역의 영화사들과 협력 작업 중 • 2009년 Fernando Rey Goyena가 총괄 제작자로 스튜디오에 들어오며 광고 분야의 사업 강화 • 현재 컨셉 아트, 스토리보딩, 그래픽 소설부터 장편 영화 및 광고에 필요한 복잡한 CG나 시각효과 등 관련된 각종 서비스를 제공 중
Flux Animation Studios	• 1998년에 설립된 애니메이션 스튜디오로 FLUXproduction, FLUXanimation, FLUXservices 등 3개 분과를 갖고 있음 • TV 프로그램을 타깃으로 3D 애니메이션과 포스트 프로덕션, 시각 효과 등을 전문으로 활동 중 • 중남미지역에서 모션 캡쳐 분야를 개척한 업체 중 하나로 인정받고 있으며, 아르헨티나에서는 해당 분야의 선두업체로서 영화, TV 시리즈, 비디오 게임 등 각종 프로젝트에 참여

출처 : 각사 홈페이지, 영화진흥위원회

---

185) KOTRA, 아르헨티나 애니메이션시장 동향, 2013.10.19

나. 온라인 플랫폼

① 디지털 음악 플랫폼

아르헨티나 음악산업에서 디지털 음악 플랫폼이 차지하는 비중이 상승하고 있다. 이는 아르헨티나지역의 통신기반 시설의 빠른 성장과 글로벌 음악 서비스업체의 진출 때문으로 보인다. 음원 다운로드시장에서는 아이튠즈(iTunes)가 선두를 지키고 있으며 스포티파이(Spotify)와 디저(Deezer), 그리고 알디오(Rdio) 등은 유료가입형 서비스를 이끌고 있다.

[표 6-24] 아르헨티나 디지털 음악 플랫폼 현황(2014)

구분	음원 다운로드형	유료가입형	광고지원형	혼합형
글로벌 서비스	• iTunes	• Rdio	• DailyMotion • MTV • Youtube	• Spotify (유료가입형, 광고지원형) • Deezer (유료가입형, 광고지원형) • XBox Music (음원 다운로드형, 유료가입형, 광고지원형)
로컬 서비스	• Baja Musica • Personal Musica		• Batanga Radio • Cienradios	• deas Musik (음원 다운로드형, 유료가입형) • LARALA (음원 다운로드형, 광고지원형)

출처 : Pro Music

한편, 글로벌 서비스뿐만 아니라 중남미 로컬 서비스도 인기를 끌고 있다.

가) 바하뮤지카(Baja Musica)

바하 뮤지카(Baja Musica)는 중남미 최초의 디지털 뮤직스토어로 백만 곡 가까이 수록되어 있다.[186] 앱을 설치하면 수록된 곡을 무료로 다운로드 할 수 있다는 점에서 큰 인기를 끌고 있다.

---

186) https://www.fac전자책.com/bajamusicacom/info?tab=page_info

[그림 6-70] 바하 뮤지카(Baja Musica)

출처 : 바하 뮤지카(Baja Musica) 홈페이지

나) 퍼스널 뮤지카(Personal Musica)

퍼스널 뮤지카(Personal Musica)는 퍼스널 텔레콤(Personal Telecom)의 뮤직스토어로 출시된 지 3개월 만에 100만 다운로드를 기록한 바 있다. 하지만 한 곡당 7.99달러라는 높은 가격 책정 때문에 중남미에서 성공하기 힘든 비즈니스모델이라는 지적도 있다.[187]

[그림 6-71] 퍼스널 뮤지카(Personal Musica)

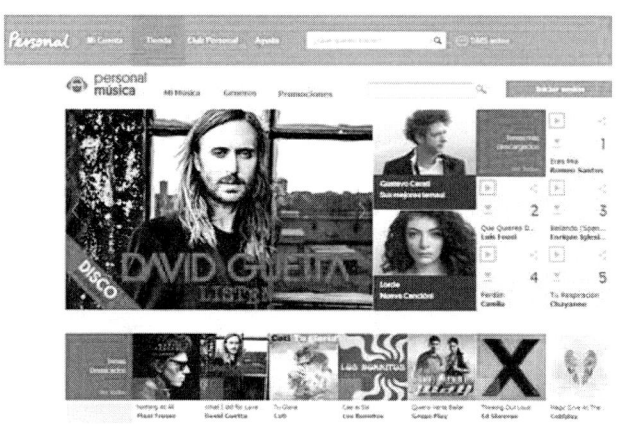

출처 : 퍼스널 뮤지카(Personal Musica) 홈페이지

---

[187] celularis, Personal Música ya llegó al millón de descargas en Argentina, 2009.07.17

다) 바탕가 라디오(Batanga Radio)

바탕가 라디오(Batanga Radio)는 바탕가 미디어(Batanga Media)가 운영하는 온라인 뮤직 스트리밍 서비스이다. 미국 플로리다에 본사가 있는 바탕가 미디어는 미국 히스패닉과 중남미시장을 겨냥해 만든 디지털 미디어기업이다. 음악 서비스는 인터넷 포털과 모바일 앱 등을 통해 이용할 수 있다. 바탕가 라디오는 수십 억 곡의 노래를 스트리밍으로 서비스하는데, 그 중 90%가 라틴 음악인 것이 특징이다.

[그림 6-72] 바탕가 라디오(Batanga Radio)

출처 : 바탕가 미디어 홈페이지

라) 시엔 라디오(Cienradios)

시엔 라디오(Cienradios)는 중남미에서 가장 큰 인터넷 라디오 서비스업체로 중남미의 여러 국가에서 서비스를 제공하고 있다. 아르헨티나에서는 'Radio Mitre', 'La 100', 'Mia FM', 'Mitre Córdoba', 'Del Lago and FM Radio X FM' 등의 인터넷 라디오에서 무료로 전 세계 아티스트들의 음악과 수 백 가지의 음악 스타일을 즐길 수 있다. 모바일 단말에서는 아이튠즈 스토어나 구글 플레이에서 앱을 다운받아 이용할 수 있다.

[그림 6-73] 시엔 라디오(Cienradios)

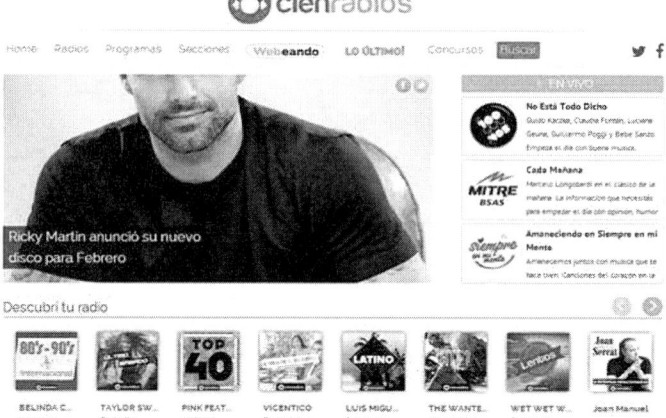

출처 : 시엔 라디오(Cienradios) 홈페이지

(2) 기타 산업별 주요 사업자

① 출판

아르헨티나의 주요 출판 사업자는 Emecé Editores가 있는데 1954년 제정한 Emecé 문학상을 통해 많은 작가를 발굴하였으며 Editorial Atlántida는 아르헨티나에서 가장 오랜 역사를 지닌 출판사로 전 세계에 많은 독자층을 보유하고 있다.

[표 6-25] 아르헨티나 주요 음반 제작사 및 유통사

기업명	설명
Emecé Editores	• 1939년에 스페인 출신의 Mariano Medina del Río에 의해 설립된 아르헨티나 최대의 출판사 중 하나. 현재 Grupo Planeta의 자회사. • 설립 초기에는 갈라시아지역에 관한 서적을 전문적으로 취급하다가 이후 1950년대 들어서 회사의 대표작인 "The Emecé Library of Universal Works" (La Biblioteca Emecé de Obras Universales)를 출간하며 성장. 현재는 문학 뿐 아니라, 사회, 정치, 경제, 역사, 요리, 과학, 예술, 종교 등 다양한 분야의 서적들을 출간하고 있음. • Emecé Editores를 통해 출간된 대표적인 작품으로는 쌩 떽쥐베리의 "어린 왕자", 알베르트 까뮈의 "이방인", 쏜턴 와일더의 "The Ides of March", 등이 있으며, 그 외

기업명	설명
	에도 프란츠 카프카, 윌리엄 포크너, 어니스트 헤밍웨이, 알렉스 헤일리 등 20세기 유명 작가들의 현대 고전 작품들을 다수 발간
Editorial Atlántida	• 1918년 우루과이 출신의 Constancio C. Vigil에 의해 설립된 대표 출판사 • 현재 본사는 부에노스 아이레스에 위치해 있으며, 2007년 멕시코의 대형 통신사 Televisa의 자회사로 매각 • 대표 출간물로, 1919년 창간되어 수십년 동안 높은 인기를 구가한 어린이 잡지 Billiken와 스포츠 주간지 El Gráfico, 1922년 창간된 아르헨티나 최초의 여성 잡지 Para Ti가 있음. 이들은 아르헨티나에서 가장 오랜 역사를 갖고 있으며 현재도 출간되며, 아르헨티나 외에도 스페인어권 국가에서 많은 독자 보유

② 게임

아르헨티나의 게임개발업체는 MMORPG 제작 능력을 기반으로 남미와 유럽의 스페인 언어권 국가들에도 온라인 게임 서비스를 시작하였으며 기타 아시아지역으로 서비스를 확대하고 있다. 주요 게임개발사는 NDG 스튜디오와 TMO Games가 있다.

[표 6-26] 아르헨티나 주요 게임개발사 및 유통사

기업명	설명
NGD Studios	• 2002년 설립된 게임개발업체로 본사는 부에노스 아이레스에 위치 • 2002년 레고(Lego)와 유사한 Mis Ladrillos라는 장난감을 만들던 회사로 시작. 그 후 모바일 부서를 만들고 Axe와 같은 게임을 제작하고, 세계적 게임기업인 GlobalFun 의 게임개발에 참여하며 성장. • 2005년 GlobalFun이 NGD Studios의 모바일 부서를 인수 • 2007년, 5년간의 개발 기간을 거친 판타지 MMORPG 장르 의 Regnum Online(미국에서는 Realms Online)을 공개. 처음에는 스페인어권지역을 타깃으로 했으나, 이후 인기를 끌며 다른 지역으로까지 확대 • 최근에는 실시간 3D MMORPG를 개발 중에 있다고 알려짐 • 대표작 : 3d Quad Puzzle, Absolute Puzzle 시리즈, Atomic Betty, Billy the Kid 시리즈, Freekick 등
TMO Games	• 아르헨티나 Tucumán에 위치한 독립 게임개발업체 • 대표작 : Lookebox Challenge, Rock and War, Knight Age 시리즈 등

6) 주요 지원 제도 및 정책 동향

(1) 콘텐츠산업 지원 제도

가. 애니메이션산업 발전을 위한 3D 애니메이션 전문 프로그램 운영

시청각예술 및 영화재단(INCAA)과 시청각예술 및 애니메이션제작자 아르헨티나산업연합(UIPAA)은 애니메이션 시리즈 프로젝트의 국제적 발전을 위해 경연 대회를 개최하고 있다.

이의 일환으로 아르헨티나 영화 예술 및 과학 아카데미와 INCAA(국립 시청각 예술 영화 재단)와 ENERC(국립 영화연구학교)는 3D 애니메이션 전문 프로그램을 운영하고 있는데 이 대회는 아르헨티나에서 세계 최고의 애니메이션을 개발하고 수준 있는 애니메이션 단체를 만들려는 목표와 전문 프로그램을 통해 아르헨티나 3D 애니메이션 예술가의 역량을 높이기 위해 시작되었다.

기간은 석 달간 진행되며 비용은 무료로 장학생들은 Metegol Estudios의 HP, Intel, Nvidia, Autodesk 연구소에서 훌륭한 전문가들의 참여와 함께 기량을 높일 수 있게 되었다.

나. 번역출판지원 프로그램 '프로그라마수르(Programa SUR)'

프로그라마수르는 아르헨티나에서 2009년 2월 2일 통과된 장관 결의안 41호에 의거하여 아르헨티나의 문학 및 비문학 작품의 외국어 번역에서부터 출간까지 지원하는 프로그램이다.

아르헨티나 작가가 스페인어로 쓴 이미 출판된 작품이라면 장르를 불문하고 고전과 현대문학의 구분 없이 모든 언어로 지원이 가능하다. 지원 대상은 아르헨티나 작가가 스페인어로 쓴 작품을 자국어로 번역 출간하려는 해외 출판사이며, 최고 3,200달러까지 지원된다.

접수 및 심사방법은 번역지원 신청서와 구비서류를 부서 접수처와 재외 공관에 제출하거나 등기우편으로 송부하면 선정위원회에서 검토하여 지원 대상을 결정한다.

번역 후원금 신청서는 선정 위원회 홈페이지나 아르헨티나 재외 외교 공관에서 받을 수 있다. 그러나 같은 작품에 대해 PROSUR의 지원금과 기타 공적 지원금을 동시에 받을 수 없다. 또한 지원이 시작된 후 외국 출판사는 다음해 11월 30일을 넘기지 않고 출판해야 하며, 출판 후 30일 이내에 출판된 책 5부를 제출해야 한다.

(2) 규제 제도

가. 독점방지 미디어법

2009년 반포된 아르헨티나의 새로운 미디어 관련 법안이 아르헨티나의 미디어그룹 그루포 클라린(Grupo Clarin)의 이해관계에 의해 제기된 소송으로 4년간의 법정공방 끝에 통과되었다. 법원은 관련 법 조항 41, 45, 161이 헌법에 위배되지 않는다고 판결하고 해당 법을 통과시켰는데 이번의 법안 통과로 새로이 적용되는 헌법 조항은 다음과 같다.[188]

- 41조, 가격 경쟁력과 시장의 질서확립을 위해 아르헨티나정부는 미디어사업자간 라이선스의 교환을 정부의 지침 하에 제한할 수 있다.
- 45조, 아르헨티나의 방송 라이선스 독점을 제한하기 위하여 한 사업자당 보유할 수 있는 방송 라이선수를 24개로 제한한다.
- 48조, 한 기업의 독점적인 시장구조는 아르헨티나 국민들에게 토론의 기회를 제한하고 다양한 여론의 수렴을 침해할 뿐만 아니라 공공의 이익이 되지 못하는 점을 들어 부당한 시장과점 행위를 강하게 규제한다.
- 161조, 라이선스 기준자격 및 제한을 충족시키지 못한 사업자에 대하여 법적으로 규제를 가한다.

나. 이동통신 서비스 품질 규제 강화

2013년 2월 아르헨티나의 정보통신부(Secom)는 신규 법령에 의거 자국의 이동통신 서비스 품질에 대한 규제를 강화하기로 발표하였다. 이번 규제로 인해 아르헨티나의 정보통신부는 법적 권한이 한층 강화되었는데 이는 통신 서비스의 품질과 사업자의 보장 범위를 보장하기 위한 조치이다. 그 동안 아르헨티나의 통신시장에 관한 법률은 2000년 개정된 '통신시장 규제 완화법'을 근간으로 통신시장을 완전히 개방했다.

다. 아르헨티나의 No llame 법안 통과

2014년 아르헨티나의 공식 관보 1233/2014에 의하면 법안 26,951에 의거 No llame(Do not call) 법안이 통과됨에 따라 기존 통신사업자들은 이동통신 및 전화를 이용하는 모든 소비자들에게 광고성 메시지를 전송할 수 없게 되었다.

---

188) NexTV latam, Supreme Court passes Media Law in Argentina, 2013.10.30.

이와 관련된 서비스는 무료로 제공되며 아르헨티나에서 전화를 이용하는 모든 시민들은 서비스 신청 시 2년간 서비스를 이용할 수 있다. 그러나 2년이 지나면 반드시 갱신해야 한다. 서비스 신청은 전화 또는 인터넷 웹페이지를 통해 할 수 있으며 받고 싶지 않은 번호는 직접 등록해야 한다. 이 법안은 30일간 시범적으로 적용된 뒤 즉시 아르헨티나 전 지역에 적용된다.

라. 아르헨티나, 해외업체의 온라인콘텐츠 구입 시 세금 부과

아르헨티나의 부에노스아이레스시의 세무 행정기관 아지프(Administrador Gubernamental de Ingresos Públicos de la Ciudad, AGIP)는 2014년 9월 시행령 593조를 발표하고 이 법안에 의거해 온라인 콘텐츠를 해외업체에서 구입할 경우 각 콘텐츠에 세금을 부과한다고 덧붙였다.

이번 법안으로 인하여 아르헨티나의 부에노스아이레스지역 시민들은 2014년 11월 1일부터 자국이 아닌 해외에 거점을 두고 온라인으로 서비스를 운영하는 인터넷업체의 영화, TV 프로그램, 온라인 게임 접속 및 이용, 음원파일의 구입을 할 경우에 추가적인 세금 3%를 내야한다.

이번 부에노스아이레스 세무 행정기관의 시행령으로 인하여 미국에 본사를 두고 서비스 중인 넷플릭스(Netflix)와 페이스북(Facebook), 아마존(Amazon), 스포티파이(Sportify) 등 글로벌 온라인 콘텐츠기업들은 상당한 실적 저하가 예상된다. 이 법령이 시행되면 현재 넷플릭스를 이용해 영화나 드라마를 시청하고 있는 부에노스아이레스지역 시민들은 콘텐츠 당 약 3~4페소의 비용을 추가로 지불하게 된다.

하지만 아르헨티나의 부에노스아이레스지역 세무청의 시행령은 자국기업에게 적용이 되지 않기 때문에 현재 아르헨티나에서 서비스 중인 텔레포니카(Telefónica)의 온비데오(On Video) 서비스, 인터넷 영화를 스트리밍으로 제공하고 있는 베르시(Versi)와 쿠빗(Qubit), 카블레비시온 플레이(Cablevisión Play)는 해외업체들과 달리 상대적인 혜택을 받을 것으로 전망되어 해외업체들에 대한 차별대우라는 비판이 일고 있다.

아르헨티나의 크리스티나 페르난데스 데 키르치네르(Cristina Fernández de Kirchner) 대통령은 부에노스아이레스의 시행령은 공정하지 못한 처사이며 반드시 재고되어야 하는 현안이라고 정책을 비판하였고 소비자권리보호협회(Asociación de Defensa de los Derechos de los Usuarios y Consumidores: Adduc)의 오스발도 바사노(Osvaldo Bassano) 회장 역시 현행법과 맞지 않을뿐더러 소비자의 권리가 침해되는 법안으로 간주해 즉각적인 조치를 취하겠다고 언급했다.[189]

---

189) Kobiz, 아르헨티나 넷플릭스로 영화 보면 세금낸다, 2014. 9. 17.

4. 칠레

1) 콘텐츠시장 개요

2013년 칠레의 콘텐츠시장은 경제성장이 지속되면서 전반적으로 고른 성장세를 보였다. 특히, 칠레정부는 그 동안 광업 중심으로 편중된 경제·산업 구조를 개편하기 위한 '디지털 아젠다 2013~2020'을 추진하면서 인터넷 접속률을 80%까지 끌어 올리는데 박차를 가하였는데, 이로 인하여 지식정보 관련 콘텐츠시장이 높은 성장을 하였으며, 게임 또한 동반 성장하는 성과를 거두면서 2013년 칠레 콘텐츠시장은 전년대비 11.3%의 놀라운 성장률을 기록하며 45억 9,900만 달러의 규모를 형성했다. 또한 칠레 콘텐츠시장에서 높은 비중을 차지하고 있는 방송과 광고시장 또한 높은 성장을 보이면서 향후 5년간 칠레의 콘텐츠시장은 연평균 9.4%의 높은 성장세를 보이며 2018년 72억 200만 달러에 달할 것으로 전망된다.

[표 7-1] 칠레 콘텐츠시장 규모 및 전망, 2009-2018

[단위 : 백만 달러, %]

구분	2009	2010	2011	2012	2013p	2014	2015	2016	2017	2018	2013-18 CAGR
출판	543	590	622	635	668	708	752	801	853	911	6.4
만화	4	4	5	5	7	7	8	9	9	10	8.6
음악	58	61	66	72	75	78	81	84	85	86	2.7
게임	54	59	69	78	90	100	110	120	132	146	10.2
영화	152	163	181	190	202	215	230	248	269	291	7.6
애니메이션	16	22	18	23	29	31	33	36	39	42	7.6
방송	1,205	1,344	1,493	1,567	1,703	1,898	2,043	2,198	2,373	2,545	8.4
광고	990	1,116	1,247	1,294	1,394	1,520	1,625	1,759	1,879	2,003	7.5
캐릭터	190	200	170	179	185	194	203	212	221	230	4.5
지식정보	807	907	1,075	1,297	1,532	1,727	1,962	2,211	2,485	2,780	12.7
산술합계	4,020	4,466	4,946	5,340	5,885	6,479	7,047	7,677	8,345	9,044	9.0
합계[190]	3,078	3,405	3,779	4,133	4,599	5,086	5,564	6,068	6,626	7,202	9.4

출처 : PwC(2014); ICv2(2013, 2014), Barnes report(2013, 2014), Box Office Mojo(2014), Digital Vector(2013), EPM(2013, 2014)

---

[190] 중복 시장을 제외한 시장 규모임
 - 출판의 신문/잡지 광고, 게임의 게임 광고, 영화의 극장광고, 방송의 TV/라디오 광고, 지식정보의 디렉토리 광고는 광고시장에 포함
 - 만화, 지식정보의 전문서적/산업잡지는 출판시장에 포함
 - 애니메이션은 영화시장에 포함

[그림 7-1] 칠레 콘텐츠시장 규모 및 성장률, 2009-2018

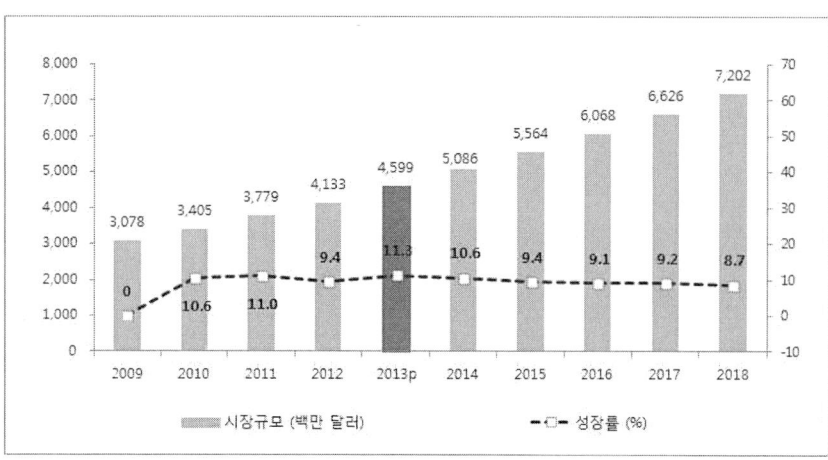

출처 : PwC(2014), ICv2(2013, 2014), Barnes report(2013, 2014), Box Office Mojo(2014), Digital Vector(2013), EPM(2013, 2014)

칠레 콘텐츠시장은 지식정보시장이 빠르게 확대되면서 2009년 대비 2013년 전통적인 방송과 광고시장 비중이 다소 축소된 것으로 나타났다. 당분간 이러한 추세는 계속될 것으로 보이며 특히 칠레정부의 인터넷 인프라 구축 정책이 강화됨에 따라 지식정보시장은 폭발적인 성장세를 보이며 2018년 전체 콘텐츠시장의 38.6%를 점유할 것으로 전망된다.

[그림 7-2] 칠레 콘텐츠별 시장점유율, 2009 vs. 2013 vs. 2018

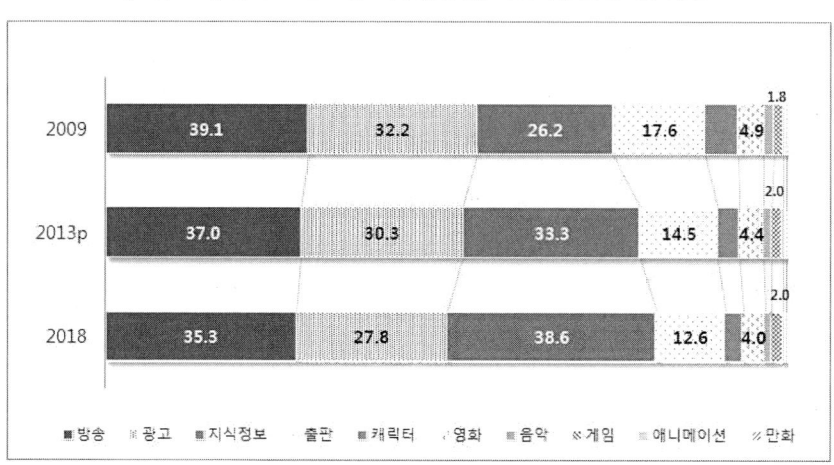

출처 : PwC(2014), ICv2(2013, 2014), Barnes report(2013, 2014), Box Office Mojo(2014), Digital Vector(2013), EPM(2013, 2014)

향후 5년간 칠레 콘텐츠산업은 연평균 9.4%의 높은 성장세를 보일 것으로 전망되고 있다.

특히, 정부 정책에 힘입어 지식정보시장의 성장이 가장 높을 것으로 예측되며, 이와 더불어 게임시장도 빠르게 성장할 것으로 보인다. 반면 음악시장의 경우, 디지털 음원 서비스의 성장이 오프라인 음반수익 감소를 상쇄하지 못할 것으로 보이며, 불법복제 문제 등으로 다른 분야에 비해 상대적으로 성장속도가 다소 더딜 것으로 전망된다.

[그림 7-3] 칠레 콘텐츠별 연평균성장률 추정 2013-2018

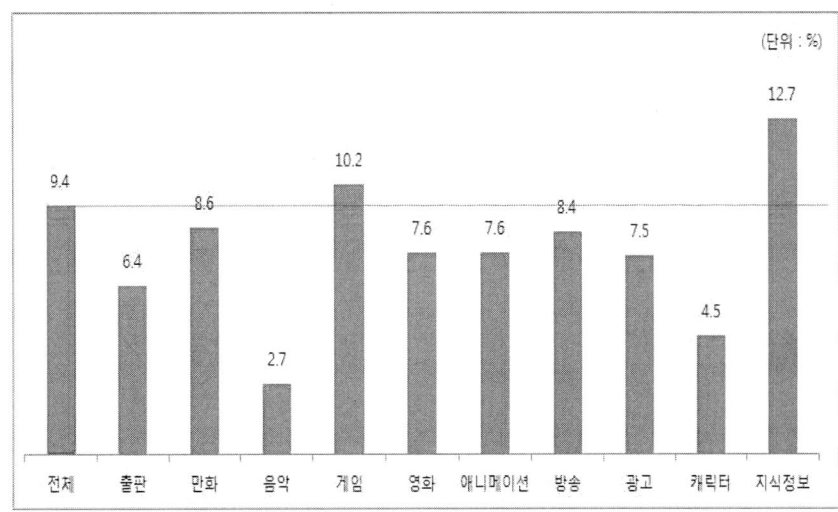

출처 : PwC(2014), ICv2(2013, 2014), Barnes report(2013, 2014), Box Office Mojo(2014), Digital Vector(2013), EPM(2013, 2014)

2) 산업별 콘텐츠시장 규모 및 전망

(1) 출판

2013년 칠레의 출판시장은 인쇄 도서시장 정체와 신문 및 잡지 지면구독시장이 감소를 보였으나 디지털 출판과 광고시장 성장에 힘입어 전년대비 5.2% 증가한 6억 6,800만 달러로 집계되었다.

향후 칠레 출판시장은 인쇄 출판시장의 감소에도 불구하고 디지털 출판시장과 광고시장이 빠르게 성장할 것으로 예측되면서 향후 5년간 연평균 6.4%의 성장세를 보이며 2018년 9억 1,100만 달러에 달하는 시장이 형성될 것으로 전망된다.

[표 7-2] 칠레 출판시장 규모 및 전망, 2009-2018

[단위 : 백만 달러, %]

구분		2009	2010	2011	2012	2013p	2014	2015	2016	2017	2018	2013-18 CAGR
도서		56	60	60	61	62	63	65	67	72	79	5.0
	인쇄[191]	56	60	60	60	60	60	61	59	59	58	△0.7
	디지털	-	-	-	1	2	3	4	8	13	21	60.0
신문		391	433	467	479	511	547	586	628	673	721	7.1
	광고	271	318	356	370	402	435	471	510	551	595	8.2
	지면	269	315	351	364	393	424	457	491	527	565	7.5
	디지털	2	3	5	6	9	11	14	18	23	30	27.2
	구독	120	115	111	109	109	112	115	118	122	126	2.9
	지면	120	115	111	108	106	104	103	101	99	97	△1.8
	디지털	-	-	-	1	3	7	12	17	24	29	57.4
잡지		96	97	95	95	95	98	101	106	108	111	3.2
	광고	27	29	30	31	32	33	34	37	38	39	4.0
	지면	27	29	30	31	32	32	33	35	36	35	1.8
	디지털	-	-	-	-	-	1	1	2	2	4	41.4
	구독	69	68	65	64	63	65	67	69	70	72	2.7
	지면	69	68	65	64	63	65	67	69	70	72	2.7
	디지털	-	-	-	-	-	-	-	-	-	-	-
합계		543	590	622	635	668	708	752	801	853	911	6.4

출처 : PwC(2014)

---

191) 오디오북 포함

[그림 7-4] 칠레 출판시장 규모 및 성장률, 2009-2018

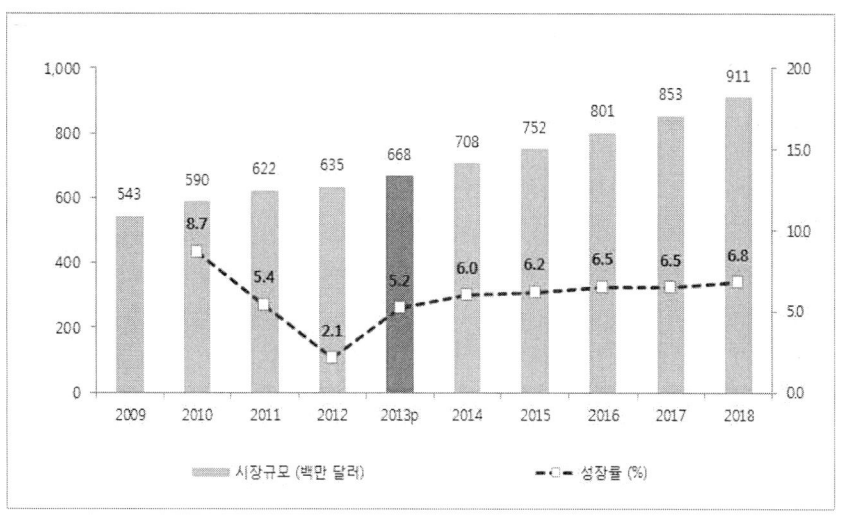

출처 : PwC(2014)

2013년 전체 출판시장에서 신문시장이 차지하는 비중은 76.5%로 대단히 높은 점유율을 보였으며, 2009년 대비 2013년 4.5%p 증가한 것으로 나타났다. 향후 신문시장의 점유율은 더욱 증가하여 2018년에는 79.1%에 이를 것으로 전망된다.

[그림 7-5] 칠레 출판시장 분야별 비중 비교, 2009 vs. 2013 vs. 2018

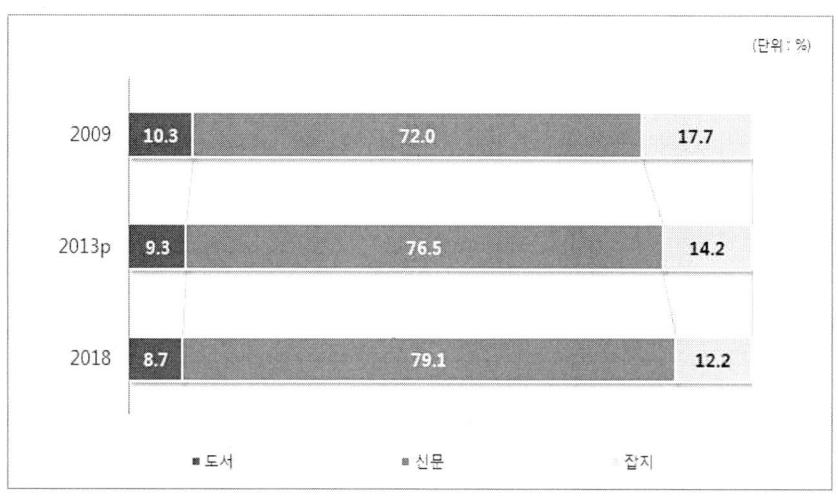

출처 : PwC(2014)

가. 도서

2013년 칠레의 도서시장 규모는 전년대비 1.6% 성장한 6,200만 달러로 집계되었다. 디지털 출판 시장이 빠르게 성장하고 있지만 현재 시장 규모가 작아 전체 시장에 미치는 영향은 아직 미미한 것으로 나타났다. 그러나 향후 5년간 디지털 도서의 성장률이 연평균 60.0%에 육박하며 전체 도서 시장의 성장에 긍정적인 영향을 미칠 것으로 예상되어 2018년에는 7,900만 달러에 달하는 시장이 형성될 것으로 전망된다.

[표 7-3] 칠레 도서시장 규모 및 전망, 2009-2018

[단위 : 백만 달러, %]

구분	2009	2010	2011	2012	2013p	2014	2015	2016	2017	2018	2013-18 CAGR
인쇄	56	60	60	60	60	60	61	59	59	58	△0.7
전문	4	5	5	5	6	6	7	7	8	8	5.9
일반	32	35	35	34	34	34	34	33	33	32	△1.2
교육	20	20	20	21	20	20	20	19	18	18	△2.1
디지털	0	0	0	1	2	3	4	8	13	21	60.0
전문	-	-	-	-	1	1	1	2	3	5	38.0
일반	-	-	2	1	1	2	3	6	10	16	74.1
교육	-	-	-	-	-	-	-	-	-	-	-
합계	56	60	60	61	62	63	65	67	72	79	5.0

출처 : PwC(2014)

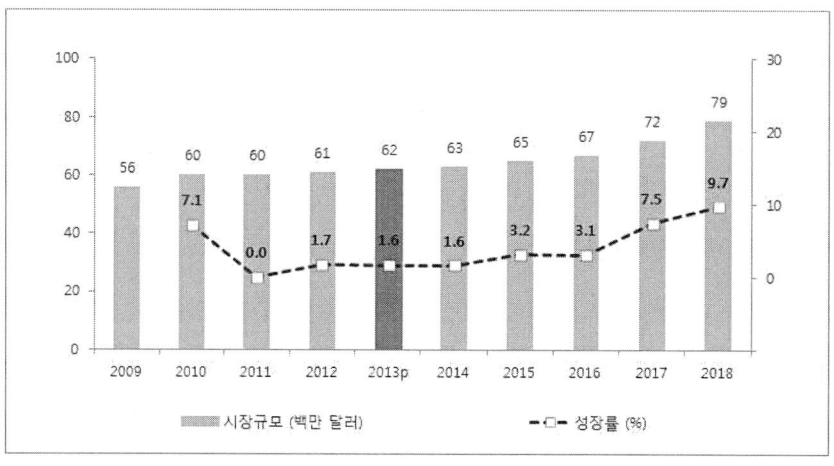

[그림 7-6] 칠레 도서시장 규모 및 성장률, 2009-2018

출처 : PwC(2014)

나. 신문

칠레의 신문시장은 아르헨티나와 마찬가지로 출판시장에서 매우 높은 영향력을 보이면서, 2013년 전년대비 6.7% 성장한 5억 1,100만 달러로 집계되었다.

신문시장의 경우, 최근 5년간 지속적인 발행 부수 감소를 보여 왔으나 이러한 감소세가 점차 완화되고 있으며, 무료일간지가 유료신문 독자 일부를 흡수하고 있는 것으로 나타났다. 또한 신문 광고 매출은 2009년에서 2013년에 걸쳐 가파른 상승세를 보이고 있다. 향후 5년간 이러한 성장세가 지속될 것으로 예측되면서 신문시장의 영향력은 당분간 계속될 것으로 기대된다.

한편, 신문시장의 디지털 인프라 구축은 아직까지 부족한 상황이다. 비록 디지털 신문 광고 매출이 높은 성장률을 보이고 있지만, 전체 신문 광고에서 차지하는 비중이 2%에 불과하다. 높은 식자율과 90%에 달하는 일부 신문(El Mercurio, La Tercera, La Cuarta)의 보급률을 바탕으로 아직까지는 인쇄 신문의 중요성이 더욱 큰 것으로 보인다. 이렇게 신문의 역할이 앞으로도 커질 것으로 예상되면서 향후 5년간 칠레의 신문시장은 연평균 7.1%의 높은 성장세를 보이며 2018년 7억 2,100만 달러에 달할 것으로 전망된다.

[그림 7-7] 칠레 신문시장 규모 및 성장률, 2009-2018

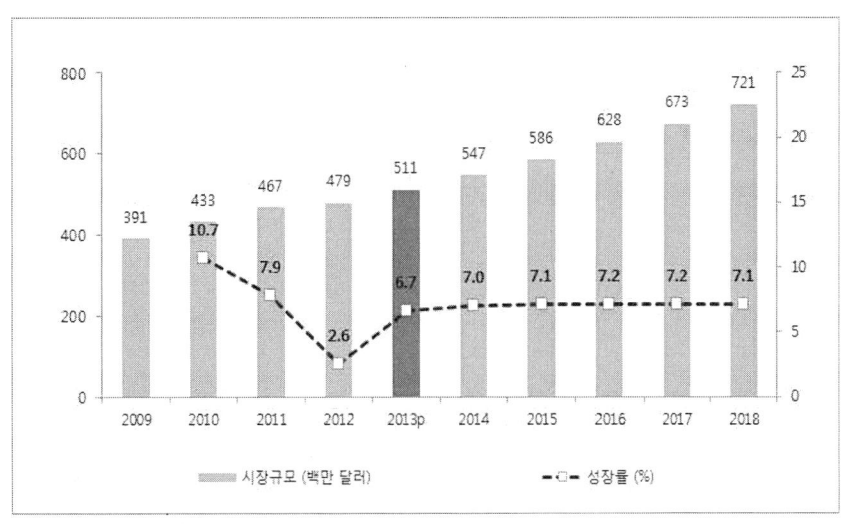

출처 : PwC(2014)

다. 잡지

2013년 칠레 잡지시장은 한동안 정체 상태를 맞이하여 2012년과 같은 수준인 9,500만 달러로 집계되었다. 다수의 잡지사들이 자체 웹사이트를 구축하고 있음에도 불구하고 칠레 잡지시장에서 디지털 매출이 차지하는 비중은 여전히 매우 적은 것으로 나타나고 있다. 아직까지는 태블릿과 스마트폰 등 관련 단말의 보급이 낮은 수준이기 때문에 디지털 매출의 성장 가능성은 당분간 크지는 않을 것으로 보이면서 2018년 전체 잡지 매출에서 디지털 매출이 차지하는 비중은 4%에 불과할 것으로 예상된다. 반면, 잡지 발행 매출은 가계 예산의 증가에 따른 정기 구매 소비자의 증가로 점차 확대될 전망이다. 이러한 성장을 바탕으로 칠레 잡지시장의 전체 매출은 2018년 1억 1,100만 달러 규모까지 확대될 것으로 전망된다.

[그림 7-8] 칠레 잡지시장 규모 및 성장률, 2009-2018

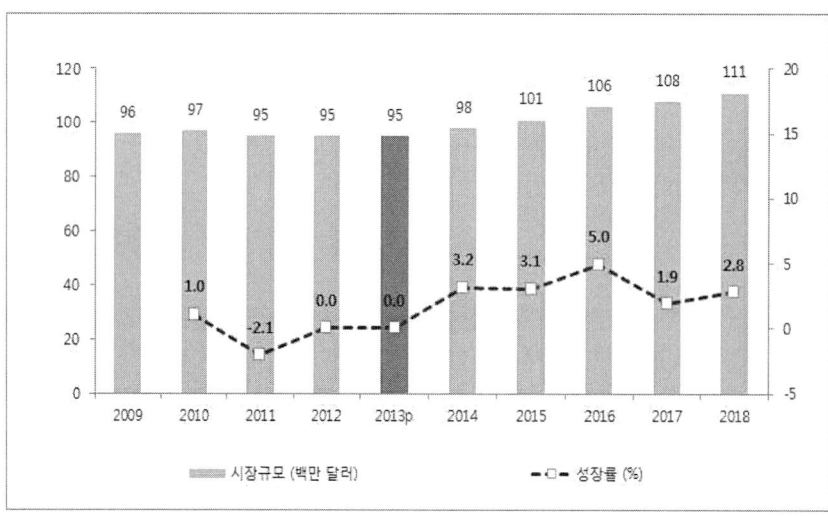

출처 : PwC(2014)

(2) 만화

2013년 칠레의 만화시장은 전년대비 40.0%의 높은 성장률을 보이며 700만 달러의 시장을 형성하였다. 디지털 만화는 아직 널리 보급되지 않은 상황이며 인쇄 만화가 시장을 지배하고 있다. 인터넷 인프라가 구축되면서 디지털 만화시장이 조금씩 형성될 것으로 보이나 그때까지는 인쇄 만화가 대부분의 시장을 차지할 것으로 보인다. 향후 칠레의 만화시장은 2018년까지 연평균 8.6%의 성장세를 보이며 1,100만 달러의 시장을 형성할 것으로 전망된다.

[표 7-4] 칠레 만화시장 규모 및 전망, 2009-2018

[단위 : 백만 달러, %]

구분	2009	2010	2011	2012	2013p	2014	2015	2016	2017	2018	2013-18 CAGR
인쇄 만화	4	4	5	5	7	7	8	8	9	10	7.4
디지털	-	-	-	-	-	-	-	-	-	1	-
합계	4	4	5	5	7	7	8	9	9	11	8.6

출처 : ICv2(2014), Barnes(2014), PwC(2014)

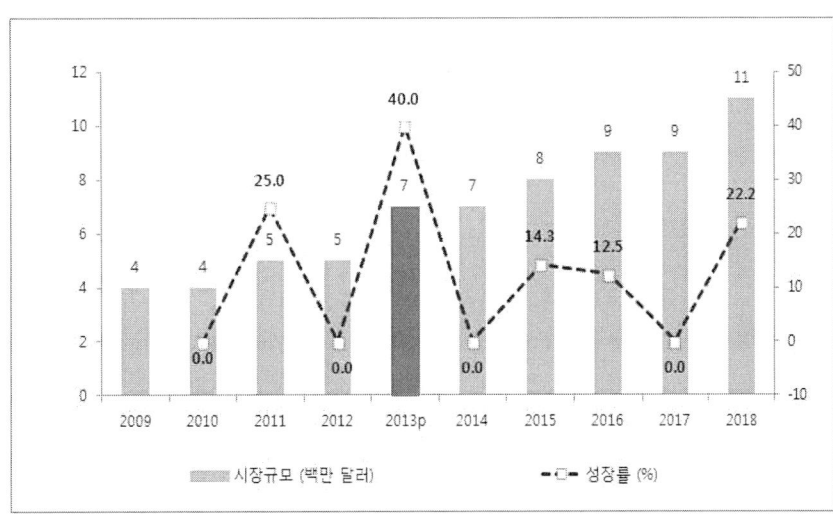

[그림 7-9] 칠레 만화시장 규모 및 성장률, 2009-2018

출처 : ICv2(2014), Barnes(2014), PwC(2014)

2013년까지 칠레 만화시장은 디지털 만화시장이 워낙 미미하여 시장 규모에 대한 집계가 이루어지기 힘들면서 인쇄 만화시장이 100%의 점유율을 보이고 있는 것으로 나타났다. 향후 인터넷 네트워크 환경개선과 스마트기기 확산으로 디지털 만화 비중이 소폭 상승하여 2018년에는 9.1%의 점유율을 보일 것으로 전망된다.

[그림 7-10] 칠레 만화시장별 비중 비교, 2009 vs. 2013 vs. 2018

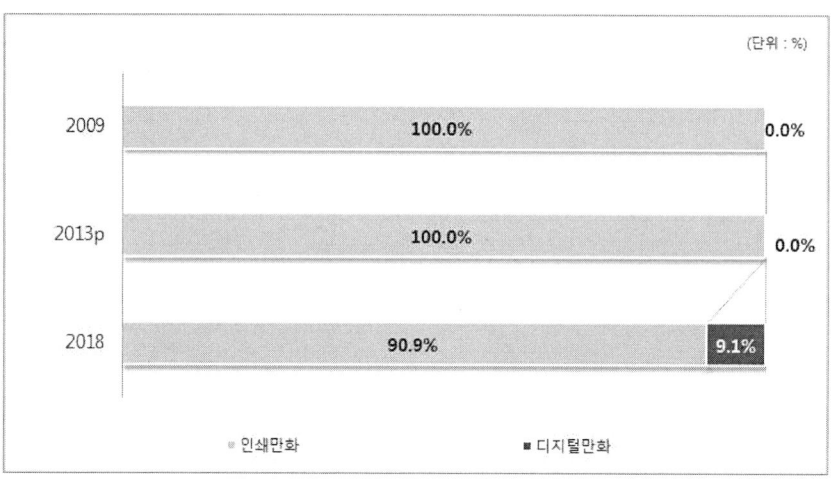

출처 : ICv2(2014), Barnes(2014), PwC(2014)

가. 인쇄 만화

2013년 칠레의 인쇄 만화시장은 독보적인 시장점유율을 보이며 전년대비 40.0% 성장한 700만 달러로 집계되었다. 가계 소득의 증가로 출판시장이 확대됨과 동시에 인쇄 만화시장도 확대되고 있는 것으로 보인다.

[그림 7-11] 칠레 인쇄 만화시장 규모 및 성장률, 2009-2018

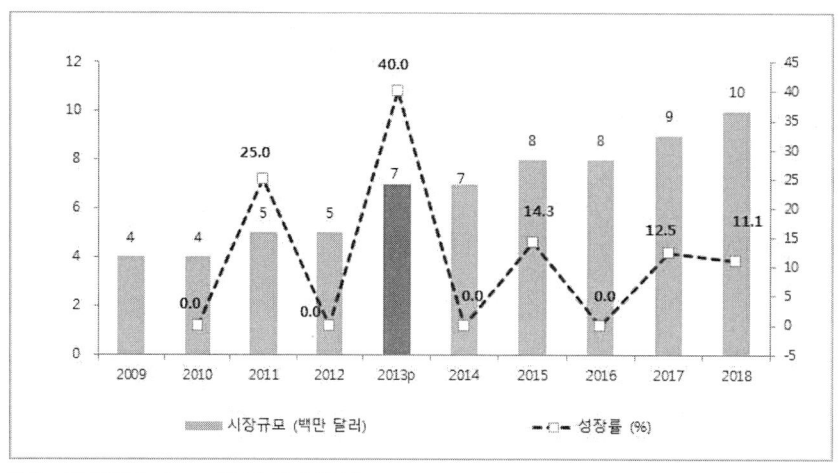

출처 : ICv2(2014), Barnes(2014), PwC(2014)

인터넷 유무선의 보급률이 인근 국가들과 비교했을 때 상대적으로 낮은 편이어서 디지털을 통한 만화의 등장까지는 당분간 시간이 걸릴 것으로 보인다. 그때까지 칠레 만화시장은 인쇄 만화가 가장 큰 시장점유율을 유지하며 연평균 8.6%의 성장세를 보이며 2018년 1,000만 달러의 시장 규모를 형성할 것으로 전망된다.

나. 디지털 만화

칠레 디지털 만화시장은 미미한 규모로 시장 규모를 집계하기 힘든 것이 현 상황이다. 그러나 디지털기기가 보급되고 인프라가 구축되면 2018년경에는 100만 달러 규모를 형성할 것으로 전망된다.

[그림 7-12] 칠레 인쇄 만화시장 규모 및 성장률, 2009-2018

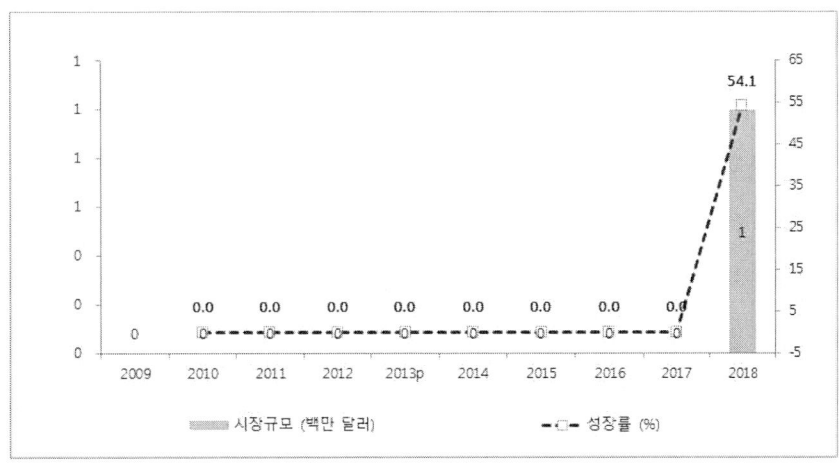

출처 : ICv2(2014), Barnes(2014), PwC(2014)

(3) 음악

칠레의 음악시장은 2009년 5,800만 달러에서 2013년 7,500만 달러로 성장하였다. 오프라인 음반시장은 2012년까지 증가하다가 2013년 감소된 것으로 나타났는데, 이 같은 추세는 향후 지속되어 2018년까지 연평균 8.8%의 하락세를 보이며 빠르게 위축될 것으로 전망된다. 하지만 디지털 음원시장과 공연 음악시장의 급격한 성장으로 칠레 음악시장은 향후 5년간 연평균 2.7%의 성장률을 보이며 2018년 8,600만 달러의 시장 규모를 형성할 것으로 전망된다.

[표 7-5] 칠레 음악시장 규모 및 전망, 2009-2018

[단위 : 백만 달러, %]

구분	2009	2010	2011	2012	2013p	2014	2015	2016	2017	2018	2013-18 CAGR
음반	28	29	33	38	39	40	42	43	42	40	0.5
오프라인 음반	22	23	28	30	29	27	26	24	21	18	△8.8
디지털 음원	6	6	5	8	10	13	16	19	21	22	16.8
공연 음악	30	32	33	34	36	38	39	41	43	45	4.8
합계	58	61	66	72	75	78	81	84	85	86	2.7

출처 : PwC(2014)

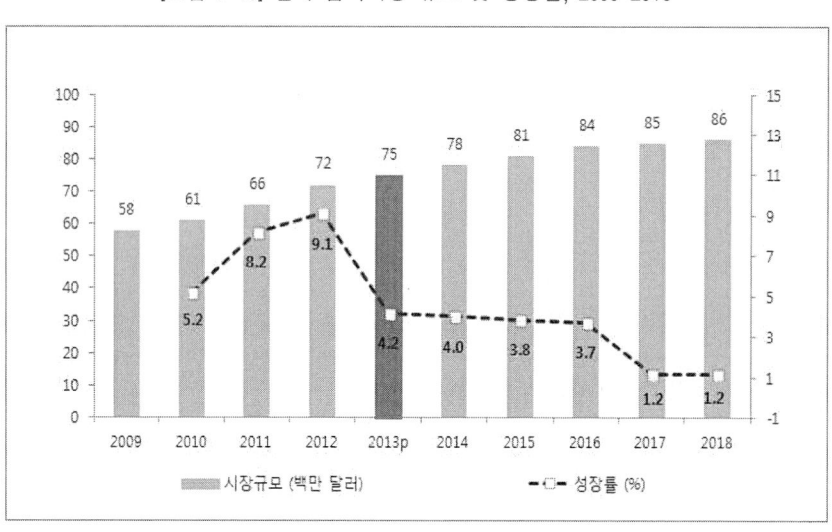

[그림 7-13] 칠레 음악시장 규모 및 성장률, 2009-2018

출처 : PwC(2014)

칠레의 음악시장은 공연 음악시장이 전체 시장을 주도하고 있는 것으로 나타났다. 공연 음악시장은 2009년 전체 시장의 51.7%를 차지하였으나 디지털 음원시장의 성장으로 2013년 48.0%까지 시장점유율이 다소 축소되었다. 그러나 이후 오프라인 음반시장이 급격하게 감소하면서 전체 칠레 음악시장에서 공연 음악시장과 디지털 음원시장 비중은 확대될 것으로 전망된다. 특히 2009년 10.3%에 불과하였던 디지털 음원은 시장에서의 영향력이 점점 커져 2018년에는 전체 음악시장의 25.6% 점유율을 차지하며 확대될 것으로 전망된다.

[그림 7-14] 칠레 음악시장 분야별 비중 비교, 2009 vs. 2013 vs. 2018

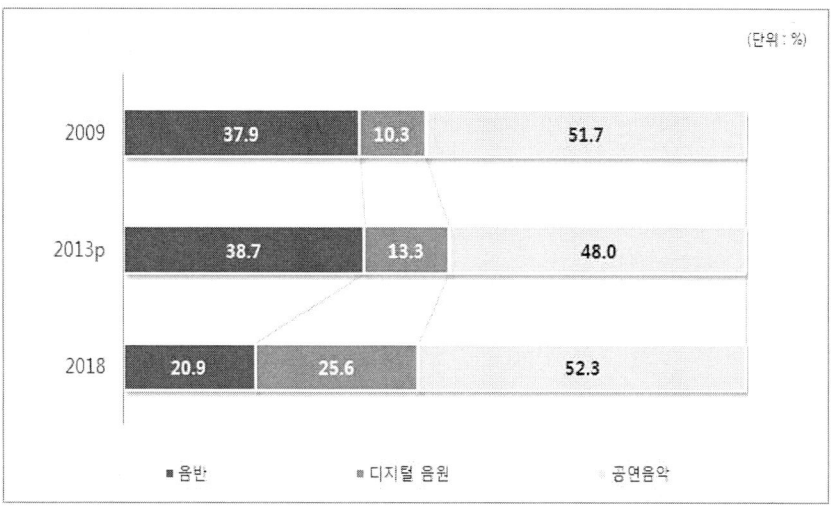

출처 : PwC(2014)

가. 오프라인 음반

2013년 칠레의 오프라인 음반시장은 일상화된 불법복제물과 디지털 포맷에 대한 소비자들의 관심이 증대되어 시장 규모가 전년대비 3.3% 감소한 2,900만 달러로 집계되었다. 칠레에서는 전체 CD 매출 중 절반 이상이 불법복제인 상황이며 디지털 음원시장으로의 이행이 시작되어 오프라인 음반시장은 향후 5년간 연평균 8.8%의 하락세를 보이며 2018년에는 1,800만 달러에 그칠 것으로 전망된다.

[그림 7-15] 칠레 오프라인 음반시장 규모 및 성장률, 2009-2018

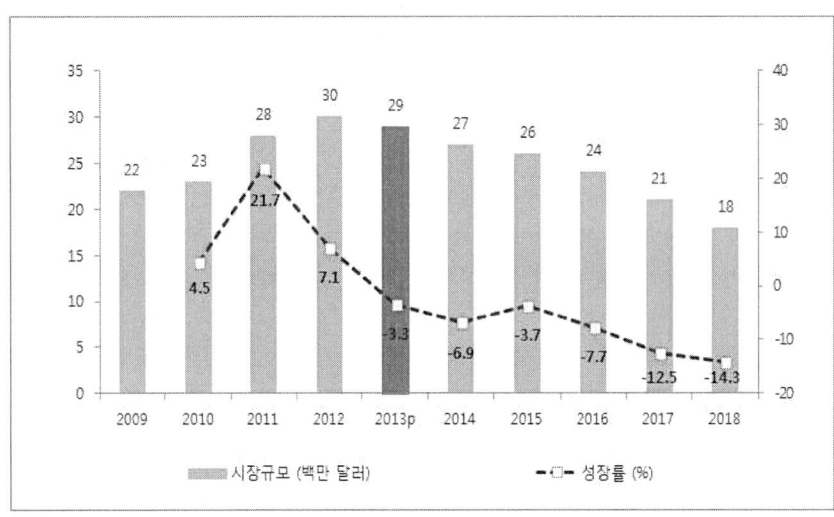

출처 : PwC(2014)

나. 디지털 음원

2013년 칠레의 디지털 음원시장은 전년대비 25.0% 성장한 1,000만 달러로 집계되었다. 칠레에서는 다운로드가 가장 인기 있으며 스트리밍 서비스는 아직 자리잡지 못한 상황이다. 현재, 가장 문제가 되고 있는 점은 디지털 음악의 90% 이상이 불법적인 서비스를 통해 유통되고 있다는 점이다. P2P 교환을 통한 파일 공유와 블로그와 SNS에 게시된 링크를 접속해 음악을 받는 방식이 가장 대중적이다. 하지만, 디지털 음원시장 자체가 커지고 있으며 합법적인 스트리밍 서비스가 증가할 것으로 예측되면서 향후 5년간 연평균 16.8%의 높은 성장세를 보이며 2018년 2,200만 달러에 달할 것으로 기대된다.

[표 7-6] 칠레 디지털 음원시장 규모 및 전망, 2009-2018

[단위 : 백만 달러, %]

구분	2009	2010	2011	2012	2013p	2014	2015	2016	2017	2018	2013-18 CAGR
다운로드	1	1	1	3	6	8	11	14	16	17	24.6
스트리밍	-	-	1	1	1	1	2	2	2	2	13
모바일	5	4	4	4	3	3	3	3	3	3	△0.7
합계	6	6	5	8	10	13	16	19	21	22	16.8

출처 : PwC(2014)

[그림 7-16] 칠레 디지털 음원시장 규모 및 성장률, 2009-2018

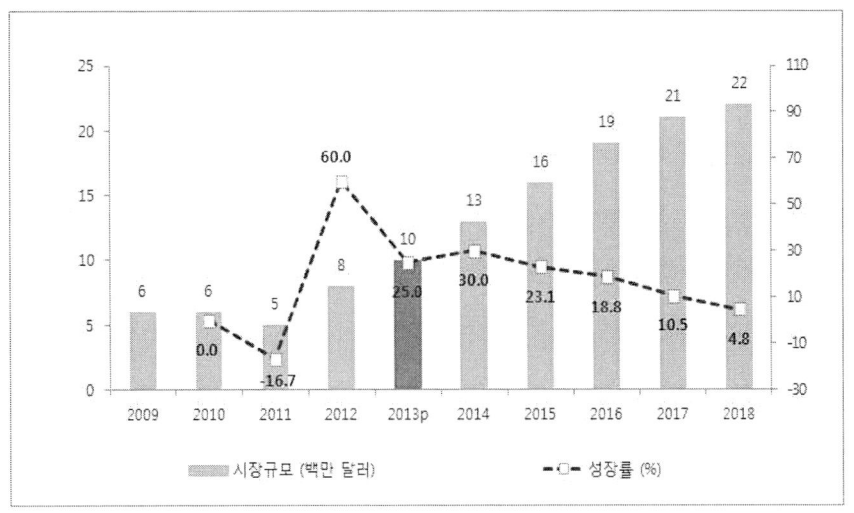

출처 : PwC(2014)

다. 공연 음악

2013년 칠레의 공연 음악시장은 전년대비 5.9% 성장한 3,600만 달러로 집계되었다. 경제성장과 함께 소비자의 지출이 늘어나면서 공연 음악에 대한 지출이 증가된 것으로 보인다. 칠레에서 음악 축제로 유명한 곳은 산티아고로, 2개의 주요 음악 페스티벌을 개최하고 있다.

'Ultra Electronic Dance Music 페스티벌'은 2월 말에, 'Lollapalooza'의 칠레 로컬(현지) 버전은 3월에 개최된다. 그 밖에 칠레에서 주목할 만한 페스티벌로는 3월에 6일간 열리는 'Festival de Vina del Mar. Held'가 있다.

이러한 공연은 노래 경연과 함께 해외의 아티스트들의 공연도 이루어진다. 공연 문화에 친숙한 칠레인들의 특성과 경제성장에 따른 소비심리 향상으로 향후 공연 음악시장은 더 활성화 될 것으로 보이면서 2018년까지 연평균 4.8% 성장한 4,500만 달러에 육박할 것으로 전망된다.

[그림 7-17] 칠레 공연 음악시장 규모 및 성장률, 2009-2018

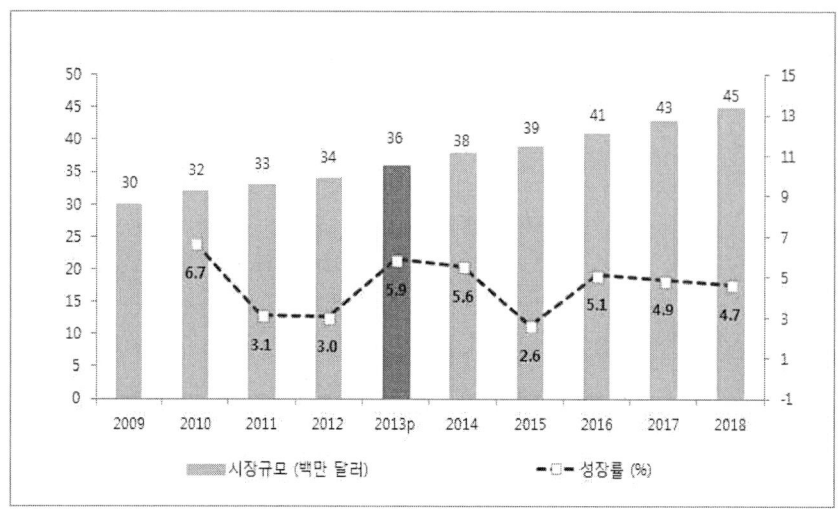

출처 : PwC(2014)

[표 7-7] 칠레 공연 음악시장 규모 및 전망, 2009-2018

[단위 : 백만 달러, %]

구분	2009	2010	2011	2012	2013p	2014	2015	2016	2017	2018	2013-18 CAGR
후원	6	7	7	7	8	8	8	9	9	9	4.7
티켓판매	24	25	26	27	28	30	31	33	34	36	4.9
합계	30	32	33	34	36	38	39	41	43	45	4.8

출처 : PwC(2014)

(4) 게임

2013년 칠레 게임시장은 경제성장과 지식정보의 높은 성장에 힘입어 전년대비 15.4% 성장한 9,000만 달러로 집계되었다. 디지털 통신망의 확대와 무선 모바일 통신 커버리지의 확대는 게임시장 성장에 커다란 기폭제가 될 것으로 보여 향후 5년간 연평균 10.2%의 높은 성장률을 보이며 2018년에는 1억 4,600만 달러에 달하는 시장이 형성될 것으로 전망된다.

[표 7-8] 칠레 게임시장 규모 및 전망, 2009-2018

[단위 : 백만 달러, %]

구분	2009	2010	2011	2012	2013p	2014	2015	2016	2017	2018	2013-18 CAGR
게임 광고	1	1	2	3	3	4	4	5	6	7	16.8
콘솔 게임	8	8	10	10	11	13	15	17	20	24	16.8
디지털	-	-	-	1	2	2	3	4	6	8	36.6
오프라인	8	8	9	9	10	10	12	13	15	17	11.7
온라인 게임	4	6	8	11	14	15	17	19	21	23	11.3
PC 게임	8	8	10	10	10	10	9	9	8	8	△4
디지털	-	-	-	1	2	3	4	4	5	5	17.9
오프라인	8	8	9	9	8	7	5	4	4	3	△15.5
모바일 게임	33	35	39	44	52	58	64	70	76	83	9.9
합계	54	59	69	78	90	100	110	120	132	146	10.2

출처 : PwC(2014)

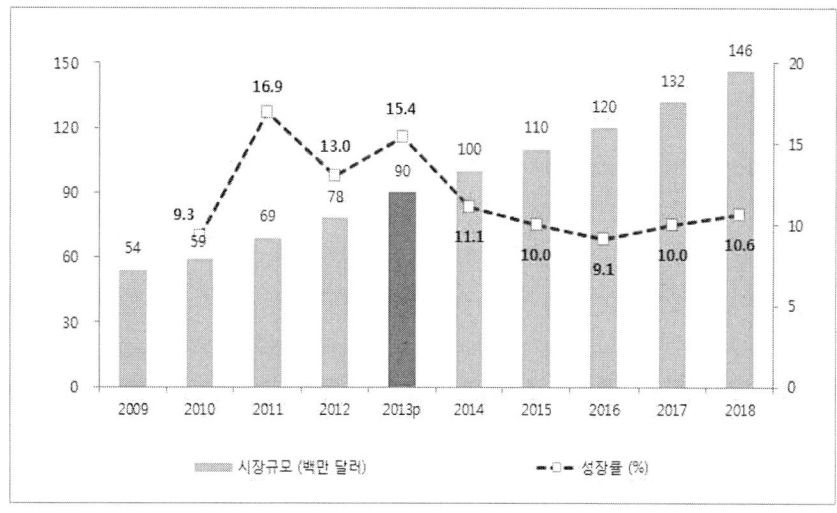

[그림 7-18] 칠레 게임시장 규모 및 성장률, 2009-2018

출처 : PwC(2014)

칠레 게임시장은 모바일 게임이 주도하고 있는 것으로 나타났다. 모바일 게임시장은 2009년 61.1%의 높은 시장점유율을 보였는데 이후 온라인 게임시장의 성장으로 2013년 그 비중이 줄어들었다. 향후 모바일 게임시장은 콘솔 게임과 광고시장 확대로 2018년 56.8%로 소폭 축소될 것으로 전망된다. 2009년 모바일 게임의 뒤를 잇던 PC 게임시장은 2009년 이후 점유율이 축소되어 2018년에는 5.5%의 점유율을 보일 것으로 예상된다. 콘솔 게임시장은 PC 게임시장과 비슷한 점유율을 보였지만, 2013년 다소 축소되었다. 하지만, 콘솔 게임의 인기가 되살아나 2018년에는 16.4%로 점유율이 늘어날 것으로 전망된다. 온라인 게임은 꾸준히 성장해 2009년과 비교하여 2018년에는 약 8.4%p 성장한 15.8%의 시장점유율을 보일 것으로 전망된다.

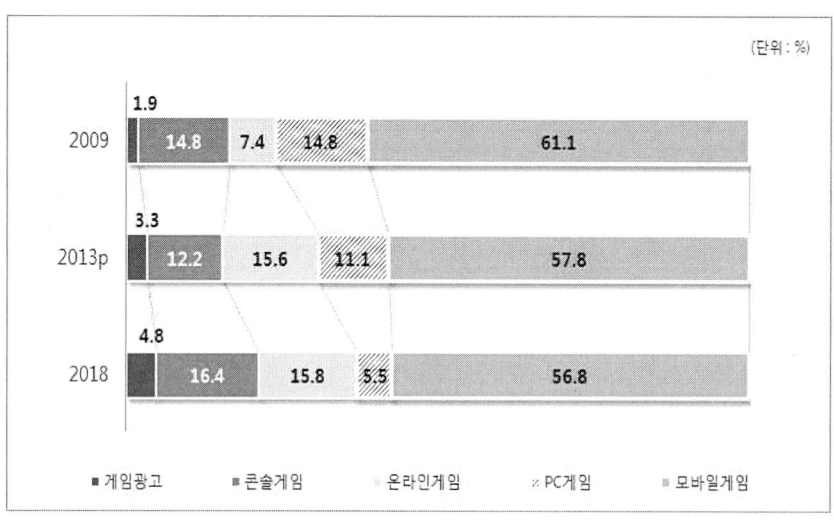

[그림 7-19] 칠레 게임시장 분야별 비중 비교, 2009 vs. 2013 vs. 2018

출처 : PwC(2014)

가. 콘솔 게임

2013년 칠레 콘솔 게임시장은 전년대비 10% 성장한 1,100만 달러로 집계되었다. 2014년 월드컵에 대한 인기와 신작 플레이스테이션 4의 출시로 콘솔 게임에 대한 인기가 높아졌으며 '피파 월드컵 (FIFA Worldcup)'과 '위닝 (Winning)' 시리즈의 신작 출시로 콘솔에 대한 인기가 크게 상승하여 향후 5년간 연평균 16.8%의 성장률을 보이며 2018년에는 2,400만 달러 규모의 시장이 형성될 것으로 전망된다.

[그림 7-20] 칠레 콘솔 게임시장 규모 및 성장률, 2009-2018

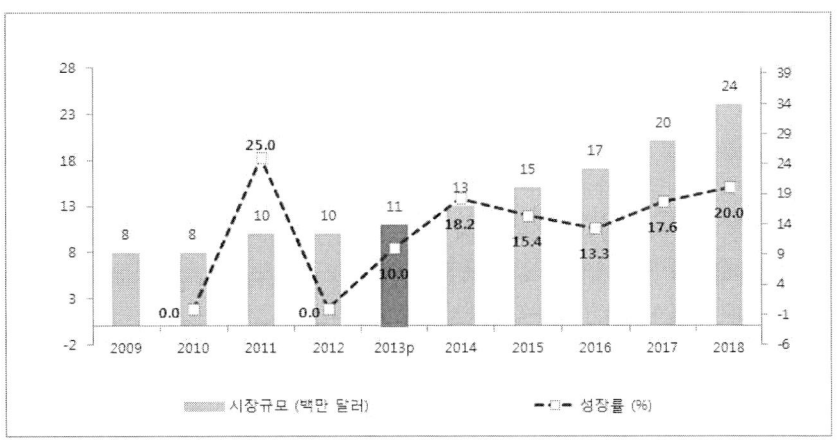

출처 : PwC(2014)

나. 온라인 게임

2013년 칠레 온라인 게임시장은 전년대비 27.3% 성장한 1,400만 달러로 집계되었다. 브라질, 아르헨티나와 마찬가지로 MMO게임이 대유행을 겪으면서 '리그 오브 레전드'와 같은 게임이 인기를 얻고 있다. 향후 5년간 칠레의 온라인 게임시장은 연평균 11.3%의 성장세를 보이며 2018년에는 2,300만 달러에 달할 것으로 전망된다.

[그림 7-21] 칠레 온라인 게임시장 규모 및 성장률, 2009-2018

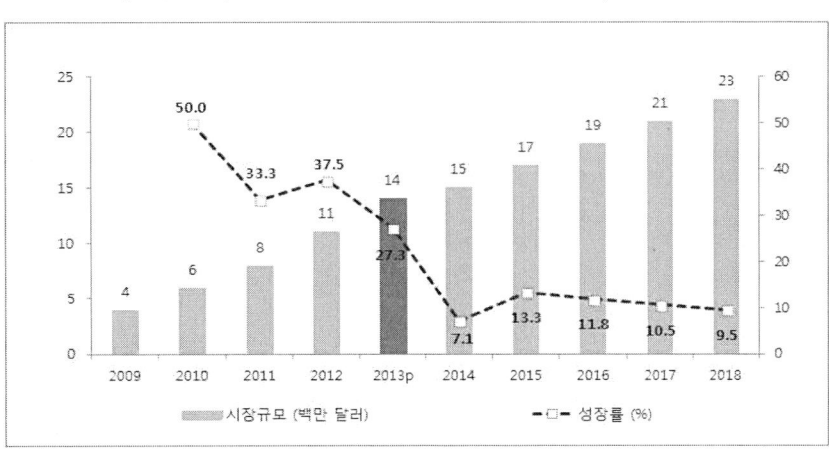

출처 : PwC(2014)

다. PC 게임

2013년 칠레 PC 게임시장은 전년과 동일한 1,000만 달러의 시장을 형성하였다. 불법복제 게임 유통과 모바일 및 온라인 게임시장 성장으로 향후 5년간 칠레 PC 게임시장은 연평균 4.0%의 하락세를 보이며 2018년 800만 달러에 머물 것으로 전망된다.

[그림 7-22] 칠레 PC 게임시장 규모 및 성장률, 2009-2018

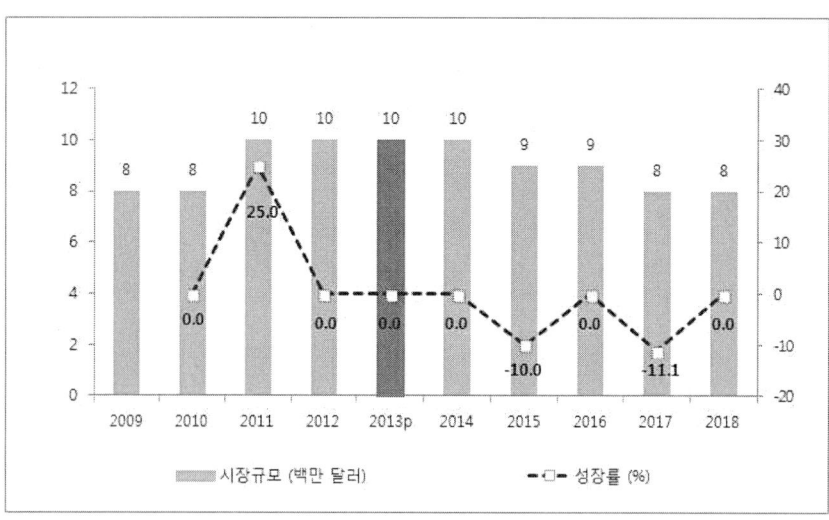

출처 : PwC(2014)

라. 모바일 게임

2013년 칠레의 모바일 게임시장은 전년대비 18.2% 성장한 5,200만 달러로 집계되었다. 모바일 게임의 경우 풍부한 3G망과 커버리지를 확장하고 있는 4G 고속통신망을 통해 이용자층이 크게 증가하고 있어 향후 5년간 연평균 9.9%의 높은 성장세를 보이며 2018년에는 8,300만 달러까지 성장할 것으로 전망된다.

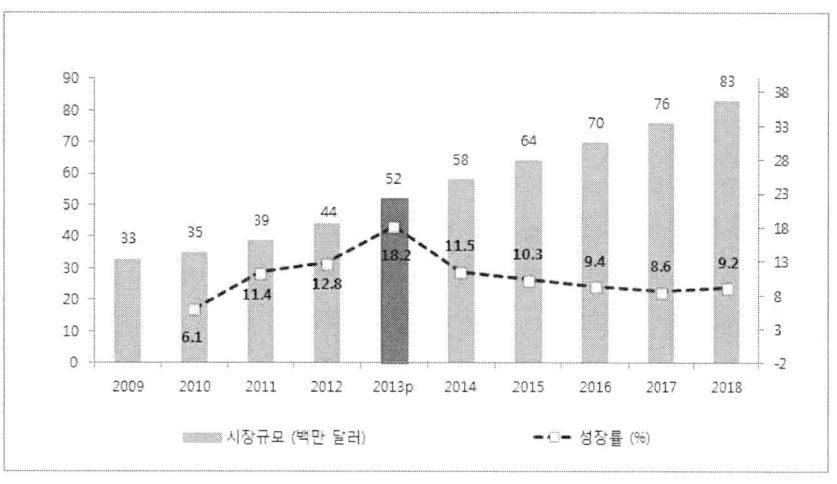

[그림 7-23] 칠레 모바일 게임시장 규모 및 성장률, 2009-2018

출처 : PwC(2014)

(5) 영화

2013년 칠레의 영화시장은 전년대비 6.3% 성장한 2억 200만 달러로 집계되었다. 할리우드 영화 '아이언맨'과 '헝거게임' 시리즈물의 인기로 인해 많은 관객이 극장을 찾았다.

[표 7-9] 칠레 영화시장 규모 및 전망, 2009-2018

[단위 : 백만 달러, %]

구분	2009	2010	2011	2012	2013p	2014	2015	2016	2017	2018	2013-18 CAGR
극장	73	84	99	105	113	122	131	140	151	155	6.5
박스오피스	70	80	95	100	107	115	123	132	142	145	6.2
극장광고	3	4	5	5	6	7	7	8	9	10	10.9
홈비디오	58	51	48	46	45	43	43	42	42	41	△1.6
대여	13	12	11	10	10	9	8	8	7	7	△6.8
판매	44	39	37	36	35	34	34	34	34	35	△0.3
디지털배급	22	29	33	39	44	50	57	66	77	95	16.7
OTT/스트리밍	-	-	-	-	1	2	5	9	17	32	96.8
TV 구독	22	29	33	38	43	47	52	56	59	63	8.0
합계	152	163	181	190	202	215	230	248	269	291	7.6

출처 : PwC(2014)

이로 인해 박스오피스시장과 극장 광고시장이 크게 성장을 하였다. 영화관의 디지털화와 디지털배급을 통한 영화 유통망 확장 등으로 칠레의 영화시장은 향후 5년간 7.6%의 성장률을 보이며 2018년 2억 9,100만 달러에 달할 것으로 전망된다.

[그림 7-24] 칠레 영화시장 규모 및 성장률, 2009-2018

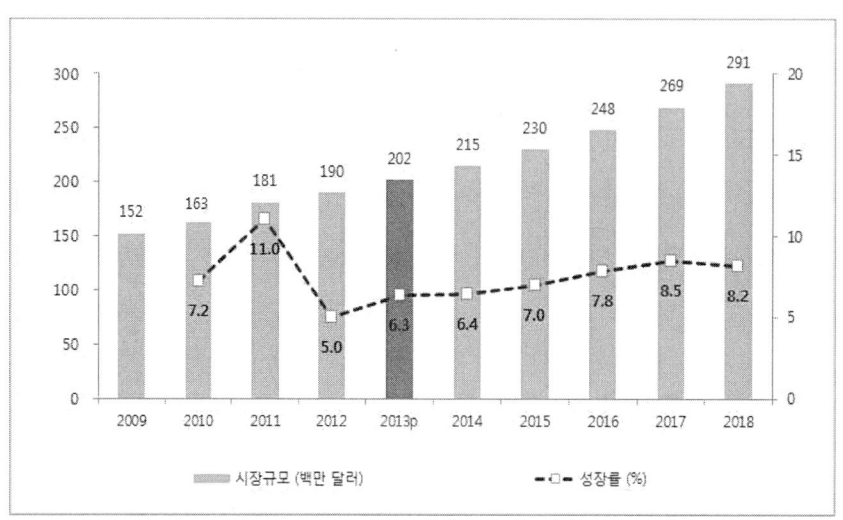

2009년 칠레 영화시장에서 가장 큰 비중을 차지하던 박스오피스시장은 2013년에는 그 규모가 더욱 커져 전체 영화시장의 53.0%의 점유율을 보였다. 그러나 향후 디지털배급시장 점유율이 크게 증가하면서 2018년 49.8%의 비중을 보이며 소폭 하락할 것으로 전망된다.

박스오피스시장 다음으로 큰 비중을 차지하던 홈비디오 판매시장은 디지털배급시장의 확대로 2009년 28.9%에서 2013년 17.3%로 축소되었다. 향후 홈비디오시장이 차지하는 비중은 지속적으로 감소하여 2018년에는 12.0%의 점유율을 보이며 시장에서의 영향력이 감소될 것으로 보인다. 반면, OTT/스트리밍 및 TV 구독 서비스가 주를 이루는 디지털배급시장은 꾸준히 성장하여 2018년에는 전체 시장의 30% 이상을 차지할 것으로 보인다.

[그림 7-25] 칠레 영화시장 분야별 비중 비교, 2009 vs. 2013 vs. 2018

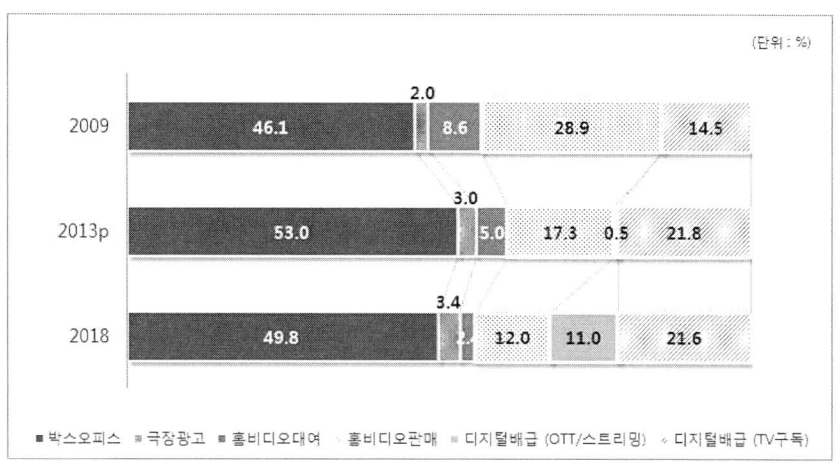

출처 : PwC(2014)

가. 박스오피스

2013년 칠레 박스오피스시장은 경제성장률이 전년보다 둔화된 감은 있지만 소비자 지출이 늘어나면서 전년대비 7.0% 성장한 1억 700만 달러 규모로 집계 되었다. 향후 5년 동안 칠레 박스오피스시장은 연평균 6.2%의 높은 성장세를 보이며 2018년 1억 4,500만 달러에 이를 것으로 전망된다.

[그림 7-26] 칠레 박스오피스시장 규모 및 성장률, 2009 - 2018

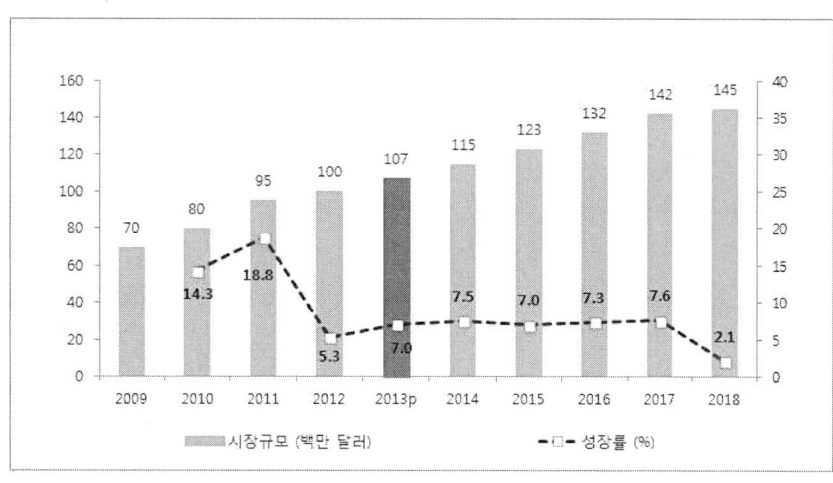

출처 : PwC(2014)

나. 홈비디오

2013년 칠레 홈비디오시장은 인근 국가와 마찬가지로 전반적인 하락세를 보여 전년대비 2.2% 감소한 4,500만 달러 규모로 집계되었다. 대여와 판매를 위주로 하는 홈비디오시장은 디지털배급시장의 성장으로 시장에서의 영향력이 줄어들고 있는 것으로 나타났다. 향후 5년간 연평균 1.6%의 하락세를 보이며 2018년에는 4,100만 달러까지 시장이 위축될 것으로 전망된다.

[그림 7-27] 칠레 홈비디오시장 규모 및 성장률, 2009 - 2018

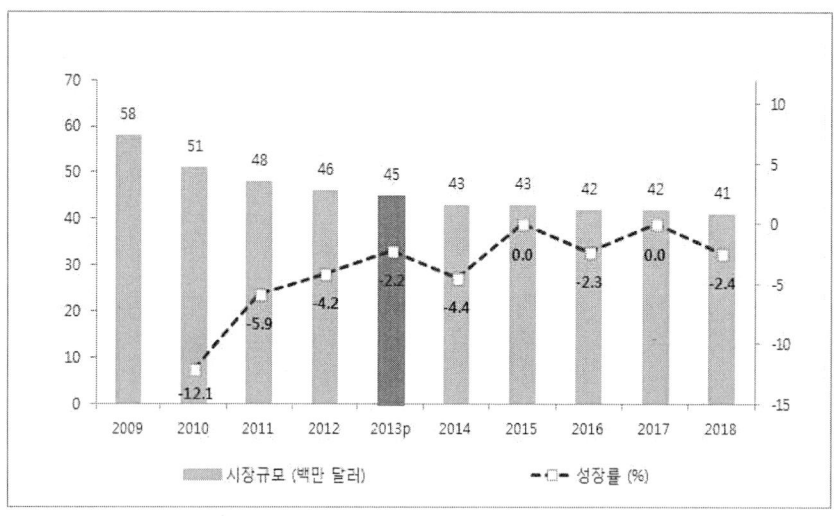

출처 : PwC(2014)

다. 디지털배급

2013년 칠레 디지털배급시장은 전년대비 12.8% 성장한 4,400만 달러규모로 집계되었다. 2013년 100만 달러에 불과했던 OTT시장은 이후 수요가 급증할 것으로 예상되면서 향후 5년간 연평균 96.8%의 폭발적인 성장세를 보이며 2018년 3,200만 달러까지 치솟을 것으로 전망된다. 한편, TV구독시장 역시 연평균 8%의 성장세를 보이며 2013년 4,300만 달러에서 2018년 6,300만 달러로 성장할 것으로 보인다.

전체적으로 디지털배급시장은 향후 5년간 연평균 16.7%의 성장률을 보이며 2018년까지 9,500만 달러 규모의 시장이 형성될 것으로 전망된다.

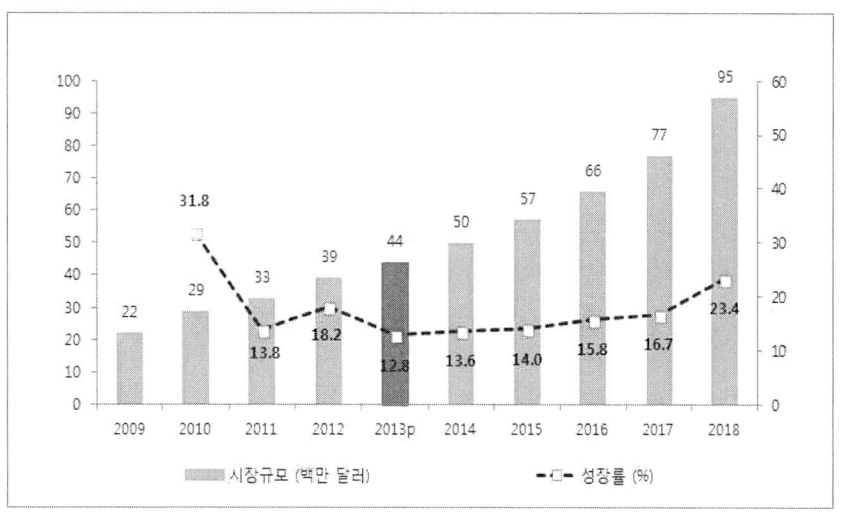

[그림 7-28] 칠레 디지털배급시장 규모 및 성장률, 2009 - 2018

출처 : PwC(2014)

(6) 애니메이션

2013년 칠레 애니메이션시장은 전년대비 26.1% 성장한 2,900만 달러 규모로 집계되었다. 영화, 방송, 디지털배급시장은 꾸준한 성장세를 보였으나 홈비디오시장은 성장세가 둔화되었다. 칠레의 애니메이션시장은 향후 5년간 연평균 7.6%의 성장률을 보이며 2018년에는 4,200만 달러에 달하는 시장 규모를 형성할 것으로 전망된다.

[표 7-10] 칠레 애니메이션시장 규모 및 전망, 2009-2018

[단위 : 백만 달러, %]

구분	2009	2010	2011	2012	2013p	2014	2015	2016	2017	2018	2013-18 CAGR
박스오피스	8	11	9	12	15	17	18	19	21	21	6.3
극장광고	0	1	0	1	1	1	1	1	1	1	10.8
디지털배급	0	0	0	0	0	0	1	1	2	5	100.0
방송	2	4	3	5	6	7	8	8	9	9	7.9
홈비디오	6	7	5	6	7	6	6	6	6	6	△1.8
합계	16	22	18	23	29	31	33	36	39	42	7.6

출처 : Box Office Mojo(2014), Digital Vector(2013), The-Numbers(2014), PwC(2014)

[그림 7-29] 칠레 애니메이션시장 규모 및 성장률, 2009 - 2018

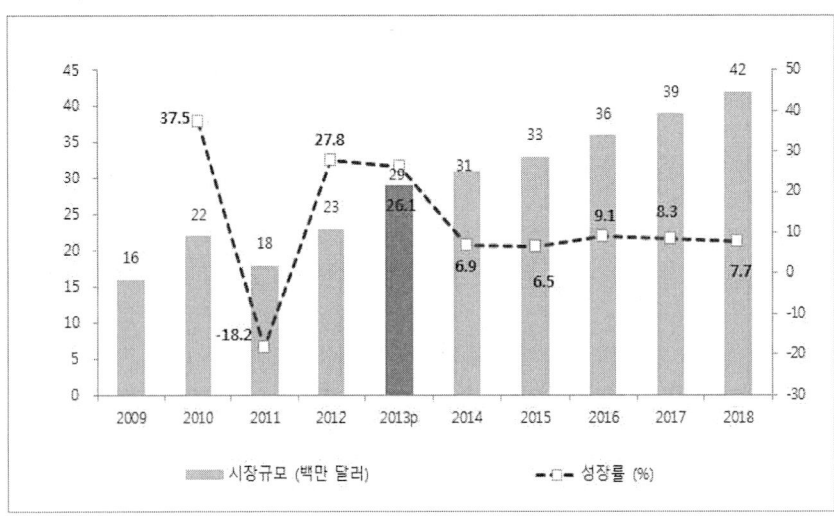

출처 : Box Office Mojo(2014), Digital Vector(2013), The-Numbers(2014), PwC(2014)

칠레의 애니메이션시장에서 가장 큰 비중을 차지하는 것은 영화 애니메이션이다. 영화 애니메이션은 할리우드 애니메이션의 인기에 힘입어 2013년 51.7%의 시장점유율을 보였다. 향후 할리우드의 신규 애니메이션 개봉이 예정되어 있으면서 영화 애니메이션의 인기가 계속 유지될 것으로 보이지만, 인터넷 인프라 구축 확대로 방송 애니메이션과 디지털배급 애니메이션시장이 성장하면서 2018년 시장점유율은 다소 축소될 것으로 전망된다.

반면 2009년 영화 애니메이션에 이어 제 2의 시장으로 37.5% 점유율을 보이던 홈비디오시장은 방송과 디지털배급시장의 확대로 2013년 24.1%까지 감소하였다. 향후 인터넷 환경의 발달이 더욱 가속화되면서 2018년에는 14.3%까지 시장점유율이 축소될 것으로 전망된다.

[그림 7-30] 칠레 애니메이션시장 분야별 비중 비교, 2009 vs. 2013 vs. 2018

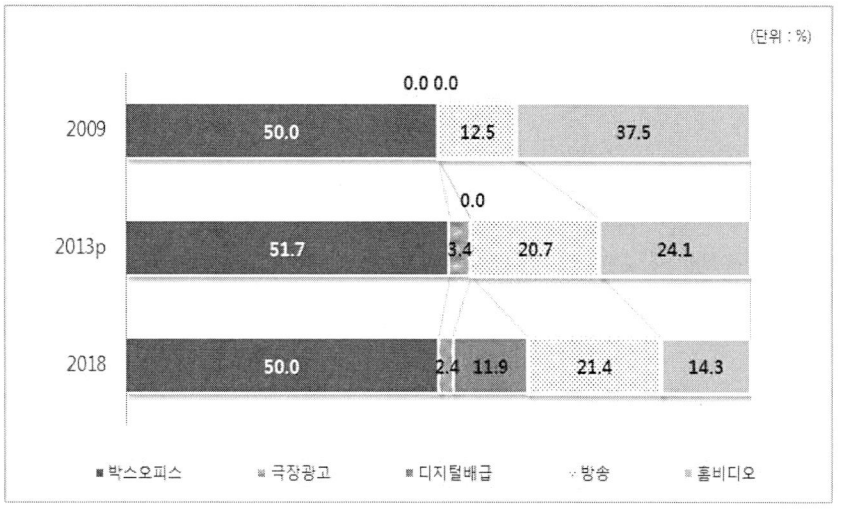

출처 : Box Office Mojo(2014), Digital Vector(2013), The-Numbers(2014), PwC(2014)

가. 영화 애니메이션

인근 국가들과 마찬가지로 할리우드 애니메이션은 남미시장에서도 큰 영향력을 보였다. '슈퍼배드 2', '몬스터 대학교' 등 새로운 디즈니 시리즈가 개봉되면서 2013년 칠레 영화 애니메이션시장도 전년대비 25.0% 성장한 1,500만 달러 규모로 집계되었다. 향후 3D 애니메이션에 대한 수요가 더욱 커질 것으로 예측되면서 향후 5년간 영화 애니메이션시장 규모는 연평균 6.3%의 높은 성장세를 보이며 2018년 2,100만 달러에 달할 것으로 전망된다.

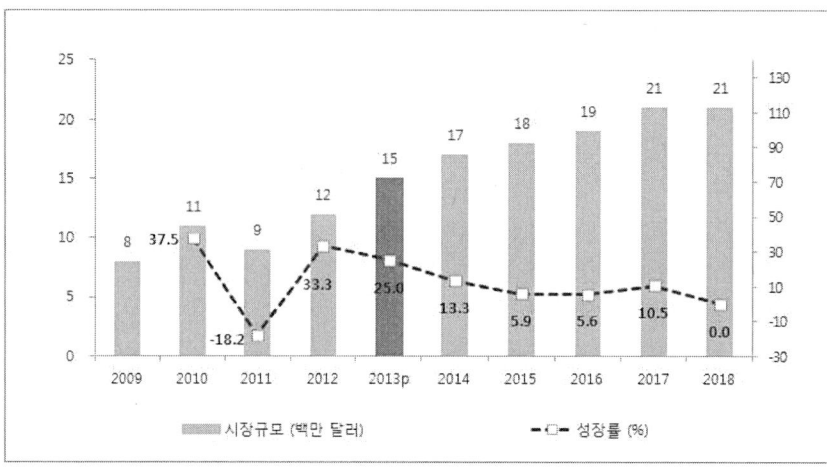

[그림 7-31] 칠레 영화 애니메이션시장 규모 및 성장률, 2009 - 2018

출처 : Box Office Mojo(2014), Digital Vector(2013), The-Numbers(2014), PwC(2014)

나. 방송 애니메이션

2013년 칠레의 방송 애니메이션시장은 전년대비 20.0% 성장한 600만 달러로 집계되었다. 방송시장의 성장과 어린이 대상 콘텐츠 강화로 향후 5년간 연평균 7.9%의 높은 성장세를 보이며 2018년 900만 달러에 달하는 시장이 형성될 것으로 전망된다.

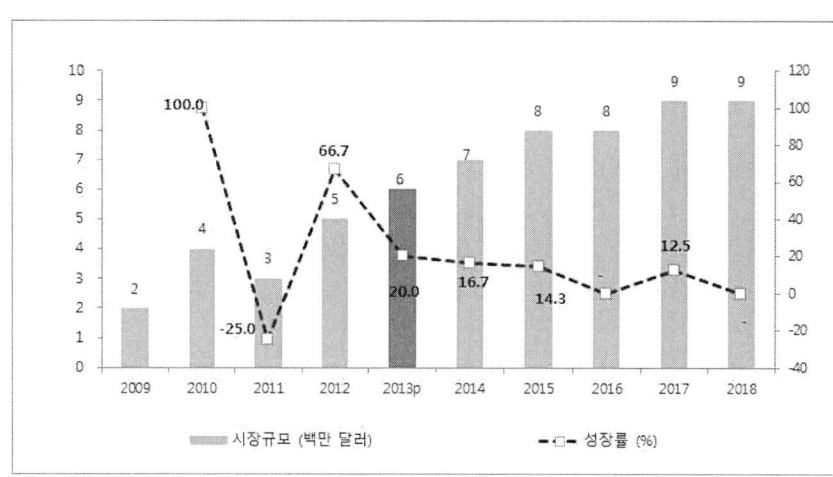

[그림 7-32] 칠레 방송 애니메이션시장 규모 및 성장률, 2009 - 2018

출처 : Box Office Mojo(2014), Digital Vector(2013), The-Numbers(2014), PwC(2014)

다. 홈비디오 애니메이션

칠레의 홈비디오시장은 전년대비 16.7% 성장한 700만 달러로 집계되었다. 대부분의 시장과 마찬가지로 이용자들이 디지털배급시장으로 이탈하면서 칠레 홈비디오시장은 정체된 현상을 보이며 2018년 600만 달러에 머물 것으로 전망된다.

[그림 7-33] 칠레 홈비디오 애니메이션시장 규모 및 성장률, 2009 - 2018

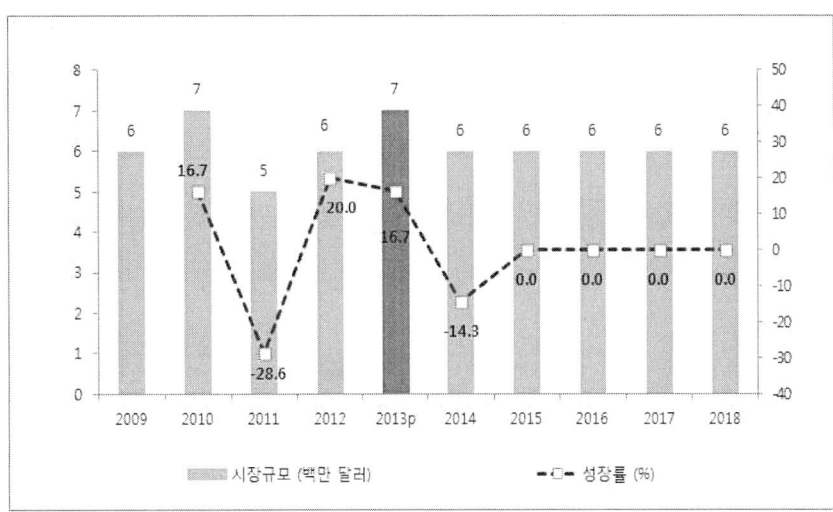

출처 : Box Office Mojo(2014), Digital Vector(2013), The-Numbers(2014), PwC(2014)

라. 디지털배급 애니메이션

2013년 기준 칠레의 디지털배급 애니메이션시장은 아직 시장이 형성되지는 못하고 있는 것으로 나타났다. 향후 인터넷 망의 발달과 스마트기기 확산으로 2015년부터 디지털배급시장이 형성되될 것으로 보이며 이후 빠르게 성장하면서 2018년 500만 달러에 달하는 시장 규모를 보일 것으로 전망된다.

[그림 7-34] 칠레 디지털배급 애니메이션시장 규모 및 성장률, 2009 - 2018

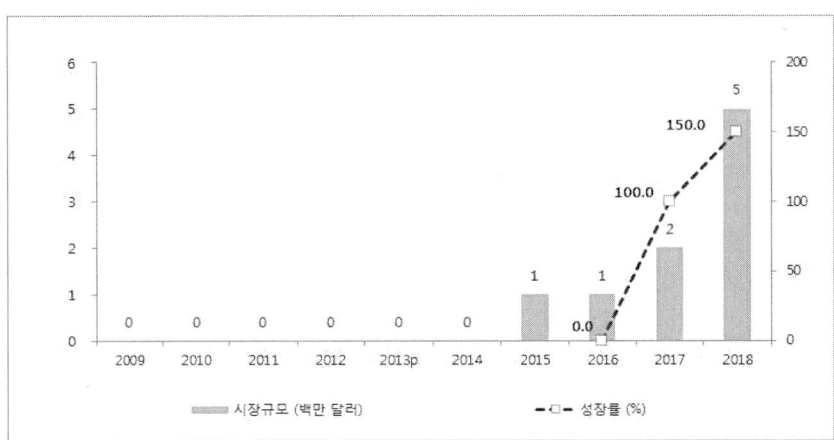

출처 : Box Office Mojo(2014), Digital Vector(2013), The-Numbers(2014), PwC(2014)

(7) 방송

2013년 칠레 방송시장은 전년대비 8.7% 성장한 17억 300만 달러로 집계되었다. 특히 TV 수신료 유료방송과 다중 채널 TV 광고시장이 전년대비 10% 이상의 높은 성장을 하였다. 향후 5년간 칠레의 방송시장은 연평균 8.4%의 성장세를 보이며 2018년 25억 4,500만 달러에 육박할 것으로 전망된다.

[표 7-11] 칠레 방송시장 규모 및 전망, 2009-2018

[단위 : 백만 달러, %]

구분	2009	2010	2011	2012	2013p	2014	2015	2016	2017	2018	2013-18 CAGR
TV 수신료	706	792	881	944	1,046	1,177	1,274	1,353	1,469	1,573	8.5
공영방송	-	-	-	-	-	-	-	-	-	-	-
유료방송	706	792	881	944	1,046	1,177	1,274	1,353	1,469	1,573	8.5
TV 광고	424	472	519	530	557	613	653	720	771	830	8.3
다중 채널	24	33	46	56	63	78	91	109	123	139	16.9
지상파	399	439	473	474	493	534	560	608	644	686	6.8
온라인	-	-	-	-	1	1	2	3	4	6	53.5
라디오	75	80	93	93	100	108	116	125	133	142	7.3
라디오 광고	75	80	93	93	100	108	116	125	133	142	7.2
공영 라디오	-	-	-	-	-	-	-	-	-	-	-
위성 라디오	-	-	-	-	-	-	-	-	-	-	-
합계	1,205	1,344	1,493	1,567	1,703	1,898	2,043	2,198	2,373	2,545	8.4

출처 : PwC(2014)

[그림 7-35] 칠레 방송시장 규모 및 성장률, 2009 - 2018

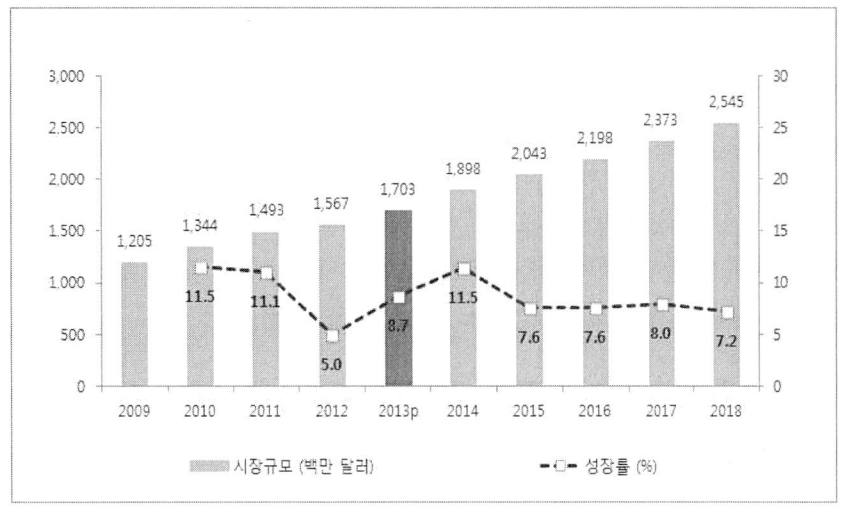

출처 : PwC(2014)

칠레의 방송시장은 TV 수신료시장이 가장 큰 비중을 차지하며 전체 시장을 견인하고 있다. TV 수신료시장은 2009년 58.6%에서 꾸준히 성장하여 2018년에는 61.8%의 비중을 차지할 것으로 보인다. 향후 2018년에도 방송시장 분야별 점유율의 큰 변화는 없을 것으로 전망된다.

[그림 7-36] 칠레 방송시장 분야별 비중 비교, 2009 vs. 2013 vs. 2018

출처 : PwC(2014)

가. TV 수신료

칠레 방송시장에서 가장 높은 점유율을 보이고 있는 TV 수신료시장은 2013년 전년대비 10.8% 성장한 10억 4,600만 달러로 집계되었다. 칠레에서는 50% 이상의 가구가 여전히 아날로그 지상파 텔레비전을 시청하고 있어 TV 수신료시장의 성장 가능성은 향후에도 높을 것으로 예측되고 있다. 향후 칠레 TV 수신료시장은 연평균 8.5%의 높은 성장률을 보이며 2018년 15억 7,300만 달러에 달하는 규모를 형성할 것으로 전망된다.

[그림 7-37] 칠레 TV 수신료시장 규모 및 성장률, 2009 - 2018

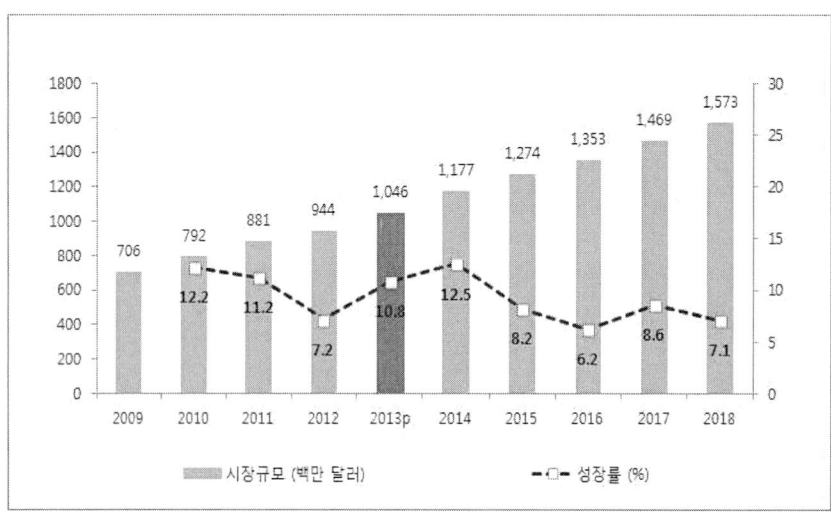

출처 : PwC(2014)

나. TV 광고

전통적인 방식의 광고가 강세를 보이는 칠레의 TV 광고시장은 2013년 전년대비 5.1%의 성장률을 보이며 5억 5,700만 달러로 집계되었다. 향후 5년간 칠레의 TV 광고시장은 연평균 8.3%의 성장률을 보이며 2018년 8억 3,000만 달러까지 성장할 것으로 전망된다.

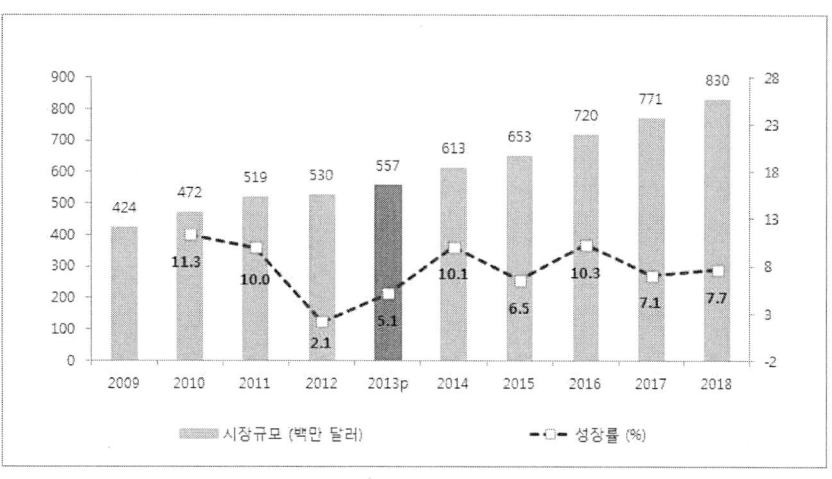

[그림 7-38] 칠레 TV 광고시장(방송) 규모 및 성장률, 2009 - 2018

출처 : PwC(2014)

다. 라디오

칠레의 라디오시장은 다른 중남미 국가들보다 느리게 성장하고 있지만 2009년 이후 꾸준한 성장세를 보이고 있다. 2013년 칠레 라디오시장은 전년대비 7.5% 성장한 1억 달러로 집계되었다. 향후 5년간 연평균 7.3%의 성장률을 보이며 2018년 1억 4,200만 달러에 이를 것으로 전망된다.

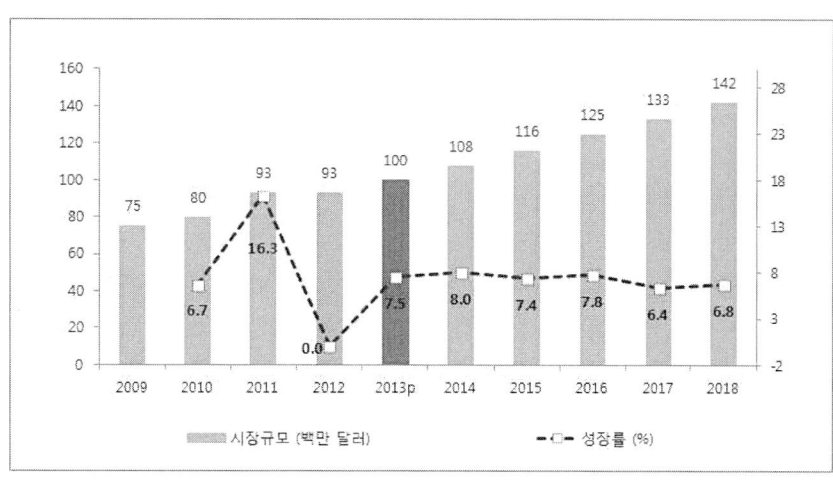

[그림 7-39] 칠레 라디오시장 규모 및 성장률, 2009 - 2018

출처 : PwC(2014)

(8) 광고

2013년 칠레 광고시장은 디지털 부문의 발전이 두드러지면서 전년대비 7.7% 성장한 13억 9,400만 달러로 집계되었다. 특히 인터넷 광고가 전년대비 23.9%의 높은 성장을 하면서 광고시장의 성장에 기여한 것으로 나타났다. 향후 5년간 칠레 광고시장은 연평균 7.5%의 높은 성장률을 기록하며 2018년 20억 300만 달러까지 성장할 것으로 전망된다.

[표 7-12] 칠레 광고시장 규모 및 전망, 2009-2018

[단위 : 백만 달러, %]

구분	2009	2010	2011	2012	2013p	2014	2015	2016	2017	2018	2013-18 CAGR
디렉토리 광고	84	87	91	93	91	90	88	86	84	82	△2.3
디지털	8	9	10	12	13	14	15	17	18	20	9.3
인쇄	76	78	81	82	79	75	72	69	65	61	△4.8
잡지 광고	24	25	26	27	28	29	30	31	33	34	4.1
디지털	-	-	-	-	-	1	1	2	2	3	52.0
인쇄	24	25	26	27	28	28	29	30	31	31	2.3
산업잡지 광고	3	4	4	4	4	4	5	5	5	5	3.6
디지털	-	-	-	-	-	-	-	-	-	1	90.9
인쇄	3	4	4	4	4	4	4	5	5	4	0.8
극장광고	3	4	5	5	6	7	7	8	9	10	10.9
신문 광고	271	318	356	370	402	435	471	510	551	595	8.2
디지털	2	3	5	6	9	11	14	18	23	30	28.2
인쇄	269	315	351	364	393	424	457	491	527	565	7.5
라디오 광고	75	80	93	93	100	108	116	125	133	142	7.2
TV 광고	424	472	519	530	557	613	653	720	771	830	8.3
다중 채널	24	33	46	56	63	78	91	109	123	139	16.9
지상파	399	439	473	474	493	534	560	608	644	686	6.8
온라인TV	-	-	-	-	1	1	2	3	4	6	53.5
인터넷 광고	38	49	59	71	88	100	110	119	127	136	9.1
모바일	-	-	-	1	1	1	1	2	2	2	19.0
유선	38	49	59	71	88	99	109	118	126	134	8.9
옥외 광고	77	88	107	116	138	157	173	190	207	222	10.0
디지털	0	11	16	20	27	35	44	54	66	79	24.2
실물	77	77	92	96	111	122	129	136	141	143	5.2
게임 광고	1	1	2	3	3	4	4	5	6	7	16.8
산술합계	1,000	1,128	1,262	1,312	1,417	1,547	1,657	1,799	1,926	2,063	7.8
합계[192]	990	1,116	1,247	1,294	1,394	1,520	1,625	1,759	1,879	2,003	7.5

출처 : PwC(2014)

---

[192] 산술합계에는 디렉토리 광고, 잡지 광고, 산업잡지 광고, 신문 광고의 디지털 광고와 온라인TV 광고, 지상파 라디오 온라인 광고가 인터넷 광고시장 규모에 포함되어 있어 합계에서는 중복되는 부분을 제외함

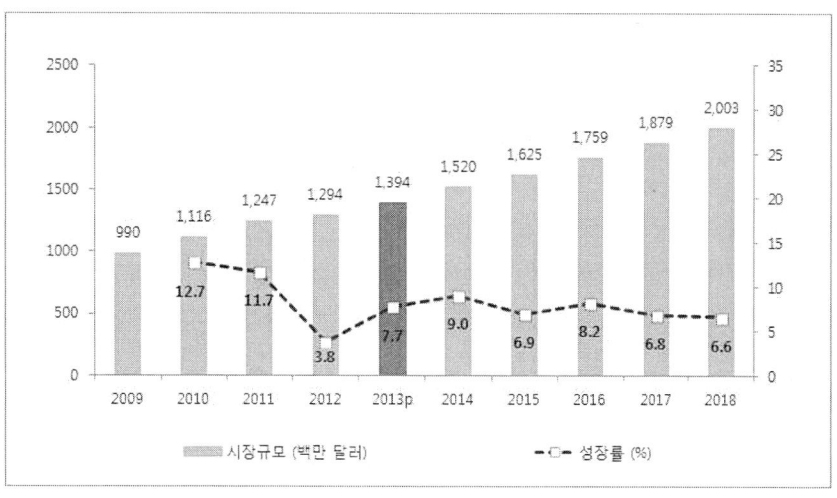

[그림 7-40] 칠레 광고시장 규모 및 성장률, 2009 - 2018

출처 : PwC(2014)

칠레 광고시장에서 가장 큰 비중을 차지하는 TV 광고시장은 2009년 대비 2013년 다소 축소된 것으로 나타났으나 여전히 가장 큰 시장으로 영향력을 행사하고 있는 것으로 나타났다. 향후 2018년 광고시장 분야별 점유율은 디렉토리 광고시장의 축소가 예측되는 것을 제외하고는 큰 변화는 없을 것으로 전망된다.

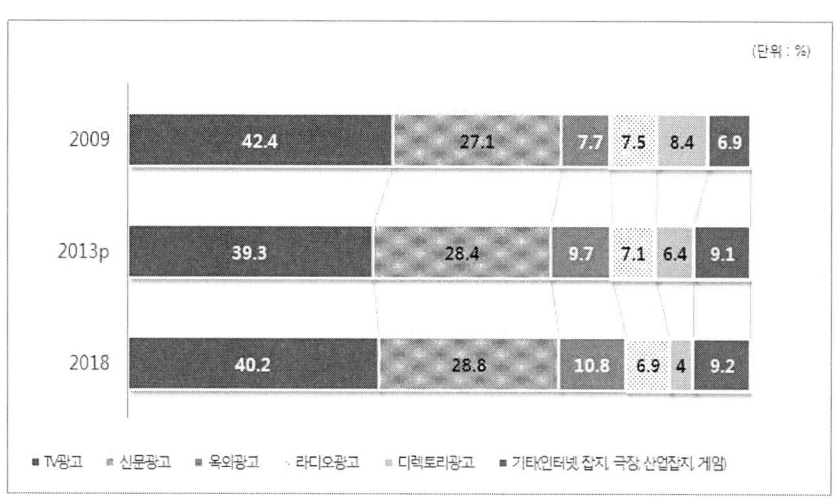

[그림 7-41] 칠레 광고시장 분야별 비중 비교, 2009 vs. 2013 vs. 2018

출처 : PwC(2014)

가. TV 광고

2013년 칠레 TV 광고시장은 TV 가입자 증가로 전년대비 5.1% 성장한 5억 5,700만 달러를 기록하였다. 향후 다중 채널과 지상파 방송의 광고 수익, 온라인TV 광고 수익이 폭발적인 성장세를 보일 것으로 예상되면서 2018년까지 연평균 8.3% 성장한 8억 3,000만 달러 규모의 시장이 형성될 것으로 보인다.

[그림 7-42] 칠레 TV 광고시장 규모 및 성장률, 2009 - 2018

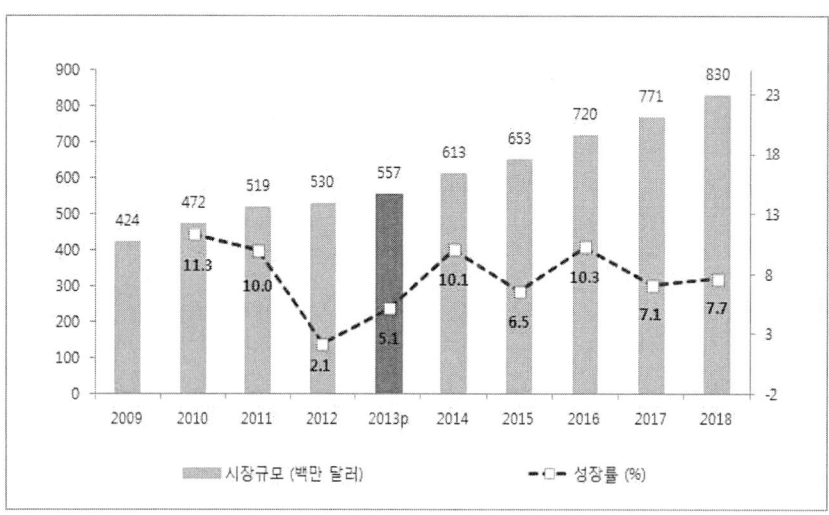

출처 : PwC(2014)

나. 인터넷 광고

2013년 칠레 인터넷 광고시장은 정부의 디지털 정책으로 인프라 구축이 확산되면서 전년대비 23.9% 증가한 8,800만 달러를 기록하였다. 유무선 인터넷의 발전과 비디오광고시장이 높은 성장에 힘입어 향후 5년간 연평균 9.1%의 성장세를 보이며 2018년에는 1억 3,600만 달러에 달하는 시장이 형성될 것으로 전망된다.

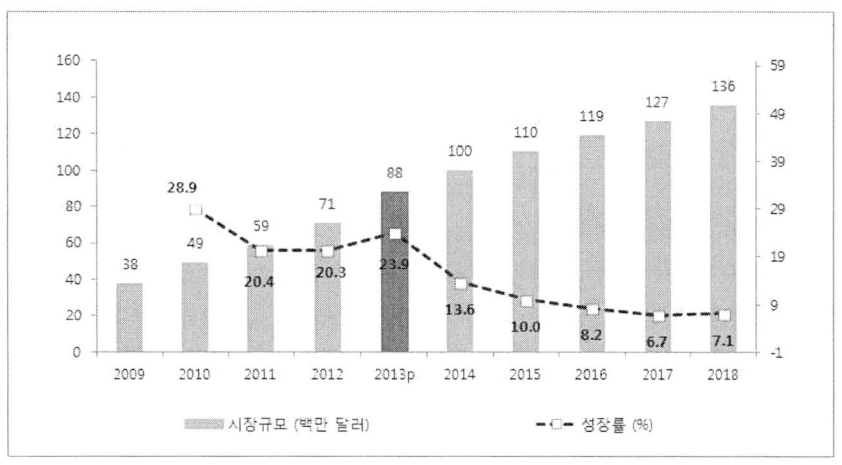

[그림 7-43] 칠레 인터넷 광고시장 규모 및 성장률, 2009 - 2018

출처 : PwC(2014)

[표 7-13] 칠레 인터넷 광고시장 규모 및 전망, 2009-2018

[단위 : 백만 달러, %]

구분	2009	2010	2011	2012	2013p	2014	2015	2016	2017	2018	2013-18 CAGR
모바일	-	-	-	1	1	1	1	2	2	2	19.0
유선	38	49	59	71	88	99	109	118	126	134	8.9
안내광고	8	8	10	11	14	16	18	19	20	21	8.8
디스플레이 광고	9	9	12	15	18	20	22	23	23	24	5.4
비디오	-	-	1	1	2	3	4	5	7	9	34.1
유료검색	21	32	36	43	53	60	65	71	75	80	8.6
합계	38	49	59	71	88	100	110	119	127	136	9.1

출처 : PwC(2014)

다. 신문 광고

2013년 칠레 신문 광고시장은 전년대비 8.6% 성장한 4억 200만 달러로 집계되었다. 칠레에서는 아직까지 인쇄 신문이 높은 점유율을 보이면서 디지털 신문 광고에 비하여 지면 광고시장 영향력이 여전히 클 것으로 전망된다. 물론 디지털 신문 광고도 빠른 속도로 성장하고 있지만, 인쇄 신문에 비하면 당분간 시장에서 차지하는 비중은 크지 않을 것으로 예측된다. 칠레 신문 광고시장은 향후 5년간 연평균 8.2% 성장률을 기록하며 2018년 5억 9,500만 달러에 달하는 규모를 보일 것으로 전망된다.

[그림 7-44] 칠레 신문 광고시장 규모 및 성장률, 2009-2018

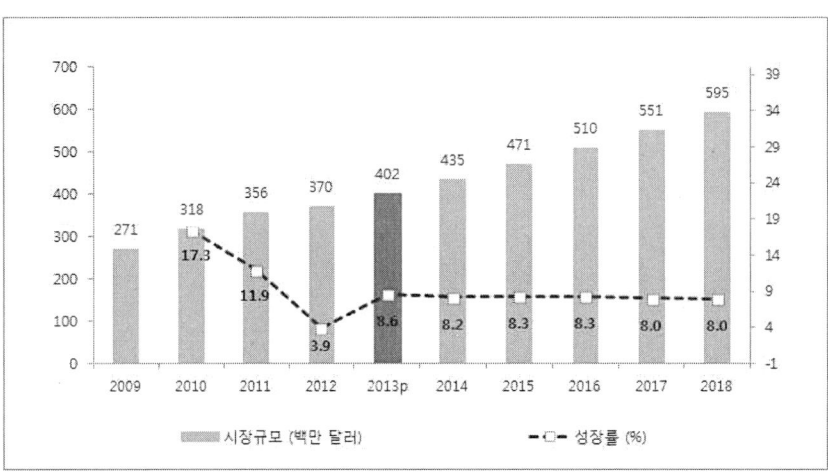

출처 : PwC(2014)

라. 옥외 광고

2013년 칠레 옥외 광고시장은 전년대비 19.0% 성장한 1억 3,800만 달러로 집계되었다. 향후 디지털 옥외 광고시장이 빠르게 증가하면서 2018년까지 연평균 10.0% 성장한 2억 2,200만 달러를 기록할 것으로 전망된다.

[그림 7-45] 칠레 옥외 광고시장 규모 및 성장률, 2009-2018

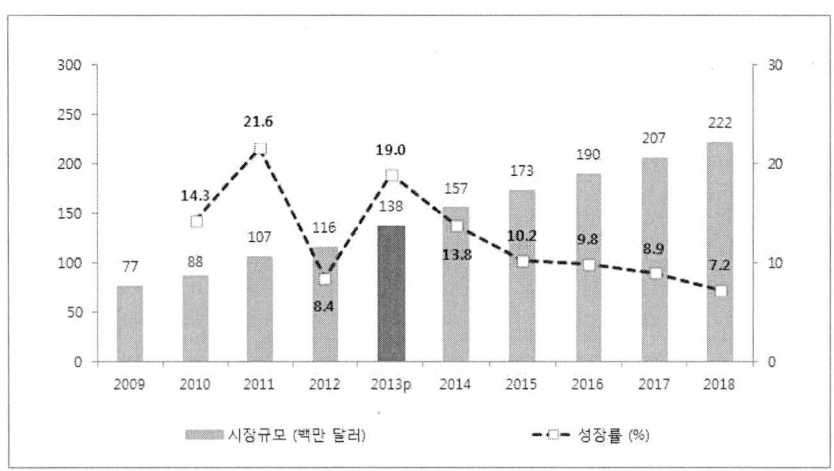

출처 : PwC(2014)

(9) 캐릭터·라이선스

2013년 칠레 캐릭터·라이선스시장은 전년대비 3.4% 성장한 1억 8,500만 달러로 집계되었다. 칠레는 수입제품에 대한 높은 수요가 있어 캐릭터·라이선스 관련 수입제품들은 파라벨라(Falabella), 센코수드(Cencosud), 리블리(Ribley), 라 폴라(La Polar) 등의 매장을 통해서 유통되고 있다. 칠레의 캐릭터·라이선스시장은 향후 5년간 연평균 4.5%의 성장률을 보이며 2018년까지 2억 3,000만 달러 규모의 시장이 형성될 것으로 전망된다.

[표 7-14] 칠레 캐릭터·라이선스시장 규모 및 전망, 2009-2018

[단위 : 백만 달러, %]

구분	2009	2010	2011	2012	2013p	2014	2015	2016	2017	2018	2013-18 CAGR
캐릭터·라이선스	190	200	170	179	185	194	203	212	221	230	4.5

출처 : EPM(2013, 2014), PwC(2014)

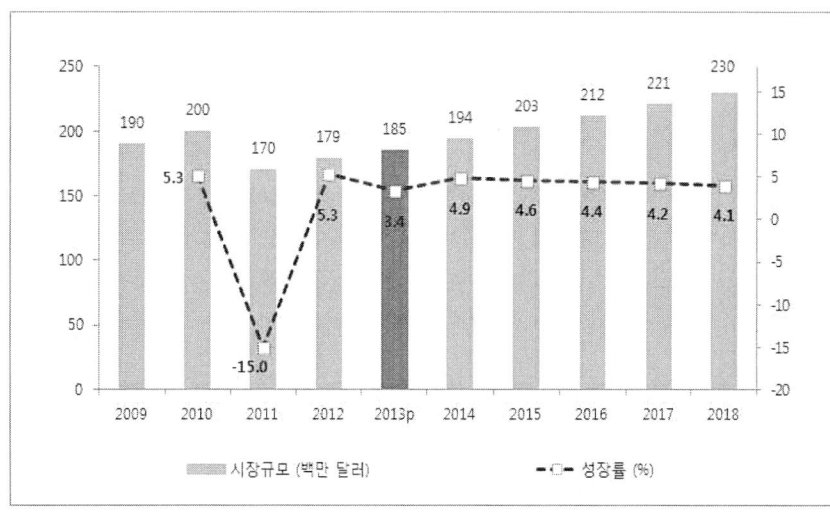

[그림 7-46] 칠레 캐릭터·라이선스시장 규모 및 성장률, 2009-2018

출처 : EPM(2013, 2014), PwC(2014)

칠레의 캐릭터·라이선스시장에서 가장 높은 시장점유율을 보인 것은 엔터테인먼트·캐릭터 부문이었다. 엔터테인먼트·캐릭터 부문은 2011년 전체 시장에서 41.2%의 비중을 차지했으나 2013년에는 40.0%로 다소 축소된 것으로 나타났다. 그 뒤를 잇는 패션 부문은 2011년 29.4%에서 2013

년 28.1%로 점유율이 줄었으며, 스포츠와 기업브랜드 그리고 예술 분야도 전체에서 차지하는 비중이 줄어든 것으로 나타났다. 이는 기타 부문의 점유율이 상대적으로 커졌기 때문인데, 음악 저작권과 OTT 서비스, 소셜 네트워크와 관련이 있는 기타 점유율이 급속도로 높아졌기 때문인 것으로 보인다.

[그림 7-47] 칠레 캐릭터·라이선스 부문별 시장 비중 비교, 2011 vs. 2013

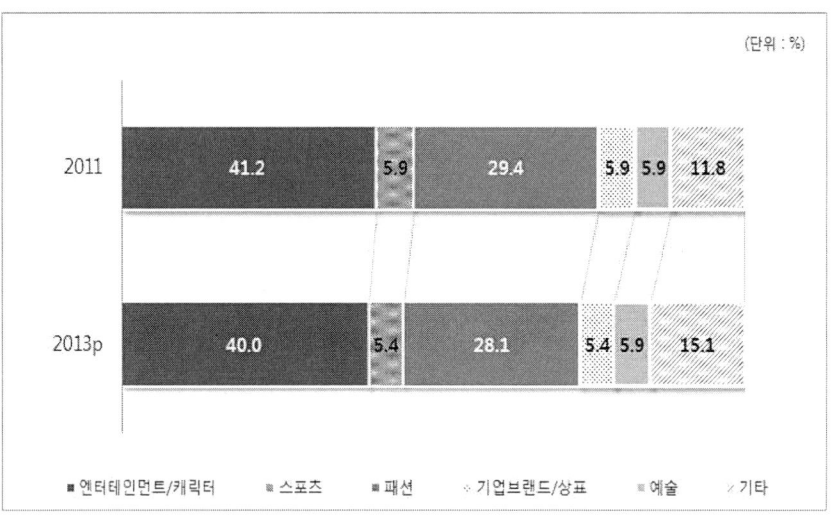

출처 : EPM(2013, 2014), PwC(2014)

[표 7-15] 칠레 캐릭터·라이선스 분야별 시장 규모, 2009-2013

[단위 : 백만 달러, %]

구분	2011		2013		
	시장 규모	비중	시장 규모	비중	증감율
엔터테인먼트/캐릭터	70	41.2	74	40.0	5.7
스포츠	10	5.9	10	5.4	0.0
패션	50	29.4	52	28.1	4.0
기업브랜드/상표	10	5.9	10	5.4	0.0
예술	10	5.9	11	5.9	10.0
기타	20	11.8	28	15.1	40.0
합계	170	100.0	185	100.0	8.8

출처 : EPM(2013, 2014), PwC(2014)

제품 분야별로는 2011년에 이어 의류·신발·잡화가 전체 시장의 약 41.2%를 점유하며 가장 높은 비중을 보이고 있다. 2013년에도 기타 부문의 점유율이 확대된 것으로 제외하고 제품 분야별 시장점유율의 큰 변화는 없을 것으로 보인다.

[그림 7-48] 칠레 캐릭터·라이선스 제품별 시장 비중 비교, 2009 vs. 2011 vs. 2013

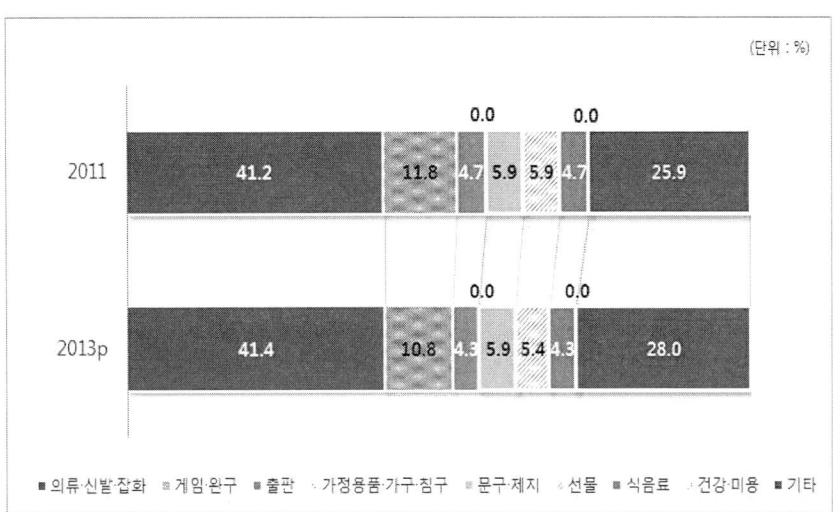

출처 : EPM(2013, 2014), PwC(2014)

[표 7-16] 칠레 캐릭터·라이선스 제품별 시장 규모, 2009-2013

[단위 : 백만 달러, %]

구분	2011		2013		
	시장 규모	비중	시장 규모	비중	증감율
의류·신발·잡화	70	41.2	77	41.4	10.0
게임·완구	20	11.8	20	10.8	0.0
출판	8	4.7	8	4.3	0.0
가정용품·가구·침구	-	0.0	-	0.0	-
문구·제지	10	5.9	11	5.9	10.0
선물	10	5.9	10	5.4	0.0
식음료	8	4.7	8	4.3	0.0
건강·미용	-	0.0	-	0.0	-
기타	44	25.9	52	28.0	18.2
합계	170	100.0	185	100.0	9.4

출처 : EPM(2013, 2014), PwC(2014)

(10) 지식정보

2013년 칠레의 지식정보시장은 인쇄 디렉토리 광고와 산업잡지의 지면 구독시장이 하락세를 보였으나 높은 비중을 보이고 있는 인터넷접근시장이 증가하면서 전체적으로 전년대비 18.1% 성장한 15억 3,200만 달러를 기록하였다. 칠레의 지식정보시장은 중남미에서도 작은 규모에 속하여 무역박람회와 같은 전시회시장이나 전문서적시장도 크게 발달하지 않은 상황이다. 디지털 산업잡지도 아직까지 큰 두각을 나타내고 있지는 않지만 유무선 인프라가 충분히 구축되는 시점인 2018년부터는 크게 발전할 것으로 보인다. 인터넷접근시장의 큰 성장세가 기대되는 만큼 향후 5년간 칠레의 지식정보시장은 연평균 12.7%의 성장률을 보이며 2018년 27억 8,000만 달러에 육박할 것으로 전망된다.

[표 7-17] 칠레 지식정보시장 규모 및 전망, 2009-2018

[단위 : 백만 달러, %]

구분	2009	2010	2011	2012	2013p	2014	2015	2016	2017	2018	2013-18 CAGR
비즈니스정보	143	141	152	149	155	158	161	165	169	174	2.4
디렉토리 광고	84	87	91	93	91	90	88	86	84	82	△2.3
디지털	8	9	10	12	13	14	15	17	18	20	9.3
인쇄	76	78	81	82	79	75	72	69	65	61	△4.8
전시회	7	7	8	8	8	8	9	9	9	10	4.2
전문서적	4	5	5	6	6	7	8	9	11	13	16.0
전자	-	-	-	-	1	1	1	2	3	5	55.3
인쇄	4	5	5	5	6	6	7	7	8	8	7.5
산업잡지	10	10	10	10	10	10	9	9	9	9	△0.7
광고	3	4	4	4	4	4	5	5	5	5	3.6
디지털	-	-	-	-	-	-	-	-	-	1	90.9
인쇄	3	4	4	4	4	4	4	5	5	4	0.8
구독	6	6	6	6	5	5	5	5	4	4	△4.5
디지털	-	-	-	-	-	-	-	-	-	-	-
지면	6	6	6	6	5	5	5	5	4	4	△4.5
인터넷접근	559	657	809	1,031	1,262	1,454	1,687	1,933	2,203	2,492	14.6
모바일	58	112	226	419	617	765	956	1,168	1,409	1,674	22.1
고정 브로드밴드	501	545	582	612	645	688	731	765	794	817	4.8
합계	807	907	1,075	1,297	1,532	1,727	1,962	2,211	2,485	2,780	12.7

출처 : PwC(2014)

[그림 7-49] 칠레 지식정보시장 규모 및 성장률, 2009-2018

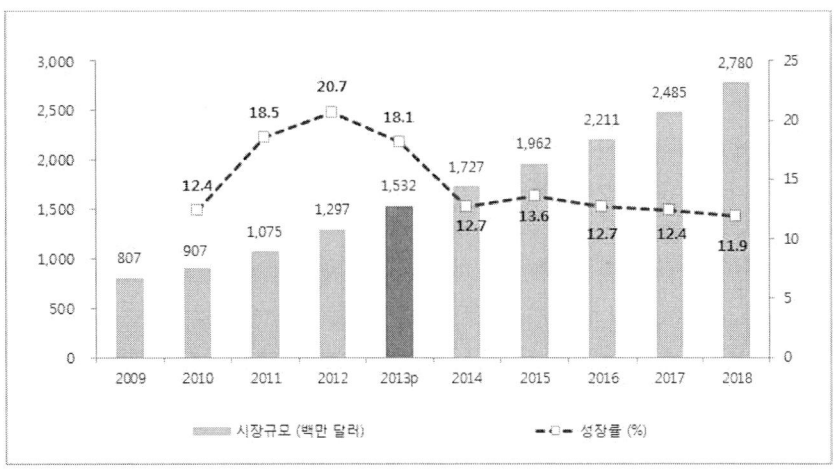

출처 : PwC(2014)

칠레의 지식정보시장에서 가장 큰 비중을 차지하는 인터넷접근시장은 2009년 69.3%에서 2013년 82.4%로 시장이 확대되었다. 향후 높은 성장세를 보이며 2018년에는 전체 시장의 89.6%의 시장을 점유할 것으로 전망된다. 한편, 전문서적과 비즈니스 정보, 전시회시장은 향후 성장할 것으로 예측되나 인터넷접근시장의 폭발적인 성장세로 전체 시장에서의 점유율은 축소되는 양상을 보일 것으로 전망된다.

[그림 7-50] 칠레 지식정보시장 분야별 비중 비교, 2009 vs. 2013 vs. 2018

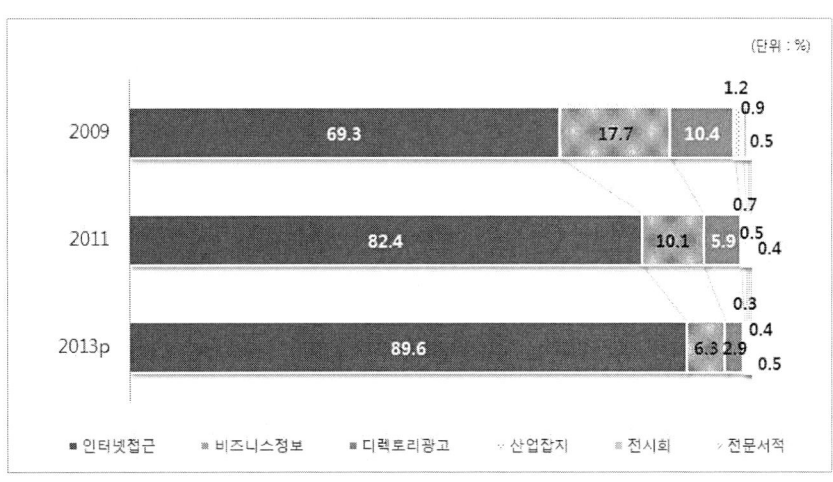

출처 : PwC(2014)

가. 인터넷접근

2013년 칠레 인터넷접근시장은 전년대비 22.4% 성장한 12억 6,200만 달러로 집계되었다. 칠레의 주력 통신회사 엔탈(Ental)은 2014년 4G 통신망과 광섬유통신망(FTTH)의 확충에 많은 투자를 단행할 것이라고 밝히면서 향후 5년간 칠레의 인터넷접근시장은 연평균 14.6%의 높은 성장률을 보이며 2018년 현재 시장 규모의 2배에 달하는 24억 9,200만 달러의 시장을 형성할 것으로 전망된다.

[그림 7-51] 칠레 인터넷접근시장 규모 및 성장률, 2009-2018

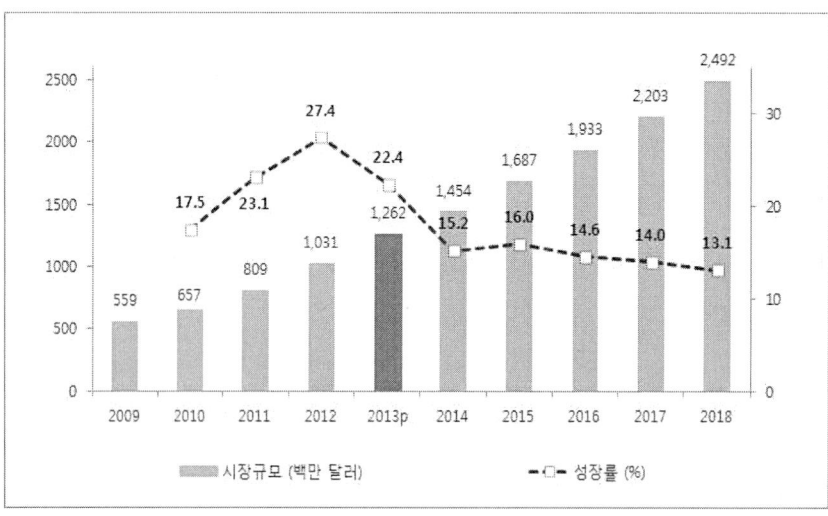

출처 : PwC(2014)

나. 전문정보[193]

2013년 칠레의 전문정보시장은 전년대비 1.5% 성장한 2억 7,000만 달러 규모로 집계되었다. 전문정보시장에서 가장 큰 비중을 차지하는 비즈니스 정보시장은 '이벨류서브(Evaluserve)'같은 기업들이 KPO(Knowledge Process Outsourcing, 지식 프로세스 아웃소싱)를 제공하기 위해 칠레에 사무실을 세우고 있으며, 또 다른 기업들은 칠레를 컨설팅 사업을 위한 현지 허브로써 이용하면서 비즈니스 정보시장은 더욱 성장할 것으로 전망된다.

---

[193] 전문정보시장은 인터넷접근을 제외한 지식정보시장(비즈니스 정보, 디렉토리 광고, 전문서적, 산업잡지, 전시회)을 의미함

또한 유·무선 통신망 확충과 성장세에 있는 칠레의 경제 환경 덕분에 새로운 사업을 시작하기 위한 전문정보의 획득이 중요시되고 있다. 향후 칠레의 전문정보시장은 연평균 1.2%의 성장률을 보이며 2018년까지 2억 8,800만 달러 규모의 시장이 형성될 것으로 전망된다.

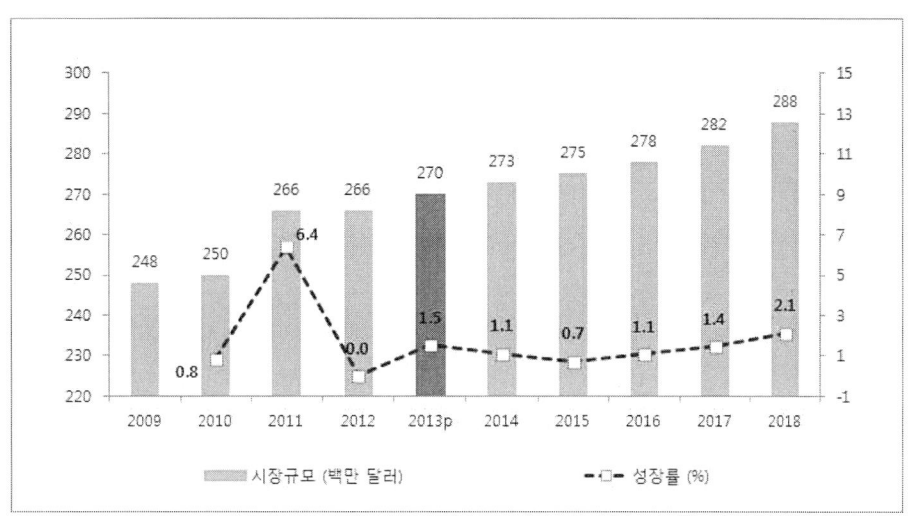

[그림 7-52] 칠레 전문정보시장 규모 및 성장률, 2009-2018

출처 : PwC(2014)

3) 주요 이슈 및 트렌드

(1) 출판

가. 칠레의 높은 도서세금

사회적 불균등이 두드러지는 칠레에서, 도서시장은 다른 국가들보다 발전이 늦고 비활성화되어 있다. 특히 칠레는 도서에 19%의 세금이 부과되는데, 이는 세계에서 가장 높은 비율이다.

이는 아우구스토 피노체트의 독재 시기였던 1976년부터 도입된 것인데, 1990년 이후 민주주의가 복권되었음에도 어떤 정부도 이 세금을 낮출 엄두를 내지 못했다. 그래서 칠레인들은 아르헨티나의 부에노스아이레스나 스페인쪽으로 여행가는 친구에서 책을 사다 줄 것을 부탁하곤 한다. 알바출판사(Alba Editorial)판 '안나 카레니나'의 하드커버는 마드리드에서 44유로에 팔리고 있지만, 산티아고에서는 똑같은 책이 100유로가 넘는다. 14.90유로인 페이퍼백 버전은 칠레의 수도에서 찾아볼 수도 없다. 중남미와 카리브해 도서진흥협회(CERLALC-UNESCO)의 지역센터 연구에 따르면 칠레에서 자발적으로 책을 읽는 사람의 수가 매우 적은 것으로 밝혀졌다. 책을 읽는다고 한 51%의 사람들 중, 즐거움이나 여가 활동을 위해 책을 읽는 사람이 7%, 학문적인 이유로 읽는 사람이 35%, 정보를 얻기 위해서가 26%, 일을 잘하기 위해서가 12%인 것으로 나타났다. 경제성장률과 교육인구가 높은 국가이지만, 독서는 재미가 아니라 의무와 연결된 활동으로 인식하고 있는 것이다.

(2) 게임

가. 로컬 게임 박람회 'Expo Geek' 개최

2014년 12월 6일 칠레 발파라이소(Valparaíso)에서 개최된 로컬 게임산업박람회 'Expo Geek 2014'에서는 '도타 2' 칠레 컵 결승대회, 'PES 2015' 무료토너먼트, 게임 배경음악 콘서트, 게임 캐릭터의 코스튬 플레이, 게임개발자 및 전문가간 대담 등 다양한 행사가 진행되었다[194]. '도타(Dota) 2' 칠레 컵 결승대회는 총 36개의 팀이 네 개 그룹으로 나뉘어 참여하는 전국 최대 규모로, '도타 2' 중남미 커뮤니티 전역에 '라이브 도타TV'를 통해 생중계되었다.

비트로게임즈(Vitro Games), 서멀젼스튜디오(Sumersion Studio), 캉그레호아이디어즈(Cangrejo Ideas) 등 칠레 게임개발자연합(VG Chile) 회원사들과 더블유스튜디오(W Studio), 자이언트에네미랩(Giant Enemy Labs), 뎀브레인(Damn Brain) 등 다양한 인디개발사들의 프로젝트도 공개되었다.

박람회 주최측에 따르면, 'Expo Geek 2014'는 단순한 게임 소개의 장이 아니라, 게임과 첨단 기술을 접목할 수 있는 자리로, 그래픽, 시청각 예술 및 대학생들의 아마추어 프로젝트 소개의 자리도 마련되었다. 또한, 게임 전문가가 아닌 일반 내방객들을 위해 콘솔, 아케이드, 레트로게임 토너먼트 경연장 외에도 자유롭게 게임을 시연할 수 있는 공간이 마련되었으며, 게임 관련 잡지 판매도 함께 진행되었다.

나. 로컬 게임사의 모바일 게임 앱스토어 1위 등극

칠레 게임개발업체인 메고(MEGO)가 90년대 유행했던 윈도우즈(Windows)기반의 PC 게임인 '스키프리(SkiFree)'를 모티브로 출시한 모바일 게임 '이스케이프 프롬 몬테그란데(Escape From Montegrande)'가 칠레 앱스토어 1위를 차지하였다. '이스케이프 프롬 몬테그란데'는 칠레 앱스토어 유료 다운로드 게임 부문에서 1위를 차지했고, 모든 카테고리에서는 상위 20위 안에 진입하였

---
194) 한국콘텐츠진흥원, 글로벌게임산업트렌드, 2014. 12. 제1호

다. '이스케이프 프롬 몬테그란데'는 90년대 PC에 윈도우즈(Windows)와 함께 번들로 삽입되던 고전 게임 스키프리의 캐릭터 중 하나인 프랭크(Frank)의 이야기를 중심으로 모바일 버전으로 각색한 게임이다. 현재 해당 게임은 앱스토어에서 1.99달러에 유료로 다운로드할 수 있으며, 안드로이드 버전은 광고를 삽입한 무료버전으로 이용할 수 있다.

다. 칠레 게임산업, 내실 다지며 성장 가도

시장조사업체 가트너(Gartner)는 2015년 글로벌 게임시장 규모를 1,110억 달러로 전망하는 가운데, 또 다른 시장조사업체 지에프케이 리테일앤테크놀로지(GfK Retail & Technology)는 칠레의 게임시장 규모가 1억 3,000만 달러를 넘어설 것으로 전망했다.

칠레 게임시장은 중남미 게임시장에서 더 이상 니치 마켓이 아닌 주류 시장이라는 인식이 자리 잡으면서, 게임 디자인 및 개발 과정을 개설하는 대학과 게임개발에 주력하는 로컬 스튜디오의 수도 점차 늘어나고 있다[195].

게임이 칠레 IT 산업의 새로운 수익 창출원으로 인식되면서, 다양한 교육기관에서 게임 프로그래밍과 디자인 분야의 전문가 양성을 위한 자체 프로그램을 개설하고 있다. 아르코스 교육원(Instituto Arcos)의 게임 디자인 과정, 가브리엘라 미스트랄 대학(Universidad Gabriela Mistral)의 크로스미디어 디자인 과정, 안드레스 베요 대학(Universidad Andrés Bello)의 디지털 게임 디자인 및 퍼시픽 대학(Universidad del Pacífico)의 게임 디자인 실무 전문가 과정 등이 대표적이다.

(3) 영화

가. 칠레 극장가 IMAX 영화관 도입

칠레는 인구가 1,736만 명으로 연관객 수는 2천만 명 수준이며 극장의 매출은 1억 달러에 달한다. 연평균 관람객 수로 보면 지난 10년간 연평균 1,110만 명의 관객이 극장을 찾았다. 이러한 칠레의 극장가에 남미시장에서 영화관 규모로는 가장 큰 영향력을 보이고 있는 멀티플렉스관 호이츠 시네마(Hoyts Cinemas)가 칠레에 아이맥스(IMAX) 영화 상영관을 개관하였다. 호이츠 시네마는 IMAX 상영관을 열기 위해 다양한 포럼을 개최하였고 많은 극장 관람객으로부터 영화관의 디지털화와 그에 상응하는 시스템이 필요하다는 의견을 받은 바 있다.[196]

---

195) 한국콘텐츠진흥원, 글로벌게임산업트렌드, 2014. 4. 제2호
196) Kobiz, 호이츠 칠레에 IMAX 상영관 개관, 2013. 4. 14.

나. 칠레 극장가 호러영화 흥행

2014년 칠레 박스오피스는 호러 영화들이 상위권을 차지했다. 특히 '애나벨라'은 멕시코, 베네수엘라, 아르헨티나에 이어 1위를 차지하였다. '애나벨라'는 컨저링, '인시디어스' 등에 이은 제임스 완(James Wan) 사단의 작품으로 중남미에서 흥행파워를 증명하였다. 또한 판타지 액션 블록버스터 '드라큘라: 전설의 시작'은 칠레에서 박스오피스 10위 안에 들었다. 루크 에반스(Luke Evans)와 도미닉 쿠퍼(Dominic Cooper)가 출연하는 '드라큘라: 전설의 시작'은 백성들을 지키려는 드라큘라 백작의 치열한 싸움을 보여준 작품이었다.

(4) 방송

가. 디지털방송의 빠른 도입

칠레정부의 디지털 방송 정책이 지난 2014년 5월 마침내 입법 절차를 완료했다. 칠레 디지털 방송은 브라질과 일본에서 채택한 방송 기술인 ISDB-T를 기반으로[197] 하고 있으며, 이에 따라 전환이 완료되는 2018년까지 디지털 방송시장이 빠르게 성장할 것으로 전망되고 있다. 칠레정부는 향후 5년 내에 국내에서 총 85%의 커버리지를 달성한다는 목표를 설정하고 있다.

디지털 지상파 방송 시범 서비스의 경우 2012년 7월부터 이미 코킴보(Coquimbo)주의 7개 지역에서 시행된 바 있으며 이후에도 점차 그 커버리지를 넓혀가고 있는 상황인데, 코킴보지역의 경우 2013년 6월부터 디지털 지상파 방송기반의 HD 채널의 송출이 개시되었다. 이와 더불어 칠레정부가 산티아고 등 주요 도시에 제공되고 있는 17개 채널의 디지털 방송 테스트의 라이선스를 2013년 10월까지로 갱신함에 따라 방송 테스트 기간은 당초보다 좀 더 길어지고 있다. 현재 칠레정부는 2015년 개시될 디지털 방송 전환에 대비, 시범 서비스를 무료로 지원하고 있다.

나. 칠레의 OTT 서비스 등장과 유료방송사들의 대응

2011년 넷플릭스(Netflix)가 칠레에서 서비스를 개시하고 2014년 HBO가 게임 셋톱 Xbox 360을 통해 프리미엄 채널 네트워크 HBO Go의 앱을 출시[198]하면서 이에 대응하는 유료방송사업자들의 움직임 역시 가속화되고 있다.

대표적인 것이 리버티 글로벌(Liberty Global)의 유료방송사업자 VTR로, 해당 업체는 기존 유료방송시장에서의 주도적 위치를 유지하기 위해 서비스 강화는 물론 신규 모바일 커뮤니케이션

---
197) BNamericas, Chile's digitalTV bill finally signed into law, 2014.05.22
198) NexTV Latam, HBO Go Launched an app for Xbox 360 in five Latin American countries, 2014.07.31

서비스와의 번들링을 시도, ARPU(가입자당 평균 수익 : Average Revenue Per Unit) 향상을 도모하고 있다. 또한 VTR은 자사 유료TV 서비스에 영화와 TV 시리즈 및 아동용 콘텐츠 등의 VOD 옵션을 제공하고 있는데, 여기에 중남미지역 최초의 OTT 서비스 바주카(Bazuca)를 인수, OTT 서비스를 출시하면서 OTT시장으로의 진출도 시도했다. 또한 2013년 10월에는 바주카의 DVD 및 비디오게임 대여 서비스를 종료하고 OTT 서비스를 주요 비즈니스모델로 구성하는 방안[199]을 밝히기도 했다. 메가비전(Megavision), 칠레비전(Chilevision, CHV), TVN도 제휴를 통해 2014년 3월, 자사 콘텐츠의 업로드를 지원하는 OTT 플랫폼을 출시한 바 있다. 그러나 금융감독원(FNE)이 이러한 대형 미디어 네트워크들의 제휴가 아직 작은 규모에 머물러 있는 OTT시장의 성장에 영향을 준다는 점에서 이것이 자유경쟁과 관련된 규제를 위반한 것이 아니냐는 의문을 제기[200]하는 등, OTT 서비스가 완전히 시장에 정착하기 위해서는 다소 시간이 필요할 것으로 보인다.

[그림 7-53] 칠레 유료방송사업자별 가입자 수 비중

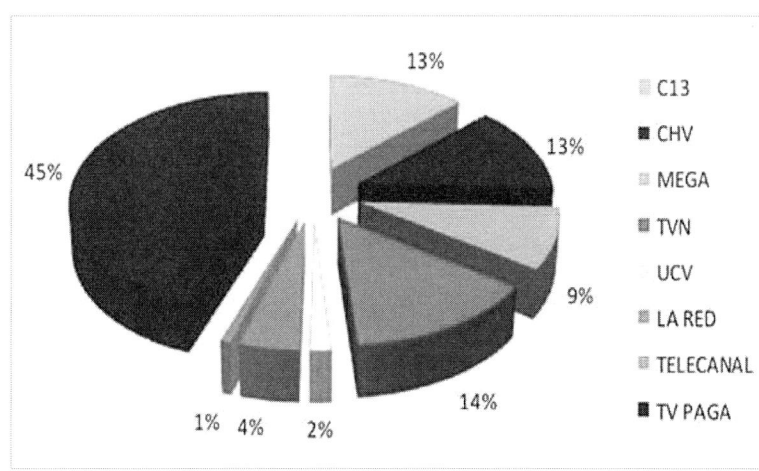

출처: Ibope Chile, LAMAC 재인용, 2013

---

199) NexTV Latam, The Chilean OTT Bazuca was absorbed by VTR's On Demand Service, 2014.08.19
200) RapidTV News, Chile's OTT project reported for breaking competency rules, 2014.04.15

(5) 지식정보

가. 엔탈, 클라우딩 서비스 진출 및 4G LTE망 커버리지 확대

칠레 통신사 엔탈(Entel)은 2013년 6월 클라우드 서비스를 강화한 엔탈 비디오 클라우드(Entel Video)와 엔터프라이즈 클라우드(Enterprise Cloud)의 서비스를 개시하였다. 이번 클라우드 서비스를 통해 사용자들은 원격 화상회의 서비스를 이용할 수 있게 되었고 엔탈이 제공하는 가상 서버를 이용하여 데이터의 저장과 IT 모니터링, 백업 등의 서비스를 이용할 수 있게 되었다.

비록 칠레의 클라우드시장은 초기 진입단계를 보이고 있지만 엔탈과 경쟁하는 Cisco, Netapp, VMWare 사업자들이 시장에서 함께 경쟁 상태를 보이고 있고, 최근 국가적 지원 하에 통신사업자들이 자발적으로 신기술의 도입에 적극적인 태도를 보여 활발한 클라우스 서비스 도입이 전개되고 있다. 엔탈은 클라우드 서비스뿐만 아니라 디지털 교육시장을 클라우드와 접목하는 시도를 하고 있는데 이를 위한 교육사업자로 에릭슨(Ericsson)을 선정하였고 두 회사는 클라우드 기반의 컴퓨터 기술과 모바일 통신의 기술을 접목하여 전자 교육시스템의 구축에 주력하고 있다. 또한 엔탈은 자사의 4G 통신망의 커버리지 확대를 위하여 2억 1,800만 달러의 자금을 투자하기로 결정하였다. 엔탈은 칠레의 LTE 통신규약에 의거하여 4G LTE 통신망 접속환경이 열악한 칠레의 변두리 지역을 위주로 투자를 단행하기로 하였다. 현재 칠레의 통신사에 의해 4G LTE 통신망이 연결된 지역은 181곳 중 37개 지역으로 20%수준이며 18개월 동안 4,800만 달러의 자금이 투입되었다. 게다가 엔탈은 자사의 차세대 무선통신망을 위한(700mhz 주파수 라이선스) 추가자금으로 1억 7,000만 달러가 소요될 것이라 전망하였다.[201]

한편, 칠레의 클라로 칠레(Claro Chile)는 2012년 12월 LTE 서비스의 상용화 계획을 발표하여 2013년 7월에 본격적인 LTE 통신 서비스를 시작하였다.[202]

나. 칠레 전자상거래, 주요 유통 채널로 성장 예상

칠레 산티아고 상공회의소 발표에 의하면, 2013년 칠레 전자상거래 규모는 16억 달러로 전년대비 25% 성장하였다. 전자상거래가 제품 판매의 중요한 수단으로 발전하면서 기업의 사업전략에 필수 고려사항이 되었다. 특히 주요 소매기업의 경우 전자거래 채널에 강한 의존성을 보이며, 실질 판매량에 적지 않은 영향을 미치고 있는 것으로 나타나면서 칠레 전자상거래시장의 중요도가 갈수록 심화될 것으로 예상된다. 2013년 칠레 1인당 온라인 상거래액은 연평균 94달러로 아르헨티나 112달러, 브라질 110달러임을 고려할 때 높은 수치라고 할 수 있다. 중남미의 전자상거래

---
201) TeleGeography, Entel to spend USD218m to hit rollout targets, 2014. 7. 30.
202) Conex, Claro Chile LTE 서비스 개시, 2013. 7. 8.

성장은 기반이 약했음에도 불구하고 2005~2013년간 35%의 성장률을 보였으며 칠레는 32% 성장하였다. 칠레 산티아고 상공회의소 회장은 인터넷 연결성을 기반으로 한 새로운 형태의 교역, 소비자와 기업의 빠른 적응, 새로운 경험을 위한 기술 성숙은 2013년 전자상거래시장에 생긴 큰 변화이고, 이로 인해 전자상거래의 새로운 발전이 가능해졌다고 언급하였다.[203]

4) 콘텐츠 소비 실태 및 동향

(1) 디지털 인프라 환경 및 소비 행태

가. 디지털 인프라 환경

칠레 고정 브로드밴드는 2010년 심각한 지진으로 인하여 대부분의 인프라가 파괴되면서 보급률이 잠시 주춤하였으나 민간기업들의 활발한 투자 단행과 정부의 대대적인 통신사업 정책으로 2013년에는 보급률이 47.5%의 수준까지 향상되었다. 또한 브로드밴드 확장 정책인 'Todo Chile Comunicado'에 의해 교외지역 70%~90%를 브로드밴드로 연결하고자 1억 1,000만 달러의 자금을 투자할 계획인 것으로 나타나 2018년에는 56.1%의 칠레 사람들이 고정 브로드밴드를 이용할 것으로 전망된다.

칠레의 무선 인터넷 현황을 보면, 2013년 칠레 모바일 인터넷 보급률은 26.3%로 전년대비 7.3%p 증가하였다. 칠레의 메이저 통신사 엔탈(Ental)과 모비스타(Movistar)에 의하면 칠레인들의 스마트폰과 태블릿 사용량이 증가하면서 인터넷 데이터 사용이 매년 증가하고 있고, 칠레통신청(SUBTEL)역시 모바일 통화량이 감소한 대신 모바일기기를 통한 데이터 활용률이 증가하였다는 분석을 내놓았다. 향후 2018년까지 칠레의 모바일 인터넷 보급률은 60.4%에 달할 것으로 전망된다. 칠레의 스마트폰 보급률은 2013년 28.7%로 전년대비 6.9%p 증가하였다.

초기 스마트폰이 도입되던 2013년 1분기에 비해 4분기에는 스마트폰의 가격이 하락하였고, 18세에서 35세 사이의 경제력을 갖춘 인구 층에서 어린이, 청소년으로 사용자층이 넓어지고 있다. 최근에는 프리미엄 라인의 스마트폰 수요가 크게 증가하고 있어 앞으로의 시장성도 양호한 것으로 나타났다. 향후 2018년까지 칠레의 스마트폰 이용자는 66.1%까지 늘어날 것으로 전망된다.

---

203) KOTRA 해외비즈니스포털, 칠레 경제동향, 2014. 6. 18

[표 7-18] 칠레 유·무선 인터넷 보급률 및 전망, 2009-2018

[단위 : %]

구분	2009	2010	2011	2012	2013p	2014	2015	2016	2017	2018
고정브로드밴드 보급률(%)	31.9	36.8	40.7	44.3	47.5	50.3	52.3	53.9	55.1	56.1
전년대비 증감(%p)	-	4.9	3.9	3.5	3.2	2.8	2.0	1.6	1.3	0.9
모바일 인터넷 보급률(%)	6.1	8.8	13.4	19.0	26.3	33.4	40.9	48.9	55.4	60.4
전년대비 증감(%p)	-	2.7	4.6	5.6	7.3	7.1	7.6	8.0	6.4	5.0
스마트폰 보급률(%)	-	-	-	21.8	28.7	36.7	45.2	53.3	60.4	66.1
전년대비 증감(%p)	-	-	-	-	6.9	8.0	8.5	8.1	7.1	5.7

출처 : PwC(2014)

나. 디지털 소비 및 이용 행태

최근 칠레는 모바일 데이터 사용량 증가로 일반 유료 통화량이 감소하였으며, 인터넷 보급률 증가로 무료통신 이용률이 증가하는 등 칠레의 통신 소비 트렌드에 변화가 나타나고 있다[204].

칠레 통신청(SUBTEL)의 모바일 통화량 증감률에 대한 조사 결과, 2013년 1/4분기 모바일 통화량이 전 분기보다 1.7%p 하락한 것으로 나타났다. 주로 모바일기기를 통한 데이터 활용률이 증가함에 따라 전통적인 유료서비스 사용량이 감소한 것으로 파악되고 있다. 이는 모바일이 보급된 이후 매년 증가세를 보이던 통화 이용량이 처음으로 감소치를 나타낸 경우로, 향후 칠레 통신 소비 트렌드에 나타날 변화를 예고하고 있다. SMS(Short Message Service) 사용량은 8%p, MMS(Multimedia Message Service) 12.4%p 하락했다. 이는 왓츠앱(WhatsApp), 라인(Line) 등 채팅 앱 사용이 증가한 것에서 비롯된 것으로 보고 있다. 이에 칠레의 대표 통신사들은 데이터 사용량 증가에 따라 칠레 통신 소비 트렌드의 변화에 따른 대비가 필요한 것으로 판단해 전통적인 유료서비스 사용률 저하에 따른 대비책을 강구하겠다고 발표하였다. 칠레 통신시장에서 98.8%의 점유율을 보이고 있는 대표적인 통신 3사인 엔탈(36.96%), 모비스타(Movistar, 36.92%), 클레오(Claro, 24.94%)는 향후 4G 시스템을 더욱 강화할 것이라고 밝혔다. 스마트기기 사용량 증가 외에도 모바일 인터넷의 사용량도 증가하고, 특히 모바일 브로드밴드는 통신사업에서 가장 높은 성장률을 보이는 부문으로 2013년 1/4분기 사용량이 39.3%로 전 분기 대비 10.3%p 증가하였다.

모바일 브로드밴드란 광대역 통신으로 하나의 전송 매체에 여러 개의 데이터 채널을 제공하는 초고속 인터넷 기반을 의미하는데 이 분야의 칠레 대표 통신사는 엔탈과 모비스타로 각 37.9%와 38.3%의 점유율을 보이고 있으며, 클레오는 작년 대비 4.7%p 성장한 19.6%의 점유율을 차지하였다.

---

204) 코트라 글로벌윈도우, 2013. 9. 4

일반 인터넷의 사용량은 2013년 1/4분기 기준 전 분기 대비 9.6%의 성장률을 나타내고 있는데, 이는 인터넷 이용자들의 대용량 데이터 사용이 매년 증가하기 때문이다. 일반 인터넷시장의 선두 통신사는 모비스타와 VTR로 각 40.48%, 37.6%의 점유율을 나타내며 총 시장의 78%를 차지하고 있다. 클레오는 10.93%의 점유율로 최근 3개월 146.4%로 가장 높은 성장률을 보였다. 일반 인터넷의 경우 12.6%는 상업용으로, 87.4%는 가정용으로 나타나고 있다. 2013년 1/4분기 유선전화 사용률은 모바일 사용량 증가로 전 분기 대비 2%p 감소했고, 가입률은 19.2%에서 18.6% 하락하였다. 스마트폰과 태블릿 사용량이 증가함에 따라 소비자들의 앱 사용 빈도가 늘고 있어 향후 칠레 통신시장 진출을 위해 지속적인 관찰이 요구된다. 또한 스마트기기와 관련된 액세서리 수요가 점차 증가하는 가운데 아이템의 다양성은 부족하고 가격대가 높게 형성되어 있으므로 이 아이템 시장 진출도 고려할만하다. 과거 메시지 송수신, 음악 감상, 사진 촬영 등 단순 기능으로만 사용되었던 스마트기기가 3G, 4G, 와이파이 시스템 등이 발달됨에 따라 데이터 사용량이 매년 증가하므로 문화콘텐츠 및 마케팅 도구로서의 활용 방안을 고려할 필요가 있다.

(2) 콘텐츠 소비 행태 및 선호 장르

칠레 통계청의 2013 문화·레저 연간보고서(Anuario de Cultura y tiempo libre - informe Anual 2013)에 의하면 칠레인들이 TV 시청 시 가장 선호하는 장르는 미니시리즈가 17%로 가장 높았으며, 그 다음으로 기타 장르 16.9%, 뉴스 16.6%, 대화방식(토크쇼) 14.3%, 드라마 11.0% 순으로 나타났다.

[그림 7-54] 2013년 칠레인들이 선호한 TV 방송 장르

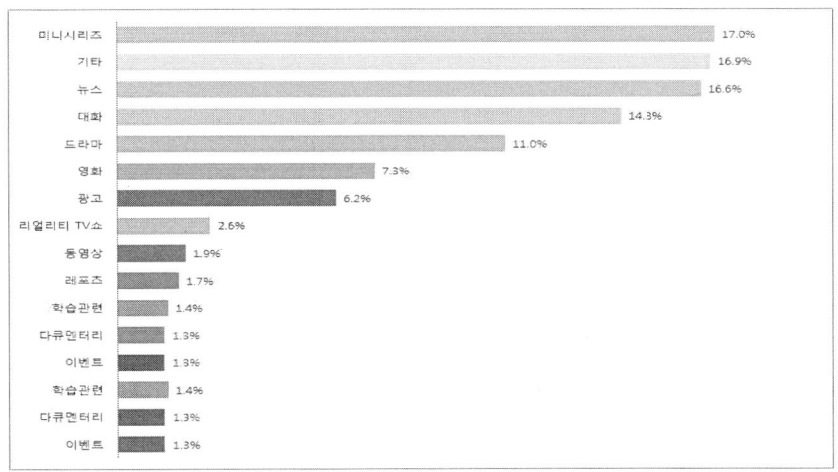

출처: Cultura tiempo libre infografia 2013

칠레의 성인들을 대상으로 도서 장르에 대한 선호도 조사 결과, 문학 서적을 읽는 사람이 45%로 가장 높았으며, 교육서 20%, 사회과학서 12%, 법률서와 실용과학서는 8%, 예술 및 오락 서적을 선호하는 칠레인은 7%로 나타났다.

[그림 7-55] 2013년 칠레 사람들이 가장 선호한 도서 장르

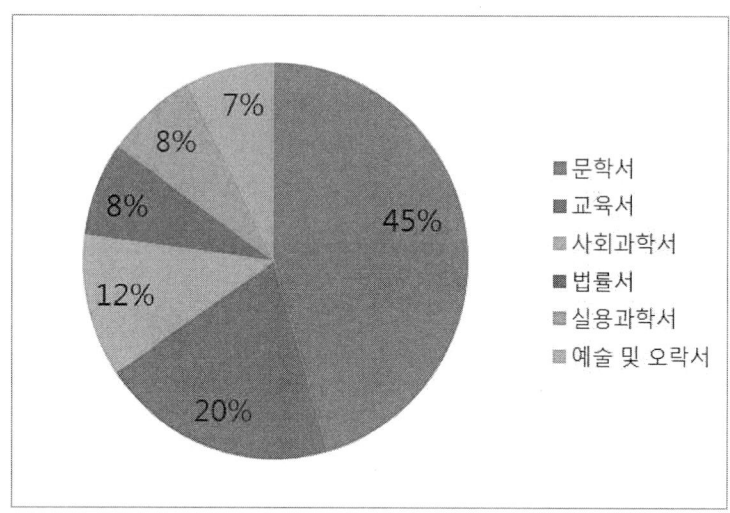

출처: Cultura tiempo libre infografia 2013

설문조사에 응한 칠레인들 중 라디오를 청취하는 사람은 694명이었으며 35~44세 연령층이 39%로 가장 높은 라디오 청취율을 보였다. 그 다음으로 25~34세 27%, 34~59세 16%, 20~24세 7% 순으로 나타났다.

[그림 7-56] 칠레의 라디오 청취 연령 비중

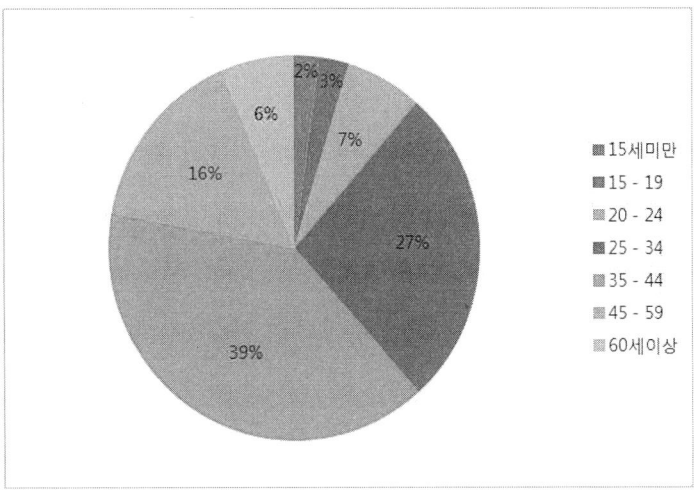

출처: Cultura tiempo libre infografia 2013

또한 라디오를 청취하는 인원을 AM/FM 으로 나누었을 때 AM을 가장 많이 청취하는 연령층은 35~44세 26명으로 가장 높았다. 그 다음으로 45~59세 15명, 60세 11명, 25~34세 10명 등의 순으로 나타났다. FM은 35~44세 연령층이 202명으로 가장 높았고 24~34세 142명, 45~59세 61명, 20~24세 32명 순으로 나타났다.

[그림 7-57] AM/FM 라디오 청취인원

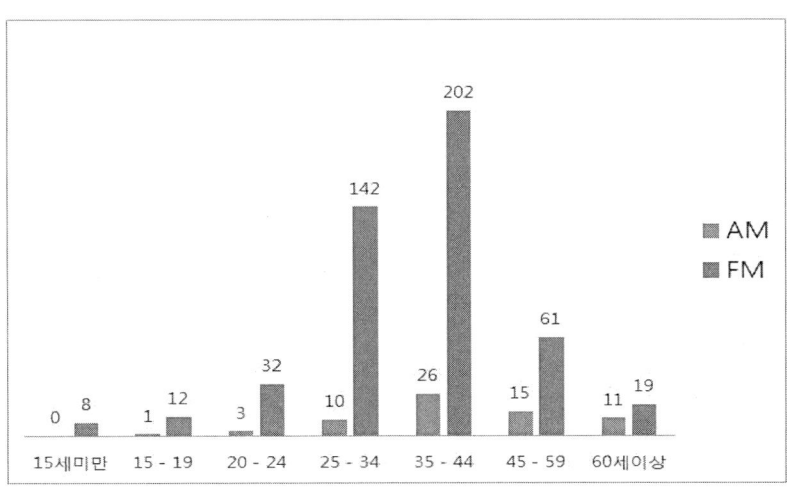

출처: Cultura tiempo libre infografia 2013

5) 콘텐츠 유통 현황

(1) 주요 유통 플랫폼 현황

가. 오프라인 플랫폼

칠레의 영화산업은 중남미에서 가장 역동적인 분야 중 하나이다. 이는 2013년 베를린 영화제 수상작인 'Gloria', 오스카상 후보에 오른 Pablo Larrain의 'No' 등의 영화들이 해외에서 상당한 성공을 거두며 더욱 강조되어 왔다. 2013년 칠레 영화산업은 이 밖에도 관객 수가 증가했고 영화관의 디지털화도 상당히 진행되면서 많은 발전을 이루었다.

[표 7-19] 칠레 영화산업 기초 지표 (2013)

연 관객	2,101만 명 (2013년 기준)
극장매출	1억 2,094만 USD
평균 관람료	6.01 USD
스크린 수	332개 (2013년 기준)
디지털 스크린 수	176개 (2013년 기준)
3D 스크린 수	129개 (2013년 기준)

출처 : CNCA, 영화진흥위원회

칠레의 관객 수는 매년 상승하고 있는 추세다. 2009년 약 1,444만 명이던 관객 수는 2013년 약 2,101만 명으로 대폭 늘어났다. 그러나 관객 수를 기준으로 봤을 때, 자국 영화의 시장점유율은 높지 않은 편이다. 2013년 자국 영화 점유율은 8.08%에 그쳤는데, 이는 칠레에서 만들어지는 자국 영화 자체가 많지 않기 때문인 것으로 보인다. 2013년에는 31편의 칠레 영화가 개봉되었지만 영화제작은 꾸준히 증가하는 추세를 보이고 있다.

[그림 7-58] 칠레 자국 영화 개봉 수 추이, 2001-2013

[단위 : 개]

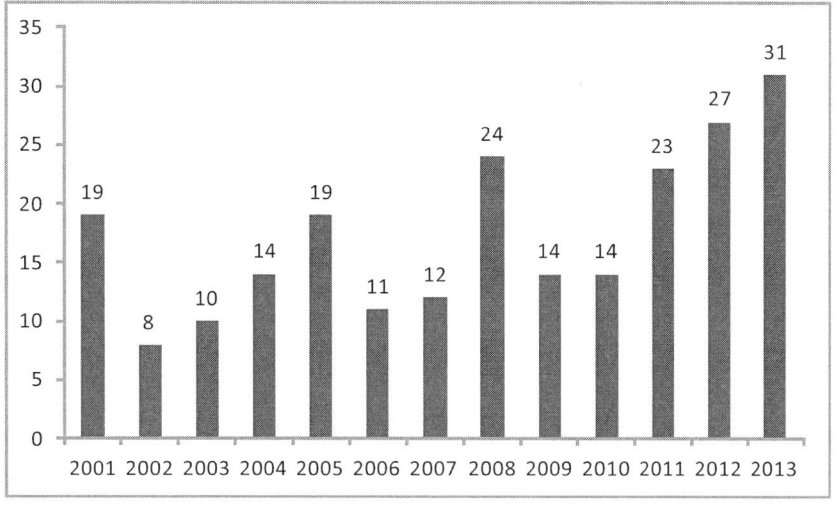

출처 : CNCA

칠레 영화가 많이 제작되지는 않지만, 이러한 환경에서도 꿋꿋하게 영화와 TV 프로그램을 제작하는 제작사들이 있다.

[표 7-20] 칠레 영화제작사

영화제작사	설명
Aplaplac	• 칠레의 TV 프로그램 제작사이자 영화사 • 대표작품으로 '31분'(2003)을 TV용과 영화용으로 제작하여 큰 호응을 얻음
JL Producciones Cine YTV	• 1990년 칠레에 설립된 프로덕션으로 다큐멘터리, TV 프로그램 제작을 해왔으며 영화 기획개발도 진행 중
Parox	• 2001년 4월 설립된 제작사로 극영화, 다큐멘터리, TV 프로그램을 제작하며 최근에는 공동 제작에 관련된 사업을 준비 중 • 제작에 관련된 모든 것이 제공 가능한 회사
Chile Films S.A	• 후반작업 회사이며 동시에 극장을 운영 • 3D, CG, 마스터링 등 모든 후반작업이 가능한 회사 • 극장 체인은 CINE MUNDO라는 이름으로 운영 • CINE MUNDO의 웹사이트 주소는 'www.cinemundo.cl'

출처 : 영화진흥위원회

칠레의 영화 유통을 보면, 칠레 5대 영화배급사인 Andes, Fox, UIP, Warner, BF가 관객 점유율의 대부분을 차지한다.

[그림 7-59] 칠레 영화 배급사 점유율 현황 (2013)

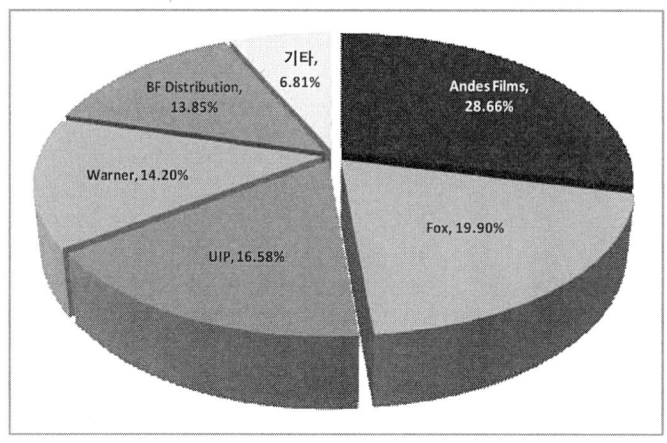

2013년 칠레 영화 배급시장에서 Andes Film은 33편을 배급하여 관객 점유율 28.66%를 차지했으며 그 뒤를 Fox, UIP, Warner가 뒤따르고 있다. BF Distribution은 66편의 영화를 배급했지만 관객 점유율은 13.85%에 그쳤다. 이렇게 5대 배급사가 관객 점유율 93%를 차지하며 전년도와 같은 순위를 유지했으나, 2014년에는 UIP가 사라지고 대신 디즈니의 배급사인 Cinecolor가 배급시장에 메이저로 진입할 것으로 전망된다.[205]

[표 7-21] 칠레 주요 영화 배급사

영화배급사	설명
Andes Films	• Chile films S.A.의 계열사로 1998년 설립 • 영화, DVD, OST를 취급하며 주로 디즈니, 소니 등의 해외 대형 배급사의 작품을 칠레 및 페루에 배급 • 칠레시장에서 UIP의 철수로 2014년에는 유니버설과 파라마운트 영화도 배급
BF Distribution	• 미국 영화와 유럽영화를 주로 배급하는 회사 • 칠레를 시작으로 2009년 자산규모 200억 페소를 넘기며 페루로 진출 • 칠레 내 시장점유율이 12%이며 한 달에 4편~7편을 배급

205) CNCA, RESULTADOS DEL ESPECTACULO CINEMATOGRAFICO EN CHILE 2013

영화배급사	설명
Mc Films	• 칠레 독립 영화계의 가장 중요한 배급사로 한 해에 24편의 극영화, 다큐멘터리 작품을 수입, 배급 • 또한 신인감독들의 발굴을 위한 장편극영화제작에도 힘쓰고 있음
Video Chile	• 칠레의 부가판권 구매회사. • 영화와 TV 시리즈의 DVD 및 블루레이를 배급

출처 : 영화진흥위원회

나. 온라인 플랫폼

칠레에서는 한 동안 오프라인 음반 매출이 꾸준히 성장했으나 이제는 디지털 음악 플랫폼에 대한 소비자들의 관심이 높아지고 있다. 이는 통신기반 시설의 빠른 성장과 글로벌 음악 서비스업체의 진출 때문으로 보인다.

칠레에서는 다운로드가 가장 인기가 있는데 음원 다운로드시장에서는 아이튠즈(iTunes)가 선두를 지키고 있으며 로컬 서비스인 '끌라로 이데아(Claro Ideas)', '미믹스(Mimix)'가 인기를 끌고 있다. 유료가입형 시장에는 2012년 6월에 이미 디저(Deezer)가 진출했고 그 다음으로 알디오(Rdio)가 2013년 6월, 스포티파이(Spotify)가 2013년 12월에 진출한 상황이다.[206]

[표 7-22] 칠레 디지털 음악 플랫폼 현황(2014)

구분	음원 다운로드형	유료가입형	광고지원형	혼합형
글로벌 서비스	• iTunes	• Rdio	• Youtube	• Spotify (유료가입형, 광고지원형) • Deezer (유료가입형, 광고지원형) • XBox Music (음원 다운로드형, 유료가입형, 광고지원형)
로컬 서비스	• Claro Ideas • Mimix	• Rara.com	• Batanga	• Portal Disc (유료가입형, 광고지원형)

출처 : Pro-Music

---

[206] The Santiago Times, Digital music battle comes to Chile with local launch of Spotify, 2013.12.13

(2) 기타 주요 사업자

칠레의 지상파 방송국으로는 국영방송사업자인 TVN을 비롯하여 칠레 제 1의 민영방송사인 MEGA 등이 대표적이라 할 수 있다. 이 외에도 대도시 중심의 디지털방송을 하고 있는 UCVTV와 Chilevision, Telecanal 등이 있다.

[표 7-23] 칠레 지상파 방송국

지상파 방송국	소유	설명
TVN	국영	• 1969년 설립된 국영방송사업자 • 수신료 징수 없이 광고 수익에 의존 • 해외 채널 TV Chile와 아날로그 위성 방송 송출 • 최근 영화와 콘서트 제작 및 DVD 판매, 온라인 유료모델 도입 등 수익 다각화 모색
UCVTV	민영	• 1957년 설립, 1959년 방송 송출 개시 • 2010년 대도시 중심의 디지털방송 개시 • 현재 총 75개 프로그램 송출
MEGA	민영	• 1990년 설립한 칠레 제1의 민영방송사 • 음악, 드라마 등 자체제작 콘텐츠 비중 높음 • 총 커버리지 98% • ER과 The Nany 등 해외 콘텐츠 편성 확대 및 HD 디지털콘텐츠 제작 등에 대한 투자 강화
Chilevision	민영	• 1960년 설립 • Cartoon Network와 CNN, TNT 등 다수의 해외 채널과 제휴 체결
Telecanal	민영	• 2005년 설립 • 아날로그 채널 운영

출처 : Conex

칠레 케이블 방송사업자로는 미국 Liberty Global의 자회사로 시장점유율 1위 사업자인 VTR이 대표적이라 할 수 있으며, Cable Central, PACIFICO Cable, Claro Communicaciones 등이 있다.

[표 7-24] 칠레 케이블 방송국

케이블방송국	설명
VTR	• 미국 Liberty Global의 자회사로 시장점유율 1위 사업자 • 1993년 방송송출 개시 • 2005년 디지털 케이블TV로 서비스 확대 • VoD 서비스와 양방향 VTR 케이블네트워크 서비스 제공 • 현재 88만 6,000명의 디지털 케이블 서비스 가입자 확보
Cable Central	• CMET Telecomunicaciones 소속의 사업자 • 수도권지역에서 55개 채널을 운영 중
PACIFICO Cable	• 62개 아날로그 채널 운영 • 2014년 디지털 채널 출시과 더불어 'TV Digital HD' 패키지 및 16개 신규 채널과 12편의 HD 콘텐츠 출시 • 2013년 기준 가입자 수 7만4,000명
Claro Communicaciones	• 2006년 설립

출처 : Conex

또한 위성방송 사업자로 칠레 최대 통신사업자 Telefonica Chile가 위성TV 라이선스를 획득하여 운영하고 있는 Telefonica를 비롯하여 DirecTV, Claro, TuVes HD 등이 있으며, Grupo GTD 소유의 칠레 첫 번째 IPTV사업자인 Telefonica del Sur가 IPTV 서비스를 제공하고 있다.

[표 7-25] 칠레 위성방송 사업자 및 IPTV 사업자

업체명	구분	설명
DirecTV	위성 방송국	• 1997년 케이블TV 사업자 VTR과 제휴 • 현재 Sky Chile 산하 계열사 • 2012년 기준 18.7%의 시장점유율 확보
Telefonica	위성 방송국	• 칠레 최대 통신사업자 Telefonica Chile가 위성TV 라이선스를 획득, 2006년 서비스 개시 • 자사 이통요금제와의 결합상품 중심 • 케이블TV와 IPTV를 포함한 전체 유료TV 서비스 가입자 수 45만8,018가구
Claro	위성 방송국	• 2010년 멕시코 종합통신 그룹 America Movil의 칠레지역 위성 및 디지털케이블 자회사 TelmaxTV 인수 • 유무선 전화-브로드밴드-TV 서비스 포함된 Triple-play-service 출시 • 2013년 6월 기준 시장점유율 18.1%
TuVes HD	위성 방송국	• 2009년 설립 • 14개의 HD 채널 제공
Telefonica del Sur	IPTV 서비스 업체	• Grupo GTD 소유의 칠레 첫 번째 IPTV 사업자 • 2006년 서비스출시 • 2013년 기준 15만 명의 가입자 기반 확보

출처 : Conex

6) 주요 지원 제도 및 정책 동향

(1) 콘텐츠 관련 중장기 계획

가. 디지털 아젠다 2013~2020

칠레정부는 2013년 5월 자국의 디지털TV 방송 송출을 위한 디지털 아젠다 2013~2020(Digital Agenda 2013~2020)을 발표하였다. 디지털TV 방송의 송출을 위한 관련 기관을 신설할 뿐만 아니라 교통통신부(MTT), 민간 협력도 동시 진행하여 칠레의 국민들을 위한 디지털 접근성을 확대하고 IT 교육과 창업을 육성하는 등 5대 중점 추진 과제 발표가 포함되었다. 디지털 아젠다의 주요 내용은 다음과 같다.

[표 7-26] 칠레의 디지털 아젠다 2013-2020 계획

주요 안건	목표	
	2013년	2020년
칠레 인터넷 접속률	40.7%	80.0%
초고속 브로드밴드 접속 가정비율	1%	50%
구열별 무료 Wi-Fi 설치율	25%	100%
디지털 교육자료	30%	100%
고등학교에 설치된 초고속 인터넷망 비율	14.9%	70%
총 GDP 대비 IT산업비	5.2%	2%
공공재 서비스의 디지털화	25%	95%
인터넷을 통한 의료기록 검색	49%	95%
전자상거래업체 비율	11%	50%
인터넷을 이용한 대중교통 서비스 확인	18.7%	95%

칠레는 디지털 아젠다의 주요 안건의 실행을 위해 과학기술 혁신 고등교육부(Ministerio de Ciencia, Tecnologia, Innovacion y Educacion Superior)를 신설하기로 정하였으며, 이 기관을 통해 그간 교통통신부(MTT), 경제부, 교육부 등으로 분산되어 있던 IT 분야의 업무 등을 통합할 예정이다. 칠레는 장기적인 관점의 디지털 아젠다 2013~2020을 통해 광업중심 생산국가에서 다방면의 경제 산업구조로 개편해 나갈 계획이며, 이를 위해 2020년까지 IT 관련 업종에 종사하고 있는 기업의 수를 현행 8,800개에서 1만 8,000개로 확대할 것이라 밝혔다. 특히 2020년까지 IT 관련 업체 개수가 대폭 증가하면 이들의 생산량이 총 GDP의 10% 수준까지 도달할 것으로 전망하고 있으며 IT 혁신 부문 국가 경쟁력 순위도 33위까지 도약할 것으로 전망하였다.

나. 문화콘텐츠 프로그램의 의무 전송 법률

2014년 10월 1일부터 법적 효력을 가지는 TV 채널에 관한 법률 '문화 프로그램'으로 인해 모든 칠레의 방송 채널은 문화적 콘텐츠에 대한 방송을 의무적으로 해야 하는 것으로 나타났다. 칠레의 새로운 문화 방송법에 대한 내용은 다음과 같다.

- 칠레에서 방영중인 방송 채널 중 유료방송을 제외한 일반 공중파 방송 채널들은 반드시 한 주에 4시간의 문화 프로그램을 방영해야만 한다.
- 문화 프로그램이란 칠레의 다양한 문화의 간단한 소개부터 종국에는 칠레 시민을 교육할 수 있는 프로그램까지를 의미하여 통상적인 축제와 파티문화, 전통, 지역 문화의 소개뿐만 아니라 국가 유산에 대한 알림도 문화프로그램의 범주에 포함된다.
- 문화 프로그램은 청취자들을 고려하여 적절한 방송형식과 언어로 제작되어 TV로 송출 될 것이다.
- 문화프로그램은 반드시 1주에 4시간 방송되어야 하는데, 주중 월요일과 금요일 사이의 오후 6시 30분부터 자정 12시 사이에 방영되어야 한다. 만일 방영시간 4시간을 주중에 달성하지 못한다면 주말 토요일과 일요일의 9시와 12시 사이에 문화 프로그램을 방송해야 한다.
- 문화 프로그램의 방송은 하루에 5회 이상 방영이 불가능하며 광고에 의해 중단되지 않을 뿐더러 광고의 이미지를 포함할 수 없다.
- 한 번 문화프로그램으로 승인이 허가된 방송 프로그램은 1년에 3회에 한 해서 재방송이 가능하다.

(2) 규제 제도

가. 게임 규제법, 국회 비준 통과

최근 칠레 하원의 비준을 통과한 게임 규제법은 2007년 민주독립연합(UDI) 국회의원들이 최초 발의한 법안으로, 2014년 상원의 최종 심사와 미셸 바첼렛(Michelle Bachelet) 대통령의 공포만 남겨두고 있다[207].

법안은 18세 이하 청소년들에 대한 폭력적인 게임 규제를 위한 구체적인 방안을 제시하고 있는데, 법안에 따르면 칠레에서 판매되는 모든 게임은 포장박스의 앞뒷면으로 박스 면적 25% 크기의 등급표시 스티커를 붙여야 한다. 또한 판매자들은 구매자들에게 신분증을 요구해 연령대를 반드시 확인해야 하며, 이를 지키지 않으면 벌금형 및 영업정지 처분을 받을 수 있다.

---

207) 한국콘텐츠진흥원, 글로벌게임산업트렌드, 2014. 4. 제2호

나. 외국인 투자법 개혁

바첼렛정부는 외국인투자법개혁을 통해서 2017년부터 외국기업에 대한 부가세 35%를 과세 할 예정이다[208]. 외국인투자법 개정을 요약하면 다음과 같다.

- 최종세(35%) 납부를 투자가 끝날 때까지 연기할 수 있었던 선택권이 없어졌다. 외국기업들은 세금을 즉시 완납해야 한다.
- 외국인 투자자의 투자수익 회수 시 현 조세법 17조 8항에 따라 21%의 단일세금만 납부하면 됐으나, 해당 조항을 철폐해 이때도 35%의 부가세를 납부해야 한다.
- 외국기업들은 칠레 비거주인의 서비스 비용에 대해서 면세받지 못하며, 반드시 납부 후 부가세도 납부해야 한다.
- 기업의 채무가 고유 재산보다 세 배 이상 많아지면, 이자나 자산에 지불되는 금액에 상관없이 35%의 세금을 부과한다.
- 이 조세개혁 프로젝트는 투자기간에 이자율을 고정시켜주는 외국인투자법인 DL600을 삭제하는 것을 고려중이다.

바첼렛정부는 경제성장과 효율성보다는 공정한 분배에 방점을 둔 조세 개혁을 지속적으로 추진하고 있어 칠레에 진출하려는 기업에 조세 부담 증가 등 단기적인 투자 매력도가 저하될 가능성에 대한 우려가 나타나고 있다.

---

208) KOTRA, 칠레, 외국인 투자법 개혁으로 투자 매력도 저하 우려돼, 2014. 05. 07

참고문헌

<해외 보고서>

Ancine, 2013 Brazil Movie Theatre, 2014. 1. 16.
Anime Anime, 成長するブラジル・アニメーション AnimaMundiから報告-2- 国際共同製作にも注目, 2014.09.16.
Anime Anime, 成長するブラジル・アニメーション ラテンアメリカ最大のアニメーションフェス AnimaMundiか報告-1-, 2014.09.15.
Barnes Reports, Worldwide Book Stores Retailing Industry, 2014.
Budde Comm, Global Digital Media - Mobile and Online Entertainment Trends, 2014.04.30
Canadian Heritage, Canadian Films' Share of the Box Office Revenues
CharaBiz, CharaBiz DATA 2014, 2014.05
Comics Alliance, 2011.4.29.
DFC Intelligence, Online Game Market Forecasts 2014, 2014.05
DigitalTV Research, ConnectedTV Forecasts 2014 edition, 2014.09
DigitalTV Research, European OnlineTV & Video Forecasts 2014 edition, 2014.08
Digital Vector, Global Animation Industry Strategies, Trends & Opportunities, 2013
Distimo Publication - 2014. 04
EPM, International Licensing - A Status Report 7th Edition, 2013
EPM, International Licensing - A Status Report 8th Edition, 2014
EPM, International Licensing 2013 Supplement to the 7th Edition, 2013
Global Animation Industry - ToC
Heaven on Earth Records and Classics of Digital Taiwan 2014.
IFPI, Digital music report 2014, 2014.11.25
IFPI, Recording Industry in Numbers 2014, 2014.04.01.
IMCINE, Mexican Cinema 2013, 2013.07
Ipsos MediaCT, Our Mobile planet - Understanding the mobile Consumer, 2013.05
KPMG, Film Financing and Television Programming, 2012.01.01
LIMA, Licensing Industry Survey 2014, 2014.06.18
National Film Board of Canada
NCC, Administrative Plan 2013
Newzoo, 2014 Global Games Market, 2014.06
Oricon, Entertainment Market Report 2013, 2014.04
Plunkett, Entertainment and Media Industry, 2014.02

PwC, Global entertainment and media outlook 2014-2018, 2014.06
PwC, Internet access:Brazil, 2014.
PwC, Music Canada-Economic Impact Analysis of the Sound Recording Industry in Canada, 2012.04.12.
PwC. 15th annual Global entertainment and media outlook 2014-2018, 2014.
RECMA, Overall ACTIVITY [Billings] volume 2013, 2014.07
Reuters Institute, Reuters Institute Digital News Report 2014, 2014.06.30.
Rüdiger Wischenbart Content and Consulting, Global ebook report 2014, 2014.11.11.
Worldwide Book Stores Retailing Industry 2014.

<국내 보고서>

KOTRA, 글로벌윈도우,2 013.9.4.
KOTRA, 해외 비즈니스 포털, 칠레 경제동향, 2014.6.18.
KOTRA, 주요국의 서비스 규제 조치 현황, 2013.11.29
KOTRA, 아르헨티나 애니메이션시장동향, 2013.10.19.
KOTRA, 주요국의 서비스 규제 조치 현황, 2013.11.29.
KOTRA, 칠레, 외국인 투자법 개혁으로 투자 매력도 저하 우려돼, 2014.05.07.
영화진흥위원회, BRIC(브라질, 러시아, 인도, 중국)영화시장의 성장 잠재력 연구, 2013.04.10.
영화진흥위원회, 멕시코의 애니메이션 영화산업동향, 2011.08
정보통신산업진흥원(CONEX),멕시코 정보통신(ICT)정보 보호, 2014.8.22.
정보통신방송해외정보시스템, 국가별 정보 통신 방송 현황 2013 - 미국, 2014.03.06.
정보통신방송해외정보시스템, 국가별 정보 통신 방송 현황 2013 - 캐나다, 2014.03.06.
정보통신방송해외정보시스템, 국가별 정보 통신 방송 현황 2013 - 멕시코, 2014.03.06.
정보통신방송해외정보시스템, 국가별 정보 통신 방송 현황 2013 - 브라질, 2014.03.06.
정보통신방송해외정보시스템, 국가별 정보 통신 방송 현황 2013 - 아르헨티나, 2014.03.06.
정보통신방송해외정보시스템, 국가별 정보통신 방송 현황 2013 - 칠레, 2014.03.06.
정보통신방송해외정보시스템, Claro Chile LTE 서비스개시, 2013.7.8.
정보통신방송해외정보시스템, 멕시코 정보통신 방송정책 보고서, 2013.10.4.
정보통신방송해외정보시스템, 브라질 Oi 아프리카 통신 자산 Africatel 매각, 2014.10.1.
정보통신방송해외정보시스템, 브라질 글로벌 게임시장 진입추진 정부차원 육성, 2014.6.25.
한국무역협회, 브라질경제동향및이슈, 2014.4.16.
한국문학번역원, 아르헨티나 번역 출판지원프로그램 프로그라마수르, 2012.9.4.
한국문화산업교류재단,2013년12월4번째주 브라질 각종차트순위 및 연말 결산, 2013.12.30.
한국인터넷진흥원, 브라질정보통신(ICT)방송 품목 보고서, 2013.09.06.
한국인터넷진흥원, 브라질정보통신(IOCT)방송사업자 보고서, 2013.12.16.

한국저작권위원회, 아마존, 2년동안 정체불명의 번역본 전자책으로 부당이득취해, 2014.6.4.
한국저작권위원회, [2013-17브라질]6년간의 긴 논의 끝에 저작권법 개정안 드디어 공개
한국출판문화산업진흥원, 제39회 부에노스아이레스 국제 도서전 개괄, 2013.5.23.
한국출판문화산업진흥원, 해외 출판 동향, 2013.10.10.
한국출판문화산업진흥원, 해외 출판 동향, 2014.9.5.
한국출판번역원, 아르헨티나 베이징 국제 도서전 참가중국추란시장진출계획. 2013.9.6.
한국콘텐츠진흥원, 미국 콘텐츠산업동향, 2014.07.18.
한국콘텐츠진흥원, 콘텐츠 수출실무 멘토링 북 I 2014.10.
한국콘텐츠진흥원, 글로벌 게임산업 트렌드, 2014.12.제1호
한국콘텐츠진흥원, 글로벌 게임산업 트렌드, 2014.11.제2호
한국콘텐츠진흥원, 글로벌 게임산업 트렌드, 2014.6.제2호
한국콘텐츠진흥원, 글로벌 게임산업 트렌드, 2014.8.제1호
한국콘텐츠진흥원, 글로벌 게임산업 트렌드, 2014.9.제1호
한국콘텐츠진흥원, 글로벌 게임산업 트렌드, 2014.12.제1호
한국콘텐츠진흥원, 글로벌 게임산업 트렌드, 2014.12.제1호
한국콘텐츠진흥원, 글로벌 게임산업 트렌드, 2014.4.제2호
한국콘텐츠진흥원, 글로벌 게임산업 트렌드, 2014.6.제2호
한국콘텐츠진흥원, 글로벌 게임산업 트렌드, 2014.01제1호
한국콘텐츠진흥원, 해외 콘텐츠시장 동향조사(2권-미주:멕시코), 2013.12.31.
한국콘텐츠진흥원, 브라질 게임시장에서의 개발자 환경, 2014.10.
한국콘텐츠진흥원, 아르헨티나 게임으로 포클랜드섬 영유권 갈등심화, 2013.4.

<웹페이지>

ADWEEK, www.adweek.com
Amprofon, www.amprofon.com.mx
App Annie, www.appannie.com
Beta News, www.betanews.net
Billboard, www.billboard.com
Bnamericas, www.bnamericas.com
Boa Compra a UOL Company, www.boacompra.eu
Frankfurt Book Fair, Book-fair.com
Box office mojo, www.boxofficemojo.com
CBC News, www.cbc.ca
Celularis, www.celularis.com
Cinema Tropical, www.cinematropical.com

CNBC, www.cnbc.com
Comics beat, www.comicsbeat.com
ComScore, www.comscore.com
Digital Music News, www.digitalusicnews.com
Economist, www.economist.com
eMarketer www.emarketer.com
fyi music news, fyimusicnews.ca
Global License!, www.licensemag.com
Global Web Index, www.globalwebindex.com
Google canada blog, www.googlecanada.blogspot.com
Hollywood Reporter, www.hollywoodrepoter.com
Facebook, www.facebook.com
Infobae, www.infobae.com
KFTV www.kfTV.com
Kobiz, www.kobiz.or.kr
Latin Link, http://latinlink.usmediaconsulting.com
Interest for Mobile Ad Marketers
LINE tech in Asia, www.techinasia.com
Free encyclopedia Wikipedia, www.wikipedia.com
Newegg, www.Newegg.com
News Line Report, Newslinereport.com
NexTV Latam, www.nexTV latam.com
Publishing Perspectives, www.PublishingPerspectives.com
RapidTV News, www.rapidTV news.com
Screen Daily, www.screendaily.com
Sccking Alpha, www.seekingalpha.com
Statista, www.statista.com
Tele Geography, www.telegeography.com
제일기획, www.the-pr.co.kr
The Santiago Times, santiagotimes.cl
The video lnk, www.videolnk.com
World Bank Group, www.worldbank.org
The Yucatan Times, www.theyucatantimes.com
The Brazil Business, thebrazilbusiness.com
The Three Stooges, www.threestooges.com
TV B Europe, www.TV europe.com

Variety, Variety.com
Venturebeat, venturebeat.com
ZDNet, www.zdnet.com
게임동아, game.donga.com
경향신문, www.khan.co.kr
그린경제, www.g-news.com
글로벌윈도우, www.globalwindow.org
벤쿠버중앙일보, joinsmediacanada.com
블로터앤미디어, www.bloter.net
서울경제, economy.hankooki.com
서울국제만화애니메이션페스티벌, www.sicaf.org
연합뉴스, www.yonhapnews.co.kr
이데일리, www.edaily.co.kr
전자신문, www.etnews.com
캐나다 비즈니스, www.canadabusiness.ca

<기관>

멕시코, 관세청
멕시코, 국제무역상공회의소
멕시코, 문화부
멕시코, 수출입협회
멕시코, 연방통신위원회
멕시코, 영화진흥원
멕시코, 음악저작권협회
멕시코, 인터넷협회
멕시코, 통계청
멕시코, 통신교통부
미국, 국무부
미국, 무대기술협회
미국, 무역개발청
미국, 무역대표부
미국, 미디어출판협회
미국, 상무부
미국, 소설학회
미국, 언론협회

미국, 영화연구소
미국, 영화협회
미국, 온라인출판협회
미국, 음반산업협회
미국, 음반협회
미국, 인구조사국
미국, 저작권협회
미국, 출판서적협회
미국, 통계청
미국, 특허청
브라질, 관세청
브라질, 국가통신위원회
브라질, 소프트웨어협회
브라질, 정보통신협회
브라질, 통계청
아르헨티나, 경제부
아르헨티나, 광고협회
아르헨티나, 비디오게임개발협회
아르헨티나, 영화협회
아르헨티나, 음악연합
아르헨티나, 출판연합
칠레, 관광청
칠레, 관세청
칠레, 국무부
칠레, 영화협회
칠레, 통계청
칠레, 통신청
캐나다, 관광청
캐나다, 국립영화위원회
캐나다, 아티스트활동센터
캐나다, 영화연구소
캐나다, 오타와발전연구센터
캐나다, 작가협회
캐나다, 통계청
캐나다, 통신보안관리기관

집필진

한국콘텐츠진흥원

감　　수　이기현 (정책연구실 실장), 윤호진 (산업정보팀 팀장)
연구진행　정미경 (산업정보팀 수석연구원)
　　　　　신영경 (산업정보팀 주임연구원)

외부기관

연구책임자　장중혁 (애틀러스 리서치앤컨설팅 부사장)
참여연구원　이상은 (애틀러스 리서치앤컨설팅 책임연구원)
　　　　　　김수진 (애틀러스 리서치앤컨설팅 선임연구원)
　　　　　　이상민 (애틀러스 리서치앤컨설팅 연구원)
　　　　　　전유미 (애틀러스 리서치앤컨설팅 연구원)
　　　　　　김가영 (애틀러스 리서치앤컨설팅 연구원)

2014 해외콘텐츠시장 동향조사 2.미주

초판 인쇄 2015년 04월 20일
초판 발행 2015년 04월 22일
저자 한국콘텐츠진흥원
발행처 진한엠앤비
주소 서울시 서대문구 독립문로 14길 66 210호
　　 (냉천동 260, 동부센트레빌아파트상가동)
전화 02) 364 - 8491(대) / 팩스 02) 319 - 3537
홈페이지주소 http://www.jinhanbook.co.kr
등록번호 제313-2010-21호 (등록일자 : 1993년 05월 25일)
ⓒ2015 jinhan M&B INC, Printed in Korea

ISBN　979-11-7009-031-1 (93600)　　[정 가 : 50,000원]

☞ 이 책에 담긴 내용의 무단 전재 및 복제 행위를 금합니다.
☞ 잘못 만들어진 책자는 구입처에서 교환해드립니다.
☞ 본 도서는 「공공데이터 제공 및 이용 활성화에 관한 법률」을 근거로 출판되었습니다.